W. Seunig • Von der Koppel bis zur Kapriole

Documenta Hippologica

Darstellungen und Quellen
zur Geschichte des Pferdes

Begründet von
Brigadier K. Albrecht, Spanische Hofreitschule,
General P. Durand, Cadre Noir,
Oberst H. Handler, H. J. Köhler,
Prof. E.-H. Lochmann,
E. von Neindorff, Dr. B. Schirg,
Oberst W. Seunig, Dr. W. Uppenborn,
Dr. G. Wenzler

Herausgegeben von
T. Frei, Dr. Norbert Záliš.
Dr. A. von Velsen-Zerweck, Marbach

Olms Presse
Hildesheim · Zürich · New York
2021

Waldemar Seunig

Von der Koppel bis zur Kapriole

Die Ausbildung des Reitpferdes

Mit einem Vorwort zur Neuauflage
von
Georg W. Seunig

Olms Presse
Hildesheim · Zürich · New York
2021

Dem Nachdruck liegt ein Exemplar
aus Privatbesitz zugrunde.

Die Identifikation der abgebildeten Pferde und Reiter fand erst 1995 statt (soweit überhaupt möglich) und ist auf S. 385 - 390 aufgeführt.

Bertold Schirg

Bibliografische Information der Deutschen Nationalbibliothek
Die Deutsche Nationalbibliothek verzeichnet diese Publikation in der Deutschen Nationalbibliografie; detaillierte bibliografische Daten sind im Internet über http://dnb.d-nb.de abrufbar.

Georg Olms Verlag AG 2021
6. Nachdruck der Ausgabe Berlin 1943
Printed in Hungary
Gedruckt auf säurefreiem und alterungsbeständigem Papier
Umschlagentwurf: Prof. Paul König, D-31137 Hildesheim
ISBN 978-3-487-08644-6

Vorwort zur Neuauflage

Von der Koppel bis zur Kapriole, das Lebenswerk meines Vaters und das Ergebnis einer zum Zeitpunkt seines Entstehens mehr als vier Jahrzehnte im Sattel umspannenden reiterlichen Erfahrung, erschien zuletzt im Jahre 2001 als Faksimile der Erstausgabe von 1943 in der von meinem Vater mitbegründeten Reihe DOCUMENTA HIPPOLOGICA des Georg Olms Verlages.

Diesen Reiter und Ausbilder ersten Ranges hatten die Wege seiner reiterlichen Ausbildung an die bedeutendsten Stätten der Reitkunst in ganz Europa geführt, so unter anderem an den *Cadre Noir* in *Saumur*, an die *Spanische Hofreitschule* in *Wien* und an den *Königlichen Marstall* in *Belgrad*, dem er als Leiter vorstand. Über Jahrzehnte hinweg startete er erfolgreich bei internationalen Reitturnieren, ebenso war er Teilnehmer der Olympischen Spiele im Jahre 1924, wo er um den Großen Dressurpreis ritt. Parallel zu seiner erfolgreichen Laufbahn als Reiter und Ausbilder war er während vieler Jahre auch als ein hoch angesehener, kenntnisreicher Richter auf internationalen Turnieren tätig.

Die Affinität zur Reitkunst prägte das Leben dieses literarisch gewandten und am Weltgeschehen interessierten Mannes so sehr, dass er anlässlich der ersten Mondlandung wohl nur halb im Scherz die Bemerkung äußerte: „Was interessiert mich der Mond, dort kann ich nicht Dressur reiten."

Übte und predigte er bei der Schulung von Pferden Geduld, so war er doch ein ungeduldiger und anspruchsvoller Lehrer seiner Schüler. Noch im Alter von 84 Jahren unternahm er Vortragsreisen, die ihn nach Kanada und die USA bis hin nach Hawaii geführt haben. Seine letzten Jahre verbrachte er an der Reitakademie München im Kreise von Koryphäen wie *Ottokar Pohlmann*, *Oberst Harald Momm*, *Generaloberst Otto Deßloch* und *Oberst Felix Bürkner*. Anlässlich meines Vaters 100. Geburtstages hat meine Familie seinen hippologischen Nachlass dem Deutschen Pferdemuseum in Verden übergeben.

In seinem Vorwort zur Erstausgabe definierte mein Vater als Zielsetzung seines Werkes, dem *denkenden* Reiter den „durch die Grundsätze und Anweisungen der Reitlehre vermittelten Leitgedanken, das Wissen um das Warum? der verlangten Maßnahmen und Hilfen" an die Hand zu geben, damit er sein Pferd in jedem Ausbildungsstand – vom Anfang der Ausbildung bis zum vollkommen gerittenen Pferd –

entsprechend fördern kann. Es war sein Anliegen, die Zusammenhänge zwischen den Elementen der Ausbildungsarbeit aufzuzeigen und die Kenntnis von Ursache und Wirkung in der logischen Abfolge dieser Elemente zu vermitteln. Immer wieder auch betonte er, dass die Grundausbildung für jedes Reitpferd dieselbe sein müsse, gleich, in welcher Disziplin es später eingesetzt würde.

Die in diesem Werk enthaltenen Anregungen und Gedanken sollten gerade in der heutigen Zeit, da die deutsche Sportreiterei am Scheideweg steht, man viele Fehler in der Ausbildung von Pferden durch Unkenntnis der genannten Zusammenhänge verursacht und das junge Pferd schon oft von Anfang an auf eine bestimmte Disziplin festgelegt wird, den Reitern und Ausbildern unserer Tage wieder ins Bewusstsein gerufen werden.

Daher freue ich mich sehr, dass *Von der Koppel bis zur Kapriole* in seiner nunmehr dritten Auflage dem interessierten Leser und Reiter erneut zugänglich gemacht worden ist.

Dr. Georg W. Seunig

WALDEMAR SEUNIG
OBERST

Von der Koppel bis zur Kapriole

1943

VERLAG SANKT GEORG ERNA MARSCHALL
BERLIN W35

Meinem Sohn

WALDEMAR-GEORG

gewidmet

Inhaltsverzeichnis

Seite

Vorwort 11

Erster Teil: Pferd und Reiter

I. Kapitel: Das Pferd. Gesichtspunkte bei seiner Auswahl 16

II. Kapitel: Der Reiter 43

1. Körperliche und seelische Eigenschaften des Reiters 43
2. Sitz und Hilfen 53
3. Reitersitte 76

Zweiter Teil: Die Ausbildung des jungen Pferdes

I. Kapitel: Von der Koppel in den Stall und an die Longe 86

1. Gewöhnung an die neue Umwelt und erstes Vertrautmachen 86
2. Arbeit an der Leine 93

II. Kapitel: Grundlegende Ausbildung in der Gebrauchs- oder Niederen Kampagneschule 107

1. Über die Entwicklung der Reitkunst, Feststellung und Erklärung einiger der wichtigsten reiterlichen Begriffe 107

A. Ausbildung 113

B. Der Komplex Gang, Schub, Schwung, Aktion 115

C. Tempo — Takt 117

D. Ausdruck — Kadenz 118

E. Gleichgewicht — Selbsthaltung 119

F. Zwanglosigkeit — Losgelassenheit — Spannung — Abspannung — Rückentätigkeit — Durchlässigkeit — Vorwärtsgehen — Sichtreibenlassen . . . 122

G. Erste Stellung (Schulter vor) — Zweite Stellung („Stellung“) — Abstellung — Geraderichtung — Geradeausstellung — Biegungen ersten Grades (indirekte) und Biegungen zweiten Grades (direkte) — Schiefe — Zwangseite — Schwierige Seite 126

H. In die Hand stellen (Beizäumung) — Der falsche Knick — Anlehnung — Aufrichtung — Versammlung 132

I. Richtiger und fehlerhafter Gang. Untertreten, Steifen der Hinterbeine, Schleppen, gespannte Tritte (Stechen, Schweben, Tappen, Strampeln) . . 135

J. „Nerven“ und Nerv. Gehlust, Feuer, Unruhe 145

K. Ganze und halbe Paraden 146

L. Gehorsam 147

Seite

2. Erstes Anreiten. Erreichung der Zwanglosigkeit und Losgelassenheit . . . 154
   A. Das junge Pferd muß die zwanglose Natürlichkeit seiner Haltung und die naturgegebene Freiheit und Sicherheit seiner Bewegungen wiederfinden, die es vor der Belastung durch den Reiter hatte 154
   B. Entwicklung der Losgelassenheit aus der Zwanglosigkeit durch Hinzutreten der Schubkraft 164
3. Entwicklung und Verbesserung des Ganges durch den Arbeits- und Mitteltrab. Schwung. Biegearbeit. Geraderichten. Versammlung 170
   A. Der Arbeitstrab. Übergänge. Seitenbiegung durch Reiten auf gebogenen Linien 170
   B. Verbesserung des Ganges durch den Mitteltrab. Galopparbeit. Geraderichtendes Biegen. Seitengänge. Wendungen um die Hinterhand. Rückwärtsrichten. Steigerung der Versammlung im Trab und Galopp. Gebrauchshaltung als Grundlage der Dressurhaltung. Schrittarbeit 184
4. Die Führung auf Kandare und Fehler, die dabei zu vermeiden sind . . . 239
   A. Zeitpunkt des ersten Aufzäumens. Vorgang bei der Gewöhnung an die Kandarenzäumung 239
   B. Einiges über die Entwicklung hebelartig wirkender Gebisse vom Altertum bis zur Gegenwart 242
   C Nicht kandarenreife Pferde 243
   D. Nicht kandarenreife Reiter 245
   E. Theoretisch gewußt — heißt noch lange nicht reiterlich gekonnt . . . 245
5. Ausbildung im Gelände und über Hindernisse durch Gymnastik, Erziehung und Gewöhnung 246
   A. Vorteile des Geländereitens 246
   B. Bodenricks. Klettern 250
   C. Springen 256
      a. Entstehung des heutigen Springsitzes 256
      b. Einspringen des jungen Pferdes 266
6. Jagdreiten 273
7. Gebäude- und Temperamentsfehler. Ihre Berücksichtigung bei der Ausbildung 280
8. Beziehungen von Reitergewicht und Hilfen zur anatomischen Mechanik des Pferdes 294
   A. Aktive und passive Beugung der Hinterhand 295
   B. Auswirkung der Hinterhandbeugung auf Rücken und Vorhand 297
   C. Wiederherstellung der richtigen Rückentätigkeit unter Mithilfe der Nacken- und Bauchmuskeln 298
   D. Wechselbeziehungen zwischen Atmung, Takt und Losgelassenheit in den einzelnen Gangarten 300

Seite

III. Kapitel: Die Höhere Kampagneschule 303
1. Die Höhere Kampagneschule als natürlicher Übergang von der Niedern Kampagneschule zur Hohen Schule 303
2. Kontergalopp 305
3. Pirouetten 307
4. Einmaliger fliegender Galoppwechsel und mehrfacher Sprungwechsel hintereinander nach einer bestimmten Sprungzahl 312
5. Erhöhte Anforderungen im Halten in der Versammlung, dem Antraben daraus und dem Ansetzen zum versammelten Galopp 317
6. Versammelnde Arbeit an der Hand 319

Dritter Teil: Die Hohe Schule

I. Kapitel: Wesen und Zweck der Hohen Schule. Die Grundgangarten in schulmäßiger Versammlung 326
1. Die Hohe Schule als Höchstform der gymnastischen Durchbildung 326
2. Schulschritt, Schultrab und Schulgalopp. Schulparade. Seitengänge . . . 328

II. Kapitel: Schulen auf der Erde. Entwicklungsgeschichtliche Bemerkungen dazu 335
1. Einteilung der Hohen Schule in Schulen „auf der Erde“ und „über der Erde“ 335
2. Pilarenarbeit 335
3. Piaffe. Passage. Übergänge 340

III. Kapitel: Schulen über der Erde 359
1. Levade — Mézair 362
2. Kurbette — Kruppade — Ballotade — Kapriole 365
3. Zusammenfassende Darstellung der Entwicklung der Schulen über der Erde im Laufe der Zeiten 375

Nachwort 379
Tabelle der Grundgangarten und ihrer Abstufungen 383

Verzeichnis der Abbildungen

Erster Teil: Pferd und Reiter

Seite

Der Weg zur Koppel ist frei! 17
Lipizzaner Fohlen auf steirischer Almweide 20, 21
Junge Hannoveraner in den Wesermarschen 25
Schimmelstute im Auslauf 28
Richtiges Vorführen eines jungen Pferdes 31
In Kroatien gezogener Lipizzanerhengst 35
Ein Vollblüter wie er sein soll 38
Nur aus tadellosem Sitz gegebene Hilfen kommen durch 61
Der akademisch korrekte Sitz 67, 69

Zweiter Teil: Die Ausbildung des jungen Pferdes

Lipizzaner an der Longe 93
Nationenaufmarsch in Aachen 1935 .. 109
Wiener Preisreiten 1914 111
Entwicklung der Schubkraft im Renntrab 114
Steppen des Hackneys 114
Übertrieben hohe Knieaktion 115
Zwei Bilder falscher Rückentätigkeit . 125
Aufrichtung 133
Unreiner Gang. Trabreiten in Vincennes 137
Unreiner Gang beim Vorführen 141
Schleppen der Hinterhand und daraus entstehende Fehler 141
Gespannte Tritte 143
Freier Schritt mit hingegebenem Zügel 154, 157
Entwicklung der Losgelassenheit aus der Zwanglosigkeit. Junge Remonten bei einer Ersatzschwadron 165
Veränderung von Gang und Haltung. Ersichtlich gemacht an drei sich aufeinander aufbauenden Dressurstufen 169
Flüssige Wendung im abgekürzten Galopp 171
Freier Schritt am langen Zügel 185
Gebrauchsschritt 190
Mitteltrab 191, 196, 197, 198
Übergang aus dem Mittel- zum starken Trab 199
Starker Trab.................. 200, 201
Zu breites Treten der Hinterbeine im starken Trab 202
Traversale 204, 206
Abgekürzter Galopp 208
Übergang aus dem abgekürzten in den Mittelgalopp 210
Starker Galopp..................... 212
Halten am Zügel................... 241
Sprung beim Geländeritt............ 247
Bergabklettern 251
Turniersprünge 255, 257, 258, 259, 260, 261, 262, 263, 264
Italienische Offiziere beim Geländereiten in Pinerolo 265
Einspringen über Bodenerhebungen. Auf- und Absprung.............. 267
Vor der Jagd 275
Das Feld im Hohlweg 277
Heimritt nach der Jagd 279
Pirouetten 308, 309
Halten am Zügel in hoher Versammlung 318
Versammelnde Arbeit an der Hand. Levade 321

Dritter Teil: Die Hohe Schule

Aufmarsch zur Großen Schulquadrille 327
Schultrab 329
Schulterherein in schulmäßiger Versammlung 331
Travers in schulmäßiger Versammlung. Große Schulquadrille 333
Pilarenarbeit. Levade 337
Piaffe............ 341, 343, 344, 345, 347
Passage 348, 349, 351, 353, 354
„Passage“ aus ungebeugten Hanken .. 357
„Spanischer Schritt“................ 357
Levade an der Hand 360
Levaden unter dem Reiter ..361, 362, 363
Pesade und Steigen 364
Kurbette an der Hand.............. 367
Kurbetten unter dem Reiter 368, 369
Kruppade.......................... 370
Kapriole.................... 371, 372
Mißglückte Kapriole 373
Vorführung in der Spanischen Hofreitschule 374

Vorwort

„Bücher machen keinen Reiter gut oder schlecht,
aber besser oder schlechter können sie ihn wohl machen."

Eine über vierzigjährige Tätigkeit im Sattel und die wiederholte Aufforderung von Freunden und reiterlichen Gesinnungsgenossen, meine zu Pferde gesammelten Erfahrungen auch in Buchform niederzulegen, haben mich veranlaßt, vorliegenden Band der Öffentlichkeit zu übergeben.

Sein Inhalt beruht auf Grundsätzen, deren Richtigkeit der praktische Gebrauch bewiesen hat und deren Anwendung innerhalb der dem einzelnen Pferdeindividuum von der Natur gesteckten Grenzen am raschesten zum Ziele führt. In diesem Sinne ist er eine bedeutend erweiterte, organisch ausgebaute und geordnete Zusammenfassung von Gedanken und Erkenntnissen, die teilweise seit einer Reihe von Jahren in aus meiner Feder stammenden Veröffentlichungen deutscher und ausländischer Fachzeitschriften ihren Niederschlag gefunden haben.

Für manche Wahrheiten, die ich zwar im ehemaligen Wiener Reitlehrer-Institut, in der Spanischen Hofreitschule und zum Teil auch in Saumur erkannt, als junger Reiter aber in ihren Zusammenhängen noch nicht völlig klar überblickt hatte, habe ich oft erst im Laufe der Jahre durch eigenste Erfahrung die Bestätigung gefunden. Ich stand aber auch vor Dilemmen, die mir aus nicht immer richtigen Deutungen der Werke alter und neuerer Meister entstanden schienen oder darin ihren Grund hatten, daß ein „Neuerer" mit glänzender Dialektik Thesen verfocht, die nur einer sehr gewissenhaften Prüfung nicht standhielten.

Da ist es mir Ehren- und Dankespflicht, vor allem meines verehrten Lehrers, des Generals von Josipovich, zu gedenken, der mir Jahrzehnte hindurch seine Zuneigung bewahrt hat und wann immer ich seinen klaren, alle Zusammenhänge überschauenden Geist zu Rate zog, durch persönliches Beispiel und das lebendige Wort, als ein wahrer getreuer Eckart der Reiterei, die Hand geboten und aus so manchem Irrtum den Weg zu Reife und eigenem Urteil gewiesen hat. So kann ich denn auch meinen Worten über die Entstehung dieses Bandes beifügen, daß, wenn ihm Erfolg beschieden sein sollte, dieser in erster Linie auf darin enthaltene, von Josipovich anerkannte Grundsätze und Lehren zurückzuführen ist, deren Befolgung mir nicht nur als Leiter eines königlichen Marstalles, als Chefreitlehrer einer Kavallerieschule und auf Turnierplätzen unseres Kontinents zu ehrlich errungenen Reiterfreuden verholfen, sondern auch meine Berufung als Richter im internationalen Turniersport veranlaßt hat.

„Von der Koppel bis zur Kapriole“, das ich hiermit der Reiterwelt übergebe, soll keineswegs nur eine kurze Reitvorschrift oder Reitlehre sein — es gibt ja deren so vorzügliche, daß in dieser Hinsicht keine Lücke auszufüllen wäre und sie werden ihrem Zweck auch vollauf gerecht, da sie in knapper und übersichtlicher Form den logischen Aufbau der Ausbildung von Pferd und Reiter behandeln. Das Warum?, die Begründung, liegt jedoch nicht in ihrem Wesen und ist nur in beschränktem Maße ihres Amtes. Erklärungen der Beziehungen von Ursache und Wirkung bleiben dem Ermessen des Reitlehrers überlassen.

Vorliegendes Buch soll somit keine bloße Reitlehre, es soll mehr sein, denn es hat sich zur Aufgabe gemacht, die aufbauenden Elemente einer solchen durch lückenlose Begründung von Ursache und Wirkung in ihrer logischen Folgerichtigkeit herauszustellen und sie durch eindeutige Klärung mancher noch offener, umstrittener und vielfach auch beiseite geschobener Fragen in engeren Zusammenhang zu bringen.

Es unterliegt wohl keinem Zweifel, daß die Arbeit des denkenden Reiters sich nicht nur anregender gestalten, sondern auch erst dann der Vollkommenheit nähern wird, wenn er mit einer gründlichen Kenntnis der seiner Tätigkeit im Sattel richtunggebenden und ihm durch die Grundsätze und Anweisungen der Reitlehre vermittelten Leitgedanken, das Wissen um das Warum? der verlangten Maßnahmen und Hilfen verbindet und sich darüber Rechenschaft zu geben weiß.

In diesem Sinne will unser Buch vor allem dem Ausbildner des jungen, von der Koppel kommenden Pferdes ein Führer und Berater sein, indem es Pferd und Reiter begleitet, bis das Ziel der Ausbildung erreicht ist. Dieses Ziel wieder wird sich innerhalb von Grenzen bewegen müssen, die ihm von seelischer und körperlicher Veranlagung des Pferdes, Ausbildungszweck und Können des Reiters gesteckt sind. Es wird also zwischen dem Soldaten- und Gebrauchspferd und dem Dressurpferd höherer Ordnung schwanken. Darüber hinaus wird unter Zehntausenden das eine oder andere von der Natur besonders begünstigte Ausnahmepferd, im Laufe langjähriger Arbeit durch einen Meister, seine Befähigung zur Hohen Schule erweisen.

„Von der Koppel bis zur Kapriole“ will im besten Sinne des Wortes zeitgemäß sein, indem es alles Gute und Erprobte aus unserm Wissen um die Reitkunst zusammenfaßt, was wir bis zum heutigen Tag unser eigen nennen. Denn wenn es auch feststeht, daß das Verhältnis von Reiter und Pferd durch Naturgesetze bestimmt wird, die, zeitlos und keiner „Schule“ angehörig, nur von physikalischen und psychologischen Gegebenheiten abhängig sind, deren Geltung seit Xenophons Zeiten unverändert geblieben ist, so ist es doch ebenso sicher, daß die Kunst des Reiters — das verhältnismäßig große

Kraftpotential des Pferdes in vom Reiter zu bestimmenden und von ihm zu richtenden Komponenten zweckentsprechend arbeiten zu lassen — noch in steter Entwicklung begriffen ist. Jedesmal, wenn der Kunst eine Sternstunde schlug und ein Xenophon, Griso, de la Guérinière oder Steinbrecht zur Reiterwelt ihrer Epoche sprachen, hat sie neue Auftriebe erhalten, sind ihr weitere Ausblicke eröffnet worden. Diese Entwicklung ist noch nicht abgeschlossen und wird es nie sein, denn die wahre Kunst kennt keine Grenzen.

Dennoch sieht uns schon die Gegenwart auf stolzer Höhe. Was in den letzten Jahrzehnten Tierpsychologie, Bewegungslehre und Kinetographie zur Erweiterung unserer Erkenntnisse beigetragen haben, wurde durch das hippologische Schrifttum, ich nenne nur Namen wie Rau und Heydebreck, ergänzt.

Die Probe aufs Exempel war die Berliner Olympiade mit ihren Siegen, die den Beweis richtiger Ausbildung lieferten. Diese Erfolge verpflichten und werden nur dann den jüngeren Generationen treu bleiben, wenn diese rastlos auf ererbtem Gute weiterbauen.

Wie schon aus dem Inhaltsverzeichnis ersichtlich, habe ich mich bei Gliederung und Aufbau des Stoffes von der Tatsache leiten lassen, daß die Grundausbildung für jedes Reitpferd dieselbe sein muß, sei es nun, daß es dazu bestimmt ist, seinen Reiter kräfteschonend von Ort zu Ort und über die Geländehindernisse einer Jagd, oder in den Lektionen der Hohen Schule zu tragen.

Dementsprechend wird auch der Leser, der sich für eine bestimmte Ausbildungsstufe interessiert, in den einzelnen Kapiteln und ihren Unterabschnitten die gewünschten Aufklärungen finden.

Stroblhof, im Frühjahr 1941.

ERSTER TEIL

Pferd und Reiter

„Pferde sind immer Pferde,
Reiter sind nicht immer Reiter“

Alvisi

I. Kapitel

Das Pferd. Gesichtspunkte bei seiner Auswahl

„Du sollst nur edle Pferde reiten. Wähle dein Pferd wie einen Freund; denn du sollst es lieben. Und wie du deinen Freund nur unter den Vornehmsten und Besten wählen wirst, so wähle dein Pferd." Binding.

Die Möglichkeit, sich ein mehr oder weniger gerittenes älteres Pferd vom Händler oder aus Privathand zu kaufen, soll hier nicht in erster Linie in Betracht gezogen werden, da wir ja zunächst in diesem Kapitel davon sprechen wollen, wie wir uns bei Anschaffung eines vielleicht fast vollkommen rohen Weidefohlens verhalten und wie wir ein solches Pferd im Hinblick auf seinen späteren Gebrauch beurteilen sollen.

Ganz roh wird der uns gezeigte Drei- oder Vierjährige glücklicherweise kaum sein. Er hat in unseren Breiten mindestens drei Winter im Stall verbracht — den letzten vielleicht schon angehalftert oder in einer Einzelbox —, das Fußaufheben ist ihm nicht mehr fremd, und die Trense kennt er vermutlich schon vom Vorjahr her, da er beim bäuerlichen Züchter zu leichter Ackerarbeit herangezogen wurde.

Sein Besitzer, als Angehöriger eines Reitervereins, hat ihn wahrscheinlich auch schon „eingemustert" und ihm einen Sattel aufgelegt. Wenn dies sachgemäß geschehen, ist nichts dagegen zu sagen. Allerdings haben sich viele Züchter und Aufzüchter eine solche Virtuosität im „Mustern" angeeignet, daß der Käufer leicht geneigt ist, den gezeigten Gang als naturgegeben zu bewerten. Er wird dann einer leichten Enttäuschung nicht entgehen, wenn sein Pferd trotz richtiger Arbeit im Sattel nie mehr wieder so dahinfliegen wird, wie damals an dem herrlichen Herbstmorgen auf der unmerklich ansteigenden Vorführbahn im Schloßpark.

Von großem Vorteil ist es natürlich, wenn das Pferd soweit sattelvertraut ist, daß man es sich zwanglos in den drei Grundgangarten vorreiten lassen kann, am besten durch einen Freund oder den mitgebrachten Stallmann. Die Leute des Verkäufers werden sich nämlich durch keine Macht der Erde davon abhalten lassen, dabei Gänge und Aktion herausdrücken zu wollen. Diese „passive Resistenz" gegen „passives" Vorführen oder -reiten habe ich in allen Ländern zwischen Pyrenäen und Weichsel erlebt, und Versuche, das Pferd so sehen zu wollen, wie es der Herrgott erschaffen, waren meist von Mißerfolg begleitet.

Daß man dann, wenn es irgend geht, selbst in den Sattel steigt, um die natürlichen Bewegungen zu fühlen, ist wohl selbstverständlich. Persönliches Reiten ist auch die Probe darauf, ob sich das Pferd unter der Last ebensogut ausbalanciert, wie es sein Bau vermuten ließ. Der anwesende Vertrauensmann wird dabei sehen, wie Reiter und Pferd zusammenpassen, wie uns dieses „tailliert", und wenn es schon einige Monate geritten sein sollte, werden auftretende Untugenden gewisse

Fingerzeige geben, ob ihre Abstellung bei der Dressur größere oder geringere Schwierigkeiten bieten wird. Da möchte ich gleich gelegentlich des Vorreitens oder Vormusterns an der Trense auf das leidige Zungenstrecken hinweisen. Junge Pferde, die schon bei dieser Gelegenheit die Zunge über das richtig liegende Gebiß nehmen oder sie heraushängen lassen, stellen dem Ausbildner unausgesetzte Maulschwierigkeiten in Aussicht, die auch bei guter Reiterei immer wieder in entscheidenden Momenten das Amzügelstehen in Frage stellen, besonders dann, wenn dieser Gebrauchs- und Schönheitsfehler vererbt ist.

Die G r ö ß e spielt insofern eine Rolle, als sie der des Reiters entsprechen soll, d. h. seine Kniee sollen bei normalem Sitz noch flach auf der Seitenbrust anliegen können und nicht die breiteste Stelle des Brustkorbovals überragen.

Vom ästhetischen Standpunkt ist es auch zu begrüßen, wenn ein Reiter mit langem Oberleib ein Pferd mit eher langer Oberlinie wählt, was übrigens auch für den fast ausgestorbenen Damensattel gilt.

Ein Reitpferd ist nicht leicht zu klein, wenn es nur genügend Brusttiefe und -wölbung hat und infolgedessen kurzbeinig ist, mit tiefliegenden Fußwurzelgelenken, wohl aber leicht zu groß, denn Pferde mit Höhen über, sagen wir, 1,70 Stockmaß sind meist nicht so geschickt und gangsicher wie ihre Artgenossen mittlerer Größen, da schon die hohe Lage ihres Schwerpunktes die Balancierfähigkeit vermindert. Sie kommen auch bei Rumplern schwerer wieder auf die Beine, besonders wenn die Brust schmal ist und zudem noch die Ellbogen angedrückt sind. Es gibt aber Gewichtsträger bis zu 1,80 Stock in Hannover und Irland, die wahre Lebensversicherungen bedeuten und einen durchaus harmonischen Eindruck machen. Auf alle Fälle ist es ein gutes Zeichen für eine Zucht, wenn sie gerade in ihren größeren, schwereren Exemplaren denselben typvollen, nervigen und gängigen Eindruck macht wie in ihren leichteren.

Nicht vergessen darf man bei Beurteilung der Größe junger Pferde, daß ihr Wachstum im Alter von vier Jahren noch keineswegs abgeschlossen ist. Eine das Mittelmaß übersteigende Höhe erleichtert nicht gerade die Ausbildung, wohl aber brauchen solche Pferde bedeutendere Futtermengen, ohne deshalb mehr zu leisten als die kleineren.

Zeigt ein Pferd n a t ü r l i c h e s F e u e r und Vorwärtsdrang — wohl zu unterscheiden von Stallmut und Aufregung durch normannische Hausmusik —, so hat man alle Ursache anzunehmen, daß seine gespitzten Ohren und sein freundlicher Blick williges Eingehen auf die Anforderungen des Reiters versprechen und daß es ohne Vorbehalt und Tücken ein ehrlicher Kamerad werden wird.

*

Entschließt man sich, auf A u k t i o n e n, z. B. im Hauptgestüt Trakehnen, ein junges Pferd zu erwerben, hat man nicht übermäßig viel Zeit zur Verfügung, und ein rascher Entschluß ist vonnöten. Man kauft da aber insofern nicht die Katze im Sack, als die Gestütverwaltung Fehler und Mängel in weitherziger Weise bekanntgibt und die zur Versteigerung kommenden Pferde mindestens eine Jagdsaison hinter sich haben und die Ergebnisse dieser Konstitutions- und Temperamentsprüfung zur Einsicht vorliegen. Wer so einen Trakehner, möglichst nach der qualitativ besonders guten Frühjahrsauktion, in den Stall bekommt, wird am besten fahren, wenn er bei der Arbeit das zumal bei Wallachen erst mit sechs Jahren beendigte Wachstum, den Klima- und Futterwechsel, sowie beim Einspringen den Umstand in Betracht zieht, daß diese Fohlen auf ihren ersten leichteren Jagden rennpferdemäßig im Rudel eingesprungen worden sind, daß also, um sie zu Gebrauchs- und später zu Turnierpferden zu machen, eine Umstellung ihrer Technik, vom Treten über Stangen angefangen, am Platze ist.

Je verständnisvoller man dabei vorgeht und je mehr Zeit man sich mit diesen liebenswerten Geschöpfen läßt, indem man sich ein bis anderthalb Jahre auf ein zwangloses Bewegen unter dem Sattel beschränkt, desto schneller werden die späteren Fortschritte sein, sobald sie erst einmal das Springen aus dem Rücken sicher beherrschen und ihre körperliche Entwicklung abgeschlossen haben. Letzteres ist vielfach vom Gehalt an arabischem Blute abhängig; man wird aber nicht fehlgehen, wenn man auch anderen Halbblütern erst nach dem Frühjahrshaarwechsel ihres vollendeten siebenten Jahres wirklich große Anstrengungen zumutet. Diese weise Selbstbeschränkung macht sich immer bezahlt, denn so vernünftig behandelte Pferde bleiben dafür bis weit in ihr zweites Lebensjahrzehnt und darüber hinaus frisch und dienstbrauchbar.

★

Es soll hier durchaus keine erschöpfende pferdekundliche Abhandlung gegeben werden — nur Winke über Bau, Charakter und Temperament, soweit sich diese beim Ankauf beurteilen lassen und Schlüsse auf das Verhalten des Pferdes bei der Dressur erlauben.

Vorausschicken möchte ich, daß so manches Pferd, das im Stehen und auch beim Vorführen blendet und durch ein nahezu tadelloses Äußere besticht, im Laufe der Arbeit enttäuscht und daß hinwiederum ein anderes, das beim Kauf durch keinerlei hervorragende Glanzpunkte auffällt, ja selbst manche Mängel im Bau aufweist, durch die Art, wie es sich später unter dem Reiter seines Gangwerkes bedient und durch seinen sich den Absichten des Menschen stets anpassenden, entgegenkommenden Geist das erstgenannte „Musterpferd" weit in den Schatten stellt. Sache des Kenners ist es nun, in gewissem Maße schon bei der ersten Besichtigung Prognosen stellen zu können. Dazu gehört Wissen und viel Erfahrung und noch einmal Erfahrung nebst einem angeborenen Blick, der sich nicht definieren läßt und dessen Vorhandensein erst den geborenen Pferdemann von Geblüt*) ausmacht. Hat man das Glück, einen solchen zur Hand zu haben — es gibt deren nicht allzu viele —, so nehme man dieses Phänomen von größtem Seltenheitswert mit zum Pferdekauf — man wird es nicht bereuen!

Ich kenne so ein Unikum. Rittmeister St., trotz schon erfolgreich beendeter zweiter Jugend, ist elastisch wie eine Sprungfeder, dabei schlank und schmalhüftig wie ein Leutnant, mit dem man ihn der Silhouette nach verwechseln könnte. Erst beim Näherkommen erkennt man unter einem ehrwürdig alten Jägerhut ein ebensolches Gesicht mit tiefen

---

*) Ein richtiger Pferdemann muß nicht nur Kenner sein — er muß auch als Pferd denken und fühlen können, es also nicht als mit Menschenverstand ausgestattet wissen wollen. Das Wort Pferdemann oder Pferdemensch sagt, daß ein solcher Pferd und Mensch zugleich sein soll — ein Zentaur nicht nur im körperlichen, sondern auch im seelischen Sinne.

Galoppierfalten, das vermuten läßt, daß sein Besitzer die „dreieckige Periode" schon überschritten haben dürfte.

St. ist, bis auf seine etwas merkwürdigen Ansichten über Theorien und Schulweisheit im allgemeinen und Frauen im besonderen, wie man so sagt, ein reizender Mensch und die Unterhaltung mit ihm reich an geistigen Vitaminen. Er hat nur zwei Schwächen: „den" grünen Hut und manchmal das Bedürfnis, von seinem alten ostgalizischen Ulanenregiment zu erzählen.

Hört man diese Geschichten zum ersten oder zweiten Male, machen sie sogar viel Spaß, bei öfterer Wiederholung verlieren sie jedoch den Reiz der Neuheit — aber wer wird sich an solchen Kleinigkeiten stoßen, selbst wenn in vorgerückter Stunde St. seines Lieblingsdichters Strachwitz „Altes Roß" zitiert? Wer sollte sich daran stoßen, bei all den anderen Qualitäten St.s? Er hat seit den letzten 50 Jahren an allen großen Turnierereignissen der Welt teilgenommen, meist selbst im Sattel oder als Richter, seltener als bloßer Zuschauer. Er kennt alle bedeutenden Turnierkanonen und weiß, wie solche werden und wo sie wachsen. Er wird sagen können, welche Fehler man mit in den Kauf nehmen darf und welche nicht, welche Mängel durch besonders günstigen Bau anderer Körperteile ausgeglichen werden. Er wird bei einem künftigen Military- oder Springpferd über ungefährlichen Spat, Gallen, angeborene Vorbiegigkeit, „dünne" Vorderbeine, die nur zierlich s c h e i n e n, weil Knochen und Sehnen unter einer überaus feinen Haut hervortreten und kleine Hufe die optische Täuschung vervollständigen, trotz Kathederhippologen lächelnd zur Tagesordnung übergehen und wird, wo es auf bestimmte Leistungen ankommt, das „Aschenbrödel" mit Schlappohren und tief aufgesetztem, leichtem Hals dem glänzend frisierten und herausgebrachten Blender vorziehen. Er wird aber, obwohl man „nicht auf dem Kopf oder Schweif reitet", diese Körperteile verdammt streng, jenen auf Ausdruck und Trockenheit, diesen auf Haltung prüfen, einen verschwommenen Widerrist selten oder nie verzeihen und auffallende Aktion nicht mit wahrem, natürlichem Schwung verwechseln. St. weiß genau, daß ein Pedigree weder ein bloßer Fetzen Papier noch eine Erfolgsgarantie ist — er weiß den Stammbaum mit Verstand und Diskretion zu lesen und ihn als das einzuschätzen, was er wert ist; er wird daraus entnehmen, daß z. B. der in Frage kommende Fuchs mit Hermitblut Springfreudigkeit und Ausdauer mitgebracht haben dürfte und daß der eben vorgeführte ostpreußische Rappwallach von seinem Großvater Carol nebst dem entzückenden Gleichmaß der Gänge vielleicht auch als neckische Zugabe die Neigung zur „Schrecksekunde" geerbt hat.

Wer keinen solchen Freund und Berater zur Seite hat, soll viel aus guten Büchern lernen, wenn auch die Theorie den Anschauungsunterricht am lebenden Pferd, verbunden mit praktischer Erprobung in Leistungsprüfungen, niemals ersetzen kann. —

Seit K i k k u l l i aus Mettani in Mesopotamien im 14. Jahrhundert v. u. Z. die ersten Regeln der Pferdewissenschaft keilschriftkundigen Priestern auf Tontafeln diktierte, sind über das Thema Hunderte von Büchern geschrieben worden. Sie reichen von den Griechen Simon und Xenophon (5. und 4. Jhdt. v. u. Z.) über Markus Fugger (1578) und Prizelius*) (1777) bis auf die heutige Zeit. Xenophon ist noch durchaus nicht in jeder Hinsicht überholt, seine Ausführungen über Psychologie (und in reiterlicher Beziehung über Bergabreiten, Führen am Nasenriemen usw.) halten unseren modernen Erkenntnissen durchaus Stand. —

Charakteristisch für ihre Epochen sind in den letzten hundert Jahren L e h n d o r f f und R a u für Deutschland, G a y o t für Frankreich, K o z m a für Ungarn geworden. — Liest man die klassischen Werke dieser Autoren, so

*) In seiner „Vollständigen Pferdewissenschaft" zählt er schon damals die Titel von 178 einschlägigen Werken auf. Eine große Zahl, wenn man bedenkt, daß gerade die reitenden Stände häufig „wegen hohen Adels des Schreibens unkundig" waren — eine Feststellung, die, nebenbei gesagt, zu damaliger Zeit durchaus nichts Beleidigendes hatte.

hat man das Gefühl, daß sie mehr sind als nur Berufene. Was sie für die züchterische Welt taten und tun, wird der Geschichte — aere perennius — angehören!

Der erste Eindruck des vorgeführten Pferdes soll uns nicht im Zweifel lassen, daß die langgehebelte, muskulöse Hinterhand durch einen nicht zu kurzen Rücken und langen, ausgesprochenen Widerrist mit schrägen Schultern und einem langen, freigetragenen Hals in Verbindung steht. Die Tritte sollen ausgiebig sein und elastisch vom Boden abfedern.

Eine weitere Beobachtung, zu der man sich Zeit nehmen muß und die von allen Seiten, also auch von vorne und hinten, während, vor und nach der Bewegung, womöglich auch im Stalle, auf der Koppel*) und nur notgedrungen auf dem Vorführringe erfolgen soll, wird dem Durchschnittsbeurteiler Gelegenheit geben, die einzelnen Körperteile und ihr Verhältnis zueinander einem genaueren Studium zu unterziehen.

Ein trockener, feingemeißelter Kopf mit hinter dem Kinnwinkel sich weit ausladenden, in Höhe und Breite stark ausgebildeten Ganaschen, ist ein Wertmesser von größter Bedeutung. Trockenheit zeugt von Adel und Nerv, Divergenz und Breite der Unterkieferäste von guter Entwicklung der zur Verdauungsarbeit so notwendigen Backenzähne.

Konkavität des Nasenrückens bei weiten Nüstern spricht für durch Kompression und Erwärmung erhöhte Ein- und Ausatmungsenergie. Ist die Stirnlinie zwischen den Augen leicht aufgewölbt, deutet dies nicht selten auf stark ausgeprägten Eigenwillen hin, der sich zu Stützigkeit entwickeln kann.

Ein Hauptkennzeichen des einwandfreien Kopfes ist das große Auge, das arglose Zutraulichkeit spiegeln und tief, d. h. nach den Nüstern zu, liegen und nicht eingesunken sein soll. Ein solches Auge wird sich ohne Unruhe des Kopfes auch in der nächsten Umgebung orientieren können, da infolge der großen Hornhaut viel Lichtstrahlen Eingang finden und es auch infolge seiner tiefen Lage das unmittelbar vorliegende Gelände überblicken kann, ohne den Kopf senken zu müssen.

Ausdruck des Auges und Ohrenspiel**) geben Fingerzeige über den Charakter. Ein unruhig oder „fern" blickendes Auge deutet auf seelische Verkrampfung, ein „gelassenes" Ohr auf inneres Gleichgewicht, kurze, weit gewölbte Muscheln auf Feinfühligkeit und Gelehrigkeit.

Es können aber nicht alle Rassen Araberköpfe haben, und man findet z. B. unter Irländern und Lipizzanern edle Gleichgewichts- und Leistungspferde mit schweren Köpfen.

Das Genick soll von oben und seitwärts gesehen keine Anlage zum Breit- und Schwererwerden haben, was der späteren Durchlässigkeit hinderlich wäre, der „Ansatz" des Kopfes an den Hals soll also leicht sein. Dazu gehören auch, wie schon erwähnt, breite und gerundete, also nicht scharfkantige und

---

*) Die Gelegenheit, ein Pferd in vollster Unbefangenheit und in seinem Alltagsgehaben beobachten zu können, soll man sich ja nicht entgehen lassen! Der Händler wird diese Gelegenheit jedenfalls nicht herbeiführen.

**) Rückwärtsgerichtete sind noch keine angelegten Ohren. Während jene nur auf Mißgelauntheit oder Unbehagen hindeuten, sind diese ein Zeichen für Bereitsein zum Schlagen oder Beißen.

eckige hintere Ganaschenränder, die, genügend weit, Raum zur Aufnahme von Ohrspeicheldrüsen und Kehlkopf lassen.

Der Hals wächst lang und frei, gegen den Kopf zu sich verjüngend, mit leicht gebogener Ober- und gerader Unterlinie, die eine breite Basis einschließen, aus den Schultern, dem „Aufsatz", heraus. Kurze, schwere Hälse, tief aufgesetzt, sind dem Gleichgewicht nicht förderlich und daher für jeden Gebrauch abzulehnen. Ist der Aufsatz aber gut, kann so ein Hals durch Heranstrecken an den Zügel geformt werden und dem Reiter durch seine Stetigkeit die Arbeit wesentlich erleichtern. Ist er bei tiefem Aufsatz leicht, soll man bei der Arbeit nur an Stetmachen denken und die Natur nicht vergewaltigen wollen, indem man Aufrichtung verlangt.

Der Hals spielt als Gleichgewichts- und bewegungsfördernde Balancierstange eine ungemein wichtige Rolle im Gesamtmechanismus der Bewegung. Darum ist ihm auch eine von der Natur mitgegebene allzu hohe Aufrichtung zur fließenden Überwindung von Geländeunebenheiten hinderlich.

Ein niedriger, kurzer Widerrist wird nie eine gute Sattellage geben. Das zu weit vorne wirkende Reitergewicht wird das Pferd am Ausbalancieren hindern, die Übergänge zu den verstärkten Gängen werden in Eilen ausarten und diese selbst sich nie aus frei tragender Hinterhand heraus taktmäßig und flüssig entwickeln lassen. Rechnet man noch die infolge Vorrutschens des Sattels drohende Druckgefahr hinzu, so kann man wohl sagen, daß ein verschwommener, „ertrunkener" Widerrist bei jeder Art von Gebrauch zu einer Quelle ständigen Mißvergnügens wird.

Fällt vom Widerrist aus die Schulter lang und schräg nach vorwärts ab, ist eine weitere Gewähr für die Bildung einer guten Sattellage vorhanden und der Reiter wird bei langem Hals und Widerrist „viel vor sich" haben, was seine Sicherheit nicht nur nach physikalischen Gesetzen erhöht, sondern ihn auch um so eher veranlassen wird, in schwierigem Gelände die notwendige Zügelfreiheit zu geben.

Ein Oberarm von entsprechender Länge, der mit einem von scharf konturierten Muskeln bedeckten Schulterblatt unter einem ungefähr rechten Winkel verbunden ist, gewährleistet den raumgreifenden Vortritt, wenn aus der Hinterhand kommender Schub und Schwung ihn ermöglichen. Ohne diese beiden ist allerdings die herrlichste Schulterpartie nahezu wertlos.

Mächtige, vom Unterarmbein nach rückwärts abstehende Höcker des Ellbogengelenks sind besonders erwünscht bei Pferden, deren Beruf das Galoppieren sein soll. Sind, im allgemeinen gesprochen, diese Knochenfortsätze — die wichtige Hebelarme darstellen — nicht „angeklatscht" und von der Seitenbrust durch mindestens Fingerbreite getrennt, ist mit Sicherheit anzunehmen, daß sich so ein „ellbogenfreies" Pferd mit Geschick aus kritischen Lagen befreien und immer wieder auf die sich gegenseitig nicht hindernden Beine kommen wird.

Der Vor- oder Unterarm muß im Verhältnis zur Vorderröhre lang und wie diese*) breit sein. Während ersterer nicht stark genug bemuskelt

*) Manche Vorderröhren messen mehr als sie, von der Seite betrachtet, scheinen, da sie eine gute Vorderbreite haben.

sein kann, müssen sich auf letzterer die Sehnen scharf abzeichnen und keinerlei Verschwommenheiten den Eindruck der Trockenheit beeinträchtigen.

Vorderknie und Fesselgelenk werden ihren Zweck am besten erfüllen, wenn sie durch ihre Größe Sehnen und Bändern günstige Anheftungsmöglichkeiten bieten. Sind aber diese beiden Gelenke „geschliffen", werden sie wenig Widerstandskraft haben.

Die Verbindung von Röhre und Huf soll durch eine eher lange und elastische, aber dabei starke Fessel gebildet werden. Eine zu steile Fessel kann ein sonst hervorragendes Pferd nahezu unbrauchbar machen. Abgesehen davon, daß die Reaktion des Auffußens, die Dröhnung, fast ungebrochen den Gelenken mitgeteilt wird und eine vorzeitige Abnützung erwarten läßt, verursacht auch das unelastische Abfußen beim Reiter vorzeitige Ermüdung. Daß steilgefesselte Pferde wegen fast senkrechten, stakigen Auftretens in der schwungarmen, weil ohne Schwebephase sich abwickelnden Bewegungsfolge des Schrittes kleine Trittweiten aufweisen und im Gelände jedes Steinchen gleichsam aufzusuchen scheinen, um sich daran zu stoßen und Fehler über Fehler machen, sei noch nebenbei erwähnt.

Abschließend möchte ich sagen: Hat man die Wahl zwischen einer ausgesprochen weichen und einer Fessel, deren Neigungswinkel wenn auch nur wenig 45° überschreitet, so wähle man ohne Besinnen die „fehlerhafte" weiche, man wird es nicht bereuen! Der Sehnen- und Bandapparat, der die durchtretende Fessel stützt und umkleidet, ist infolge seiner aktiven Elastizität bedeutend widerstandsfähiger als Knochen und Gelenke, die bei nur etwas steiler Stellung unweigerlich zu Schaden kommen. So wenig auch Schlagworte bei Beurteilung des Pferdes Geltung haben dürfen, wo jede Kritik nur relativ, d. h. nur in Beziehung zu Leistungswert und Kinetik — der Art, wie ein Pferd sich seines Gangwerks bedient — sein darf, möchte ich doch in diesem Falle eine Ausnahme machen und die alte Binsenweisheit „Ohne Fessel kein Pferd" zu Ehren kommen lassen.

Es ist anzunehmen, daß bei einem bisher im Freien aufgezogenen Pferde das „notwendige Übel" des Beschlages noch keine Verheerungen an den Hufen angerichtet hat. Man lasse diese auch noch möglichst lange unbeschlagen — höchstens lege man halbmondförmige Vordereisen auf. Blutzirkulation und Hufatmung — Strahlgymnastik — werden dadurch wesentlich gefördert. Auf glattem Boden haftet auch der unbeschlagene Huf besser, womit nicht geleugnet werden soll, daß z. B. „Mordax"-Gleitschutzstollen bei Glatteis gute Dienste leisten und zum Absprung auf glattem Turnierrasen gestollte Hintereisen notwendig sind. Worauf man aber schon beim Weidefohlen sehen soll, ist die gute Entwicklung der Trachten. Sie sind Stoßbrecher und schonen die Gelenke ebenso wie richtig gelagerte Fesseln.

Allzu stramme, gerade Rücken läßt man heutzutage nur mehr bei Tragtieren passieren; da wir aber reiten wollen, müssen wir uns vor Augen halten, daß nur eine gewisse Länge des Rückens das zwanglose Ineinanderfedern des von Kruppe über Rücken, Hals und Bauch sich schließenden Muskelringes und ein freies Ausschwingen des Bewegungsmechanismus ermöglicht. Die Länge des Rückens muß allerdings eine Resultante von lang auslaufendem Widerrist, langem, geradem (Gurtenfurche!) Brustbein und nicht zu kurzer Nierenpartie sein; dann wird auch der Schluß bei nahe zur Hüfte gelegenen, gut entwickelten hinteren Rippen befriedigen und man gleichzeitig auf Leichtfutterigkeit, also Wirtschaftlichkeit, d. h. relativ geringere Erhaltungskosten, schließen können.

Ein kurzes Quadratpferd, bei dem die Entfernung Bug—Sitzbeinhöcker die Widerristhöhe nicht übersteigt, wird es bei der Kürze seiner Unterstützungsfläche immer schwer haben, sein Gleichgewicht zu erhalten. Ein langer Hals —

der übrigens gerade bei solchen Pferden eine Seltenheit ist — kann allerdings die Gleichgewichtsbeherrschung erleichtern und durch freies Balancieren einen Ausgleich schaffen.

So sehr ein ausgesprochen „tiefster Punkt" des Rückens, etwa in der Gegend des 15. Rückenwirbels, am Ende des sanft auslaufenden Widerrists, vom reiterlichen Standpunkt aus zu begrüßen ist, sind Extreme zu vermeiden und unverkennbare Senkrücken ebenso wie Karpfenrücken zu verwerfen. Bei beiden ist das Strecken erschwert und der richtige Aufbau der Dressur gleichwie die Entwicklung von Schnelligkeit in Frage gestellt.

Engbrüstige, hochbeinige Pferde werden leicht ermüden, aber nicht aus Mangel an Muskelkraft, sondern weil Länge und Wölbung*) der Rippen zu gering sind, um Herz und Lunge, also dem Atmungsvorgang, den notwendigen Spielraum zu gewähren. Bei der schulmäßigen Arbeit neigen sie in den Seitengängen zum „Schränken" und verlieren dann, da z. B. beim Traversieren der äußere Hinterfuß zu weit seitwärts tritt und die Schwerlinie überschreitet, ihre Haltung und damit die Ruhe. Sind die Rippen in der Herzgegend zu flach, wird auch die richtige Gurten- und Schenkellage außerordentlich erschwert.

Wenn Breite und Tiefe des Brustkastens so stark entwickelt sind, daß dieser mit den übrigen Proportionen des Körpers nicht mehr im Einklang steht, ist allerdings anzunehmen, daß ein solches Pferd im Verlaufe der Dressur Mangel an Wendigkeit und geringe Schnelligkeit zeigen wird.

Die Hinterhand soll langlinig sein. Das gilt vor allem für die Entfernungen Hüfte — Sitzbeinhöcker, Pfannen- — Kniegelenk und Knie- — Sprunggelenk. Dieses letztere soll also möglichst nahe dem Boden sein, woraus sich dann die erwünschte Kürze der Hinterröhre ergibt. Ist der Winkel, den Darm- und Oberschenkelbein im Pfannengelenk (Hüftgelenk) bilden, knapp ein rechter, wird als sichtbares Zeichen dieses Knochenbaues das Hinterknie weit nach vorn zu liegen kommen und der Gesäßmuskel rechtwinklig auf die Umdreher des Oberschenkels wirken, die Streckung und Beugung also unter den günstigsten Umständen ohne Kraftverlust vor sich gehen und der Gang gefördert. Sind Knie und Sprunggelenk nach rückwärts herausgestellt, so leidet der Einklang zwischen Abstoß und Vorgriff; es entsteht das unschöne und die Harmonie des Bewegungsablaufs störende „Hintenherausbleiben" der Nachhand, ein Fehler, der ebenso wie Überbautsein**) auch durch tadellose Vorhand und Rücken schwer auszugleichen ist.

Breite und gute Bemuskelung des Unterschenkels, der Hosen, ist in erster Linie von Lage und Ausmaß des wichtigsten der sechs Knochen des Sprunggelenks, dem Sprungbein, abhängig. Je länger dieses ist und je divergierender dabei seine Achse zu der des Unterschenkelbeines steht, desto mehr Platz ist für die Entwicklung kräftiger Muskeln vorhanden, da sich ja dann die Achillessehne weit vom Unterschenkel absetzt. Die Hosen haben dann eine schöne Breite. Die eben geschilderte Entwicklung des Sprungbeines bestimmt

*) Der Brustkorb soll gut gewölbt, doch wie bei allen spätreifen, auf Dauerleistung gezüchteten Rassen, weniger rund als vielmehr tief und lang, mit weit ausladender Hinterrippe ausgestattet sein (Atmungs- und Futterverwertungstyp).

**) Die Nachteile des Überbautseins werden sich schon bemerkbar machen, wenn die höchsten Punkte der Kruppe und des Widerrists in einer Horizontalen liegen.

auch Länge und Breite des Sprunggelenks selbst, zu denen noch die Tiefe — der Abstand zwischen äußerer und innerer Seitenfläche, der Querdurchmesser — hinzukommt und welche drei Ausmaße alle gleich notwendig sind, um diesem drittstärksten Gelenk des Pferdekörpers die Fähigkeit zu verleihen, die oft ungeheure Druckwirkung der Last von Pferd und Reiter beim Auffangen auf eine relativ große Fläche zu verteilen und sie durch günstige Hebelung vorwärtszuschleudern und zu tragen. Dieses Gelenk muß seine Sehnen und Knochen scharf konturiert unter dünner Haut hervortreten lassen und unmerklich in breiter Einschienung in die vordere Fläche der Hinterröhre übergehen. Diese und die restlichen Teile des Hinterbeines werden nach denselben Grundsätzen beurteilt wie bei den Vorderfüßen.

Liegt der Oberschenkel richtig, so brauchen steile Sprunggelenke kein übergroßes Kopfzerbrechen zu machen, um so mehr, wenn die Hinterfessel etwas weich ist und die Amortisation mitübernimmt. Der Raumgriff leidet darunter zwar einigermaßen im Schritt, doch können solche Pferde im Trab und Galopp

sehr brauchbar sein, da die geringe Verlängerungsfähigkeit des von Natur aus schon zu offenen Winkels von der in diesem Falle besonders wirksamen Schleuderkraft — dem Schub — in den Schwebephasen dieser zwei Gangarten wettgemacht wird. Versucht man aber, so einem Pferde eine richtige Beugung und Streckung abzuverlangen, wie sie der korrekt gerittene Mitteltrab erfordert, oder gar das elastische schwungvolle Abfedern, schon aus der Beugung heraus, in der höheren Versammlung, so wird man auf Schwierigkeiten stoßen und einsehen müssen, daß die Natur auch der größten Kunst Grenzen gesetzt hat. Dagegen wird einem Dressurpferd selbst ein etwas zu stark gewinkeltes Sprunggelenk bestimmt nicht schaden, wenn bei langem, schrägem Oberschenkel das Knie auf seinem Platze ist. Ein offener Kniewinkel allerdings verhindert die Ausnützung einer sonst ausgezeichneten Bewegungsfreiheit des Sprunggelenks. Das geräumige Vortreten in Richtung des Schwerpunktes wird dadurch unmöglich und die Hinterhand schleppt nach.

Daß säbelbeinige Pferde unter sonst gleichen Umständen eher zu Erkrankungen des Sprunggelenkes neigen, erklärt sich durch die Erschütterung und Belastung, denen ein solches Gelenk unter einem ungünstigeren Winkel ausgesetzt ist.

Dasselbe gilt für zu nahe beieinanderstehende oder zu weit voneinander entfernte Sprunggelenke*), wobei letzterer Mangel schwerer wiegt, besonders wenn noch ein Drehen im Moment der Belastung hinzutritt, wodurch sich das Hinterbein der korrekten Beugung entzieht und so der reiterlichen Einwirkung ausweicht. Während erstere Unregelmäßigkeit, die „Kuhhessigkeit", der Überwindung von Niveauunterschieden direkt förderlich ist — Gebirgsrassen — und auch die Erzielung guter Leistungen im Renntrab unterstützt, so ermangeln „faßbeinige" Pferde meist der Schub- und Tragkraft, zumal wenn durch das häufig dabei auftretende Drehen den Muskeln noch ungünstigere Angriffspunkte geboten werden. Diese schlechte Mechanik hat auch häufig Erkrankungen des Sprung-, Fessel- und Kronengelenks zur Folge.

Knochen- und andere Beinfehler fallen nicht in den Rahmen dieser Betrachtungen. Es sei nur gesagt, daß scharf abgesetzte Sprunggelenke, selbst ein kein Lahmen verursachender Spat, Hasenhacken und Rehbeine oft angeboren sind, ebenso wie lose Knie — wobei aber die Fessel normal liegen muß — und keinen Grund bilden, mit ihnen behaftete Pferde zurückzuweisen.

Je edler und nerviger ein Pferd ist, je straffer und dichter die Textur seiner Sehnen, Muskeln und Knochen, desto weniger wird es durch solche Mängel in seiner Leistungsfähigkeit beeinträchtigt. Bei Überbeinen kommt es auf ihre Größe und Lage — nicht zu nahe am Knie oder zu weit hinten — an; Gallen können als Folge von Infektionskrankheiten, unvernünftiger Stallhaltung und Fütterung oder zu energischen „Einbrechens" an der Longe entstanden sein. Auch zu frühzeitiger Gebrauch, vor allem nach der Kastration, läßt sie entstehen. Wenn sie einmal da sind, werden sie trotz Wärme-, Pflaster- oder Massagebehandlung nach größeren Anstrengungen immer wieder zum Vorschein kommen, wie Ölflecke, gegen die auch kein Kraut gewachsen ist. Die einmal überdehnten

*) Eine Ausnahme, die die Regel bestätigt, war des verstorbenen Freiherrn von Langen berühmter „Goliath", ein Dressur- und Springpferd erster Klasse; er war ausgesprochen O-beinig.

Gelenkkapseln und Sehnenscheiden füllen sich dann immer wieder von neuem mit Ausscheidungsflüssigkeit. Solange die Gallen weich sind, hindern sie die Elastizität der Gänge nicht. Eine gewisse konstitutionelle Schwäche verraten sie aber doch. Ob Gallen durch Zellulartherapie auf Nimmerwiedersehen zum Verschwinden gebracht werden können, weiß ich nicht. —

Auch das noch nicht in Reitkondition befindliche Pferd soll schon die Konturen ausgeprägter Muskeln zeigen, was wir bei der Betrachtung von vorn und hinten ebenfalls zu beachten haben. Besonders von rückwärts gesehen soll die Bemuskelung Anlage zu weitem Rahmen verraten, denn ein Pferd mit schwach ausgebildeten kurzen Gesäß-*) und Hosenmuskeln, die Ober- und Unterschenkel bedecken, wird von seinem Motor keinen vollwertigen Gebrauch machen können.

Obwohl die Theorie an den Knochenfortsätzen geräumig-breite Muskelanlage und Gleitflächen fordert, ist bei oft sehr leistungsfähigen Pferden die Entfernung der beiden äußeren Darmbeinwinkel, der Hüften, relativ gering. Nicht groß genug kann aber, von hinten gesehen, die Entfernung zwischen den Kniegelenken sein, womöglich größer als die zwischen den Sitzbeinen, worauf Rau des öfteren nachdrücklich hingewiesen hat.

Befindet man sich schon hinter dem Pferde, prüfe man es auch auf Einhüftigkeit oder einseitigen Muskelschwund, der auf ein Beinleiden, meist Spat, hinweist.

Bei dieser Gelegenheit fällt dem Beurteiler vielleicht das Hin- und Herschwappen eines großen Bauches auf. Wenn es sich um ein junges Pferd handelt, ist das durchaus kein Unglück, im Gegenteil, ein Zeichen, daß ihm das in diesen Jahren so notwendige Rauhfutter nicht zu karg zugemessen wurde. Es wäre auch durchaus gefehlt, die Rückbildung dieses Fohlenbauches durch zu plötzlichen Entzug des Rauhfutters beschleunigen zu wollen. Viel bedenklicher ist der aufgeschürzte Bauch. Wenn seine Ursache nur sparsame Heurationen und zu wenig Weidegang war, läßt sich da bis zum 6. Jahr noch einiges nachholen.

Die Stellung der Gliedmaßen soll regelmäßig sein, d. h. vertikal zum Boden**) und vordere und hintere Beinpaare jeweils einander deckend. Dasselbe gilt für das linke und rechte Beinpaar, wenn man das Pferd im Schritt und Trab senkrecht auf sich zu- und von sich wegführen läßt.

Bei edlen und nicht für die Zucht bestimmten Pferden kann man über kleinere Stellungsfehler hinwegsehen; diese werden sie nicht hindern, so manches „tadellose" Modell, dem aber Ausdruck und Nerv fehlen, zu übertreffen.

Wenn man noch in einer sehr verbreiteten Pferdekunde der neuesten Zeit lesen kann, daß „der Schweif nur für das Aussehen des Pferdes Bedeutung hat", so darf bei aller Hochachtung vor den Verfassern diese Behauptung nicht unwidersprochen bleiben. Der Schweif kann durch die Art, wie er getragen wird, seine seidenartige Behaarung, die Energie, mit der er sich dem Aufheben widersetzt, durch die Art andererseits, wie er, gerade getragen, mit seinen Wirbeln und der Fahne zwanglos in den Bewegungsryhthmus pendelnd eingeht,

*) Bei jungen Pferden, die später gute Dressurpferde werden, sind die Gesäßmuskeln schon von Natur aus gut entwickelt, so daß die dazwischenliegende Schenkelspalte schmal erscheint.

**) Siehe auch Seite 317 und 318.

eine wichtige Ergänzung zum Adelsbrief des Kopfes werden und uns überdies Aufschlüsse über Charakter, Lebensenergie, Nerv, Konstitution und den Grad des natürlichen Spannungszustandes, des Tonus, geben. In ein späteres Kapitel gehört, was ein aufmerksamer Beobachter alles aus Haltung und Bewegungen des Schweifes eines unter dem Reiter gehenden Pferdes entnehmen kann. Der Schweif wird da zum wahren Barometer, das mit untrüglicher Sicherheit anzeigt, ob die Rückentätigkeit in Ordnung ist oder nicht, ob sich eine Seite steift, ob das Pferd sich verhält oder müde ist, ob sein Reiter bewußt oder unbewußt den Sporn mißbraucht. Kurz, an diesem Barometer kann der Kundige die ganze Geschichte von Reiter und Pferd ablesen.

Aber auch schon in unserem Falle verrät uns der Schweif nicht nur Abkunft und allgemeinen Kräftezustand. Bei der Besichtigung im Stall wird uns ein plötzliches Anklemmen immer nachdenklich machen. Entweder fürchtet das Pferd die Strafe für irgendeine Stalluntugend oder es ist überängstlicher Natur; vielleicht trifft es auch Anstalten, zu schlagen. Ein Zittern der Schweifrübe beim Herausführen läßt darauf schließen, daß der Verkäufer der Haltung durch künstliche Mittel — Pfeffern — nachgeholfen hat.

Als Fortsetzung des Kreuzbeins nehmen die ersten Schweifwirbel die Richtung der Kruppe an, der Schweifansatz ist demnach horizontal bei der waagerechten Kruppe und wird dann in besonders schönem Bogen weitab von den Sitzbeinhöckern getragen. In diesem Falle tritt allerdings die Leistungsfähigkeit zugunsten schöner Form in den Hintergrund, wenn die Nachteile einer horizontalen Kruppe — ungünstige Winkelung zur Übertragung der Schubkraft und verminderte Tragfähigkeit — nicht durch andere günstige Bildungen im Bau teilweise ausgeglichen werden. Liegt die Schweifwurzel nicht in der Fortsetzung des Kreuzbeins, sondern zwischen den Hinterbacken festgeklemmt, ist das ein untrügliches Zeichen für geringe Ausdauer und minderwertige Konstitution. Es gibt Reiter, die durch zweckentsprechende Arbeit auch ein unscheinbares Äußere so umformen können, daß man nach einigen Monaten das bescheidene Pferdchen nicht wiedererkennt. Sie haben zugleich mit den Rückenmuskeln die Heber des Schweifes zur Tätigkeit gebracht und damit auch eine ganz annehmbare Haltung des ehemaligen Bammelschwanzes herausgeritten. Immerhin sind Reiter mit solcher Einwirkung selten, und es ist angezeigt, sich in dieser Beziehung nicht allzuviel zuzutrauen.

Kupieren ist nicht mehr modern und die neue Richtung hat sich den Dank aller erworben, bis auf den der Kutscher, denen Leinenfänger das Leben auf dem Bock sauer machen und den der Kaltblutfreunde, die sich die imposante Hinterkarre eines Rheinländers nur mit einem mikroskopischen Bürzel geschmückt vorstellen können.

Wie sehr Kurzschwänze unter der Fliegenplage zu leiden haben, veranschaulicht am besten die Gepflogenheit, daß in gewissen Weidegegenden Frankreichs für kupierte Pferde pro Stück und Tag bedeutend weniger Koppelpension zu bezahlen ist als für Langschwänze, die sich ungestört der Vertilgung größerer Mengen Weidegrases widmen können.

Daß es heutzutage besser und mit vollendeterer Technik springende Pferde gibt als ehedem, ist nebst der von Grund aus geänderten Art des Einspringens und Springsitzes, zu einem kleinen Teilchen auch dem Umstand zuzuschreiben, daß nicht nur der Balancierstab Nr. 1 — Hals und Kopf —, sondern auch sein bescheideneres Komplement, der Schweif, seiner ihm von der Natur gegebenen Bestimmung wiedergegeben ist.

Über die F a r b e des Pferdes sei nur gesagt, daß man sich bei der Auswahl — es sei denn als Zirkusdirektor oder Leichenbestatter — womöglich nicht auf ein bestimmtes Kolorit festlegen soll — weder aus sentimentalen noch anderen Gründen. Sonst kann es geschehen, daß sich die alte Weisheit: „Ein gutes Pferd hat nie eine häßliche Farbe" umkehrt und wir mit der Enttäuschung, die uns vielleicht „Apollo" bereiten wird, auch noch einen unbegründeten Widerwillen gegen seine ganz und gar unschuldige Jacke fassen.

Man kann dies um so mehr sagen, als es niemand einfallen wird, einen Lehmfuchs mit heller Mähne oder einen Gelbbraunen mit „grünen" Beinen ihrer blendenden Couleur wegen zu wählen, sie hätten denn andere ganz hervorragende Eigenschaften, was aber bei Tieren mit verschwommenen Farben kaum der Fall sein dürfte.

A b z e i c h e n sind einmal modern, dann wieder gelten sie als „Fingerabdrücke des Teufels". Gleichbleibend in seiner negativen Einstellung zu ihnen ist nur das Stallpersonal, das sie reinigen muß. Fest steht es auch, daß bei Dressurreitern schiefe Blässen oder einzelne weiße Beine unbeliebt sind, denn es soll Richter gegeben haben, die optischen Täuschungen zum Opfer fielen und von „schiefer Kopfhaltung“ oder „nicht ganz reinen Gängen“ sprachen, wenn die Pferde auch nach der Meinung ihrer Reiter wie die Puppen gegangen waren.

Der Verfasser besaß selbst einmal so ein Anstoß erregendes Füchslein, über das sich die Gelehrten nicht einigen konnten. Gelegentlich eines mehrere Tage dauernden Turniers und nachdem das erste Auftreten besagten Füchsleins wenig Anerkennung gefunden, unterzog er das Pferd an gewissen Stellen einem einfachen Färbeverfahren. Der Erfolg war durchschlagend. Bei der nächsten Vorprüfung suchten nicht nur die Zuschauer im Programm nach dem in doppeltem Sinne „dunklen Pferde“, das offenbar irrtümlich darin nicht verzeichnet war, auch die hohe Jury mußte zugeben, daß der Fuchs, den sie nach Aufklärung der unschuldigen Schiebung durch den Reiter und näherer Beaugenscheinigung des kleinen Nummernschildes als verbesserte Neuauflage des gestern so ungnädig behandelten bunten Füchsleins wiedererkannte, heute so rein gehe „wie ein Glöckerl“.

Mit den vielen Sprüchen, die im Zusammenhang mit den Farben und Abzeichen des Pferdes existieren, will ich den Leser verschonen. Erstens sind sie in einschlägigen Werken wiederholt zitiert worden und dann scheinen sie mir vielfach nur von kulturhistorischem Wert, denn sie widersprechen sich je nach Breitegrad, Zeitalter und Reitervolk, das sie geprägt.

Das Wichtigste beim Reitpferd ist zweifellos der Gang, d. h. die Art, wie es sich bei der Fortbewegung seiner Beine bedient. Setzt es diese weitausholend und leicht auf, federn sie wieder ab, ohne am Boden zu kleben, so ist der Gang elastisch. Elastizität aber bedeutet Ausdauer und Schnellkraft, also Leistung. Darum kann man auch mit Recht sagen, daß, wenn die Gänge gut sind, auch das Gebäude gut ist.

Auf den Gang und den sich daraus im Verlaufe der Gymnastizierung ergebenden Nachschub und Schwung soll in den folgenden die Ausbildung behandelnden Kapiteln näher eingegangen werden, weil seine Reinheit und Verbesserung nebst der Anlehnung die untrüglichsten Beweise folgerichtigen Dressuraufbaues sind. An dieser Stelle ziehen wir ihn nur soweit in Betracht, als er beim jungen Pferd, das wir beobachten, Fingerzeige über ein schon von Natur aus mitgegebenes Kapital an Mechanik und deren Entwicklungsmöglichkeiten zu geben imstande ist. In diesem Sinne und in den Rahmen einer Definition gebracht, ist der Gang die natürliche Veranlagung des Pferdes, sich in den drei Gangarten in der Freiheit und unbelastet fortbewegen zu können.

Je korrekter der Körperbau und je harmonischer Körpergewicht und Muskelkräfte aufeinander abgestimmt sind, desto graziöser, flüchtiger (leichter) und richtiger wird der Gang dem Auge erscheinen.

Solange das rohe Pferd unbelastet geht, werden seine Hinterbeine je nach Veranlagung und Umständen, entweder schlaff oder leicht federnd über den Boden treten, doch werden sie weniger schieben, weil hierzu noch der Anlaß — Belastung und Einwirkung — fehlt.

Konnten wir schon früher, beim Mustern im Stand, nicht genug darauf dringen, das Pferd auch ganz zwanglos vor uns stehen zu lassen — Vorsetzen eines Vorderbeines ist immer verdächtig —, müssen wir auch beim Vorführen an der Hand darauf bestehen, daß es unbefangen an uns vorüberschreitet und trabt, ohne daß es durch Kammermusik, Peitsche, hinter Hausecken und Büschen sich „zufällig" aufhaltende Stalleute und was es sonst noch der gerade landesüblichen Scherze und Feuerwerke mehr gibt, veranlaßt wird, Gänge zu produzieren, die man am Tage des Ankaufs wahrscheinlich zum ersten und letzten Male bewundert hat.

Ein ganz großer Kenner wird sich auch durch ein oben beschriebenes Vormustern keinen Sand in die Augen streuen lassen und sich trotzdem ein Urteil bilden können, was von dem in künstlich aufgepulvertem Zustande Gezeigten nach mehrmonatiger Biege- und Streckarbeit der Hinterhand veredelt wieder zum Vorschein kommen wird und was nichts wie exaltierte Aktion ist, die mit Gang nichts zu tun hat. Der Durchschnittsreiter wird aber ohne Hilfe und Lehrer wohl kaum so weit gelangen, den natürlichen Gang durch Gymnastik zu verbessern. Solche Reiter sollen darum den natürlichen Gang des unbelasteten Pferdes sehen, weil dieser schon das Maximum dessen ist, was das Pferd, nachdem es sich ans Tragen der Last einmal gewöhnt und gewisse Muskelpartien gekräftigt hat, auch später unter dem Sattel zeigen wird. Ich nehme absichtlich so einen Grenzfall nach unten an, und zwar nur der Vollständigkeit halber, denn im weiteren Verlauf unserer Betrachtungen wollen wir nachweisen, daß ein Pferd, das sein Leben lang nur in „natürlicher Selbsthaltung" dahinpendelt, dieses Leben jedenfalls nicht so lange genießen wird als dasjenige, welches durch die Dressur gelernt hat, aus mittätigem und mitfederndem Rücken seine Beine zu entlasten und sich bis ins späte Alter frisch zu erhalten.

Ein dauerndes Reiten in „natürlicher Selbsthaltung" ist also nur dann gegeben, wenn Unzulänglichkeit des Reiters, Mangel an Zeit ein älteres Pferd zweckmäßig zu formen, oder der ganz ausnahmsweise günstige, mit Gehlust gepaarte Bau einzelner seltener Vertreter deutscher, irischer oder französischer Zuchten dies rechtfertigen. Solche „vom Hengst gerittene" Ausnahmepferde, die sich schon von Natur aus gleichsam in einem reiterlichen Gleichgewicht befinden, sind aber, wie gesagt, Raritäten, im Preise meist unerschwinglich und jedenfalls nicht auf Kommando zu entdecken. —

Für diejenigen aber, die das Reiten nicht nur als Gesundheitsmassage oder Beförderungsmittel betrachten, wenn es im Gebirge oder sonstwo der Motor einmal nicht schafft und stützig wird — und nur um diese, denen der Umgang mit Pferden Lebensbedürfnis und -inhalt bedeutet, ist der Verfasser bemüht —, sei gesagt, daß von Natur aus schlechter Schritt und Galopp durch gute Dressur nur wenig verbesserungsfähig sind, durch falsche aber noch erheblich schlechter werden, als sie es schon von Haus aus waren. Ein mäßiger Trab bietet etwas mehr Entwicklungsmöglichkeiten, aber das leichte, freie und raumgreifende Abfedern der Vorhand aus gebeugten Hanken heraus ist auch nach

der Dressur durch einen Könner nur denjenigen Pferden gegeben, welche die Anlage dazu ererbt und durch Weidegang befestigt haben. Ein guter Schritt weist mit Sicherheit auf einen ebensolchen Galopp hin, dagegen ist er durchaus nicht maßgebend, um daraus auf Ergiebigkeit und Raumgriff des Trabes zu schließen*), die nicht allein eine Funktion günstiger Mechanik, sondern auch eine solche von Nerv und Schwung sind.

In richtiger Erkenntnis dessen, daß sich in der Beschränkung der Meister zeigt, sieht man gerade die erfahrensten und besten Reiter sich in bezug auf Verbesserung mangelhafter Gänge nicht Unmögliches zumuten und bei Auswahl ihrer Pferde den allergrößten Wert auf schon von Natur aus vorhandene große Mechanik legen. Diese aber wird sich nur bei einem heutzutage vom Züchter, Landwirt und Reiter gleichmäßig gewünschten Rechteckpferde (Widerristhöhe kleiner als Rumpflänge) mit langen Schultern, Unterarmen, Ober- und Unterschenkeln und relativ langem Rücken finden. Denn nur so ein Rahmen wird die Gewähr eines schlackenlosen, d. h. mit keinem unnötigen Kraftverlust verbundenen Ineinanderfederns aller Teile in der Bewegung bieten und später der durch den Reiter zu entwickelnden Schubkraft am besten entgegenkommen. Daß ein so gebautes Pferd auch im Temperament angenehm sein wird, ist erklärlich. Sein Rücken wird eher zum Schwingen kommen und infolgedessen

*) Dafür, daß auch das Umgekehrte nicht der Fall ist, dienen als Beispiele die bekannten deutschen Dressurpferde „Volt" und „Gimpel" (letzterer besonders bekannt durch die Olympiaden 1928 und 1936), die beide bei schönem Trabgang, trotz vorzüglichen Gerittenseins, nie über einen gerade noch befriedigenden Schritt hinauskamen.

werden die im Verlaufe der Dressur unvermeidlichen Schmerzen bedeutend milder auftreten, so daß der Anlaß zum Steifen und Sichfesthalten immer mehr wegfällt. —

Nun zum Vorführen selbst, das aber, wenn es jahrmarktmäßig vor sich geht, wie schon erwähnt, durch stille Beobachtung auf der Koppel ergänzt werden muß.

Beim Vorführen in freier Haltung sollen im Schritt die Hinterhufe bis zu zwei und auch mehr Hufbreiten über die Fußspuren der Vorderbeine hinaus vortreten. Dieses weite Untertreten der Hinterbeine entspricht ihrer Aufgabe des Abhebelns und Stützens in Richtung des sich bei zwangloser, freier Haltung nach vorn verschiebenden Schwerpunktes.

Man wird dabei die Feststellung machen können, daß die absolute Schrittweite kleiner, kurzbeiniger, aber tiefer Pferde, die infolge ihres Baues über lange Schultern und Unterarme verfügen, diejenige oft viel größerer und langbeinigerer übertrifft, wobei bei beiden natürlich immer gleiche Winkelung und Antrieb der Hinterhand vorauszusetzen sind.

Überbaute Pferde werden mit ihren Hinterbeinen zwar oft um ein Bedeutendes die Vorderhufspuren überschreiten, ihr Schritt ist aber dennoch nur scheinbar raumgreifend, da die Harmonie zwischen Nach- und Vorhand gestört ist und diese, wenn nicht ganz ausnahmsweise besonders gute Hals- und Schulterbildung vorliegt, kurz und in den Boden hineintreten wird. Obwohl Messungen von Perkuhn und Magnus uns unter anderem auch interessante Aufschlüsse über ein Herausheben der Widerristpartie bis zu 2 cm im Laufe dreivierteljähriger Dressur gegeben haben, ist eine Umformung solcher „Bergabpferde", die immer Schwierigkeiten mit ihrer Sattellage und den Gängen im Gleichgewicht haben werden, eine wahre Sisyphusarbeit und allen abzuraten, die ungetrübte Freuden im Sattel genießen wollen. —

Im Trab erfolgt die natürliche Schubwirkung plötzlicher wie im Schritt und schleudert den Körper vorwärts, so daß die Trittweite noch um die in der so entstandenen Schwebephase zurückgelegte Entfernung vermehrt wird. Ohne äußere Veranlassung werden auch bei vollendeter Mechanik die Hinterhufe gerade noch die Vorderhufspuren erreichen. Treten aber vermehrter Abschub und natürlicher Schwung hinzu, was man in diesem Falle ausnahmsweise durch Anregen mit der Peitsche hervorrufen soll, so wird bei zum Trab gut veranlagten Remonten das bei Besprechung der Schrittprüfung beschriebene Bild der die Vorderhufspuren um ein Erhebliches überschreitenden Hinterbeine sich wiederholen.

Zum Unterschied vom Schritt, der ja, wie der Name besagt, eine schreitende Gangart ist, spielen im Trabe natürlicher Nachschub und Schwung aus der Hinterhand eine so überragende Rolle, daß sie selbst sichtliche Mängel der Vorhand, die an sich einen nur mäßigen Vortritt und Raumgriff gewährleisten, ausgleichen können. Ein Beispiel dafür sind die Renntraber, bei denen eine steile Schulterlage früher recht häufig anzutreffen war. —

Den Galopp wird man bei der Remonte am besten im Auslauf beobachten können. Je freier und fließender dabei die leicht über den Boden wegfegenden Sprünge einander folgen, je weitgreifender sie sind — ohne kratzend zu repetieren — desto besser ist er. Weitere Aufschlüsse über die Galoppaktion wird auch ein vergleichendes Beobachten des auszuwählenden Fohlens im Rudel, im spielerischen Wettkampf mit seinen Weidegenossen, geben.

Da es sich, wie ja wiederholt erwähnt, um den Ankauf wenig oder noch gar nicht gerittener junger Pferde handelt, wird eine Probe im Sattel, die ja bei Auswahl von bereits an den Reiter gewöhnten Pferden das Wichtigste und Ausschlaggebende sein soll, nicht immer möglich sein. —

Das Thema des Ganges ist in vorstehendem noch lange nicht erschöpft, und da die Art, wie das Pferd sich seiner Beine bedient, auf seine Ausbildung den entscheidensten Einfluß ausübt, wird in den folgenden, die Dressur behandelnden Kapiteln immer wieder auf den Gang, seine Entwicklung und möglicherweise dabei auftretende Fehler hinzuweisen sein. Darum soll auch an gegebener Stelle das zum Verständnis Notwendige ergänzend beigefügt werden.

Hier sei aber gleich vorweggenommen, daß kein Zweig der Reitwissenschaft so lange in Dunkel gehüllt war und von soviel altüberkommenen Irrtümern strotzte, wie gerade die Bewegungslehre.

An Versuchen, die Rätsel der Bewegungsfolgen, also der Abschnitte von einer bestimmten Gliedmaßenstellung bis zur Wiederkehr der genau gleichen Stellung, im Sprunge und den drei Grundgangarten, ihren Abarten, Tempi, Übergängen und Unregelmäßigkeiten zu lösen, hat es nicht gefehlt.

Bis in die jüngste Zeit haben sich aber diesbezügliche Irrtümer selbst in hippologischen Standardwerken und offiziellen Reitvorschriften erhalten, nicht zuletzt infolge unrichtig gedeuteter kinematographischer Photoserien unrein und falsch gehender Pferde.

Das Verdienst, als Erster eine Analyse der Gänge auf wissenschaftlicher Grundlage versucht zu haben, gebührt dem Hannoveraner Baron Oeynhausen, der als Reitlehrer in der österreichischen Kavallerie Großes geleistet hat („Gang und Sitz“ 1869). Ihm folgten in Deutschland u. a. v. Krane („Anleitung zur Ausbildung der Kavallerieremonten“ 1879) und Spohr („Die Logik in der Reitkunst. I. Teil. Über die Beziehungen der Reit- und Dressurhilfen zu der anatomischen Mechanik des Pferdes“ 1903), in Frankreich St. Phalle „Dressage et emploi du cheval de selle“ 1898), Gossart („Les allures du cheval“ 1907), de Sévy („Les allures, le cavalier“ 1919) u. a. m.

Während alle vorgenannten Autoren selbst hervorragende Reiter waren und als Berufssoldaten Gelegenheit hatten, reichstes Erfahrungsmaterial betreffs der von ihnen behandelten Probleme zu sammeln, blieb es dem Wiener Maler Professor Ludwig Koch, der als ausübender Reiter so wenig bedeutend war, als er als Künstler, Denker und Hippologe hervorragte, vorbehalten, Licht in die noch vielfach ungeklärte Problematik der Bewegungslehre zu bringen.

Von der richtigen Voraussetzung ausgehend, daß die Unzulänglichkeit des menschlichen Auges es diesem unmöglich macht, schnelleren Bewegungen und Übergängen zu folgen und uns erst die vergleichende Beobachtung gleichartiger Photoserien die Entwicklung der einzelnen Bewegungsphasen richtig zu sehen und ihren Aufbau logisch zu begreifen lehrt, hat er erst nach dieser rein verstandesmäßigen Vorbereitung das Pferd in der Natur studiert, in allen Bewegungsphasen mit künstlerischem Griffel festgehalten und durch diese richtig gesehenen Bildserien samt den dazugehörigen Kommentaren ein System der reinen Gangarten mit ihren Unregelmäßigkeiten und Abweichungen geschaffen, das in seiner „Reitkunst im Bilde“ (I. Auflage, Wien 1923) verewigt ist und damit das ganze weite Gebiet der Bewegungslehre in lückenlosem Zusammenhang umfaßt. —

Hat man bei sonst annähernd gleichen Qualitäten die Wahl zwischen S t u t e und W a l l a c h , wird man wohl letzteren vorziehen. Man ist bei einem solchen nicht nur vor den oft recht unangenehmen Begleiterscheinungen der Rossigkeit, sondern in den meisten Fällen auch vor übergroßer Empfindlichkeit sicher.

Es darf bei richtiger Behandlung nicht vorkommen, daß sich ein Pferd zum Schläger entwickelt — damit, daß es solche dennoch gibt, muß man sich aber abfinden und feststellen, daß unter den Trägern dieser Untugend etwa 80 von Hundert Stuten sind. Wenn auch nicht in Abrede gestellt werden soll, daß sich unter den großen Kanonen des Turniersports eine „Tora" oder „Nonne" verewigt haben, so ist es doch nicht minder wahr, daß in Dressur und Springen die Wallache überwiegen. Es scheint, ganz allgemein gesprochen, daß die vitale Lebensenergie edel gezogener Stuten am zweckentsprechendsten bei Distanz- und

Geländeritten einzusetzen ist, wie die Namen vieler Siegerinnen dieser Art von Leistungsprüfungen vermuten lassen.

Gewiß ist, daß das weniger leicht zu erschütternde seelische Gleichgewicht des Wallachs diesen mit mehr Besonnenheit durch eine Prüfung schwerer Klasse, sei es nun auf dem Dressurviereck oder der Springbahn, gehen läßt.

Die schon erwähnte Empfindlichkeit, die bei unsachgemäßer Behandlung in Kitzligkeit mit Schweifarabesken und Quietschen ausarten kann und dann auch die Neigung zu leichtem Überbautsein, sind weitere Momente, die eine Wahl von Stuten nicht ratsam erscheinen lassen, wenn sonst gleichwertige Wallache zur Verfügung stehen.

Diese sollen womöglich schon im Frühjahr ihres zweiten Lebensjahres, also als Jährlinge, kastriert worden sein, dann werden sich Hinterhand und Lendenpartie in voller Harmonie mit Rücken und Vorhand entwickelt haben und wird das Allgemeinbild durch keinen hengstigen Hals gestört.

Es gibt Rassen, wie den Araber, Lipizzaner oder Berber, deren männliche Vertreter einer, man kann in diesem Falle sagen, ganz unnötigen Kastration nicht unterworfen werden und die sich dann auch als Gebrauchspferde den ganzen Charme unverkümmerter Natur und rassegebundenen guten Temperaments, also Feuer — mit Grazie verbundene Gehlust —, Frömmigkeit, Mut und Verstand erhalten haben. Beim Anblick solcher Hengste wird einem der Schmerz mancher Nurzüchter begreiflich, die am liebsten keines ihrer schönen Fohlen verschneiden möchten, „denn", sagen sie, „dann ist ‚er' kein ganzes Pferd mehr!"*)

In neuerer Zeit haben die Quadrillen und Vorführungen junger und alter Hengste auf Freiluft- und Hallenturnieren zu jeder Tages- und Nachtzeit das Vorurteil vom „reißenden Tier Hengst" fallen lassen. Ganz unbegründet war aber dieses Vorurteil nicht und erst die Zuchtwahl nach Temperament und Charakter und die mit liebevoller Konsequenz durchgeführte Erziehung der Jungtiere durch das Gestütspersonal hat es ermöglicht, daß vierjährige Warmbluthengste bei Musik, elektrischer Beleuchtung und den tosenden Beifallsrufen einer vieltausendköpfigen in der Halle versammelten Zuschauermenge, zuerst im scheinbar tollen Gegen- und Durcheinander einer Springquadrille herumwirbeln, um sich dann, gelassen dastehend, als Voltigierböcke benutzen zu lassen.

Bei aller erhöhten Intelligenz und gesteigertem Auffassungsvermögen, das Hengste den Anforderungen der Dressur bis in die Regionen der Hohen Schule entgegenbringen, ist es dem Privatmann oder Militär, sei er ein noch so firmer Reiter, doch nicht anzuraten, einen Hengst abendländischer Rasse zu erwerben. Er wird, vielleicht gerade in den unerwünschtesten Momenten, immer wieder daran erinnert werden, daß das lateinische Sprichwort von dem Naturtrieb, der sich auch mit den stärksten Gewaltmitteln nicht unterdrücken läßt, heute noch ebenso Geltung hat wie zu den Zeiten Julius Caesars.

Daß es sogar unleidliche und schwierige Araber- und Lipizzanerhengste gibt, ebenso wie lämmergleiche Hengste englischen Blutes, die von jungen Mädchen bei allen Gelegenheiten geritten werden können, gehört zu den Ausnahmen, die nur die Regel bestätigen.

---

*) Der Franzose nennt sehr bezeichnend den Hengst „cheval entier".

In diesem Zusammenhang sei noch erwähnt, daß man sich gegen die nicht immer leicht festzustellende Klopfhengstigkeit, die einen später in die ärgsten Verlegenheiten bringen könnte, schriftlich garantieren lassen soll, ebenso wie man vor Abschluß des Kaufes auf einer detaillierten Untersuchung der Augen durch den mit dem erforderlichen Spiegel ausgerüsteten Fachmann bestehen muß. Anlage zu Kitzligkeit und Schlagen wird offenbar, wenn man mit einem Reitstock über Rücken, Kruppe und längs der Hinterbeine herabstreicht.

Da Kehlkopfpfeifen und Dampf als Folgen von Fohlenkrankheiten auftreten können, so muß die Möglichkeit dieser Leiden auch bei Weidepferden in Betracht gezogen werden, die noch nie die Last eines Reiters getragen. Entsprechende Beobachtung der Nüstern und Bauchwandungen nach längerem scharfem Laufenlassen an der Leine und die charakteristischen Geräusche während desselben geben dem Fachmann die wünschenswerten Aufschlüsse.

Wir haben uns in vorstehendem bemüht, auf die wichtigsten physischen Eigenschaften hinzuweisen, die mehr oder weniger vorhanden sein müssen, um jede Gewähr zu bieten, daß aus dem jungen Pferd, der Remonte, mindestens ein vielseitig brauchbares Durchschnittsreitpferd wird. Im Verlaufe der Ausbildung wird die Kunst des Reiters darin bestehen müssen, durch dem Einzelfall entsprechende Übungen besonders gut entwickelte Körperpartien zugunsten schwächerer zu vermehrter Tätigkeit zu bringen, diese schwächeren bei unmerklich sich steigernden Anforderungen allmählich zu stärken und drittens, alle jene Kräfte, die das Pferd nicht freiwillig in den Dienst richtigen Gehens und Tragens stellt, durch angemessene Einwirkung zur Mittätigkeit und auf diese Art zur Entlastung der übrigen heranzuziehen. So wird durch die Mittel der Kunst Schwaches und Verborgenes gefestigt und freigemacht und bei geduldiger und verständnisvoller Arbeit der Zweck der Ausbildung, der harmonische Einklang in der Tätigkeit sämtlicher bis zur möglichen Vollkommenheit entwickelter und widerstandlos in den Dienst des Reiters gestellter Muskelpartien, erreicht werden.

Von Natur aus Fehlendes oder in hohem Grade Gebrechliches (z. B. die Hinterhand) kann jedoch auch die größte Kunst nicht ersetzen oder verbessern. Um sich vor späteren Enttäuschungen zu bewahren, ist es notwendig, sich das schon jetzt beim Ankauf eines jungen Pferdes vor Augen zu halten!

Daß in dem jungen Pferd, welches wir besichtigen, mehr steckt als nur guter Durchschnitt, kann man bei vorhandenem Nerv, besonders gutem Gliederbau und Gang mit einiger Sicherheit voraussagen, die Gewißheit wird einem aber erst nach mehrjähriger Arbeit, denn nur während dieser und auf Grund von Leistungen gewinnt man über drei Faktoren, die ebenso wie das Äußere Wert oder Unwert eines Pferdes entscheidend beeinflussen, nämlich

Konstitution, Temperament und Charakter, vollkommene Klarheit. Sind diese drei Faktoren nicht im gewünschten Maße vorhanden, ist jede größere Leistung in Frage gestellt*).

Um die Konstitution des jungen Pferdes, d. h. seine schon in der Keimzelle enthaltene ererbte Widerstandskraft gegen den Organismus schädigende Einflüsse, seien das nun Überanstrengung, schlechtes oder ungenügendes Futter, Erkältung u. a. m. zu beurteilen, ziehen wir den Abstammungsnachweis zu Rate. Wir können aus der daraus ersichtlichen Zugehörigkeit zu bestimmten Familien — besonders beim Vollblut — auf immer wiederkehrende bestimmte hervorragende Qualitäten schließen, wenn wir die Remonte zu ähnlichen Leistungen verwenden wollen. Wir können auch, sogar bei einem unter der dicken Fett- und Fleischschicht der Weidekondition vorgeführten Fohlen, aus der Trockenheit und dem klaren Hervortreten des Sehnen- und Gelenkapparates auf eine parallele zweckentsprechende Leistungsfähigkeit des Atmungs-, Zirkulations-, Verdauungs- und Innervationssystems folgern. Endgültiges über die Konstitution unseres Pferdes wird uns aber erst bekannt sein, wenn wir ihm ernste Leistungen im Rahmen seines Gebrauchszweckes abverlangt haben und vor, während und nach der Leistung sein Verhalten und überhaupt jede, auch die scheinbar unbedeutendste Lebensregung beobachtet haben.

Nicht viel anders wird es uns mit der Beurteilung von Temperament und Charakter ergehen. Auch diese werden erst im Laufe der Arbeit bei gesteigerten Anforderungen ihre wahren Umrisse zeigen und wir werden erst nachdem die vorläufig noch unentwickelte und nicht im Vollbesitz ihrer Kräfte stehende Remonte ihren Tätigkeitstrieb — die Gehlust**) —, der mehr oder weniger, oft auch zu viel entwickelt sein kann, gezeigt hat, sagen können, unser Pferd habe ein gutes, faules oder zu lebhaftes Temperament.

Auf dieselbe Weise erfahren wir auch, ob der Charakter, d. i. die Gemütsart, gutmütig, widerstrebend oder ängstlich ist, wobei letztere Eigenschaft nicht selten mit der Gutmütigkeit gepaart sein kann.

Gelingt es uns, ein Pferd von gutem Temperament mit einem Schuß Lebhaftigkeit zu finden, so ist das ein Haupttreffer. So ein Pferd vertraut seiner eigenen Kraft und seinen Knochen und wird auch in kritischen Situationen — die nötige Zügelfreiheit vorausgesetzt — den Kopf weder verlieren noch sich aufgeben und bei der Arbeit angenehm aus sich heraus vorwärts gehen.

Da das Temperament und vor allem der Charakter abschließend erst im Laufe der Ausbildung erkannt werden können, liegt es in der Natur der Sache, daß auf ihre seelische Auswirkung auf den Pferdekörper erst im gegebenen Fall bei Besprechung der Ausbildung einzugehen sein wird.

---

*) Im Exterieur — dem äußeren Erscheinungsbild — ist auch für den Kenner nur in bestimmten Grenzen dasjenige sichtbar ausgedrückt, was das Innere an Leistungsfähigkeit birgt.

**) Die Alten nannten sehr treffend ein feuriges, gehlustiges Pferd „impatiens otii", ein das Müßigsein mit Ungeduld ertragendes.

Über Temperament und Charakter s. a. Anmerkung auf Seite 293.

Bei Besichtigung des rohen Pferdes dürfen wir uns keinesfalls durch Stallmut oder künstlich hervorgerufenes Feuer täuschen lassen. Wenn uns vom Händler ein junges Pferd im Stechtrab, blasend und der Schweif wie eine Standarte im Winde flatternd, vorgeführt wird, ist damit noch lange nicht gesagt, daß wir mit ihm kein faules und widerstrebendes Pferd in den Stall bekommen. Andererseits kann aus einer matt dahinpendelnden Blindschleiche ein eifriger, guter Geher werden, wenn er erst einmal Muskeln angesetzt hat und in den Vollbesitz seiner Kräfte gelangt ist.

Hinweise auf Temperament und Charakter geben Augen, Ohrenspiel und Schweif. Pferde mit ängstlichen, „fern“blickenden oder bösen, kleinen Augen versprechen nichts Gutes — man gehe ihnen aus dem Wege!

Nicht selten kommt man in die Versuchung, einen schönen Zweijährigen zu kaufen. Man will ihm noch 1 bis 2 Jahre Auslauf auf der kleinen, neben unserem Landhause gelegenen Koppel gönnen und dann mit der Longenarbeit und dem Reiten beginnen. So verlockend an sich die Sache aussehen mag, so wenig kann ich dazu raten. Der in Anbetracht der Jugend des Fohlens niedrige Preis wird durch die später auflaufenden Futter- und Pflegekosten wettgemacht, und man kann nicht immer vorhersagen, wie sich das jetzt so bestechende Jungtier auswachsen wird. Und dann bedenke man, daß nur ein ganz weiter Auslauf, wie sie meist bloß bei Aufzüchtern und in Gestüten zu finden sind, genügen kann, dem Fohlen die Möglichkeit zu geben, bei langen Galopps sich ehrlich zu strecken. In engen Koppeln fehlt diese Gelegenheit. Gelenke und Sehnen, denen der Anreiz dazu mangelt, werden sich nicht genug entwickeln, und Herz und Lunge, die nie auf vollen Touren arbeiten können, werden den Brustkasten nicht weiten. Statt des erwarteten harmonischen Pferdes wird man nach 1 bis 2 Jahren zu seinem Schrecken eine flach- und kurzgerippte, hochbeinige und engbrüstige Heugeige vor sich sehen.

II. Kapitel

Der Reiter

„Verstand ist ein zweischneidig Schwert
Aus hartem Stahl und blankem Schliff,
Charakter ist daran der Griff!
Und ohne Griff ist s ohne Wert!"
Bodenstedt.

1. Körperliche und seelische Eigenschaften des Reiters

Ebenso wie von geborenen Pferdekennern spricht man auch von geborenen Reitern. Es gibt solche wirklich, sie sind kein Produkt romantischer Dichterphantasie.

Ein Mensch, dem gewisse körperliche und psychische Eigenschaften in ihrer Anlage schon in die Wiege gelegt wurden, wird beim Reitunterricht schnellere Fortschritte machen wie seine Kameraden, er wird rascher der Schwierigkeiten Herr, die jeder menschliche Körper überwinden muß, ehe er sich im Balancesitz den Bewegungen des Pferdes angepaßt hat. Und hat so ein Reiter erst einmal das Handwerksmäßige hinter sich und widmet sich der Ausbildung junger oder der Korrektur schwieriger und verdorbener Pferde, so tritt diese Überlegenheit noch viel deutlicher zu Tage*).

Jedes solche Talent besitzt Reitertakt, das ist die besondere Veranlagung, im gegebenen Moment gerade das Richtige, durch den Bewegungsmechanismus und den seelischen Zustand des Pferdes Gebotene zu tun oder das Falsche zu unterlassen.

Reitertakt wird jedermann bis zu einem gewissen Grad erwerben, der mit einem ungezwungenen und darum gefühlvollen Sitz, Liebe zum Pferde, Fleiß, Ausdauer, geistiges Gleichgewicht und Sichanpassenkönnen sowie Erfahrung vereinigt — in der Vollendung besitzen wird ihn aber nur der zum Reiter Geborene, das Reittalent, denn dieses hat zu alledem noch die Gabe, diagnostizieren zu können, eine Gabe, die sich — so wie beim großen Arzt — nur entwickeln läßt, wenn sie angeboren ist.

Paßt nicht ganz wunderbar der Ausspruch des geistvollen Italieners Alvisi hierher, der sagt: „Der gute Reiter ist ein Psychologe, der sich und sein Pferd

---

*) Vor dem ersten Weltkrieg und bevor noch Reitervereine und -stürme eine sachgemäß geleitete vormilitärische Ausbildung der Jugend in die Hand nahmen, waren bei berittenen Truppen Rekruten, die „schon reiten konnten", nicht gerade gern gesehen. Dem unleugbaren Vorteil einer bereits vorhandenen größeren Vertrautheit mit dem Pferde stand der schwerwiegendere Nachteil schon eingewurzelter Sitzfehler gegenüber. Es brauchte immer eine geraume Weile, ehe diese ausgemerzt werden konnten und an eine aufbauende Arbeit gedacht werden durfte (ähnlich wie bei der Redressur falsch angerittener Remonten).

Hingegen wissen wir von späteren Koryphäen der Reitkunst, die vor ihrem 20. Jahr überhaupt nie im Sattel gesessen waren und bei denen man als Lehrer den Eindruck hatte, daß sie es — verglichen mit ihren Kameraden — nicht erst notwendig hätten, das Reiten zu erlernen. Sie „erinnerten sich einfach daran — aus einer früheren Inkarnation" (um Daniele Varé zu zitieren).

kennt. Aber er ist auch sein Arzt: behandelt er es falsch, so verschlimmert er das Übel, d. h. er verstärkt die Fehler ..."

Es gab talentierte Reiter, die über die durch Erfahrungen ihrer Vorgänger und Lehrer gebahnten Wege hinaus die Reitkunst in positivem Sinne fördernd beeinflußten und damit bereicherten und ihr so den Stempel ihrer schöpferischen Persönlichkeit aufdrückten.

Die fachliche Wertbeständigkeit der Erkenntnisse dieser Genies hat der Kritik der reiterlichen Mit- und Nachwelt standgehalten und ist somit erwiesen*).

Von diesen wenigen auserwählten Meistern, die im Laufe von fast zweieinhalb Jahrtausenden durch ihre Eingebungen für Verbreiterung und Erweiterung der Grundlagen und des Rahmens der Kunst bestimmend und richtunggebend wurden, erzählt die Geschichte der Reiterei.

Das Auftreten dieser Reitgenies wurde jedesmal zu einer Sternstunde der Kunst, deren ansteigender Entwicklungsrhythmus seinen Widerhall findet in den Namen Xenophon (4. Jhdt. v. Chr.), Caracciolo (16. Jhdt.), Newcastle († 1675), Guérinière († 1751), Seeger († 1865), Seidler († 1880), Steinbrecht († 1885), Caprilli († 1907), Heydebreck († 1935) und Josipovich. Ihre „Schulen" bedeuten reiterliche Epochen und sind zugleich Marksteine auf der Bahn neuen Erkennens.

In unserer Aufzählung scheinen manche übergangen und vergessen zu sein, deren Systeme und persönliches Reiten unverkennbare Züge des Genialen, Mitsichfortreißenden, aufwiesen.

Gedenken wir eines Baucher — selbstverständlich nicht des Baucher seiner Sturm- und Drangperiode, wie er uns, mit der Lauge billigen Spottes übergossen, als Karikatur und Popanz grotesken Rückwärtsreitens vorgehalten wird —, eines Fillis, der durch das hinreißende, schwungvolle Brio seiner Steigerungen auch den Reitpedanten in seinen Bann schlug, eines d'Aure und anderer —, so gestehen wir ehrlich, daß wir uns ihrer Dynamik weder entziehen können noch wollen. Und warum sollten wir auch? Sie alle, die da mit der Materie rangen — allerdings oft leider in buchstäblichem Sinne und mit nicht akademischen Mitteln —, um in der angestrebten idealen Form Erlösung aus lebenslangem Streben nach abgeklärter Schönheit zu suchen, sie alle waren vom Genius der Reitkunst geküßt. Dauernd durchsetzen konnten sie sich deshalb nicht, weil ihre Systeme nebst vielem Guten und Aufbauenden ebensoviel und mehr Abwegiges, auf falschen Voraussetzungen Beruhendes enthielten und denen eben darum dasjenige fehlte, was allein Leben und Dauer verbürgt: die innere Wahrheit! Und wenn auch Mode und Eintagsruhm diesen „Neutönern" leuchtende Kränze wanden — die goldene Krone der Kunst, deren Glanz die Jahrhunderte überdauert, blieb ihnen versagt.

Das Auftreten dieser Neuerer hat sich dennoch segensreich und befruchtend ausgewirkt. Ihre verblüffende Kunstfertigkeit, die sich oft zu echter Kunst

*) Zwischen Talent und Genie ist ein weiter Abstand. Mit Drews kann man darüber sagen: „Talent und Genie sind so weit voneinander getrennt wie Wissen und Weisheit. Und die Weisheit besteht darin, dies zu wissen."

Gemeinsam ist ihnen aber beiden, daß sie sich — ebenso wie bei den anderen Künsten — auf der Grundlage handwerklich-technischen Könnens und Verantwortungsbewußtseins aufbauen müssen.

erhob, konnte nur die Lauen und deshalb Wertlosen gleichgültig lassen. Alle diejenigen aber, denen die Reiterei Herzenssache war, wurden herausgefordert Stellung zu nehmen, und aus dem gärenden Stoff, den Aufeinanderprall und Widerstreit der Meinungen schufen, kristallisierten sich — oft erst nach Jahrzehnten — klare und eindeutige Erkenntnisse heraus.

Bauchers und Fillis' Systeme sind einem Gesetz unterlegen, dessen unerbittliche Strenge die Entwicklung jeder Kunst regiert, denn jede Kunst muß auf Abwege geraten, ihre Lebensfähigkeit verlieren und zur Magie entarten, wenn sie sich in Grundlagen und Ausdrucksformen von den Quellen der Natur entfernt. Auch ein Fillis ist nur solange der Künstler geblieben, der einen General Rosenberg hinriß, als seine „Germinal" und „Markir" die Apotheose reiner Gänge zeigten. „Erfand" er neue Lektionen, war er nichts als ein enorm geschickter Schwarzkünstler und Gaukler, und seine große Kunst wurde zu blendender Künstelei.

✱

Von großem Vorteil ist es für den Reiter, wenn ihm schon seine Gestalt Balance und Einwirkung erleichtert.

Ganz allgemein gesprochen ist schlanke Mittelgröße schon darum wünschenswert, weil ein solcher Bau die Wahl eines den Reiter gut kleidenden, ihn „taillierenden" Pferdes außerordentlich erleichtern wird. Um einen Vergleich aus dem gewöhnlichen Leben heranzuziehen, entspricht die Gestalt des Läufers oder Tänzers am ehesten der „Reiterfigur". Dem Kurzbeinigen, mit athletisch entwickeltem Oberkörper, dessen knollige Ringermuskulatur Neigung zu krampfhaftem Zusammenziehen hat, wird es schwerfallen, die Balance zu finden und noch schwerer, die Einwirkungen seiner Hand zu mäßigen. Im Kreise des Laienpublikums freilich gelten abwechselnd der Leichtgewichtsjockey oder der martialische Garde du Corps als Träger einer idealen Reitergestalt, obwohl diese beiden Typen es in Wirklichkeit wohl recht schwer haben, auf Pferde, die ihnen nicht auf den Leib geschrieben sind, sachgemäß einzuwirken.

Als Empfänger der Bewegungsschwingungen einerseits und Übermittler der vom Kreuz ausgehenden reiterlichen Einwirkung andererseits spielt neben Unterschenkeln und Hand die Mittelpositur eine vorherrschende Rolle. Sie setzt sich aus Oberschenkeln und Becken zusammen, die in den Hüftgelenken miteinander verbunden sind.

Ist das Becken niedrig und schmal, d. h. die Entfernung Hüftknochen — auf dem Sattel aufruhender unterer Rand der Sitzknochen und die Entfernung der Hüftknochen untereinander relativ gering, so liegt auch bei im Normalsitz gerade und ungezwungen aufgerichtetem Oberleib der Schwerpunkt tief und auch seitlich stabiler, und die Fähigkeit zu treiben wächst, wenn nicht, wie es beim männlichen Becken manchmal, beim höheren weiblichen immer der Fall ist, der von ihm eingeschlossene Endteil der Wirbelsäule — die Beckenwirbel — eine zu große Neigung nach rückwärts haben und dadurch die Sitzknochen nur mangelhaft beim Vordrücken unterstützen können. Ist dazu noch das Sitzfleisch üppig entwickelt, so verstärkt sich der Eindruck einer nach rückwärts ausweichenden Mittelpositur. Tatsächlich erschwert auch der nach hinten herausquellende bewußte Überfluß bedeutend das Vorschieben des Gesäßes, das ohne Dazutun anderer Teile des Sitzes nur dann treibend wirken kann, wenn das Reitergewicht unter mindestens einem rechten Winkel auf die in dieser Gegend senkrecht stehenden Dornfortsätze der Rückenwirbelsäule trifft.

Dem Grundsatze, daß nur eine ausgedehnte Berührungsfläche Stabilität, Mitatmen und Mitschwingen im Einklang mit dem Gehmechanismus des Pferdes gewährleistet, kommt ein langer und an seiner Innenseite flacher Oberschenkel entgegen. Wessen Oberschenkel nicht von Natur aus diese glückliche, einen geschlossenen Sitz ungemein fördernde Konfiguration von Brotlaiben haben — und in dieser Hinsicht sind wir Männer dem uns sonst so überlegenen schönen Geschlecht gegenüber im Vorteil —, wird Jahre brauchen, ehe er das störende, runde Muskelfleisch nach rückwärts massiert und die ersehnten „flachen Schenkel" bekommen hat. Die beste Kur ist bügelloses Reiten mit oftmaligem Sichvorziehen.

Noch einen großen Vorteil bieten reiterlich wohlgebildete Oberschenkel. Sie haben, aus den Hüftgelenken nach innen gedreht und bei abgespanntem, geöffnetem Gesäß flach anliegend, ganz automatisch zur Folge, daß das Knie von selbst eine richtige Lage annimmt — „angeklatscht an den Sattel wie ein Stück rohes Fleisch", wie drastisch-treffend ein Oberbereiter der Spanischen Hofreitschule zu sagen pflegte.

Die richtige Lage des Knies, von der soviel geredet und an der so oft herumgedoktort wird, ist im Wesen nichts anderes, als Funktion einer richtig „hingesetzten" Mittelpositur und des jeder Hilfe vorausgehenden vermehrten Kreuzanziehens, das ein „Längerwerden von den Hüftgelenken abwärts" und „Größerwerden von den Hüften aufwärts" zur Folge hat.

Wer seinen Sitz und seine Hilfengebung so in der Gewalt hat, wird der verwöhnenden Eselsbrücke, die, im Grunde genommen, unter den Satteltaschen angenähte Kniepauschen darstellen*), entraten können, ohne daß man es bei jeder Gelegenheit zwischen Knie und Sattelblatt blitzen sieht.

So wenig eine gute Knielage dem wohlgebauten Reiter bei richtiger Anleitung zu einem Problem zu werden braucht, so viel Schweiß kostet sie den von der Natur weniger Begünstigten. Er muß aber die langwierige Massage auf sich nehmen, denn nicht nur beim dressierenden Reiter, sondern auch bei demjenigen, der über Hindernissen des Turnierplatzes vielleicht niedriger hängenden Lorbeer zu pflücken hofft, ist ein ruhiges, absolut fixes Knie eine conditio sine qua non des Erfolges. Er wird nur dann gut springen, wenn sein diesmal berechtigterweise von den geliebten Pauschen unterstütztes Knie den einzig ruhenden Pol zwischen den andern teils abwärts, teils vorwärts-aufwärts federnden Körperteilen bildet.

Aus ästhetischen Gründen wünschen wir aller Welt gerade Beine, jedoch hat eine in bescheideneren Grenzen sich haltende X-Form noch niemand gehindert, schön zu Pferde zu sitzen und im Bedarfsfall Schluß zu nehmen, wohl aber ist die

---

*) Pauschen sind nur bei Pferden angebracht, die in den Schultern so eng sind, daß sie deren Rolle, Sattel und Knie zu stützen, übernehmen müssen; auch beim Springtraining und auf Jagden stützen sie den Sitz und kommen dadurch indirekt dem Pferdemaul zugute.

gegenteilige Gestaltung einer flachen, geschlossenen Knielage durchaus nicht förderlich, obzwar gerade der Laie zünftige O-Beine als charakteristischen Bestandteil der „Reitergestalt“ ansieht.

Hohe Schultern erwecken immer den Anschein des Gezwungenen oder Vernachlässigten; sie veranlassen auch eine etwas höhere Lage des Reiterschwerpunktes, was, wenn man Haare spalten will, die Balance nicht gerade fördert.

Ein zu kurzer Hals erweckt den Eindruck des Gedrungenen, um so mehr, als er meist mit hohen schweren Schultern verbunden ist. Es ist keine reine Äußerlichkeit, wenn man verlangt, daß der dem Gesamtbilde seine besondere Note verleihende Ausdruck des „die Situation Beherrschens“ durch einen aus zurückgenommenen und ihrem Gewicht überlassenen Schultern, frei herausgehobenen, proportionierten Hals unterstrichen werden soll.

Der Stamm, an dem Kopf und Glieder befestigt sind, ist die Wirbelsäule. Sie ist an zwei Stellen stärker beweglich, im Genick, wo die Halswirbel mit den Rückenwirbeln gelenkig verbunden sind, und im Kreuz, wo diese in die schon erwähnten Beckenwirbel übergehen.

Der Oberkörper, also der Teil, der oberhalb der Hüften, anatomischer gesprochen, oberhalb des Kreuzscharniers, von den Rückenwirbeln Stütze und beiläufigen Umriß erhält — außer bei zu üppiger Ernährungskondition, was wir aber nicht hoffen wollen —, soll mit Leichtigkeit die gerade Haltung des Normalsitzes annehmen können, in der er am längsten und bequemsten ohne zu ermüden ausharren kann. Eine solche Haltung wird begünstigt durch eine von Natur aus gerade, d. h. sich der flachen S-Form nähernde Rückenwirbelsäule, die auch darüber hinaus die Einwirkung überhaupt erleichtert*).

Da aber die Rückenwirbelsäule selbst unter Gewebsmassen verborgen ist und zudem die von ihr in etwa waagerechter Richtung ausgehenden Dornfortsätze längenmäßig individuell variieren und daher mit ihren den Umriß der Rückenlinie andeutenden Enden nur unsichere Schlüsse auf den einzig maßgebenden Verlauf der Wirbelkörper zulassen, wird bei nicht ganz auffallenden Abweichungen von der flachen S-Form eine genauere Beurteilung des wirklichen Verlaufs der für Sitz und Treiben so wichtigen Rückenwirbelsäule auch bei Betrachtung des Unbekleideten schwierig sein. Darüber kann uns erst die durch eine relativ gerade Rückenwirbelsäule schon von Natur aus begünstigte Fähigkeit zum Treiben meritorische Aufschlüsse geben. —

Als weitere wertvolle körperliche Eigenschaft des Reiters möchte ich noch die teilweise schon angeborene Fähigkeit nennen, die Muskeln beim Gebrauch elastisch und nicht krampfhaft anzuspannen. So ein Reiter wird, wenn er einmal über die Anfangsgründe des Balancesitzes hinaus ist und bei ihm keine nervösen Angstgefühle — das sind seelische Verkrampfungen — dennoch körperliche Verkrampfungen verursachen, rasche Fortschritte machen. —

*) Auf das Wesen des Normalsitzes wird im folgenden „Sitz und Hilfen“ behandelnden Abschnitt näher einzugehen sein. Hier nur soviel, daß bei diesem Sitz die Schwerlinie mit der Linie Hüften — unterer Rand der Sitzbeine zusammenfällt, unter der Voraussetzung, daß das Becken senkrecht auf seiner Unterstützungsfläche, dem Rücken des im Gleichgewicht gehenden Pferdes, ruht.

Am Schluß dieser Betrachtungen möchte ich daran erinnern, daß es ein Sprichwort gibt: „Gelaufen wird in allen Formen". Ebenso wie klassische Rennen von im Gebäude alles eher wie einwandfreien Vollblütern gewonnen werden, gab und gibt es Reiter, die in vielen Beziehungen dem oben aufgestellten Kanon nicht entsprechen und es dennoch durch fanatischen Arbeitseifer, Energie und Passion zu einem beneidenswerten Grad von Können und großen Erfolgen gebracht haben. Andererseits kenne ich wahre Ephebengestalten, die als Reiter kaum ein durchschnittliches Mittelmaß erreichen — es fehlt ihnen eben der Geist, der auch die ungefüge Materie zwingt und sich dienstbar zu machen weiß!

*

„Die Liebe zum Tier ist die beste Methode zur Erkenntnis seiner Seele."

Daß die Tierpsychologie keine Wissenschaft von gestern ist, wenngleich ihr Wiederaufleben und Ausbau in den letzten Jahrzehnten durch Le Bon, Spohr, Maday, Rau, Flotow u. a. ganz ungeheure Auftriebe erhielt, beweisen uns außer Xenophon auch Geschichte und Legenden der Antike.

Als Alexander den schönen Bucephalus bändigte, der, nebenbei gesagt, seinen weniger schönen Namen „Bullenkopf" nur dem Brand verdankte, den ihm sein pharsalischer Gestütsherr, der damaligen Sitte folgend, aufs rechte Buggelenk appliziert hatte, war dieser Sieg über die Kreatur nicht dem festen Sitz, wohl aber der geistigen Einstellung des Königssohnes zuzuschreiben, der sich in die Pferdeseele hineindachte. Er war der erste praktische Tierpsychologe, und das sollten alle sein, die mit Pferden zu tun haben.

Das feine Anempfindungsvermögen, das sich in den Schriften Xenophons offenbart, hat die Zeiten hellenischer Kultur nicht überdauert. Arge Rückfälle gab es in dieser Hinsicht, die teils in der sittlichen Verrohung damaliger Epochen, teils im Mangel an Interesse den Regungen der Seele des Tieres gegenüber, das vom Schöpfer bestimmt war, höriger Sklave zu sein, ihren Grund hatten. Im 16. Jahrhundert, als auch Inquisition und Hexenprozesse in voller Blüte standen, rät der Italiener Griso: „Wenn dein Pferd stehen bleibt oder rückwärts geht, stelle einen Mann hinter ihm auf, der auf einem langen Stock eine böse Katze so angebunden hat, daß sie mit dem Bauch nach oben im freien Gebrauch ihrer Krallen und ihres Gebisses ist. Der Mann soll die Katze dicht an die Schenkel des ungehorsamen Pferdes halten, damit sie es beißen oder kratzen kann", und „Wenn ein junges Pferd gleich beim ersten Mal, da es geritten werden soll und sich weigert, durch mehrere Männer mit Ruten gezüchtigt wird, so ist ihm das sehr nützlich." Noch eine Blume aus dem Strauß reiterlicher Sadismen: „Wenn etwa dein Pferd sich aus Furcht vor der Arbeit oder aus Übermut zum Aufsitzen nicht an die Treppenstufe heranführen lassen will, so schlag es mit einem Stock zwischen die Ohren und sonst am Körper außer in die Augen (sic!), dann wird es dir wunderbarlich zu Willen sein ..."

Nach des Neapolitaners Stilblüten zu schließen, dürfte es also auf den Reitbahnen des Secento recht lebhaft zugegangen sein und weder an Abwechslung noch an Betrieb gefehlt haben.

Auch Newcastle hat noch seine Pferde oft recht derb angefaßt; immer mehr aber brach sich die Erkenntnis Bahn, daß sinnlos harte und gefühllose Behandlung in der Jugend den Charakter endgültig verderbe und tückische Verbrecher schaffe, die nur auf den Augenblick warten, wo sie das ihnen angetane Unrecht mit Wucherzinsen zurückzahlen können.

Ein letzter Rest unrationeller Remontendressur findet sich in der aus dem Jahre 1825 stammenden Sohrschen Reitinstruktion, die allerdings den ukrainischen, bessarabischen und moldauischen Steppenwildlingen, aus denen sich damals ein Teil der preußischen Kavallerie beritten machte, auf den Leib geschrieben war. Sohr gibt Anleitungen zu einem „beschleunigten Verfahren gewaltsamer Bändigung", das nach dem Grundsatz „Und folgst du nicht willig, so brauch' ich Gewalt" unter Umständen „nützlich sein könne". Viele Opfer blieben damals auf den Schlachtfeldern der Reitplätze, nicht nur Wildlinge, die absolut nicht einsehen wollten, wozu sie eigentlich auf der Welt seien, auch Reiter und Wartepersonal.

Als dann ein bis zwei Jahrzehnte später der zweifellos auch Züge des Genialen aufweisende Artist Baucher durch blendende Scheinerfolge, die aber nichts als reiterliche Schaumschlägereien waren, einen Teil der Reiterwelt revolutionierte und selbst besonneneren Leuten, wie sie in Kriegsministerien zu sitzen pflegen, die Köpfe verdrehte*), war die Reaktion gegen seine Methode, die den Pferden entweder das Herz brach oder sie zur Verzweiflung trieb, eine gesunde und nachhaltige. Aus Seidlers und Seegers Streitschriften gegen die damals verübte Afterkunst des Franzosen entnehmen wir mit Genugtuung, wie tief bereits wieder unter den führenden Geistern der Reitkunst Wissen und Erkenntnis vom natürlichen, sich in gleicher Weise an Körper und Seele des Pferdes wendenden Ausbildungsvorgang, Wurzel geschlagen hatten. Die Notwendigkeit gewisser psychischer Eigenschaften, die der Reiter besitzen muß, um auf das Pferd einzuwirken, findet immer nachdrücklichere Betonung. —

Durch vorstehende, etwas breiter ausgesponnene Betrachtungen über die vielen Stockungen und Rückschlägen unterworfene Entwicklung der Tierpsychologie und die mancherlei Um- und Abwege, die sie dabei eingeschlagen, sind wir nur scheinbar von unserem eigentlichen Thema, den seelischen Eigenschaften, die der Reiter besitzen soll, abgekommen. Denn aus den Andeutungen über den Mißerfolg von Methoden und Praktiken, die schlecht waren, weil sie sich auf so gut wie gar keiner geistigen Einstellung zum Pferde aufbauten, oder auf einer solchen, die von falschen Voraussetzungen ausging, gewann man wenigstens Anhaltspunkte darüber, wie es nicht gemacht werden soll. Denkende Reiter suchten nach Möglichkeiten, auf Grund neuer Methoden, die aber durchaus auf bewährten alten Grundsätzen beruhten, bessere Erfolge zu erzielen. Der Hebel wurde bei Pferd und Reiter angesetzt.

*) So ließ man in Preußen die Pferde eines Kürassierregiments nach Bauchers Prinzipien abrichten. Wie dann diese unglücklichen Geschöpfe beim geschlossenen Exerzieren vor illustren Gästen an ihren Peinigern Rache nahmen, erzählt uns mit dem ihm eigenen grimmigen Humor Monteton d. Ä., der die Sache miterlebt hat.

Beim *Pferd* trachtete man durch wohlbedachte Zuchtwahl nur im Temperament und Charakter einwandfreie Elterntiere den Gestüten zuzuführen und dadurch einen Nachwuchs zu schaffen, der auch ein weniger geschicktes Reiter- und Wärterpersonal nicht in Verlegenheit brachte.

Beim *Reiter* suchte man die Tierfremdheit zu bekämpfen, d. h. Verständnis für das Innenleben des Pferdes zu wecken, weil sich die Überzeugung immer mehr Bahn brach, daß der *seelische Kontakt von Reiter und Pferd* die Ausbildung bedeutend vereinfachen und abkürzen kann, viele Härten mildert, die Gehorsamsfreudigkeit der Pferde weckt und ihre Verläßlichkeit in kritischen Situationen steigert. Eine weitere Folge dieses freundschaftlichen Verhältnisses, das dabei *durchaus nicht den Respekt ausschließt, der aber aus Vertrauen erwachsen sein soll*, ist längere Haltbarkeit des Pferdematerials, das sich nicht im Kampfe gegen Anforderungen aufreibt, die, auf *richtige* Art gestellt, überhaupt keinen Anlaß zu Widerständen geben.

In dieser Hinsicht hat in Deutschland Oberst v. Flotow, ehemaliger Lehrer an der Kavallerieschule, besonders segensreich gewirkt, wie auch der Erfolg der von ihm für die Olympiade 1936 vorbereiteten Fünfkampfpferde bewiesen hat.

Einen weiteren großen Schritt nach vorwärts in den Bestrebungen, durch Vertiefung des seelischen Kontaktes die Psyche der Tiere zu vermehrter Mitarbeit bei körperlichen Leistungen heranzuziehen, bedeuten die Forschungen und Arbeiten der tierpsychologischen Fakultäten.

Zum Thema Ergründung und Studium der Tierseele bemerkte jemand nicht ohne Berechtigung, daß die Vivisektion der letzteren eine sauberere Angelegenheit und mit weniger infernalischem Gestank verbunden sei, als der Umgang mit ihrer älteren Schwester, der Psychologie des homo sapiens. —

Seelischer Kontakt und seelische Einwirkung des Reiters lassen sich von den heute geübten Ausbildungsmethoden überhaupt nicht mehr wegdenken — durch ihre Anwendung haben sich, wenn man so sagen darf, die Angriffspunkte des Hebels, der die Ausbildung fördert, um die Hälfte vermehrt.

Die Vielfalt der Mittel, die in dieser Hinsicht dem Reiter zu Gebote stehen, ist eine gewaltige, nur durch die Zahl der Individualitäten begrenzte.

Die *Eigenschaften* oder seelischen Zustände, welche die Anwendung dieser Mittel erst ermöglichen, möchte ich aber *in drei Gruppen* zusammenfassen.

Den *ersten* Platz nimmt da jedenfalls die *Liebe zum Pferde* ein. Sie ist das Leitmotiv, das wie ein roter Faden unsern ganzen Verkehr mit dem liebenswertesten Geschöpf durchziehen soll. Bei einem Manne, dessen Liebe das Pferd fühlt, wird es seine angeborene *Menschenscheu* schneller überwinden und *Vertrauen, diese Grundbedingung wechselseitigen Verstehens, fassen*. In späterer Folge, wenn Strenge oder Strafen notwendig sein sollten, wird es genau wissen, daß diese verdient waren, denn aus Laune, ohne daß es wußte warum, ist ihm noch nie eine Ungerechtigkeit widerfahren. Es konnte die Güte des Reiters daran ermessen, daß dieser auf jede kleinste Willensäußerung, seinen Hilfen nachzugeben, gleichsam lauerte, um nur ja Gelegenheit zu einer Belohnung zu haben; daß er großzügig zu strafen vergaß, wenn der Fehler in Ungeschicklichkeit oder noch nicht vollkommenem Verstehen seinen Grund hatte.

Im Verlauf der gymnastischen Ausbildung wird der Reiter in seinen berechtigten Anforderungen von einer *Genauigkeit* sein müssen, die an Pedanterie grenzt, *kleinlich* wird er aber nie sein dürfen.

Eine liebevolle, gleichmäßig ruhige Behandlung im Stall fördert besonders beim jungen Pferde die Arbeit ganz wesentlich. Es soll beruhigt und aufnahmefähig aus dem Stall kommen, wo es Zeit hatte, nicht nur sein Futter, sondern auch das gestern Gelernte zu verdauen; es soll beruhigt in den Stall zurückkehren, ohne daß ihm dort — durch vorhergegangene lieblose und rüde Behandlung von seiten des Reiters verursacht — die notwendige geistige und körperliche Entspannung durch Nachvibrieren überreizter Nerven verkümmert wird.

Die klassischen Worte des von Oeynhausenschem Geiste getragenen altösterreichischen Exerzierreglements vom „Reiter, der auf sein Pferd vertraut, das er mehr als sich selbst liebt und pflegt", weisen darauf hin, daß sich nur diejenigen unter allen Umständen darauf verlassen und sicher sein können, daß es auch das Letzte an Gehorsam und Ausdauer herzugeben bereit ist, die es sich durch liebevolle Behandlung zum Freunde gemacht haben.

Wer sein Pferd liebt, wird auch nicht ungeduldig, und *Geduld*, unerschöpfliche Geduld — vor allem bei Vorhandensein seelischer und körperlicher Mängel —, ist notwendig, um dem Pferd zunächst begreiflich zu machen, was man von ihm verlangt, und doppelt notwendig, um das Maß nicht zu überschreiten, was immer geschieht, wenn man ein erreichtes erstes Nachgeben nicht durch sofortiges Aufhören belohnt und den gewonnenen Sieg so lange auskosten will, bis das Pferd sauer oder stützig geworden ist.

Als *zweites Erfordernis*, das man an die Psyche des Reiters stellen sollte, scheint mir neben dem körperlichen auch sein *geistiges Gleichgewicht* zu sein. Dieses soll sich zunächst auf das Reiten und alles, was damit unmittelbar zusammenhängt beziehen, soll aber auch darüber hinaus den Reiter davor bewahren, Maßstab und richtige Einschätzung seiner eigenen und seines Pferdes Leistungen im Vergleich zu anderen zu verlieren. *Γνῶθι σεαυτόν*, die Inschrift auf dem Apollotempel zu Delphi, fordert zur Selbsterkenntnis auf und gilt für den Reiter ebenso wie für den Philosophen.

Um sich reiterlich im geistigen Gleichgewicht zu befinden, muß man auf Grund seines durch Erfahrung „erzogenen" und erarbeiteten und durch das Studium der anatomischen Mechanik *sich seiner selbst bewußt gewordenen Gefühls*, ein sicheres *Verständnis* dafür besitzen, *was*, *wieviel* und *wie* etwas in einem gegebenen Zeitabschnitt vom Pferde verlangt werden darf; ferner ein sicheres Verständnis dafür, wo die von der Natur einem Pferde gesteckten Grenzen liegen, da es auch unter dem besten Reiter nur zu dem ihm *möglichen* Grade der Vollendung gelangen kann. Und wenn es schon nicht die Liebe zu seinem besten Kameraden ist, so wird eben dieses Verständnis den Reiter davon abhalten, im Zorn das Maß einer vielleicht notwendigen Strafe zu überschreiten und durch Brutalität das Vertrauen zu zerstören, das ein

Pferd zu seinem Reiter niemals verlieren darf. Die geistige Freiheit, Objektivität und allgemeine Überlegenheit, die eine Folge dieser geistigen Haltung ist, wird dem Reiter sagen, daß ein einmal durch enttäuschtes Vertrauen entstandener Bruch des Kontaktes der beiden Seelen schwieriger wiederherzustellen als aufrechtzuerhalten ist. Der Strom ist einmal gewaltsam unterbrochen worden, und eine Narbe an der Bruchstelle wird bei dem enormen Erinnerungsvermögen des Pferdes immer zurückbleiben und bei Gelegenheit wieder aufbrechen. Der zarte Flaum, der die Seele des jungen, unbefangenen und unverdorbenen Pferdes umgibt wie eine unberührte Frucht, ist unwiederbringlich dahin.

Das geistige Gleichgewicht oder die richtige geistige Einstellung zum Pferde ist vor allem bei der Ausbildung der Remonte, also bei ihrer Erziehung, Gewöhnung und Dressur notwendig. Kommt dabei dem Reiter als ideale Ergänzung des Verständnisses noch die Gottesgabe richtigen und treffenden Diagnostizierens zugute, eine Gabe, die angeboren sein muß und durch Lernen und Erfahrung allein nicht erworben werden kann, wird er auch die schwierigste Aufgabe, die es im Sattel zu lösen gibt, die Redressur verdorbener und besonders diffiziler Pferde, meistern. Die Fähigkeit, diagnostizieren zu können, wird ihn sich auch dann in seinen Mitteln nicht vergreifen lassen, wenn nur ein rascher Entschluß die Situation retten kann und der kleinste Irrtum oder Mißgriff Lebensgefahr bedeutet.

Damit kommen wir zu einer weiteren seelischen Eigenschaft, über die der Reiter jederzeit verfügen muß, der Energie.

„Wie die Frau, so liebt auch das Pferd nicht die Schwachen, noch weniger achtet es sie", sagt Alvisi in seinen „Aphorismen", und selten wurde ein wahreres Wort gesprochen.

Es ist immer gut, schon aus Rücksicht auf Charakter und Beine des jungen Pferdes einen Kampf durch Diplomatie zu vermeiden, wenn man auf einem andern Wege sein Ziel erreichen kann. Nicht ausweichen aber darf man einem Kampfe, wenn das Pferd es merken würde, daß man nachgegeben hat. In einem solchen Augenblick wäre ein Nachgeben, nur um zu jedem Preis das gute Einvernehmen nicht zu stören und die „Freundschaft" zu erhalten, durchaus falsch, denn diese Freundschaft verliert ihren Wert, wenn sie nicht auf Respekt, auf Anerkennung der Überlegenheit des Menschen durch das Tier beruht.

Bei jungen Pferden braucht es im Laufe der Ausbildung überhaupt zu keinem ernstlichen Kampf zu kommen, wohl aber gibt es durch ihre früheren Reiter von Grund aus verdorbene Verbrecher, die es, wenn die äußeren Umstände ihnen günstig sind, darauf anlegen, den Reiter in eine Lage zu bringen, wo er einer Erörterung der Machtfrage nicht mehr ausweichen kann und darf. In solchen kritischen Augenblicken ist es nur die Energie des Reiters, die, gestützt auf die Hilfe eines festen geschlossenen Sitzes und einiger Jagdhiebe, die Situation retten kann. Auf Grund einer solchen Auseinandersetzung kann später noch die treueste Freundschaft erblühen. Aber bevor nicht durch einen mit kalter Energie siegreich zu Ende geführten Kampf die Atmosphäre gereinigt ist und Geist und Wille des Reiters sich als die stärkeren erwiesen haben, wird es immer nur ein fauler Friede sein. —

So wie unter den Pferden ein jedes eine Individualität für sich ist, so entwickeln sich solche auch unter den Reitern, mögen sie auch aus den Händen desselben Lehrers hervorgegangen sein. Körperbau, Temperament, Charakter und dann die persönliche Auffassung vom größeren oder geringeren Wert gewisser Lektionen bestimmen nicht nur oft unbewußt den Grad, sondern auch das Vorherrschen gewisser Einwirkungen im Konzert der Hilfen.

So kommt es, daß Pferde, die das Werk des einen Könners sind, durch besonders gute Aufrichtung auffallen, die eines andern eine blendende Gangmechanik mit besonders liebevoll und fein ausgefeilten Übergängen zeigen; ein Reiter scheint ein Geheimmittel gegen das Eilen zu besitzen, der andere brilliert im Fleißigmachen.

Die Individualität des Künstlers hat dem Pferd ihren ureigensten Stempel aufgedrückt, es zeigt die persönliche Handschrift seines Meisters.

„Der gute Reiter ist nicht an sein Pferd gebunden, sondern an dessen Bewegungen."

Für auch motorisch eingestellte Reiter:

„Wenn der Reiter aufgesessen ist, darf er das Pferd nicht wie einen ausgeschalteten Motor behandeln, sondern wie einen eingeschalteten, der darauf wartet, daß man ihn in Gang setzt."

Alvisi.

2. Sitz und Hilfen

Wie schon einmal erwähnt, besteht hier keineswegs die Absicht, eine Reitlehre zu verfassen. In dieser Hinsicht gibt es Bücher, wie u. a. den „Müseler", die Schweizer Reitvorschrift von 1940, die Deutsche Reitvorschrift von 1926 und ihre vereinfachte, knapper gehaltene Nachfolgerin vom Jahre 1937, die ihre Aufgabe erfüllen, und ich halte es nicht nur für anmaßend, sondern auch für höchst überflüssig, einen Versuch zu machen, diesen in ihrer Art einzig dastehenden Werken etwas Ähnliches an die Seite stellen zu wollen — das „Bessere" wäre da zweifellos ein Feind des Guten.

Wie die letzten Jahre gezeigt, hat die deutsche militärische Reitvorschrift ihre Feuerprobe bestanden, denn auch die „abgekürzten und vereinfachten Methoden", die dem beschleunigten Rhythmus des Ersatzes angepaßt werden mußten, arbeiteten trotz bewußt beschränkter Zielsetzung streng nach ihren Grundsätzen. —

Vorliegendes Buch verfolgt den Zweck, das junge Pferd von seinen ersten Schritten an der Longe und unter dem Sattel angefangen, bis zur Beendigung seiner Ausbildung durch einen vollendeten Reiter — wenn wir diesen Ausdruck gebrauchen dürfen — zu begleiten.

Die Lehre vom Sitz und den Hilfen, die, völlig ausgeschöpft, an sich schon den Rahmen eines Spezialwerkes umfassen müßte, findet darin nur insofern Platz, als der Sitz und die an und in ihm fast unmerklich vor sich gehenden vom Reiter bewußt veranlaßten Veränderungen — die Hilfen — das Instrument sind, womit der Reiter körperlich auf das Pferd einwirkt.

Dieses Werkzeug soll ein Präzisionsinstrument erster Ordnung, es soll zweckmäßig geformt und blank geschliffen sein, damit es, am richtigen Ort und ohne überflüssigen Kraftaufwand eingesetzt, das Höchstmaß an Wirkung erreichen kann. Über das Wesen des Sitzes und seine Anwendung, seine Betätigung — die Hilfen — müssen ganz eindeutige, jeden Zweifel ausschließende Auffassungen herrschen. Dies ist auch der Grund, warum mit Rücksicht auf die folgenden Kapitel, wo ständig von Sitz und Hilfen die Rede sein wird, auf diese etwas näher eingegangen werden soll. —

Blättern wir in alten Reitbüchern und betrachten bildliche Darstellungen aus Antike, Mittelalter und Neuzeit, so können wir uns davon überzeugen, daß der Sitz des Reiters vielen Wandlungen unterworfen war.

Eine Stelle in Xenophons „Über die Reitkunst", die so gehalten ist, daß sie falschen Auslegungen Raum geben kann, hat die Auffassung verbreitet, als hätten die Reiter der alten Welt, die sich bekanntlich der Bügel noch nicht bedienten, ihre Pferde im reinen Spaltsitz geritten. Das war keineswegs der Fall. Das Studium von Reiterfriesen (Prinias auf Kreta, 600 v. u. Z.), Grabreliefs (Athen, 500 v. u. Z.), alexandrinischen Münzen und Gemmen, Vasenbildern und anderen Denkmälern aus vor- und nachxenophontischer Zeit, beweist uns, daß damals von einem durch keinerlei Sattel und Bügel gestützten Spaltsitz, der bei längerem Verweilen auf Pferdesrücken zu sehr ermüdet hätte, keine Rede sein konnte. Selbst wenn der Trab damals so gut wie gar keine Anwendung fand, hielt auf die Dauer auch kein assyrischer Krieger ohne Bügelstütze einen Spaltsitz im Schritt und Galopp aus.

Erst mit dem Aufkommen der Ritter- und Schulsättel sieht man Geharnischte und später Schulreiter mit gestreckten Beinen im Bügel stehen*). Das hatte auch seinen guten Grund, denn der Panzerschutz des Beines, die „eiserne Hose", gestattete keine Kniebeuge.

Irrtümlich gilt Guérinière († 1751) als „Erfinder" des noch heute üblichen Sitzes auf Gesäßknochen und Spalt. Mehr als ein halbes Jahrhundert vor ihm war es schon ein Deutscher, der Stallmeister Pinter von der Au, der diesen Sitz lehrte (Pferdeschatz, Frankfurt 1688), aber als Stern zweiter Ordnung, zu einer Zeit, als der Herzog von Newcastle und Pluvinel den Ton angaben, nicht durchdringen konnte.

Erst um die Mitte und gegen Ende des 19. Jahrhunderts haben die sonst so verschrieene Anglomanie und vor allem die neuaufkommende Technik und Verbreitung des Geländereitens und Leichttrabens, wie sie ein Edelsheim und Rosenberg in Österreich und Deutschland pflegten, den allzu starren Rahmen des reglementmäßigen Sitzes gelockert. Begriffe wie „natürliche Geschmeidigkeit der Wirbelsäule" und „natürlicher Gleichgewichtssitz in Harmonie mit den Bewegungen des Pferdes", die Seeger und Steinbrecht zur Grundlage ihrer Sitzlehre machten**), werden immer mehr Allgemeingut der Reiterwelt und verdrängen

*) Während im Fernen Osten, in China und Japan, schon vor Beginn unserer Zeitrechnung Steigbügel benutzt wurden, treten sie auf dem Gebiete des heutigen Deutschlands erst im 10. Jhdt. unter Otto I. allgemein in Erscheinung.

Für Europa „erfunden" haben soll sie, ebenso wie den Hufbeschlag, der fränkische Teilkönig Childerich I. (5. Jhdt.).

**) Der Sitz muß sich schmiegsam dem augenblicklichen Gleichgewichtszustand des Pferdes anpassen und nicht bleisoldatenmäßig als sogenannter Kandelabersitz den Reiter als Fremdkörper auf dem Pferde erscheinen lassen.

einen in falsch verstandenem Formalismus erstarrten, schematisch und nicht individuell aufgefaßten „akademischen Sitz unter allen Umständen“, der beim Springen und in schnellen Gangarten die Gesetze der Balance, des Mitgehens mit dem Gewicht, außer acht ließ. Um die Jahrhundertwende haben dann noch der moderne Rennsitz und Caprilli das ihrige getan, um die Wirkungssphäre des Sitzes, von der Mutterstellung des Normalsitzes aus, zu erweitern und sie mit dem aufs äußerste gestreckten Rahmen des Renn- und Springpferdes in Einklang zu bringen, eine Tendenz übrigens, deren Vorteile uns schon Steinbrecht († 1885) ebenso eindringlich wie überzeugend vor Augen führt.

Von Grenzfällen, wie sie der erwähnte Renn- und Springsitz oder ein bei rohen oder ungehorsamen Pferden fallweise notwendig werdender besonders betonter Wirkungssitz darstellen, abgesehen, beschränkt sich der „Spielplan“ des Sitzes auf die Grundform — den Normalsitz — und zwei von ihm ihren Ausgang nehmende andere Formen, die aber nur vorübergehend, d. h. bis die Hilfe ihren Zweck erreicht hat, zu wirken haben.

Zwischen diesen beiden polaren Sitzformen, dem Spaltsitz und dem verstärkt treibenden Sitz, gibt es eine Fülle von Zwischenstufen, die, obwohl dem Auge kaum wahrnehmbar, für den gefühl- und verständnisvollen Reiter dennoch ebenso viele Nuancen sind, durch die er Präzision und Grad seiner Einwirkung, dem Einzelfalle entsprechend, zu ungeahnter Feinheit steigern kann.

Fassen wir zunächst den Normalsitz ins Auge. Es ist derjenige Sitz, in welchem es dem Reiter

erstens am leichtesten möglich ist, die eigene Gewichtsverteilung mit der Gleichgewichtshaltung des Pferdes in Einklang zu bringen, die durch oft blitzschnell wechselnde Bewegungsenergie und Bewegungsrichtung bedingt wird;

zweitens derjenige Sitz, in welchem es dem Reiter am längsten möglich ist, bei richtiger Bewegung und Haltung des Pferdes, ohne nennenswerte Anstrengung, also ohne zu ermüden, auszudauern.

Diesen beiden Forderungen nach erstens, dem Sichanpassen- oder Mitgehenkönnen und zweitens, nach geringstem Kraftverbrauch, trägt der Normalsitz auf geradezu ideale Weise Rechnung — immer ein Pferd vorausgesetzt, das auf nahezu ebenem Boden im Gleichgewicht, d. h. in Selbsthaltung ohne zu eilen oder sich zu verhalten, geht.

Dadurch, daß beim Normalsitz der Oberkörper vornehmlich auf den beiden wie Schlittenkufen geformten Gesäßknochen, und zwar auf ihrem tiefsten Punkt, der sich ungefähr über dem senkrecht stehenden 15. Rückenwirbel des Pferdes befinden wird, ruht, kann im Bedarfsfall durch leichtes Vorneigen ihr vorderer Rand (Spaltsitz), durch ebensolches Rückwärtsneigen ihr rückwärtiger Rand (verstärkt treibender Sitz) belastet werden. Befindet man sich im Normalsitz, hat man also, strategisch gesprochen, die „innere Linie“ und ist gegen jede Eventualität am besten gesichert, da man ja auf jeden Fall bei eintretender Notwendigkeit zur gerade wirksamsten Stellung den kürzesten Weg hat.

Die erwähnte Kufenform der Sitzbasis gewährleistet die zu raschen Schwerpunktveränderungen notwendige Labilität und ermöglicht, wie nachgewiesen, im Verein mit anderen Faktoren das schmiegsame Mitgehen. Die Lage der Sitzknochen als Unterstützungsbasis senkrecht unter den Hüften und der je nach individuellem Bau zwanglos geradegehaltenen Wirbelsäule wiederum ermöglicht es dem Reiter, sich vor dauernder Anspannung seiner Kreuz- und Gesäßmuskulatur, also vor Ermüdung zu bewahren, weil ja der Unterstützungspunkt in dieselbe Vertikale wie der Reiterschwerpunkt fällt, es also zur Erhaltung des Gleichgewichts keiner Anstrengung bedarf.

Aus vorstehender Betrachtung ergibt es sich nahezu von selbst, wie Rumpf und Gliedmaßen des Reiterkörpers im Normalsatz angeordnet sein müssen, um für Haltung und Gang des Pferdes sowie das Getragenwerden des Reiters die günstigsten Vorbedingungen zu schaffen.

Bei richtiger Lage und Bau des Sattels ruht das Gesäß mit abgespannten Muskeln in dessen Mitte, hauptsächlich gestützt vom unteren Rande der beiden Sitzknochen. Diese müssen der Sattelfläche möglichst nahe sein, was nur dann der Fall ist, wenn sich obengenannte Muskeln nicht durch falsches Anspannen und Zusammenziehen zwischen Knochen und Sattel schieben. Senkrecht über den Sitzknochen befinden sich die Hüften. Soweit das in voller Breite im Sattel ruhende Gesäß es erlaubt, müssen die aus den Hüftgelenken flach ausgedreht herunterhängenden Oberschenkel den Pferdeleib mit ihrer Innenseite gestreckt umfassen und dadurch dem Knie eine geschlossene, tiefe Lage mitteilen, eine Stellung, welche die Sitzbasis vergrößert und damit Balance und Erfühlenkönnen der Bewegungsmomente erleichtert*).

Der Oberkörper wird gerade und ungezwungen senkrecht über der Vertikalen Sitzknochen—Hüften gehalten, so daß die Wirbelsäule, die, wie wir gesehen haben, eine mehr oder weniger flache S-Form hat, ungehindert durch krampfhaft gespanntes Festhalten je nach Bedarf elastisch mitgehen, aushalten und schwingen kann, letzteres um die Erschütterungen des Ganges, die Knie, Schultern und Ellbogen allein nicht zu absorbieren imstande sind, abzufangen**) und derart einen tiefen, den Sattel nicht verlassenden Sitz zu gewährleisten.

---

*) Es sei hier gleich vorgreifend bemerkt, daß bei übertriebener Bügellänge und dieser entsprechender übertriebener Streckung der Beine die Sitzbasis im vertikalen Sinne, also das Umfassen des Pferdeleibes, zwar vergrößert und gefördert, die horizontale Sitzbasis aber gleichzeitig so verschmälert wird, daß der zu labil und locker gewordene Sitz die sichere Balance in Frage stellt.

**) Der weichsitzende Reiter ist durch dem Auge kaum wahrnehmbare, einen ganz geringen Ausschlag gebende Schwingungen seiner Wirbelsäule imstande, die Bewegung des Pferdes auszusitzen, d. h. im Sattel zu kleben. Das „Geheimnis" dieses weichen Sitzes, das darin besteht, daß das Kreuz im Moment des „Stoßes" das Becken nach vorwärts in den Sattel hineinfedern läßt (Kreuzanziehen, Mitgehen), ist praktisch nur durch fleißiges Sichlongierenlassen, natürlich bügellos, auf schwungvoll gehendem Pferde, zu lösen. Dabei versteht es sich von selbst, daß der Reiter über dem tiefsten Punkt des Pferderückens — bei normalem Bau etwa über dem 15. Wirbel — sitzt. An dieser Stelle sind die Bewegungen, wie in der Mitte eines Wagens, am wenigsten fühlbar.

Der weiche Sitz, wie wir ihn verstehen, hat nichts zu tun mit einem Sitz, der den Bewegungen bei schlaffem Kreuz ausweicht und sich dadurch jeder Einwirkungsmöglichkeit begibt, oder einem Sitz, der die Reaktionen durch rhythmisches Schlenkern der Unterschenkel und Arme abfangen und paralysieren will. Während wir die beiden eben beschriebenen fehlerhaften Abarten des weichen Sitzes bei Naturreitern auf dem flachen Lande und auf Roßmärkten beobachten können, gibt es noch eine Abart, und das ist die unheimlichste, weil sie dem Halblaien nur zu leicht Sand in die Augen streut. Das ist der Reiter, der sich künstlich in den Sattel zieht. Er weicht zunächst mit dem Kreuz dem Stoße aus, so wie Nr. 1, tut aber noch ein übriges, indem er mit dem Gesäß das Pferd an die zurückziehende Hand herandrückt. Bei solchen Reitern, die auch Turniere unsicher machen sollen, ist weder der weiche Sitz noch die „Aktion" der Vorderbeine echt.

Kopf und Hals sollen sich frei aus den leicht zurückgenommenen, ihrer natürlichen Schwere überlassenen Schultern herausheben. Die Erscheinung des Reiters soll den Stempel selbstsicherer und ruhiger Überlegenheit tragen, und gerade die leider so oft vernachlässigte Kopfhaltung erweckt den Eindruck und ist auch der Ausdruck eines ungepflegten oder krampfhaft festgehaltenen Sitzes. Sie ist keineswegs ein bloßer Schönheitsfehler, wie es manche eingefleischten „Nicker“ behaupten, denn sie kann im Gelände recht unangenehme Folgen nach sich ziehen und schließlich und endlich fällt auch bei unvorhergesehenen Bocksprüngen ein Buddha, der in die Betrachtung seines Nabels versunken war, eher herunter wie jemand, der gewohnt ist, sein Haupt hoch zu tragen.

Daß der Kopf des Reiters ein relativ sehr großes Gewicht hat und auch infolge seiner hohen Lage diejenige des Reiterschwerpunktes nicht unwesentlich beeinflußt, ist ein Grund mehr, ihn so zu halten, daß er keine falsche Gewichtsverteilung verursacht. Eine solche findet wie jede einer beabsichtigten oder unbeabsichtigten Bewegung des Reiters folgende Gewichtsverlegung ihre entsprechende gewollte oder ungewollte Resonanz im wohlgestimmten Instrument des Pferdekörpers. Ich habe Lipizzaner der Spanischen Hofreitschule geritten, die so feinfühlig waren, daß die durch ein Seitwärtsneigen des Reiterkopfes veranlaßte Gleichgewichtsstörung genügte, sie aus dem Schritt in den Galopp der betreffenden Seite eingehen zu lassen. Ein hier etwas aus dem Rahmen fallendes, aber nicht weniger überzeugendes Beispiel ist auch der sich im Endkampf umschauende und darum das Rennen verlierende Jockey.

Bei zurückgenommenen Schultern ist die Forderung „Brust heraus“ recht überflüssig, sie veranlaßt bei noch nicht schmiegsamen Reitern ein Hohlmachen des Kreuzes — den ärgsten Fehler, in den man verfallen kann. Ein leichtes Anziehen des Kinns oder ein Fühlungnehmen des rückwärtigen Halsteiles mit dem Kragen wird ein Hervortreten des Brustbeins und damit ein leichtes Wölben der Brust beim Haltung und Losgelassenheit fördernden Durchatmen zur Folge haben, ohne daß die Stellung anderer Körperteile davon nachteilig beeinflußt wird.

Ein langer Oberleib, der ebenso wie ein hohes Becken die Balance nicht gerade erleichtert, hat überdies noch den Nachteil, daß bei etwas kürzeren Armen deren richtige Lage — Oberarme senkrecht herunterhängend, Unterarme mit dem mittleren Teil ihrer Innenfläche in Fühlung mit dem Leib, und mit Pferdemaul, Zügel und Hand eine Gerade bildend — erschwert wird.

Die Hand wirkt richtig, wenn ihr Rücken mit der Außenfläche des Unterarmes in einer Ebene liegt. Ihre höhere oder tiefere Stellung darf einzig und allein abhängig sein von der Lage des Maules — die wieder Funktion einer höheren oder tieferen Kopfstellung, d. h. des diese beeinflussenden Versammlungsgrades ist. Daraus folgt auch, daß jede bindende Anweisung, die die Lage der Hand etwa fünf Fingerbreiten über dem vorderen Sattelrand schematisch feststellen will, ganz abwegig ist. Solche und ähnliche Vorschriften sind aber nicht aus Unverständnis, sondern lediglich mit Rücksicht auf militärische Gegebenheiten — gepackter Kavalleriesattel — entstanden.

Sind bei dem seinem Ausbildungsgrade entsprechend ohne Zwang, d. h. ohne Steifungen gehenden Pferde Sattel- und Gurtenlage in Ordnung, letztere senkrecht unter dem tiefsten Punkte des Sattels und eine bis anderthalb Handbreiten hinter dem Ellbogenhöcker, wird der leicht aus dem Knie zurückgebogene Unterschenkel knapp hinter dem Gurt, so daß dieser vor ihm zu sehen ist, am Pferdeleib herunterhängen und mühelos in zwangloser, elastischer Spannung und ohne betonten Druck seine Fühlung mit diesem aufrechterhalten können. Eine Lage des Unterschenkels am Gurt wäre schon deshalb nachteilig, weil an dieser schmalen Stelle der ständige weiche Kontakt mit dem Pferdeleib unmöglich wäre. Der bei jedem Tritt durchfedernde tiefe Absatz*) wird bei normaler Beinlänge dann ungefähr in einer Vertikalen mit Schultern und Hüften liegen. Bei flachem Oberschenkel, tiefem Knie und ebensolchem Absatz wird sich die Fühlung bis ober den Knöchel erstrecken Diese Fühlung wird sich sogar für Augenblicke, in denen der Sporn seine Hilfsstellung einnimmt, bis zu dem zu diesem Zweck erhobenen Absatz ausdehnen. Ein längeres Verharren in dieser Stellung würde das Pferd aber unempfindlich, also schenkeltot machen oder bei ihm ein Gefühl des Geklemmtwerdens und damit krampfhafte Spannungen verursachen.

Meister Stensbeck bezeichnete den Zustand des richtig einwirkenden Schenkels treffend mit „tätiger Losgelassenheit“.

Es muß betont werden, daß Bauart von Pferd und Reiter die Schenkellage beeinflussen und nichts schädlicher ist, als alle Reiter in ein Sitzschema hineinpressen zu wollen. Mutatis mutandis wird ein kurzbeiniger Reiter auf einem kurz- und flachgerippten Pferde geschlossener sitzen wie ein langbeiniger, der, um mit dem Unterschenkel einwirken zu können, diesen so weit zurücklegen müßte, daß seine Knie sich öffnen.

Viele Reitlehrer verlangen, daß die Füße des Reiters vollkommen parallel zur Längsachse des Pferdes gerichtet sein sollen. Befolgt der Schüler gewissenhaft diese Anweisung, so steht er vor dem Dilemma, entweder seine Knie zu öffnen, um mit dem inneren Teil des Unterschenkels in Fühlung mit dem Pferdeleib bleiben zu können oder diese aufzugeben, um das Knie am Sattel behalten zu können. Will der Schüler aber Knieschluß und Fühlung behalten und trotzdem die Anweisung wörtlich befolgen, müßte er den Fuß im Knöchel nach einwärts drehen.

Ebenso wie das gezwungene Einwärtsdrehen ist auch das Auswärtsdrehen des Fußes aus dem Knöchel von Übel. In beiden Fällen verliert dieser seine Elastizität und diese Versteifung teilt sich der Wadenmuskulatur mit, deren ungezwungenes An- und Abspannen — das elastische Federn — verhindert und dadurch eine verfeinerte Hilfengebung erschwert wird. Eine Auswärtsdrehung des Fußes teilt sich auch dem ganzen Unterschenkel mit, so daß seine Einwirkung eine kneifende und vom Pferd ungern angenommene wird.

Die Richtung des Fußes soll dieselbe sein wie beim Gehen, die Fußspitzen also etwas vom Pferde abgewendet, wie es sich ja aus der gespreizten Grätschstellung von selbst ergibt. Dadurch kommt der innere Sohlenrand um einige Millimeter tiefer zu liegen wie der äußere, was ein seitwärts oder vorn stehender Beobachter leicht feststellen kann.

*) Wie bei Besprechung der Hilfen näher ausgeführt werden soll, erreicht das Durchdrücken des Absatzes seine äußerste Grenze, wenn der Reiter zwecks Erteilung der Hilfen das Kreuz anzieht.

Der Fuß ruht mit der breitesten Fläche der Sohle, von der kleinen Zehe bis zum Ballen der großen, auf dem Bügelsteg. Ist dieser genügend weit, berührt nur der äußere Teil des Fußes, die Zehengegend, den äußeren Bügelarm. Ist das nicht der Fall, ist der Fuß im Knöchel verdreht. —

Auch für das Reiten ohne Bügel gilt der Grundsatz, daß der Absatz tiefer wie die Fußspitze zu liegen hat, denn ein Hängenlassen der Fußspitze entspannt völlig die Wadenmuskeln, die bei geschlossenem Sitz elastisch federn, elastisch gespannt sein müssen, um eben die Geschlossenheit des Sitzes und die Präzision der Hilfen zu ermöglichen.

Da gerade vom bügellosen Reiten die Rede ist, möchten wir gleich hinzufügen, daß man dabei das anscheinend so bequeme und beliebte Hochschlagen unterlassen sollte. Man unterziehe sich lieber der geringen Mühe des Ausfederns der Steigriemen. Diese klemmen nämlich bei hochgeschlagenen Bügeln den Oberschenkel und der Sitz, der ja nach vorn zu in den Sattel hineinfedern sollte, weicht unwillkürlich nach hinten aus.

Die Länge der Bügel muß so bemessen sein, daß bei voll auf dem Sattel ruhendem Gesäß, geschlossener Schenkellage und bei vermittelst der Ballen vom Steg der Bügel getragenem Unterschenkel, die Absätze tiefer sind als die Fußspitzen. Die Bügellänge wird von Gang und Rippenlänge des Pferdes sowie der Beinlänge des Reiters beeinflußt.

Zur Annahme des entlastenden Spaltsitzes im Gelände und beim Springen müssen die Bügel um zwei bis vier Löcher verkürzt werden, da das Pferd bei weitem Rahmen und im verstärkten Galopp dünner, die horizontale Unterstützungsfläche des Sitzes also verschmälert und dieser labiler wird. Auch können dabei vorkommende heftige Bewegungen des Pferdes aus Knie- und Hüftgelenken des Reiters elastisch abgefangen werden, ebenso wie das sich vermehrt auf den Spalt stützende und mehr am wie im Sattel bleibende Gesäß das schmiegsame Mitgehen und die Rückentätigkeit erleichtert.

Im allgemeinen möchte ich über die Bügellänge noch sagen, daß im Zweifelsfalle die Bügel lieber um ein Loch kürzer als länger geschnallt werden sollen. Sind sie etwas zu kurz, wird man das Pferd zwar weniger gut umfassen, dafür wird aber die Führung infolge des ruhigeren Sitzes steter sein. Sind sie zu lang, so bringt man der vermeintlichen Schönheit ein Opfer, das teuer bezahlt werden muß, denn jeder Zentimeter zuviel an Bügellänge lockert den Sitz und nimmt dem Reiter an Einwirkungsmöglichkeit. Hat man das Gefühl, der Sitz bedürfe einer Ausbügelung und Auffrischung, und das ist auch bei den besten Reitern mindestens alle Jahre einmal der Fall, so reite man einige Wochen bügellos, womöglich an der Longe. Nach einer solchen Kur wird man staunen, wie sich das Gefühl verfeinert, der Sitz gestreckt und vertieft hat, so daß man ganz von selbst die Bügel länger als früher schnallt, da man sich in seiner Umfassungsmöglichkeit gehemmt fühlt.

Die erste der von der Grundform des eben besprochenen Normalsitzes ausgehenden Sitzformen ist der Spaltsitz mit seinen vielen Abarten und Nuancen, wie Renn-, Jagd-, Spring-, Gelände-, entlastender Korrektur- und Remontesitz. Alle diese Sitzarten haben das eine gemeinsam, daß sie entlasten, die Rückentätigkeit erleichtern wollen. Der Spaltsitz gehört ebenso wie die zweite vom Normalsitz ausgehende Form — der verstärkt treibende Sitz — zu den Hilfen, da er im Prinzip nur vorübergehend einen bestimmten Zweck erreichen hilft und zur Normalform zurückkehrt, sobald dieser Zweck erreicht ist. Er wird angewendet zur Erleichterung der Nachhand in abschwingenden Momenten, wie beim Springen, bei jungen Pferden, schwachen oder empfindlichen Rücken, bei Verstärkung der Gangarten, bei in freier Haltung gehenden Pferden, wie in der Karriere, beim Rennen usw.

Der den Charakter einer Hilfe tragende Spaltsitz hat nichts mit der den gleichen Namen tragenden fehlerhaften Sitzform gemeinsam, die durch zu lang geschnallte Bügel oder schlecht gebaute Sättel entsteht.

Ersterer entwickelt sich aus dem Normalsitz, indem der Reiter bei stärkerem Anziehen des Kreuzes den Oberleib vermehrt in die Bewegung eingehen läßt und sein Gewicht vom tiefsten Punkt der wie Schlittenkufen geformten Sitzknochen auf deren vordere Ränder und auf seine Oberschenkel verlagert. Der Spaltsitz kann nicht mehr wie der Normalsitz einzig und allein durch die Balance erhalten werden, er muß auch die Muskelkraft, der etwas verstärkt, aber nicht krampfhaft angedrückten Knie in Anspruch nehmen. Entsprechend dem vermehrten Anziehen des Kreuzes werden Knie und Absätze durchgedrückt. Überhaupt spielt das Knie bei verkürzten Bügeln in verstärkten Gangarten und beim Springen die größte Rolle. Es wird, unverrückbar auf seinem Platze liegend, zum Stoßdämpfer und wie ein Scharnier sich betätigenden Drehpunkt für alle oberhalb befindlichen Körperteile, da ja der Reiter im Knie und nicht im Bügel stehen soll.

Die zweite der von der Grundform des Normalsitzes ihren Ausgang nehmenden Sitzformen ist der verstärkt treibende Sitz. Ich nenne ihn „verstärkt treibend", weil schon der Normalsitz, ohne jedes Dazutun des Reiters, nur durch sein in die Bewegung federndes, richtig gebrachtes Gewicht den Bewegungsablauf erhaltend, also treibend wirkt.

Wird nun durch vermehrtes elastisches Anziehen des Kreuzes das Becken nach vorwärts gedrückt, so werden im Gegensatz zum Spaltsitz die rückwärtigen Sitzbeinränder vermehrt belastet, die Hüften neigen sich je nach Stärke des Kreuzanspannens mehr oder weniger nach rückwärts, die bisherige Vertikale Sitzbein—Hüften des Normalsitzes nimmt ebenso wie das Becken eine Neigung nach hinten an. Durch das vermehrte Anziehen des Kreuzes bei Vorschieben des Beckens und ausgehaltenem Oberleib, das dem verstärkt treibenden Sitz seine Charakteristik gibt, wird das Pferd nach vorwärts an die Hand herangeschoben, an sie „herangesessen". Es wird sich kauend an ihr „loslassen" und je nachdem, ob sie nachgibt oder elastisch aushält, in seinen Gelenken vermehrt strecken oder beugen.

Vom „Loslassen" wird im weiteren Verlaufe dieser Arbeit bei Besprechung der gymnastischen Ausbildung des Pferdes noch häufig die Rede sein. Da Losgelassenheit oft mit Zwanglosigkeit verwechselt wird, ist es notwendig, diese beiden Begriffe, die sich ja in rein sprachlicher Hinsicht decken mögen, im praktischen Gebrauch, soweit sich dieser aufs Reiten bezieht, scharf auseinanderzuhalten.

Zwanglos, das heißt seine Muskeln mit größerer oder geringerer Energie elastisch an- und abspannend, soll und kann jedes Pferd gehen, in welchem Rahmen immer es geritten werden mag, vom ersten Anreiten angefangen bis zur Vollendung seiner Ausbildung, also in jedem Dressurstadium. Daß das Pferd nur dann zwanglos gehen kann, wenn alle seelischen Verkrampfungen und Angstzustände, die sich ja unmittelbar aufs Körperliche übertragen, vertrauensvoller Hingabe an den Sitz gewichen sind, versteht sich von selbst. Außerdem müssen die Nerven, die den Ausführungswillen den Muskeln mitteilen, durch richtiges „Koordinieren" diesen jede unnötige Arbeit ersparen.

Zwangloses Gehen darf nicht mit haltlosem Laufen verwechselt werden. Bei diesem steht das Pferd unter dem „Zwange" des Übergewichts, das es „zwingt", einen stützenden fünften Fuß in der Hand des Reiters zu suchen, damit es nicht ins Eilen gerät. —

Der Zustand der Losgelassenheit tritt erst ein, wenn sich das vorher in der Zwanglosigkeit der natürlichen Selbsthaltung unter dem Reiter regelmäßig schreitende, trabende oder galoppierende Pferd am Zügel, an den es sich durch schwung- und gangerzeugendes Treiben herangedehnt hat, infolge weiteren Treibens losläßt und dies durch Kauen quittiert. Seine Zwanglosigkeit nimmt es in den Zustand der Losgelassenheit mit, der ebenso wie alle weiteren Ausbildungsstufen bis zu der uns als Ziel vorschwebenden vollkommenen Durchlässigkeit für alle Einwirkungen, ohne ein ungezwungenes, durch keinerlei Verkrampfungen und Steifheiten gehindertes elastisches An- und Abspannen der Muskeln nicht denkbar ist.

Mit Ausnahme der ersten Ausbildungswochen, wo dem jungen Pferd Schenkel- und Handeinwirkung erst gesondert begreiflich gemacht und gleichsam „erläutert" werden müssen, um dann seinen Willen so weit zu gewinnen, daß auf Anlegen von Gerte und später Schenkel und auf ein Aufhalten durch die Hand, ein Vortreten oder Stehenbleiben immer mehr zum Reflex wird, haben alle Hilfen stets gemeinsam und auf das ganze Pferd zu wirken. Damit ist schon gesagt, daß einzelne Hilfen, gesondert und ohne Koordination erteilt, niemals zweckentsprechenden Erfolg haben können. Im Konzert der Hilfen müssen immer alle drei Instrumente: Gewicht, Schenkel und Hand, der ganze Sitz, mitwirken. Welches dieser drei Instrumente dabei den Ton angeben und vorherrschen*), ob allen dreien die gleiche Bedeutung und Intensität zukommen wird, können nur der zu erreichende Zweck und darüber hinaus der durch Bau, Temperament und Dressurgrad gegebene Einzelfall entscheiden.

---

*) Die eine oder andere Hilfe wird sich zeitweise mit einer Nebenrolle begnügen müssen — dauernd „Statist im Spiel" darf aber keine bleiben.

Wenn wir den Vergleich der Hilfen mit einem wohlgeordneten Orchester weiter durchführen wollen, müssen wir uns noch nach einem Dirigenten umsehen, der den Einsatz der Stimmen, ihr Wann und Wieviel regelt, der mit einem Worte das Kommando führt. Für so einen Kapellmeister hat die Natur in wunderbarer Weise vorgesorgt, indem sie dem Reiter das etwas oberhalb und rückwärts seines Schwerpunktes gelegene Kreuz gab. An dieser Zentralstelle, diesem „ersten und letzten Argument reiterlicher Einwirkung", die durch ihr elastisches Straffen (Anziehen) jede Hilfe einleitet und je nach Bedarf ihrem „Durchkommen" Nachdruck verleiht, finden die Körperteile, die ausführende Organe sind, ähnlich wie der Pinsel des Malers am Malstock, Stütze und Halt, um ihre Einwirkungen im einzelnen und ihren Einklang miteinander abstimmen zu können.

Vergleichen wir die Ausbildung des jungen Pferdes mit der Erlernung des Lesens und Rechnens, so sind die Hilfen das Abc, das Einmaleins, die es erst kennen muß, um weitere Fortschritte zu machen.

Bei Besprechung dieser Ausbildung wird gezeigt werden, wie sich die Hilfen dem wachsenden Verständnis und Entgegenkommen des Pferdes entsprechend immer mehr verfeinern, so daß nach beendigter Ausbildung eines gut veranlagten Pferdes, dem keine körperlichen Schwierigkeiten den Gehorsam erschweren und dessen Wille mit dem des Reiters parallel gerichtet ist, bloße Andeutungen genügen, die nur deshalb keine entmaterialisierten Zeichen sind, weil die körperlichen Hilfen Grad und Stärke bestimmen, mit einem Wort, regulieren müssen.

Wenn wir in folgendem die Hilfen im einzelnen ins Auge fassen, um dann kurz zu ihrem Zusammenwirken überzugehen, möchte ich vorausschicken, daß wir uns hier nur an die allgemeinen Grundsätze ihrer Anwendung halten wollen, wie sie beim ideal gerittenen Pferd in Erscheinung treten.

In allen anderen Fällen werden sich Abweichungen ergeben, die vom augenblicklichen Dressurgrad, Willen und Nerv des Pferdes abhängig, sich nicht mit lapidaren Lehrsätzen nach einem Schema abtun lassen. Jede dieser Abweichungen verlangt individuelles Eingehen des Reiters auf den Sonderfall. In den die Ausbildung behandelnden Kapiteln wird auf diese Abweichungen einzugehen sein, denn wie oben erwähnt, lassen sich Lehrsätze der Reitkunst zu Pferde nicht immer so anwenden, daß sie wie mathematische Formeln in der Technik Null zu Null aufgehen*).

Diejenige Hilfe, welche die Bewegung des Pferdes hervorruft, es sie antreten läßt und darin erhält, ist der Schenkel. Gewicht und Hand können ihn dabei nicht ersetzen.

Ist das Pferd in der Bewegung und stellt es seine Muskeln widerstandslos zum Gehen und Tragen zur Verfügung, kann erst der Reiter durch Verteilung seines Gewichts vortreiben, verhalten, Richtungsänderungen vornehmen. Diese Gewichtshilfen werden aber nur ihren Zweck erreichen, wenn sie durch Schenkel und Hand unterstützt werden, d. h. wenn alle drei Hilfen zusammenwirken.

*) Auch die theoretische und angewandte Physik, obwohl auf gemeinsamen Grundsätzen fußend, sind zwei verschiedene Berufszweige!

Die Art der Anwendung der Schenkel in der Lage knapp hinter dem Gurt, wie sie beim Normalsitz besprochen wurde, kann eine zweifache sein, drückend und anregend.

Je nachdem, wie sich der übrige Sitz — Gewicht und Hand — dazu verhält, wird das Resultat eine Veränderung des Tempos oder der Haltung oder dieser beiden zusammen sein. Es kann aber auch nur in ihrer Beibehaltung bestehen, wenn sie eben im Begriff waren, verlorenzugehen (halbe Parade).

Der Schenkeldruck kann von kürzerer oder längerer Dauer sein, in letzterem Falle das Pferd von rückwärts nach vorne schiebend. Aufhören muß er sofort bei Eintritt des Gehorsams. Die Schenkel nehmen dann wieder ihren früheren Zustand weichen Anliegens am Pferdeleib in „tätiger Losgelassenheit" an.

Liegt ein Schenkel etwas hinter der beim Normalsitz beschriebenen Lage, also ausgesprochen hinter dem Gurt, so wird er drückend angewendet, um das Pferd an einem Abweichen vom Hufschlag zu verhindern oder um ein solches hervorzurufen. In ersterem Falle wirkt der Schenkel verwahrend, in letzterem seitwärts treibend.

Während der knapp hinter dem Gurt tätige Schenkel außer bei schulterhereinartigen Schulen immer rein vortreibend ist, sei er nun drückend oder anregend, ist es der weiter hinter dem Gurt seitwärtstreibende*) nur mittelbar, insofern als das auch bei solchen Bewegungen notwendige Treiben hauptsächlich durch den andern, seine Lage knapp hinter dem Gurt beibehaltenden Schenkel besorgt werden muß. Eine Ausnahme bilden auch hier nur die schulterhereinartigen Übungen.

Auch bei der vom verwahrenden Schenkel weiter hinter dem Gurt angenommenen Drohstellung ist ein eventuell notwendiges Treiben, um den Gang zu erhalten, vorwiegend Sache des andern Schenkels.

Wie schon bei Besprechung des Sitzes (Lage des Unterschenkels) angedeutet wurde, findet jede, mithin auch die Schenkelhilfe, ihre Stütze am vermehrt angezogenen Kreuz. Dieses Anziehen streckt den ganzen Sitz, drückt daher Knie und Absatz herunter und strafft dadurch auch die in der Bewegung elastisch federnden Wadenmuskeln, was an sich schon eine Hilfe für fein gerittene Pferde ist.

Der je nach Empfindlichkeit abgestufte gleichmäßige Druck beider Schenkel läßt das Pferd vorwärtsgehen, also seinen Gang antreten, ihn beschleunigen oder entschiedener werden lassen, wirkt demnach an sich immer treibend. Im Verlauf der Ausbildung lernt es dann, daß dieser Druck auch Versammlung (vermehrte Beugung der Gelenke der Hinterhand) bedeuten kann, wenn Gewicht und Hand damit einverstanden sind; ebenso lernt es auch die Bedeutung des weiter hinter dem Gurt angelegten seitwärtstreibenden Schenkels kennen.

Anregend wird der Schenkel gebraucht, wie schon der Name besagt, um den Gang anzuregen, zu beleben und zu beschleunigen, wenn die Hinterbeine schleppend und ausdruckslos treten und infolgedessen die Tritte nicht so raum-

*) Die seitwärtstreibende Schenkelhilfe, die durch den gleichseitigen Zügel unterstützt wird (indirekte Biegung), ist eine der wenigen ohne Vermittlung des Gehirns direkt auf den Körper wirkenden und fast rein mechanisch zwingenden Hilfen, durch die auch gegen den Willen des Pferdes, allerdings in unreiterlicher Form, diesem eine Art Vorhandwendung oder bei grober Stetigkeit wenigstens ein Sich-von-der-Stelle-Rühren seiner Beine abgezwungen werden kann.

greifend und lebhaft sind, wie es dem Gebäude, der Mechanik des Pferdes und dem Willen des Reiters entspricht. Der anregende Schenkel wirkt also bei richtiger Lage ebenso wie der drückende treibend.

Wie entstehen und entwickeln sich nun die anregenden Schenkelhilfen?

Die weich anliegenden Schenkel des schmiegsam sitzenden Reiters empfangen von den Pendelschwingungen des Rumpfes, die dieser bei jedem Schritt zum Gewichtsausgleich und zwecks senkrechter Unterstützung in Richtung des gerade fußenden Hinterbeines macht, Impulse. Die Schenkel „atmen" dabei gleichsam mit diesen Bewegungen des Pferdes und im Takte der Rumpfwandschwingungen. Es ist das ein wechselseitiges und zugleich ineinander übergehendes Heranfallen.

Die Impulse sind je nach Rahmen und Gangart des Pferdes verschieden. Bei hinten breit tretenden Pferden und im freien Schritt und Galopp sind sie besonders deutlich sicht- und spürbar. Kaum wahrzunehmen, vom feinfühligen Reiter aber ganz deutlich empfunden, sind sie in der Versammlung und im Trabe*).

Verstärkt nun der Reiter im Takte dieser wechselseitigen Impulse die elastische Spannung seiner Waden durch Senken der Absätze, gibt er schon die aktiv anregende, betonte Schenkelhilfe, die sich ebenso wie die drückende je nach Feinfühligkeit und Dressurgrad des Pferdes von zeichenartigem Andeuten bis zu energischem Drohen steigern kann. Hier aber, wie auch bei jeder andern Hilfengebung, muß der Reiter bestrebt sein, nach dem Grundsatz von der Ökonomie der Kraft, mit einem Mindestmaß an solcher auszukommen, um den gewünschten Effekt zu erzielen. Die anregende Schenkelhilfe ist, wie schon oben gesagt, ebenso wie die drückende an sich immer treibend und kann bei noch nicht vollkommen durchgerittenen Pferden, die ja in der großen Überzahl sind, vibrierend, ohne Rücksicht auf den Bewegungstakt, oder auch leicht klopfend, um auf die Hilfen aufmerksam zu machen (Geradestellen), gegeben werden.

Kommen die Schenkelhilfen nicht durch, d. h. werden sie nicht genügend beachtet, obgleich das Pferd seinem Ausbildungsstadium nach imstande wäre, sie zu befolgen, wird ihre Wirkung durch mehr oder weniger starke, je nach Bedarf ein- oder beiderseitige kurze Spornstiche oder ein ebensolches Anlegen des Spornes verstärkt. Nur im Falle groben Ungehorsams und boshaften Widerstandes soll den Hilfen durch beiderseitige kräftige Spornstöße überzeugender Nachdruck verliehen und zugleich gestraft werden.

Zum Spornstich oder -stoß wird bei gut geschlossenem Knie die Ferse dem Pferdeleib zugekehrt und der Absatz entsprechend der Beinlänge des Reiters gehoben. Bei langbeinigen Reitern sind darum hoch angeschnallte Sporen von Vorteil. Der Spornstoß hat mit den Bügeln am Absatz zu erfolgen. —

---

*) In der Versammlung, zu deren charakteristischen Merkmalen auch das nahe aneinander Vorbeitreten der Hinterbeine gehört, sind die Pendelschwingungen gering und wenig ausgesprochen, da die jeweils stützenden Hinterfüße fast auf derselben Linie — einer sehr schmalen Basis — treten und demnach der Gewichtsausgleich nur minimal zu sein braucht.

Im Trabe sind es wieder das gleichzeitige Fußen der diagonalen Beinpaare und der ganz nahe vor dem Schnittpunkt der diese Paare verbindenden Geraden liegende und darum, praktisch genommen, überhaupt keiner Seitwärtsverschiebung ausgesetzte, sehr stabile Schwerpunkt des Pferdes, die einen Gewichtsausgleich herbeiführende Pendelschwingungen fast überflüssig machen und auf ein Minimum beschränken.

Da die G e r t e ebenso zum Rüstzeug des Reiters gehört wie der Sporn, mögen hier einige Worte darüber folgen. Sie ist nicht nur unentbehrliches Hilfsmittel — weil am natürlichsten wirkend — bei der Ausbildung junger Pferde, — auch dem Reiter der Hohen Schule ist sie notwendig. Bei laurigen, verhaltenen Pferden und kitzligen Stuten ist es überhaupt angezeigt, den Sporn durch die Gerte zu ersetzen.

Sie soll so geformt sein, daß sie sich gegen aufwärts verdickt, damit die Hand nicht genötigt ist, sich krampfhaft zu schließen, um sie festzuhalten. Ihre Länge muß so bemessen sein, daß sie bei normaler Handhaltung hinter den Reiterschenkel reicht. Ihr Gebrauch wird im Kapitel über das Anreiten und in den die versammelnde Arbeit an der Hand und die Schulsprünge behandelnden Abschnitten näher beschrieben werden. —

Viele Reiter haben die Gewohnheit und sind sich ihrer gar nicht mehr bewußt — was eben leider das Wesen jeder schlechten Gewohnheit ausmacht —, daß ihre Schenkel nach vorne und hinten p e n d e l n oder ständig k l o p f e n. Sie wundern sich dann, daß sie mit ihren Hilfen nicht durchkommen und denken nicht daran, daß pendelnde Schenkel die Parade nicht durchhalten können und gegen ein Zurückkriechen der Hinterhand ebenso wie gegen das Zurücksetzen eines einzelnen Hinterfußes machtlos sind.

Gewohnheitsmäßig klopfende Schenkel verhindern das Pferd „am Schenkel" zu bleiben, denn sie nehmen ja vom Pferde die Hilfe immer wieder ab, a n der es doch gehen sollte.

D i e F r a g e, i n w e l c h e m A u g e n b l i c k der Bewegungsfolge die a n r e g e n d e S c h e n k e l h i l f e zu erfolgen hat, findet ihre zwanglose Beantwortung durch die natürliche Gegebenheit der Rumpfschwingungen. Der schmiegsam und weich dem Rhytmus der Bewegung hingegebene Sitz findet den richtigen Moment von selbst und soll die schon reflektorisch erhaltenen Impulse noch b e t o n t ausnützen, wenn er bewußt und verstärkt anregen will. Geht aber ein Pferd schwungvoll an den Hilfen, so erhält der Reiter schon durch seinen Normalsitz und ohne bewußtes Treiben sowohl Schwung als auch Gang.

Spricht man jungen Reitern zuviel von den Momenten, in denen sich die Anregungsmöglichkeit ja von selbst ergibt, wollen sie diese Momente bewußt erhaschen, werden dabei steif und setzen mit ihren Einwirkungen verfrüht oder verspätet ein.

Sieht man sich solche Reiter, die nicht in Harmonie mit der Bewegung mitgehen und ihre „Hilfen" dementsprechend zur unrichtigen Zeit und am falschen Ort geben, im Schweiße ihres Angesichtes plagen, ohne je mehr zu erreichen als saure oder reizbare Pferde, denkt man unwillkürlich, daß die Verse Goethes, der ja Reiter war, dieser Gattung Künstler auf den Leib geschrieben sind:

> Geheimnisvoll am lichten Tag,
> Läßt sich Natur des Schleiers nicht berauben,
> Und was sie dir nicht offenbaren mag,
> Das zwingst du ihr nicht ab mit Hebeln und mit Schrauben.

Eine zweite Frage, auf welchen Hinterfuß die einseitige, vortreibende Schenkelhilfe wirkt, ist mit der kurzen Feststellung der Reitlehren „Der Schenkel hat die Aufgabe, auf den gleichseitigen Hinterfuß zu wirken" weder eindeutig noch vollständig beantwortet.

Der oben angeführten Feststellung, die sich in dieser oder ähnlicher Form in so ziemlich allen heutigen Reitinstruktionen und -lehren findet, will ich einen Lehrsatz entgegenhalten, der die Sache in wesentlich anderem Lichte sehen läßt.

General von Josipovich sagt: „Es ist gleichgültig, wodurch die Beschleunigung des Ganges beim gehenden Pferd ausgelöst wird, immer wird das Pferd nur mit dem gerade abstoßenden Beine der Aufforderung zu folgen vermögen."

Eine kurze Betrachtung möge die Richtigkeit dieses Satzes beweisen.

Aus der Seidlerschen Ära, die übrigens auch das Zeitalter des sogenannten „Maschinismus" war, können wir uns noch immer nicht ganz von einer Auffassung befreien, die das Pferd in der Dressur als eine Maschine betrachtet —

daran ändern auch die öfter gelesenen als beherzigten Worte: „Das Pferd ist kein Automat" gar nichts.

Die Sache ist so, daß nur sehr wenige Einwirkungen (Hilfen) direkt auf den Körperteil, dem sie angemeint sind, übertragen werden können; die Übertragung kann nur auf dem Wege des Gehirns und der Nerven dahin gelangen.

Ein praktisches Beispiel möge das Gesagte erläutern.

Ein Pferd trabt an der Leine. Der Abrichter treibt es, weil es seine Hinterbeine zu schwerfällig gebraucht, durch einen Peitschenknall zur Lebhaftigkeit an. — Welches Hinterbein, vorausgesetzt das Pferd reagiert darauf ohne zu erschrecken, wird im Augenblick des Knalls die Beschleunigung des Ganges auslösen? — Man mache einmal selbst zu Fuß den Versuch. — Man gehe einige Schritte in einem ruhigen, gemächlichen Tempo und stelle sich vor, man wolle dieses plötzlich beschleunigen. — Mit welchem Bein wird man das besorgen? Bestimmt mit dem, das gerade am Boden ist! — Daran, daß man auch für das Pferd nicht zu dieser Erkenntnis gekommen ist, trägt eine der vielen Augentäuschungen schuld, die am Anfange von Begriffen stehen, die in der Reitlehre nur mehr Altertumswert haben und sich auf keinerlei verstandesmäßig bewiesene Tatsachen stützen können. — Gehen wir etwas weiter. — Man wird an sich selbst, oder wenn man ein Pferd als Versuchsobjekt nimmt, im Augenblick des Impulses zum beschleunigten Gehen (vom eigenen Willen oder durch Knall verursacht), bei der Beschleunigung zuerst wahrnehmen, daß das in der Luft befindliche Spielbein förmlich hervorspringt, man wird aber, wenn man die Probe an seinem eigenen Körper macht, gleichzeitig wahrnehmen müssen, daß im selben Augenblick der am Boden befindliche Fuß, das Stützbein, sich mit verstärkter Kraft vom Boden abschnellt. — Dieses also ist es, das den Gang beschleunigt; das sich in der Luft befindliche Spielbein wird nur weiter ausholen müssen, um dem stärkeren Abstoß Raum zu geben. Darin besteht aber gerade die optische Täuschung, die uns den Fehlschluß suggeriert, daß der ohnehin im Vorschwingen befindliche Fuß derjenige sei, der für die Beschleunigung zu sorgen habe.

Eine Behauptung, wie sie sich zum Beispiel in der deutschen Reitvorschrift von 1926 findet: „In der Bewegung wirkt der Schenkel auf den gleichseitigen Hinterfuß nur in dem Augenblick richtig vortreibend ein, wo dieser sich nach dem Abfußen über dem Boden befindet. Auf der Einwirkung mit dem Schenkel in diesen Augenblicken beruht die den betreffenden Hinterfuß anregende Tätigkeit", wird sich mithin nicht in ihrem vollen Umfange aufrechterhalten lassen*).

---

*) Diese Feststellung soll keinesfalls eine Kritik der Reitvorschrift von 1926 darstellen.

Die fortschreitende Erkenntnis jedoch, die dieses Werk vermitteln soll, läßt hoffen, daß diese Frage eindeutig im Sinne vorliegender Arbeit geklärt werden wird.

Die Beantwortung der in vorhergehendem gestellten Frage, auf welchen Hinterfuß die einseitig treibende Schenkelhilfe wirkt, ergibt folgende Nutzanwendung: Will ich ein Pferd, ohne es in seiner Haltung oder Richtung irgendwie zu beeinflussen, einfach nur vorwärtstreiben, dann ist es schließlich einerlei, ob ich das mit dem einen oder andern Schenkel, der Gerte, Longierpeitsche oder mittels Zungenschlags tue, das Pferd wird die Beschleunigung stets nur mit dem gerade am Boden befindlichen Fuß besorgen; will ich aber auf ein einzelnes Hinterbein zwecks Beeinflussung des Pferdekörpers in bezug auf Bewegungsrichtung, Haltung, Gleichgewicht, Versammlung, Geraderichtung usw. wirken, dann geschieht dies stets mit dem gleichseitigen Schenkel. Bei so einer Einwirkung müssen aber immer Gewichtshilfe, Hand und anderer Schenkel unterstützend mitwirken. —

Bei einer vorwärts-seitwärts stattfindenden Bewegung des Pferdekörpers (Seitengänge) werden die Pendelschwingungen des Rumpfes ungleich stark, gestatten aber trotzdem einen taktmäßigen verstärkten Druck des seitwärtstreibenden Schenkels im Moment der Schwebe des seitwärts zu treibenden Hinterbeines. Der Moment, wo das gleichseitige Hinterbein nicht stützt, ist seinem Weichenlassen am günstigsten.

Die Wirkungsmöglichkeit des seitwärtstreibenden Schenkels erstreckt sich im Trabe, dessen Bewegungsfolge auch eine Schwebephase enthält, nur vom Moment des Abfußens des gleichseitigen Hinterbeines bis zu dem Augenblick vor seinem Auffußen, wo auch schon das andere Hinterbein zur Schwebe abgestoßen hat und folglich alle vier Beine in der Luft sind. Infolge Mangels an jeglicher Stütze während der Schwebe findet auch der beste Wille des Pferdes, dem seitwärts treibenden Schenkel mit dem gleichseitigen Hinterfuß zu folgen, seine natürliche Grenze*).

Ähnliche Erwägungen haben auch für die Schwebe im Galopp Geltung.

Aus dem Vorhergehenden folgt auch, daß während der Schwebephasen im Galopp und Trab keine Beschleunigungsmöglichkeit durch vortreibende Schenkelhilfen gegeben ist. —

Fälle, wo das Pferd infolge krampfhafter Spannungen sich festhält und den Sitz des Reiters nicht ausfüllt, so daß infolge ein- oder beiderseitigen Steifens (Schiefe) die nur bei ungezwungenem, reinem Gange regelmäßig vor sich gehenden Pendelschwingungen des Rumpfes nicht gleichmäßig zum Ausdruck kommen, gehören nicht hierher, und soll erst bei Besprechung der Ausbildung des jungen Pferdes darauf eingegangen werden.

Wie schon bei der Beschreibung des Sitzes gesagt wurde, ist dieser in gewissem Sinne an und für sich schon eine Hilfe.

So wird der vorgeneigte Spaltsitz, der den Schwerpunkt des Reiters mit dem nach vorwärts verschobenen des Pferdes in Einklang bringt, zur Gewichtshilfe, ebenso wie der vermehrt vortreibende Sitz durch verstärktes Anziehen des Kreuzes, auch ohne daß der Oberleib eine merkliche Rückwärtsneigung annimmt, es bei entsprechender Mitwirkung von Schenkel und Hand dem Pferd ermöglicht, infolge vermehrter Belastung die Winkel seiner Hinterhand stärker zu biegen und seinen Schwerpunkt dem des Reiters anzupassen, wie es bei der Gewichtshilfe zur Parade geschieht. Wird die oben beschriebene belastende und treibende Gewichtshilfe durch keine annehmende Zügelhilfe unterstützt, tritt die treibende Wirkung mehr oder weniger in den Vordergrund, und das Pferd wird bei bloß durchhaltender Zügelwirkung Haltung und Gang verbessern (halbe Parade), oder bei nachgebender Hand sein Tempo beschleunigen.

Um Wendungen und Biegungen einzuleiten, gibt der Reiter ebenfalls eine Gewichtshilfe, die in einem der Seite der Wendung entsprechenden einseitigen Anziehen der Kreuzmuskeln, dem daraus sich ergebenden Vordrücken des betreffenden Sitzknochens, Längerwerden des inneren Beines und leichtem Vornehmen der äußeren Schulter besteht.

Da die Unterstützungsfläche des Pferdes von links nach rechts — seine Querachse — bedeutend kürzer ist als seine Längsachse, ist es für seitliche Verlegungen des Reitergewichts besonders empfindlich und empfänglich. Schon lange

*) Wegen der kurzen Dauer dieser Schwebe im Trab hat aber obige Feststellung nur einen rein theoretischen Wert. Vgl. a. Anmerkg. auf Seite 213.

bevor es auf Gewichtsverlegungen nach vor- oder rückwärts einzugehen gelernt hat, folgt es, sobald nur der unbefangene natürliche Trab erreicht ist, willig der mechanischen Überredung einer Mehrbelastung der inneren Seite.

Alle übertriebenen Gewichtsverlegungen, die meist Sitzfehler und Mangel an Balance des Reiters zur Ursache haben, erreichen aber das Gegenteil des Gewollten.

So wie die Schenkelhilfe eine treibende ist, so ist die in der Einwirkung der Hand bestehende Zügelhilfe an sich eine verhaltende. Daraus folgt, daß sie allein angewendet, das Pferd wohl irgendwie zum Stehen bringen, nie aber ihren eigentlichen Zweck zu führen, d. h. Gangart, Tempo, Haltung und Bewegungsrichtung zu bestimmen, erfüllen kann.

Die Führung setzt eine sichere Anlehnung, das ist die infolge Treibens durch Herandehnen ans Gebiß vom Pferd gesuchte elastische Verbindung mit der Reiterhand, voraus. Die Anlehnung nimmt ihren Anfang mit dem Beginn der Losgelassenheit und ist beim durchlässigen Pferd gesichert.

Die zu einer guten Führung notwendigen Zügelhilfen können nachgebende, durchhaltende und annehmende sein und umfassen eine ganze Skala von Handeinwirkungen, die vom bloßen Öffnen der Finger*) bis zum Strecken des ganzen Armes, vom festeren Schließen der Finger — als wollte man aus einem vollgesogenen Schwamm nur einige Tropfen ausdrücken — bei Anziehen des Kreuzes, bis zum Eindrehen der voll geschlossenen Hände und leichten Zurücknehmen der Arme gehen kann**).

Gibt es auch Momente, in denen eine kräftigere Einwirkung unvermeidlich ist, darf die Führung dabei doch niemals starr und gefühllos werden. Die bei stärkerer Zügelanspannung voll geschlossene Hand darf niemals hart und fest werden, und auch bei diesem verstärkten Durchhalten muß die in den Fingern und nicht dem künstlich eingedrehten Handgelenk liegende Federung dafür sorgen, daß die Anlehnung elastisch bleibt. In Fällen, wo Anzüge nach rückwärts nötig sind, sollen sie leicht andeutend beginnen und dürfen nie in ein ununterbrochenes Ziehen ausarten. Sie haben beim leisesten Zeichen von Nachgiebigkeit aufzuhören, da sie sonst gangstörenden Widerstand statt Gehorsam hervorrufen.

Die Hand soll, wenn sie nicht einwirkt, zu einer hohlen Faust leicht geschlossen, ohne sich in ihrem Gelenk künstlich abzurunden, mit der Außenfläche des Unterarmes eine Gerade bilden und passiv in einer Linie mit Maul und Ellbogen gehalten werden. Sie muß also stet sein, als hielte sie ein Glas Wasser und darf auch bei stärkeren Einwirkungen, die ein Aushalten bei fester geschlossenen Fingern erforderlich machen, nie zur krampfhaft „geballten Faust" werden, die das Gefühl mit dem Pferdemaul verliert und es in diesem tötet.

---

*) In dieser Hinsicht kann man wirklich von einer feinfühligen Fingerfertigkeit (doigté) wie beim Klaviervirtuosen sprechen. Dem zart einwirkenden Reiter ist selten ein Zügel schmal und schmiegsam genug, selten ein Handschuh dünn genug. Die Pferde eines solchen Reiters werden alle „liebenswürdig" im Maul sein oder es werden, was sich einwandfrei an der langen Tragdauer eben dieser Handschuhe feststellen läßt. Nebenbei gesagt, hält sich auch die Rechnung des Reithosenschneiders bei weich und gefühlvoll in die Bewegung hineinfederndem Sitz, trotz ausgiebigen Reitens, in bescheidenen Grenzen.

**) Ihr Höchstmaß erreicht die nachgebende Zügelhilfe beim Vorgehen der Hand aus dem ganzen Arm heraus, wie es im Rennen, Sprung usw. geschieht; ferner beim Ausderhandkauenlassen, wobei eine vom Reiter geregelte Erweiterung des Rahmens nach vorwärts stattfindet, bei der das Pferd durch Herandehnen am durchgleitenden Zügel diesem bis zur Grenze der Streckfähigkeit folgt, ohne sein Gangmaß zu verändern. Auch nach dem Ausderhandkauenlassen bleibt das Pferd am Schenkel und hingegebenen Zügel.

Stet kann die Hand nur dann sein, wenn sie ihre Stütze an dem zu diesem Behufe und je nach Bedarf mehr oder weniger angezogenen Kreuz findet. Das Kreuz kann aber diesen Widerhalt nur dann jederzeit gewähren, wenn der Sitz geschlossen und unabhängig ist. Die mysteriöse „gute" oder „schlechte" Hand ist also nichts anderes als eine unmittelbare Folge des Sitzes und steht in der Regel zu dessen guten oder schlechten Eigenschaften in direktem Verhältnis. Nur „in der Regel" deshalb, weil ein gut sitzender Reiter vielleicht des seelischen Gleichgewichts und gesunder Nerven entbehrt, was sich unmittelbar auf die Führung auswirkt. Allerdings ist ein wirklich guter Sitz nur auf richtig gehendem, also auch richtig an den Zügelhilfen stehendem Pferde möglich, was in eben erwähntem Falle nie ganz zutreffen kann.

Es ist noch gar nicht so lange her, daß man in der Reitliteratur seitenlange Beschreibungen über äußerst komplizierte Faust(ver)drehungen*) zwecks Erteilung der Zügelhilfen lesen konnte. Diese Verdrehungen kamen oft über einen reinen Formalismus nicht hinaus, beschwerten aber das Sensorium gewissenhafter Rekruten derart, daß sie die viel wichtigeren Schenkel- und Gewichtshilfen vergaßen und sich steif machten. Auch die zopfige Anforderung, die Hand eingedreht und ohne Rücksicht auf den Rahmen des Pferdes in einer bestimmten Höhe über dem Widerrist zu halten, stellte Äußerlichkeiten weit über das Wesen der Sache.

Hier sei auch nochmals auf das bei Besprechung des Sitzes von der Handhaltung Gesagte verwiesen und betont, daß diese nur von ihrer günstigsten Einwirkungsmöglichkeit diktiert werden darf (Ökonomie der Kräfte).

Beim gerittenen, also durchlässigen Pferd, das wir hier vor Augen haben, genügt eine kleine Seitwärtsverschiebung beider Hände, wobei sie aber niemals auf ein und dieselbe Seite des Pferdehalses zu bringen sind, um im Einklang mit den andern Hilfen die gewünschte R i c h t u n g s ä n d e r u n g herbeizuführen. Der Grund dafür liegt darin, daß die Schultern des Reiters immer gleichgerichtet mit denen des Pferdes zu sein haben und so die ja durch die zwanglos herabhängenden Arme mit den Schultern in Verbindung stehenden Hände deren Bewegungen mitmachen. Mit der äußeren Schulter geht auch die äußere Hand etwas vor und gibt, indem sie die Biegung von Kopf und Hals begrenzt, die v e r w a h r e n d e Z ü g e l h i l f e, deren hiermit als vierter, nachdem die andern drei Zügelhilfen bereits aufgezählt wurden, Erwähnung getan sei. Entsprechend dem Vorgehen der äußeren Reiterschulter geht seine innere zurück und bewirkt so automatisch die annehmende Hilfe des inneren Zügels, der nach Bedarf durch verstärktes Schließen der Finger und annehmendes Eindrehen Nachdruck gegeben wird.

Bei jungen Pferden, die der annehmenden Zügelhilfe noch nicht folgen können und auch später im Verlaufe der geraderichtenden Arbeit, leistet der „ö f f n e n d e Z ü g e l" gute Dienste. Durch das mehr oder weniger ausgesprochene Seitwärtsführen einer Hand mit nach aufwärts gekehrten Fingernägeln, wird dem Pferd das Eingehen in die Wendung erleichtert und die Gefahr des F a l l e n s a u f d i e ä u ß e r e S c h u l t e r verringert.

Diese die Geraderichtung und damit das Gleichgewicht überhaupt in Frage stellende seitliche Gleichgewichtsstörung kann auch in späteren Stadien der Ausbildung immer wieder auftreten und wird vom Pferd bei Gehorsamsverweigerungen

*) Schon der große deutsche Reitergeneral von Rosenberg nannte sie einen „alten Humbug".

gegen den Reiter ausgespielt werden. Darum achte man sorgfältig darauf, daß auch im Gebrauch der Reiter nie „über den Hals“ führt.

Gelingt es dem Pferd, die Reiterhand zu „binden“ — so daß diese das Maul als toten „ledernen“ Druck empfindet —, verliert sie ihre Handlungsfreiheit und wird vom Pferd bald als Stütze und fünfter Fuß benützt.

Stößt sich bei der durch Herandehnen ans Gebiß erreichten Losgelassenheit das Pferd an diesem ab und kaut*), ist das die Quittung für die richtige Einwirkung der Hand und überhaupt den Zusammenklang aller Hilfen und ein Beweis, daß sich das Pferd selbst trägt. —

Unklarheit herrscht über die Stelle im Maul, auf die das Gebiß wirkt. Sind die Zunge und ihr Kanal normal geformt, so wirkt das ungebrochene Stangenmundstück nur auf die erstere, außer wenn die Zungenfreiheit sehr groß ist. Das gebrochene Trensenmundstück wirkt nicht, wie man häufig zu hören bekommt, auf Zunge und Laden, sondern normalerweise nur auf erstere und die die Laden bedeckenden Ränder der Unterlippe**). Da diese dünn sind und sich auch bei harter, unruhiger Hand verschieben können und dann die Laden bloßlegen, kommen Drücke der letzteren dennoch vor.

Wesentlich dieselben Grundsätze wie bei geteilten Zügeln gelten auch für die Führung mit einer Hand.

Alles was in bezug auf Stetigkeit, Weichheit, Leichtigkeit, Stellung und Haltung der Hand gesagt wurde, bezieht sich mit nur geringen formalen Unterschieden sowohl auf die Führung mit geteilten Zügeln als auch auf eine solche mit einer Hand, sei es nun, daß man auf Trense oder aufgezäumt reitet.

Die Führung mit geteilten Trensenzügeln ist bei der Bahnarbeit die Norm, schon deshalb, weil es z. B. bei Pferden, die erst auf einer niedern Ausbildungsstufe stehen, in den Wendungen vorkommt, daß die äußere Hand dem Maule nachgehend und nachgebend ziemlich weit vorgehen muß, oder daß die innere sich seitlich vom Pferdekörper entfernt, um mit dem „öffnenden Zügel“ zu wirken. Zeitweise tiefere Führung mit beiden oder einem einzelnen Trensenzügel, ebenso wie fallweises Steigen der einen oder anderen Hand erfordert ebenfalls eine Teilung.

Geteilt werden müssen die Zügel ohne Rücksicht auf Art der Zäumung, beim Springen und Klettern, um beiderseits des Halses in Richtung des Maules ausgiebig nachgeben zu können.

---

*) Es gibt ein richtiges und ein falsches Kauen. Bei ersterem ist der Unterkiefer kaum merklich geöffnet und die Lippenspalte geschlossen. Der Unterkiefer folgt dem Gebiß wie eine Kupplung. Diese unabhängig vom Takt des Ganges und nur durch die Hilfen veranlaßten Bewegungen des losgelassenen, das Gebiß tragenden Kaumuskels gleichen einem Murmeln. Sie verwandeln den Speichel in Schaum, der am Maule sichtbar wird. Auch die notwendige Anspannung des Nackenbandes ist eine Folge dieses Kauens.

Unrichtig ist ein mit dem Gangrhythmus zusammenfallendes Kauen, wobei knirschende, klappernde oder an Nußknacken erinnernde Geräusche hörbar werden, die durch das Aufeinanderbeißen der Zähne bei krampfhaft gespanntem Kaumuskel entstehen.

Dieses fehlerhafte Knirschen und Klappern mit dem Gebiß deutet auf Spannungen seelischer und körperlicher Natur und hat mit dem wirklichen, vollständige Losgelassenheit beweisenden Kauen nichts zu tun.

Wenn das richtige Kauen einem Murmeln vergleichbar ist, so ähnelt letztere Untugend einem Schwätzen.

Zu eng geschnallte Nasenriemen hindern das Pferd am Kauen und machen ein totes Maul.

**) Daß die Zunge empfindlicher ist als diese Stelle und viele Pferde den alleinigen Gebißdruck auf die Ladengegend als das kleinere Übel vorziehen, beweist das Zungenstrecken.

Schließlich sichert uns eine nur mit geteilten Zügeln mögliche breitere Führung, bei der sich die Hände zeitweise um mehr als ihre Breite voneinander entfernen, eine den verwahrenden Schenkel unterstützende Beherrschung der Hinterhand, um ihr Ausweichen zu begrenzen, Widersetzlichkeiten zu verhindern oder bei kräftiger Kreuzwirkung des zurückgeneigten Oberleibes ihrer Herr zu werden.

Wird bei Zäumung auf Kandare mit geteilten Zügeln geführt, sollen die linken durch den kleinen, die rechten durch den R i n g f i n g e r geteilt werden, um sie bei Bedarf schnell in der linken Hand vereinigen zu können.

Wenn nur irgend angängig, sollen bei Führung mit geteilten Trensen- und Stangenzügeln, besonders aber bei Überwindung von Hindernissen und Geländeunebenheiten, die Kandarenzügel unmerklich außer Wirkung gesetzt werden, während die unter dem kleinen Finger der linken und dem Ringfinger der rechten Hand verlaufenden Trensenzügel die erforderliche Anlehnung aufrechterhalten. Eine Maßnahme, die der Frische des Maules nur förderlich sein kann.

Wird mit durchgezogener Trense geritten (alle vier Zügel gleichmäßig angestellt in der linken Hand), hängt der rechte Arm natürlich von der Schulter herab. Die Hand kommt dann hinter den rechten Oberschenkel zu liegen und muß mit ihrer leicht geöffneten Innenfläche dem Pferdeleib zugewandt sein. Eine anscheinend pedantisch anmutende Forderung, die, militärischen Vorschriften entnommen, dennoch für a l l e Reiter tieferen Sinn und Bedeutung hat. Erfahrene Reitlehrer wissen nur zu gut, daß jede andere Haltung des rechten Armes bei diesem und den anschließenden Körperteilen dem Reiter meist unbewußte Steifungen und Verdrehungen nach sich zieht. —

Es gibt viele Gelegenheiten, wo auch beim jungen Pferde die F ü h r u n g a u f T r e n s e i n e i n e r H a n d wahre Wunder wirken kann. Aber nicht nur bei Remonten, auch bei schon durchgerittenen Pferden und R e i t e r n a l l e r A u s b i l d u n g s g r a d e können durch zeitweise Führung mit einer Hand große Vorteile, die sich auf das richtige Gehen des Pferdes ebensogut wie den schmiegsamen Sitz des Reiters auswirken, erzielt werden.

Zwei Beispiele aus der Praxis mögen dies erhärten.

Wenn man einen jungen Reiter, der noch nicht genug schmiegsam sitzt und dessen Steifheit sich, solange er mit g e t e i l t e n Zügeln reitet, seinem Pferd mitteilt, die Zügel in eine Hand nehmen läßt, wird man sehen, daß das Pferd gleich viel zwangloser und zufriedener arbeiten wird.

Aber man kann noch weiter gehen.

Erteilt man einem sonst recht guten Reiter, dessen Pferd bereits imstande ist, einige Piaffetritte zu machen, den Rat, die Zügel in eine Hand zu nehmen, wenn das Pferd im Piaffieren Schwierigkeiten macht, kann man beobachten, daß das Pferd sich in den Rhythmus der Piaffe finden wird.

Was ist der Grund, daß in unseren zwei Beispielen bei Führung mit einer Hand die Schwierigkeiten sofort aufhörten?

Der junge Reiter auf dem alten Pferd kann noch nicht sitzen und s t ö r t es, indem er sich mit b e i d e n Händen entweder k r a m p f h a f t a n h ä l t oder den Versuch macht, das steif gewordene Pferd mit den Zügeln zu bearbeiten. Nimmt er die Zügel in eine Hand, so wird er eher müde und läßt das Pferd mehr los, worauf dieses seine krampfhafte Spannung aufgibt und den Rücken schwingen läßt. Dann kann der Reiter auch weicher und besser sitzen.

Im zweiten Falle kann der im übrigen gut sitzende und geschickte Reiter ein jüngeres, in Ausbildung befindliches Pferd noch nicht ganz richtig anfassen, bemüht sich nach Zirkusart durch wechselseitige Zügelhilfen, wie sie ja auch oft in Reitbüchern empfohlen werden, rechts-links und links-rechts zu „traktieren", mit einem Erfolg, den man sich ausmalen kann. Sobald er aber die Zügel in eine Hand nimmt und das Pferd die mildere und ruhigere Führung durch Herandehnen vertrauensvoller annimmt und der Rücken dabei zu schwingen anfängt, findet es auf einmal ganz unbefangen den Übergang zur Piaffe. —

Es ist ganz sicher, daß die meisten Pferde bei Führung mit einer Hand lieber ans Gebiß herangehen.

Alle, die noch vor dem Jahre 1914 Kavallerieexerzitien mitgemacht haben, werden bestätigen können, daß sich die damaligen Dragoner-, Husaren- und Ulanenpferde eigentlich erst beim Exerzieren, wo sie notgedrungen mit einer Hand geführt wurden, am besten zuritten. Die freien Gänge dabei, das Leichttraben, die Befreiung von der Sorge, das Pferd in einer ganz bestimmten Form zu erhalten und schließlich die vom Pferde ab und auf Einhaltung von Richtung usw. gelenkte Aufmerksamkeit des Mannes, taten ein Übriges, die Pferde unbefangener zu machen und sich nicht festziehen zu lassen, so daß man wirklich sagen kann, daß diese ein Gutteil ihrer Rittigkeit den schwungvolleren Mitteltempos beim Exerzieren verdankten.

Auch bei Jagden würde so mancher Puller angenehmer und ruhiger gehen, wenn sein Reiter bemüßigt wäre, mit einer Hand zu führen. —

Am Schluß dieses Abschnittes über die Zügelhilfen sei noch festgestellt, daß bei kräftigen Reaktionen des Pferdes gegen die Hand, so wie z. B. beim Versuch durchzugehen, das Heil nicht in einem Hängen im Zügel ohne Unterstützung des Sitzes liegt. Im Gegenteil, man sieht oft, daß wahre Athleten von ihren Pferden wie selbstverständlich auch im Schritt „davongetragen" werden, während durchaus nicht kräftige Reiter mit denselben Pferden machen können, was sie wollen. Ersteren wurde schon im Moment der „Schrecksekunde" der ohnehin lockere Sitz nach vorn gerissen und die Schenkel weggeschlagen. Letztere halten das Pferd durch ihren fest geschlossenen, tiefen Sitz und lassen dessen Kräfte sich an ihrem Kreuz brechen, das an den gleichsam in den Sattel gebohrten Sitzknochen seinen Fußpunkt findet. Sie lassen also ein Anrennen gegen die Hand durch den abfangenden Gesäßdruck zum Effekt kommen — sie wissen ihr Kreuz zu gebrauchen. Nicht die Kraft der Arme entscheidet! Schon der griechische Weise sagte: „Gebt mir einen Stützpunkt und ich will die Welt aus den Angeln heben!" Unser Herkules würde auch bei einem Tauziehen gegen einen bedeutend schwächeren Gegner unterliegen, wenn dieser sich einen Stein oder kleinen Graben als Stützpunkt zunutze machte.

„Wer das Pferd vernachlässigt, vernachlässigt sich selbst. Denn es ist klar, im Kriege vertraut der Reiter dem Pferd sein Leben an." Xenophon.

„So viele Körner Gerste du deinem Pferde gibst,
so viele Sünden werden dir vergeben." Der Prophet.

„Bergauf treib' mich nicht;
Bergab reit' mich nicht;
In der Ebene schon' mich nicht.
Aber — im Stall vergiß mich nicht!" Alter Spruch.

3. Reitersitte

So wie dereinst für den Ritter bestehen noch heute für den Soldaten, den Jagd- und Turnierreiter und schließlich für jedermann, der mit Pferden umgeht und sie reitet, geschriebene und ungeschriebene Gesetze, die, in Äußerlichkeiten wohl auseinandergehend, ihrem Wesen nach dem gleichen seelischen Zustand, der gleichen geistigen Haltung entsprechen.

Diese in des Wortes bestem Sinne internationale Einstellung sieht im Pferd den treuen, opferbereiten Freund, Kameraden und Diener, im Reiter aber denjenigen, den die Beherrschung dieses Meisterwerks der Schöpfung in jeder Hinsicht verpflichtet.

Während die geschriebenen Gesetze auf Grund gewonnener Erfahrung und von Ergebnissen wissenschaftlicher Forschungen untermauert und gestützt, schon aus reinen Nützlichkeitsgründen — Erhaltung und Schonung des kostbaren, oft unersetzlichen Pferdematerials — ihre Daseinsberechtigung herleiten, sind die ungeschriebenen ganz anderen Ursprungs.

Die geschriebenen Gesetze, in ihrem vollen Umfange erfaßt, könnten Bände füllen. Jede gute Reitlehre und Pferdekunde enthält ihre wesentlichen Grundzüge. Wenn ein „Reiter" im Metzgertrab auf harter Straße bis vor seine Stalltür jagt, dem Wärter die Zügel zuwirft, eilig verschwindet, um möglichst bald den eigenen heiligen Kadaver nach der gehabten Anstrengung zu erfrischen und sich erst beim nächsten Ausritt — wenn's nicht gerade regnet, zu heiß oder zu kalt ist — in den Gott weiß wie aufgelegten Sattel hißt, wird er wohl kaum sehr lange ein brauchbares Reitpferd haben.

Schwachheit, dein Name ist Mensch. Auch der bisher gewissenhafte Pferdewärter eines solchen „Liebhabers" wird mit der Zeit in seinem Eifer nachlassen. Er wird die Futterordnung der eigenen Bequemlichkeit anpassen, sich durch Hochbinden das lästige Putzen erleichtern, das Sattelzeug beim Reinigen stiefmütterlich behandeln und es ohne Sorgfalt auflegen. Er weiß ja genau, daß sein Herr den Stall meidet und kein Interesse an Frisur und Herausbringung seines Pferdes hat, solange es nur einigermaßen dick ist und noch nicht lahmt.

Mit der Zeit wird ein so als Fahrrad behandeltes Pferd — und wäre es auch mit der Milch frommster Denkungsart aufgezogen — schon beim Anblick seines schwerbespornten „Reiters" unruhig, denn die Eindrücke: Erscheinen des zum Ausritt gerüsteten Menschen — schmerzhaftes Bohren der Fußspitze in den Rippen und gewichtiges Plumpsen in den Sattel beim Aufsitzen —, nerviger Griff der Pranke in die Kandarenzügel, haben sich bei ständiger Wiederholung dem vorzüglichen Pferdegedächtnis als Vorstellungsreihe von Ursache und Wirkung eingeprägt. Kein Wunder also, daß das Pferd schon beim Auftauchen der Unlustgefühle (Schmerz) erzeugenden Ursache „Reiter" an Flucht denkt und sie auch zu bewerkstelligen sucht, kaum daß es diesem gelungen ist, irgendwie Platz zu nehmen und der Stallmann den Kopf freigegeben hat.

Wer sich um Pflege, Wartung, Fütterung, Stallruhe und Beschlag seines Pferdes nicht kümmert, es tagelang, ohne es zu bewegen stehen läßt, falsch liegende Nasenriemen, Gurten, verdrehte Kinnketten und durchgesteckte Steigriemen weder sieht noch spürt, wer zu weichem oder zu hartem Boden nicht ausweicht, wenn er bei weniger Denkfaulheit und dafür einiger Aufmerksamkeit sein Ziel genau so gut auf einem den Beinen zuträglicheren Wege erreichen könnte und dabei aus Bequemlichkeit immer auf demselben Fuß trabt oder galoppiert, womöglich gleich vom Stall weg, wer seinem Pferd bei längeren Ritten nicht Gelegenheit zu saufen und ungestört zu stallen gibt, wenn es sich gerade anschickt zu misten, irgendwelche neuen Anforderungen stellt, die Gurten bei Gelegenheit zu lockern vergißt und wer schließlich seine augenblickliche Macht über das angebundene Tier ausnützt, um sich zu rächen und „Repressalien" auszuüben für Unarten, die er im Sattel zu schwach war zu unterdrücken (Repressalien übrigens, auf die ihm das Pferd mit Wucherzinsen antworten wird, wenn er machtlos ist), sündigt gegen Gesetze, die schon jedem jungen Reiter bekannt sein sollen. Er handelt aber nicht nur unreiterlich, sondern dieser Verstoß gegen Reiterbrauch und Reitersitte wird auch unmittelbare Schäden an Gesundheit und Gebrauchsfähigkeit des Pferdes zur Folge haben und der Unverbesserliche durch „die einzig klugmachende Methode des durch Schaden Klugwerdens" eines anderen belehrt werden.

Wenn den „geschriebenen Sittengesetzen", von deren einigen eben die Rede war, durch mehr oder minder energisches Eingreifen von Lehrer und älteren Kameraden oder schließlich durch Furcht vor materiellen Einbußen Achtung verschafft werden kann, so gibt es außerdem noch Verstöße gegen den Reitertakt — hier im Sinne des richtigen Benehmens gegen die reiterliche Umwelt verstanden*) —, die so wie Taktlosigkeiten im gesellschaftlichen Verkehr, weniger infolge von Belehrungen, als vielmehr auf Grund natürlich gesunden sozialen Empfindens, angeborenen guten Geschmacks und des jedem im geistigen Gleichgewicht befindlichen Reiter innewohnenden Gefühls für das richtige Maß vermieden werden können. Der von Natur aus vornehm und ritterlich Denkende wird kaum in die Lage kommen, solche meist aus Unbesonnenheit und Gedankenlosigkeit entstehenden Entgleisungen zu begehen; sind sie ihm aber einmal unterlaufen, wird er ihre Peinlichkeit empfindlicher spüren als die davon Betroffenen und in Hinkunft einem Rückfall sorgfältig aus dem Wege gehen.

Es ist schwer in bezug auf Reitertakt bindende Vorschriften geben zu wollen — er ist vor allem Gefühlssache; was heute am Platz und das einzig Richtige ist, kann morgen unter geänderten Umständen pedantisch und wichtigtuerisch erscheinen. Das sind eben Situationen, angesichts deren ein echter

*) Reitertakt äußert sich einerseits, wie schon in einem vorhergehenden Abschnitt erläutert, gegen das Pferd, andererseits im Verkehr des Reiters mit seinen Artgenossen. Im ersteren Falle besteht er darin, im richtigen Moment das Richtige zu tun, im letzteren Fall ist er eine Höflichkeit, die ungeschriebene Gesetze befolgt, deren Einhaltung dem echten Reitersmann zur Selbstverständlichkeit geworden ist und in denen sich die stete Hilfsbereitschaft aller Mitglieder der Reitergemeinde untereinander widerspiegelt. Auch hier heißt es also, instinktiv im richtigen Moment das Richtige tun.

In beiden Fällen ist der Takt ein — ich möchte fast sagen — musikalisches Gefühl für den Zusammenklang von Reiter und Pferd oder von Mensch und Gesellschaft.

Reitersmann rein gefühls- und instinktmäßig die eindeutig korrekte Haltung finden wird.

Da ist zunächst das Benehmen gegen Ältere und das unseren Reiterfreunden in Jagdfeld und Gelände erst den richtigen Charm gebende schöne Geschlecht. Während auf die Art, wie man sich auf Reitjagden verhalten soll, um anderen und sich selbst den Genuß nicht zu verkümmern, gelegentlich der Besprechung des Eingaloppierens junger Pferde in Gesellschaft im Abschnitt „Jagdreiten" näher einzugehen sein wird, möchte ich hier nur einige Fälle ins Auge fassen, wie sie beim alltäglichen Spazierenreiten immer wieder vorkommen.

Eine Unart, die nicht genug gerügt werden kann, ist das leidige Überholen. Es sind nicht alle so sattelfest wie du und wenn du einen älteren Herrn, der lediglich als Gesundheitsreiter beschaulich seines Weges pendelt, oder eine junge Dame auf edlem Vollblut, das sich seiner Jugend auf grünem Rasen nur zu oft erinnert, in scharfem Tempo überholst, wirst du dir keine Freunde schaffen. Hast du's wirklich so eilig und ist ein Umreiten in weitem Bogen nicht möglich, muß sich, auf gleicher Höhe mit dem zu Überholenden angekommen, immer noch Zeit zu einer Parade und der höflichen Frage mit dem Hute in der Hand (je nach Art der Kopfbedeckung und des Grußes auch bildlich gesprochen) finden lassen, ob ein Vorreiten gestattet sei.

Ein junger Reiter ist manchmal in der Lage, mit einem älteren querbeet zu reiten. Da ergibt es sich vielleicht, daß dessen noch unvertrautes Pferd bei Hindernissen oder ähnlichem zögert. Da wäre es ohne ausdrückliche Aufforderung ganz gefehlt, die Gelegenheit beim Schopf zu packen, um sein Licht leuchten zu lassen und die Gelände- und Springsicherheit des eigenen Pferdes beweisen zu wollen. Eine allzu beflissene Bereitwilligkeit, den Piloten zu spielen, könnte nämlich auch bei gar nicht vorhandener Absicht, den anderen in den Schatten zu stellen, bei diesem zu falschen Deutungen Anlaß geben; denn in so einem Falle muß immer mit der Empfindlichkeit des Betreffenden gerechnet werden, der vielleicht eine große Vergangenheit über Hindernisse hinter sich hat und dessen Reizbarkeit um so leichter erregt werden dürfte, je weniger er sich auf der Höhe seiner früheren Leistungsfähigkeit fühlt. Seine eventuelle Aufforderung, die Führung zu übernehmen, ändert natürlich sofort die Sachlage und bricht ihr jede Spitze ab.

Reitet man in größerer Gesellschaft an, so wartet man, bis der letzte der Teilnehmer im Sattel ist.

Derjenige, der während des Rittes zuerst Löcher, Glasscherben, Draht und ähnliche Segnungen der Zivilisation bemerkt, macht die Nachfolgenden darauf aufmerksam, damit sie ihre Pferde rechtzeitig vor Schaden bewahren können. Dazu gehört auch, daß man nicht in scharfer Gangart über Holzbrücken, die nicht selten morsch sind, poltert und daß man, wenn sich des Nachbarn Pferd einen Stein eingetreten hat oder an seinem Sattelzeug etwas in Unordnung geraten ist, unter Verzichtleistung auf das eigene Vergnügen bereitwillig Hilfsstellung leistet. Im Rudel hat jeder den einmal gewählten Platz einzuhalten, darf dem Vorderpferd nicht zu nahe kommen und soll überhaupt „auf Lücke" reiten.

Vorsicht in höchstem Maße gilt es zu üben, wenn man einen Schläger unter sich weiß. Als Besitzer eines solchen Pferdes ist man an sich schon hochgradig unbeliebt und wäre man sonst auch der reizendste Mensch von der Welt. Ist man aber schon einmal da, so halte man sich hübsch bescheiden im Hintergrund oder auf Feuergewehrdistanz seitwärts der Gruppe. Man wird so seinen Charakter als ambulantes Damoklesschwert verlieren, dafür aber entschieden an Popularität gewinnen. Daß man Schlägern als warnendes Menetekel ein leuchtend rotes Schleifchen in den Schweif flicht, sei nur nebenbei erwähnt.

Manche erst am Anfang ihrer Laufbahn stehenden Turnierreiter sind geneigt, wenn es ihnen zufällig gelungen ist, auf ihrem alten Veteranen, den sie nicht einmal selbst gearbeitet haben, vor anerkannten Größen placiert zu werden, sich dessen in nicht gerade geschmackvoller Art zu rühmen. Sie vergessen dabei, daß Eigenlob wenig Wert hat und vergessen vor allem, daß der von ihnen „Geschlagene" vielleicht ein junges Pferd ohne Turniererfahrung geritten hat, dem erst mal der ganze Betrieb gezeigt werden sollte. Sie erwecken bei den Zuhörern nur den Eindruck einer Überschätzung des eigenen Könnens infolge Mangels an geistigem Gleichgewicht.

Noch ungenießbarer aber sind diejenigen, die mit Affektation eine unechte, falsche Bescheidenheit zur Schau tragen, dabei aber krampfhaft nach einem rechtzeitigen Dementi von befreundeter Seite schielen.

So erziehlich und wünschenswert es ist, wenn sich berühmte Turnierreiter mit ihrem vorbildlich herausgebrachten und gerittenen Pferdematerial an kleinen Turnieren beteiligen, wird der Zweck dieser Übung nicht restlos erreicht, wenn diese Reiter, die Möglichkeiten der Turnierordnung bis ins Letzte ausnützend, ihre den L-Klassen schon längst entwachsenen Kanonen in solchen konkurrieren lassen und den Einheimischen, die sich mit ihnen weder an Können und Erfahrung noch an Ausbildungsmöglichkeiten ihrer an sich schon weniger guten Pferde messen können, die Preise wegnehmen.

Viel vornehmer gestaltet sich die Sache, wenn so eine Berühmtheit ihren Stall „auf den Dörfern" nur außer Konkurrenz zeigt. Dem veranstaltenden Verein werden sich die vielleicht ausgelegten Transport- und Aufenthaltskosten durch die erhöhte Anziehungskraft des Turniers gewiß bezahlt machen.

Mit mangelhaft vorbereitetem Pferde einen Parcours, dem dieses offensichtlich nicht gewachsen ist, um jeden Preis und unter Prügelszenen beendigen zu wollen, ist falscher Ehrgeiz und Tierquälerei. Man gibt höchstens der Galerie eine Vorstellung und bringt den Hindernisbauer in Nervenkrisen. Das einzig Richtige ist, den Umlauf abzubrechen und am Abreiteplatz das eine oder andere leichtere Hindernis zu überwinden, ehe man in den Stall geht.

Daß man anderer Ansicht ist als das hohe Richterkollegium, kommt vor. Nicht vorkommen darf es jedoch, daß man dieser seiner abweichenden Auffassung auf dem Turnierplatz lauten Ausdruck verleiht. Gewiß soll und muß man mit Siegeswillen reiten, aber man beteiligt sich nicht an Turnieren lediglich um zu gewinnen. Letzteres halte man sich besonders vor Augen, wenn nach hartem Kampf der Gegner gesiegt hat. Man sei der erste, der ihm dazu Glück wünscht. Man muß nicht nur mit Anstand gewinnen, man muß ebenso verlieren können.

„Fremdes Pferd und eig'ne Spor'n sind Vertrauensgut dir gewor'n" sagt ein alter Spruch, und wirklich, einen größeren Vertrauensbeweis kann ein anderer Reiter nicht geben, als wenn er dir sein unter Einsatz aller geistigen und körperlichen Kräfte jahrelang selbst gearbeitetes Pferd überläßt. Zeige dich dessen würdig!

In der Reitbahn sollte jedermann, auch ohne auf die dort angeschlagenen Regeln aufmerksam gemacht zu werden, aus Rücksicht für die Mitreitenden im Schritt den Hufschlag freigeben und das Auf- und Absitzen in der Mitte bewerkstelligen. Auch das gedankenlose Zungenschlagen, gegen welches das eigene Pferd ohnehin bald abgestumpft wird, soll, da es die anderen Pferde irritiert, unterlassen werden.

Die Spanische Hofreitschule in Wien ist nicht nur die Hohe Schule der Reitkunst an sich, sie ist auch eine Hohe Schule der Bahnsitten in ihrer Höchstform. Hat man das Glück zu beobachten, wie sich dort die Bereiter mit ihren Pferden im Sattel und an der Hand in allen Gangarten auf beiden Händen tummeln, ohne daß je der eine den anderen stört oder ein lautes Wort fällt, wird man gewahr, was vornehme, in Reinkultur gepflegte und von uralter Tradition geheiligte Bahnsitte bedeutet.

Ein Kapitel für sich ist die Bekleidung von Reiter und Pferd. Dieses mit möglichst viel Leder zu behängen und mit Bandagen und Decken von leuchtender Farbenpracht das Bild „beleben" zu wollen, ist schlechter Stil, ist handelsstall- und zirkusmäßig und mit gewissen Einschränkungen nur bei historischen Quadrillen, Aufzügen u. ä. am Platze.

Das Pferd präsentiert sich am eindrucksvollsten und schönsten, wenn es seiner Bestimmung gemäß frisiert und in Kondition, unverhüllt die Formen zeigt, die ihm der Schöpfer gegeben und die nicht durch farbiges Riemenwerk je nachdem gehoben oder verdeckt werden sollen. Der Kenner wird durch solchen Firlefanz ohnehin nicht getäuscht. Das beste Mittel, ein Pferd schöner erscheinen zu lassen als es im Zustande der Ruhe ist, wird immer gutes Reiten bleiben.

Das unumgänglich notwendige und streng dem Zweck entsprechende Sattel- und Zaumzeug soll nicht durch seine Neuheit — als käme es direkt aus dem Schaufenster — auffallen; es soll im Gegenteil nur durch schlichte Einfachheit und bei gediegenster Ausführung und Beschaffenheit durch eine gewisse Patina des Gebrauches wirken, die den unverkennbaren Stempel sachgemäßer und pfleglicher Erhaltung tragen muß. Daß der Sattel so gebaut und verpaßt sein muß, daß es von seinem in der Mitte der Sitzfläche gelegenen tiefsten Punkt aus dem Reiter nicht schwerfällt, sich bis zum schwingenden Rücken „durchzufühlen" und „durchzudenken", ist eine selbstverständliche Voraussetzung.

Die Aufmachung von Reiter und Pferd gibt mitunter recht deutliche Hinweise auf die Art des Betreffenden. Sie ist eine Visitenkarte, die — obzwar eine scheinbare Äußerlichkeit — dennoch oft recht tiefgehende Schlüsse auf die inneren Eigenschaften des Reiters ziehen läßt.

Die Bestimmungen der deutschen Turnierordnung über Zäumung und Sattlung bei den einzelnen Prüfungen geben übrigens den besten und sichersten Anhalt dafür, was zweckmäßig und stilgerecht ist.

Für den Anzug des Reiters gilt mutatis mutandis dasselbe. Schlicht, gediegen und streng dem Zweck entsprechend sei seine Bekleidung, dann wird er auch äußerlich in Harmonie mit seinem nach denselben Grundsätzen gesattelten und gezäumten Pferd wirken.

Alles Auffällige, Blickfängerische, wie weite Ballonreithosen, übergroße Sporen (die überhaupt am besten wegbleiben), Lackstiefel (außer bei bestimmten Anlässen), unzweckmäßige, verzierte Reitstöcke, die an Spielwarenhandlung erinnern, soll der Reiter — der lediglich durch gutes Reiten auffallen darf — aus seiner Ausrüstung verbannen. Am besten werden auch Kürassierkandaren, scharfe Trensen, Patentgebisse*), Martingals und ähnliche Hilfszügel, die meist nur den Finanzen ihres Erfinders hilfreich waren, ihren Platz in der wohlverschlossenen Vitrine der Sattelkammer nicht verlassen.

In dieser Beziehung kann man aber auch des Guten zuviel tun. Ein roter Rock zum Beispiel, muß doch einmal seine Laufbahn als solcher beginnen und da warte man eben geduldig, bis ihm Wetter und vielleicht mehr oder weniger freiwillige Berührungen mit Mutter Erde die ersehnte Patina gegeben haben. In unseren Breiten, wo es während der Jagdzeit ohnehin viel mehr regnet als uns lieb ist, wird ein fleißiger Jagdreiter nicht allzulange darauf warten müssen, daß sein Rock die so erwünschten Spuren von Wind und Wetter zeigt. Der Gelegenheitsjagdreiter aber prange lieber in frisch leuchtendem Rot, als daß er sich einen Bleichungsprozeß nachsagen ließe, der nicht mit rechten Dingen, d. h. unter dem Landregen unseres Herbstes, zugegangen sein kann.

Was der Reiter gerade trägt, bleibt seinem eigenen Empfinden überlassen. Ist der Anzug der Gelegenheit angepaßt und im guten Sinne modern, so ist er richtig gewählt. Er soll selbstverständlich der herrschenden Mode folgen, sonst wäre er ja auffallend, diese muß aber stets der Zweckmäßigkeit untergeordnet sein. Alles übertrieben Moderne hat der wahre Reiter als exzentrisch abzulehnen.

Hose und Stiefel sind für den Reiter das Wichtigste. Wenn erstere um Knie und Gesäß richtig liegt und letztere den Knöcheln freien Spielraum lassen, dabei um die Waden nicht zu eng sind, Sohlen aus einem Stück, d. h. ohne „Treppchen“ in den Steg übergehend, und keine hohen Absätze haben (Hängenbleiben), so werden sie entsprechen. Außer beim einfarbig schwarzen Festgewand des Zivilreiters und der Uniform, die besonderen Bestimmungen unterliegen, empfiehlt sich eine im Verhältnis zum Rock heller getönte Hose. Dieses ganz unschuldige Mittel hebt Aussehen und Harmonie von Sitz und Reitergestalt, ohne im geringsten auffällig oder gar marktschreierisch zu wirken.

Auch der feinstgearbeitete Handschuh nimmt etwas vom Gefühl, das die Hand mit dem Maul verbinden soll. Darum ziehen es viele bei der Arbeit vor, wenn nicht Etikette oder andere Umstände, wie Kälte und Regen, einen Schutzüberzug der Hände geboten sein lassen, ohne Handschuhe zu reiten.

---

*) Oft gehen Pferde auf so einem vielgepriesenen „Patentgebiß“ die ersten Male recht angenehm und scheinen jeden Gedanken an Widerstand gegen die Hand aufgegeben zu haben. Die Enttäuschung des Reiters wird dann aber um so größer sein, wenn die leidigen Unarten wiederkehren, sobald sich das Pferd von seiner anfänglichen Überraschung erholt hat.

Und noch etwas. Der Kopfbedeckungen und Grußarten gibt es mehrere. Jede hat ihre Berechtigung und ist den Umständen und dem Kleid angemessen, das man gerade trägt. Der Gruß zu Pferde entspreche aber in jedem Falle dem Ausdruck selbstsicherer, ruhiger Würde, der die Gesamterscheinung des Reiters jederzeit auszeichnen soll, sei also niemals hastig und flüchtig. Vorbildlich und im vollsten Einklang mit dem umgebenden Rahmen ist die stolze Anmut, mit der die Reiter der Spanischen Hofreitschule ihren Zweispitz vor dem Bilde Karls VI. senken. Von etwas theatralischer Grandezza, die weitausholende Geste des Zirkusreiters*), mit der er dem Publikum dankt. Ästhetisch im höchsten Grade, wenn auch nicht mehr den neuesten Bestimmungen der Turnierordnung entsprechend, die ihn erst nach erfolgtem Stillstehen verlangt, war der Gruß des Dressurreiters, der im Takte der sich zur Parade abkürzenden Galoppsprünge seinen Zylinder vor den Richtern senkte, um dann, ein Bild von Erz, mit hinter dem Oberschenkel zwanglos herabhängendem Arm unbeweglich zu stehen.

Einer der ärgsten Verstöße gegen gute Reitersitte ist es auch, wenn man ohne Wissen und ausdrückliche Aufforderung des Besitzers einen fremden Stall betritt. Tut man es dennoch, so setzt man sich dem Verdacht aus, auf unfaire Weise hinter mehr oder minder unschuldige Stallgeheimnisse kommen zu wollen. In diesen Ideengang fällt auch die Unsitte, in größerer Gesellschaft die guten und weniger guten Seiten der Pferde anderer zu beleuchten. Solche Diskussionen können nur zu leicht entstellt dem Besitzer zu Ohren kommen und so wie ungebetener Stallbesuch für den Betreffenden die verdienten unangenehmen Folgen haben. „Frauen und Pferde, von denen man nicht spricht, sind die besten", sagt ein derber Reiterspruch, und wer es miterlebt hat, was für peinliche Weiterungen allen Beteiligten aus einer oft ganz harmlos gemeinten Bemerkung erwachsen sind, die in Kasinos oder auf lustigen Herrenabenden gemacht wurde, wird es gut verstehen, daß in der Messe meines alten Regiments alle Themen mit Ausnahme von zweien erlaubt waren.

Jäger und Segler, Fechter und Tennisspieler, überhaupt alle, die eine Leibesübung betreiben, haben ihre Fachausdrücke, die mit ihrem oft übertragenen Sinn und sprachfremden Ursprung dem Uneingeweihten gänzlich schleierhaft und Hekuba sind.

Der Anfänger hüte sich, bei Erörterungen unter Fachleuten mitreden zu wollen, und ganz besonders gilt das für die Welt der Reiter und Rennleute. Seine Absicht, „als mit zum Bau gehörig" erscheinen zu wollen, würde das gerade Gegenteil erreichen und er sich nur unsterblich blamieren.

Hat die Reitersprache für Fachleute untereinander vollste Berechtigung, so ist sie ganz und gar nicht am Platze, um nichtsahnenden Laien zu imponieren. Ihre Anwendung würde da den Wortführer ebenso ungewollter Lächerlichkeit preisgeben, wie Fensterpromenaden im Weichbild der Stadt mit bevorzugter Anwendung des „belebenden" äußeren Sporns und der blanken Kandare.

*) Der Gruß L. Franconis ist in die Tradition eingegangen. Unnachahmlich soll das Bild edlen Stolzes gewesen sein, wenn er inmitten der beifallumbrausten Arena mit magistraler Gebärde das Haupt entblößte, um seinen „Lampion" zu senken, so „daß das Futter sichtbar wurde."

„Auch wenn es keine Kavallerie gäbe, sollte man Reiter ausbilden." Dr. Carl Diem.

„Reiten: Das Zwiegespräch zweier Körper und zweier Seelen, das dahin zielt, den vollkommenen Einklang zwischen ihnen herzustellen."

„Sport ist ein Wort englischen Ursprungs und bedeutet Spiel, Unterhaltung, besonders alle Leibesübungen und Vergnügungen, die Geschicklichkeit, Kraft und Kühnheit fördern", sagt der kleine Brockhaus, und es dürfte vielleicht einiges Befremden erregen, wenn ich überkommenem Brauch entgegen das Reiten im engeren Sinne und an sich nicht als Gleiches unter Gleichen den übrigen Leibesübungen zugerechnet wissen möchte.

Mir persönlich hat es seit jeher widerstrebt, die Gemeinschaft zweier Lebewesen, die sich nicht nur körperlich, sondern auch psychisch verstehen und ergänzen müssen, mit obigem — man verzeihe — seelenlos und nach Betrieb klingendem Fremdwort abgetan zu sehen. Eine Bezeichnung, die zwar das ganze gewaltige Drum und Dran der Turniere und Wettrennen in einer Weise umfaßt, die kaum durch einen anderen kurzen Ausdruck so gut wiedergegeben werden könnte, scheint mir dennoch für das Reiten in oben angedeutetem Sinne nicht ganz gemäß.

Weit entfernt davon, einer künstlerischen Ausübung des Reitens, wie sie allerdings nur ganz wenigen Gottbegnadeten gegeben ist, gerecht zu werden, kommt mir die Bezeichnung „Reitsport" selbst dann schwer über die Zunge, wenn vom Durchschnittsreiter die Rede ist, der immerhin auch seine seelischen Kräfte einsetzen soll, um den Willen und damit den Körper des Pferdes zu gewinnen. Denn jede Art von Reiterei, die diese Verbindung nicht mit inbrünstig heißem Bemühen sucht und findet — und wäre es auch nur, um auf der Straße von A nach B zu gelangen —, verdient ihren Namen nicht und kommt über die Äußerlichkeit des Handwerklichen nicht hinaus.

Bei aller Hochachtung, die ich körperlichen Gewandtheiten entgegenbringe, die nur durch ausdauernde und selbstverleugnende Arbeit erlangt werden können, bitte ich daher, es mir nicht übel zu nehmen, wenn ich für unseren „Sport", das

Reiten an sich und in tieferem Sinne, diese Bezeichnung ablehne und sie nur auf den um Turniere, Renn- und Poloplätze sich entwickelnden Betrieb angewendet wissen möchte.

Das bei der Reiterei wie bei keiner der anderen Sportarten ihr eigentliches Wesen ausmachende Widerspiel von lebendem Subjekt zu lebendem Objekt, kurz gesagt, der seelische Wert reiterlichen Tuns, hebt sie über alle anderen bloßen Leibesübungen hinaus. In dieser Auffassung weiß ich mich einig mit dem echten Jäger und Heger, der auch im edlen Waidwerk etwas anderes sieht als den „Sport" von Schießern und Schüsseltreibern.

ZWEITER TEIL

Die Ausbildung des jungen Pferdes

„Jene, die sich in die Praxis ohne Wissenschaft verlieben, sind wie der Pilot, so ein Schiff ohne Kompaß und Steuer betritt, der niemals welche Sicherheit besitzt, wohin es geht . . .“

Leonardo da Vinci

I. Kapitel

Von der Koppel in den Stall und an die Longe

„Schlecht Begonnenes
kann zu keinem guten Ende geführt werden."

1. Gewöhnung an die neue Umwelt und erstes Vertrautmachen

Nachdem wir uns in den vorhergehenden Abschnitten vorwiegend mit den körperlichen und vor allem den seelischen Eigenschaften beschäftigt haben, die den Reiter dazu geeignet machen sollen, nicht so sehr strenger Lehrer, als vielmehr geachteter Freund des Pferdes zu werden, dem es sein Vertrauen — diesen Schlüssel zum Willen — schenkt, wenden wir uns wieder dem eigentlichen Helden dieses Buches, dem jungen Pferde zu, um es in den einzelnen Phasen seiner Ausbildung zu begleiten und erst nach deren Abschluß zu verlassen.

Nehmen wir den Fall an, unser junger Schüler sei nach mancherlei Fährlichkeiten und dramatischen Szenen beim Verladen, Eisenbahntransport und darauffolgenden Marsch durch möglichst verkehrsarme Straßen der Vorstädte glücklich und unversehrt in unserem Stall angelangt. Mit dem ihn bisher begleitenden und die Verantwortung tragenden Koppelknecht ist die letzte riech- und sichtbare Spur der Heimat verweht, denn Jochen hat sich gleich nach Erhalt seiner fürstlichen Belohnung aus dem Staube gemacht, und die letzten Hälmchen heimischen Wiesenheus sind auch schon im Waggon zur Neige gegangen. In der geräumigen Box unseres Stalles findet es zwar Stroh in Hülle und Fülle, auch Heu mehr als ehedem zu Hause, aber an dieses, das Trinkwasser und die gänzlich veränderte Umgebung muß sich das Jungpferd erst allmählich gewöhnen, ehe es, oft erst nach stundenlangem Fasten, sich dazu entschließt, Hunger- und Durstgefühlen nachzugeben.

So und ähnlich wird es den meisten jungen Pferden ergehen, die aus gänzlich andersgearteter ländlicher Umgebung ohne rechten Übergang, wie ihn z. B. das Remonteamt dem jungen Soldatenpferd bietet, an die Stätte ihres zukünftigen Daseins versetzt werden.

Diesen veränderten Umständen sind wir verpflichtet, in hohem Maße Rechnung zu tragen, wollen wir es nicht erleben, daß das junge Tier — von allem Anfang an verprellt — bei seiner weiteren Ausbildung Schwierigkeiten macht oder durch den Futter- und Klimawechsel vielleicht schwere Gesundheitsstörungen erleidet.

Das Pferd hat vermutlich seit seiner Jährlingszeit nur wenig oder gar keinen Hafer gesehen. Da muß der Futterwechsel sehr langsam vor sich gehen, so zwar, daß ein etwa in Weidekondition befindliches Fohlen vorläufig nur ein Viertel seiner Haferration bekommt, die von Woche zu Woche derart gesteigert werden soll, daß es erst nach ein bis zwei Monaten, je nachdem, wie schnell sich der sogenannte Fleischwechsel vollzieht, die ihm notwendigen 4 bis 6 kg

Hartfutter erhalten wird. In der Zwischenzeit ist durch eine größere Heumenge — 6 bis 9 kg — erfrischende Beifuttergaben, wie Gras, Mohrrüben, Kleienschlapp, Salz, Kalk u. ä. ein Ausgleich zu schaffen und der Übergang zur Stallfütterung möglichst unmerkbar zu gestalten.

An Häcksel, möglichst aus Roggenstroh, ist das Pferd gleich anfangs zu gewöhnen, da es so seinen Hafer weit besser ausnützt. Diesen zu quetschen wäre gänzlich falsch; der zerkleinerte Hafer erleidet, wie schon der Zootechniker Sanson nachgewiesen, eine erhebliche Einbuße an nervenanregender Kraft.

Stroh als darmfüllendes Mittel, besonders bei Weidebäuchen, die nicht rasch verschwinden dürfen und als Anreger der Verdauungsdrüsen, ist in genügender Menge in Form von Häcksel und Futterstreu zu geben — etwa 4 bis 5 kg täglich. Es ad libitum fressen zu lassen ist in Hinblick auf die damit verbundene Kolikgefahr zu vermeiden (Maulkorb).

Füttert und tränkt man vier- statt dreimal täglich, wird das der kleinen Verdauungskapazität des Pferdemagens, einer wirtschaftlicheren Futterausnützung und einem rascheren Vertrautwerden mit dem Wärter zugute kommen. Öfteres Füttern ist auch deshalb anzuraten, weil es die Langeweile der 22 Stunden im Stall unterbricht, das Pferd angenehm beschäftigt und es von der Angewöhnung von Stalluntugenden, wie Koppen, Weben, Lecken, abhält.

Getränkt werde eine volle halbe Stunde vor dem jedesmaligen Haferschütten. Im Sommer etwa um 5½, 11, 15 und 18½ Uhr; in dieser Jahreszeit und zu den Haarwechseln im Frühjahr und Herbst, die Salzgaben auch für ältere Pferde geboten sein lassen, ist auch ein jedesmaliges Nachtränken eine halbe Stunde nach Verzehren der Heuration besonders wichtig.

Die Haferration von, sagen wir 5 kg (beim bereits akklimatisierten Pferde), ist so zu verfüttern, daß um 6 Uhr ½ kg, 11½ Uhr 1 kg, 15½ Uhr 1½ kg und um 19 Uhr 2 kg gut ausgereuterten Hafers geschüttet werden. Wie man sieht, steigern sich die Hafergaben nach am Vormittag getaner Arbeit, so daß vor der die ungestörteste Verdauung versprechenden Nachtruhe die größte Hartfuttermenge gegeben wird.

Auf eine Mischung des Hafers mit Häcksel, etwa im Verhältnis 3 : 1, ist darum Wert zu legen, weil so durch das verstärkte und verlängerte Kauen das im Hafer enthaltene Stärkemehl eine bessere Ausnützung erfährt. Nach einer Fütterung mit reinem Hafer findet man im Kot durchschnittlich zehnmal mehr unverdaute Körner als bei Häckselbeigabe. Ein angemessenes Befeuchten der Mischung darf aus dem Grunde nicht vergessen werden, weil sonst der Häcksel aus der Futtermuschel einfach herausgeblasen wird. Kürzer als 2 cm geschnitten, wird er aber nicht mehr gekaut und kann Verstopfungskoliken verursachen.

Es liegt gewiß viel Verlockendes in dem Gedanken, das Pferd schon beim nächsten Hallenturnier im Winter herauszubringen. In den Materialprüfungen hat es vielleicht Aussichten placiert zu werden, um so mehr, als Rittigkeit noch nicht ins Gewicht fällt. Da wird nun schon an kühleren Augustabenden zugedeckt, um ja beim Herbsthaarwechsel kein gröberes Deckhaar wachsen zu lassen.

So gut dieses System einerseits ist, da im Winter beim Herausführen aus der warmen Reitbahn — natürlich gut in Decken gehüllt — ein Pferd, das nicht zu sehr in Schweiß geraten, Verkühlungen weniger ausgesetzt ist, so gefährlich kann es werden, wenn man nicht die sichere Gewähr hat, im Stall eine gleichmäßige Temperatur und das einmal an Decken gewöhnte Pferd ständig unter diesen zu erhalten.

Ich für meine Person ziehe ein weniger seidiges und kurzes Winterhaar, das aber seinen gesunden Glanz nicht verlieren darf und bei dem sich die Pferde in ausgezeichneter Verfassung mustern, der Verwöhnung vor. So gehalten fühlen sie sich bei etwa 10° C im Stall recht wohl und vertragen auch ein erhebliches Sinken der Temperatur, wenn der Stall nur nicht feucht und gut gelüftet ist. Gerade die bei jungen Pferden gefährlichen Erkrankungen der Atmungsorgane treten bei wohldurchdachter Abhärtung in viel milderer Form oder überhaupt nicht auf, und man ist der ewigen Sorge, daß die Decke abrutschen oder nach dem Putzen nicht aufgelegt werden könnte, ledig. Allerdings muß man nach der Arbeit in der gedeckten Bahn etwas länger Schritt reiten oder herumführen lassen, bevor der Weg zum Stall durch den zugigen Hof angetreten wird, denn der eisige Nordwind dringt durch alle Fugen und Ritzen zwischen Decke und Körper.

Bei zu langem Winterhaar empfiehlt sich das Scheren, doch muß dann um so ausgiebiger eingedeckt werden. Dazu sei noch bemerkt, daß, wenn man sich zum Scheren entschließt, die sehr dünne Bauchdecke und die unteren Gliedmaßen ihr natürliches Haarkleid behalten sollen. Die überschüssige Wärme wird nicht an diesen muskelarmen Partien erzeugt, die so schnell wie beim Menschen Hände und Füße ein Kältegefühl aufkommen lassen.

Auf ein häufiges nicht erzwungenes Aufheben der Beine ist großer Wert zu legen. Man überzeuge sich täglich von den Fortschritten, die das Pferd in dieser Hinsicht macht. Dabei ist gleich die Gelegenheit zu benützen, die Hufpflege zu kontrollieren. Nach dem täglichen Waschen sind Sohle und Strahl mit einer ganz dünnen Schicht ungesalzenen Fetts einzureiben, ebenso die Gegend des Saumbandes am Kronenrand, von dem das Hufwachstum ausgeht. Eine gewisse Feuchtigkeit des Hufes beim Einreiben ist deshalb notwendig, weil dann das Fett eingesaugt wird und den Huf vor Austrocknung bewahrt. Die von der Glasur bedeckten und daher nicht porösen Hufwände sind natürlich nicht einzufetten und sollen durch Polieren mit Lappen und Zwiebel im matten Glanz eines gut gepflegten Fingernagels leuchten.

Ein- bis zweimal monatlich ist ein Ballen, Sohle und Strahlfurchen desinfizierender Holzteeranstrich von Vorteil. Ebensooft empfiehlt sich in der heißen Jahreszeit ein Einschlag von Lehm oder feuchter Kleie.

Mit dem Beschlagen beeile man sich keineswegs, wohl aber ist ein alle 6 bis 8 Wochen erfolgendes Regulieren der Wandhöhen und ein Rundfeilen der sich unregelmäßig abnützenden Tragränder notwendig. Ebenso muß der Schmied halblosgelöste Hornlappen vom Strahl entfernen, unter denen sich leicht Schmutz und Fäulnisstoffe festsetzen.

Hat man die Annehmlichkeit, sein Pferd außer in der Bahn auch auf weichen, elastischen Waldwegen oder dünnsandigem Heideboden bewegen zu können und kann grobem Kieselschotter ausweichen, erübrigt sich vorläufig jedweder Beschlag.

Muß man, um auf Reitwege zu gelangen, makadamisierte Straßen durchqueren, schadet das den Hufen gar nichts, auch ist das Auffußen sicherer als bei gewöhnlichem Sommerbeschlag. Nur scharfkantige Kiesel verursachen erhöhte Abnützung der Tragränder und ihr Ausfransen, besonders dann, wenn der Übergang zwischen Tragrand und Hufwand nicht rundgefeilt ist.

Nützen sich die Vorderhufe an der Zehe mehr ab als an den übrigen Teilen, genügen leichte Halbmondeisen.

Die Vorteile, die ein Hinauszögern des Beschlages bei jungen Pferden bietet, sind zahlreich.

Der Hufmechanismus kann während der Entwicklungszeit, die mit dem Inreibungtreten der Eckzähne nach vollendetem fünften Jahre noch lange nicht abgeschlossen ist, freier und ungehindert durch das „notwendige Übel" des Beschlages funktionieren. Die Hufe „atmen" besser bei unmittelbarer Berührung mit dem Boden.

Das ungeregelte Herumspringen beim Führen oder der Leinenarbeit — bandagiert oder unbandagiert — hat weniger üble Folgen für die Nebenbeine; denn ein mit Eisen und Nieten beschwerter und bewehrter Huf wirkt beim Gegenschlagen verheerender als ein im Naturzustande befindlicher, mögen einige Gelehrte auch behaupten, daß dadurch niemals Überbeine entstehen.

Besonders beim Longieren kann es im Anfang vorkommen, daß die Hinterhand ausfällt und schleudert. Da kann nun ein mit Eisen bewehrter Huf allerhand anrichten und trotz Glocken und Streichkappen arge Kronentritte oder Fesselkopfreizungen verursachen, welch letztere allzuleicht chronisch werden können und als „verdickte Fessel" das Pferd bis an sein Lebensende begleiten.

Freilich muß man sich darauf gefaßt machen, manchem Kopfschütteln zu begegnen (besonders von seiten des Schmiedes und ihm irgendwie Nahestehender), läßt man seine Pferde barfuß gehen. Es sind auch nicht alle Pferde gleichermaßen geeignet dazu. Angeborene Härte und Konsistenz des Hufhornes, die mit Rasse und Herkunftsland variieren, spielen da eine große Rolle. Pferde, die in steinigen Gebirgsgegenden aufgezogen sind und überhaupt solche, die einen größeren orientalischen Blutanteil besitzen, haben fast immer ganz besonders widerstandsfähige Hufe. Doch gibt es auch hier, wie überall, Ausnahmen, die die Regel bestätigen.

Ich erinnere mich an Vollblüter, Angloaraber aus Südwestfrankreich, Pferde aus der Lubliner und Kisbérer Gegend, die alle jahrelang hinten barfuß gingen; allerdings ritt ich sie nur im Gelände und in der Bahn und wenn, so nur auf asphaltierten Straßen, Schotter sorgfältig vermeidend.

Das wirkliche Gebrauchspferd, das man auf jedem Boden reitet, und eines, das auf glattem Rasen Präzisionssprünge über schwere Hindernisse machen soll, braucht natürlich Schutz und Stütze seiner dem Zwecke entsprechend geformten Eisen.

Nicht nur zur Gesunderhaltung der Hufe und Beine ist eine geräumige, laufstallartige Bucht oder Box, deren oberer kleinerer Türflügel sich unmittelbar ins Freie öffnet, das Ideal eines Pferdestandes.

Das unangebunden darin stehende Pferd kann, bei großer Kälte oder Fliegenplage entsprechend eingedeckt, ins Freie schauen, hat seine Atmungs- und Sehorgane in ständigem Kontakt mit der abhärtenden frischen Luft und empfindet, mit der Betrachtung der Außenwelt beschäftigt, keine Langeweile, die die Ursache der meisten Stalluntugenden ist.

Wenn alle Pferde solche Freiluftboxen besäßen, wäre das wohl das Allerschlimmste, was den Tierärzten passieren könnte, denn Erkrankungen der Luftwege, Augen und Beine würden auf ein Mindestmaß herabgedrückt werden. —

Mit der Sorge um das körperliche Wohlbefinden des Pferdes, dem man dadurch den Übergang in die neue Umwelt und in die von seinen bisherigen vollkommen abweichenden neuen Lebensverhältnisse erleichtern will, geht die Gewöhnung an seinen Wärter und Reiter Hand in Hand.

Durch strenge Zuchtwahl, auch nach Temperament und Charakter, sowie durch Behandlungsmethoden, die psychologischen Gegebenheiten und Erkenntnissen Rechnung tragend, schon den Abspänner an Halfter und Berührung durch den Menschen gewöhnen, ist man heutzutage so weit, daß das Vertrautmachen mit Trense, Sattel, Longe und schließlich dem Reiter, in der Regel auf keine nennenswerten Schwierigkeiten stößt.

Das ist ein großer Fortschritt, wenn man bedenkt, daß vor nicht viel mehr als einem Jahrhundert die aus halbwilden Gestüten kommenden Remonten der leichten Kavallerie, die den Menschen bisher nur als einen mit Brenneisen und Fangstrick bewaffneten Popanz kennengelernt hatten, durch Gewaltkuren zu einem Gehorsam gebracht werden mußten, der auch nach erfolgter Zähmung auf unsicheren Füßen stand.

Damals und auch später noch waren Bändigungen an der Tagesordnung, die nach dem Prinzip „Und folgst du nicht willig, so brauch' ich Gewalt" eine gewisse Unterjochung erzwangen. „Der Bien' mußte" eben, und wenn er nicht wollte, longierte man unter Sandsäcken und auf drei Beinen. Der Amerikaner Rarey fand mit seiner „Flüstermethode" eine zahlreiche Kundschaft und Major Balassa ein weites Tätigkeitsfeld. Die beiden arbeiteten übrigens ebenso wie später Spohr nach psychologisch unanfechtbaren Grundsätzen und wendeten Gewalt nur als äußerstes Mittel an.

Vor ihnen hatte auch noch der Aberglaube eine große Rolle gespielt. So wurden Stricke, an denen jemand gehenkt worden war, mit Gold aufgewogen. Mit einem Wolltuch umwickelt und den Beinen störrischer Pferde umgelegt, machten sie die bösartigsten Verbrecher zu wahren Lämmern — so lesen wir wenigstens im Florinus (1750).

Allzu schematisch den Vorgang beschreiben zu wollen, den man einzuschlagen hat, um das junge Pferd an ihm unbekannte und darum Furcht und Mißtrauen erregende Gegenstände, wie Sattel, Zaum, Decken, Gurten u. ä., sowie an das Longieren, den Reiter, das Aufsitzen und die Belastung durch diesen zu gewöhnen, würde nur bedingt seinen Zweck erreichen.

Äußere Umstände, Individualitäten, Temperament, Charakter, Empfindlichkeit, bereits vorhandenes oder noch gar nicht vorhandenes Vertrautsein mit den betreffenden Eindrücken, schaffen ebenso viele Einzelfälle, die eine solche Gewöhnung an Gegenstände und Erscheinungen des täglichen Reitgebrauchs vielleicht nur einige Tage, vielleicht aber auch ebenso viele Wochen dauern lassen.

Wohl aber kann man als allgemein gültigen, jedem Einzelfall gerecht werdenden Grundsatz aufstellen: Der Abrichter muß zunächst auf die Sinne des Pferdes einzuwirken trachten, Lustgefühle erregen und sich dann das hoch entwickelte Gedächtnis des Pferdes zunutze machen, um Ideenverbindungen zu schaffen, die in seinem Gehirn direkte Zusammenhänge zwischen einer großen Annehmlichkeit und einer bedeutend kleineren Unannehmlichkeit herstellen.

Die Annäherung des Wärters, der dem Pferd mehrmals am Tage das Futter bringt, löst in diesem die erste direkte Ideenverbindung aus: Mensch bedeutet Stillung des Hungers. Auf dieser ersten Vertrauensgrundlage wird es auch immer mehr Berührungen, die ihm an sich nicht angenehm sind, dulden. Sattel, Decken usw. werden zunächst gleichzeitig mit dem Futter gebracht und während des Fressens in der Nähe des Pferdes an der Wand der Box aufgehängt. Später ergibt es sich ganz von selbst, daß diese anfangs unheimlichen Gegenstände ihren Schrecken allmählich verlieren und unter Darreichung von Leckerbissen, wobei Brot und Mohrrüben die Hauptrolle spielen sollen*), dem Pferde immer mehr genähert werden können, damit es sie beriechen kann. Damit ist schon viel, wenn nicht alles gewonnen und bald der Augenblick gekommen, wo der bügel- und gurtenlose Sattel wie beiläufig vom Hals aus und dem Haarstrich folgend, den Widerrist halb bedeckend aufgelegt werden kann. Während des Auflegens und nachher natürlich erneuerte Belohnung, um das Pferd vom ungewohnten Gefühl abzulenken und die Ideenassoziation: Sattel—Futter zu begründen.

Ähnlich wird mit anderen Bestandteilen der Reit- und Longierausrüstung verfahren. Bemerkt sei auch, daß manche Remonten große Angst vor der Decke haben und doppelte Vorsicht bei ihrem ersten Auflegen geboten ist. Sehr bald verliert aber ein Pferd jede Furcht davor, wenn man ihm seinen Hafer darin anbietet, sie dann, nachdem sie leergefressen, dem oberen Halsrand nähert und erst von dort aus, wieder dem Haarstrich folgend, langsam nach rückwärts entfaltet und auszieht. Je mehr man sich bei diesen Dingen Zeit läßt, desto schneller wird bei ängstlichen und schüchternen Pferden das Mißtrauen schwinden und dem Bewußtsein Platz machen, daß vom Menschen nichts Schmerzhaftes zu erwarten sei.

An die Trense werden wohl alle jungen Pferde schon gewöhnt sein. Machen sie bei ihrem Auflegen dennoch Schwierigkeiten, wickle man Gras oder Heu um das eventuell linksseitig ausgeschnallte Gebiß und streife dem vorher im Stande

*) Ein Stückchen Brot ist in diesem Stadium der Gewöhnung bestes Lockmittel und Belohnung. Allerdings müssen manche Jungpferde das Brot erst kennenlernen. In diesem Fall ist es zugleich mit einem Büschel Gras, das alle Pferde im Stall gerne nehmen, oder mit Mohrrüben anzubieten. Später kommen sie bald auf den Geschmack. Das oft bequemere Vertrautmachen durch Belohnen mit Zuckerstückchen ist nicht bei allen jungen Pferden ratsam; sie gewöhnen sich dadurch Lecken, Spielen mit Lippen und Zunge und dergleichen an. Der Urgrund zum Laster des Koppens liegt nicht selten, nebst Langeweile und Nachahmungstrieb, im durch vorhergehende Zuckergaben hervorgerufenen Belecken und Benagen von Teilen der Stalleinrichtung.

umgedrehten Pferd bei vorwärts-abwärts gestrecktem Halse die Zäumung über den Kopf. Wenn die linke Hand das schmackhaft gemachte Gebiß halb gewährend, halb sich entziehend vorhält, wird anfängliches Sträuben bald verschwinden. —

Das über Gewöhnung an das Satteln Gesagte kann sinngemäß gerade so gut auch in der Reitbahn angewendet werden, nachdem sich das Pferd an der Longe abgelaufen hat. Auch hier wird man das erste Auflegen mit Futtergaben als Ablenkung und Belohnung zu verbinden wissen. Daß der anfangs bügellose Sattel ganz vorn am Widerrist, der Gurt dort, wo er vorläufig noch das geringste Unbehagen verursacht, also knapp hinter den Ellbogen zu liegen hat, sei ausdrücklich betont. Angezogen wird der Gurt nur gerade soviel, daß der Sattel nicht seitlich herunterrutschen kann.

Es ist im wohlverstandenen Interesse von Pferd, Reiter und Wärter, daß die Remonte gar nicht auf den Gedanken kommt, daß sie dem Angurten durch Aufblähen höchst erfolgreichen Widerstand leisten kann. Ein Pferd, das diese Untugend aus naturgemäßem Vorbeugen gegen grob ausgeführte, plötzliche Beengung einmal gelernt hat, entwickelt darin eine ungeahnte Virtuosität und bringt den Wärter beim Angurten, den Reiter beim Nachgurten während des Rittes, oft zur Verzweiflung.

Aus Fehlern, die beim ersten Satteln gemacht wurden, können sich außer dem harmloseren Aufblähen noch ganz andere, lebensgefährliche Untugenden, wie Sattelzwang mit seinen Folgeerscheinungen des Niederwerfens und Überschlagens entwickeln, die schon manchem Pferd und Reiter das Genick gekostet haben.

Hat man einen gelernten Bläher im Stall, bedarf es vor dem Aufsitzen zeitraubender Zeremonien, ehe man den Ritt antreten kann. Bei manchen genügt ein mehrmaliges Umherführen im Schritt und Trab, dann lassen sie sich ohne weiteres richtig nachsatteln und das Vergnügen kann ungetrübt losgehen. Andere geben es schon weniger billig und müssen erst ablongiert werden, ehe sie sich in ihr Schicksal ergeben. Hat man nicht viel Zeit zur Verfügung, macht das wenig Spaß. Andere wieder geben klein bei nach einigen Vor- und Rückwärtsbewegungen an der Hand und darauffolgendem Nachsatteln. Läßt man vor dem Aufsitzen dann den Gurt um ein Loch nach, so ist alles in Butter und das gute Einvernehmen hergestellt.

Alle diese Verrichtungen sind zeitraubend und erhöhen niemandes gute Laune, weil sie ja mit Reiterei wenig zu tun haben und leicht vermieden werden könnten, wenn man beim Anlernen des jungen Pferdes sachgemäßer vorgegangen wäre.

Hier haben wir es aber gottlob (!) mit einem unverdorbenen Pferd zu tun. Am nächsten Tag legen wir ihm nach der Leinenarbeit wieder den Sattel auf und setzen dies einige Tage lang fort, bis wir so weit sind, daß es ihn ohne Zeichen von Mißbehagen in der eigentlichen Sattellage duldet. Auch der Gurt wird unmerklich fester angezogen und seiner eigentlichen Lage, dort, wo die Rippen voller werden, genähert. Jetzt ist es auch an der Zeit, die Bügel, die

die letzten Tage schon am Sattel befestigt, aber noch hochgezogen waren, nach eingetretenem Faulerwerden an der Longe, im Schritt und dann im Trabe baumeln zu lassen — zugleich die beste Vorbereitung auf die Schenkel des Reiters.

Ist das Pferd in seiner Entwicklung fortgeschritten, so ist nunmehr der Zeitpunkt gekommen, wo man sich hinaufheben und die Remonte, die ja gelernt hat, an der Leine zu laufen, nunmehr dieselbe Arbeit wie früher, aber unter dem Gewicht des Reiters, fortsetzen läßt. Bei Bemessung der Arbeit muß selbstverständlich der zusätzlichen Belastung Rechnung getragen werden.

Dies in großen Zügen vorausgeschickt, soll in den folgenden Abschnitten die Leinenarbeit und das erste Anreiten näher beschrieben werden.

2. Arbeit an der Leine

„Niemals das Pferd in die gewünschte Form hereinpressen wollen, es soll sie selbst im Vorwärts am Zügel finden!"

Das Longieren ist nicht nur ein ausgezeichnetes Mittel, das Vertrauen des jungen Pferdes zum Menschen auch außerhalb des Stalles zu befestigen und es handfromm zu machen, es gibt ihm auch die zur Erhaltung der Gesundheit notwendige zwanglose Bewegung. Durch eine vernünftig gehandhabte Leinenarbeit werden ihm außerdem die ersten Begriffe für vortreibende und verhaltende Hilfen spielend beigebracht und damit dem ersten Anreiten zweckdienlich vorgearbeitet. Ungestört durch Muskelschmerzen, die ihm das Reitergewicht anfangs verursachen würde, wird es unter der gemütlich zum Vorwärtsgehen auffordern-

den Peitsche sich unbefangener an das Gebiß herandehnen und in der so gewonnenen Losgelassenheit den seiner Mechanik entsprechenden freien Raumgriff der Tritte im Gleichgewicht wiederfinden. In diesem Sinne ist das Longieren auch das beste Korrekturmittel, um seelisch und körperlich verkrampften und darum fehlerhaft gehenden Pferden Zwanglosigkeit und damit natürliche Haltung wiederzugeben und dann auf dieser Grundlage aufbauend, ihre Redressur einzuleiten.

Eine längere Longierperiode ist notwendig, wenn das auszubildende Pferd noch so jung und unentwickelt ist — etwa $3^1/_2$- bis 4jährig —, daß ihm eine vorzeitige Belastung durch den Reiter Schaden an den noch nicht genug gefestigten Sehnen, Knochen und Gelenken bringen würde.

Zum Longieren braucht man Leine, Kappzaum, Ausbindezügel, Peitsche und Laufgurt, der je nachdem, ob das mit Weglassung der Reithalfter aufgetrenste Pferd gesattelt oder noch ungesattelt in die Bahn kommt, über den Sattel oder eine zusammengelegte Decke geschnallt wird. In ersterem Falle ist darauf zu achten, daß der Laufgurt etwas weniger angezogen ist als der Sattelgurt, damit dieser keine Falten schlägt. Gut bewähren sich im Anfang, wenn man aus irgendeinem Grunde ohne Laufgurt longiert, die seinerzeit sehr modernen schmalen Riemchen, die die bei lebhafteren Bewegungen herumschlagenden Seitenblätter unter dem Leib des Pferdes in der Gurtenlage miteinander verbinden. Der Longiergurt, wie er auch genannt wird, soll bei 15 bis 30 cm Breite gut gepolstert sein und nebst den oben seitlich in verschiedener Höhe befestigten Ringen für die Ausbindezügel, in der Mitte noch einen solchen oder eine Schlaufe zur Befestigung der Trensenzügel haben. Ein verschnallbarer Schweifriemen wird, da er den Gurt in seiner Lage erhält, viel Ärger ersparen.

Die Longe muß mindestens 7 m, besser aber bis zu 9 m lang sein, damit man selten in die Lage kommt, sie bis aufs letzte, eine Handschlaufe tragende Ende loslassen zu müssen und damit man auch einen etwas größeren Zirkel anlegen kann, um nach Bedarf einem jungen Pferd ein unbehinderteres Abspringen seiner Spannungen gestatten zu können. Das Material (Hanf), aus dem sie verfertigt ist, darf nicht zu glatt sein, muß aber ein zögerndes Durchgleitenlassen erlauben.

Der Kappzaum muß mit seinem gut gepolsterten Nasenriemen noch auf dem knöchernen Teil des Nasenrückens so fest aufliegen, daß er keinen Spielraum hat. Liegt er zu locker auf, fügt er dem Pferde vom Leinenführer unbeabsichtigten Schmerz zu. Ein einfacher Ring in der Mitte, der nicht etwa an einem hervorstehenden Fortsatz — barbarische und gelenke - ruinierende Hebelwirkung — befestigt sein darf, genügt zum Einschnallen der Leine. Der Schnallendorn hat dabei nach oben gerichtet zu sein. Bei Pferden, die die Neigung haben, nach außen zu drängen, wird es sich empfehlen, um einem Verschieben des Kappzaumes vorzubeugen, die Longe in seitwärts des mittleren Longierringes befestigte Ringe — je einer für die Arbeit auf der rechten und linken Hand — einzuschnallen. Ist das Backenstück des Kappzaumes zu lang, so kommt sein Nasenriemen zu tief zu liegen, übt auf das empfindliche knorpelige Ende des Nasenrückens einen störenden Druck aus, hindert die Atmung und klemmt überdies noch die Maulwinkel.

Damit die Trense freien Spielraum behält, um von einem eventuellen Reiter benützt werden zu können und damit der Kappzaum überhaupt durch ihre darunter befindlichen Lederteile keinen störenden Druck ausüben kann, wird er mit seinem Nasen-, Kehl- und mittleren Riemen unter die Backenstücke und den Kehlriemen der ohne Reithalfter aufgelegten Trense geschnallt, wobei der mittlere (Backen)riemen fest angezogen wird, damit das äußere Backenstück des Kappzaumes das Auge dieser Seite nicht verletzen kann. Kopfstück und Stirnriemen des Kappzaumes kommen über die entsprechenden Teile der Trense zu liegen.

Die beiden Ausbindezügel werden vorläufig so lang, daß das Pferd in seiner natürlichen Haltung bei freiem Ausschreiten nicht gestört wird, in die am oberen Seitenteil des Laufgurtes befindlichen Ösen und in die Ringe der mit einem dicken Gebiß versehenen Trense unter den Trensenzügeln eingeschnallt oder eingefedert. Man überzeuge sich von ihrer beiderseits gleichen Länge, indem man vor das Pferd tretend, mit je einem Finger jeder Hand in den entsprechenden Trensenring greift und ihn zu sich heranzieht.

Mit Vorteil können auch statt der beiden Ausbindezügel die sogenannten Holleufferschen Schlaufzügel*) angewendet werden, besonders bei Pferden, die den Rücken festhalten, sich zu hoch tragen und den Weg nach vorwärts-abwärts nicht finden können. Das Herandehnen ans Gebiß wird ihnen dadurch besonders schmackhaft gemacht, daß diese Schlaufzügel gleichsam zu einem nach Vorwärts-Abwärts-Gleiten am Zügel einladen.

Die Peitsche soll so lang sein, daß der in der Mitte des Zirkels stehende Longenführer, der ja nach einigen Stunden auch das Amt des Peitschenführers übernimmt, das Pferd mit der Schnur erreichen kann.

Wünschenswert ist es, wenn man zu den ersten Lektionen eine kleine Reitbahn, in der wenigstens drei Seiten den Zirkel begrenzen, oder einen eingehegten Zirkel nach Art der Zirkusmanegen zur Verfügung hat, sonst helfe man sich dadurch, daß man als Leinenführer nicht auf der Längsachse der Bahn, sondern etwas seitwärts davon Aufstellung nimmt und so der anzulegende Kreis wenigstens die Stütze zweier die Ecke bildender Wände hat.

Zum ersten Longieren wird das Pferd, wie oben beschrieben ausgerüstet, mit leicht umgelegten Schutzbandagen versehen und wenn irgend möglich, wenigstens ohne Hintereisen auf die Reitschule gebracht. Ausbinde-

---

*) Vom Gurt aus laufen zwei Zügel von je doppelter Länge eines Trensenzügels von unten außen (wegen der im Verhältnis zum Hals größeren Breite der Schultern und um diese in ihrer Bewegungsfreiheit nicht zu behindern) nach oben innen durch die Trensenringe und werden — wenn gesattelt — in den beiderseits des Vorderzwiesels befindlichen Ösen befestigt.

Wer die Ausbindezügel und damit das Pferdemaul von der immerhin störenden Schulterbewegung ganz unabhängig machen will, kann auch die beiden sonst rechts und links am Gurt befestigten Zügelenden vereinigen, mit einer Hülle versehen (damit sie nicht zwischen den Vorderbeinen scheuern) und um die tiefstgelegene Stelle des Sattelgurtes schnallen. Nun müssen sie aber von unten innen nach oben außen durch die Trensenringe verlaufen.

zügel und Longe sind noch nicht eingeschnallt. Zunächst werden erstere in der erforderlichen Länge eingefedert und dann die ordentlich zusammengelegte Leine*) im Ring des Kappzaumes befestigt.

Um das Pferd vertraut zu machen, wird es nun einige Male auf der linken Hand in der ganzen Bahn herumgeführt; der Gehilfe, der später die Peitsche zu übernehmen hat, führt es unter beruhigendem Zureden auf der äußeren Seite am Backenstück der Trense. Innen begleitet es der Leinenführer, ohne irgendwie durch die Longe Einfluß zu nehmen. Seine rechte Hand bleibt für etwaige Liebkosungen frei. Linksherum geht die Reise deshalb, weil die meisten Pferde lieber nach dieser Seite hin wenden als rechtsherum. Nach einigen Umgängen wird das Viereck des Hufschlages zu einer Ellipse und diese endlich zum Kreis, auf dem sich die weiteren Ereignisse abspielen sollen. Der Longenführer nähert sich immer mehr, die Einschläge der Leine durchgleiten lassend, dem Mittelpunkt desselben, wo er schließlich sich auf der Stelle drehend, stehenbleibt. Da er in der rechten Hand noch keine Peitsche trägt, nimmt er den Endteil der Longe mit den etwa übrigbleibenden Einschlägen in diese und f ü h r t mit der linken Hand, die als die vom Pferde abgewendete die innere ist, die Leine. Das zwischen beiden Händen befindliche Stück darf nicht zu tief herabhängen. Seine rechte (äußere) Schulter ist der Schulter des Pferdes zugewendet, der linke, führende Arm leicht gekrümmt, die Hand mit nach dem Kopf des Pferdes gerichtetem Daumen auf der über das zweite Gelenk des Zeigefinges hinweglaufenden Longe geschlossen. Durch seine Körperstellung ist es dem Longenführer möglich, bei plötzlichem Fortstürmen nach außen dem Pferd erfolgreich Widerstand zu leisten, indem er sich mit dem rechten (äußeren) Fuß gegen den Boden stemmt und den Oberleib mit hohlem Kreuz hinten überlegt, im Notfall auch mit der führenden, auf die linke Hüfte gestützten Hand, einen zusätzlichen Halt sucht.

Die oben beschriebene Normalstellung des Leinenführers ist auch diejenige, aus der die Anzüge nicht nur nach seitwärts, sondern auch nach v o r w ä r t s wirken. Dadurch werden schwere Beinschäden, wie Schulterlahmheit, Überköten des inwendigen Hinterfesselgelenks u. a. vermieden, die nur zu leicht eintreten können, wenn bei regellosem Herumspringen die Anzüge nach rückwärts wirken würden.

Nicht genug zu betonen ist auch, daß sich der Longenführer unbedingt um einen f i x e n P u n k t, der unter der inneren Ferse oder zwischen seinen Beinen zu liegen hat, drehen muß.

Niemand wird es einfallen, die ausschlaggebende Bedeutung einer steten Hand beim Reiten zu bezweifeln. Und doch sieht man beim Longieren viele gedankenlose Leinenführer mehr oder weniger konzentrische, unregelmäßige kleine Kreise beschrieben, ohne zu bedenken, daß es auf diese Art dem Pferde

*) Der Leinenführer muß die Longe vor dem Einschnallen richtig zusammengelegt haben. Zu diesem Zweck faßt er mit der linken Hand in die am Ende der Leine befindliche Schlinge und streicht von hier an mit der rechten Hand die unverdrehte Leine, so weit der rechte Arm reicht, aus. Dann legt die rechte Hand den ausgestrichenen Teil in die linke, streicht dann wieder aus und so fort, bis die ganze Longe bis auf ungefähr 50 Zentimeter von ihrem Schnallenende in gleichmäßigen übereinanderliegenden Einschlägen (Klanken) in der linken Hand vereinigt ist.

zur Unmöglichkeit wird, eine stete Anlehnung an die zwangsläufig unstete führende Hand zu finden, um dadurch die Longe in gleichmäßiger leichter Anspannung zu erhalten. Fälle, die besonders bei noch nicht einlongierten Pferden vom Leinenführer ein Verlassen seines Platzes erfordern, sollen noch erwähnt werden. —

Das junge Pferd befindet sich nun linksherum gehend auf einem Kreise, auf dem es vom Gehilfen, dem künftigen Peitschenführer, der es auf seiner äußeren Seite begleitet, herumgeführt wird. Der Longenführer in der Mitte sucht Fühlung mit der leicht angestellten Leine. Sobald sich das Pferd, das ja in der Freiheit gerade Linien bevorzugt, mit der ihm ungewohnten krummen Linie vertrautgemacht und beruhigt hat, beginnt der Gehilfe zu traben und läßt es dann, bei unmerklichem Sinkenlassen des linken Armes, aus, bleibt aber weiter auf derselben Höhe mit ihm, um erst später, wenn es schon sicher aus sich selbst heraus trabt, immer mehr zurückzubleiben. Verhält es sich, treibt er es von rückwärts durch anfeuernde Zurufe und Schwingen des Armes vor. Begreift es, was man von ihm will, und bleibt im Gang, tritt der Gehilfe zum Leinenführer in den Kreis und begleitet das Pferd zwischen diesem und dem Longenführer hinter der Leine gehend. Bleibt es dennoch stehen, führt er es von neuem am inneren Backenstück an.

Um das Pferd zum Stehen zu bringen, tritt der Leinenführer, die Longe verkürzend, in Richtung seiner inneren (vom Pferde abgewendeten) Schulter so lange seitwärts, bis er auf der Kreislinie vor das Pferd zu stehen kommt. Während er das schon etwas ermüdete Pferd durch Brot oder Hafer belohnt, ist vielleicht auch schon der Moment gekommen, wo er ihm mit der zusammengelegten Peitsche über Hals, Schultern, Rücken und Hinterhand streichen kann. Zeigt es keine Furcht, kann sie dann der Gehilfe übernehmen. Er trägt sie vorläufig beim weiteren Anführen zusammengelegt unter der dem Pferde abgewendeten Achselhöhle und nimmt dieselbe — sie hinter seinem Rücken hervorziehend — in erhobener Drohstellung nur dann in die äußere Hand, wenn er das Pferd losgelassen hat und es nach seinem Zurückbleiben nicht vorwärtsgehen sollte.

Ist das Pferd wieder einige Male herumgetrabt, wird von neuem angehalten, wobei sich der Leinenführer, so wie schon beim ersten Male, wenn es eine Neigung zum Ausweichen nach außen zeigte, dadurch hilft, daß er sein Seitwärtstreten so einrichtet, daß er das Pferd zwischen sich und die Wand bekommt.

Nun wird der Handwechsel vorgenommen. Ist das Pferd ruhig, so kann schon jetzt eine Vorhandwendung auf der Volte gemacht werden, indem der Abrichter das Pferd an den unter dem Kinn gefaßten Trensenzügeln vor- und links seitwärts zieht und gleichzeitig bei jedesmaligem Erheben des linken (inneren) Hinterfußes mit der horizontal gehaltenen, zusammengelegten Peitsche einen leichten Druck gegen die Rippenwandungen ausübt. Macht dabei das Pferd nur Miene, zu gehorchen und läßt sich willig vorziehen, muß man freudig die Gelegenheit ergreifen, um zu belohnen! Es soll vergessen, daß die

Peitsche nur das Schreckinstrument der Musterungen seligen Angedenkens ist und die Ideenverbindung soll bei ihm Wurzel fassen: folge ich dem Druck des Peitschenstils (wogegen ich eigentlich am liebsten drücken möchte), gibt's Hafer! Diesem Gehorsam werden übrigens durch das teilweise mechanisch zwingende Vorwärts- und Seitwärtsziehen und die in einem das Weichen vor dem Druck erleichternden Augenblick gegebene seitwärtstreibende Hilfe goldene Brücken gebaut.

Nach vollzogener Wendung folgen sinngemäß und in derselben Reihenfolge die vorher beschriebenen Übungen auf der rechten Hand. Nachdem man vielleicht noch bei ausgeschnallten Ausbindezügeln gemeinsam über ein am Boden liegendes Rick in Richtung des Ausganges gestiegen ist, kann man den durch keinerlei unangenehme Eindrücke belasteten Schüler mit gutem Gewissen in den Stall entlassen.

In Wirklichkeit wird wohl kaum alles so glatt abgehen, und man hüte sich davor, dem jungen Pferde während der ersten Stunden zu viel beibringen zu wollen. Es muß alle neuen Eindrücke erst in Ruhe verarbeiten und darüber im Stalle nachdenken können. Man soll vom Leichteren zum Schwereren erst übergehen, wenn es das Einfachere begriffen hat und neue Anforderungen derart stellen, daß von seiten des Pferdes keine Mißverständnisse und Verwechslungen vorkommen können. Einer der vielen Beweise dafür, daß das Pferd eine gewisse Zeit braucht, um sich mit neuen Anforderungen vertraut zu machen, sich an sie zu gewöhnen, auch wenn es physisch ohne weiteres imstande wäre, ihnen sogleich und fehlerlos nachzukommen, ist auch der, daß z. B. gestern ein Pferd irgendeine neue Übung nur höchst mangelhaft ausführte, während es sie heute ohne jede Schwierigkeit bewältigt.

Zweck der anfänglichen Longenarbeit ist ja nur, das Pferd an der Leine denselben zwanglosen, natürlichen Gang wiederfinden zu lassen, den es schon auf der Weide hatte, ihm die vortreibenden und verhaltenden Hilfen begreiflich zu machen und später dadurch, daß man es immer etwas lebhafter gehen läßt, als es eigentlich wollte, den ersten Gehorsam zu begründen. Durch die ungezwungene Bewegung an der Leine wird der in Übergangszeiten immer etwas labile Gesundheitszustand gefestigt und im Verlaufe der nächsten Wochen, Hand in Hand mit dem vor sich gehenden Fleischwechsel, die allgemeine Kräftigung derart gefördert, daß das Tragen der Reiterlast an sich nicht schon Ermüdungserscheinungen, wie übertriebenes krampfhaftes Aufwölben oder Durchsinkenlassen des Rückens, zur Folge hat. —

Bei der Longenarbeit sind die Peitschenhilfen eine Vorbereitung auf Gerte, Schenkel und Sporn, die Handhilfe wird durch Leine, Kappzaum und Ausbindezügel vermittelt. Die das Konzert ergänzenden Gewichtshilfen kommen aber erst durch das Gewicht des Reiters hinzu, durch dessen Gefühl dann auch im Verlauf der Ausbildung Schenkel, Gewicht und Hand gegeneinander abgestimmt werden.

Beim Longieren stehen dem Leinenführer nur sein Gefühl in der Hand und sein Gesichtssinn zur Verfügung — zu wenig, um das Pferd über einen gewissen Grad hinaus zu fördern. Tote Instrumente können eben nie den schmiegsamen, gefühlvollen Sitz ersetzen.

Ein Longieren *ohne Zuhilfenahme des Kappzaumes* bringt Nachteile mit sich. Mag man nun die Leine in einen oder beide Trensenringe oder das Kinnstück einschnallen, immer wird durch die oft nicht zu umgehenden kräftigeren Handhilfen das Maul in Mitleidenschaft gezogen und so keineswegs vorteilhaft für die Führung durch den Reiter vorbereitet. Im Gegenteil, Zungenschwierigkeiten, die besonders leicht bei zu tief liegender Trense ihren Anfang nehmen, Ausweichen des Unterkiefers nach rückwärts oder seitwärts und andere Unarten und Fehler sind häufig auf das Konto von Kämpfen zu schreiben, die gegen die am Gebiß befestigte Longe geführt wurden. Auch die Leinenschwingungen beim Anhalten oder Hinausweisen, von denen noch die Rede sein wird, sind wenig geeignet, für das anfangs nur schüchtern versuchte Herandehnen eine günstige Atmosphäre zu schaffen.

Ist ein Pferd am Nasenrücken gegen die nachdrückliche Wirkung des Kappzaumes sehr empfindlich, oder traut man sich selbst nicht die nötige Geschicklichkeit und Feinheit zu, kann man diesen weglassen und an seiner Stelle die mit einem Ring und verstärkenden Bügel versehene Reithalfter einschnallen. —

Ein unentbehrliches Hilfsmittel bei der Leinenarbeit ist auch die *Stimme*. Man bedient sich ihrer, um das Pferd zu beruhigen und dann gleichzeitig mit Erteilung der verschiedenen Hilfen, um diese dem Pferde gleichsam zu erklären und auszulegen. Geschieht das für denselben Fall immer mit *demselben Zuruf* und *derselben Betonung*, so wird ein aufmerksames Pferd bei anhaltender und konsequenter Anwendung in überraschend kurzer Zeit, fast ohne alle Mitwirkung von Leine und Peitsche, das Verlangte leisten. Wesentlich dabei ist, daß — außer ganz am Anfang, wo der anführende Gehilfe, der ja meist der Wärter ist, dessen Stimme das Pferd schon kennt, beruhigend zuspricht — nurmehr der das Longieren leitende Leinenführer seine Stimme erhebt, auf dessen Zurufe es dann auch seine Aufmerksamkeit richten wird. —

Sowie das Anführen entbehrlich geworden ist, wird der Gehilfe nun ständig die Peitsche übernehmen und, wie schon erwähnt, als *Peitschenführer* zwischen Leinenführer und Pferd, dieses auf einem kleineren Kreise begleitend, hinter der Longe hergehen. Die Peitschenspitze richtet er bei nachschleppender Schnur mit ausgestrecktem äußerem Arm gegen die Kruppe des Pferdes, bei zunehmender Sicherheit, in Richtung der Sprunggelenke.

Um *vorzutreiben* senkt der Peitschenführer die Peitsche, bleibt etwas zurück und schwingt sie von unten nach oben gegen die Hinterhand, so daß die Hilfe unmißverständlich von rückwärts nach vorne wirkt; später genügt ein Schwingen, wenn nötig eine Berührung in Richtung der Rippen hinter dem Gurt.

Der Longenführer sagt Antritt und Art der Bewegung mit für jeden Einzelfall sich stets gleichbleibendem Wort und Tonfall an.

Beim *Anhalten*, das erst später bei Mitwirkung der vortreibenden Hilfen zu einem *Parieren* wird, bleibt der Peitschenführer auf seinem Platze, ebenso wie später beim Eilen oder Stürmen. Es wäre unrichtig, wie man es oft sieht, dabei die Peitsche aus ihrer gegen Kruppe oder Sprunggelenke gerichteten Lage wegzunehmen, sie hinter sich zu verbergen und von der Longe gegen die Mitte zurückzutreten. Das Pferd wird und muß sich an ihren Anblick gewöhnen. Verbirgt sie der Peitschenführer und entfernt sich von ihm, sowie es Unruhe zeigt, wird das Pferd nur zu bald diese Nachgiebigkeit ausnützen und sich jedesmal in eine künstliche Aufregung hineinsteigern, wenn es sich die lästige Mahnung der Peitsche vom Leibe halten will.

Damit das Pferd die Gangart vermindert, das Tempo verkürzt oder anhält, wird der betreffende Zuruf des Leinenführers, verbunden mit einem sanften Annehmen*) und Nachgeben oder nur einem Schütteln der Longe, genügen.

Wenn das Pferd noch nicht sicher ist, werden ihm einige Schritte nach seitwärts gegen den Kreis zu (wobei der Leinenführer die Longe entsprechend verkürzt, damit sie in Anlehnung bleibt), Zuruf und Longenhilfen erklären und verdeutlichen.

Anfangs versuchen es viele Pferde, meist nach dem Ausgang zu, nach außen wegzubrechen. Da hat der Leinenführer auf seinem Platze fest stehen zu bleiben, der Peitschenführer aber eilt — in diesem Falle ist eine möglichst rasche Bewegung nicht nur gestattet, sondern unbedingt notwendig — hinter das Pferd und treibt es nachdrücklich vor. Geht es wieder auf dem Kreise vorwärts, kehrt er auf seinen Platz an der Leine zurück.

Solange diese Unart des Ausbrechens nur ein instinktives Drängen nach dem Stall ist, kann auch ein auswärts des Zirkels stehender Mann, der seine Arme drohend hebt, gute Dienste leisten. Später allerdings muß es so zwischen den beiden Hilfen, Leine — Peitsche, eingerahmt sein, daß der auch die Peitsche führende Leinenführer genügen muß, um jede Unart im Keime zu ersticken. Aber selbst jetzt schon gilt es beim Wegbrechen, die Unart vorauszusehen und sie durch eine drohende Bewegung des Peitschenführers, so als wollte dieser hinter das Pferd gelangen, gar nicht zum Ausbruch kommen zu lassen.

Das gilt auch für den Fall, daß sich das Pferd verhält. Gewöhnlich wird schon ein geringes Zurückbleiben des Peitschenführers ein energischeres Vorwärtsgehen zur Folge haben.

Drängt ein Pferd nach innen und macht sich von der Leine los, hebt der Peitschenführer die Peitsche und schwingt sie von oben nach unten längs der Longe, indem er mit der Schnur Schulter oder Hals berührt; später wird auch eine kleine Bewegung des Mannes nach dieser Richtung genügen, um das Pferd hinauszuweisen.

Bei feinfühligen Pferden wird auch bald ein stärkeres Schütteln der die Leine haltenden Hand des Longenführers denselben Zweck erreichen. Die durch das Schütteln hervorgerufene schlängelnde Bewegung der Leine richtet sich gegen das innere Auge des Pferdes und läßt es wieder nach außen auf den Kreis weichen. Um diese Hilfe zu erklären, oder wenn das Schütteln allein nicht genügt, nimmt man die erhobene führende (innere) Hand mit gebogenem Arm gegen die äußere

*) Beim Annehmen sei man bestrebt, den Anzug in dem Augenblick wirksam werden zu lassen, wo das innere Hinterbein aufgefußt hat. Man vermeidet hierdurch bei wiederholtem Annehmen ein Ausfallen der Hinterhand, das auch den Verlust des freien Ganges zur Folge hätte.

Schulter an und macht von hier aus mit dem ganzen Arm eine rasche Halbkreisbewegung in Richtung des Pferdekopfes. Der starke Schwung, den die herabhängende Leine dadurch erhält, ist eine kräftige Drohung gegen das Auge und wirft auch gleichzeitig das am Ringe des Kappzaumes befestigte Schnallenende der Longe nach außen, was noch eine zusätzliche Mahnung bedeutet, wieder auf den Kreis und damit an die Leine zu kommen.

Es gibt Pferde, die sich ständig mit Gewalt auf die Longe legen und hinausdrängen. Bei diesen trachtet der Leinenführer sie durch wiederholtes Annehmen der Hand gegen die Schulter und wieder Nachgeben, in der Anlehnung leichter zu machen. Das sind dann die Fälle, wo es sich empfiehlt, die Leine in einen der schon erwähnten, der führenden Hand entsprechenden Seitenringe des Kappzaumes einzuschnallen, um sein Verschieben zu verhindern.

Viele Pferde werden aus Ängstlichkeit oder Übermut beim geringsten Anlaß scheuen und fortstürmen. Bei manchen, im Blute hochstehenden, bei denen die natürliche Muskelspannung, der „Tonus", als konstitutionelle und rassengebundene Eigenschaft besonders ausgeprägt ist*), wird Ähnliches der Fall sein. Man lasse, ganz passiv bleibend, solche Pferde sich ablaufen. Ein Versuch, durch schmerzerregende Leinenhilfen das Tempo zu verkürzen, würde nur Öl ins Feuer gießen und Pferde, die infolge von Angstzuständen nicht im Vollbesitze ihres seelischen Gleichgewichtes sind, noch mehr erregen. Ein schmerzhaftes Rucken am Kappzaum verstärkt nur das durch den furchterregenden Gegenstand entstandene Unlustgefühl, dem sich das Pferd durch noch schnellere Flucht — seinem natürlichen Abwehrmittel — entziehen wird. Ebenso widersinnig und verständnislos wäre es auch, ein Pferd, das sich aus der Muskelspannung durch lebhaftere Bewegungen lösen, sie durch Herumspringen abreagieren will, daran zu hindern.

Fürchtet man bei ungünstigem Boden ein Hinfallen und sind beruhigende Zurufe und abwechselndes Annehmen und Nachgeben, um die Anlehnung zu mäßigen, erfolglos, wähle man das kleinere Übel und verenge durch Verkürzen der Longe den Kreis, wodurch die Schubkraft geschwächt und ein ruhigeres Tempo erreicht wird. Allerdings vermeide man, wenn es nur irgend geht, dieses bei körperlich noch unentwickelten Pferden heroische Mittel, denn auf engen Kreis gezwungen, können solche an den noch nicht gefestigten Sehnen, Gelenken und Knochen schweren Schaden nehmen.

Ist reiner Stall- und Übermut die Ursache allzu hartnäckigen Stürmens, so ist das ein Zeichen von zu wenig Arbeit oder Überfütterung. Man beschränke sich da nicht auf eine bloße Symptomkur durch tägliches Beruhigen, sondern fasse durch angemessene Arbeit und Entziehung überflüssigen Futters das Übel an seiner Wurzel.

Das kindische Sichaustoben eines jungen Pferdes ist eine natürliche Erscheinung und schadet ihm gar nicht, wenn nur der Zirkel genügend groß bemessen (bis 8½ m im Halbmesser) und der Boden der Bahn weich und elastisch

*) Das Gegenteil davon ist der schlaffe Tonus bei Weidebäuchen.

ist, ohne ein Ausgleiten befürchten zu lassen. Es ist ja so ausgebunden, daß es in seinen natürlichen Halsbewegungen nicht beschränkt wird, und diese besorgen, vom angeborenen Gleichgewichtssinn veranlaßt, alle jene regulierenden Gesten, die auch das Weidepferd bei den tollsten Sprüngen vor Schaden an seinen Gliedern bewahren. —

Im übrigen gilt auch für die Peitschenhilfen, vortreibende und hinausweisende, sinngemäß dasselbe wie für die Stimme. Werden sie immer aus der gleichen Ausgangsstellung, von unten nach oben und von rückwärts nach vorne, als vortreibende, von oben nach unten und längs der Longe, als auf den Kreis hinausweisende oder ihn erweiternde und nur in ihrem Grade wechselnd gegeben, wird sie das Pferd sehr bald unterscheiden und richtig befolgen lernen.

Kommen die oben beschriebenen Peitschen- und Longenhilfen nicht durch, trotzdem das Pferd geistig und körperlich imstande wäre sie zu befolgen, werden sie verschärft und bei ausgesprochener Böswilligkeit zu Strafen gesteigert.

Die Peitschenstrafen werden aus denselben Schwingungen und an denselben Stellen angebracht wie die Hilfen, nur in verstärktem Maße. Sie müssen dem Ungehorsam auf dem Fuße folgen und müssen „sitzen". Unentschlossenheit bei Erteilung einer Strafe reizt auch hier, so wie beim Reiten, noch mehr zu Widersetzlichkeit. Ein wohlverdienter Hieb, zur rechten Zeit und am richtigen Ort appliziert, wirkt Wunder und kann sich entwickelnden Stütz für immer brechen.

Drückt das Pferd in übereiltem Tempo auf die Leine, und ist es halben oder ganzen Paraden, die durch wiederholtes wachsendes Anziehen nach einwärts*) und mit der Stimme eingeleitet werden, nicht zugänglich, gibt die führende Hand, nachdem sie vorher den Kontakt gelockert hat, einen raschen und nachdrücklichen Ruck, Sakkade genannt, in der Richtung des Annehmens. Das kann unter Umständen so lange wiederholt werden, bis der Gehorsam eintritt. Auch beim Vermindern der Gangart kann man manchmal genötigt sein, diese Sakkaden in gemilderter Form als Hilfe anzuwenden.

Ein plötzliches Hereinreißen oder Herausfallenlassen, um die Strafe mit der Leine besonders fühlbar zu machen, ist aber ebenso wie ein Einhauen auf die Kruppe von oben nach unten keine Strafe mehr, sondern Metzgerei und eines Reitersmannes unwürdig.

Es erübrigt noch zu sagen, daß Peitschen- und Longenstrafen durch die Stimme wirksam ergänzt werden, so daß später ein scharfer Anruf genügen wird, den Ungehorsam im Keim zu ersticken und die eigentliche Strafe überflüssig zu machen, was immer und unter allen Umständen ein großer Gewinn ist.

Ein Mann, der es verstanden hat, mit wenig oder gar keinen Strafen alle Kräfte des Pferdes widerstandslos in seinen Dienst zu stellen, besitzt in vollstem

*) Am wirksamsten sind diese Anzüge, wenn sie während der Schwebe des inneren Vorderfußes gemacht werden. Vgl. auch Anmerkg. a. S. 100 und S. 213 drittvorletzter Absatz.

Maße Reitertakt — er wird den freudigen Gehorsam seines Kameraden und Freundes zum Verbündeten haben und manche kritische Lage meistern, der er auf einem eingeschüchterten, seines Willens beraubten Sklaven nicht gewachsen wäre.

Bei der ersten Arbeit an der Longe, die je nach Kräftezustand und Auffassungsgabe des Schülers einige Tage oder ebenso viele Wochen dauern kann, hat es sich hauptsächlich darum gehandelt, diesen an die Umgebung und den ganzen Betrieb in der Reitbahn zu gewöhnen und ihn mit dem, was von ihm verlangt wird, bekannt zu machen. Das Pferd hat gelernt, die Kreislinie zu halten und in einem natürlichen Trabtempo, das man es sich selbst finden läßt, mit seinen Beinen in gleichmäßigem Takt, ohne sich zu verhalten oder zu eilen, dahinzupendeln.

Das ist die Grundlage für die eigentliche Arbeit, deren Ziel darin besteht, durch Treiben die Losgelassenheit an der Longe und eine dem Gebäude entsprechende Entwicklung des Ganges und der Biegsamkeit zu erreichen.

Die Reihenfolge bei dieser eigentlichen Arbeit ist die, daß mit Beibehaltung des taktmäßigen, also gleichmäßigen Ganges und infolgedessen der Selbsthaltung, durch Treiben zunächst die Schubkraft entwickelt wird. Diese wird ein weiteres Vortreten und einen kräftigeren Abschub der Hinterbeine und damit ein Herandehnen des ganzen Pferdes an die Longe zur Folge haben*). Ist durch das Herandehnen die Losgelassenheit erreicht, so ist auch schon der Anfang zu einer sicheren Anlehnung, in unserem Falle einem sicheren Stehen an der Leine, gemacht. Das Pferd wird sich der energischen Rückenschwingungen, die eine Folge des verstärkten Beugens und Streckens der Hinterbeine zwecks vermehrter Beteiligung am Vorwärtsbewegen und Tragen der Last sind, immer mehr bewußt. Die Gelenke der Hinterhand werden biegsamer, woraus sich ein elastisches Abfedern vom Boden, das schwunghafte, ausdrucksvolle Treten, ergibt.

Einem gut einlongierten Pferd, das in dieser Stufenfolge gefördert ist, machen Wechsel der Gangart und des Tempos oder Paraden ebensowenig Schwierigkeiten, wie später unter dem Reiter bei entsprechender Vorbereitung die Seitengänge oder

---

*) Um Wiederholungen zu vermeiden, werden kurze, das Wesentliche zusammenfassende Erklärungen und Definitionen der wichtigsten in diesem Buche immer wiederkehrenden reiterlichen Begriffe, wie Zwanglosigkeit, Losgelassenheit, Gang, Schub, Schwung, Takt, Aktion, Ausdruck, natürliches und erworbenes Gleichgewicht, Haltung, Biegung, Stellung, Schiefe, Geradeausstellung, Geraderichtung, Durchlässigkeit, Gehorsam, Versammlung, Untertreten, schleppende, gespannte, d. h. schwebende, stechende usw. Tritte, richtiges und falsches Auf- und Abwölben usw. im ersten Abschnitt des II. Kapitels, Zweiter Teil, gegeben.

Eine eindeutige und unmißverständliche Festlegung dieser Begriffe bei Herausarbeitung ihrer wesentlichen Unterschiede schien um so mehr geboten, als diesbezügliche Unklarheiten und Verwechslungen, wie z. B. von Zwanglosigkeit mit Losgelassenheit oder Gang und Schub mit Schwung u. a. an der Tagesordnung sind. Nicht selten hört man Fachleute über einen reiterlichen Begriff diskutieren, unter dem ein jeder etwas anderes versteht.

engeren Wendungen. Es wird dann nur darauf ankommen, dem Pferde die neue Anforderung begreiflich zu machen, es in gewissem Sinne daran zu gewöhnen. Die gymnastische Vorbereitung, die jede physische Ausführung erst ermöglicht, ist ja schon geschehen. —

Bei den ersten Lektionen an der Leine waren die Ausbindezügel so geschnallt, daß sie dem Pferde eine ganz natürliche, gestreckte Haltung erlaubten. Denn nur bei der Möglichkeit einer Streckung nach vorwärts und abwärts wird ein junges Pferd bei entsprechendem Treiben aus sich selbst heraus den Zügel aufsuchen. Zu langes Ausbinden hätte seinen Zweck verfehlt, denn dann hätte ja das Pferd auch beim besten Willen das Gebiß nicht finden können.

Bei der eigentlichen Arbeit wird die Länge der Ausbindezügel nach den Fortschritten des Pferdes bemessen, so daß diese nach Maßgabe der zunehmenden Fähigkeit, sich auf der gebeugteren Hinterhand bei voller Aufrechterhaltung des reinen, schwungvollen Ganges zu tragen, verkürzt werden können. Aber auch bei stärkerer Einstellung muß das Pferd immer noch die Möglichkeit haben, nachzugeben. Der äußere Ausbindezügel hat der Biegung auf dem Kreise entsprechend nunmehr etwas länger zu sein als der innere.

Bei Beginn der Arbeit und zum Entspannen, bis sich das Pferd abgelaufen hat, sollen die Ausbindezügel aber länger gelassen werden.

Der Longenführer hat nun auch die Peitsche übernommen, so daß er die, wie beschrieben zusammengelegte Leine in der führenden, die Peitsche in der äußeren Hand hält und nach denselben Grundsätzen handhabt, wie sie für den bisherigen Peitschenführer galten. Dadurch, daß nunmehr vortreibende und verhaltende Hilfen von einer und derselben Person erteilt werden, ist ihre vollkommene Übereinstimmung gesichert, was sich auf die Präzision und Feinheit der Arbeit vorteilhaft auswirkt. Nur der Leinenführende erfühlt durch seine Hand genau Zeitpunkt und Grad der gerade erforderlichen Peitschenhilfe. Auch das Pferd ist aufmerksamer, da alle Hilfen gleichsam von einem Punkte — einer Zentrale — ausgehen und es durch nichts mehr abgelenkt wird. Es gehört ein gewisses Talent und unausgesetzte Aufmerksamkeit dazu, das innere Auge des Pferdes an die Bewegungen der Peitsche zu fesseln. So wie beim Reiten eine unstete Schenkellage eine ungleichmäßige Bewegung der Pferdebeine zur Folge hat, so tritt derselbe Fall beim Longieren ein, wenn das Auge des Pferdes von der Peitschenführung abläßt.

Die Arbeit wird hauptsächlich in Erhaltung und Entwicklung eines raumgreifenden, schwunghaften Ganges, in Tempowechseln*) und Paraden (s. d.) bestehen, die durch die schon beschriebenen, möglichst verfeinerten Hilfen erreicht werden. Bei den halben und ganzen Paraden wird nun auch nach Maßgabe des Verständnisses und der zunehmenden Beugefähigkeit der Hinterhand die vortreibende Peitschenhilfe mitwirken. —

*) Das Gangmaß im Trabe ist mit Vorteil an denjenigen Stellen des Zirkels zu verstärken, die sich an die Wände der Bahn anlehnen.

Nähert sich die anfängliche natürliche Selbsthaltung immer mehr einer erworbenen, ist es Zeit, mit dem Angaloppieren aus dem Trab zu beginnen. Der Abrichter führt durch einen leichten Anzug nach einwärts das Pferd etwas in den Kreis hinein und gibt, sowie es dem Anzuge gefolgt hat, gleichzeitig mit einer vortreibenden Peitschenhilfe nach. Dadurch, daß das Pferd diesem Nachgeben nach außen folgt, wird die einem Eingehen in den Galopp günstigste Stellung geschaffen und ein unbefangen und losgelassen trabendes Pferd unwillkürlich in den Galopp hineingleiten. Später werden Hand- und Peitschenhilfe zur Rolle bloßer Zeichen herabsinken und das in immer gleichem Tonfall gegebene Kommando ausreichen.

Der Galopp stellt vermehrte Anforderungen an die Selbsthaltung und soll daher nicht zu lange geübt werden; auch der Kreis, auf dem galoppiert wird, soll möglichst groß bemessen sein.

Will man aus dem Galopp in den Trab übergehen, wird durch Anzüge nach innen die Fußsetzung des Galopps gestört und durch beruhigende Zurufe dem Pferd verständlich gemacht, daß es seine Gangart zu vermindern habe. Die Stimme wird auch bei diesem Übergang bald die anderen Hilfen ersetzen können.

Oft können sich junge Pferde im Galopp nicht lange tragen und fallen deshalb in einen haltungslosen Trab. Es wäre verfehlt, sie aus diesem Eilen von neuem, gleichsam strafweise in einen Galopp hineinhetzen zu wollen, der schon ohne Gleichgewicht beginnend, noch schlechter ausfallen würde wie der vorhergehende. In so einem Falle läßt man das Pferd zunächst ruhigen Takt und Haltung im Trabe finden, um dann erst in voller Gelassenheit die Hilfen zum erneuten Angaloppieren zu geben.

Ist nicht Ungeschick sondern ausgesprochene Faulheit der Grund, daß sich Pferde nicht recht zum Galopp entschließen wollen, muß durch energische, „zündende" Peitschenhilfen ihre schlummernde Gehlust geweckt werden.

Die Haltung, die wir dem Pferde während der Trab- und Galopparbeit durch vermehrtes Treiben von hinten nach vorn an die verkürzten Ausbindezügel gegeben haben, wäre für den Schritt, dem das Schwunghafte der anderen Gangarten fehlt, eine noch zu enge.

Wenn man nicht Zeit finden kann, die Zügel durch Längerschnallen zu berichtigen*), federe man sie kurzerhand aus und schlinge sie kreuzweise um den Hals. Es ist dies eine herrliche Gelegenheit, zu belohnen, „freien Schritt mit hingegebenem Zügel" zu üben und drittens wie beiläufig Spaziergänge über Bodenricks und ähnliche Gegenstände zu machen.

Eine „Schrittarbeit", die ja überhaupt das Schwerste in der Reiterei ist**), an der Leine machen zu wollen, wäre jedenfalls verfrüht.

*) Sehr praktisch ist es, wenn man für die Schrittreprisen schon ein zweites, längeres Paar Ausbindezügel, die in Reserveösen des Laufgurtes eingeschnallt sind und bisher kreuzweise um den Hals lagen, in Bereitschaft hat und nach Ausfedern und Kreuzen der für die Trab- und Galopparbeit bestimmten, an ihrer Stelle einfedert.

**) In diesem Sinne sagten die alten Meister: „Die Trabarbeit bildet den Galopp aus und bereitet den Schritt vor".

Da die die Longe ergänzenden Ausbindezügel ein totes Instrument sind und nicht im richtigen Augenblick nachgeben können wie die einen Teil des schmiegsamen Sitzes bildende Reiterhand, würde das Pferd durch diese Art Schrittarbeit direkt dazu eingeladen werden, sich aufs Gebiß zu legen oder hinter dieses zu spielen, mit Hals, Genick, Unterkiefer und Hinterhand nach allen Weltgegenden auszuweichen, den Rücken festzuhalten und seinen reinen, freien Schritt zu verlieren. Also nur nicht im Schritt an Versammlung und Zusammenstellung denken, solange man auf tote Instrumente angewiesen ist!

Die unter Umständen sehr fördernde „versammelnde Arbeit an der Hand" gehört in ein späteres Kapitel. —

Es wird von großem Nutzen für den Abrichter sein, wenn er seine Arbeit von Zeit zu Zeit durch einen außerhalb des Kreises stehenden Fachmann beobachten und kontrollieren läßt. Fehler in der Längsbiegung, wie Ausfallen der Hinterhand (besonders auf der linken Hand), vermehrte Belastung der äußeren Schulter und Abbiegen des Halses vor dem Widerrist, werden dem außen stehenden deutlicher sichtbar als dem in der Mitte des Zirkels Befindlichen. Durch rechtzeitige Hinweise und Winke kann er den Abrichter auf entstehende Verbiegungen und Fehler, die einmal eingewurzelt, schwer zu beseitigen sind und später die Arbeit unter dem Reiter ungünstig beeinflussen würden, aufmerksam machen.

II. Kapitel

Grundlegende Ausbildung in der Gebrauchs- oder Niederen Kampagneschule

„Wer reitet, um sich fortzubewegen, wer reitet, um sich körperliche Bewegung zu machen, wer reitet, um einen Sport zu treiben und es könnte auch ein andrer sein, weiß nichts von der Gewalt der Gänge, weiß nichts von ihrer Magie, weiß nichts von ihrem Geheimnis.

Aus dem gleichen Leib kommt der Schritt, kommt der Trab, der Galopp, der Rennlauf des Pferdes — alle verschieden im Ablauf und Wesen, in Rhythmus und eigenster Melodie; wo bleibst du, Maschine, die nur den Grad einförmiger Geschwindigkeiten kennt? —" Binding.

1. Über die Entwicklung der Reitkunst. – Feststellung und Erklärung einiger der wichtigsten reiterlichen Begriffe

Wert und Zweck eines Reitbuches kann heutzutage nicht darin bestehen, um jeden Preis „Neues", auf anderen Grundlagen als das Bisherige sich Aufbauendes zu bringen. Ein solcher Versuch wäre reine Scharlatanerie und alles eher als geeignet, die Kunst zu fördern. Obwohl es ja in reittechnischer und methodischer Beziehung noch so manche Auffassungen zu berichtigen gibt, die unserem unbefangenen und logischen, von psychologischen und bewegungsanalytischen Erkenntnissen ausgehenden Denken nicht mehr standhalten, darf das Fundament vom Suchen nach ergänzenden Gesetzmäßigkeiten physikalisch-mechanischer und psychologischer Natur nicht berührt werden. Es hat seine Feuerprobe bestanden und wird die Basis bleiben, auf der sich die Fortentwicklung zu vollziehen hat.

Wie anderen Künsten, hat es auch der Reiterei nicht an neuen Messiasen und Erfindern von Systemen gefehlt, die auf Grund irriger Voraussetzungen und falscher Schlüsse der Reitkunst andere, mehr oder weniger „natürliche" Wege weisen wollten. Wenn man aber diesen auf den ersten Blick so verlockend bequemen und einladenden Wegen folgt, so gelangt man zur Überzeugung, daß man auf ihnen das angestrebte Ziel nicht erreichen kann. Alle jene Systeme, die sich von Leitlinien lossagten, die solange eingehalten werden müssen als die Naturgesetze Geltung haben, sind an der praktischen Erprobung ihrer Methoden gescheitert und durch sie ad absurdum geführt worden.

Mehr denn je müssen Reiter und Denker an der Fortentwicklung der Kunst arbeiten. Dies geschieht aber nicht dadurch, daß sie an ihren Grundlagen rütteln, sondern dadurch, daß sie auf diesen weiterbauen — dann sind sie Erneuerer im besten Sinne des Wortes, denn sie bewahren vor Erstarrung und Stillstand.

Wenn hier von einer Vervollkommnung der Kunst die Rede ist, so kann dies in zweifacher Art geschehen, in der Praxis und in der Theorie.

In ersterer Hinsicht ist es der ausübende, der schöpferische Künstler, das Reitgenie, der, mit seinem Pferde zur Einheit verschmolzen, dessen Willen zu seinem eigenen macht und beweist, daß der Kunst keine Grenzen gesteckt sind; sonst wäre sie formelgebundene Mathematik und ihre Vollendung nur eine Angelegenheit körperlicher Geschicklichkeit und der Anwendung wissenschaftlicher Gegebenheiten.

Auf dem Gebiete der Theorie ist es der Denker und Wissenschaftler, der neue Erkenntnisse in den Dienst der Praxis stellt, die das abschließende Urteil über deren aufbauenden Wert zu sprechen hat*). In enger Verbindung mit dieser aufbauenden Arbeit steht das Bestreben, gewissen Begriffen reittechnischer Natur bestimmtere Umrisse zu geben, sie zu klären und endgültig für die Allgemeinheit unmißverständlich festzulegen.

✶

„Nur indem man sich über das Bekannte völlig verständigt hat, kann man miteinander zum Unbekannten fortschreiten."
Goethe.

Gerade bezüglich einer nicht einheitlichen Auffassung in der reiterlichen Nomenklatur kann man im Gespräch mit Fachleuten häufig die Beobachtung machen, daß man zu einer abschließenden Einigung nur aus dem Grunde nicht kommt, weil sich unter einem bestimmten Begriff jeder, der ihn gebraucht, etwas anderes vorstellt. Unstimmigkeiten dieser Art sind auch die Ursache, daß besonders in international zusammengesetzten Dressurrichterkreisen viel aneinander vorbeigeredet wird.

Darum glaube ich eine Lücke im reiterlichen Schrifttum auszufüllen, wenn ich es versuche, Wesen und Inhalt einiger Begriffe — die, obschon das tägliche Brot jeglicher reiterlichen Betätigung und Erörterung bildend, dennoch verschiedenartigen Auffassungen und Ausdeutungen unterliegen — in Gestalt von Definitionen und möglichst kurz und ungekünstelt gehaltenen Erklärungen lexikonartig zu umschreiben.

Daß es an dieser Stelle und scheinbar den Zusammenhang der Darstellung unterbrechend geschieht, möge seine Begründung und zugleich Entschuldigung darin finden, daß mir gerade hier, am Eingang der der Arbeit im Sattel gewidmeten Abschnitte, der geeignetste Ort erscheint, diesen Erklärungen Raum zu geben. Sie zu Beginn des Textes oder in einem Anhang zu vereinigen, würde den Zweck, sich unmittelbar vor Besprechung der reiterlichen Tätigkeit mit ihnen vertraut machen zu können, nur teilweise erfüllen. —

Viele der in diesem Abschnitte in zwangloser Reihenfolge niedergelegten Erkenntnisse verdanke ich meinem verehrten Lehrer General von Josipovich, wertvolle Anregungen fand ich im Meinungsaustausch mit großen Könnern der Gegenwart, ein Weniges des hier zu Gedanken Geformten ist auch der Niederschlag eigenen Bemühens und einer Erfahrung, die darum nicht allzu gering ist, weil sie, auf Pferden aller Rassen, Klassen und Formen gewonnen, es nie gescheut hat, aus der Not eine Tugend zu machen und aus den eigenen Fehlern zu lernen.

*) Der gesunde Kreislauf zwischen Theorie und Praxis vollzieht sich dabei etwa so, daß sich Bruchstücke von durch Beobachtung und im Sattel geschöpften Erkenntnissen zu Thesen zusammenfügen, die sich wieder durch weitere vergleichende experimentierende Beobachtung und auf logischem Denken beruhende Schlüsse zu beweiskräftigen Lehrsätzen erhärten.

Mit Rücksicht darauf, daß sich die *Entwicklung der Reitkunst* in öffentlichen *Dressurprüfungen*, die ihr erhöhter Ausdruck sein sollen, widerspiegelt, glaube ich nicht vom Thema abzuweichen, wenn ich hier auszugsweise einen Vortrag wiedergebe, den ich auf Aufforderung der Obersten Behörde für die Prüfungen von Warm- und Kaltblutpferden gelegentlich des von ihr abgehaltenen zweiten Dressurrichterkursus im Februar 1938 auf der SS-Hauptreitschule in München gehalten habe. Der Vortrag beleuchtet vor allem die gewaltigen Fortschritte, welche die Organisation von solchen öffentlichen Prüfungen in den letzten Jahren in Deutschland gemacht und den Auftrieb, den die Reitkunst dadurch erhalten hat.

Vortrag, gehalten am 13. Februar 1938 auf der SS-Hauptreitschule in München

„Wenn ich mir erlaube, vor dem Leiter der Obersten Behörde und den besten Dressurfachleuten des Deutschen Reiches das Wort zu ergreifen, so geschieht dies aus dem Bestreben heraus, die Verdienste aller derjenigen zu würdigen, die ihre aus praktischer Betätigung im Sattel und meist mündlicher Überlieferung ihrer Lehrer geschöpften Erkenntnisse zum Gebäude einer Theorie geformt haben. Diese Theorie erst hat es uns ermöglicht, in der heutigen Gestalt der in Deutschland vorgeschriebenen *Dressurprüfungen* die beste menschenmögliche Art, den Grad der Ausbildung eines Dressurpferdes zu beurteilen, zu finden.

Wenn ich in folgendem kurz die Entwicklung vom Guten zum Besseren streife, so bin ich mir wohl bewußt, wie schwer es war, bahnbrechend zu wirken, mit wieviel Schwierigkeiten es oft verknüpft war, Vorurteile und Schlagworte zu besiegen, und um wieviel leichter wir es heute haben, wo wenigstens über die *Grundzüge* der Reitkunst keine Meinungsverschiedenheiten mehr herrschen. Ich verweise nur auf die Leitlinien, die die deutsche Turnierordnung für die Beurteilung des gerittenen Pferdes enthält, und die Worte, mit denen v. Heydebreck in seinem uns allen bekannten Buche ‚Die deutsche Dressurprüfung' ein solches schildert.

Um zuerst zwei große Tote zu nennen, von denen der eine uns allen noch gegenwärtig ist, Steinbrecht und v. Heydebreck, so waren es diese, die zuerst ganz klar und unmißverständlich in Wort und Schrift den auf der breiten Basis des Taktes, der Losgelassenheit und des Schwunges ruhenden Dressuraufbau verlangten und so zum sicher an den Hilfen stehenden, durchlässigen Pferd gelangten. —

Nachdem schon in den dreißiger Jahren Offiziere der preußischen Kavallerie nach Programmen, die bereits manche Anklänge an die Jetztzeit zeigten, untereinander konkurriert hatten, wurden seit dem Jahre 1872 und dank der Initiative des Grafen Séchényi Dressurprüfungen zu einer alljährlich in Preßburg und dann in Wien stattfindenden ständigen Einrichtung, die unter der Ägide der ‚Gesellschaft zur Prämiierung gut dressierter Campagnepferde' dem ausbildenden Reiten einen ungeheuren Aufschwung gab. Aus Gründen, die mit Reiterei nichts zu tun hatten, war beim Preisreiten der späteren ‚Wiener Kampagnereiter-Gesellschaft' das Maximalalter der Pferde mit sieben Jahren fixiert, aus militärischen — die Teilnehmer setzten sich fast nur aus Offizieren der berittenen Waffen zusammen — die Führung auf blanker Kandare verlangt (ausgenommen die verstärkten Gänge und das Springen).

Wenn letztere Forderung den Richtern auch die Beurteilung erleichterte, so war es durchaus abwegig, solcherart das *reelle* Vorreiten eines eventuell erst Fünfjährigen zu verlangen, um so mehr, wenn man bedenkt, daß viele Radautzer — Gidrans und Shagyas mit arabischem Bluteinschlag — mitkonkurrierten. Die hervorragenden Richter, die damals amtierten — leider ohne Protokoll und ganz à la vue —, wie Kálnoky, Brudermann, Engel und Klingspor, waren sich über diese Mängel der Propositionen auch vollkommen im klaren.

In den letzten Jahrzehnten des vorigen Jahrhunderts wollte die ‚Mode', man kann es nicht anders nennen, einen unnatürlich gestreckten Sitz, der dadurch labil wurde und der Stetigkeit der Hilfengebung abträglich war, und welcher Sitz ebenso wie die aus militärischen Gründen — hoher Vorderzwiesel — verlangte höhere Führung, die ja nicht vorschreibbar ist und nur eine Funktion der größeren oder geringeren Hankenbeugung sein kann, zu Verbesserungswünschen Anlaß gab. In den neunziger Jahren, als zum Teil mißverstandene Fillislehren Verwirrung stifteten, wurde auch eine forcierte Aufrichtung nicht ungern gesehen und ihr übler Einfluß auf Gang und Rückentätigkeit zu wenig beachtet.

Der klassische Gegenpol zu Fillis waren die Plinzneranhänger, die ständig gespannte Bauch- und Rückenmuskeln mit dem richtigen An- und Abspannen, dem elastischen Federn, verwechselten und bei den Paraden die mit dem Sporn steif vorgeknallten Hinterbeine für weich in Richtung des Schwerpunktes unterlaufend hielten. Das Lösen des sich in schwungvollem Gange an die stillstehende Hand heranformenden Pferdes an dieser, die Beizäumung, wurde zum mißverstandenen System ‚der absoluten Einstellung'. Wie naheliegend war es da, daß junge Reiter, die zudem vielleicht nie ein richtig gehendes Pferd unter sich gefühlt haben mochten und mehr Eifer als Erfahrung besaßen, die Wirkung mit der Ursache verwechselten.

Da waren es nun nebst vielen anderen ganz besonders drei Herren, Baron Holzing, Graf Westphalen und Oberst v. Heydebreck, denen diese Art von Reiterei keine Veredelung des von der Natur mitgebrachten Gangmechanismus, sondern als etwas durchaus Widernatürliches erschien und die durch ihr Beispiel im Sattel sowie in Wort und Schrift der Unnatur entgegentraten. Wer Vorkriegsturniere miterlebt hat, wird mir diese Beobachtungen gern bestätigen.

Der Name des verstorbenen Präsidenten der F. E. I. ist soeben genannt worden, Freiherr von Holzing ist es auch, der mit andern dem Leichttraben offizielle Geltung, man möchte sagen Bürgerrecht, verschafft hat, und dadurch dem heutigen Dressurrichter so manchen Einblick in die gleichmäßige, beiderseitige Durchbildung des Pferdes ermöglicht. Besonders das häufige Vorkommen des korrekten Leichttrabens in den leichteren Klassen, wo naturgemäß die sonst so aufschlußreichen Traversalverschiebungen

noch nicht gefordert werden, führt dem jungen Reiter vor Augen, was für Vorteile beim Schaffen der richtigen Dressurgrundlage von dieser Übung zu gewärtigen sind. Jeder, der nicht über einen ideal weichen und schmiegsamen Sitz verfügt, muß ja bekennen, daß neben Rickarbeit durch das Leichtreiten das zwanglose weite Vortreten — diese Vorbedingung eines Langmachens der Wirbelsäule — und damit das Herandehnen an die abwartende und im elastischen Nachgeben aufnehmende Hand ungemein gefördert wird. —

Wir alten Soldaten wissen, daß meistens nur ‚dasjenige geübt wird, was besichtigt wird'.

Dadurch also, daß die heutigen Dressuraufgaben das jederzeitige Herandehnen an die Hand so ernst nehmen, ist auch der Anlaß geschwunden, eingerollte und verkrampfte Hälse zu zeigen.

Selbst das Schlagwort vom ‚kurzen und langen Zügel' ist nicht mehr an der Tagesordnung und wird durch die Forderung des ‚passenden Zügels' ersetzt; denn jeder Reiter weiß, daß sich die Zügellänge nach dem augenblicklich vom Reiter gewollten Rahmen des Pferdes richten muß, der wieder dem Dressurgrad, der Dressurstufe, der Dressuraufgabe und der gerade verlangten Bewegung zu entsprechen hat. Jedermann weiß, daß z. B. in der schweren Dressurklasse im richtig versammelten Trab und Galopp der Zügel kürzer gefaßt werden muß, weil durch ein Sichaufwärtsdehnen des Halses, der in den Gebrauchsgängen mehr schräg nach vorwärts zeigt, automatisch eine Verkürzung der Linie Pferdemaul—Hand erfolgt.

Vielen von uns sind die Polemiken über die natürliche Schiefe noch in Erinnerung — auch um diese ist es stiller geworden. Ich denke darum, weil man heutzutage weniger gegen sie zu kämpfen hat. Es ist anders als zu de la Croix' Zeiten, insofern anders, als das richtige Vorwärtsreiten in den Prüfungen das Ausschlaggebende geworden ist, das Pferd also, das am Schenkel und Zügel steht und ohne Zögern den leichten Hilfen Folge leistet. So ein Pferd gibt es aber nur, wenn die Basis eine gesunde und breite ist, wenn man der in der Dressur wichtigsten Periode ihre Zeit gelassen hat. Die in jedem Pferd schlummernde Tendenz, auszuweichen, hat durch einen rationelleren Ausbildungsgang eigentlich nie Gelegenheit bekommen, sich zu äußern und ist gleichsam degeneriert. Die Pferde haben keinen Grund mehr, sich für ein zu frühes Anfassen und erzwungene Lektionen zu rächen. —

Habe ich mich bis jetzt hauptsächlich an die Aufwärtsentwicklung und Vervollkommnung des Wesens der Dressurprüfungen im allgemeinen und der deutschen im besonderen gehalten, so geschah dies bewußt, denn dieses Wesen ist es vor allem, das die hier versammelten Fachleute und Kenner interessiert — doch Inhalt und Wesen müssen in eine Form gegossen sein, um Gleichgewicht und Bestand zu haben, und diese Form kann geräumiger oder enger sein.

Daß diese Form nach dem Kriege eine immer weitere geworden ist, bis sie nach den einzig dastehenden Siegen der Reiterolympiade dasjenige Maß gefunden hat, das der Erfolg als ein der harmonischen Entwicklung und Höchstleistung am besten entsprechendes bestätigt hat, ist ein Beweis dafür, daß die Verantwortlichen ganze Arbeit geleistet haben.

Bei kleineren Provinzturnieren sind die Namen der späteren großen Kanonen zuerst aufgeklungen, ihre Träger haben, wie es sein soll, den Weg vom Leichteren zum Schwereren gemacht, sind auf immer größeren Turnieren mit immer ernsteren Konkurrenten zusammengetroffen und haben so gerade oft genug — ein Zuviel hätte sie sauer werden lassen — kämpfen müssen, um Klarheit über ihr Können zu schaffen.

So hat denn die Form, das waren Aufbau, Umfang und Organisation der Olympiade-Ausscheidungsprüfungen nicht weniger dazu beigetragen, dem Wesen deutscher Reitkunst den Weg zum Siegeslorbeer zu ebnen.

Doch wenn das Ideal uns auch festumrissen vor Augen schwebt, so ist die Reiterei doch diejenige Kunst — und die schwerste von allen, denn sie vollendet sich nur dann, wenn zwei Seelen und zwei Körper zur Einheit geworden —, die so wie keine andere vergänglich ist, denn ihre Werke dauern, wenn es hoch kommt, kaum ein halbes Menschenalter: sie muß daher ihren Jüngern immer neue Vorbilder schaffen, um selbst jung zu bleiben.

Neue Olympiaden stehen vor der Tür — es handelt sich heute und hier darum, mit Hilfe der Erfahrungen von gestern den besten Weg ins Morgen zu finden."

A. Ausbildung

„Besser nichts wissen, als vieles halb wissen."
Nietzsche.

Es gibt Verfechter sogenannter natürlicher Ausbildungsmethoden, die es für ausreichend halten, das künftige Gebrauchspferd durch Erziehung und Gewöhnung ans Gelände in seiner natürlichen Selbsthaltung (s. d.) für seinen Beruf vorzubereiten.

Bis zu einem gewissen Grad wird ihnen das unter der Voraussetzung eines weichen, schmiegsamen Sitzes sowie günstigen Baues und Temperamentes des Pferdes auch gelingen.

Der Mangel des dritten entscheidenden, Erziehung und Gewöhnung ergänzenden Faktors, der gymnastischen Durchbildung*), aber wird sich schädlich auswirken, denn

1. das Pferd wird sich vorzeitig auf den Beinen abnützen, da diese nicht durch einen mittätigen, elastisch federnden Rücken entlastet werden, was nur durch eine wohlverstandene Bahndressur, die, mit der Arbeit im Gelände Hand in Hand gehend, mit ihr abzuwechseln hat, erreicht werden kann.

2. Das Pferd, das nicht gelernt hat, in Selbsthaltung**) mit gleichmäßiger Beanspruchung sämtlicher zum Gehen und Tragen notwendigen Muskelgruppen sich fortzubewegen und dabei die seiner Mechanik entsprechenden raumgreifenden Tritte zu machen, wird bei demselben Takte des Ganges (s. d.) langsamer vorwärts kommen als ein anderes vielleicht weniger von der Natur begünstigtes, dessen Gänge aber durch die Reiterei entwickelt und verbessert sind.

3. Es wird nicht nur weniger raumgreifend, es wird auch weniger elastisch treten und darum sich und seinen Reiter früher ermüden.

4. Es wird, wenn es nicht von ganz seltenem Nerv beseelt und nicht ganz ausnahmsweise günstig als Gleichgewichtspferd gebaut ist, bei Leistungen, die das tägliche Maß überschreiten, seine Vorhand überlasten, einen fünften Fuß in der Hand suchen und auch dadurch seine und seines Reiters Kräfte unnötig verbrauchen.

5. Ist der im Gelände notwendige Gehorsam dann nur eine Sache mehr oder weniger gütlichen Übereinkommens mit dem nicht an den Hilfen stehenden Pferd. Dieser Gehorsam versagt regelmäßig in Momenten der Aufregung, und es kann dann Mißhelligkeiten geben, bei denen der Reiter einen harten Stand haben wird, wenn es nicht gar zu einem endgültigen Rollentausch kommt.

Wird daher durch eine sich auf den natürlichen Bewegungsgesetzen aufbauende gymnastische Durchbildung das reiterliche Gleichgewicht (s. d.) nicht gesucht, bleibt die Initiative dem Pferde überlassen.

---

*) Die gymnastische Durchbildung oder Dressur im engeren Sinne ist natürliche Reitkunst, weil die zur Durcharbeitung des Pferdes angewendeten Mittel seinem Körperbau und natürlichen Gangmechanismus angepaßt sind.

**) Die richtig verteilte und ausbalancierte Last trägt sich am leichtesten!

B. Der Komplex Gang, Schub, Schwung, Aktion

Gang ist die natürliche Veranlagung des Pferdes, sich in drei verschiedenen Gangarten — Schritt, Trab und Galopp, wobei der Trab am seltensten in Erscheinung tritt — in der Freiheit und unbelastet fortbewegen zu können. Je harmonischer sein Bau ist und je vollendeter Körpergewicht und Muskelkräfte aufeinander abgestimmt sind, desto korrekter, leichter, flüssiger und graziöser wird der Gang dem Auge erscheinen.

Solange das Pferd unbelastet ist, werden seine Hinterbeine je nach Veranlagung entweder schlaff oder leicht federnd über den Boden treten, doch werden sie weniger schieben, da hierzu der Anlaß fehlt.

In weiterem Sinne versteht man unter Gang eines Pferdes, in welchem Stadium der Ausbildung immer es sich befinden möge und ob mit oder ohne Reiter, die mehr oder minder gute und zweckentsprechende Art, seine Beine zu gebrauchen. In diesem Sinne spricht man dann von „reinem" oder „unreinem", „schwungvollem" oder „schleppendem", „freiem" oder „gebundenem" usw. Gang.

Schub ist das weite Vortreten der Hinterbeine in Richtung des Fußpunktes der gemeinsamen Schwerlinie Reiter—Pferd mit kräftigem Abschub vom Boden, um sich am Vorwärtsbewegen und Tragen der gemeinsamen Last von Pferd und Reiter vermehrt zu beteiligen.

Der Schub ist die erste Stufe der Entwicklung des Gangmechanismus und Vorstufe des Schwunges.

Da zu seiner Entwicklung menschliche Einwirkung gehört, ist der Schub keine mehr rein natürliche, sondern schon eine durch dressurmäßige Einwirkung*) zur Auswirkung gelangende, ihn verbessernde Begleiterscheinung des Ganges.

Die Pferde treten in diesem Stadium der Entwicklung des Ganges nun zwar vermehrt in Richtung des Schwerpunktes, tun dies aber breitspurig, infolgedessen auch von Schwung noch kaum die Rede sein kann.

Schwung entsteht aus dem kraftvollen Schub und der im weiteren Verlaufe der systematischen Arbeit erlangten Biegsamkeit der Gelenke der Hinterhand, woraus sich ein federndes Abstoßen der Hinterbeine vom Boden, das zugleich ein elastischer Abschwung schon vor vollendeter Streckung nach rückwärts ist, ergibt.

Zur Erreichung der Biegsamkeit gehören Übungen, wie Reiten auf gebogenen Linien, Wendungen, Seitengänge, Paraden, Rückwärtsrichten u. a. Namentlich durch die Seitengänge wird das nähere Nebeneinandertreten der Hinterbeine erreicht. Letzteres ist für Entwicklung federnder Tragkraft und Vervollkommnung der Wendsamkeit, deren Höchstform im Kriterium der Pirouette gipfelt, von ausschlaggebender Bedeutung.

Breitspurig tretende Pferde sind bekanntlich nicht sehr wendig und zeigen wenig Schwung.

Daß zur vollen Entfaltung des Schwunges auch das elastische Mitschwingen des Rückens gehört, sei ausdrücklich betont und wird noch bei Besprechung der Rückentätigkeit (s. d.) näher ausgeführt werden.

Aktion bedeutet Grad und Art der Beinbewegungen des Pferdes in den verschiedenen Gangarten und Schulen. Die Bezeichnung Aktion als charakterisierendes Kennzeichen für die Gebärde, die Geste der Beine, kann sich auf rohe, unverdorbene Pferde in ihren natürlichen Bewegungen beziehen oder auf solche, die infolge richtiger oder falscher Einwirkung ihren Gang entweder verbessert — ihm gesteigerten Ausdruck verliehen — oder ihn verschlechtert haben. Man sagt auch Aktion, um auf die Tätigkeit der vorderen oder hinteren Beinpaare im Gegensatze zueinander oder einzeln besonders hinzuweisen.

Obwohl im Sprachgebrauch „Aktion“ häufig statt „Gang“ verwendet wird, decken sich beide Begriffe nicht vollkommen. Man kann wohl „raumgreifende“, „flache“, „hohe“, „unreine“ usw. Aktion sagen und damit ganz eindeutig den

*) Statt „dressurmäßige" könnte man auch ebensogut „künstliche" Einwirkung sagen, künstliche in dem Sinne, als sie durch Mittel der Reitkunst erfolgt. Da „künstlich" aber unwillkürlich an „Künstelei" erinnert, die nach allen Regeln wahrer Kunst mit dieser nichts Gemeinsames hat, vermeide ich, wenn es angeht, dieses Eigenschaftswort und ersetze es durch andere.

So kann man z. B., um die durch die Mittel der Reitkunst erreichte Haltung des Pferdes (s. d.) zu bezeichnen, mit Vorteil „erworbene" oder „reiterliche" an Stelle von „künstlicher" Haltung sagen.

„Künstlich" in Gegensatz zu „natürlich" zu bringen, widerspricht überhaupt den Grundgesetzen der Reitkunst, die nichts anderes als die natürlichen Kräfte „künstlerisch" entwickeln und sie in kunstvollen, der Natur abgelauschten Bewegungsformen regeln will, ohne ihnen den Schmelz des Natürlichen zu rauben. Alle den physiologischen Bewegungsgesetzen zuwiderlaufenden „Schulen", wie „Galopp nach rückwärts" oder „auf drei Beinen" verdienen, unserem Sprachgefühl nach, eher die Bezeichnung „künstlich", da sie durch „Künstelei" — Artistik — erreicht werden.

Gang, die Art, wie das Pferd sich seiner Beine bedient, wie es sie setzt, bezeichnen. Die beiden Begriffe Gang und Aktion aber gehen schon auseinander, wenn man z. B. von einem Hackney, der infolge zu diesem Zwecke herausgezüchteter Körperform, die noch durch Hilfszügel unterstützt wird, seinen Kniebug krampfhaft steigert, sagt, er habe „viel Aktion". Wollte man die Bewegungen eines solchen Pferdes vom Standpunkte des Ganges aus beurteilen, müßte man feststellen, daß dieser unharmonisch und im Hinblick auf die enge Zusammenstellung bei ungebeugten Hankengelenken fehlerhaft sei.

Einfluß auf die natürliche Aktion eines Pferdes hat neben seiner Schulterpartie die größere oder geringere Länge des Unterarmes im Verhältnis zum Schienbein. Ist er lang und daher das Knie tiefliegend, wird beim Zusammentreffen anderer günstiger Umstände die Aktion eine raumgreifende und flache, ist er kurz, wird sie eine von Natur aus erhabene sein (Lipizzaner).

Reitet man über unebenes, steiniges Gelände, ist eine „greifende" Aktion bei freier Selbsthaltung die beste Lebensversicherung. Dieses Mittelding zwischen der flachen Aktion des Rennpferdes und dem wenig Boden gewinnenden Auf-der-Stelle-Stampfen des Hackneys besteht darin, daß die ein Stolpern über kleine Unebenheiten vermeidenden, entsprechend gehobenen Vorderbeine aus dieser Hebung in nicht zu flachem Bogen gleichsam „greifend" vorgeführt werden und unter einem eher steilen Einfallswinkel wieder auffußen.

C. Tempo — Takt

Tempo ist das Zeitmaß der Fortbewegung — die Geschwindigkeit —, mit der das Pferd eine bestimmte Strecke in einer bestimmten Zeit zurücklegt.

Fußen dabei im Trab die diagonalen Beinpaare gleichmäßig und gleichzeitig auf und ab, folgen sich im Galopp die Sprünge, im Schritt die vier Hufschläge, in gleichmäßigen zeitlichen Zwischenräumen, so geht das Pferd im Takt.

Der Takt kann dem Willen des Reiters und dem Dressurgrad des Pferdes entsprechend geregelt, also richtig — er kann aber auch zu langsam sein, wenn sich die Tritte in zwar gleichmäßigen, aber zu lange dauernden Abständen folgen, oder er kann zu eilig sein, wenn die gleichmäßigen zeitlichen Abstände der Tritte zu rasch aufeinanderfolgen. Er bleibt aber, wie gesagt, immer Takt, solange das Gleichmaß der Tritte und Sprünge, d. i. ihre gleichbleibende Länge innerhalb eines bestimmten Tempos, erhalten bleibt.

Das Pferd verliert den Takt in dem Augenblick, als dieses Gleichmaß verlorengeht, die Bewegung also aufhört im physikalischen Sinne eine gleichförmige zu sein, wobei das Pferd dann ins Eilen gerät oder sich zu verhalten beginnt.

Im Sprachgebrauch versteht man unter einem im Takt gehenden Pferde ein solches, dessen Tritte und Sprünge zweckentsprechend geregelt sind.

Der Unterschied zwischen Tempo und Takt: Zwei Pferde legen eine bestimmte Strecke im Galopp, Gurt an Gurt gehend, in der gleichen Zeit — mit derselben Geschwindigkeit — zurück. Ihr Tempo ist demnach das gleiche. Da aber das eine zur Zurücklegung der Entfernung 500 gleichmäßige

Sprünge, das andere nur 400 braucht, galoppieren sie wohl beide nicht nur im gleichen, sondern auch jedes für sich in einem gleichmäßigen Tempo, nicht aber im gleichen Takt.

Der (geregelte) Takt ist nebst der Zwanglosigkeit (s. d.) die Grundlage von Gleichgewicht und Haltung (s. d.) und steht als solcher am Anfang jeder Ausbildung.

D. Ausdruck — Kadenz

Ausdruck ist die erhöhte Energie, die der taktmäßige Gang durch das Hinzutreten von Schub und Schwung erhält. Die gebeugten Hanken*) — Hüft- und Kniegelenk — nehmen tragend mehr Last auf und erlauben dadurch der erleichterten Vorhand einen erhabeneren und zugleich freieren Austritt mit ganz leichtem Auffußen der Vorderbeine, das kaum mehr den Eindruck des Stützens macht.

Die Bewegungen sind von federnder Energie und daher weder abgehackt und stechend noch stampfend, sondern von flüssiger Rundung und geschmeidiger Grazie.

Als ausdrucksvoll kann man aber auch schon den natürlichen Gang eines Fohlens bezeichnen, das infolge besonders günstiger Mechanik und Nerv in Momenten der Erregung die Umrisse dessen erkennen läßt, was der Reiter durch eine wohlverstandene gymnastische Ausbildung zu erreichen imstande sein wird.

Der rohe, noch unbehauene Diamant läßt auch seinen künftigen Glanz und Schimmer ahnen, den er ausstrahlen wird, nachdem er aus den Händen des Schleifers hervorgegangen.

Kadenz ist taktmäßiges, erhaben-getragenes und dabei flüssiges Treten in den abgekürzten und Schulgangarten.

Sie kann also im engeren Sinne gesteigerten Ausdruck in der Versammlung bedeuten. Mit einem falschen Schweben oder dem rein äußerlichen, sich nur auf die hölzerne Geste beschränkenden Pathos einer von keinem inneren Feuer echter Gehlust genährten und getragenen „Passage“ hat eine richtige Kadenz nichts zu tun.

Die Begriffe Ausdruck und Kadenz decken sich im Sprachgebrauch der Reitlehre insofern, als beide einen regelmäßigen Takt zur Voraussetzung haben, dessen ausgesprochener, gleichsam skandierter Rhythmus eben den Eindruck des ausdrucksvollen oder des kadenzierten Tretens vermittelt.

Während sich „ausdrucksvoll“ an das wahrnehmende Auge wendet, soll das der Musiklehre entnommene „Kadenz“ auf eine durch den Gehörsinn zum Bewußtsein kommende rhythmische Regelmäßigkeit in der Wiederkehr der taktmäßigen Tritte innerhalb einer Bewegungsfolge hinweisen. Gemeint ist in letzterem Falle aber durchaus nicht die Tonstärke des Auffußens, da ja bekanntlich der Gang desto unhörbarer wird, je leichter das Auftreten infolge schwungvollen Abfederns aus gesenkter Hinterhand erfolgt.

*) Wenn im weiteren Verlauf dieser Abhandlungen von Beugung der Hanken die Rede ist, versteht es sich von selbst, daß darunter auch eine gleichzeitige Beugung des Sprunggelenkes in der Stützphase gemeint ist. Dies ergibt sich aus der anatomischen Zusammengehörigkeit dieser drei wichtigsten Gelenke des Hinterbeines.

Im Sprachgebrauch wird „kadenzieren" angewendet, um z. B. die durch reiterliche Einwirkung erzielte Umwandlung eines zu eiligen Taktes im Trabe in einen richtigen, oder um den Übergang aus dem Trabtakt in den ausgehaltenen der Passage zu bezeichnen.

An dieser Stelle und nachdem die Begriffe Ausdruck und Kadenz ihre Nebeneinanderstellung und Abgrenzung gefunden, sei noch betont, daß der verbreiteten Auffassung, der Takt in den versammelten Gangmaßen müsse wegen der erhabeneren Aktion, wobei die Beine infolge vermehrten Kniebuges in der Schwebe größere Wege zurückzulegen hätten, ein etwas langsamerer sein als in den mittleren, ein Denkfehler zugrunde liegt. Was die Beine einerseits in der Versammlung durch erhabeneres Treten in ihrer Schwebephase an Zeit einbüßen, gewinnen sie andererseits durch kürzere Dauer der weniger ausgiebigen Streckung der Tritte. Ihre volle Berechtigung hat obige Auffassung von der Verlangsamung des Taktes lediglich bei fehlerhaftem Gange (Steppen der Vorderbeine).

Ist der Takt in den mittleren und abgekürzten Gangmaßen nicht genau der gleiche, sind Losgelassenheit und Durchlässigkeit noch nicht in Ordnung.

Eine Ausnahme hiervon bilden nur Piaffe und Passage, in denen der Rhythmus des Taktes durch bewußtes und vom Reiter gewolltes Aushalten in der Hebung und bei letzterer auch in der Streckung, verlangsamt wird.

E. Gleichgewicht — Selbsthaltung

Das Gleichgewicht in der Bewegung ist derjenige Zustand, bei welchem sich das Pferd, nur unterstützt von seinen vier Beinen, in dem von ihm gewollten gleichmäßigen Takt erhalten kann.

Es kann nur dann vorhanden sein, wenn die Schwerlinie, d. i. die Senkrechte, die wir uns durch den Schwerpunkt des Pferdes gezogen denken, innerhalb des jeweilig vordersten Unterstützungspunktes seiner Masse fällt oder nach beendeter Schwebephase, wie sie jede einzelne Trab- und Galoppbewegungsfolge mit sich bringt, fallen wird.

Da wir einen richtig sitzenden und mitgehenden Reiter voraussetzen, dessen Schwerpunktslinie mit der des Pferdes zusammenfällt*) und dessen Gewicht somit am Beanspruchungsverhältnis der Pferdebeine zueinander nichts ändert, soll in den weiteren Erörterungen über das vom Reiter belastete Pferd bei Erwähnung des gemeinsamen Schwerpunktes oder der gemeinsamen Schwerlinie das „gemeinsam" als selbstverständlich fortgelassen werden.

Der Begriff „Gleichgewicht" im Sinne quantitativ gleicher Gewichtsverteilung auf alle vier Beine angewendet, ist unzutreffend**) und kann sich nur auf einzelne

*) Ausgenommen von dem reiterlichen Grundsatz, daß die beiden Schwerpunkte des Reiters und Pferdes stets zusammenfallen müssen, sind nur das Stehen in freier Haltung und der freie Schritt. Abgesehen von naheliegenden Gründen rein reittechnischer Natur ließe sich dieses Prinzip im freien Schritt auch schon deshalb nicht durchführen, weil sich der Reiter, um seinen Schwerpunkt mit dem des Pferdes in Einklang zu bringen, vorneigen müßte und ein solches Balancieren bei der geringen Fortbewegungsgeschwindigkeit des Schrittes nur unter Kraftanstrengung möglich wäre.

**) Aber auch die gleichmäßige Mehrbelastung der beiden Vorderbeine im Verhältnis zur Hinterhand — etwa 55 : 45 — wird bei einem in richtiger Gebrauchshaltung gehenden Pferde dem Reiter das Gefühl vollkommenen Gleichgewichts geben. Er wird dies dadurch empfinden, daß er bei senkrechter Haltung des Oberkörpers ohne jede Anstrengung seinen ruhigen Sitz bewahren kann.

in höherer Versammlung ausgeführte Übungen der Höheren Kampagneschule beziehen, wo sich der Fußpunkt der Schwerlinie bis zur Mitte der Unterstützungsbasis verschiebt. In den Lektionen der Hohen Schule wird dann der größere Teil des Gewichtes der Hinterhand zugeschoben, so zwar, daß in einzelnen Schulen (Levade) der rückwärtige Unterstützungspunkt die Gesamtlast trägt.

Obenerwähnte Mehrbelastung der Vorhand in der Niederen Kampagneschule (Gebrauchsschule) entspricht auch den Naturgesetzen, die der Hinterhand tragende und vorschiebende Arbeit zugewiesen haben, zu welch letzterer sie einer gewissen Freiheit und Entlastung bedarf.

Je nachdem, ob sich in der Bewegung die Hinterhand mehr oder weniger am Tragen beteiligt, wird sich der Schwerpunkt auf einer Gleichgewichtslinie nach rückwärts oder vorne verschieben.

Gibt das Pferd den geraden Gang auf und wendet, so verlegt sich der Schwerpunkt nach seitwärts, auf eine seitliche Gleichgewichtslinie, die senkrecht zur Gleichgewichtslinie in der Längsrichtung steht.

Bei einem in freier Haltung gehenden, gut gebauten Pferde ist der Schwerpunkt etwa 35 cm hinter und über dem Ellbogenhöcker gelegen; in dem Maße, als sich infolge vermehrten Tragens der Hinterbeine die Zusammenstellung und relative Aufrichtung (s. d.) erhöht, verschiebt sich der Schwerpunkt nach rückwärts.

Für das Gebrauchspferd soll dies soweit der Fall sein, daß es seine Kräfte voll entfalten und vom Reiter leicht beherrscht werden kann.

Zum Unterschied vom natürlichen Gleichgewicht des ohne reiterliche Einwirkung dahingehenden Pferdes nennt man das durch Mittel der Reitkunst erzielte ein erworbenes oder reiterliches Gleichgewicht.

Wie schon erwähnt, wird in der Gebrauchsreiterei die Gewichtsverteilung niemals eine derartige sein können, daß der Bodenpunkt der Schwerlinie sich bis zur Mitte der Unterstützungsbasis verschiebt.

Wohl aber kann er soweit nach vorwärts rücken, daß er vor den vordersten Unterstützungspunkt fällt. Dann hat das Pferd sein Gleichgewicht nach vorwärts verloren, es eilt und kommt aus dem Takt, indem es immer schnellere Tritte macht, um das verlorene Gleichgewicht wiederherzustellen.

Darum kann man auch sagen, daß ein Pferd, reiterlich gesprochen, im (natürlichen oder erworbenen) Gleichgewicht geht, wenn es bei nachgelassenen Zügeln seinen Takt beibehält. —

Zur Erhaltung des Gleichgewichts in der Bewegung auf gerader Linie ist nicht nur die richtige Verteilung der Last auf die vorderen und hinteren, sondern auch auf die seitlichen Beinpaare unerläßlich. Haben rechtes und linkes Beinpaar (rechter Vorderfuß und rechter Hinterfuß, bzw. linker Vorderfuß und linker Hinterfuß) nicht je gleichen Anteil am Tragen und Stützen, so ist das seitliche Gleichgewicht in Frage gestellt; das Pferd geht schief oder unrein oder wendet ohne Dazutun des Reiters.

Ein schiefes Pferd kann wohl im natürlichen Gleichgewicht gehen — den Anforderungen, die das reiterliche Gleichgewicht stellt, kann es jedoch nicht voll entsprechen. —

Abschließend sei noch hervorgehoben, daß sich das Problem des Gleichgewichts nicht restlos im Rahmen physikalischer Formeln erfassen läßt. Am wenigsten Kopfzerbrechen macht es entschieden dem unbefangenen Fohlen auf der Weide, das es in der Vollendung gelöst hat.

Wir, die wir die Gesetze des Gleichgewichts auf das Pferd in der Bewegung anwenden wollen, dürfen nicht vergessen, daß Gegebenheiten, die für unbewegliche Körper Geltung haben, nur mit großer Zurückhaltung und unter gewissen aus dem Hinzutreten dynamischer Kräfte sich ergebenden Einschränkungen auf lebende mit eigenem Willen begabte Wesen übertragbar sind. Wir werden das nur dann mit Vorteil und ohne uns in wirklichkeitsfremde graue Theorien zu verlieren tun können, wenn wir erkennen, daß in demselben Maße wie die stützenden auch die vorschwingenden Gliedmaßen zur Erhaltung der Balance, also des Gleichgewichts, beitragen. Das sind dann Bewegungsmomente, in denen das statische Gleichgewicht (Schwerpunkt senkrecht über der Unterstützungsfläche) vom dynamischen ersetzt wird, ohne daß der Körper seine Stabilität verliert (stürzt). —

Je mehr sich die Hinterbeine zwecks schwungvollen Abfederns vorher aufnehmend gebeugt haben, desto mehr senkt sich die Hinterhand, desto mehr wird die Rückenlinie, die von Natur aus etwas von hinten nach vorn abfällt, einer waagerechten Richtung genähert und die Vorhand entlastet, desto müheloser wird das Pferd über sein Gewicht verfügen können und damit ein Maximum an Wendsamkeit erreichen. Eine so ausgesprochene Hankenbeugung, die der Beherrschung durch den Reiter in höchstem Maße entgegenkäme, entspricht aber nicht einer bei allen Pferden als Grundlage weiterer Spezialausbildung anzustrebenden Gebrauchshaltung, weil sie nur von wenigen geleistet werden kann, ermüdend ist und den Raumgriff des Ganges zugunsten seiner Erhabenheit beeinträchtigt.

Selbsthaltung ist derjenige Zustand des in der Bewegung befindlichen Pferdes, in welchem sich dieses, nur unterstützt von seinen vier Beinen, in dem von ihm gewollten gleichmäßigen Takt erhalten kann. Sie ist eine Folge des Gleichgewichts und ohne dieses nicht möglich.

Wie aus den beiden Definitionen von Gleichgewicht und Selbsthaltung hervorgeht, sind sie bis auf obigen erklärenden Nachsatz fast identisch. Die verschiedenen Grade des Gleichgewichts in physikalisch-anatomischem Sinne und der Selbsthaltung in reiterlichem Sinne sind zwei Begriffsgruppen, die sich decken und insofern bedingen, als die Selbsthaltung von der natürlichen, angeborenen, mit allen ihren Zwischenstufen bis zu der durch höhere Dressur „erworbenen" des Schulpferdes, eine Funktion des Gleichgewichtes und ohne dieses undenkbar ist.

Ebenso wie zur Erhaltung des Gleichgewichtes ist auch hier im Trab und Galopp das Hinzutreten des Schwunges erforderlich, der, wenn auch beim ersten Anreiten noch nicht durch Einwirkung des Reiters hervorgerufen, dennoch als natürlicher Schwung ausreicht, die Bewegung in kein Eilen, das mit Verlust des Gleichgewichts nach vorn verbunden wäre, ausarten zu lassen.

Je mehr sich die Hinterhand am Tragen beteiligt, desto mehr wird die anfänglich natürliche Selbsthaltung, bei der die Vorhand wesentlich mehr belastet ist als die Hinterhand und in der das Pferd auf die Dauer nicht genug leistungsfähig wäre, zu einer für den Reiter gebrauchsfähigeren, reiterlichen oder erworbenen, in der das Tragen und Ausbalancieren der Last unter dem geringsten Kraftverbrauch vor sich geht und die Freiheit der Bewegungen zunimmt.

Da für Gleichgewicht und Selbsthaltung dieselben Naturgesetze Geltung haben, soll hier nicht mehr näher darauf eingegangen werden.

F. Zwanglosigkeit — Losgelassenheit — Spannung — Abspannung — Rückentätigkeit — Durchlässigkeit — Vorwärtsgehen — Sichtreibenlassen

Zwanglosigkeit ist derjenige seelische und körperliche Zustand des Pferdes, in welchem es seine Muskeln nur soviel elastisch an- und abspannt, als zum Zwecke einer jeden unnötigen Kraftverbrauch vermeidenden, gleichmäßigen Fortbewegung der eigenen um das Reitergewicht vermehrten Last notwendig ist.

Die Zwanglosigkeit allein, ohne das Hinzutreten anderer Faktoren, wie Treiben und das daraus hervorgehende vermehrte Abschieben sowie das Strecken der ganzen Wirbelsäule nach vorn, ist zum Unterschied von der Losgelassenheit (s. d.) eine, möchte ich sagen, rein passive Angelegenheit, bei der die Beine ausdruckslos dahinpendeln.

Seelisches und körperliches Verkrampftsein kann das Pferd daran hindern, seine Muskeln elastisch und gelöst schwingen (sich elastisch an- und abspannen) zu lassen.

Es wird sie dann im Gegenteil krampfhaft an- und abspannen (festhalten), um dem ihm unangenehmen, schmerzenden Zwange der Last Widerstand zu leisten und dadurch auch die Freiheit seines Ganges und die unbefangene Balancierfähigkeit einbüßen, oder es wird sich der Zwang einer inneren Verkrampfung (Angst, Aufregung) in denselben Folgeerscheinungen wie im ersten Falle äußerlich bemerkbar und für den Reiter fühlbar machen.

Oft wirken auch äußere und innere Ursachen (Schmerz, Angst) zusammen, um ein gespanntes, verkrampftes Gehen zu verursachen. Sache des Reitertaktes und Gefühls ist es, die richtige Diagnose zu stellen und danach sein Verhalten einzurichten.

Eine dritte Art des Zwanges, die ihren Ursprung weder in Schmerz- noch in Angstgefühlen hat, ist die bei manchen hoch im Blute stehenden Pferden habituelle Muskelspannung, der sogenannte „Muskeltonus", den man vor dem Aufsitzen an der Longe, oder noch besser in Freiheit sich abreagieren läßt, bis die Spannung in der Muskulatur sich löst und infolgedessen die Gebundenheit in den Gelenken aufhört.

Die Zwanglosigkeit ist eingetreten, wenn das Pferd, ohne sich im Rücken zu spannen, den Reiter im Sattel Platz nehmen läßt und auch ohne Einwirkung des

Zügels in seinem ihm natürlichen Trabe taktmäßig tritt. Das richtige, also elastische, wenn auch noch zu wenig ausgesprochene Schwingen aller Körpermuskeln wird auch dem Beobachter durch den gelassenen, zufriedenen Gesichtsausdruck, die nur auf Weg und Reiter gleichermaßen aufmerksamen halbgespitzten Ohren des Pferdes und das natürliche Tragen des Schweifes, dessen Rübe von der Wurzel bis zur Spitze im Takt des Ganges gleichmäßig seitlich pendelt, bemerkbar. —

Da die Grundlage jeder reiterlichen Arbeit auf zwanglosem und taktmäßigem Raumbetreten des Pferdes beruht, ist es offenbar, daß diese beiden sich gegenseitig bedingenden Voraussetzungen geschaffen sein müssen, ehe an den weiteren Aufbau der gymnastischen Ausbildung geschritten werden darf.

Immer muß auch im späteren Verlauf der Arbeit der Reiter imstande sein, bei etwa auftretenden Schwierigkeiten zu dieser, ich möchte sagen primitiven Urform taktmäßigen Tretens im zwanglosen natürlichen Trabe zurückzukehren, mit der ebenso die Dressur des Turnierspringers wie des Kaprioleurs zu beginnen hat.

Losgelassenheit ist eine höhere Stufe der Zwanglosigkeit. Sie entsteht aus dieser und der durch aktive reiterliche Einwirkung (Treiben) geweckten Energie des Ganges.

Die Schenkelhilfen bewirken ein so raumgreifendes Vor- und Abschwingen der Beine, wie es der Bau des Pferdes erlaubt. Diese Schwingungen werden sich, dem durch Schub erhöhten Raumgriff entsprechend, in zum Unterschied von der Zwanglosigkeit energischeren und längeren Wellen der sich streckenden Rücken- und Halsmuskulatur mitteilen und eben infolge dieser ihrer größeren Energie bis gegen das Hinterhaupt hin federn, was dann in späterer Folge zum Durchtreten durchs Genick führt. Diese anfängliche Streckung ist ein Herandehnen nach vorwärts an die passiv abwartende Hand, die das ihr vom Pferd hineingelegte Gewicht elastisch aushält. Der Beginn zur Anlehnung, die später zu einem sicheren „Amzügelstehen" wird, ist damit gemacht.

Das Pferd wird sich auf Grund der Anlehnung bei treibendem Sitz an die Hand des Reiters heranformen, indem es in Maul, Genick und Hals nachgibt und kauend am Gebiß abstößt, sich daran losläßt. —

Mit dieser kurzen, nur das Wesentlichste hervorhebenden Beschreibung der Entstehung der Losgelassenheit, der als der wichtigsten und entscheidenden Ausbildungsstufe noch in einem der folgenden Kapitel der gebührende Raum gewidmet werden soll, sind die Unterschiede zwischen Zwanglosigkeit und Losgelassenheit bereits gegeben.

Zwanglos kann ein Pferd auch schon gehen, ohne noch den lang hingehaltenen Zügel gefunden zu haben; losgelassen aber erst dann, wenn es infolge der treibenden Hilfen seine bisher im natürlichen Trabe zwar zwanglos aber nur matt schwingenden Muskeln ausgesprochener und energischer an-

und abspannt und, sich dehnend, diesen Zügel aufgesucht hat, um sich an ihm und dem Sitz loszulassen.

Die anfangs in der Zwanglosigkeit des natürlichen Trabes schlummernde Losgelassenheit, bei der das Pferd keinen Muskel gegen das Reitergewicht spannt, wird durch das „Sichtreibenlassen" zum restlosen und energischen Indienststellen eben dieser Muskeln im Sinne der durch die Hilfen ausgelösten Bewegungen, also zu energischem An- und Abspannen — Federn — bei williger Aufnahme der Last.

Da Zwanglosigkeit eine Vorstufe der aus ihr entstehenden Losgelassenheit ist, kann diese ohne erstere nicht erreicht werden; wohl aber ist ein mit seinem Reiter zwanglos dahinpendelndes Pferd ohne reiterliche Losgelassenheit denkbar.

Häufig geschieht es, daß „zwanglos" mit „entspannt' oder „abgespannt" gleichgesetzt wird. Das führt zu unklaren Auffassungen. Das Pferd soll ja seine der Bewegung dienenden, zum Unterschied von den statisch beanspruchten Muskeln, jederzeit, je nach Dressurgrad und gerade geforderter Energie des Ganges — am kräftigsten aber in den verstärkten Gangarten und den Gängen der Hohen Schule — mehr oder weniger intensiv, aber immer elastisch und regelmäßig im Takte der Tritte und Sprünge an- und abspannen. Es kann sie übermäßig anspannen und fast gar nicht abspannen, dann sind sie festgehalten, d. h. also im Sprachgebrauch „gespannt", wie z. B. beim krampfhaft aufgewölbten, festgehaltenen Rücken; es kann sie auch zu wenig anspannen, so daß es fast nichts mehr abzuspannen gibt, wie z. B. beim untätigen, toten, durchhängenden Rücken. In diesen beiden Grenzfällen schwingen die Muskeln zu wenig, unregelmäßig und daher falsch. In beiden Fällen ist daher auch die Tätigkeit des Rückens falsch, denn dieser ist den Anforderungen des Reiters gegenüber nicht zwanglos fügsam, er ist nicht hergegeben, weil er nicht richtig schwingt.

Völlig stillgelegt im Zustande ständiger absoluter Spannung oder Abspannung — gleichsam herausoperiert — kann ein in den Plan des Bewegungsablaufes eingeordneter und darin eine bestimmte Aufgabe mehr oder weniger gut erfüllender Bewegungsmuskel niemals werden*).

Häufig hört man von einem „aufgewölbten" **) im Sinne eines richtig schwingenden Rückens sprechen. Da diese Bezeichnung irrigen Vorstellungen Raum geben kann, so als müßte etwa der Rücken, um besser „tragen" zu können, eine konvexe Lage annehmen, ist es besser, seine zwanglose Fügsamkeit mit Hergabe zu bezeichnen.

*) Diese Erklärung nur deshalb, damit der im Sprachgebrauch immer wiederkehrende Begriff „Spannung" für festgehaltene, also unrichtig krampfhaft schwingende Bewegungsmuskeln nicht mißdeutet werden und Anlaß zu falschen Auffassungen geben könnte.

**) Aufwölbung des Rückens ist relativ zu verstehen, so zwar, daß der im Falle ungewohnter Belastung nach unten durchgebogene Rücken sich wieder in die natürliche Lage wölbt, in der er früher ohne Reiter war und in welcher er frei schwingen konnte. Diese Aufwölbung wird nichts anderes als ein Strecken sein; ein Mehr wäre schon eine krampfhafte Spannung mit allen ihren nachteiligen Folgeerscheinungen für Gang und Haltung.

D u r c h l ä s s i g k e i t ist die Fähigkeit und Bereitschaft des Pferdes, auf vortreibende, verhaltende und seitwärtstreibende Hilfen einzugehen, sie von rückwärts nach vorn und umgekehrt sowie in seitlicher Richtung d u r c h z u l a s s e n. Sie gipfelt im Aufgeben jeden, auch des kleinsten Widerstandes gegen die Einwirkung des Reiters.

Ebenso wie die Losgelassenheit fast unmerklich aus ihrer Vorstufe und Vorbedingung, der Zwanglosigkeit, entsteht, geht aus ihr wieder mit Hilfe des Schwunges und der das Geraderichten bezweckenden seitlichen Biegearbeit die Durchlässigkeit hervor.

Sie kann ohne den von der Hinterhand ausgehenden und bis zu den Kaumuskeln vorflutenden S c h w u n g nicht erzielt werden.

Ein Pferd kann losgelassen, braucht aber deshalb noch lange nicht vollkommen durchlässig zu sein; ist es aber durchlässig, muß es auch losgelassen sein. Auch in der höchsten Versammlung, in der an die Spannkraft der Muskeln große Anforderungen gestellt werden, muß das Pferd ebenso losgelassen bleiben wie bei freierer Haltung.

Einen bestimmten Grad von Durchlässigkeit besitzt schon das Gebrauchspferd. Würden wir aber beispielsweise von diesem einen versammelten Schritt wie bei einem für schwere Dressurprüfungen reifen Spezialisten verlangen, würden sich die Geister scheiden und sein Grad von Durchlässigkeit noch nicht genügen.

Je höher die Stufe der Ausbildung, desto vollkommener die Durchlässigkeit, desto feiner die benötigten Hilfen!

Ist das Pferd durchlässig, so geht es auch vorwärts, denn es läßt die treibende Hilfe durch, was sich im Annehmen des Gebisses äußert, an welches es herantritt und sich daran abstößt.

Das Vorwärtsgehen eines Pferdes hat mit einem ungeordneten Fortstürmen oder der Bewegungsgeschwindigkeit überhaupt nichts zu tun, wohl aber alles mit der durch die gymnastische Durchbildung geförderten Eigenschaft, sich durchlässig treiben zu lassen, d. h. Gangart oder Tempo in dem von Sitz und regulierender Hand bestimmten Maße genau einzuhalten, ohne sich zu verkriechen oder zu eilen.

Ein gehlustiges Pferd mit seinem aus fleißigem Temperament und willigem Charakter entspringenden natürlichen Drang nach vorwärts, wird sich besser treiben lassen als ein gegenteilig veranlagtes.

Um den manchmal noch immer falsch gedeuteten reiterlichen Begriff des Vorwärtsgehens an Hand eines Beispiels durch vergleichende Gegenüber- und Nebeneinanderstellung mit der Rückwärtsbewegung ganz scharf und unmißverständlich zu umreißen und eindeutig zu fixieren, kommen wir darauf noch bei Besprechung des Rückwärtsrichtens (s. Zweiter Teil, II. Kap. 3. B.) zurück.

G. Erste Stellung (Schulter vor) — Zweite Stellung („Stellung") — Abstellung — Geraderichtung — Geradeausstellung — Biegungen 1. Grades (indirekte) und Biegungen 2. Grades (direkte) — Schiefe — Zwangseite — Schwierige Seite

Durchlässigkeit kann nur dann vorhanden sein, wenn einerseits Schub und Schwung der Hinterhand voll gegen die Vorhand, andererseits die belastenden und biegenden Zügelhilfen voll auf die gleichseitigen Hinterbeine wirken. Dazu müssen Vor- und Hinterhand so aufeinander eingerichtet sein, daß das auf einfachem Hufschlage gehende Pferd sich stets mit seiner Längsachse der abzuschreitenden geraden oder gebogenen Hufschlagslinie anpaßt, und daher die Hinterbeine mit Spurdeckung folgen.

Eine Einschränkung erfährt das Prinzip der Spurdeckung bei Übungen auf einfachem Hufschlage nur insofern, als zur Erzielung vollkommenerer Längsbiegung und Versammlung (s. d.) das ganz nahe Neben- und Voreinandertreten der Hinterbeine erforderlich ist, so daß z. B. beim Schultervor*) der innere, beim Reiten in „Stellung“ der äußere Hinterfuß zwischen den Vorderbeinen sichtbar wird.

Auf gerader Hufschlagslinie kann, wie es beim Gebrauchspferd der Fall ist, die Körperhaltung eine linear gerade, reine Geradeausstellung sein, sie wird aber auf gebogenen Linien und bei den Zweckübungen des Reitens im Schultervor oder in „Stellung“ zu einer eine leichte, gleichmäßige Längsbiegung beinhaltenden gebogen-geraden Stellung.

„Abstellung“ nennt man die Entfernung, um welche bei Übungen auf doppeltem Hufschlag — den Seitengängen — Vor- oder Hinterhand vom Hufschlag des äußeren Hinter- oder Vorderfußes abgeführt werden. Die Soldaten- und Gebrauchsreiterei, also die Niedere Kampagneschule, findet ihr Auslangen mit einer Abstellung von höchstens einem Schritt (s. a. Seitengänge). —

Zum Durchreiten der Ecken, den Seitengängen und anderen Übungen ist eine gebogen gerade Stellung, kurz „Stellung“ genannt, deshalb notwendig, weil sie das Neben- und Voreinandertreten der Hinterbeine und damit ihre bessere Beugung veranlaßt. Sie ist aber auch darum dem Reiter ein unentbehrliches Hilfsmittel, weil sie es ihm erleichtert, ein Wehren oder Schiefmachen (s. d.) zu verhindern und so die Hinterhand zu zwingen, gerade gegen die Vorhand anzutreten. Nur durch die eine reine, gleichmäßige Längsbiegung beinhaltende „Stellung“ ist es dem Reiter möglich, ein nicht bis ins kleinste durchlässiges und gehorsames Pferd in seiner Gewalt und die Nachhand auf die Vorhand eingerichtet zu erhalten.

Bei einem ideal gerittenen Pferd wäre es allerdings überflüssig, eine Längsbiegung zu verlangen, es würde sie aber von selbst anzunehmen suchen, um sich die günstigsten Vorbedingungen für eine aus geschmeidigem Hankenbug hervorgehende Schwungentwicklung zu sichern.

Daraus geht hervor, daß wir uns bei der Bahnarbeit auf einfachem Hufschlag nicht ausschließlich mit einer bloßen Spurdeckung begnügen, sondern auf der Geraden nach Bedarf, zum Reiten gebogener Linien und in der Galopparbeit aber immer, der Stellung bedienen werden.

---

*) Schultervorstellung, „erste Stellung“, in dem Sinne, als sie im Dressuraufbau zeitlich der „zweiten Stellung“, kurz „Stellung“ genannt, vorausgeht. Beides sind reine Zweckübungen, letztere auch Bereitstellung für gewisse Bewegungen, die in reiterlicher Haltung erfolgen sollen. Sie erfordern eine durch das ganze Pferd verlaufende, gleichmäßige und unauffällige Biegung nach innen.

Bei der „ersten Stellung“, dem Schultervor, bewegt sich das äußere Beinpaar auf der äußern Hufschlagslinie so, daß der äußere Hinterfuß auf den entsprechenden Vorderfuß spurt. Das innere Hinterbein fußt um ein Geringes, höchstens eine halbe Hufbreite, innerhalb der Hufspur des inneren Vorderbeines, so zwar, daß, wenn man das Pferd von vorne ansieht, der innere Hinterfuß zwischen den Vorderbeinen sichtbar wird.

Bei der „zweiten Stellung“, in der Reitersprache kurz „Stellung“ genannt, die nicht mehr nur als Gymnastik sondern auch schon als vorbereitende Stellung für gewisse Übungen dient, bewegt sich das innere Beinpaar auf der inneren Hufschlagslinie so, daß der innere Hinterfuß auf den entsprechenden Vorderfuß spurt. Das äußere Hinterbein fußt um ein Weniges, höchstens eine halbe Hufbreite, innerhalb der Hufspur des äußeren Vorderbeines, so zwar, daß, wenn man das Pferd von vorne ansieht, der äußere Hinterfuß zwischen den Vorderbeinen sichtbar wird, wobei auf der Geraden das Pferd mit seiner inneren Linie ganz gerade erscheint.

Auf der gebogenen Linie muß die Rippenbiegung, das ist die gleichmäßige Längsbiegung der Wirbelsäule, wodurch die Rippen der betreffenden Seite etwas mehr zusammengeschoben werden, dem gebogenen Hufschlag entsprechen, die Fußfolge muß jedoch dieselbe sein wie auf der Geraden, nur müssen sich die inneren Beine, je nach dem Grade der gebogenen Linie, entsprechend näherkommen.

Auch zur Arbeit auf doppeltem Hufschlag in den Seitengängen ist die Stellung immer erforderlich.

Ebenso wie in der Geradeausstellung sollen auch in der Stellung, selbst bei den Seitengängen, die Vorderfüße den Hinterfüßen voranschreiten, die ihrerseits wiederum stets in Richtung der Bewegung und niemals seitwärts von ihr tretend, den Vorderfüßen unbedingt folgen müssen. Dadurch wirkt die Hinterhand mit ihrem Schwung unmittelbar in Richtung der Schwerlinie, das seitliche Belastungsverhältnis der Beine und somit das seitliche Gleichgewicht bleiben unverändert. Anlehnung und Gang erleiden keine Einbuße.

Die gleichmäßige Belastung der inneren und äußeren Beine*), ohne Rücksicht darauf, ob die Vorhand im Verhältnis zur Hinterhand etwas mehr oder weniger beansprucht wird, bildet das charakteristische Merkmal einer richtigen Längsbiegung.

Jedes Pferd, das diese Bedingung einer gleichmäßigen Belastung der inneren und äußeren Beine erfüllt, sei es nun, je nach Erfordernis, linear geradeaus gestellt oder in einer bestimmten Rippenbiegung, ist geradegerichtet.

Geraderichten heißt demnach die Summe aller Einwirkungen des Reiters, die dieser anwendet, um den Zustand der Geraderichtung herzustellen. Befindet sich das Pferd in diesem Zustande, ist es in der Lage, Kraft und Gewandtheit beider Körperhälften gleichmäßig zu entwickeln.

Geraderichtung hat nichts mit der linearen Geradheit der Wirbelsäule in ihrer Längsrichtung, wohl aber alles mit ihrer Geschmeidigkeit zu tun.

Geradeausstellen heißt, das Pferd aus der Längsbiegung in eine linear gerade Stellung überführen.

Ohne Geraderichtung, die der Schlüssel zu vollkommenem Gleichgewicht und damit zur sicheren Selbsthaltung ist, gibt es keinen ungehindert von rückwärts nach vorn durch den Körper flutenden Schwung, darum auch keine wirkliche Durchlässigkeit oder gar Versammlung.

Auch ist es nur die geraderichtende Biegearbeit, die sich jedem Einzelfall anzupassen hat und auf die in späteren Abschnitten eingegangen werden soll, die den Rücken endgültig löst. —

Zwei Begriffsbezeichnungen, die an sich vielleicht nebensächlich, dennoch das Wesentliche bei Entstehung der Biegungen und ihren Entwicklungsgang vom Leichteren zum Schwereren beleuchten, möchte ich nicht unerwähnt lassen.

---

*) Fälschlicherweise hat sich bis in die jüngste Zeit die Auffassung erhalten, daß auf gerader Linie, auf doppeltem Hufschlag die Biegung und Belastung beider Hinterbeine keine vollkommen gleichwertige sei. In Kochs „Reitkunst im Bilde" hat General von Josipovich das Irrtümliche dieser Annahme nachgewiesen. Schwung und Reinheit des Ganges können auch in den Seitengängen nur dann erhalten bleiben, wenn der äußere Hinterfuß denselben Teil der Last zu tragen hat, wie der innere.

Eine Ausnahme tritt nur bei der Zirkelarbeit ein, wo infolge der natürlichen Neigung des Pferdekörpers (Schwerpunktes) nach innen, dem Gesetze der Zentrifugalkraft auf gebogenen Linien zufolge, eine Mehrbelastung des inneren Beinpaares und damit auch eine stärkere Beugung des inneren Hinterfußes stattfindet.

Diese Erscheinung ist aber nur eine Folge der Zentrifugalkraft und nicht der Seitenbiegung des Pferdes.

Die Bezeichnung *Biegung ersten Grades* oder *indirekte Biegung* wird ohne weiteres verständlich, wenn man sich darüber im klaren ist, daß sich der *Uranfang jeder Längsbiegung aus der Streckung der äußeren Seite ergeben soll.*

Biegungen ersten Grades stehen am Anfang der Biegearbeit und werden solange angewendet, bis das Pferd mit dem Weichen auf den inneren Schenkel vertraut ist. Sie sind also das Leichtere, weil dabei hauptsächlich *nur innerer Schenkel und Zügel*, sich gegenseitig unterstützend, eine Rolle spielen, ohne daß schon eine namhafte Gegenwirkung der äußeren Hilfen stattfinden darf.

Erfolgt nun eine *gradweise* Steigerung der Biegung ersten Grades, die bisher nur den Zweck verfolgte, zu lösen und die Gewichtsverteilung der beiden Körperhälften ausgleichend, d. h. geraderichtend, die Erhaltung des Gleichgewichts zu fördern, entsteht daraus die *Biegung zweiten Grades*, die insofern *direkt* ist, als sie, wenn auch *ohne jede Kraftanwendung*, durch *direkte* Einwirkung *des äußeren Schenkels und Zügels* um den inneren Schenkel herum als Stützpunkt, hervorgerufen wurde. So etwa, wie man einen Stab um das Knie biegt. Würde man ein noch rohes Pferd gleich zu Beginn auf diese Weise direkt biegen wollen, so würde es förmlich zerbrechen.

Die Biegungen *zweiten Grades* sind also die schwierigeren, weil innere und äußere Hilfen in Einklang gebracht werden müssen und das Schulterherein und die traversartigen Stellungen, die eine direkte Biegung erfordern, bereits versammelnde Übungen sind.

Meister Steinbrecht hat an die Spitze des besten Buches, das jemals über die Reitkunst geschrieben wurde, die Worte gesetzt: „Reite dein Pferd vorwärts und richte es gerade" und der berühmte General L'Hotte hat die Devise „Ruhe, Vorwärts, Gerade" seinen „Reiterlichen Fragen" vorangestellt.

Den *Anforderungen*, die Belastung, Biegung und der Gehorsam überhaupt an das Pferd stellen, kann es sich auf verschiedene Arten zu *entziehen* suchen. Dieses Ausweichen wird sich dem flüchtigen Beobachter in Symptomen, wie Steifungen, falschen Knicks (s. d.), Verschieben und Aufsperren des Unterkiefers und anderen Unarten bemerkbar machen; am Anfang aller dieser Fehler steht aber als Grundursache das *Sichentziehen der Hinterhand.*

Weicht das Pferd mit den Hinterbeinen nach *rückwärts* aus, so macht es, je nach Temperament, entweder zu kurze und *eilende* oder matte, *schleppende* Tritte, die am Boden zu kleben scheinen. In beiden Fällen tritt es nicht so weit *unter*, als es ihm seinem Bau entsprechend möglich wäre.

Weicht es nach *seitwärts* aus, folgen die Hinterbeine *nicht mehr mit Spurdeckung*, es ist *schief.*

Die Schiefe entsteht dadurch, daß sich das eine Hinterbein der unbequemen Geraderichtung entzieht, indem es nicht mehr in gerader Richtung vorwärts unter den Leib, sondern mehr oder minder stark nach seitwärts gesetzt wird. Eine Folge dieses Ausweichens ist eine von der Bewegungsrichtung abweichende Verbiegung des Pferdekörpers, die sich für den Reiter darin äußert, daß das Pferd auf der Seite des ausfallenden Hinterfußes gegen den Schenkel, auf der anderen gegen den Zügel geht und auf die betreffende Schulter fällt.

Das Pferd gebraucht dieses natürliche Verteidigungsmittel des Sichschiefmachens von rechts rückwärts nach links vorn oder von links rückwärts nach rechts vorn. Fast immer wird es das in ersterer Richtung tun.

Der Grund der Einseitigkeit des Pferdes wird verschieden gedeutet. Eine ganz beweiskräftige Erklärung dafür wurde bisher noch nicht gefunden. Viele führen die Schiefe auf die nach rechts gekrümmte Lage des Fohlens im Mutterleib zurück, bedenken aber nicht, daß auch mehrgebärende Tiere, wie beispielsweise der Hund, schief sind. Tatsache ist jedenfalls, daß der, wie bei allen Lebewesen, so auch beim Pferde, unsymmetrische Körperbau, schon während des Wachstums die Neigung gewisse primitive Bewegungen vorwiegend mit der kräftigeren und geschickteren Körperhälfte auszuführen, außerordentlich begünstigt. Erwiesen ist es ferner, daß Reiter, deren linke Körperhälfte ausnahmsweise stärker entwickelt ist als die rechte, also sogenannte „Linkser", es unbewußt zu Stande bringen, ein ursprünglich bei allen rechtshändigen Reitern von rechts nach links drängendes Pferd im entgegengesetzten Sinne zu beeinflussen, so daß es rechts steif wird, was darauf hindeuten würde, daß auch die Abwehr des Pferdes gegen eine unbewußt größere Kraftäußerung der einen Körperhälfte des Reiters bei Entwicklung der Schiefe eine Rolle spielt.

Ihr Auftreten wird von manchen auch damit in Verbindung gebracht, daß das Pferd, das ja in den Schultern schmäler ist wie in den Hüften, diese, um sich daran nicht zu schürfen, instinktiv von der Reitschulwand so weit entferne, daß die Linie äußere Schulter—äußere Hüfte zur Wand parallel wird, dafür aber die Linie innere Schulter—innere Hüfte in einen um so offeneren Winkel zur Wand zu liegen kommt, was ein Ausfallen des inneren Hinterfußes und somit ein Schiefwerden begünstige.

Diese These läßt sich aber nicht aufrechterhalten, weil dann ja das Pferd in der Bahn auf der rechten Hand rechts, auf der linken links schief sein und bei jedesmaligem Handwechsel auch die Richtung seiner Schiefe wechseln müßte (was es aber bekanntlich nicht tut), da es ja um seine neue äußere Hüfte besorgt wäre.

Daß diese Annahme nichts wie Phantasie ist*), ersieht man auch daraus, daß, wenn nur die Wand der Reitbahn die Ursache der Schiefe wäre, das Pferd im Freien, wo es keine Bande gibt, keinen Anlaß hätte, schief zu werden. Wie man weiß, geschieht das aber auch im Gelände, und zwar fast immer nach derselben Seite. Letzteres ist auch der Grund, daß bei der gymnastischen Ausbildung die geraderichtende Arbeit auf jeder Hand anders herbeigeführt werden muß (s. a. S. 63, 203 u. ff.).

Zusammenfassend vertreten wir die Auffassung, daß der Schiefe eine Erbanlage als Rechtsfüßler zugrunde liegt. Argumente dafür gibt es genug:

*) Wer glaubt, daß das Pferd um seine Hüften besorgt ist, wird bald zum eigenen Schaden vom Gegenteil überzeugt sein. Es denkt nicht an das, was hinter ihm kommt. Beweis dafür nicht nur gestoßene Reiterkniee, sondern vor allem die vielen einhüftigen Pferde.

Abstoßen mit dem rechten Hinterfuß beim bei weitem am häufigsten vorkommenden Ausbrechen nach links, besondere Kraft und Gewandtheit im Abdrehen nach links zur Abwehr eines Angriffes (um die Herzseite zu decken), Vorliebe für den Linksgalopp zum Fliegenlassen vor ernsthafteren Sprüngen, wobei von den beiden Hinterbeinen dem äußeren — rechten — die Hauptarbeit beim Abstoßen zufällt.

Mit den Mitteln des Geraderichtens, die dem Reiter zur Verfügung stehen, um die Einseitigkeit oder Schiefe zu beseitigen, werden wir uns später beschäftigen. Da dieser Abschnitt aber hauptsächlich den Zweck verfolgt, Begriffe möglichst eindeutig festzulegen, möge gleich praktisch am Beispiel des schiefgehenden Pferdes der Unterschied zwischen schwieriger und Zwangsseite geklärt werden.

Geht das Pferd von rechts nach links schief, so belastet das sich der Beugung durch Seitwärtstreten entziehende rechte Hinterbein vermehrt die linke Schulter und damit den linken Zügel. Zwangseite ist daher die linke, da die Halsmuskeln dieser Seite festgehalten, übermäßig angespannt und nicht zwanglos fügsam sind.

Die eigentlich schwierige Seite*) aber ist die hohlgebogene rechte, wo das Pferd nicht am, sondern gegen den Schenkel geht und den gleichseitigen Zügel nicht annimmt. Gelingt es dem Reiter, auf der schwierigen (falsch hohlgebogenen) Seite den Hinterfuß zum geraden Vortreten unter die Last und die betreffende Körperseite zum Herandehnen an den Zügel zu bringen, verschwindet der Zwang auf der Zwangseite von selbst.

Mit nichts ist vielleicht in der Reiterei soviel Mystik getrieben worden wie mit der Schiefe, und ich glaube fast, daß über dieses Thema mehr Tinte verspritzt wurde als über das parallele Problem beim Menschen. Die Bedeutung, die man der natürlichen Schiefe beimaß, ging so weit, daß sie manche, wie z. B. de la Croix, zum Angelpunkt ihrer ganzen Dressurlehre machten und damit weit über das Ziel hinausschossen.

Tatsache ist, daß sie einmal da ist und daß wir uns, so gut es geht, mit ihr abfinden müssen.

Glauben wir sie auch endgültig beseitigt, tritt sie manchmal als Verteidigungsmittel unvermutet wieder in Erscheinung — nicht selten auch im entgegengesetzten Sinne — sobald wir erhöhte Anforderungen stellen, denen das Pferd nicht nachkommen kann oder will.

Um von der Schiefe gar nicht oder nur sehr wenig gestört zu werden, muß man ein sehr schlechter oder sehr guter Reiter sein. Ersterer schiebt auf seinem schrägelnden Pferdchen nichts ahnend und unbefangen einher und scheint mit dem Philosophen Leibniz zu denken, „daß alles aufs Beste bestellt sei, auf dieser besten aller Welten". Letzterer wieder grübelt auch nicht zu viel, denkt bei symmetrisch auf beide Körperhälften des Pferdes verteiltem Sitz nur an Vorwärts-

*) Der Widerstand und das Ausweichen haben ja immer, außer bei ganz fehlerhaftem Bau des Rückens, Grund und Ursprung in der Hinterhand. Daher ist es auch folgerichtig, in Fällen, wo der Fehler vom Hinterfuß einer Seite ausgeht, diese als die schwierige Seite zu bezeichnen.

reiten (was mit Jagen oder Schnellreiten nichts zu tun hat), entwickelt Schwung und läßt die Widerstände nach vorwärts entweichen, indem er geraderichtend den Hinterfuß der schwierigen Seite unter die Last treibt, ohne sich festzuziehen, und läßt bei dieser Arbeit im Vorwärts weder sich noch das Pferd die Laune verlieren.

H. In-die-Hand-Stellen (Beizäumung) — Der falsche Knick — Anlehnung — Aufrichtung — Versammlung —

Die Beizäumung ist eine Folgeerscheinung und das Ergebnis von Schub und Schwung, durch die sich das losgelassene Pferd an die aushaltende Hand herangeformt, sich an die Hand gestellt hat. Eine richtige Beizäumung läßt sich ohne vorher gesicherte Anlehnung (s. d.) nicht denken. —

Zeigt das Pferd das Bestreben, der durch Herandehnen des Halses nach vorwärts an das Gebiß erreichten Anlehnung bei gleichzeitigem Verkürzen desselben nach unten auszuweichen (Aufrollen), so kommt es zwischen dem zweiten und dritten Halswirbel zu einem sogenannten „falschen Knick". Die Gelenkflächen der beiden Wirbelkörper berühren sich nur mehr unvollständig, so daß eine Lücke in der Verbindungskette zwischen Maul und Hinterhand entsteht, in welcher die Anzüge der Hand und der von rückwärts kommende Schub unterbrochen werden und stecken bleiben.

Ein mit falschem Knick gehendes Pferd ist nicht durchlässig, da es diesen als Ventil benutzt, um die Hilfen, die es durch die ganze Wirbelreihe durchlassen sollte, an dieser Stelle entweichen zu lassen. Die richtige Anlehnung, d. i. das durch das gleichmäßige Vortreten beider Hinterbeine hervorgerufene Herandehnen der ganzen Wirbelsäule einschließlich der Halswirbel an die Hand, ist verloren gegangen.

Die richtige Anlehnung darf das Pferd von sich aus nie aufgeben, indem es über, auf oder hinter den Zügel kommt. Tut es letzteres, kann es das Vorwärtsgehen unterbrechen oder eigenmächtig die Richtung ändern. Für dieses „Wegbrechen" steht ihm noch das andere Extrem der fehlerhaften Anlehnung zur Verfügung — es legt sich auf den Zügel, bindet dadurch die Hand des Reiters und entzieht sich so ihrer Einwirkung. —

Vom Beizäumen und einer dadurch zu erreichenden schematischen Kopf- und Halshaltung wurde, wie ich glaube, früher zu viel geredet, und ohne es zu wollen erreichte man damit nur, daß vielfach die Ursache mit der Wirkung verwechselt wurde. Selbstverständlich soll der Kopf des in der Beizäumung gehenden Pferdes eine Lage annehmen, die sich der Senkrechten nähert und bei der das Maul je nach Bau und Anlagen des Pferdes ungefähr in Hüfthöhe steht, damit die Anzüge unter den günstigsten Vorbedingungen, d. h. unmittelbar, durch die ganze Wirbelsäule über das Becken bis in die Hinterfesseln durchgehen können, ohne an irgendeiner Stelle durch Steifungen oder Knicks aufgehalten oder abgelenkt zu werden. Zu diesem Zweck muß sich das Pferd mit losgelassenem, den höchsten Punkt bildendem Genick, herangedehntem Halse und in sicherer Anlehnung infolge treibender Einwirkung von selbst „in die Hand stellen"; eine Bezeichnung, nebenbei gesagt, die „Beizäumen", das immer einen Bei-

geschmack von aktiver Handeinwirkung hat, mit Vorteil ersetzen könnte. Ebenso wie ein Reiter, der bei der Arbeit über Hindernisse, wenn er „Sprung" denkt, das Pferd stört, so daß es Fehler macht, oder derjenige, der sich mit irgendeiner Steifheit seines Pferdes geistig zu viel beschäftigt, auch ohne es zu wollen, an der Zwangseite herumzuziehen beginnt, ebenso suggeriert „Beizäumen" und das unglückselige Normalschema, das dabei dem geistigen Auge vorschweben mag, ein vielleicht ganz unbewußtes, aber darum nicht weniger schädliches Hartwerden oder Riegeln der Hand.

Aufrichtung ist das höhere Tragen von Hals und Kopf durch Tieferwerden der Hinterhand infolge ihrer vermehrten Beugung.

Die Aufrichtung ist ein Kennzeichen und eine Folge der Versammlung (s. d.). Beim richtig versammelten Pferd üben die Kruppen- und Gesäßmuskeln der gebeugten Hinterhand einen starken Zug nach rückwärts-abwärts auf die mit ihnen in Verbindung stehenden Rückenmuskeln aus, wodurch die Brust- und Halswirbelsäule mit aufgerichtet und die Vorhand erleichtert wird. Je mehr sich dabei der Hals nach vorwärts-aufwärts dehnt, desto leichter wird auch die Anlehnung. Da sich der seine absolute Länge beibehaltende und die Streckung seiner Oberlinie sogar steigernde Hals bei senkrechter Nase emporreckt, wird die Entfernung Maul—Hand und damit die Zügellänge kleiner. Entsprechend der Entlastung der Vorhand treten die Vorderbeine erhabener.

Die Aufrichtung ist eine relative, solange sie nur eine Folge der gesenkten Hinterhand und des passiv aushaltenden Zügels ist, sie wird zur direkten oder aktiven Aufrichtung, wenn die Hand durch leichte Anzüge die Haltung noch verbessert*) oder durch kräftige Arrets im Falle eines Ungehorsams den Rücken für kurze Augenblicke durchbiegt.

Die Aufrichtung darf bei der Dressur nur so weit gehen, daß der hebelartig wirkende Hals den Rücken in der Lendenpartie, nicht aber hinter dem Widerrist senkt. Dieses fehlerhafte Senken des Rückens hinter dem Widerrist spürt der Reiter deutlich an einem Hohlwerden zwischen den Schenkeln, das ein Zeichen dafür ist, daß die Hinterbeine nicht mehr richtig unter den durchgebogenen Rücken treten und die Grenze der reiterlich noch zu verantwortenden Aufrichtung überschritten ist. Die Trag- und Beugefähigkeit der Hinterhand ist der Überlastung nicht mehr gewachsen und die Hinterfüße entziehen sich ihr durch Ausbleiben nach rückwärts. —

Zusammenfassend sei noch einmal betont, daß es ohne richtige Anlehnung keine fehlerlose Beizäumung und ohne diese Beizäumung keine korrekte Aufrichtung geben kann.

Beizäumung und Aufrichtung sind keine wesentlichen Ziele des Dressuraufbaues, wohl aber Folge- und Begleiterscheinungen sachgemäßer Arbeit. Als solche weisen sie auch wie die Zeiger einer richtig gehenden Uhr, allerdings nur den erfahrenen Kenner, darauf hin, daß Takt und Gangwerk des Pferdes in Ordnung sind.

Jeder aber, der nicht über außergewöhnliche Erfahrung und ein geschultes Auge verfügt, hüte sich davor, bei Beurteilung von Beizäumung und Aufrichtung seine Aufmerksamkeit auf Kopf und Hals allein zu richten. Nur die Beobachtung des ganzen Pferdes, seiner Haltung und besonders seines Ganges, dieses unbestechlichen Zeugen ehrlicher Arbeit, wird ihm eindeutige Aufschlüsse auch über ihre Richtigkeit geben können. —

Sind Beizäumung und Aufrichtung aber fehlerhaft, so suche man nicht durch Symptomkuren, wie etwa direkte Zügeleinwirkungen auf das Maul, das unregelmäßig gewordene Werk wieder in Ordnung zu bringen. Die Ursache liegt, wie wir gesehen haben, anderswo; man suche sie in den Voraussetzungen, die erst ein richtiges In-die-Hand-Stellen und Aufrichten ermöglichen. —

Versammlung in dressurmäßigem Sinne ist derjenige Zustand des Pferdes, in welchem es zur Zusammenfassung aller Kräfte zu einem bestimmten Zweck seine Vorhand durch vermehrte Lastaufnahme der gebeugt untertretenden

---

*) Die direkte, oder wie sie auch genannt wird, absolute Aufrichtung, wird uns höchstens bei einem ganz besonders feinfühligen Pferde, das sich, der Einwirkung entgegenkommend, von selbst am Zügel aufnimmt und abstößt, wie eine reife Frucht in den Schoß fallen.

Bei den meisten Pferden bedarf es dazu zeichenartiger leichter Anzüge, aus dem einfachen Grunde, weil sie aus sich selbst heraus keinen Anlaß haben, über eine relative Aufrichtung hinauszugehen.

Hinterhand erleichtert. Je nach dem Grade der Versammlung können Haltung und Durchlässigkeit bis zu ihrem Höchstmaß gesteigert werden.

Zur richtigen Versammlung ist es notwendig, daß der Rücken eine stärkere Dehnung erfährt. Diese erhöhte elastische Spannung entsteht dadurch, daß einerseits, wie schon bei der Aufrichtung erklärt, die Kruppen- und Gesäßmuskeln der gebeugten Hinterhand einen stärkeren Zug nach rückwärts-abwärts auf die mit ihnen in Verbindung stehenden Rückenmuskeln ausüben, andererseits infolge Streckens von Hals und Kopf nach vorwärts-aufwärts mittels des Nackenbandes ein Zug auf die Rückenmuskeln in entgegengesetzter Richtung stattfindet.

Diese elastische Spannung, die durch den schwungvollen energischen Gang erhalten wird und die nichts mit krampfhaftem Festhalten (s. Rückentätigkeit) zu tun hat, ermöglicht dann eine hebelartige Wirkung des aufgerichteten Halses und Kopfes auf die Hinterhand, deren Schubkraft je nach dem Maße und der Richtung, in welcher der Reiter den Schwung heraus- und wirksam werden läßt, aus einer vorwärtsschiebenden in eine tragende Kraft verwandelt wird.

Versammlung ist auch zur gymnastischen Ausbildung des Gebrauchspferdes bis zu einem gewissen Grade unentbehrlich und darüber hinaus ein ausgezeichnetes Mittel — allerdings nicht in der Hand eines jeden —, mangelhaft gebaute Pferde tätig zu machen. —

Auch bei Beurteilung der Versammlung als Ganzes hüte man sich, einige äußere Anzeichen für das Wesen der Sache zu nehmen und etwa zu sagen: „Weil das Pferd den Kopf herbei gibt und dabei den Hals hoch trägt, ist es versammelt." Sachgemäßer wäre folgende Charakteristik eines richtig versammelten Pferdes: „Dieses durch richtige Einwirkung versammelte Pferd kann nicht umhin, bei guter Aufrichtung in die Hand gestellt zu sein."

Nicht alle Pferde können den gleichen Grad von Versammlung in dressurmäßigem Sinne, also in der Dressurhaltung, annehmen.

Was bei ungünstig gebauten, energielosen Pferden schon das Höchstmaß der für sie erreichbaren physischen und seelischen Versammlung darstellt, kann bei geborenen Reitpferden erst mit deren Gebrauchshaltung bezeichnet werden.

I. Richtiger und fehlerhafter Gang

„Der Gang ohne richtigen Einklang
zwischen Vor- und Hinterhand wirkt wie eine Dissonanz."

Untertreten, Steifen der Hinterbeine, Schleppen, Gespannte Tritte (Stechen, Schweben, Tappen, Strampeln)

Flüchtige Augenblicke des Ganges in die trockenen Formeln von Definitionen einzufangen, um daraus die Unterschiede zwischen richtig und falsch ableiten zu können, scheint in vorliegendem Falle nicht der richtige Weg. Am besten ist es, unter fachmännischer Leitung seine Beobachtungen am lebenden Objekt zu machen, um daraus die kausalen Gesetze abzuleiten, unter denen das Trieb-, d. h. Gehwerk, des Pferdemechanismus steht, abzuleiten. Hat man aber dazu nicht Gelegenheit, wird eine theoretische Behandlung dieses Stoffes am besten ihren Zweck erreichen, wenn sie in Form einer zwanglosen Abhandlung Ursache und Wirkung klar vor Augen führt oder im Rahmen eines Turniererlebnisses richtige und falsche Gänge, so wie man sie Hunderte von Malen in Wirklichkeit sehen kann, vergleichend gegenüberstellt.

Daß sich in beiden nun folgenden Studien gewisse Erklärungen wiederholen, möge darin seine Entschuldigung finden, daß eine zu knappe Form das Verständnis nicht erleichtert hätte.

Untertreten

I. Geh den Dingen auf den Grund, sie werden darum nur noch interessanter

Es vergeht wohl keine Reit- und Theoriestunde, wo nicht vom „Untertreten", d. h. dem weiten Vortreten der Hinterbeine in Richtung des Fußpunktes der Schwerlinie Reiter—Pferd, die Rede wäre.

Es ist ja auch vollkommen richtig, daß vom Lehrer diese grundlegende Bedingung richtigen Gehens betont und unterstrichen wird. Ist doch ohne weite, raumgreifende Tritte der Hinterbeine und damit der Vorhand, der durch Vermittlung der Rückenmuskulatur der Impuls mitgeteilt wird, kein Strecken, also keine Hergabe und Dehnung des Rückens und seiner Fortsetzung, des Halses, denkbar.

Weder das junge Pferd noch der junge Reiter, jenes in seiner Dressur, dieser in Sitz und Einwirkung, werden Fortschritte machen, wenn die ganze Arbeit nicht auf elastisch schwingender Rückentätigkeit, die wieder unmittelbar vom reinen, raumgreifenden Treten der Hinterbeine abhängt, aufgebaut ist.

Viele, viele Tausende bewundern bei Turnieren und sonstigen Vorführungen die ihnen als Vorbild hingestellten Lipizzaner Schimmel der Spanischen Hofreitschule oder in Olympiadevorbereitung stehende Spitzenpferde. Unter den Zuschauern gibt es eine Menge lern- und wißbegieriger Anfänger. Diese sehen nun, daß die Pferde durchaus nicht immer „weit" untertreten und doch, wie Sitz und Haltung unverkennbar beweisen, richtig gehen. Woher das?

Das regelmäßige Untertreten der Hinterhand wird durch Muskelschwingungen ausgelöst, die, vom Nervenzentrum auf Grund der Hilfen veranlaßt, ihrerseits wieder das Schwingen der längs der Wirbelsäule bis zum Genick und von da über den Bauch zum Becken zurückgehenden Strecker und Beuger — des Muskelringes — bewirken. Je nach dem Rahmen, d. h. dem Versammlungsgrad — immer den erforderlichen Schwung vorausgesetzt — werden diese wellenartigen Bewegungen kürzer oder länger auslaufen, länger, wenn die Schubkraft zuungunsten der Tragkraft vorherrscht, wie beim Renngalopp oder dem freien Schritt, kürzer, wenn die motorische Kraft des Schiebens nach vorwärts bei vorgeschrittener Dressur teilweise in Tragen umgewandelt ist, wie etwa beim Hankenbiegen, dem versammelten Trab und Schritt*).

*) Es versteht sich von selbst, daß die Stärke dieser Schwingungen unmittelbar von der Intensität des Schubes und des daraus entwickelten Schwunges abhängig ist. Bei sonst gleichen Umständen bestimmt also der Rahmen des Pferdes die räumliche Ausdehnung, der Schwung die Kraft und die federnde Elastizität der Muskeltätigkeit und damit des Ganges, des Untertretens.

In letzteren Lektionen ist infolge der beim Vortreten gebeugten, mehr Last aufnehmenden Hinterhand*) der Schwerpunkt des Systems Pferd—Reiter mehr nach rückwärts verlegt. Die Hinterbeine haben also keinen Anlaß, über die Spur der Vorderfüße vortretend zu stützen, wie in den freien Gängen.

Obwohl demnach in den versammelten Gangmassen die Tritte kürzer werden, findet das Untertreten doch s o w e i t statt, als es in der verlangten Haltung und dem entsprechenden Tempo n u r i r g e n d m ö g l i c h i s t. Wäre das nicht der Fall, hörte der Rücken auf, richtig zu schwingen, und die schönste eingelernte Olympiadefigur wäre wertlos, ja schädlich.

Hier sei auch wieder darauf hingewiesen, daß auf gerader Linie die b e i d e r s e i t s der Wirbelsäule elastisch und nicht krampfhaft schwingenden Muskelgruppen vollkommen g l e i c h m ä ß i g arbeiten müssen. Tun sie das nicht, entsteht das schiefe Pferd, das seine Beine beiderseits nicht mehr gleichmäßig belastet, entsteht der u n r e i n e Gang, mit allen seinen Varianten.

Wird endlich infolge unrichtiger Einwirkung des Reiters der Rücken nicht hergegeben, d. h. infolge krampfhaften und nicht elastischen Schwingens — denn absolute Unbeweglichkeit ist für Bewegungsmuskeln im Gange unmöglich — in falsche Spannung versetzt, entstehen „g e s p a n n t e T r i t t e", von denen im nächsten Abschnitt die Rede sein soll.

Nochmals kurz zusammengefaßt: Für den Grad des Untertretens ist bei richtig gehendem Pferde die Schwerpunktslinie Pferd—Reiter allein maßgebend.

In den freien, gestreckten Gängen, wo bei stärkerer Neigung in den Gang der gemeinsame Schwerpunkt nach vorne verschoben wird, kann die Forderung des Lehrers „untertreten lassen" erst erfüllt sein, wenn der Hinterfuß bei normal gebautem Pferde im Schritt und Trab einige Hufbreiten vor der Spur des entsprechenden Vorderhufes zur Erde kommt.

Ebensogut aber „untertritt" das in hoher Versammlung befindliche Pferd, wenn es den tragend gebeugten Hinterfuß, nachdem er r e c h t z e i t i g lebhaft vom Boden abgefedert ist, schon einige Hufbreiten vor Erreichung der Vorderhufspur niedersetzt, wenn nur der Rücken dadurch gedehnt wird und an die Hand heranschwingen kann. Nicht richtig aber wird der Rücken funktionieren, wenn die Hinterbeine beim Abfußen hinten w e i t h i n a u s b l e i b e n und infolge ihres zu langen Ausharrens am Boden m a t t p e n d e l n d n a c h s c h l e p p e n.

II. Was soll der Reiter tun, was unterlassen, um das Untertreten zu fördern?

Nachdem wir uns über Wesen und Grad des Untertretens Klarheit verschafft haben, einige Worte über die Art, dieses herbeizuführen.

Die Bewegung der Hinterfüße, ihr Vortreten, hervorzurufen, ist a l l e i n d e r R e i t e r s c h e n k e l imstande, nachdem ihn die Gertenhilfe dem Pferde verständlich gemacht hat. Später erst tritt die vortreibende Hilfe d e s S i t z e s i n s e i n e r G e s a m t h e i t hinzu, die durch zeitweises vermehrtes Belasten die

*) Gemeint sind die Hanken, das Hüft- und Kniegelenk, von denen sich ersteres während des ganzen Vortretens, letzteres bis zum Momente des Überschreitens der Senkrechten beugt.

Winkel der ungebogen vortretenden Hinterhand beugt und die raumgreifenden, lebhaften, elastisch abfedernden Tritte, den Schwung, entwickelt, der das Alpha und Omega jeder dressierenden Arbeit ist.

Bewegt sich das Pferd bei schwunghaftem Gange in der vom Reiter gewünschten Haltung und sollen Direktion und Tempo nicht geändert werden, bedarf es keiner bewußten und betonten Schenkelhilfen mehr. Das am Pferde bleibende Gesäß, von der stets mitschwingenden Wirbelsäule des Reiters auf seinem Platz im tiefsten Punkte des Sattels erhalten, und der in tätiger Losgelassenheit in Fühlung mit dem Pferdeleibe bleibende und mit dem Absatz in der Bewegung nach unten federnde Unterschenkel wirken von selbst fördernd auf Beugen und Strecken der Hinterbeine und damit erhaltend auf Schwung und Rückentätigkeit.

Durch die seitlichen Schwingungen seines Körpers holt sich das Pferd die Anregung zum weiten und lebhaften Untertreten von selbst, da der Schenkel dabei in stärkere Fühlung kommt.

Diese „wechselseitigen" Schenkelhilfen erfaßt der junge Reiter am besten, wenn er, aufrecht und schmiegsam sitzend, den Bewegungen des Pferdes unbefangen folgt.

Auch bei dieser rein gefühlsmäßigen und unbewußten Hilfengebung*), zu der man bei losgelassenem Balancesitz auf gerittenem Pferde sehr bald gelangt, bricht das geweckte Reitergefühl die Bahn zum theoretischen Verständnis von Ursache und Wirkung. Auf diesem aufbauend und Theorie und Praxis sich gegenseitig ergänzend und fördernd, werden die Fortschritte im Sattel dann um so bessere sein.

III. Sind die beiden Schwerpunkte nicht auf derselben Linie — der Schwerlinie — gelegen, bedeutet das vermehrte Anstrengung und schlechteres Gehen

Wie ein roter Faden zieht sich durch die ganze Reitlehre die Forderung der Harmonie des Reiters mit seinem Pferde, denn eine volle Entwicklung und Veredelung des Gangmechanismus ist nur bei richtigem Sitz des Reiters möglich.

Ebenso wie zum weiten Vor- und Unterspringen der Sitz dem Rücken mehr Freiheit geben muß, damit bei unbeschränkter Entwicklung der Schubkraft die Rückenmuskeln in langen Wellen ausschwingen können, ist es ihm gestattet, ja ist er bemüßigt, das verstärkte Beugen der Hinterhandwinkel in der Versammlung durch volle Belastung bei senkrechter, ja zeitweise sogar etwas zurückgeneigter Wirbelsäule (Lektionen der Hohen Schule) zu unterstützen, ähnlich wie das Beugen und elastische Schwingen der Federn eines Fauteuils durch Belastung zum Ausdruck kommt.

In diesen beiden Grenzfällen und den von ihnen umschlossenen Zwischenstufen der Haltung, muß die Übereinstimmung der Schwerpunkte Pferd—Reiter, die stets in dieselbe Schwerlinie fallen sollen, gewährleistet sein.

---

*) Sicherlich irrt hier der Geheime Rat Goethe nicht, wenn er sagt: „Wenn ihr's nicht fühlt, ihr werdet's nie erjagen!"

IV. Einige das Untertreten und damit den Gang störende Fehler

Es gibt laurige, verhaltene Pferde, die mit ihren sich steifenden Hinterbeinen nicht ehrlich vor- und untertreten wollen. Täten sie das, so müßten sie ihren gespannten, festgehaltenen Rücken und damit ihr ganzes Muskelsystem der Einwirkung des Reiters preisgeben und über zwangloses An- und Abspannen zur Losgelassenheit, d. h. zum widerstandslosen Herangehen an die Hilfen, gelangen. Das wollen aber solche Pferde nicht, sie vermeiden es um jeden Preis und hüten sich davor, wie vor dem höllischen Feuer — solange sie nicht ihren Meister gefunden haben.

Will nun ein unerfahrener Reiter die Schenkelhilfe durch den Sporn verstärken und verspricht sich eine „vorholende" Wirkung seiner Spornstiche, wird er zu seiner Enttäuschung die Wahrnehmung machen, daß so ein gespanntes, verhaltenes Pferd sich noch mehr verkriecht. Der Reiz des Stiches wird seine Muskeln nur noch mehr verkrampfen.

In solchen Fällen wird ein Gertenhieb und frisches Vornewegreiten ohne den fünften Fuß des Zügels, das Pferd zwingen, sich auf seinen vier Beinen auszubalancieren und es veranlassen, mit ihnen, die bisher gesteift waren, ob es will oder nicht, ehrlich unterzutreten, weil es ja sonst sein natürliches Gleichgewicht verlieren würde, da der Reiter nicht mehr so liebenswürdig (oder einfältig?) ist, ihm diese Arbeit abzunehmen.

Ganz anders liegt die Sache bei Pferden, die, ihre Hinterhand träge nachschleppend, am Boden zu kleben scheinen. Diese Art scheut sogar die Anstrengung des Sichsteifens, sie ist beileibe nicht gespannt, sie schleicht nur zu faul durch die Weltgeschichte und scheint darum zu bitten, daß man sie aus ihrem Dornröschenschlaf weckt. Solche Pferde macht ein rechtzeitig im Takt des Ganges angewandtes, mehr oder weniger leichtes, wechselseitiges Antippen mit dem Sporn knapp hinter der Gurtenlage, hellhörig. Ein lebhaftes frisches Abfußen ist das Ergebnis, das in wenigen Minuten eine Blindschleiche zu einem mit energischen Tritten elastisch dahinfedernden Reitpferd wandeln kann.

Unter den vielen das Untertreten und damit den Gang störenden Fehlern sei zum Schluß noch der am häufigsten zu beobachtende erwähnt, die unruhige oder gar falsch aktiv einwirkende — die riegelnde Hand.

Im Bestreben, möglichst bald eine falsch verstandene Beizäumung herbeizuführen, wirken die Hände taktmäßig rechts — links. Das ist Riegeln in Reinkultur, und die Pferde sind leider nur zu gern bereit, auf diese Aufforderung hinter den Zügel zu kommen, einzugehen. Daß der Reiter dabei dem Pferd eine dem Laienauge vielleicht gefällige äußere Form gegeben hat, erfüllt ihn mit Genugtuung, daß er ihm nebenbei aber auch den Gang weggeritten, kommt ihm meist erst zum Bewußtsein, wenn es zu spät ist.

Wie ist das Unglück geschehen?

Die Bauchmuskeln als Vorschwinger der Hinterhand haben ihre Kontraktionsbasis, ihren Stütz- und Anheftungspunkt, vorn auf dem Brustbein und den ersten Rippen. Je mehr nun diese nach vorn festgestellt sind, desto ungestörter können die Bauchmuskeln ihre Aufgabe erfüllen. Dieses Feststellen

fällt teilweise einer Muskelgruppe zu, die, an den untern Halswirbeln entspringend, diese mit dem vorderen Teile des Brustbeines und den ersten Rippen verbindet und daher sinngemäß Rippenhalter genannt wird. Sie sind besonders beim gut gerittenen Pferd als kräftig entwickelte Lage, die teilweise die Eintiefung zwischen Schulter und Hals ausfüllt (breite Halsbasis) bemerkbar und lassen auf folgerichtig aufgebaute Dressur schließen.

Die unruhige oder gar riegelnde Hand, die den Hals an seiner Basis, demjenigen Teile, der am stetesten sein soll, nach rechts und links zieht, schwächt damit auch die Rippenhalter und stört sie derart, daß sie erschlaffen und eine ihrer Aufgaben, Rippen und Brustbein nach vorne festzustellen, nicht erfüllen können.

Ohne nach vorne festgestellte Rippen aber kein volles Vorschwingen der Bauchmuskeln, ohne dieses kein energisches, trittsicheres und raumgeifendes

Untertreten, ohne dieses kein Gang!

Einer der größten Reitschriftsteller aller Zeiten sagt irgendwo: „In der Reitkunst ist in gewissem Sinne alles richtig und alles falsch."

Er hat nur zu recht. Sogar die goldene Regel: „Arbeite dein Pferd im Vorwärtsreiten" kann gründlich mißverstanden werden. Es kommt eben nicht so sehr darauf an, was man im Sattel tut, sondern wie man es tut. Selbst eine richtig gegebene Hilfe wird, wenn sie ihre Wirkung überdauert, das Pferd zunächst abstumpfen und dann das Gegenteil von dem erreichen, was sie beabsichtigte.

Gespannte Tritte

I. Es ist nicht alles Gold, was glänzt

Ein Sonntagnachmittag, wie ihn sich Turnierleitung, Zuschauer, Teilnehmer und Regenversicherung gleichermaßen erträumen. „Der Wettergott", im Stile poetischer Berichte, „hat ein Einsehen" gehabt, das Programm läuft pünktlich ab, und sogar der unvermeidliche Turnierhund, dem „das Mitgenommenwerden strengstens untersagt" ist, hat vorläufig seinen Blutdurst an den „Mehrspännern in beliebiger Anspannung" gestillt und sammelt weit abseits im Schatten eines Kübeloleanders, wo er sich erschöpft niedergetan, Kräfte zu neuen Taten.

Tausende, die Tribünen und Stadion füllen, folgen aufmerksam den Worten des Lautsprechers, der zu einem der eben beginnenden Hauptereignisse des Tages, einer Dressurprüfung der Klasse S, seine kurzen, das Wesentliche herausstellenden Erklärungen gibt.

„Starker Te—e—r—rab; bitte, sich über die Bahn außerhalb des Vierecks zu verteilen!" kommandiert jetzt der Mann vom Richterturm, und jeder der acht Teilnehmer sucht sich möglichst lange, gerade Linien, um auf dem federnden Rasen zu zeigen, wie sein Pferd treten kann.

Ein Fuchs und ein Brauner, beide von bekannten Amateuren geritten, lenken vor allen anderen die Aufmerksamkeit auf sich. Beide sind schon in früheren Prüfungen mehrfach prämiert worden, und wie Eingeweihte, die am Vormittag der Vorprüfung beigewohnt, wissen wollen, soll die Entscheidung zwischen ihnen liegen.

Die Richter, zugeknöpfter denn je, haben zwar keine Andeutung fallen lassen, immerhin aber stechen die beiden durch ihr Gerittensein so hervor, daß man im voraus weiß, daß nur einer von ihnen die Bahn, mit der Siegerschleife geschmückt, verlassen wird.

Welcher von beiden wird es wohl sein?

Der Zufall oder vielmehr der mittlerweile in Vergessenheit geratene und wieder dynamisch gewordene „Schnapsi", der auf den eben in auffallender Haltung und prahlendem Gang vorüberbrausenden Fuchs einen kleinen Flankenangriff riskiert, will es, daß dessen Reiter als der Klügere abwendet und dadurch ins Fahrwasser des Braunen gerät.

Nun kann man die beiden Pferde so recht nach Herzenslust betrachten und die Art der Entwicklung ihres Ganges gegeneinander abwägen.

Der Braune zeigt schwung- und ausdrucksvolle Tritte und bringt bei vollendeter Haltung in erweitertem Rahmen — der Hals frei getragen, die Stirnlinie etwas vor der Senkrechten — mächtig ausgreifend viel Boden an sich, denn bei allem

Ausdruck und Takt wirkt der Schub aus der mit vollster Energie sich beugenden und streckenden Hinterhand außerordentlich fördernd. Der ungezwungen schwingende Rücken erhält dem Gang seine natürliche Flüssigkeit, den Beinen ihre graziöse Leichtigkeit und Trittsicherheit beim Auf- und Abfußen.

Der Reiter bleibt weich und geschlossen am Pferde, der schwungvoll federnde Rücken nimmt ihn von hinten nach vorne mit und zieht ihn gleichsam immer tiefer in den Sattel hinein.

Das Gangwerk des Fuchses scheint *auf den ersten Blick* blendender als das seines Konkurrenten, er schleudert die Vorderhufe fast waagerecht vor, der Hals ist ganz hoch aufgerichtet, die Stirnlinie senkrecht.

Allerdings erweitert sich der Abstand zwischen den beiden Widersachern zusehends, und im Vergleich zum Braunen, der, mit Leichtigkeit über den Rasen fliegend, davonfegt, scheint der Fuchs fast auf der Stelle zu treten, denn seine Bewegungen sind von der natürlichen Flüssigkeit weg, *auf Spannung hin gesteigert*. Seine Vorderbeine, die auf dem höchsten Punkte ihrer Streckbewegung angelangt, die Ballen zeigend mit der Hufspitze weit über die senkrechte Stirnlinie vorgeworfen werden, beugen sich vor dem Auffußen und zucken wieder um ein Erhebliches zurück, ehe sie den Boden berühren. *Er tritt nicht dorthin, wohin er zeigt**).

Auch der Reiter scheint sich im Sattel nicht so wohl zu fühlen wie sein Vordermann, er wird nicht weich hingesetzt, sondern *geworfen*.

Um es kurz zu sagen: Der Fuchs ist nach der etwas brüsken Wendung in seinen *zeitweise immer wiederkehrenden Fehler* verfallen, den *Rücken falsch zu spannen*, und alle Folgeerscheinungen dieses Fehlers machen sich nun bemerkbar. Statt schmiegsamen Untertretens der Hinterhand, krampfhaft exaltierte Stechschritte der Vorderbeine. Diese werden nicht mehr raumgreifend vom Schub aus gebogen federnder Hinterhand vorgetrieben, sondern fußen trotz dem Umweg nach aufwärts, den sie während ihrer Spielbeinphase (Schwingezeit) infolge steppender Bewegung machen, einen Augenblick zu früh, da die Hinterbeine mit ihren hackigen Bewegungen nicht nachkommen. Die Führung ist nicht mehr federnd, das Pferd hat die Hand „gebunden“ und liegt auf dem Zügel.

Wenn man in diesen Augenblicken die beiden Pferde vergleicht, drängt sich einem unwillkürlich der Unterschied zwischen klassischer Reitkunst und Zirkus auf. —

Auch die nun folgende verstärkte Galopparbeit, bei der es dem Reiter des Fuchses gelingt, diesen wieder zum Heranstrecken und Sichloslassen zu bringen und bei der sich beide Pferde gleichwertig sind, ändert nichts an der Tatsache, daß dem schönen Fuchs die Siegerschleife entgeht, denn auch bei der maßgebenden Vorprüfung ist der grundlegende Fehler dieses Pferdes einige Male zum Ausdruck gekommen.

---

*) Ein Lehrsatz sagt: Das Pferd kann nicht weiter als bis zur Verlängerung seiner Stirnlinie vortreten. Es kann im Augenblicke der höchsten Erhebung wohl mit der Hufspitze darüber hinausgelangen, muß sie aber dann beim Niedersetzen um ebensoviel zurückziehen, was eben den falschen Gang bedingt. Dieses Zurückziehen, auch „*Strampeln*“ genannt, ist eine Begleiterscheinung *gespannter Tritte*, also des *Stechens* und *Schwebens*. Obiger Lehrsatz läßt sich auch mathematisch beweisen, wenn man auf dem Bild eines trabenden Pferdes die Entfernung der beiden z. Zt. fußenden diagonalen Beine in den Zirkel nimmt und diese Entfernung nach vorne überträgt.

II. Stechen, Schweben, Tappen, Schleppen

Ebenso wie beim Verstärken des Tempos ein krampfhaft zusammengezogener, gespannter Rücken das Maß des Naturgegebenen überschreitende, also künstlich exaltierte, gespannte, stechende Tritte verursacht, entsteht daraus bei mit der Hand erzwungenem Verkürzen das Schweben.

In den gleichen Fehler verfallen mit Vorliebe aber auch solche Pferde, die sich zu verkürzten Gängen nur allzu bereit zeigen, besonders dann, wenn ihnen ein straffer Rücken diese schwebenden Tritte erleichtert. Dabei verhalten sie sich über oder hinter dem Zügel und drücken sich tappend um die ehrliche Arbeit erheischenden, fleißigen, losgelassenen Tritte im abgekürzten Trabe.

Ist der Rücken krampfhaft abgespannt, was dem Auge als unnatürlich nach abwärts durchgebogener Rücken, dem Gefühl als nicht Federn und nicht Tätigsein erscheint, werden die Bewegungen matt und schleppend; sie unterschreiten das Maß des Natürlichen.

An allen diesen fehlerhaften Spannungszuständen haben nicht nur unrichtiges Untertreten und falscher Sitz, sondern auch unrichtige Führung entscheidenden Anteil. Die Hand hat ihren Platz in der Linie Ellbogen—Maul. Aus dem Grade der Versammlung ergibt es sich von selbst, wie hoch sie über dem Widerrist zu stehen hat. Führt man zu hoch, wird also die oberwähnte Linie gebrochen, so stört die Handstellung das Schwingen des Rückens, sei es nun bei zu straffem, nach oben festgehaltenem Rücken, dessen Spannung sie erhöht, sei es bei nach unten durchgebogenem, dem sie die Möglichkeit nimmt, seine natürliche Wölbung, die zwischen krampfhaft an- und abgespannt die Mitte hält, anzunehmen.

In allen diesen Fällen ist der Rücken nicht in der Lage, seiner Aufgabe gerecht zu werden, zwischen Vor- und Hinterhand eine sichere, durch keinerlei Widerstände unterbrochene Leitung herzustellen, die ein federndes Gegen- und Miteinanderarbeiten*) von Vor- und Hinterhand und damit die Durchlässigkeit sichert.

Je mehr man sich nach jahrelanger Erfahrung zur Ansicht bekennt, daß die Muskelgruppen des Rückens hauptsächlich der Fortbewegung und Verbindung dienen — das Tragen nehmen ihnen ja bei an die Hand herangedehntem Halse, die die Rückenwirbelsäule in ihrer natürlichen Wölbung erhaltenden Nackenmuskeln ab —, desto selbstverständlicher wird einem die Tatsache, daß nur ein elastisch ungezwungen schwingender Rücken auch eine elastisch-freie und schwungvolle Gangmechanik zur Folge haben kann.

J. „Nerven“ und Nerv

Gehlust, Feuer, Unruhe

Lakonische Gegenüberstellungen dürften in diesem Falle besser als längere Erklärungen das Wesentliche beleuchten und die Unterschiede hervorheben.

*) Der in der Reitersprache „Rücken“ genannte lange Rückenmuskel ist durch je zwei andere mit ihm verkoppelte Muskelgruppen in Verbindung mit Vorder- und Hintergliedmaßen und somit in den Takt der Bewegung eingeschaltet.

Ein nervöses Pferd, das „Nerven" hat, die ihm und uns böse Streiche spielen können, scheint gehlustig und ist unruhig aus Ängstlichkeit, denn es hat sein seelisches Gleichgewicht verloren und sucht diese Verkrampfung, die sich auch seinem Körper mitgeteilt hat, durch Flucht nach vorwärts abzureagieren.

Ein Pferd, das „Nerv" hat, ist gehlustig und scheint nur manchmal unruhig aus einem inneren Kraftgefühl heraus, das sich in Lebhaftigkeit oder, wenn man will, in „frommem Feuer" äußert. Es ist im Vollbesitz seines seelischen Gleichgewichts, dessen eigentlicher Grundton eine alle kritischen Situationen mit Selbstvertrauen und überlegener Ruhe beherrschende Sicherheit ist.

Ein Pferd, das Nerv hat, wie er in größerem oder geringerem Maße allen Reitpferden zu wünschen ist, verlangt bei aller notwendigen Abhängigkeit vom Reiter nur eine gewisse Selbständigkeit im Gelände (s. a. Gehorsam), die in ihm gleichsam ein Gefühl der Mitverantwortlichkeit weckt und die alle vorerwähnten guten Eigenschaften zu ihrer vollen Auswirkung gelangen läßt.

Seine Gehorsamsfreudigkeit wird durch ein aus der gewährten Selbständigkeit sich ergebendes Teilnehmenlassen und seelisches Mittundürfen (Pferde hinter Hunden!) nur erhöht werden.

K. Ganze und halbe Paraden

Die ganze Parade bringt das in Bewegung befindliche Pferd zum Halten.

Die halbe Parade wird gegeben, um entweder das Tempo abzukürzen oder nur, um die Haltung zu verbessern oder, um das Pferd leichter auf der Hand zu machen, wenn seine Anlehnung zu fest ist und es auf den Zügel drückt. In letzteren beiden Fällen kann das Tempo das gleiche bleiben wie vorher.

Über die Art der Ausführung der ganzen Parade herrschen wohl keine auseinandergehenden Meinungen. Der Weg, der vom ersten Auslaufenlassen der kaum gerittenen Remonte, bei dem infolge noch Nichtverstehens der anderen Hilfen nur der Zügel eine Rolle spielen kann, bis zur in reiterlicher Hinsicht vollendeten ganzen Parade führt, bei der sich das durchgerittene Pferd weich und flüssig an den zusammenwirkenden Hilfen aufnimmt, ist ein langer. Er soll an geeigneten Stellen der folgenden Abschnitte beschrieben werden.

Hier sei nur die Entstehung einer richtig ausgeführten ganzen Parade skizziert, bei der auch das Zusammenwirken aller Hilfen am deutlichsten in Erscheinung tritt.

Anregendes Vorholen und dann, durch beiderseitigen Druck der Schenkel Heranhalten der Hinterhand. Belastende Einwirkung des Sitzes durch vermehrtes Anziehen des Kreuzes bei senkrecht gehaltenem Oberleib und durchhaltender Hand. Nach Bedarf mehr oder weniger annehmender Zügelanzug bei unveränderter Haltung des Oberkörpers und passiv anliegendem Schenkel. Nach erfolgtem Halten: leichtes Abspannen und unmerkliches Zurücknehmen des Oberkörpers, wodurch einerseits die gemilderte treibende Wirkung des Kreuzes nur mehr zu einem Heranhalten am Zügel, andererseits die Hinterhand belastet und festgehalten wird. Gleichzeitig leichtes Vorgehen mit der Hand, damit dem Pferde das Stehen am Zügel erleichtert wird, da ja der die Anlehnung fördernde Schwung mit der Unterbrechung der Bewegung erloschen ist.

Wirken die Hilfen nicht in der beschriebenen Reihenfolge zusammen, erfolgt also beispielsweise der annehmende Zügelanzug zu früh oder wird die Gewichtseinwirkung durch zu merkliches Zurückneigen des Oberleibes zu stark treibend, so kann die Parade nicht weich und flüssig erfolgen, sondern nur prellend.

Zur halben Parade sind die Hilfen ähnliche, nur läßt die Hand die Bewegung entsprechend heraus. Die treibenden Hilfen überdauern und überwiegen die verhaltenden. Bei feinfühligen Pferden wird ein Strecken im Sitz bei gleichzeitigem Schließen der Finger genügen.

Abweichend von der oben gegebenen Beschreibung der halben Parade und zweifellos den Kern der Sache treffend ist die Auffassung, die noch Weyrother und Steinbrechts Lehrer Seeger vertreten haben, daß nämlich „halbe Parade" (halber Arret) die beugende Belastung eines Hinterbeines durch die gleichseitige Gewichts- und Zügelhilfe bedeute, während die „ganze Parade" (ganzer Arret) durch gleichzeitige verstärkte Beugung beider Hinterbeine daraus hervorgehe. Die Paraden, ganze oder halbe, waren mithin in erster Linie Hilfsmittel zur Vervollkommnung der Dressur und erst in zweiter Linie Einwirkungen, die ein Anhalten oder eine Verkürzung des Tempos zum Ziele hatten.

Ich erwähne die reitgeschichtliche Entwicklung dieser beiden reittechnischen Ausdrücke mit der allmählichen Verschiebung ihrer Bedeutung nur des Interesses halber, kann aber nicht umhin, nochmals darauf hinzuweisen, daß die Bezeichnung „halbe Parade" im heute gebräuchlichen Sinne insofern nicht allzu wörtlich aufgefaßt werden darf, als mit der halben Parade durchaus nicht immer Verkürzung des Tempos, also ein Langsamerwerden, verbunden sein muß.

L. Gehorsam

„. . . aber dem edlen Pferd, das du reiten willst, mußt du seine Gedanken ablernen, du mußt nichts Unkluges, nichts unklug von ihm verlangen."
Goethe, „Egmont".

Um dem Reiter gehorchen zu können, muß das Pferd seelische und physische Voraussetzungen erfüllen.

Es muß erstens den Willen haben, dem Reiter zu gehorchen, und das kann nur geschehen, wenn dieser Wille dem des Reiters gleich- und untergeordnet ist.

Es muß aber zweitens auch körperlich in der Lage sein, diesen Willen in die Tat umzusetzen, um das Gewollte richtig ausführen zu können.

Bei der Ausbildung des jungen Pferdes wird es sich darum handeln, eine unmittelbare Einwirkung auf seinen Willen durch körperlichen Zwang möglichst zu vermeiden und einen solchen durch eine weitgehende Beeinflussung der Tierpsyche zu ersetzen. Hat der Reiter die Fähigkeit, sich in das vom menschlichen abweichende pferdliche Denken hineinzuversetzen — in den Mechanismus der Pferdeseele hineinzulauschen —, wird er hundert Wege finden, mit seinem

Schüler in geistigen Kontakt zu treten und diesen dazu benutzen, um seine Machtstellung zu festigen, aber auch gleichzeitig das Vertrauen des Pferdes zu gewinnen.

Die grundlegenden Fehler, die bei Behandlung des Pferdes gemacht werden, gründen sich darauf, daß man der Meinung ist, das Gehirn des Pferdes arbeite ähnlich wie das des Menschen oder des Hundes, daß es nämlich folgern könne. Zum Beispiel: Ein Pferd scheut vor einem Kraftwagen und wird deshalb von seinem Reiter geprügelt, „damit es das nächste Mal weiß (aus der Strafe folgern — den Schluß ziehen — könne), daß es bestraft wird, wenn es wieder scheuen sollte und darum das Scheuen unterläßt“. Solche Folgerungsfähigkeit dem Verstande des Pferdes zuzutrauen, ist vollkommen abwegig. Es ist nur direkten Ideenverbindungen zugänglich und wird in unserem Falle bei Auftauchen des nächsten Autos um so mehr scheuen, als sich in ihm schon die direkte Ideenverbindung: Furchterregender, unbekannter Gegenstand (das Auto) plus Tracht Prügel bei Erscheinen dieses Gegenstandes, gebildet haben wird. Kraft seines vortrefflichen Gedächtnisses wird sich bei wiederholtem Bestrafen die Vorstellungsreihe Auto—Prügel als Ursache und Wirkung derart fest verankern, daß daraus eine Zwangsvorstellung oder, wenn man will, eine Autosuggestion entsteht. Kommt dann ein so verdorbenes Pferd, meist viel zu spät und wenn es schon ein „Verbrecher“ geworden ist, einem wirklichen Pferdemann zur Redressur in die Hände, wird es vielleicht monatelanger Lammsgeduld bedürfen, die eingewurzelte Zwangsvorstellung wieder abklingen zu machen und durch andere Eindrücke auszuschalten.

Der einsichtsvolle Reiter wird den Umstand der als Zwangsvorstellungen sich einprägenden Ideenverbindungen, wodurch, wie wir gesehen haben, ein Pferd auch schnell verdorben werden kann, gerade für seine Zwecke ausnutzen, um es richtig zu erziehen und dadurch gar nicht in die Lage kommen, physischen Zwang, der den Charakter und den noch in der Entwicklung begriffenen Körper des jungen Pferdes schädigt, ausüben zu müssen.

Er wird aus der Erkenntnis heraus, daß der Wille des Pferdes hauptsächlich von Lust- oder Unlustgefühlen gelenkt wird, durch Erwecken von ersteren, die er mit bestimmten Handlungen des Pferdes zu einer Vorstellungsreihe im Sinne von Ursache und Wirkung verknüpft, diesen Willen beeinflussen. Er wird also, kurz gesagt, sogar schon bei den kleinsten Anzeichen linkischen Entgegenkommens, irgendeine neue Anforderung zu erfüllen, großzügig belohnen und sich dadurch schon für den nächsten Tag die Arbeit erleichtern. Das Pferd wird es sich genau merken, daß z. B. das Überwinden irgendeines Hindernisses eine Belohnung in Gestalt von Hafer oder gar Absitzen und In-den-Stall-geführtwerden im Gefolge hat. Die Ideenverbindung: Überwinden des Hindernisses bedeutet Hafer oder Ende der Arbeit, wird sich bilden und das kaum nennenswerte Unlustgefühl, das anfänglich die ungewohnte Anstrengung des Sprunges auslöst, wird bedeutend vom Lustgefühl des durch die Vorstellungsreihe damit in ursächlichen Zusammenhang gebrachten Haferfressens überwogen werden.

In diese Gedankengänge gehört auch die Art und Weise, wie die vortreibende Schenkelhilfe, die ja Ausgangspunkt und grundlegende Vorbedingung aller späteren Hilfengebung ist, dem Pferde verständlich gemacht wird.

An und für sich besteht für das rohe Pferd kein Anlaß, auf den Schenkeldruck vorwärts zu gehen. Ein Sporenstich würde sogar durch die physiologische Art seines auf Haut und Muskeln ausgeübten Reizes zusammenziehend, also verhaltend, wirken.

Dem Unlustgefühl aber, das durch eine Berührung mit der Gerte entsteht, wird sich das Pferd durch sein natürliches Abwehrmittel, der Flucht nach vorwärts, zu entziehen suchen. Wenn nun mit Konsequenz einem solchen Vorwärtsgehen das Aufhören der Gertenberührungen unmittelbar folgt, wird es bald nur mehr eines andeutenden Zeichens der Gerte und später des an ihre Stelle tretenden Schenkels bedürfen, um das Antreten oder eine Beschleunigung des Ganges hervorzurufen. Das Pferd hat also auf dem eben beschriebenen Wege gelernt, die erregende Empfindung, die der vorwärtstreibende Schenkeldruck auf sein Hirn ausübte und mit der es ursprünglich nichts anzufangen wußte, da es sie nicht verstand, richtig zu deuten.

Schon hier wird dadurch, daß das Pferd sich daran gewöhnt, denselben Eindrücken immer in derselben Weise zu folgen, der Grund zur Vorstellung von der vis major des Reiters, seiner höheren Gewalt, die ja nur scheinbar ist, über den an Kraft bedeutend überlegenen Pferdekörper gelegt, so zwar, daß das Pferd gar nicht auf den Gedanken kommt, es auf eine Kraftprobe ankommen zu lassen.

Die Vorstellungsreihe „treibende Hilfen" muß derart, dem Pferd ganz unmerkbar, zu einer den Gehorsam sichernden Zwangsvorstellung werden, und in diesem Sinne kann man von einem „Kadavergehorsam" reden. Es hat die Berührung mit dem Schenkel richtig deuten gelernt und wird nun, sobald es diese verspürt, durch seinen dem des Reiters gleichgeschalteten Willen den Befehl zum Vorwärtsgehen über Gehirn und Bewegungsnerven den betreffenden Muskeln der Hinterhand zuleiten, worauf gleichsam als Reflex auf die Hilfe das Antreten erfolgt.

Die Muskelbewegungen werden, wie angedeutet, durch Nerven, deren Impulse vom Kleinhirn ausgehen, veranlaßt. Da aber für die menschliche Wahrnehmungskraft die Tätigkeit der Nerven mit der der Muskeln zusammenfällt, hat der Umweg: Berührung mit dem Schenkel — Zuleitung dieser Empfindung ins Hirn — Überbringung des Durchführungsbefehls durch die Nerven an die ausführenden Organe, die Muskeln — die Reaktionszeit —, keinerlei praktische Bedeutung.

Das Hirn des Pferdes, der Sitz seines Verstandes und Willens, kann als Zentralorgan*) nicht übergangen werden, wir brauchen es, damit es auf unsere Hilfen hin seine Muskeln in Bewegung setzt**). Schalten wir es durch Narkose aus, verliert das Pferd auch seine Bewegungsfähigkeit. —

---

*) Dieses Zentralorgan vergleichen wir mit unserem spezifisch menschlichen Sitz der Seele, der wohl ein entmaterialisiertes, „astrales" Hirn sein dürfte.

Unser leibliches Gehirn ist nur Übermittlungsstelle einer höchsten seelischen Instanz, eben des „Astralhirnes" — der menschlichen Seele; es ist, wie Experimente beweisen, zur Aufrechterhaltung seelischer Funktionen nicht unbedingt notwendig und kann auf eine gewisse Zeitdauer durch andere Nebenzentren, die seine Aufgaben übernehmen, ersetzt werden.

**) Eine Ausnahme machen nur die als reine Gewichtsverlegungen wirkenden Hilfen, die direkt die Masse „Pferd" und damit die den Schwerpunkt dieser Masse verschiebenden Muskeln bis zu einem gewissen Grade mechanisch beeinflussen.

Es gibt Fälle, wo die durch den Reiter im Pferde geweckten Lustgefühle nicht ausreichen werden, es von einer Unart abzuhalten.

Da muß der umgekehrte Weg eingeschlagen und durch Unlustgefühle, die das Pferd dann mit der Unart als deren unmittelbare Folge und Wirkung zu einer Vorstellungsreihe verknüpft, auf die Gehorsamsbildung gewirkt werden. Ein solcher Fall wäre zum Beispiel die Strafe, die einem zur Widersetzlichkeit gewordenen selbständigen Kehrtmachen auf dem Fuße zu folgen hat.

Es ist wohl überflüssig zu sagen, daß, nachdem das Pferd sich überwunden und dem Drange zur Unart (die meist an bestimmten Stellen des Weges erfolgt) nicht nachgegeben hat, eine Belohnung am Platze ist. Neue daraus entstehende Vorstellungsreihe des Pferdes: „Mache ich hier nicht kehrt, werde ich belohnt. Es ist doch angenehmer und schmerzloser, nicht umzukehren und Hafer zu bekommen, als den mißglückten Versuch dazu zu machen und obendrein noch Haue zu beziehen." —

Nicht ganz mit Unrecht wirft man der heutigen Fachliteratur vor, daß sie sich darin gefalle, die Pferde als lauter Engel darzustellen, die nichts sehnlicher zu wünschen scheinen, als ihrem Reiter Freude zu machen, wenn er ihnen nur die Möglichkeit dazu gibt.

Ist dieser noch so gefühlsgerecht und geschickt, reitet er sein temperamentvolles junges Pferd noch so sachgemäß von hinten nach vorn an, wird es dennoch kaum zu vermeiden sein, daß die Remonte die wohlgemeinten Bestrebungen des Herrchens nicht gebührend zu schätzen weiß, sich weniger mit diesem als mit ihrer Umgebung beschäftigt und auf kindlichen Unfug sinnt. Ebensowenig wird es am Anfang der Ausbildung zu vermeiden sein, daß die Last, die trotz Mitgehens des Sitzes immerhin als überflüssig empfunden wird, das lebhafte Pferd dazu veranlaßt, zu solchen Befreiungsmitteln zu greifen, die es dem Reiter zum mindesten erschweren, seine Hilfen vorschriftsmäßig „nach dem Büchel" zu erteilen. „Wer nie sein Reiterbrot in Tränen aß ..."

Es hieße daher übers Ziel hinausschießen, wollte man das angeborene Entgegenkommen einzelner seltener Ausnahmen verallgemeinern. Man muß sich im Gegenteil darauf gefaßt machen, daß die Mehrzahl der jungen Pferde häufig widerstreben und auch ohne daß ihnen der Gehorsam Schmerz oder nennenswertes Unbehagen verursacht, meistens etwas anderes wollen wird als gerade das, wonach der Sinn des Reiters steht. Dieser wird in solchen Fällen seine auf Gefühl, Takt und gutem Sitz beruhende Kunst beweisen, wenn es ihm ohne Kampf und in aller Gelassenheit gelingt, sein Pferd in eine solche Körperverfassung und -stellung zu bringen, die ihm als einzigen Ausweg den Willen zum Gehorsam übrigläßt. Immer wird es ein Triumph des feinsten Taktes sein, wenn der Reiter seine Absichten restlos durchgesetzt hat, ohne daß es dabei zu offener Opposition gekommen wäre.

Wie bei jungen und auch älteren Menschen, deren Dichten und Trachten ja leider auch nicht einzig und allein dahin geht, Eltern und Vorgesetzten reine Freude zu bereiten, werden auch beim vierbeinigen Lehrling zuweilen Faseligkeit, Eigensinn und vielleicht sogar Trotz der Kreatur unseren berechtigten Anforderungen diametral zuwiderlaufen.

Bei älteren Pferden wird man da bei klar erkanntem bösen Willen mit Gerte oder Schenkel nicht schüchtern sein dürfen. Ein kurzer Spornstoß reinigt und klärt die Atmosphäre, denn er bringt die gegenseitigen Machtpositionen unmißverständlich in Erinnerung. Nach einer solchen für den Reiter erfolgreich beendeten Auseinandersetzung ist es natürlich dessen verdammte Pflicht und Schuldigkeit, als Sieger den ersten Schritt zur Wiederherstellung eines vertrauensvollen Freundschaftsverhältnisses mit dem „Kameraden Pferd" zu tun.

Daß man nicht gerade glattes Straßenpflaster zum Schauplatz derartiger Erörterungen wählen wird, versteht sich von selbst und ist Sache reiterlicher Um- und Voraussicht.

Der Versuch, im Zustande offener Revolte zu begütigen, würde als feige Bestechung bei der nächsten geeigneten Gelegenheit das Pferd zum wohlberechnenden und die Schwäche seines „Herrn" raffiniert ausnutzenden Erpresser machen.

Alle Zeichen unangebrachter Nachgiebigkeit, bevor nicht wenigstens der Wille zum Gehorsam zum Ausdruck gekommen ist, erschüttern bedenklich Achtung und Glauben an die höhere Gewalt, wenn sie sie nicht gar für immer untergraben. —

Das Pferd kennt nicht das Schuldbewußtsein etwa getanen Unrechts wie der Hund; so moralisch veranlagt ist es nicht. Es kann nicht folgern: „Weil ich die Unart des Kehrtmachens begangen habe, werde ich bestraft." Wohl aber wird sich ihm bei einiger Konsequenz des Reiters die zur Zwangsvorstellung gewordene direkte Ideenverbindung: Kehrtmachen — Strafe, automatisch einprägen. In diesem Sinne können wir auch von einem „Automatengedächtnis" des Pferdes sprechen. —

Bei Erklärung der Gehorsamsentwicklung durch Einwirken auf den Willen des Pferdes sagten wir schon einleitend, daß die zunächstliegende Aufgabe des Reiters darin bestehe, durch Hineinversetzen in die von der menschlichen abweichende primitive Denkweise des Pferdes, den geistigen Kontakt mit seinem Schüler herzustellen. Diese psychische Verbundenheit verfolgt aber nicht nur den Zweck, durch übrigens nach Gewöhnung unterbewußt gewordene und keinerlei Zwangsempfindung erweckende Zwangsvorstellungen dem Pferde das Gefühl von der höheren Gewalt des Reiters einzuprägen. Gehorsam und Harmonie werden nur dann fest verankert sein, wenn von seiten des Pferdes noch das Vertrauen zum Träger der höheren Macht hinzutritt.

Darum besteht eine zweite, mit der ersten Hand in Hand gehende Aufgabe des Reiters darin, diese Vertrauensbildung zu fördern.

Gerade bei einem der oben angeführten Beispiele, das sich mit der ersten Gewöhnung an das Überwinden von Hindernissen befaßt, hat man Gelegenheit, durch konsequentes Belohnen nach willig ausgeführtem Sprung, diese Übung dem Pferde zu einem freudigen Ereignis zu machen. Man wird sich dadurch nicht nur einen sicheren Gehorsamsspringer heranbilden, sondern gleichzeitig das Vertrauen des Pferdes in den Träger der höheren Gewalt stärken, den es achtet und dem es gehorcht, der aber auch sein Freund und Kamerad ist und den es als den Spender von Lustgefühlen lieben wird. Solche Pferde werden einen regen Ehrgeiz zeigen, dem Willen des Reiters entgegenzukommen und ihn zu erfüllen — sie werden gehorsamsfreudig sein.

Ein Pferd, das aus sicherem Vertrauen zu dem gewohnten treibenden Schenkel durch Feuer und Wasser ging, muß auch den Kürassierkornett von Seydlitz in kühnem Sprung über das Brückengeländer in die Spree getragen haben, um mit dem Rittmeister von Seydlitz am Ufer zu landen. Es half seinem Reiter ein in keckem Mut seinem König gegebenes Wort einzulösen (s. a. Eckart von Naso, Seydlitz; nach anderen Quellen soll Seydlitz seinen „Brückensprung", der als solcher historisch ist, als General in die angeschwollene Oder gemacht haben).

Aus Ängstlichkeit scheuende und überhaupt im Temperament überempfindliche, seelisch verkrampfte Pferde mit verdorbenen Nerven können überhaupt erst, nachdem sie Vertrauen gefaßt, den Hilfen zugänglich gemacht werden. Denn solange die Nerven beben und vibrieren, ist das seelische Gleichgewicht nicht vorhanden und kein anderer Kontakt als der durch liebevolle, gelassene und geduldige Behandlung geschaffene möglich.

Wenn alles andere versagt, sind ruhiges Streicheln und das Hören der vertrauten *Stimme*, deren sich gleichbleibender Tonfall an frühere Belohnungen erinnert, oft das einzige Mittel, einen Kontakt aufrechtzuerhalten, der, wenn bei krampfhaft erregbaren Pferden einmal unterbrochen, zu kopflosem Durchgehen, als wären sie von einem Dämon besessen, Hinwerfen oder Überschlagen, kurz, zu Katastrophen führen kann*). —

Ist es dem Reiter gelungen, das *Vertrauen* des Pferdes zu gewinnen, darf er es anfangs natürlich auf keine *zu harten Proben* stellen. Zu Beginn ist es immer besser, Diplomat und Taktiker zu sein und Gelegenheiten, die Angstzustände hervorrufen könnten, zu meiden.

Den *schwersten Krisen* aber wird eine unter noch so günstigen Umständen begonnene *Vertrauensbildung* ausgesetzt sein, wenn vom Pferde etwas verlangt wird, das es noch nicht begriffen hat oder das seine körperliche Leistungsfähigkeit übersteigt und Schmerzen verursacht. Da kann sich auch die Vorstellungsreihe: Reiter — Spender von Unlustgefühlen bilden, und eine solche, einmal eingewurzelt, wird jeden Fortschritt hemmen. —

Wir haben bisher bei Betrachtung der Gehorsamsschulung die Gewinnung des Willens des Pferdes und seine Unterordnung unter und Synchronisierung mit dem des Reiters mittels *direkter Ideenverbindungen* und *Vertrauensgewinnung* beleuchtet. Es erübrigt noch, zu betonen, daß wir bei aller angestrebten Beherrschung des Pferdes daraus kein bloßes willenloses Werkzeug machen wollen. Hand in Hand mit der Gehorsamsschulung geht eine *Erziehung*, die besonders durch *Übungen im Gelände* dahin gerichtet ist, das Pferd nie seine *Selbständigkeit* verlieren zu lassen.

Diese wohlverstandene Geländeschulung hat dahin abzuzielen, das am Schenkel stehende Pferd sich selbst, ohne Störung durch die Zügel, ausbalancieren zu lassen und zu diesem Zweck den Hals als naturgegebenen Regulator des Gleichgewichts und als hauptsächliche Balancierstange (eine solche zweiter Ordnung ist der Schweif) wieder so zu gebrauchen, wie es dies schon seinerzeit als Weidefohlen auf der Koppel instinktiv getan hat**).

Ein Pferd, dessen Wille durch rohe Gewalt gebrochen ist und das sich infolge seiner übel angebrachten Gutmütigkeit in einem Zustand passiver Duldung befindet, hat mit seinem Nerv auch jede *Selbständigkeit* verloren und erwartet nun von seinem Reiter, jeden Schritt vorgeschrieben zu erhalten. Es läßt sich leicht denken, was für eine klägliche Rolle ein solches, zu einem maschinenmäßig arbeitenden Automaten herabgewürdigtes Tier im Jagdfelde spielen wird und in was für peinliche Situationen ein an seiner „Ausbildung" vielleicht ganz unschuldiger Reiter damit geraten kann.

*) Auch das durch keinerlei Bodenunebenheiten begründete, scheinbar unerklärliche Stürzen plötzlich erschreckter Pferde ist auf das ungeordnete Funktionieren ihrer Bewegungsnerven zurückzuführen (mangelnde Übereinstimmung der beteiligten Muskel- und Nervenkräfte).

**) Siehe auch „*Der Hals als Regulator des Gleichgewichts in den drei Grundgangarten, dem Renngalopp und Sprung*" vom Verf. „Deutscher Sankt Georg" Berlin 1942. Über das *Vertrauensverhältnis* des Pferdes zum Reiter hat der Verf. eine wirkliche Begebenheit in „Cyrano. Die Geschichte eines Hengstes" erzählt. Ebd. Weihnachtsnummer 1940.

Über den seelischen Voraussetzungen, die das Pferd erfüllen muß, um dem Reiter zu gehorchen, dürfen wir aber nicht die physischen vergessen, die genau so notwendig sind wie jene. Es wäre ein Streit um des Kaisers Bart, wollte man den einen oder den anderen ausgesprochenen Vorrang zuerkennen. Ebenso sinnlos wäre eine Diskussion, ob bei einem Wagen das Gestell oder die Räder das wichtigere seien. Beide Bestandteile zusammen machen erst den brauchbaren Wagen. —

Der Gehorsam im Sinne der Beherrschung des Pferdekörpers durch die Hilfen und im Sinne mehr oder weniger weit fortgeschrittener gymnastischer Ausbildung und Durchlässigkeit ist insofern Funktion der verschiedenen Grade der Selbsthaltung, als das Pferd bei mehr gegen die Mitte der Unterstützungsfläche zu verschobener Schwerpunktslage auch mehr Herr seiner Masse und Balancierfähigkeit wird. Fällt ein zu großer Teil des zu tragenden Gewichts der Vorhand zu, kann es auch beim besten Willen, gehorsam zu sein, seine Vorderbeine nicht mit der Leichtigkeit und Mühelosigkeit vom Boden lösen, wie sie eine vollkommene Wendsamkeit erfordert. Ein Beispiel dafür sind die unglaublich willigen und gehorsamsfreudigen, eigens auf Wendsamkeit gezüchteten, aber nicht in unserem Sinne durchgerittenen Poloponies, denen der körperliche Gehorsam durch immerhin nicht einfache Zäumungen und Hilfszügel „erleichtert“ werden muß. Hinzugefügt sei, daß der Verfasser hier nicht als vollkommener Laie und aus negativer Einstellung zu diesem Reiterspiel spricht, da er sich im Auslande selbst mit diesem Sport beschäftigt hat. —

Durch folgerichtig aufgebaute systematische Gymnastik in der Reitbahn (auf ebenem Hufschlag) wird das Pferd erst fähig, den Willen des Reiters auf zeichenartige Hilfen in die Tat umzusetzen und das Gewollte mit Leichtigkeit auszuführen*).

Hiermit ist dann auch die zweite Voraussetzung erfüllt, die, wie schon zu Beginn dieser Betrachtung über den Gehorsam festgestellt wurde, neben der seelischen Bereitschaft mit als seine Vorbedingung gelten muß. —

Auf die Gefahr hin, mich zu wiederholen, möchte ich noch einmal darauf hinweisen, daß bei der Bildung des Gehorsams die Ruhe eine außerordentliche Rolle spielt. „Ruhe, Vorwärts, Geradegerichtet“ hat einer der größten Reiter aller Zeiten zu seiner Devise gemacht. Mit Absicht hat er die „Ruhe“ vorangestellt; er meint nicht die Ruhe als Ermüdungserscheinung, sondern als aus körperlichem Wohlbefinden und seelischer Ausgeglichenheit resultierende kraftvolle und überlegene Sicherheit. In diesem Zustand konzentrieren sich die Pferde am besten auf den Ausbildner und sind von allen Störungserscheinungen, deren Grund vielfach auch in ihrem besonders fein entwickelten Gehör- und Geruchsinn zu suchen ist, am unabhängigsten.

*) Bei manchen hoch im Blut stehenden Pferden ist der Wille zu gehorchen und dem Reiter entgegenzukommen, stärker entwickelt als die Organe des Körpers, besonders die Pedale. Von solchen Pferden, bei denen Wollen und Können nicht gleichen Schritt halten, weil die physischen Kräfte den Anforderungen des wahrhaft großen Herzens nicht gewachsen sind, sagt man, daß „die Schneide die Scheide abnütze“.
Es bedarf da klugen Maßhaltens von seiten des Reiters, die übergroße Gehlust und Hingabe, die sich bis zur Selbstaufopferung steigern können, zu mäßigen. Sonst wird man bald eine Ruine zu beklagen haben.

2. Erstes Anreiten. Erreichung der Zwanglosigkeit und Losgelassenheit

„Man kann die Dressur nicht willkürlich abkürzen — sie hat ihre Inkubationsfristen."

A. Das junge Pferd muß die zwanglose Natürlichkeit seiner Haltung und die naturgegebene Freiheit und Sicherheit seiner Bewegungen wiederfinden, die es vor der Belastung durch den Reiter hatte.

Wir wenden uns jetzt wieder dem eigentlichen Helden unseres Buches, dem jungen Pferde, zu, um es bei seiner Ausbildung, die gymnastische Übungen in der Bahn, dann folgerichtige, ernste, aber immer vom Geiste gütigen Verständnisses getragene Erziehung und endlich Gewöhnung an die sich steigernden körperlichen Anforderungen umfaßt, zu begleiten.

Mit dem Auflegen und Tragen des Sattels ist es schon bei der Leinenarbeit vertraut geworden; vielleicht hat man auch, nachdem es sich an der Longe abgelaufen, einen Reiter hinaufgehoben und ihn in den Stall tragen lassen, um mit dem Begriff Reiter das Ende der Arbeit in Zusammenhang zu bringen, was sicherlich eine günstige Atmosphäre schafft und keineswegs eine Erziehung zum Nachhausedrängen bedeutet.

Nehmen wir aber den Fall an, wir wollen ein Pferd, *das überhaupt noch nie einen Reiter getragen*, mit dieser neuen Gegebenheit so vertraut machen, daß es sich von allem Anfang an damit möglichst unbefangen abzufinden lernt.

Selbst das gutmütigste Pferd kann bei unvermitteltem Aufsitzen durch die plötzliche Belastung und das Auftauchen eines dunklen Schattens hoch über seinem Rücken — so empfindet es den ersten Kontakt mit dem im Sattel sitzenden Reiter — in panischen Schrecken geraten. Es wird dann, auch wenn der Reiter nicht abgeworfen wird, eine Abneigung gegen das Aufsitzen fassen, und man wird bald ein Pferd haben, das schon bei Ansichtigwerden des Reiters herumtrippelt, sich spannt und schon zu Beginn der Arbeitsstunde Schwierigkeiten macht, die bei einiger Bedachtsamkeit beim ersten Aufsitzen überhaupt nie zum Ausbruch gekommen wären.

Durch die dem ersten Anreiten mindestens einige Wochen vorangehende Longierperiode hat das Pferd ein zwangloses Laufen im Kreise gelernt, vielleicht ist es auch schon so weit, daß es sich treiben läßt und an den Zügel herandehnt. Aber auch wenn ihm letzteres noch nicht in Fleisch und Blut übergegangen sein sollte — vielleicht war die Zeit zu beschränkt —, hat es beim Longieren seinen *„natürlichen Trab"*, *in einem Tempo, das es sich selbst sucht ohne zu eilen und wobei es gleichlange Schritte macht, in einer Haltung, die es von selbst annimmt, wiedergefunden*.

In diesem natürlichen Trab wird es nun zunächst auf der linken, dann der rechten und zuletzt wieder auf der linken Hand etwas länger als die vorhergehenden Tage ablongiert, so daß es müde wird und ihm das nunmehrige Anhalten und Stehenbleiben ein höchst willkommenes Ausruhen ist.

Das ist dann der günstigste Moment, wo sich der Reiter von vorne dem Pferde nähert, während der Longenführer, der die Peitsche beiseitegelegt hat, die Leine verkürzend, auch zu seinem Kopfe tritt. Damit es womöglich diese taktischen Bewegungen gar nicht beachtet, wird ihm von seinem Wärter Hafer oder Brot gereicht*). Vorteilhaft ist es, diese Belohnungen mit jedesmaligem Klopfen auf Hals, Schultern und Sattel bei sich allmählich steigernder Geräuschentwicklung zu verbinden. Überhaupt ist nun Gelegenheit, je unbeachteter das Pferd diese Berührungen läßt, sie mit Anlehnen des Reiters an der linken Schulter, Erfassen des Sattelkranzes, Hinübergreifen seiner rechten Hand u. ä. zu verbinden. Jede neue Bewegung und Berührung muß aber konsequent mit einer ihr auf dem Fuße folgenden Belohnung in Gestalt eines Leckerbissens verknüpft sein.

So schmeichelt sich der Reiter an das seine Berührungen gar nicht mehr beachtende Pferd immer mehr heran und durch Aufziehen an Mähne und Vorderzwiesel auch aufs Pferd hinauf, ohne aber vorläufig noch seine Stütze auf den Fußspitzen ganz aufzugeben.

*) Bei menschenscheuen Pferden, die ja heutzutage eine Seltenheit sind, ist es am besten, das erste Anreiten durch den Wärter besorgen zu lassen, da sie dessen Stimme und Geruch am besten kennen. Die Rolle des Gehilfen, der belohnt und beim Aufsitzen den rechten Steigriemen oder den Bügel ergreift, um ein Verschieben des nur leicht angegurteten Sattels zu vermeiden und der auch noch die Aufgabe hat, den schon vorher der Beinlänge des Reiters angepaßten Bügel auf dessen rechten Fuß zu schieben, wird dann ein anderer gelassener Mann übernehmen.

So vorbereitet und abgelenkt, wird es keinem unverdorbenen und noch nicht verschreckten Pferd einfallen, etwas dagegen zu haben, wenn mit einem Male der linke Fuß mit vom Pferde abgewendeter Spitze im Bügel ruht. Im Gegenteil, es wird diese harmlose Bewegung nur begrüßen, denn sie bedeutet ja wieder Hafer! Jedesmal um einige Zentimeter höher wird sich nun der Reiter, mit dem rechten Fuß abstoßend, im Bügel heben, den Fuß darin behaltend wieder den Boden berühren, wieder heben und wieder zur Erde kommen. Bei jedesmaligem Heben wird der Abstoß des rechten Beines stärker, so daß der Reiter bald für einige Augenblicke wie ein Mehlsack bäuchlings über dem Sattel liegen kann, ohne daß das Pferd, das mit Fressen beschäftigt und dadurch abgelenkt ist, von dieser Art Belastung, deren Steigerung ja nur gleichsam zoll- und grammweise wachsend und daher unmerklich fühlbar wird, weiter Notiz nimmt.

Während der linke Arm des Reiters, über die rechte Vorderseite des Sattels gelegt, den Körper in oben beschriebener Lage erhält, macht der freie rechte Arm zuerst ganz langsam ähnliche Bewegungen, wie sie das rechte Beim beim Überschwingen machen wird. Hat sich das Pferd auch daran gewöhnt, hebt der Reiter das rechte Bein hinüber und schmiegt sich, sachte nach vorne einsitzend, in den Sattel, wobei ihm der Gehilfe den vorher angepaßten Bügel auf den Fuß schiebt.

Das Stehen unter der neuen Last ist für ein empfindliches Pferd unangenehmer als das Gehen. Daher tritt der vor dem Kopf stehende Gehilfe einige Schritte rückwärts, das Pferd folgt ihm, um den dargebotenen Hafer zu erreichen, und wird noch im Gehen gefüttert.

Der Leinenführer geht mit und bringt das Pferd, es an der verkürzten Longe leitend, auf die schon gewohnte Kreislinie, wo er, die Leine verlängernd und in die Mitte tretend, das Pferd auf der linken Hand unter Anwendung der gewohnten Hilfen in einen natürlichen Trab übergehen läßt. Der Reiter verhält sich vollkommen passiv und bemüht sich, im Spaltsitz und leichttrabend den Bewegungen geschmeidig zu folgen.

Da die Führung von dem Longierenden übernommen wird, braucht und soll sich der Reiter darum nicht kümmern. Er hält sich an der Mähne oder, wenn keine solche vorhanden, an einem breiten Halsriemen an und soll nur auf weiches Mitgehen, ohne die Hinterhand durch volles Einsitzen zu belasten, bedacht sein. Dafür, daß etwaige Bocksprünge nicht auf der Stelle, sondern nach vorwärts gemacht werden, sorgt der Longenführer, ebenso wie er ein Verhalten oder Stehenbleiben durch Drohen mit der Peitsche, die das Pferd ja auch schon kennt, verhindert.

Der Reiter muß nicht nur geschmeidig sitzen, um den Bewegungsrhythmus des Pferdes durch keinerlei Steifungen seines Körpers zu stören, er muß, wenn es nötig ist, auch festen Schluß nehmen können, denn abwerfen darf er sich nicht lassen. Wäre das auch keine Katastrophe für den Reiter, so kommt es doch fast einer solchen gleich im Hinblick auf die weitere Ausbildung des Pferdes. Ist dieses durch so einen leichten Sieg erst einmal zum Bewußtsein seiner Kraft gekommen, wird es bei jeder nächsten sich bietenden Gelegenheit den Versuch wiederholen, sich der unbequemen Last zu entledigen. Ist es einmal so weit, wird es dann nicht mehr zu umgehen sein, daß ein sattelfesterer Reiter energisch durchgreifen muß. Ein solches Durchgreifen soll und braucht aber bei richtiger Vorbereitung und der erforderlichen Geschicklichkeit und Sattelfestigkeit des ersten Reiters gar nicht notwendig zu werden. Es soll schon deshalb vermieden werden, weil Gewaltanwendung weder dazu angetan ist, den Charakter des jungen Pferdes zu verbessern, noch dessen körperliche Entwicklung zu fördern.

Sollte das Pferd trotz Drohens mit der Peitsche stehen bleiben, so nehme sie der Longenführer unter die rechte Achselhöhle und trete, die Leine verkürzend, zum Pferd, um es, wenn notwendig, durch eine kleine Drehung nach rechts oder

links vom Boden loszuschrauben und, einige Schritte anführend, wieder in Gang zu bringen. Dafür wird es selbstverständlich von neuem belohnt.

Der Reiter geht nur soweit aus seiner Passivität heraus, als er durch Streicheln am Halse, Zusprechen und während der Haltepausen durch Vorneigen und Reichen von Leckerbissen das Pferd immer mehr mit der ihm bisher ja unbekannten Last vertraut macht und in ihm die Überzeugung weckt, daß von dieser keine Bedrohung, sondern im Gegenteil, nur Gutes zu erwarten sei.

Ist das Pferd einige Runden getrabt, wird in den Schritt übergegangen und gehalten. Auch bei dieser Gelegenheit wird Hafer gereicht. Es folgt nun noch eine kurze Reprise im Trab, und nach neuerlichem Anhalten wird abgesessen. Dabei gehe man wieder nach dem schon beim Aufsitzen beobachteten Grundsatze vor, das Pferd durch keine plötzlichen Bewegungen zu erschrecken. Bevor man den linken Fuß aus dem Bügel zieht, schwinge man sich noch einige Male in den Sattel, da das Pferd jetzt noch müder und ruhiger geworden ist und in diesem Zustand ganz unbefangen das Aufsitzen über sich ergehen lassen wird und sich durch häufige Wiederholung immer mehr daran gewöhnt. Als größte Belohnung folgt nun das Aufhören mit der Arbeit und das Entlassen in den Stall.

Arbeitet man nach diesem Prinzip, wird das ruhige Aufsitzenlassen und später das darauffolgende Stehen, beides Dinge von allergrößter Wichtigkeit, zu einer Selbstverständlichkeit. —

Für das erste Aufsitzen gibt es noch einfachere Methoden als die oben beschriebene. Man läßt sich z. B. ohne viel Umstände auf das neben der Wand stehende Pferd hinaufheben, indem der Wärter mit der rechten Hand den angehobenen linken Unterschenkel unterhalb des Knies erfaßt. Wenn man dabei leicht Platz nimmt und sich nicht schwerfällig in den Sattel plumpsen läßt, werden das wenige Pferde übelnehmen. In den Rennställen wird bei den oft recht schwierigen Jährlingen ähnlich verfahren.

An das Hinaufheben soll sich überhaupt jedes Pferd früher oder später gewöhnen. Es ist die sauberste Art sein Pferd zu besteigen, weil sich dabei der Sattel nicht verschieben kann und Klimmzüge vermieden werden, die sich nicht umgehen lassen, wenn z. B. ein ganz kleiner Mann auf ein ganz großes Pferd hinaufturnen muß, was immerhin vorkommen kann*). —

Am ersten Tage der Arbeit unter dem Reiter wurde nach dem Aufsitzen nur auf der linken Hand longiert, da das Linksherumgehen unter den neuen Verhältnissen dem Pferde am natürlichsten ist. Die folgenden Tage finden dann die Handwechsel nach Bedarf statt.

Obwohl das Bewegen täglich zwei Stunden dauern soll, darf die anfängliche Arbeit unter dem Reiter, die ja hauptsächlich im natürlichen Trabe stattfindet, je nach Kräftezustand (der sich durch Übermut oder Müdigkeit äußert) 10 bis 20 Minuten nicht überschreiten. Die an die neuen Anforderungen noch nicht gewöhnten Muskeln würden sich bei längerer Dauer der Belastung — abgesehen von anderen Ursachen, auf die wir noch zu sprechen kommen — durch vermehrtes krampfhaftes Anspannen oder ebensolches Abspannen dem Schmerz

*) Eine Erinnerung an die schon den Alten bekannten, das Aufschwingen erleichternden „Steigsteine" ist die an der einen Schmalseite der Spanischen Hofreitschule so niedrig gehaltene Einfassung, daß der darauf stehende Reiter, wenn er einmal den Fuß in den linken Bügel gesetzt hat, zum Besteigen keines Abstoßes bedarf, so daß ein Hinüberschwingen des rechten Beines genügt, um sich in den Schulsattel niederzulassen.

zu entziehen suchen, den eine zu lange Inanspruchnahme verursacht. Das ist auch mit ein Grund, warum in den nächsten Stunden das Auf- und Absitzen häufig geübt wird und die dabei sich ergebenden Pausen durch Berichtigung der Lage des Sattels, Aufheben der Beine, Herumführen über Stangen u. ä. ausgefüllt und verlängert werden. Der Sattel, der anfangs, um Hinterhand und Rücken zu schonen und keinen Reiz auf dessen hintere Partien auszuüben, mit seinem vorderen Teil die Schulterblätter etwas bedeckend, aufgelegt wurde, wird nunmehr in den Pausen auf seinen richtigen Platz zurückgesattelt und dementsprechend auch weiter rückwärts gegurtet. Richtige Sattel- und Gurtenlage wurden bereits an anderer Stelle beschrieben.

Bei jungen Pferden mit noch nicht ausgebildeter Sattellage, verschwommenem, nichtausgeprägtem Widerrist, und überhaupt bei heubäuchigen, überbauten, in der Herzgegend schmalen, ferner bei solchen, die noch mit untätigem, nicht schwingendem Rücken gehen, der Sattel und Reiter nicht auf ihren richtigen Platz setzt, empfehle ich die Benutzung eines Hintergurts.

Ein solcher, an der Bauchwandung nur leicht anliegend, gibt dem sonst vorrutschenden Sattel den erforderlichen Gegenhalt und hat weder die Nachteile des Schweifriemens, der, wenn er vom vorgleitenden Sattel angespannt wird, den Rücken reibt und Verkrampfungen zur Folge haben kann, noch die des Vorgurts, der, ohne seinen Zweck zu erfüllen, zum Ellbogen vorrutscht, diesen scheuert und dem Pferd die Lust am freien Austritt der Vorderbeine nimmt.

Der Hintergurt — in die rückwärtigste Gurtenstrippe geschnallt — wird bei in der Lendengegend aufgelegtem Sattel, etwa 20 cm vor der Schlauchgegend, nur so fest um den Bauch geschnallt, daß er nicht schlottert, und dann der Sattel gegen den Haarstrich in seine normale Lage vorgeschoben. Dann erst werden die Sattelgurten, wie gewöhnlich, in den beiden vorderen, noch freien Strippen befestigt.

Jedes Pferd, das sachgemäß ans Satteln gewöhnt wurde, duldet den Hintergurt; übrigens soll er ja nichts als ein vorübergehendes Hilfsmittel sein. Er wirkt, wie alles Ungewohnte, aufs Auge unschön — er wird aber jedem Reiter gefallen, der mit anderen Mitteln seinen Zweck nicht erreichen konnte und der nicht die Möglichkeit hat, während einer Stunde drei- bis fünfmal nachzusatteln.

Je besser in reiterlichem Sinne das Pferd später gehen wird und je mehr ein vielleicht noch vorhandener Weidebauch verschwindet, desto überflüssiger wird ein Nachsatteln zur „Bildung einer guten Sattellage“ werden. Ein solches wird dann nur mehr zur Erleichterung des Pferdes bei Rasten oder zur Belohnung, als welche das damit verbundene Nachlassen der Gurten empfunden wird, notwendig sein. —

Gleich an dieser Stelle sei gesagt, daß es ebenso wie zum ersten Aufsitzen auch zum ersten Anreiten einfachere Methoden oder, besser gesagt, ein anscheinend zeitsparenderes Vorgehen gibt. Bei gutmütigen, wenig empfindlichen Pferden wird man ein solches auch ungestraft anwenden können. Unverhältnismäßig zahlreicher aber sind die Fälle, wo Fehler, die durch übereilte, auf die Individualität der Remonte nicht eingehende Behandlung beim ersten Anreiten gemacht werden, Untugenden und schlechte Gewohnheiten Wurzel fassen lassen, die das Pferd auch in seinem späteren Leben nie mehr ganz ablegen wird.

Die Art, das Pferd erst einige Wochen an die beim Longieren wirksamen treibenden und verhaltenden Hilfen zu gewöhnen, es vor dem ersten Aufsitzen abzulongieren, dieses Aufsitzen selbst und das darauf folgende Anreiten mit größter Ruhe und Gelassenheit und so zu bewerkstelligen, als ob das Pferd sehr empfindlich wäre, wird vielen pedantisch erscheinen. Es ist aber dennoch der Weg, der, wenn auch nicht in allen Fällen am schnellsten, doch am sichersten zum Ziele führt.

Ein Pferd, das an der Leine seine natürlichen Gänge wiedergefunden hat und, zwischen Longe und Peitsche eingerahmt, deren Hilfen befolgt, wird den Reiter zu keinem Eingreifen mit den Zügeln nötigen und ihm gestatten, bei ganz passivem Verhalten seine Aufmerksamkeit vor allem auf den mitgehenden, den Gang nicht störenden Sitz zu richten. Diese Vorarbeit wird es ermöglichen, die nach dem ersten Aufsitzen unausbleiblichen Schwierigkeiten, die jeder Rücken infolge der ungewohnten Belastung machen wird, auf ein Mindestmaß zu beschränken. —

Nach einigen Tagen, wenn sich das Pferd schon an das Gewicht des Reiters gewöhnt hat, wird es an der Zeit sein, daß der Reiter aus seiner Passivität heraustritt und es zunächst mit den vortreibenden, dann mit den verhaltenden Hilfen vertraut macht. Es ist das auch eine Vorbereitung für das Freireiten, dessen Beginn der Einsicht und dem Gefühl des Reiters überlassen bleiben muß.

Das erste Vortreiben durch den Reiter geschieht durch Berührung mit der Gerte an der Schulter, später knapp hinter dem Schenkel. Beschleunigt daraufhin das Pferd seinen Gang, hat die Hilfe sofort aufzuhören. Bei zunehmendem Verständnis geht so die vortreibende Hilfe immer mehr vom Leinenführer auf den Reiter über; dieser ersetzt die Gertenhilfe allmählich durch den Druck des Schenkels, der selbstverständlich keine Sporen tragen darf.

So wird dem Pferd die Schenkelhilfe, die es, wie wir schon in einem früheren Abschnitt (s. Gehorsam) erwähnt haben, anfangs nicht zu deuten weiß, gleichsam erklärt, und es gewöhnt sich daran, ihr auch ohne unterstützende Mitwirkung von Peitsche und Gerte zu folgen.

Nun muß das Pferd auch mit der Wirkung der Zügel, die bisher geknotet auf dem Halse lagen, vertraut gemacht werden.

Sie werden nur soweit angestellt, daß eine Leitung zwischen Hand und Pferdemaul hergestellt ist. Diese Verbindung muß so leicht sein, daß das Gebiß keinerlei störende Wirkung auf das Maul ausüben kann. Die Länge der Zügel hat sich ganz nach der vom Pferde gewählten und von den Ausbindezügeln nur in geringem Maße begrenzten Kopf- und Halshaltung zu richten; sie können also lang oder auch kürzer sein. Der Zügel muß mit einem Worte „passen". An „Führung" hat der Reiter vorläufig noch gar nicht zu denken, die ist nach wie vor Sache des Longierenden. Die noch beibehaltenen Ausbindezügel, die selbstverständlich unter den Trensenzügeln in die Ringe des Gebisses eingeschnallt oder eingefedert sind, verhindern ein starkes Verdrehen von Hals und Kopf und so eine Ablenkung der Aufmerksamkeit durch äußere Ereignisse. Sie haben so lang zu sein, daß das Pferd bei voller Streckung von Hals und Kopf nach vorwärts sie auch finden kann. Ihr endgültiges Längenmaß kann erst während der Arbeit bestimmt werden. Bei längere Zeit andauernder Longierperiode werden sie, wie schon bei Besprechung der Leinenarbeit erwähnt, nach Maßgabe des Sichaufnehmens des Pferdes verkürzt. Zum ersten Anreiten hat man sie aber wieder so lang zu lassen wie beim ersten Laufen an der Leine. —

Um das Pferd aus dem *Trab in den Schritt übergehen* zu lassen, darf der Reiter den Rücken noch nicht vermehrt beschweren. Er verstärkt im Gegenteil die durch seinen entlastenden Spaltsitz ohnehin schon auf die beiden Pferdeseiten verlagerte Gewichtseinwirkung noch durch vorübergehend vermehrten Knieschluß. Gleichzeitig läßt er die Trabbewegung durch Auffangen mit der stillstehenden oder nach Bedarf abwechselnd annehmenden und nachgebenden Hand auslaufen, bis der Übergang in den Schritt erfolgt ist. Diese *ersten Zügelhilfen* werden durch die dem Pferde schon geläufigen Leinenhilfen des Longenführers erklärt und unterstützt. Die Schenkel wirken noch gar nicht ein.

Sobald das Pferd in den Schritt gefallen ist, nimmt der Reiter den Normalsitz bei weich anliegenden Schenkeln an und gibt wieder so viel Zügelfreiheit, daß keine störende Wirkung des Gebisses auf das Maul spürbar wird*).

Auch der Übergang vom *Schritt zum Halten* wird die erste Zeit nach denselben Grundsätzen wie der Übergang vom Trab in den Schritt ausgeführt, so daß das Pferd fast von selbst zum Stehen kommt.

Beginnt es im weiteren Verlaufe der Ausbildung die Anlehnung zu suchen, wird entsprechend dem dann vom Reiter angenommenen Normalsitz das Gewicht bei den Übergängen etwas weniger in die Bewegung eingehen und so die durch anregende Schenkelhilfen vorgeholten Hinterbeine belasten. Aus dem anfänglichen *Auslaufenlassen* ist dann bereits ein *Aufhalten* geworden, das seinerseits wieder beim gerittenen Pferd zur *Parade* (s. ganze und halbe Paraden) wird.

Den Zeitpunkt zu bestimmen, wann das *Freireiten* zu beginnen hat, ist reine Gefühlssache. Hat das junge Pferd einmal die ersten Begriffe von vortreibenden und verhaltenden Hilfen des Reiters bekommen und diese ohne Unterstützung des Leinenführers befolgen gelernt, steht es allein und ohne Unruhe zu zeigen beim Auf- und Absitzen, dürfte der Augenblick gekommen sein, wo nach erfolgtem Abtraben an der Longe und Besteigen, diese und die Ausbindezügel weggelassen werden können.

Nichts hindert uns jetzt daran, das junge Pferd unter unserer sich ihm möglichst wenig unangenehm bemerkbar machenden Last in Begleitung eines gesetzteren, älteren Pferdes als Schulmeister in der Bahn, auf einem großen freien Platz oder, wenn die örtlichen Verhältnisse günstig sind, gleich in Wald und Heide bummeln zu lassen.

Man soll das Freireiten um so weniger allzulange hinauszögern, als das Laufen des durch den Reiter *belasteten* jungen Pferdes auf einer wenn auch noch so großen Kreislinie nicht wünschenswert ist. Die Zeit zur Biegearbeit auf einem Hufschlage, wie sie die Bewegung auf dem Zirkel wegen der erhöhten Belastung des inneren Hinterbeines nun einmal mit sich bringt, ist noch lange nicht

*) Sobald im weiteren Verlaufe des Anreitens beim Freireiten ohne Longe die Ausbindezügel weggelassen werden können, sind die Zügel im Schritt ganz hinzugeben, so daß das Pferd auch bei äußerster Streckung nicht darauf trifft. Durch dieses Reiten *mit* hingegebenem Zügel werden die Tritte lang, raumgreifend und ruhig. Eine *geringe Anlehnung im Schritt* ist überhaupt erst nach ungefähr viermonatiger Ausbildungszeit anzustreben. Alle anderen Einwirkungen, außer denjenigen, die zum Auslaufenlassen, zur Verhinderung allzu lebhafter Mutwillensäußerungen und zu Richtungsänderungen unumgänglich nötig sind, würden nur den natürlichen Raumgriff des Schrittes beschränken, da ja in dieser Gangart Nachschub und Schwung einem reinen Bewegungsablauf nur im begrenzten Maße zugute kommen.

gekommen, und unser Bestreben soll dahin gehen, bald auf möglichst langen, durch keinerlei Richtungsänderung unterbrochenen Linien die Grundlagen für natürlichen Gang und natürliche Haltung zu schaffen, so wie es die Leinenarbeit für das unbelastete Pferd bereits getan und dadurch wertvollste Vorarbeit geleistet hat.

Wie schon erwähnt, kann das erste Freireiten in einer großen Bahn oder im Freien stattfinden. Das hängt vielfach von den örtlichen Verhältnissen ab. Das Wesentliche dabei ist, daß das Pferd die falsche An- oder Abspannung des Rückens (s. d), die es auch in größerem oder geringerem Maße gleich nach dem Aufsitzen beim Longieren zeigte, möglichst bald aufgibt. Ob nun dieser infolge der störenden Belastung krampfhaft an- oder abgespannt ist, immer wird es sich darum handeln, ihn bei ganz leichtem Einsitzen zur Hergabe zu bringen.

Erfahrungsgemäß erreicht man dieses Ziel am besten im natürlichen Trabe, in einem Gangmaß, das sich das Pferd selbst wählt und in dem man es mit ganz loser Zügelanlehnung gehen läßt. Diese darf nie zu einer Stütze werden, denn dann würden die Muskeln ihre falsche Spannung nicht aufgeben, da sie ja einen Halt an der Hand des Reiters finden würden, und das Pferd der Mühe überhoben wäre, einzig und allein auf seinen vier Beinen das Gleichgewicht zu suchen. Dadurch, daß ihm der Reiter jede stützende Anlehnung versagt, ist das Pferd gezwungen, sich in der natürlichen Selbsthaltung (s. d.) zu tragen und muß, um diese aufrechterhalten zu können, ob es will oder nicht, alle bisher festgehaltenen Muskeln zu der ihnen im Plan des richtigen Bewegungsablaufes zufallenden Aufgabe heranziehen — sie „entkrampfen".

Sobald dies geschehen ist und es sich selbst trägt, ohne zu eilen, ist auch das Gefühl des Zwanges, das ein krampfhaftes Schwingen der Muskeln zugleich verursachte und zur Folge hatte, verschwunden, und unser erstes Ziel, die Zwanglosigkeit, erreicht.

Ein möglichst ruhiger Trab, in dem das Pferd nicht in Gefahr kommt, sein Gleichgewicht nach vorne und damit die gleichmäßige Fußsetzung, den Takt, zu verlieren, eignet sich am besten für diese anfänglichen Übungen. In einem verstärkten Trabtempo oder gar im Galopp wäre ihm das Selbsttragen erschwert; es würde entweder ins Eilen geraten oder müßte, um im Tempo bleiben zu können und nicht das Gleichgewicht nach vorne zu verlieren, aus Angst vor schmerzhaften Zügelanzügen mit den Vorderbeinen stemmen, nicht nur auffangend stützen und dadurch Schaden an Sehnen und Gelenken leiden.

Hat das Pferd später die nötige Geschmeidigkeit und Kraft von Hinterhand und Rücken gewonnen, wird es selbst gelegentlich den Galopp anbieten. Da darf ihn der Reiter auch unbedenklich annehmen, indem er die Ecken womöglich noch mehr abrundet wie im Trabe. In so einem freiwillig angebotenen Galopp, der nur der Ausdruck einer nicht hoch genug einzuschätzenden Gehlust ist, wird sich das Pferd auch schon selbst tragen können, da es, außer in Momenten der Aufregung und Verkrampfung, die wir ja in unserem Falle zu vermeiden wissen, nur das von selbst tut, was ihm angenehm ist und keine Schwierigkeiten bereitet. Darum lassen wir es auch ruhig galoppieren, bis es von selbst wieder in den Trab fällt, der nach einigen Galoppsprüngen, die sich dann nach vorwärts in den Trab auflösen, an Flüssigkeit und Schwung nur gewonnen haben wird.

In diesem ersten Ausbildungsstadium, das man die Periode des natürlichen Trabes nennen kann und dessen einzige sich gegenseitig bedingende und ergänzende Voraussetzungen Ruhe und Zwanglosigkeit (s. d.) sind, darf die äußere Form nicht die geringste Rolle spielen.

Ist der Gang von Natur aus geräumig, darf das Pferd nicht verhalten werden, ist es ausgesprochen faul, soll es mit der Gerte nur so viel getrieben werden, daß es sich nicht mehr verhält.

Mit der eintretenden leichten Ermüdung, die sich schon nach einigen Runden einstellen wird, verschwindet der letzte Rest falscher Spannung, und der Takt wird gleichmäßig. Das Pferd stützt sich dabei nur auf seine Beine, hat sein natürliches Gleichgewicht gefunden und geht daher in natürlicher Selbsthaltung.

Die Energie des Ganges ist eine geringe, das Pferd tut nur so viel als es muß, um in der Gangart zu bleiben.

So werden auf jeder Hand einige Runden, unterbrochen durch Schritt- und Haltepausen, getrabt. Durch einen leichten Spaltsitz machen wir der Remonte die Sache so bequem wie möglich. Ist aber, bei einigen Pferden früher, bei anderen später, der Zustand der Zwanglosigkeit eingetreten, ist kein Grund mehr vorhanden, nicht den weichen, mitgehenden Normalsitz anzunehmen.

Der Zeitpunkt dazu ist gekommen, wenn der Rücken weder krampfhaft auf- noch abgewölbt und somit bis zu einem gewissen Grade tätig, wenn auch noch nicht im reiterlichen Sinne hergegeben ist.

Da er nicht mehr krampfhaft festgehalten wird, werden wir beim jetzt vielleicht beginnenden Aussitzen*) nicht geworfen. Allerdings wird der Sitz noch nicht von rückwärts nach vorne gleichsam mitgenommen, da dazu das sich der Rückenmuskulatur mitteilende energische Abstoßen und Vorschwingen der Hinterhand gehört, das erst durch Treiben hervorgerufen werden kann. —

Nach einigen Wochen werden sich die Muskeln, hauptsächlich diejenigen der Hinterhand, des Rückens und Nackens durch den natürlichen Trab, der sie ohne anzustrengen zur Tätigkeit zwang, so weit gekräftigt haben, daß der Reiter seine Anforderungen steigern kann.

Infolge der geringen Energie beim Abschwingen der Hinterbeine hatten die Muskeln der Hinterhand und die mit ihnen gekoppelten des Rückens keinen Anlaß, energisch und in langen Wellenlängen zu schwingen. Dem Gang wurde nur diejenige Freiheit und Sicherheit wiedergegeben, die er hatte, wenn das Pferd — ohne durch äußere Anlässe aufgeregt zu sein — auf der Weide ungezwungene Ortsveränderungen vornahm.

---

*) Verfügt man über keinen wirklich weichen und schmiegsamen Sitz, ist es vorteilhafter, erst auszusitzen, wenn die Anlehnung gesichert ist und der elastisch schwingende, tätige Rücken zum Platznehmen einlädt. Dann wird sich auch die durch das Aussitzen nicht unterbrochene Berührung der Sitzfläche mit dem Pferdeleib für das Treiben und überhaupt das Fühlenkönnen des Reiters günstig auswirken. Ein verfrühtes, gezwungenes Aussitzen stört Bewegungen und Rückentätigkeit des Pferdes, teilt seine Härten der Hand mit, Freiheit und Raumgriff der Tritte leiden, das Pferd wird durch die Stöße des Reitergewichts gleichsam „aufgehalten". (Wenn der Sitz nicht in Richtung der von hinten nach vorne verlaufenden Rückenschwingungen mitfedert, hindert er diese, veranlaßt eine Verkrampfung der Rückenmuskulatur, und da diese mit den Bewegungsmuskeln der Beine in Verbindung steht, Gebundenheit, d. h. Verlust des freien Ganges.)

Wenn diese Art sich fortzubewegen auch für ein Pferd in Freiheit das Naturgemäße ist, genügt diese bloße Zwanglosigkeit den Anforderungen, die der Reitdienst stellt, in keiner Weise. Der Reiter wäre nicht imstande, den Raumgriff, die Tritt- und Sprungweite nach eigenem Ermessen bis zu den Grenzen der durch den Bau des Pferdes gegebenen Mechanik zu steigern und damit sein Gangwerk voll auszunützen.

Es wäre aber zweitens auch nicht imstande, einen frühzeitigen Verbrauch des Pferdes zu verhindern, weil nur bei energischem Abstoßen und Vorschwingen der Hinterbeine — einer zusätzlichen Anstrengung, der sich das Pferd nur durch die äußere Veranlassung der treibenden Hilfen unterzieht — auch die Rückenmuskeln mit so viel Energie federn und schwingen, als es eine die Beine entlastende Mittätigkeit des Rückens erforderlich macht.

Das in völliger Zwanglosigkeit sich nicht mehr festhaltende und in natürlicher Selbsthaltung mit schleppenden Hinterbeinen dahinpendelnde Pferd muß also durch aktive, treibende Einwirkungen dahin gebracht werden, seine ungezwungen gedehnten, aber gleichsam nur mit halber Kraft arbeitenden Muskeln voll zu beanspruchen und sie aktiv an die Hilfen, vor allem die Hand, heranzudehnen und sich an dieser loszulassen.

B. Entwicklung der Losgelassenheit aus der Zwanglosigkeit durch Hinzutreten der Schubkraft

Im vorhergehenden Zeitabschnitt ist es uns gelungen, Gang und Haltung des Pferdes in ihrer zwanglosen, freien Natürlichkeit wiederherzustellen.

Unsere nächste Aufgabe wird nun sein, die nachschleppenden Hinterbeine zu vermehrter Biegung und energischerer Streckung zu bringen und dadurch die Rückenmuskeln zu kräftigerem, ausdrucksvollerem An- und Abspannen zu veranlassen. Hand in Hand damit wird, wie schon im vorhergehenden Abschnitt angedeutet, ein vermehrtes Strecken der gesamten Wirbelsäule nach vorn an die Hand heran stattfinden.

Für zusammenwirkende Schenkel- und Gewichtshilfen ist das Pferd noch unzugänglich, es bleibt uns nur der Schenkel übrig, der anregend in Tätigkeit tritt, um einen kräftigeren Abschub der Hinterfüße und ihr weiteres Vorgreifen zu veranlassen. Läßt sich das Pferd treiben, d. h. vergrößert sich die Trittweite unter Beibehaltung des Taktes, so hört die Schenkelhilfe auf, um erneut zu wirken, wenn die Bewegungen ihre Energie verlieren und wieder schleppend werden sollten.

Die Wirkung dieser rein vortreibenden Schenkelhilfen, die allein imstande sind, das weite Vortreten zu veranlassen, äußert sich darin, daß die Schubkraft der Hinterhand vergrößert wird und daß sich diese schon etwas vermehrt am Tragen der Last beteiligt und dadurch die Vorhand erleichtert, die nun auch ihrerseits und im Einklang mit der Hinterhand freier und raumgreifender tritt. Die Streckung des Halses nach

vorwärts-abwärts wird entsprechend der des Rückens immer ausgesprochener*). Sie findet ihren fühlbaren Ausdruck im Herandehnen an den Zügel.

Es ist von Wichtigkeit, daß wir dem Pferde keine Stütze im Maul gewährt, es mit ganz losem Zügel geritten haben, der nur da war, um Mutwillensäußerungen zu begrenzen oder Richtungsänderungen anzudeuten. Dadurch war das Pferd gezwungen, mit gedehntem Halse zu gehen und sein Gleichgewicht selbst zu finden.

Aus dieser ohnehin schon gestreckten Haltung, in der es sich ausbalanciert hat, wird es ihm nun um so leichter fallen, der treibenden Hilfe folgend, sich durch zusätzliche Streckung an den Zügel heranzudehnen. Hat die Hand bisher, wenn sich schon früher solche Momente der größten Streckung nach vorwärts oder vielleicht auch nach abwärts ergaben, nach vorn ausweichend nachgegeben, so tut sie das jetzt nicht mehr. Sie nimmt im Gegenteil das Gewicht, welches ihr wegen des stärkeren Abschwingens der Hinterhand und zusätzlichen Streckens des Halses vom Pferdemaul hineingelegt wird, an. Dabei ist der Reiter bestrebt, seine Hand möglichst stet und passiv „hinzuhalten“**), immer bereit, eher den Schwingungen des Systems Reiter-Pferd nach vorn elastisch nachzugeben als durch Annehmen das Pferd vom vertrauensvoll aufgesuchten Gebiß wieder abzuschrecken. Die gefühlvolle, „denkende“ Hand wird es verstehen, dem Pferd die Anlehnung möglichst angenehm zu machen. Sie soll so weich und elastisch sein, daß sie, fürs Auge nicht wahrnehmbar, mit den rhythmischen Bewegungen des Pferdes und den Vibrationen der Anlehnung „mitatmet“. Das wird ihr allerdings nur dann gelingen, wenn sie an einem unabhängigen und schmiegsamen Sitz „befestigt“ ist, der ihr, ohne selbst an irgendeiner Stelle steif und festgehalten zu sein, alle Schwingungen des Pferdekörpers zuleitet.

*) Wohlgemerkt: Das Strecken der Nase hat dabei in der Reihenfolge vorwärts-abwärts zu erfolgen. Eine Bewegung nach rückwärts-abwärts würde Verhaltenheit und allgemeines Unbehagen bedeuten.

**) „Aushalten“ hätte hier einen den Zustand der Hand nicht ganz richtig kennzeichnenden Sinn. Es soll im Reiter nicht einmal der Gedanke an verhalten aufkommen können, er soll im Gegenteil immer daran denken, eher ein Atom nachzugeben.

Durch das passive Hinhalten der Hand, das später bei gesicherter Schubkraft und Hinzutreten des Schwunges zu einem zeitweisen Aushalten werden kann, wird der Widerstand der Kaumuskeln überwunden, das Nackenband und das bisher untätige Genick, das den Kopf natürlich hängen ließ, gedehnt und zur losgelassenen Mittätigkeit veranlaßt. —

Aus dem durch unser aktives Treiben bewußt ausgelösten Hinzutreten der Schubkraft entwickelt sich, wie wir gesehen haben, der Übergang von der ersten Ausbildungsstufe, der Zwanglosigkeit, zur nächsten, der Losgelassenheit (s. a. Zweiter Teil II. Kap. 1 F), deren Auswirkungen auf Genick und Maultätigkeit wir eben beschrieben haben. Ohne daß eigens darauf hingearbeitet werden darf, indem die Hand sich irgendwie formend der Muskelfügung aufdrängt, entsteht daraus später die Beizäumung und das „Treten durchs Genick". Alle diese äußeren Zeichen eines auf dem Wege richtiger gymnastischer Durchbildung befindlichen Pferdes sind jedoch nicht Selbstzweck und bleiben nur Nebenerscheinungen, die automatisch zutage treten, wenn Gang und Haltung in Ordnung sind. —

Die Wirkung der Losgelassenheit und des sich daraus ergebenden Herandehnens an die Zügel macht sich aber nicht nur in der Hand bemerkbar. Gleichzeitig damit vollzieht sich im ganzen Körper des Pferdes eine Veränderung, die dem Sitz in seiner Gesamtheit zugute kommt*).

Der elastisch schwingende, hergegebene Rücken wird tätiger und nimmt das Gesäß nach vorne mit, ohne zu werfen. Die Geschlossenheit der Schenkellage — das weiche Angeschmiegtsein der Beine — wird durch das infolge freien Durchatmens (Abschnauben)**) und weiteren Untertretens ausgesprochenere Herankommen der Rippenwandungen an die Innenseite der Wade erleichtert. Die vermehrt am Tragen teilnehmende Hinterhand beugt sich schon etwas, so daß der Reiter das Gefühl des Vornehöherwerdens hat. Der bisher nach vorwärts gestreckte Hals hebt sich bei voller Beibehaltung seiner Dehnung (siehe relative Aufrichtung). Der Reiter hat mehr „vor sich" und wird von dem seine Schenkel ausfüllenden Pferd so hingesetzt, daß er das Empfinden hat, gar nicht anders als in der ihm gleichsam vom Pferde angewiesenen Normalhaltung sitzen zu können.

Hat sich das Pferd am Sitz losgelassen und kaut, so ist für den Reiter damit noch lange nicht alles getan. Der lebendige Schenkel und die Hand, die sich gleichsam durch elastisches, unmerkliches Öffnen und Schließen der Finger einschmeichelt und um weiteres Vertrauen bittet, müssen die eben gewonnene Anlehnung auch zu erhalten wissen.

---

*) Diejenigen, die der wissenschaftlichen Seite des Effektes von Belastung und Hilfen auf die Bewegungen des jungen Pferdes etwas näher kommen wollen, werden die betreffenden Vorgänge im Abschnitt „Beziehungen von Reitergewicht und Hilfen zur anatomischen Mechanik des Pferdes" schematisch skizziert finden. Vom rein reiterlichen Standpunkt aus gesehen, dürfte jedoch das oben Gesagte genügen. Wen also der Inhalt vorgenannten Abschnittes nicht interessieren sollte, den warnen wir schon an dieser Stelle im voraus. Er möge die ihm vielleicht grau erscheinenden Theorien überschlagen!

**) Dieses Abbrausen zusammen mit dem Lautloserwerden der Tritte möchte ich die dem Ohr wahrnehmbaren äußeren Zeichen der „Katharsis in der Reitkunst" nennen. Diese „Katharsis" wird von jedem Reiter als befreiende, erleichternde Entladung, als eine Lösung von in geringerem oder stärkerem Grade bisher noch bestandenen körperlichen und seelischen Spannungen begrüßt.

Gleichzeitig mit der durch die treibenden Schenkelhilfen veranlaßten Entwicklung des Ganges vollzieht sich auch der Übergang vom natürlichen Gleichgewicht in natürlicher Selbsthaltung zu den ersten Anfängen reiterlichen Gleichgewichts in reiterlicher Selbsthaltung (s. d.). —

Es ist jetzt auch der Augenblick gekommen, dem Pferd die vortreibende Sitzhilfe, für die es nun vorbereitet ist, zu erklären und begreiflich zu machen.

Wie bekannt, haben wir durch die vortreibende Schenkelhilfe, die einzige, die ein Vortreten der Hinterbeine selbst hervorzurufen imstande war, die Möglichkeit bekommen, das Pferd in Gang zu setzen und es darin zu erhalten.

Durch das anfängliche Auslaufenlassen, das in ein Aufhalten überging, sobald wir bei Beginn der Losgelassenheit imstande waren — diesmal schon unter Mitwirkung der zum Vortreten anregenden Schenkel —, die untergetretenen Hinterbeine aufzuhalten, hat das Pferd gelernt, die leicht annehmenden Zügelanzüge zu befolgen.

Es erübrigt nun noch, die vortreibende Sitzwirkung im Pferdehirn mit der Schenkelwirkung in Verbindung zu bringen. Dies ist um so leichter, als der bei vermehrtem Anziehen des Kreuzes von rückwärts nach vorne wirkende Druck der Sitzknochen auch einen gleichgerichteten Schub auf den Pferderücken ausübt.

Gleich hier sei gesagt, daß im weiteren Verlauf ihrer gymnastischen Durchbildung bei gut beanlagten, der Dressur entgegenkommenden Pferden, die jetzt noch etwas deutlicher gegebene vortreibende Gewichtshilfe in nichts anderem als einem Strecken des Sitzes bestehen wird. Dieses Strecken geschieht einzig und allein durch ein Anziehen des Kreuzes. Der dabei sich etwas aus den Hüften heraushebende Oberleib gibt der Hand den etwa notwendigen Halt, um im Bedarfsfalle (Paraden) dasjenige Gewicht durchhalten zu können, welches die durch das Anziehen des Kreuzes gestreckteren und damit durch Anspannung der Wadenmuskeln betonter einwirkenden Schenkel an Schwung hineinlegen. —

Da die vortreibende Sitzhilfe in dem nun folgenden Ausbildungsabschnitt, in welchem die Losgelassenheit bereits erreicht ist, vom Pferd verstanden und vom Reiter angewendet werden muß, einige Worte über ihre Wirkung.

Durch das mehr oder weniger starke Anziehen des Kreuzes wird das Gewicht des Oberleibes nach rückwärts verlegt, so daß die vom anregenden Schenkel vorgeholten, untertretenden Hinterbeine infolge der Mehrbelastung in ihren Gelenken auch mehr gebeugt werden und darum wie gespannte Federn auch wieder elastischer abschnellend sich strecken. Sobald der Reiter fühlt, daß die in einer zeitweisen Mehrbelastung der Hinterhand bestehende Gewichtshilfe ihre Wirkung getan hat, muß er sofort wieder den mit den Bewegungen des Pferdes mitschwingenden Normalsitz annehmen, um nicht durch ein dauerndes Belasten das Gegenteil des Gewollten zu erreichen. In so einem Falle würde sich das Pferd dem ununterbrochen fortbestehenden Druck entziehen, indem es nicht mehr untertritt. Eine Folge dieses nach rückwärts Ableibens der Hinterfüße wäre eine Überbelastung des vorderen Beinpaares, reiterlich gesprochen, ein Fallen auf die Schultern und ein durchgebogener, nach unten festgehaltener Rücken, der, auch eine Art „falschen Knicks" bildend, den Einklang zwischen Vor- und Hinterhand und damit den Gang stören würde.

Die vortreibende Sitzhilfe mit allen ihren unendlich vielen Abstufungen bleibt ihrem Wesen nach, ebenso zur Beschleunigung wie auch zur Unterbrechung des Ganges, immer dieselbe. Das Endresultat wird von der mitwirkenden Zügelhilfe bestimmt.

Die Möglichkeit, die zum energischen Vortreten gebrachten Hinterbeine während ihres Stützens einige Augenblicke vermehrt zu beugen, hat ihr abwechselndes vermehrtes Strecken und Beugen zur Folge.

Der „natürliche Trab" ist dadurch allmählich zum Arbeitstrab geworden. Dieser unterscheidet sich von ersterem durch den größeren Raumgriff der Tritte, die aber in demselben Takt wie bisher fußen und nicht ins Eilen kommen dürfen. Das Pferd muß sich im Arbeitstrab treiben lassen. Das heißt nicht etwa, daß man es durch unausgesetzt vortreibende Hilfen in ein immer schnelleres oder eiligeres Laufen hineinstoßen und hineinquälen soll. Das heißt nur soviel, daß Sitz und Hilfen darüber zu wachen haben, daß das Tempo immer um ein Weniges schneller ist als das natürliche Trabtempo, welches das Pferd gerade anbietet.

Ein bestimmtes Gangmaß gibt es für den Arbeitstrab ebensowenig wie für den später zu besprechenden Arbeitsgalopp, denn der Raumgewinn ist bei verschiedenen Pferden verschieden. Das Tempo des Arbeitstrabes muß daher unter Berücksichtigung der Gangmechanik und des Dressurgrades dem Einzelfalle angepaßt sein. Als Anhaltspunkt kann dienen, daß bei gut gebauten Pferden sein Durchschnitt bei ungefähr 275 Minutenschritten liegen dürfte. Ein Maß, das auch für den Gebrauchstrab des gerittenen Pferdes als Norm gilt.

In diesem Arbeitstrab, der mit zunehmendem Eingehen auf die treibenden und belastenden Hilfen auch ein Erheben des nicht mehr nur nach vorwärts, sondern jetzt schon nach vorwärts-aufwärts gedehnten Halses und dadurch ein Verkürzen des Zügelmaßes mit sich bringt, werden schon die ersten Anzeichen des durch reiterliche Einwirkung erzeugten Schwunges bemerkbar. Zur naturgegebenen Mechanik und der durch den Schenkel geweckten Schubkraft gesellt er sich als dritter im Bunde und äußert sich im elastisch federnden Abstoßen der Beine und ihrer energischen und doch flüssigen Trittsicherheit beim Auffußen.

So wird der Gang durch eine gymnastische Durchbildung, die sich die natürlichen Gegebenheiten von Körperbau, Nerv und Schwung zunutze macht, in Richtung seiner natürlichen Entwicklungsmöglichkeit durch die natürlichen Mittel der sich den rhythmischen Schwingungen des Pferdekörpers anpassenden Hilfen verbessert und veredelt, so daß das Pferd am Schlusse der Ausbildung, vom Willen des Reiters geregelt und abgestimmt, diejenigen Bewegungen zeigt, die schon in der Freiheit in Momenten der Aufregung unser Entzücken waren.

Drei Meilensteine auf dem Wege des Dressuraufbaues, ersichtlich gemacht an der Verbesserung von Gang und Haltung, die sie zur Folge haben.

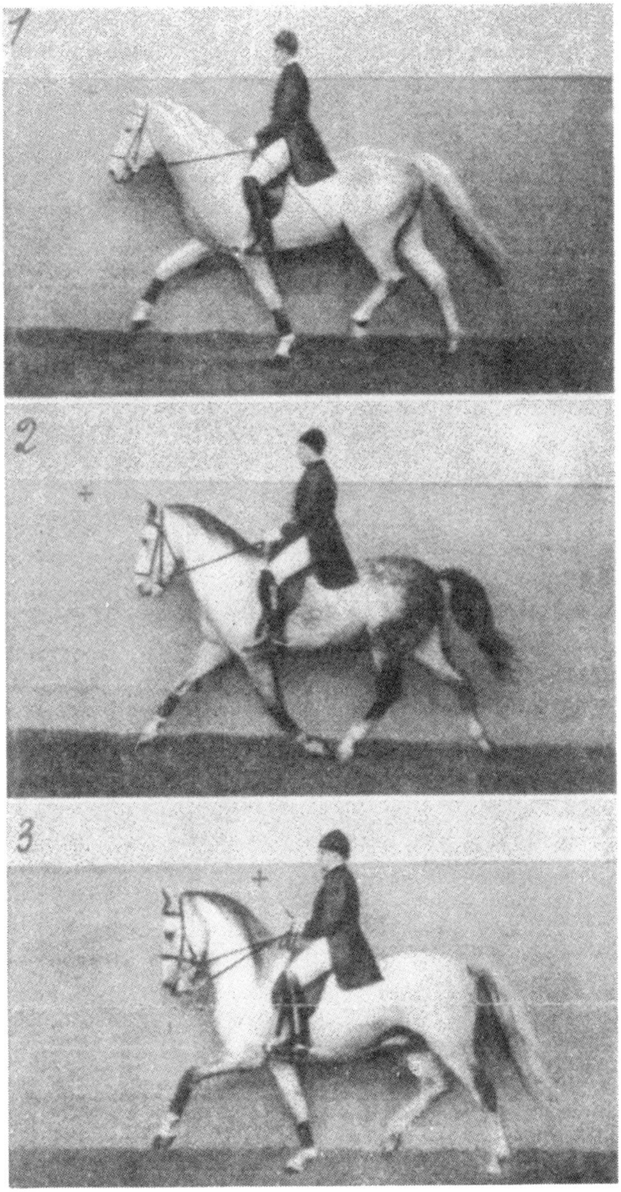

3. Entwicklung und Verbesserung des Ganges durch den Arbeits- und Mitteltrab. Schwung. Biegearbeit. Geraderichtung. Versammlung

A. Der Arbeitstrab. Übergänge. Seitenbiegung durch Reiten auf gebogenen Linien

Der Arbeitstrab ist diejenige Gangart, in welcher, wie schon der Name besagt, die künftige Arbeit des Zureitens hauptsächlich geschieht. Er und der sich aus ihm entwickelnde Mittel- und versammelte Trab bereiten den Galopp vor und sorgen dafür, daß uns später diejenige Gangart, in die sich die meisten Fehler einschleichen können, der Schritt, auch in seiner abgekürzten Form keine Schwierigkeiten machen wird.

Bei der weiteren gymnastischen Durchbildung des jungen Pferdes bildet, so wie bisher der natürliche Trab, der Arbeitstrab die Hauptgangart, weil er die Muskeln zu einer angemessenen Tätigkeit nötigt, ohne sie zu überanstrengen. Da das trabende Pferd in den Momenten des Stützens immer nur zwei Beine und zudem eine kürzere Zeit am Boden hat als z. B. im Schritt, kann es sie auch schwerer zum Widerstand gegen die Einwirkungen des Reiters ausnützen. Auch ein eigenmächtiges Sichverhalten ist schwerer möglich, weil der dem Trabe innewohnende Schub, dem sich immer mehr der Schwung hinzugesellt, ein solches erschweren.

Während dieses Zeitabschnittes ist der Galopp in kürzeren Reprisen, besonders wenn er im Gelände von selbst angeboten wird, als schwung- und anlehnungsfördernd durchaus nicht von der Hand zu weisen. Als Schulungsgangart aber ist er noch ungeeignet, weil sich die meisten Pferde darin noch nicht tragen können und ihre nicht genug gefestigten Gelenke, besonders in den Ecken der Bahn, Schaden leiden würden. Überdies ist seine Fußsetzung eine derartige, daß nicht beide Seiten gleichmäßig in Anspruch genommen werden. Immerhin kann kürzer dauerndes Galoppieren bei Pferden angewendet werden, die sich in dieser Gangart schon selbst tragen und nach einigen Runden früher zum Loslassen gebracht werden können als im Trabe.

Der Gang überhaupt und daher auch der Arbeitstrab muß regelmäßig, d. h. im Takt (s. d.) raumgreifend und lebhaft sein.

Geht das Pferd nicht im Takt und fußt nicht in gleichmäßigen zeitlichen Zwischenräumen, wird durch diesen unregelmäßigen Gang das Gleichgewicht und damit die Selbsthaltung in Frage gestellt.

Raumgreifend muß der Gang deshalb sein, weil nur ein den Möglichkeiten seines Baues und seiner Mechanik entsprechend ausgiebig und energisch tretendes Pferd gezwungen ist, seine richtig schwingenden Muskeln rückhaltlos in den Dienst des Reiters zu stellen, wobei der elastisch federnde Rücken mittätig sein muß und die Beine entlastet. Auch wird ein Pferd, dessen Raumgriff innerhalb der Grenzen seiner körperlichen Fähigkeiten entwickelt ist, rascher vorwärts kommen als ein anderes, ebensogut veranlagtes, dem durch falsche Reiterei der Gang „weggeritten“, d. h. genommen wurde. Das weite Vortreten ist aber insofern ein relativer Begriff, als sein Maß von dem Grade der Haltung, in welcher sich das Pferd gerade befindet, und dem ihr entsprechenden Tempo abhängig ist (s. Untertreten).

Die Lebhaftigkeit endlich, bei der das Pferd die Hinterbeine nicht mehr nachschleppt, sondern in frischem Takt mit ihnen abschwingt, und die der reiterlich richtige Gang als dritte Eigenschaft aufweisen muß, ist notwendig, weil nur einer fleißig und flüssig tretenden Hinterhand jede Möglichkeit genommen ist, der Belastung Widerstand zu leisten, da die in lebhafte Tätigkeit versetzten Muskeln sich nicht krampfhaft spannen und dadurch Härten und Steifungen hervorrufen können.

Ihre natürliche Begrenzung findet die Lebhaftigkeit des Ganges in Raumgriff und Takt. Soll das Pferd, um die Bedingung möglichst großen Raumgriffs zu erfüllen, so weit vortreten, als es sein Bau gestattet, kann es in einer Zeiteinheit nur eine bestimmte Zahl von Tritten machen. Macht es mehr, so kommt es ins Eilen, oder es muß sie kürzer machen, als sie sein sollten; macht es weniger,

so verhält es sich. Immer aber versündigt es sich dabei gegen die Regelmäßigkeit und den Takt. —

Die Übergänge zum Arbeitstempo aus dem natürlichen Trab, der noch immer zu Beginn der Übung bis zur Erreichung zwanglosen Pendelns geritten wird, müssen allmählich und mittels der Empfindlichkeit des Pferdes angepaßter, wachsender Hilfen erfolgen. Geht der regelmäßige Takt dabei verloren, ist so ein bloßes Schnellerwerden wertlos und schädigt den Dressuraufbau. Bei dieser Arbeit halte man sich immer vor Augen, daß das Verstärken des natürlichen Trabes zum Arbeitstrab durch vergrößerte Trittweiten der kräftiger abschiebenden und vorschwingenden Hinterbeine entstehen muß, wobei die Anzahl der Tritte die gleiche bleibt.

Kommt Unordnung in den Gang und eilt das Pferd oder will es gar fortstürmen, woran Unbehagen, Schmerz oder — wenn aus irgendeinem Grunde keine abspannende Arbeit im natürlichen Trabe vorangehen konnte — auch Mutwille und Stallfeuer die Schuld tragen können, wird ein saugendes Gegenhalten der mit verkürzten Zügeln beiderseits des Halses weich angelehnt eine Stütze suchenden Hände, bei passiven Schenkeln und leichtem Sitz, ein Zuviel abfangen und den Gang mäßigen.

In solchen Fällen muß die Forderung des „langen" Zügels richtig verstanden werden. Besser wäre es überhaupt, das Schlagwort vom „langen" Zügel durch den Begriff des „passenden" Zügels zu ersetzen.

Eine Remonte, die aus Faseligkeit, Übermut oder in Augenblicken des Erschreckens oft die tollsten Sprünge macht, wird man mit einem „langen" Zügel kaum zur Ordnung bringen können.

Läßt man bei so einem noch nicht abgespannten Pferd den Zügel lang, wird man es bei jedem Zusammenschrecken so wenig in der Hand haben, daß diese jede Stetigkeit und Weichheit verliert und nach rückwärts ziehend hochfährt.

Faßt der Reiter jedoch die Zügel verhältnismäßig kurz, so daß die tiefstehende, aber nicht herunterdrückende Hand in jedem Fall in Fühlung mit dem Maul bleiben kann, besteht nicht mehr die Gefahr, daß sie bei unvorhergesehenen „Schrecksekunden" steigt und rüde — weil unsicher — einwirkt. Wie jeder ehrliche Reitersmann gern zugeben wird, kann solches auch bei großer Geschicklichkeit und Erfahrung eintreten, wenn die Zügel zu lang sind.

Hat sich das Pferd wieder beruhigt und seine Spannung aufgegeben, wird es seinen Takt wiederfinden und sich an die zuerst bereitwillig vorgehende und dann den Zügel verlängernde Hand herandehnen. Es wird den Sitz wieder ausfüllen und sich den Einwirkungen des Reiters widerstandslos ausliefern. Durch dieses Loslassen hat es dem Reiter gleichsam ein Blankoakzept auf seinen Körper ausgestellt. Da jetzt die letzten Reste versteckter Spannungen verschwunden sind, werden die Hände wieder ihren Platz vor der Mitte des Leibes einnehmen können. Die Katharsis ist eingetreten.

In oben beschriebener Art kommt man bei jungen Pferden, die aus irgendwelchen Gründen sich noch während der Arbeit wieder festhalten und spannen, durch den „kurzen" zum „langen", aber in jedem Falle „passenden" Zügel, ohne sich dabei gegen den Geist der Reiterei zu vergehen. —

Es gibt auch Pferde — und das sind die schwierigeren —, deren falsche Spannungen sie nicht zum Eilen und Davonlaufen, sondern zu seinem Gegenteil, dem Verhalten, veranlassen.

Bei den einen wie den anderen handelt es sich darum, die festgehaltenen Muskeln zum richtigen elastischen Schwingen zu bringen.

Während bei ersteren, solange sie noch nicht voll entwickelt und durchgeritten sind, ein beruhigendes Verfahren den besten Erfolg verspricht, werden bei aus Temperament und Charakteranlage, nicht aus Schwäche, faulen Pferden ein Jagdhieb oder ein paar Sporen an der richtigen Stelle wahre Wunder wirken.

Gehen sie dann willig vor — in welcher Form immer —, muß ihnen bei sofortigem Aufhören der Strafe für einige Sätze volle Zügelfreiheit gewährt und mit Hand und Stimme gelobt werden. —

Die Übergänge zum Schritt und aus diesem zum Halten werden nach eingetretener Losgelassenheit kein Auslaufen mehr sein, sondern bereits ein Aufhalten bei weniger in die Bewegung eingehendem Sitz, so wie es schon im vorigen Abschnitt beschrieben wurde, wobei die, wenn möglich, nicht nach rückwärts wirkende Hand den Nachschub auffängt.

Auch in diesem Zeitabschnitt ist dem Bedürfnis des Pferdes, in den Schrittpausen den Hals nach vorwärts-abwärts zu dehnen und dadurch seine ermüdeten Halsmuskeln auszuruhen, Rechnung zu tragen. Die Pferde müssen mit hingegebenem Zügel einen freien, geräumigen, aber durchaus keinen hastigen, überhetzten Schritt gehen. Bei allem Fleiß muß dieser Gang gelassen bleiben, sonst leidet die reine Folge und Steifungen machen sich bemerkbar.

Zum Übergang in den Trab werden die Zügel nach und nach soviel zum Anstehen gebracht, daß die Reinheit des Schrittes keine Einbuße erleidet und aus dieser, der Haltung von Kopf und Hals im Trabe entsprechenden Stellung wird angetrabt.

Die Schrittarbeit im eigentlichen Sinne des Wortes darf erst beginnen, wenn sich das Pferd in allen Trabtempi selbst tragen kann und dabei durchlässig bleibt, also kaum vor Ablauf eines Jahres.

Es gibt Reiter, die, aus Mangel an Verständnis und aus dem völlig abwegigen Ehrgeiz heraus, in möglichst kurzer Zeit ein „komplett gerittenes“ Pferd vorreiten zu können, sich mit dessen willigem und vertrauensvollem Nachgeben nicht begnügen, sondern den gewonnenen Sieg bis in seine letzten Konsequenzen auskosten wollen. Um das Bild eines in hoher Versammlung gehenden Pferdes vorzutäuschen, pressen sie den durch das Loslassen „eingefangenen“ Hals in eine Stellung, die der Beuge- und Tragfähigkeit der noch ungenügend geschmeidig gemachten Hinterbeine nicht entspricht.

Ein Pferd, dessen Vertrauen und guter Wille so mißbraucht werden, findet bald einen Weg, sich diesen Forderungen, denen es noch nicht gewachsen ist, zu entziehen. Es wird mit beiden oder einem Hinterfuß nicht mehr richtig nachtreten. Im ersten Fall legt es sich auf die Hand, um dadurch die ausbleibende Stütze der nicht mehr genügend untertretenden Hinterhand zu ersetzen, oder es weicht der zu starken Handeinwirkung auch mit dem Maul nach rückwärts aus und rollt den Hals auf, indem es ihn verkürzt und kraus macht.

Im zweiten Falle, wenn es mit einem Hinterbein ausweicht, greift es zu einem anderen, ihm schon aus Naturanlage geläufigen Verteidigungsmittel, es macht sich schief.

Wir haben alles Interesse, diese natürliche Schiefe (s. d.) nicht zum Ausdruck kommen zu lassen, solange wir nicht durch seitliche Biegearbeit an ein erfolgreiches Geraderichten denken können. Wir werden auch in diesem Bestreben um so mehr Erfolg haben, je weniger wir an sie denken. Um so mehr aber müssen wir daran denken, durch frisches Vorwärtsreiten bei gleichmäßiger Belastung beider Seiten des Pferdes, sich keine Steifungen bilden zu lassen.

Ein Pferd, das keine Stütze im „formenden" und zusammenzwängenden Zügel findet und das, um sich selbst tragen zu können, auf seinen vier Beinen balancieren muß, wird wenig Möglichkeit haben, durch Schiefmachen in diesem Ausbildungsstadium die Fortschritte in nennenswerter Weise zu verhindern.

Der Schiefe müssen wir zu Leibe gehen, das ist gewiß. Aber als kluge Diplomaten weichen wir vorläufig einer Auseinandersetzung mit ihr aus, um sie erst, nachdem das Pferd die seitliche Biegearbeit kennengelernt hat und wir imstande sind, jederzeit den erforderlichen Schwung zu entwickeln, mit diesen beiden Bundesgenossen vereint, mit um so sichererem Erfolg zu bekämpfen.

Vor übertriebener Einwirkung oder gar Formenwollen mit der Hand hüte man sich auch im Stehen nach erfolgtem Aufhalten. Da muß die Hand entsprechend nachgeben, damit die untergeschobenen Hinterbeine nicht zurücktreten. Wenn diese auch schon bei etwas engerem Rahmen*), den der Arbeitstrab mit sich brachte, in Richtung der Schwerlinie untertreten konnten, darf nach dem Aufhalten dieser Rahmen nicht beibehalten werden, da es dem Pferde im Hinblick auf seinen bis jetzt erreichten Ausbildungsgrad nur dann möglich sein wird, die gewonnene Anlehnung auch im Halten weiterbestehen zu lassen und mit seinen Hinterbeinen unter der aufgenommenen Last zu verbleiben, ohne sie hinter die Senkrechte, Hüftgelenk—Hufmitte, zurückzusetzen, wenn man ihm eine freiere Kopf- und Halshaltung gestattet.

Findet dennoch ein Ausweichen nach rück- oder seitwärts statt, muß das Pferd bei leicht anregender Wirkung des klopfenden oder vibrierenden Schenkels nach vorwärts geradegestellt werden, indem man es etwas vortreten läßt.

Es ist von Bedeutung, daß das Pferd schon jetzt zu einem ruhigen und gelassenen Stehen nach dem Anhalten erzogen wird. Dieses Ziel wird am besten erreicht, wenn nach dem auf jedes vom Reiter veranlaßte Anhalten erfolgende sofortige Vorgehen**) der dabei aber die Anlehnung noch nicht gleich aufgebenden Hand die Zügel vollständig nachgelassen werden. So

*) Unter „Verengerung des Rahmens" ist immer die Verkürzung der Linie Maul—Sitzbeinhöcker" niemals aber die nur bei falsch gehenden Pferden sich verkürzende Oberlinie (Kruppe—Rücken—Halskamm) zu verstehen. Siehe auch Seite 298.

**) Dieses sofortige Vorgehen der Hand muß in diesem Ausbildungsstadium ohne Rücksicht darauf, ob nun nach einigen Sekunden ein vollständiges Nachlassen erfolgt oder ob das Pferd noch eine gewisse Zeit in etwas erweitertem Rahmen ruhig, in leichter Anlehnung stehen soll, so erfolgen, daß die Hand um einiges mehr vorgeht, als sie angenommen hat.

gewöhnen sich die Pferde bald daran, mit auf den Hals geworfenen Zügeln längere Zeit stillzustehen. Loben mit Hand und Stimme, verbunden mit Futterreichen vom Sattel aus, befördern eine solche Erziehung. —

Das eben beschriebene Nachgeben nach dem Aufhalten und nach dem Übergang aus dem Trab in den Schritt ist eine gute Gelegenheit, das Pferd gleichsam von selbst darauf zu bringen, daß es die nachgebenden Zügel dem Reiter aus der Hand kaut, ohne die Fühlung mit der Hand zu verlieren. Dieses Längermachen des Halses bis zu seiner äußersten Streckmöglichkeit in der Anlehnung entsteht dadurch, daß der Reiter das natürliche Bestreben des Pferdes, die ermüdeten Halsmuskeln zu dehnen, ausnützt, indem er als Fortsetzung des nach jedem Vermindern der Gangart oder Halten notwendigen erleichternden Vorgehens der Hand, bei geöffneten Fingern die Zügel durchgleiten läßt. Dabei darf sich das Pferd weder ruckweise noch durch plötzliches Langmachen vom Zügel zu befreien suchen. Seine vom Lösen und Dehnen der Hals- und Rückenmuskulatur veranlaßten Kaubewegungen begleiten das nach vorwärts—abwärts gerichtete Dehnen der Nase und verlängern durch sanften Druck das Zügelmaß um so viel, als es die gleichsam zögernd durchgleitenlassenden Finger gestatten.

Geschieht das Aus-der-Hand-Kauenlassen im Schritt, entsteht daraus ein freier Schritt am hingegebenen Zügel*), wobei das Pferd am treibenden Schenkel bleiben und somit, trotz völliger Halsfreiheit, von den Hilfen eingerahmt sein muß.

Bei der Ausbildungsstufe, auf der jetzt unser junges Pferd angelangt ist, begnügen wir uns mit einigen Tritten in der Anlehnung und werfen dann die Zügel auf den Hals, sie nur mehr an der Schnalle haltend, so daß aus dem Schritt am hingegebenen ein solcher mit hingegebenem Zügel wird. —

Am Ende der Ausbildungszeit und nachdem das Pferd durch die Trab- und Galopparbeit die erforderliche Durchlässigkeit erlangt hat, wird es auch im Schritt in drei Gangmaßen, dem versammelten, Mittel- (Gebrauchs-) und starken Schritt gearbeitet werden.

Der starke Schritt am hingegebenen Zügel wird nichts anderes als der eben besprochene freie Schritt am hingegebenen Zügel sein, nur daß durch die inzwischen geförderte gymnastische Ausbildung die Bewegungen noch raumgreifender und flüssiger geworden sind. Da die Verbindung mit dem Pferdemaul bestehenbleibt, können dabei jederzeit Gangart und Bewegungsrichtung gewechselt werden. —

Das Aus-der-Hand-Kauenlassen ist nicht nur ein unentbehrliches Hilfsmittel bei der Ausbildung, weil es dem Pferde das vertrauensvolle Amzügelbleiben im Strecken möglichst angenehm und zur Gewohnheit macht, es ist auch bei gerittenen Pferden ein untrügliches Zeichen richtigen Dressuraufbaues und überdies zur Beurteilung der unmittelbar vorhergegangenen Arbeit sehr wichtig. Mit groben Hilfen gewaltsam zusammengeschraubte Pferde werden das Durchgleitenlassen nicht abwarten, sondern sobald sie ein Nachlassen des Zwanges spüren, sich durch Kopfschlagen und stoßweises Strecken aus der künstlich zusammengepreßten Form zu befreien suchen. Andere wieder, die verhalten und hinter die Hand gekommen sind, haben durch falsche Dressur jede Neigung verloren, die Anlehnung zu suchen und werden trotz treibenden Schenkels und sich öffnender

*) Siehe Tabelle.

Finger der Aufforderung, sich zu dehnen, überhaupt nicht Folge leisten, weil sie sich an diese unnatürliche, fehlerhafte Haltung, die ihnen auch immer die Möglichkeit gibt, ihre Kräfte zurückzuhalten, schon so gewöhnt haben, daß das Bestreben, sich an die Hand heranzudehnen, das in jedem Dressurstadium zum Ausdruck kommen muß, bei ihnen nicht mehr vorhanden, weil künstlich ertötet ist.

Treibt in der späteren Folge der Ausbildung der Sitz vermehrt an die stillstehende, nicht nachgebende Hand heran, so dehnt sich der Hals — wie bei der halben Parade — nach vorwärts — aufwärts (relative Aufrichtung).

Gibt die Hand in Richtung Pferdemaul und an diesem bleibend langsam nach, so dehnt sich der Hals nach vorwärts. In diesem Fall müssen sich die Tritte oder Sprünge unter Beibehaltung des Taktes erweitern, also raumgreifender und etwas flacher werden.

Dieses Am-Zügel-Streckenlassen — ob es sich dabei nun um wenige Millimeter oder um mehr handelt — ist eine Begleiterscheinung jedes richtigen Tempoverstärkens, kann aber auch, zum Gegenstand besonderer Übung gemacht, bei tadelloser Ausführung dem Reiter als Beweis dafür dienen, daß sein Pferd, im reiterlichen Gleichgewicht sich selbst tragend, durchlässig an den treibenden Hilfen stand und steht.

Das Am-Zügel-Streckenlassen unterscheidet sich vom Aus-der-Hand-Kauenlassen dadurch, daß bei ihm die Entfernung Hand—Maul dieselbe bleibt, da ja die nachgebende Hand dem entsprechend der Vorwärtsdehnung des Halses vorgehenden Maule folgt und daß das Gangmaß im Sinne größerer Tritt- und Sprungweiten verändert wird.

Ist das Pferd soweit gefördert, daß im Arbeitstrab durch vorsichtiges Treiben die Anlehnung eine immer sicherere und bestimmtere wird, ohne daß das Pferd den Versuch macht, sie von sich aus aufzugeben, können wir schon von einem Amzügelstehen, das gleichbedeutend mit einem An-den-Hilfen-Stehen ist, sprechen.

Wir werden nun auf kürzere Zeit das Zügelmaß um so viel verkürzen, wie es ohne Benachteiligung des Ganges und der Rückentätigkeit möglich ist. Wird dabei vom Pferde zuviel verlangt, so verliert der Gang seinen freien Vortritt, und Spannungen in Hinterhand und Rücken werden sich dem Sitz unangenehm fühlbar machen; der sich steifende oder einrollende Hals wird eine zu feste Anlehnung oder ihr Aufgeben zur Folge haben.

Machen sich diese Fehler bemerkbar, hilft nur ein gangreinigendes Vorwärtsreiten, bis das Pferd das Gebiß wieder richtig anfaßt, ohne sich daraufzulegen oder ihm auszuweichen. In demselben Augenblick wird auch der Sitz vom elastisch schwingenden Pferdekörper wieder mitgenommen und ausgefüllt werden.

Die eben beschriebenen Schwierigkeiten treten in Erscheinung, weil wir der noch nicht genug gekräftigten Hinterhand und dem noch schlaffen Rücken, der die zu jeder Versammlung nötige Dehnung und Spannung (s. Rückentätigkeit) noch nicht leisten kann, zu viel zugemutet haben. Das Pferd wehrt sich durch Ausbleiben und falsche Spannungen, was den Gang unmittelbar beeinflußt.

Es hat uns deutlich zu verstehen gegeben, daß das durch Kürzerfassen des Zügels der Hinterhand vermehrt zugeschobene Gewicht der Vorhand, auf noch nicht aufnahmebereite, weil noch nicht genug beugefähige Hinterbeine getroffen ist.

Eine Folge solcher verfrühter Versammlungsversuche wird das Gegenteil des Gewollten sein, denn das Pferd, das im bisherigen freieren Rahmen die Hinterhand, seinem

Ausbildungsgrad und Entwicklungszustand entsprechend untertretend, gebeugt hat, wird das Vertrauen verlieren und lernen, die Gelenke der Hinterbeine zu steifen und sich gegen die Belastung, der es noch nicht gewachsen ist, zu wehren. Es wird im Leib immer dünner werden, so daß der Reiter, der noch weiter „versammeln" wollte, mit Oberleib und Schenkeln immer weiter nach rückwärts gehen muß, um auf die sich entziehenden Hinterbeine und die festgehaltenen Rippen zu treffen. Es ist klar, daß diese Verständnislosigkeit des Reiters das Pferd in seiner falschen Haltung und seinem unrichtigen Gehen nur noch mehr befestigen wird.

Die W e n d u n g e n , wie sie sich beim Umreiten des Vierecks oder im Freien auf dem elliptisch angelegten Reitplatz zwangsläufig ergeben, haben wir bisher ohne irgendwelche Längsbiegung, die ja das Pferd im reiterlichen Sinne noch gar nicht kennt, durchritten*). Wir waren nur darauf bedacht, den Bogen so flach wie möglich zu bemessen, damit die Schubkraft unvermindert gegen die Vorhand wirken konnte und der Takt nicht verlorenging. Entsprechend dem längeren Wege, den die äußeren Beine in jeder Wendung zurückzulegen haben, ist durch treibende Einwirkung dafür zu sorgen, daß das äußere Hinterbein nicht zurückbleibt, was uns noch durch die Zügelhilfen erleichtert wird, die vorläufig nur darin bestehen, daß der äußere Zügel nachgibt, während die innere Hand, vom Halse nach innen abrückend und ohne nach rückwärts zu spannen, dem Pferde die Richtung der Wendung andeutet (öffnender Zügel). Durch einseitiges Anspannen des Kreuzes, was ein Vordrücken des inneren Sitzknochens und Senken des entsprechenden Knies und Absatzes zur Folge hat, sowie durch Vornehmen der äußeren Schulter gibt der Reiter gleichzeitig die „erklärende" Gewichtshilfe, die auch mechanisch wirksam ist, weil sie ein unbefangen und zwanglos gehendes Pferd veranlaßt, ganz mechanisch und unwillkürlich durch Richtungänderung dem die Wendungsseite vermehrt belastenden Schwerpunkt der Last zu folgen, um mit dieser in einem dem bequemen Tragen und Gehen am förderlichsten Einklang zu bleiben. Das Vornehmen der äußeren Schulter des Reiters ergibt sich aus der Gewichtshilfe und dem Grundsatz, daß die Schultern des Reiters mit denen des Pferdes gleichlaufend gerichtet zu sein haben. Gleichzeitig wird dem Reiter dadurch das Nachgeben mit der dem Maule passiv folgenden und nur die Fühlung aufrechterhaltenden äußeren Hand schon aus der Veränderung des Sitzes heraus nahegebracht, da ja ein Vornehmen der äußeren Schulter auch ein entsprechendes Vorgehen des äußeren Armes in sich schließt.

Nach Durchreiten der Ecke hört die Gewichtshilfe auf, und der nachgebende innere Zügel veranlaßt das Pferd, wieder den äußeren anzunehmen, der sich während der Wendung auf eine rein negative Rolle beschränkt hat.

Steht das junge Pferd einmal sicher an den treibenden Hilfen und hat es Verständnis für die bisherige primitive Art der Zügelwirkung beim Wenden gewonnen, wird der äußere Zügel den inneren dadurch unterstützen, daß er während der Wendung auf die äußere Hals- und Schulterseite einen leichten, anfangs durch Anlegen der Gerte verdeutlichten und verwahrend nach innen gerichteten Druck ausübt, während die innere Hand, wie schon erwähnt, gleichsam auf der Sehne des Kreisbogens steht, der vom Pferdekörper gebildet wird.

*) Über die dem Einzelfall angepaßte — modifizierte — Hilfengebung in der Wendung bei Pferden, die sich schief machen, wird im nächsten Abschnitt unter „geraderichtendes Biegen" ausführlich die Rede sein.

Hier sei nochmals betont, daß die verwahrende Hand, auch wenn sie an die Halsseite angelegt ist, niemals über den Widerrist hinüberdrücken darf, denn dann trifft ihre Wirkung nicht mehr das gleichseitige Hinterbein. Jede Hand hat immer auf ihrer Halsseite zu bleiben.

Hat das Pferd sich tragen gelernt, und steht es sicher an den Hilfen, wird ein unmerkliches Verschieben beider Hände nach der Wendungsseite als Zügelhilfe genügen.

Vor einem zu frühen genaueren Ausreiten der Ecken in diesem Ausbildungsstadium möchten wir ganz besonders und ausdrücklich warnen. Erst nachdem das Reiten auf dem Zirkel und später der Volte dem Pferde die erforderliche reiterliche Längsbiegung geläufig gemacht hat, können die Wendungen und daher auch die Ecken auf einem Kreisbogen, dessen Halbmesser drei Schritte beträgt, ausgeritten werden. Beginnt man damit, bevor das Pferd durch die Zirkelarbeit mittels der inneren Hilfen an die äußeren herangekommen ist und diese beachten gelernt hat, würde ein Zwingen in die Ecke Gang und Anlehnung nachteilig beeinflussen.

Ein weiterer Grund, warum wir nicht zu früh mit dem Ausreiten der Ecken beginnen sollen, ist der, daß die in diesem Fall vor dem Anlangen in der Ecke notwendige halbe Parade vom Pferde noch nicht ganz durchgelassen wird. Es beginnt dann schon in der Ecke die Hinterhand nachzuschleppen oder zu steifen und setzt an der nun folgenden kurzen Wand, wo es ohnehin schon geneigt ist weniger energisch zu treten, diesen fehlerhaften Gang fort.

Auch später noch, wenn die Ecken schon im Arbeitstrab ausgeritten werden, besteht immer die Gefahr, daß das Pferd vor diesen, der halben Parade, die ja durchaus kein Verkürzen des Tempos bedeuten muß, zuvorkommt und, sein Gangmaß eigenmächtig verlangsamend, zu schleppen beginnt.

Daher Eckenausreiten erst dann, wenn das Pferd ganz sicher an den treibenden Hilfen steht und die dazu notwendige Schmiegsamkeit und reiterliche Selbsthaltung auf Zirkel und Volte gewonnen hat!*)

Diese Selbsthaltung kann später immer durch das nebstdem auch beruhigende Überstreichen geprüft werden, wobei die Zügelhand, die Anlehnung zeitweise aufgebend, auf dem Mähnenkamm, soweit es die gestreckten Arme erlauben, vor und langsam wieder zurückgeht und die Fühlung mit dem Pferdemaul wieder aufnimmt. Hierbei dürfen treibende Sitzhilfen, soweit sie notwendig sind, nicht unterbrochen werden. Während des Überstreichens soll das Pferd mit der Nase etwas vorkommen, ohne jedoch seine Selbsthaltung zu verlieren. Tempo und Takt bleiben dabei unverändert.

Bevor zur eigentlichen Zirkelarbeit im Arbeitstrab übergegangen wird, muß das Pferd zunächst lernen, der einseitigen Schenkel- und Zügelhilfe zu gehorchen, wofür es schon durch die oben beschriebenen Wendungen beim Abrunden der Ecken einiges Verständnis gewonnen hat.

---

*) Hier sei auch gleich vorgreifend bemerkt, daß, je enger eine Wendung geritten wird, eine desto peinlich genauere Geraderichtung und desto mehr Schwung — Vorwärtstrieb — vorhanden sein muß, damit diese Wendung am Zügel, sauber und präzise vor sich gehen kann.

Das beste Mittel, dem Pferd den Gehorsam auf die einseitige Schenkel- und Zügelhilfe beizubringen und gleichzeitig eine die Pausen ausfüllende lösende Übung, ist die Wendung um die Vorhand.

Diese ist anfangs so auszuführen, daß die Hinterhand einen Teilkreis oder später einen Kreis um das auf der Stelle tretende innere Vorderbein beschreibt. Nimmt das Pferd einmal die seitwärtswirkenden Hilfen an, und kommt es dadurch an den äußeren Schenkel und Zügel, ist also schon der Anfang einer gewissen Längsbiegung vorhanden, wird die Wendung um die Vorhand auf der Stelle mit Vorteil durch eine Wendung um die Vorhand in der Bewegung ersetzt, weil dabei das ganze Pferd in einer wenn auch geringen Vorwärtsbewegung ist und durch das Treten aller vier Beine in der Fußfolge des Schrittes noch weniger Gelegenheit hat, sich zu steifen, als bei der Vorhandwendung auf der Stelle.

Will man letztere einem jungen Pferde verständlich machen, hält man in der Mitte der Bahn, belastet den inneren Sitzknochen und nimmt den Zügel der der Richtung, nach welcher man die Hinterhand übertreten lassen will, entgegengesetzten (inneren) Seite etwas kürzer und hält so lange aus, bis es ihn losläßt. Dann wirkt der hinter dem Gurt seitlich drückende oder klopfende Schenkel so lange, bis der innere und äußere Hinterfuß je einen Tritt nach seitwärts gemacht haben. Wird die seitwärts treibende Hilfe noch nicht verstanden, so helfen Klopfen mit der Gerte knapp hinter der Schenkellage und einige Hals und Kopf nach innen wendende Zügelanzüge nach. Hat das Pferd einen Doppeltritt gemacht, Pause, und so fort. Der anfangs ganz außer Wirkung gewesene äußere Zügel verhindert später ein Ausfallen der Schulter und ein Vortreten des Pferdes und hält es im Verein mit dem jeden zweiten Tritt (also bei zwanglosem Pferd in der Regel den des äußeren Hinterbeines) auffangenden äußeren, verwahrenden Schenkel gerade. Einseitiges Kreuzanziehen der der Hohlbiegung des Pferdes entsprechenden Seite des Reiters belastet und beugt das vor- und untertretende innere Hinterbein vermehrt*).

Die Wendung um die Vorhand auf der Stelle ist keine schulgerechte Übung. Sie ist aber als Hilfsmittel, das Pferd mit den einseitigen Hilfen vertraut zu machen und es an die äußeren heranzubringen, schwer zu entbehren. Überdies ist sie sehr geeignet, ein gegen den Schenkel gefühllos — schenkeltot — gewordenes Pferd diesen wieder beachten zu lehren, weil der wie ein Hebel gegen den übrigen Körper wirkende Hals auf mechanischem Wege ein Weichen auf den Schenkel erzwingen hilft. In diesem Sinne wird die Vorhandwendung auch bei sprungstützigen und widersetzlichen Pferden den Gehorsam wieder herstellen. —

Wie schon erwähnt, werden wir nach einigen Wochen die Wendung um die Vorhand auf der Stelle durch eine solche in der Be-

---

*) Bis es dem Pferde begreiflich geworden ist, was man von ihm will, kann das Gewicht auch deutlich auf die äußere Seite, nach welcher die Wendung erfolgt, verlegt werden, damit das Pferd schon in seinem natürlichen Bestreben, das Übergewicht zu unterstützen, nach dieser Seite hin tritt.

Beim gerittenen Pferd ändern sich die Verhältnisse scheinbar insofern, als man durch senkrechte Belastung eines Hinterbeines gerade sein Seitwärtsausweichen zu verhindern imstande ist. Man hält es durch Belastung fest. Dieser Widerspruch ist aber nur ein scheinbarer, denn ein stützendes Bein oder ein solches, das gerade im Begriff ist, zum Stützen niedergesetzt zu werden, wird nur dann, dem Bestreben, das gemeinsame Gleichgewicht zu erhalten, nachgebend, seitwärts gesetzt werden, wenn die Belastung nicht mehr senkrecht, sondern als Übergewicht zum Fußpunkt wirkt.

wegung ersetzen, die man auch Volte im Schwenken nennen könnte, wenn diese Bezeichnung nicht vermuten ließe, daß es dabei vielleicht zu einem Schleudern — einem Ausfallen — der Hinterhand kommt, was übrigens nicht im geringsten der Fall zu sein braucht.

Die Volte im Schwenken ist insofern eine verbesserte Auflage des Schenkelweichens, als sie dessen Nachteile vermeiden läßt, die hauptsächlich darin bestehen, daß, wenn es in Form von Schulterherein in fließendem Gange geübt wird, die außerhalb des Hufschlages der Vorderfüße und noch nicht gebeugt in Richtung der Schwerlinie vortretenden Hinterbeine nicht mehr genügend stützen, so daß das mehr seitwärts als vorwärts—seitwärts tretende Pferd auf die Schultern fällt. Überdies stoßen bei einem solchen „verquerten Schrägeln", bei dem die Vorhand der Hinterhand nicht vorausgeht, die inneren Vorderfüße beim Übertreten auf die äußeren.

Hingegen sind bei einer Wendung um die Vorhand in der Bewegung, wobei diese auf einem kleineren, volteartigen Kreise, die Hinterhand auf einem exzentrischen, etwas größeren, tritt und während welcher mit eingeschalteten Pausen immer nur soviel Schritte nach vorwärts—seitwärts verlangt werden, als zum Vordrücken an die Zügel notwendig erscheint, die Vorteile der Vorhandwendung auf der Stelle (größere Wirkungsmöglichkeit des inneren Zügels) und diejenigen des Schenkelweichens (Ab- und Auffußen aller vier Beine in der Bewegungsfolge des Schrittes) ohne die schon erwähnten Nachteile dieser beiden Übungen vereinigt.

Ist nach Vorbereitung auf der Stelle, durch Auffangen mit äußerem Schenkel und Zügel nach jedem Doppeltritt der Hinterhand, das Pferd an die äußeren Hilfen gekommen, kann man mit der oben beschriebenen Vorhandwendung in der Bewegung beginnen und nach Verlauf etwa eines Jahres vom ersten Anreiten gerechnet, bei inzwischen durch Zirkelarbeit und andere Übungen verbesserter Längsbiegung und Tragfähigkeit der Gelenke der Hinterhand, mit dem Reiten der Seitengänge den Anfang machen, ohne daß durch Anwendung des Schenkelweichens Gehlust, Haltung und Gang gelitten haben.

Ein Vermeiden des Schenkelweichens, wie es heutzutage aufgefaßt wird, ist auch im Sinne Seegerscher und Steinbrechtscher Grundsätze.

Gibt das Pferd den inneren Hilfen bei der Vorhandwendung nach, kann mit dem Reiten von Schlangenlinien an der langen Seite der Bahn begonnen werden.

Erst einige Male im Schritt, um dem Pferd den neuen Weg zu zeigen, dann aber gleich im frischen Arbeitstrab. Vorläufig wird nur ein Bogen — und der möglichst flach — geritten.

Bei zunehmender Versammlungsfähigkeit können die Schlangenlinien auch je nach Länge der Wand als doppelte und dreifache, mit drei Schritt Entfernung vom Hufschlag, im verkürzten Arbeitstrab und abgekürzten Trab geritten werden.

Hauptsache beim Reiten der Schlangenlinien, die später auch in mehreren Bögen durch die ganze Bahn geübt werden, ist flüssiges, schmiegsames Eingehen in die Wendungen, wobei richtige Gewichtshilfen, die wendende Zügelwirkung, die dem jungen Pferd immer etwas von seinem Schwung nimmt, ergänzen und erleichtern müssen. Am besten lernen das die Pferde im Leichttraben, wobei die treibenden Schenkel bei tiefem Absatz dauernd ans Pferd geschmiegt sein müssen und der Reiter bei jedem Sitz- und Fußwechsel mit besonders tiefem innerem Absatz in die neue Hohlbiegung eingehen soll.

Vor jedesmaliger Umstellung muß das Pferd einen Augenblick geradeausgestellt sein. Dies gilt auch für Wechslungen aus dem oder durch den Zirkel und für das Reiten der Acht. Alle diese Figuren, die auch ohne Stellungswechsel geritten werden können, kommen aber mit Ausnahme der einfachen Schlangenlinie an der langen Seite, für die Ausbildungsstufe, auf der sich jetzt unser junges Pferd befindet, noch nicht in Betracht.

Hier noch einige Worte über die Technik des Leichttrabens: Im Moment des Wechsels der Beindiagonale das Gesäß aus dem Kreuz heraus vermehrt vorziehen, indem man es nach vorne in den Sattel hineinschmiegt. Dabei ebenso an tiefes Durchfedern mit dem Absatz wie an Öffnen der Finger denken!

Sobald die Pferde beim Abrunden der Ecken und durch die Vorhandwendungen Verständnis für die inneren Hilfen gewonnen haben, kann man mit der Zirkelarbeit im Arbeitstrabe beginnen. Es dürfte dies etwa vier bis sechs Monate nach dem ersten Anreiten der Fall sein.

Als Anhaltspunkt dafür, wann man ein junges Pferd auf den Zirkel nehmen soll, kann auch gelten, daß heftige und solche mit viel Gehlust früher, triebige und faule später auf gebogenen Linien geritten werden sollen. Bei letzteren ist vorher ein Wecken des schlummernden Gehtriebs durch häufiges Reiten im Freien bei frischem Vorwärts auf langen Linien besonders geboten.

Da unser junges Pferd vor Beginn des Anreitens und auch noch bei diesem, unter dem Reiter, schon longiert worden ist, wird ihm das Innehalten der gebogenen Hufschlagslinie keine besonderen Schwierigkeiten machen. Weil die inneren Beine einen kürzeren Weg zurückzulegen haben als die äußeren, wird das zwanglos gehende Pferd auch schon von Natur aus eine gewisse Längsbiegung annehmen*), da dies weniger anstrengend ist, als wenn es bei linear geradeausgestellter Wirbelsäule den Kreis als Vieleck tangentenartig durchschwenken würde.

Bei dieser natürlichen Längsbiegung, die durch die inneren Hilfen des Reiters noch unterstützt wird, kommt es immer mehr an die äußeren heran, die namentlich an den offenen Seiten zu verstärkter Gegenwirkung gelangen. Sind dann auf der Zirkellinie beide Zügel in gleichmäßiger Anspannung, ist dies ein Beweis, daß das Pferd an den biegenden Hilfen steht**).

---

*) Um sich davon zu überzeugen, stelle man sich außerhalb des Longierzirkels, auf dem ein noch rohes Pferd unausgebunden abgetrabt wird. Man wird die Beobachtung machen, daß, auch wenn die Leine nicht ansteht, die Hinterbeine eine schmale Spur bilden, wobei der innere vermehrt belastete Hinterfuß vor den äußern vermehrt schiebenden tritt. Aus diesem Vor- und Untertreten des innern Hinterbeines ergibt sich für das Pferd die Notwendigkeit, eine Seiten-, d. i. Rippenbiegung, anzunehmen. Auch Hals und Kopf schließen sich dieser Längsbiegung an, solange keine scharfe Gangart ein Nachaußenstellen des Halses erforderlich macht, um ihn als Balancierstange gegen die die Masse nach außen schleudernde Zentrifugalkraft zu benutzen — eine ausgleichende Konterstellung, die man auch bei Freiheitsdressuren im Zirkus oder bei in schärfstem Tempo um einen Bogen der Bahn galoppierenden Rennpferden beobachten kann. An dieses Prinzip halten sich auch alle erfahrenen Turnierspringreiter, die bei in schneller Fahrt genommenen Ecken ihrem Pferd mit nach außen gestelltem Kopf einen Halt am äußern Zügel geben, damit das inwendige Hinterbein nicht ausgleitet.

**) Aus dieser reinen Längsbiegung heraus, wie sie ja auch beim Durchreiten der Ecken besteht und die nach Passieren der Ecke zu diesem Zwecke auf der langen Seite noch beibehalten wird, können später bei der Biegearbeit auf einfachem und doppeltem Hufschlag die betreffenden Übungen, vor allem das Schultervor und Schulterherein, sowie die traversartigen Biegungen entwickelt werden.

Infolge der Längsbiegung paßt das Pferd seinen ganzen Körper der Kreislinie an, so daß seine innere Seite hohl, die äußere konvex wird. Sein Schwerpunkt neigt sich, wie auf allen gebogenen Linien, je nach Tempo und Größe des Zirkels mehr oder weniger nach innen, und der Reiter muß durch einen Sitz, wie er bei Besprechung der Wendungen beschrieben wurde, dieser Seitenbiegung Rechnung tragen.

Die vermehrte Belastung und infolgedessen auch Beugung der Gelenke des inneren Hinterbeines, die die Zirkelarbeit so hervorragend geeignet zur vornehmlichen rhythmisch-gymnastischen Bearbeitung eines einzelnen Hinterbeines macht, ist eine Folge der Verschiebung des Schwerpunktes nach innen, welch letztere wieder durch die Gesetze der Zentrifugalkraft und nicht, wie oft irrtümlich angenommen wird, durch die Seitenbiegung bedingt wird. —

Um die Kreislinie genau einzuhalten, muß die Hinterhand von den Schenkeln, die Vorhand von den Zügeln auf ihr geführt und erhalten werden.

Je schmiegsamer das Pferd auf die Längsbiegung eingeht, desto leichter wird der ruhig und ungezwungen knapp hinter dem Gurt angesaugte und nicht wie bei mangelnder Rippenbiegung von der Bewegung abgestoßene innere Schenkel die Hohlbiegung erhalten und nach Bedarf gemeinsam mit dem äußeren Zügel, der dann erweiternd wirkend nach seitwärts hinausführt, ein Hereindrängen in den Kreis verhindern können.

Auf der der Hohlbiegung entgegengesetzten Seite findet der äußere Schenkel, der mit den Hüften des Pferdes gleichlaufenden Beckenstellung des Reiters und der konvexen Rippenwölbung des Pferdes entsprechend, von selbst seinen Platz etwas weiter hinter dem Gurt. Von hier aus ist er in der Lage, bei Ausfallen der Kruppe verwahrend und vortreibend zu wirken und so im Verein mit dem inneren Zügel, der für die im Einklang mit der Längsbiegung des ganzen Pferdes stehende leichte Kopfstellung nach innen sorgt, die Hohlbiegung zu erhalten.

Das hier beschriebene sich ergänzende Zusammenwirken von innerem Schenkel und äußerem Zügel und umgekehrt, nennt man zum Unterschied von einer gleichseitigen — lateralen — eine diagonale Hilfengebung*). Je mehr ein Pferd an Rittigkeit zunimmt, desto mehr wird es durch die inneren an die äußeren Hilfen gebracht, die sich dann beide diagonal ergänzen und unterstützen, so daß nach vollendeter gymnastischer Ausbildung ein von Willen und Einwirkung des Reiters genau abgemessenes und geregeltes müheloses Balancieren des Schwerpunktes sowohl auf seiner Längsachse (Änderungen des Rahmens, der Haltung) als auch auf seiner Querachse (Biegungen) stattfinden kann. Die Verschiebungen des Schwerpunktes auf der Vertikalachse, also von unten nach oben und umgekehrt, wie sie die Übungen im Überwinden von Hindernissen mit sich bringen, stellen hauptsächlich an Selbständigkeit, Gewöhnung und Training des Pferdes gewisse Anforderungen.

Bei diesen vornehmlich im Verein mit Schwerpunktsverschiebungen auf der Längsachse auftretenden Vertikalverschiebungen (Sprung) ist es Hauptaufgabe des

*) Siehe auch Biegungen ersten und zweiten Grades.

Reiters, durch richtiges Mitgehen das Pferd nicht zu stören, damit dieses selbständig eine dem Überwinden der Geländeunebenheit günstige Gewichtsverteilung vornehmen kann.

Näheres darüber in den vom Springen und Geländereiten handelnden Abschnitten. —

Weicht bei der Zirkelarbeit die Hinterhand nach innen aus, nimmt das Pferd also eine falsche Traversstellung an, was meistens auf der rechten Hand der Fall sein wird, besonders dann, wenn der innere Zügel ziehend wirkt, ist vorläufig durch beiderseitige vortreibende Schenkelwirkung bei leichtester Führung die Geraderichtung, d. h. also die richtige, der Kreislinie angepaßte Längsbiegung wieder herzustellen.

Sind in der Praxis der Ausbildung Schwung und Schenkelgehorsam noch nicht gesichert, wird in solchen und ähnlichen Fällen die geraderichtende Arbeit etwas weniger summarisch vor sich gehen müssen, und werden die geraderichtenden Hilfen ohne Rücksicht auf die Hand, auf der das Pferd gerade geht, nur im Hinblick auf schwierige und Zwangseite (s. d.) dem Einzelfalle angepaßt. Das unter 3 B „Geraderichtendes Biegen" dieses Kapitels Gesagte findet dann seine sinngemäße Anwendung.

Jedesmal, wenn während der Zirkelarbeit Frische und Freiheit des Ganges nachlassen, ist die Kreislinie zu verlassen und auf der Geraden in einem verstärkten Arbeitstempo Nachschub und Gehlust zu wecken.

Ist das Pferd durch die Zirkelarbeit an die äußeren Hilfen herangekommen, kann auch mit dem genaueren Ausreiten der Ecken begonnen werden. Kommt dabei das Pferd aus dem Takt, so daß der Gang eiliger und ausdrucksloser wird, ist das ein Zeichen, daß sich das Pferd noch nicht selbst tragen kann, und der Bogen ist wieder flacher zu reiten.

Mit Rücksicht auf das oben über Geraderichten Gesagte wird es an dieser Stelle absichtlich vermieden, ein Schema der Hilfen des Reiters in der Wendung zu geben. Ein gerittenes Pferd wendet auf die einfache Gewichtshilfe und Schenkellage hin. In dem Dressurstadium, in welchem wir uns aber jetzt befinden, können Schablonen*), wie wir sie bisher beim Reiten ganz flacher Bögen anwendeten oder wie ähnliche für das Führen eines gerittenen Pferdes durch die Wendungen auf beiden Händen bis zu einem gewissen Grade Geltung haben können, nur zu unrichtigen Hilfen Anlaß geben.

Darum weisen wir hier nochmals auf die im folgenden Abschnitt unter „Geraderichtende Arbeit" behandelten Schwierigkeiten hin, die sich in diesem Stadium der Ausbildung sofort bemerkbar machen werden, wenn mit einem sorgfältigeren Ausreiten der Ecken begonnen wird und die sich infolge der Schiefe des Pferdes nicht mit Anweisungen abtun lassen, die für beide Hände gleichmäßig Gültigkeit haben.

---

*) Schema, Schablone — in der Reittheorie vielfach mißverstandene ominöse Bezeichnungen — hier aber im Sinne einer auf jeden Einzelfall anwendbaren allgemeinen Regel gebraucht.

Dient das Schema als Eselsbrücke im Sinne von mechanischer und gedankenloser Übertragung, wird es gefährlich.

B. Verbesserung des Ganges durch den Mitteltrab — Galopparbeit — Geraderichtendes Biegen — Seitengänge — Wendungen um die Hinterhand — Rückwärtsrichten — Steigerung der Versammlung im Trab und Galopp — Gebrauchshaltung als Grundlage der Dressurhaltung — Schrittarbeit

Der M i t t e l t r a b ist keine Gebrauchsgangart. Er ist aber unentbehrlich als Hilfsmittel der Dressur und zugleich als Probe aufs Exempel, ob der bisherige Aufbau der gymnastischen Durchbildung ein richtiger war.

Das charakteristische Merkmal des Mitteltrabs sind seine weitausgreifenden, schwungvollen Bewegungen, durch welche die Vorhand aber nicht vermehrt belastet wird, da sie aus abwechselnd sich beugenden und streckenden Hankengelenken hervorgehen und demgemäß ebensosehr schiebend den Raumgriff, als tragend die Haltung fördern.

Das vermehrte Strecken und Beugen der beiden mächtigsten motorischen Gelenke des Pferdekörpers, des Hüft- und Kniegelenks — der Hanken — bringt auch das Abfedern der ganz nahe aneinander vorbeitretenden und das willig aufgenommene Gewicht elastisch nach vorwärts-aufwärts abschwingenden Hinterbeine, den S c h w u n g , zu immer besserer Entwicklung. Dabei wird die kräftige Streckbewegung der Hinterbeine nicht bis zum völligen Durchziehen der Gelenke vor dem Abstoß durchgeführt, sondern der elastische Abschwung findet schon aus der Beugung heraus statt.

Da der richtig gerittene Mitteltrab im reiterlichen Gleichgewicht aus gebeugten Hanken heraus vorgetragen wird, ist die Vorhand zu freiem Erheben ihrer Beine befähigt. Diese treten dorthin, wohin im Augenblick ihrer höchsten Erhebung die Zehenspitze zeigt. Ist die Aktion der Vorderbeine nebst aller Bestimmtheit und Sicherheit des leichten Auffußens nicht auch rund und flüssig, sondern strecken sie sich krampfhaft und abgehackt, ist das ein Zeichen falscher Spannung (s. Gespannte Tritte). Je besser sich das Pferd mit leicht vor die Senkrechte genommener Stirnlinie am Gebiß abstößt, desto besser tritt es durch das Genick und läßt den von rückwärts nach vorn flutenden Schwung durch, welcher von der am Kreuz des Reiters ihre Stütze findenden Hand geregelt, begrenzt und nach Bedarf als eine die Federn der Hinterhand spannende Belastung ihren Gelenken wieder zugeleitet wird.

Die r e l a t i v e A u f r i c h t u n g (s. d.), deren äußeres Merkmal ein Höhertragen von Hals und Kopf infolge Senkung der Hinterhand ist, geht Hand in Hand mit der Entwicklung des S c h w u n g e s, ohne welchen der eben geschilderte Mitteltrab nicht denkbar ist. Das Pferd steht dann immer besser und sicherer an den Hilfen und läßt sie auf seiner Längs- und Querachse durch. —

Aus der gesteigerten Gymnastik des Mitteltrabs soll das Pferd in den in weiterem Rahmen gehaltenen weniger ausdrucksvollen G e b r a u c h s t r a b Schwung und Rückentätigkeit mit hinübernehmen, denn nur bei mittätigem, mitfederndem Rücken und elastischer Bewegung wird ein Durchschnittspferd in dieser Gebrauchsgangart stundenlang ausdauern können, ohne sich oder seinen Reiter vorzeitig zu ermüden.

Als Maßstab, wie weit man beim Biegen und V e r s a m m e l n gehen darf, dienen Raumgriff und Schwung im Mitteltrab. Sind diese in Ordnung, kann

man durch leichte halbe Paraden die Belastung erhöhen und den Raumgriff bei erhabenerem Treten der Vorhand einschränken. Geht dabei der Takt verloren und machen sich dem Sitz und der Hand Steifungen fühlbar, ist das Pferd für die erhöhte Anforderung abgekürzter Gangmasse noch nicht reif.

Vorläufig sind wir aber mit unserem jungen Pferde noch nicht so weit.

Wir werden zufrieden sein, wenn es uns nach Verlauf einiger Tage gelingt, den Arbeitstrab auf den langen Seiten oder den Diagonalen zu einigen längeren Tritten zu steigern, um erst nach Wochen die Anforderungen soweit zu erhöhen, daß wir den Mitteltrab bei gut abgeflachten Ecken ein- bis zweimal die Bahn herum reiten.

Beginnt die Hinterhand zu schleppen, läßt die Rückentätigkeit nach, geht die bestimmte Anlehnung verloren oder wird das Treten ungleichmäßig und eilig, so sind das Zeichen, daß wir zuviel verlangt haben. Um reinen Gang und Anlehnung wiederzugewinnen, müssen wir zum Arbeitstempo zurückkehren.

Würden wir den Mitteltrab dessen ungeachtet erzwingen wollen, wäre nur eine Schädigung des Dressuraufbaues und der Beine des Pferdes die Folge, da er nur bei Harmonie der Haltung mit der Bewegung für die Ausbildung wertvoll ist, bei mangelhaftem Gegeneinanderarbeiten von Hinterhand und Vorhand, ohne Vermittlung des elastisch schwingenden Rückens, aber die Beine ruiniert und die Pferde sauer und häßlich macht.

Ebensowenig wie wir es dazu kommen lassen dürfen, daß ein junges Pferd aus Ermüdung die richtige Spannung, die jede mehr oder minder versammelte Gangart erfordert, nicht mehr aufrechterhalten kann, so daß es auseinanderfällt und in die Eisen schlägt, dürfen wir auch ein gehlustiges Pferd mit viel Nerv überanstrengen.

Solche Pferde, die nebst Gang die unbezahlbare Gabe der Gehlust und des Sichselbstanbietens von der Natur mitbekommen haben, sind das Kostbarste, was sich ein Reiter wünschen kann. Nur muß er sich dieses Geschenks auch würdig erweisen und das Entgegenkommen des Pferdes mit Maß und Verständnis ausnützen. Läßt er Eitelkeit und falschem Ehrgeiz die Zügel schießen, wird er zwar einen kurzen Frühling erleben und mit dem Fünf- und Sechsjährigen vielleicht so manche Dressurprüfung gewinnen. Die Reaktion wird aber nicht ausbleiben und auf den vorzeitigen Lenz wird kein Sommer und Herbst wirklicher Reife folgen. Wenn die Altersgenossen unseres „Wunderpferdes" erst am Beginn einer langen, weil auf gesunder körperlicher Entwicklung beruhenden Laufbahn stehen, wird dieses — ein früher Greis — mit lockeren Gelenken und vorzeitig verbraucht, im besten Fall das unverdiente Dasein eines Verleihpferdes fristen. —

Ganz allgemein sei gesagt, daß bei den Besuchen im Stall, die man seinem Pferde auch nach der Arbeit machen soll, Überanstrengungen oft leichter als unter dem Sattel festzustellen sind. Besonders lebhaft-nervöse Pferde scheinen zuweilen bei der Arbeit über unerschöpfliche Kraftquellen zu verfügen. Der Rückschlag tritt erst ein, wenn die Nervenanspannung abgeklungen ist und das Pferd durch teilnahmsloses, gegen sein sonstiges Benehmen verändertes Gehaben im Stall andeutet, daß ihm zuviel zugemutet wurde und es mehr an Muskel- und Nervenkraft zugesetzt hat, als seinem Allgemeinbefinden zuträglich ist. Meist versagt es dann auch das Futter.

Auch Messen des Gewichts, wie man es sonst nur zur Errechnung des Kaliberindex vor Materialprüfungen macht, gibt in dieser Beziehung wertvolle Fingerzeige, die uns veranlassen sollen, bei starker Gewichtsabnahme das Maß der täglichen Arbeit rechtzeitig einzuschränken. Damit sich kein falsches Bild ergibt, ist bei diesem zeitweisen Wiegen zur Überwachung des Futterzustandes zu beachten, daß es jedesmal vor dem Tränken und Füttern stattfindet.

Die Gründe, die für und gegen ein frühes Galoppieren sprechen, haben wir schon beleuchtet. Wir gehen vom Grundsatz aus, den Galopp nicht zu unterdrücken, wenn er angeboten wird, ihn aber noch viel weniger in der Bahn erzwingen zu wollen, wenn sich das Pferd darin noch nicht tragen kann. Einer Remonte, die ihrem ganzen Bau nach kein geborenes Gleichgewichtspferd ist, wird es anfänglich schwer fallen, sich im Galopp auszubalancieren. Nach einigen Wochen oder Monaten aber werden körperliche Entwicklung und Balancierfähigkeit solche Fortschritte gemacht haben, daß wir so ein Pferd anstandlos und fast ohne daß es dessen gewahr wird, in einen

Arbeitsgalopp hineingleiten lassen können, in den wir es vielleicht schon viel früher hätten hineinstoßen können, gegen den es aber dann eine Abneigung gefaßt hätte, die sich später noch bei jedem Angaloppieren in zurückgelegten Ohren und Spannungen geäußert hätte.

Bei zu frühem Galoppieren in der Bahn würde ein haltungsloses Pferd ins Eilen kommen und fortstürmen, der Reiter müßte also, ob er will oder nicht, nach rückwärts einwirken, um zu regulieren und dadurch die ganze Ausbildung nachteilig beeinflussen.

Damit soll aber durchaus nicht gesagt sein, daß ein junges, übermütiges Pferd, das aus irgendwelchen Gründen nicht ablongiert werden konnte, im Freien, auf langen Linien, wo kein Anlaß vorhanden ist, mit der tiefstehenden Hand nach rückwärts zu wirken, einen Galopp bekommen soll, der es abspannt und an die Hilfen bringt. Im Gegenteil, wollte man so ein Pferd pedantisch im Schritt oder verkürzten Trab zurückhalten, während es sich mit ganzer Seele nach freien Sprüngen auf elastischem Heideboden sehnt, würde man durch dieses Kämpfen mit dem Maul seine Gelenke und Sehnen viel mehr schädigen, als es selbst einige jugendlustige Bocksprünge nach vorwärts je imstande wären.

Was wir bis jetzt bei gelegentlich im Freien angebotenen Galopps erreichen wollten, waren zwanglose, nicht haltlose Sprünge, die sich in natürlicher, freier Selbsthaltung, womöglich mit hingegebenem Zügel, in regelmäßigem Takt folgen sollten. In diesem „natürlichen Galopp", der dieselben Eigenschaften hat wie sein Gegenstück der „natürliche Trab", ließen wir es sich sein ihm zusagendstes Tempo selbst finden, es bei anfänglichem Drängen womöglich laufen lassend, bis es sich von selbst mäßigte und nur in Fällen, wie ein solcher beim Abtraben eines noch nicht abgespannten Pferdes beschrieben wurde, durch den anfangs kürzeren zum langen Zügel kommend (s. auch Seite 172).

Bei Pferden mit ausgesprochener natürlicher Selbsthaltung konnten wir diesen Naturgalopp schon nach zwei- bis dreimonatiger Ausbildung durch Zulegen aus dem Trabe erreichen.

Das Wesentlichste bei diesen gelegentlichen Galoppübungen war, daß sie das Pferd als kein aufregendes Ereignis, sondern als etwas Selbstverständliches und Natürliches empfinden sollte, so wie es ja auch als Fohlen auf der Weide ganz unbefangen den Übergang von einer in die andere Gangart gefunden hat. —

Die Zeit, das Pferd in der Bahn auf einem großen Zirkel den richtigen Galopp finden zu lassen, wird gekommen sein, wenn es sich im verkürzten Arbeitstrabe selbst tragen und die seitwärtstreibenden Hilfen befolgen kann. Diese Fähigkeit wird wieder ganz von Entwicklung, Anlagen und Bau des Pferdes abhängig sein.

Der Vorgang dabei ist folgender: Der Reiter verkleinert im verkürzten Arbeitstrab bei vermehrter Gewichtsverlegung nach innen unter Zusammenwirken von innerem Zügel und äußerem Schenkel den Zirkel, so daß sich das Pferd, ohne mit der Hinterhand vorauszueilen, traversartig von außen her nach dem Mittelpunkt des Kreises bewegt, bis eine etwas engere Zirkellinie als die ursprüngliche erreicht ist. Dann vergrößert der Reiter wieder den so erreichten kleineren Kreis nach außen, indem innerer Schenkel, knapp hinter dem Gurt und äußerer Zügel, von der Schulter abrückend und diese seitwärts abführend, schulterhereinartig erweitern. Das Gewicht geht, ohne den der Hohlbiegung entsprechenden Sitz aufzugeben, in der Bewegungsrichtung nach vorwärts-auswärts mit.

Ist die ursprüngliche Zirkellinie erreicht — womöglich auf der offenen Seite, bevor man an die lange Wand kommt —, nimmt der äußere, hinter dem Gurt liegende Schenkel die entsprechend der Biegung nach außen gewölbte Seite auf und begrenzt die Seitwärtsbewegung, wobei er vom wieder verwahrend am Hals anliegenden äußeren Zügel durchhaltend unterstützt wird. Gleichzeitig treibt er auch im Verein mit dem inneren, stärker wirkenden, knapp hinter dem Gurt liegenden Schenkel vor, während die innere Hand die ersten Male etwas nachgibt, damit das weitere Vorgreifen des entsprechenden Vorderbeines erleichtert wird. Die vortreibenden Hilfen können noch durch Berührung der inneren Schulter mit der Gerte und Zungenschlag unterstützt werden.

Das Pferd ist durch das Erweitern des Kreises auf diese Art von den äußeren Hilfen aufgefangen worden und hat sich durch ihr Zusammenwirken mit den inneren in eine derartige Stellung hineingeschmiegt, daß ihm bei losgelassenem Eingehen auf die vortreibenden Hilfen gar nichts anderes übrig bleibt, als in den richtigen Galopp gleichsam hineinzugleiten. Der vom verwahrenden und dabei auch durchhaltenden äußeren Zügel etwas zurückgehaltene äußere Hinterfuß wird durch die vermehrte Wirkung des inneren Schenkels zu vorzeitigem Abstoß gebracht (s. a. Sitz und Hilfen) und dadurch die bisher diagonal verbundene Fußsetzung äußerer Hinterfuß—innerer Vorderfuß aufgelöst, woraus sich dann die Elemente der Galoppbewegungsfolge von selbst ergeben*).

Diese veränderte Fußsetzung wird vom ersten Sprung an um so flüssiger, die Anlehnung um so unveränderter sein, je weicher sich der den inneren Sitzknochen vermehrt belastende Reiter der neuen Bewegung anpaßt und durch Nachgeben den Sprung herausläßt.

Fürs erste werden eine bis zwei Runden vollkommen genügen, dann hören die treibenden Hilfen auf und das Pferd wird von selbst in den Trab fallen. Nach einigen Trabritten wird in den Schritt aufgenommen und mit hingegebenem Zügel gelobt.

Der oben beschriebene Übergang in den Galopp wird vielleicht nicht bei allen Pferden so glatt verlaufen, manche werden sich dabei aufregen und fortstürmen wollen. Solche suche man nicht durch rückwärtsspannende Zügelhilfen aufzuhalten; es würde das ihre Aufregung nur noch steigern, sie würden gegen die Hand kämpfen und lernen, Hinterbeine und Rücken gegen den Zwang des zurückhaltenden Sitzes zu steifen.

Besser ist es, im Sitz gut mitzugehen und mit den treibenden Hilfen am Pferd zu bleiben, als wollte man im Tempo noch zulegen. Dann wird, auch wenn man den Zirkel verläßt und geradeaus reitet, die Suggestion des

*) Einen musikalisch eingestellten Reitlehrer hörte ich einmal seiner ebenso musisch angehauchten Schülerin das Angaloppieren mit dem Einsetzen der Musik zu den klangmalenden Daktylen eines melodischen Walzers vergleichen. Eine Analogie ist ja wirklich vorhanden und findet sich auch in Tonwerken wie Haydns „Schöpfung" und Jomellis „Olympiade".

Zwanges bald aufhören und dem Reiter Gelegenheit gegeben, immer gut der Bewegung folgend, mehr Platz zu nehmen und durch das dem Pferd schon bekannte Überstreichen beruhigend einzuwirken. —

Ist die seitliche Durchlässigkeit noch zu wenig befestigt, um den Galopp aus dem Erweitern des Zirkels zu entwickeln, kann man auch — ebenfalls aus dem verkürzten Arbeitstrab — *aus der Ecke vor einer langen Wand* angaloppieren. Auch hier werden die Hilfen, kurzer Druck mit beiden Schenkeln, der innere verstärkt wirkend, bei schon durch den Sitz in der Wendung gegebener vermehrter Gewichtsverlegung auf den inneren Sitzknochen und Aushalten des äußeren Zügels, das gewünschte Ergebnis haben. Man wähle nicht immer dieselbe Ecke, sonst werden lebhaftere Pferde schon vorher unruhig, stellen sich quer und wollen den Hilfen zuvorkommen. —

Macht sich *Unruhe* zwischen den einzelnen Galoppreprisen, die natürlich auf beiden Händen geritten werden sollen, geltend, muß man es sich zum Grundsatz machen, nicht früher wieder anzugaloppieren, als bis sich das Pferd vollkommen beruhigt und an den Hilfen losgelassen hat. Ein gemäßigter Arbeitstrab wird diesen Zweck am besten erfüllen. Ist das Pferd schon so weit, werden dabei schultervorartige Biegungen, die auch bei den Übergängen zum Trab den Galopp am ungezwungensten auflösen, das Pferd ablenken. —

Ähnlich wie bei der Leinenarbeit, wo wir das Pferd durch Anzüge mit der Longe zuerst *etwas in den Zirkel stellten*, um dann nachgebend und vortreibend den Galoppsprung zu entwickeln, können *wir es auch jetzt tun*, wenn wir die *erstbeschriebene Art durch Erweitern des Kreises*, die ja auf demselben Prinzip beruht, nicht anwenden und auch *noch nicht aus der Ecke angaloppieren* wollen, weil das betreffende Pferd vielleicht die Neigung hat, mit der Hinterhand nach innen auszuweichen.

Wir nehmen das Pferd in die Schultervorstellung (s. d.) und geben nach einigen Tritten die zum Angaloppieren erforderlichen Hilfen, indem wir gleichzeitig die Vorhand wieder auf die Zirkellinie hinausführen. Immerhin erfordert diese Art vom Pferde schon einen ziemlich hohen Grad von Feinfühligkeit, da ja das Abführen der Schultern aus dem Schultervor nach außen auf die Kreislinie nur eine Schwenkung von einigen Zentimetern betragen kann.

Diese *dritte Art des Angaloppierens* junger Pferde ist besonders empfehlenswert, da sie es dem Reiter leicht macht, die beim Eingehen in den Galopp notwendige Geraderichtung durch Beherrschung des inneren Hinterfußes aufrechtzuerhalten. Allerdings setzt sie, ebenso wie die an erster Stelle beschriebene, eine schon fortgeschrittene seitliche Durchlässigkeit nebst einer gewissen Versammlungsfähigkeit und Feinfühligkeit voraus.

Wir erwähnen aber das Angaloppieren aus der vorausgegangenen schulterhereinartigen Biegung dennoch gleich an dieser Stelle, weil es das beste und sicherste Mittel ist, Pferde, die sich später durch *Hereinstellen der Hinterhand* beim Übergang in den Galopp der Geraderichtung zu entziehen suchen, von diesem sich unbemerkt einschleichenden, aber darum nicht minder

schweren Fehler, der jeden weiteren Fortschritt in der Galopparbeit unmöglich macht, zu korrigieren*).

G a l o p p i e r t d a s P f e r d f a l s c h a n, so ist es in aller Ruhe bei vorwiegender Wirkung von innerem Schenkel und Zügel gut nach vorwärts in den Trab zu bringen und erst nach Eintritt vollkommener Losgelassenheit erneut anzugaloppieren. Je mehr man sich überhaupt bei der ersten Einführung in die Galopparbeit Zeit läßt, desto sicherer und korrekter wird diese später werden. Denn gerade jetzt kann der Grund zu Fehlern, wie Steifen, Schiefmachen u. ä.

*) Dieser Fehler entsteht meistens dadurch, daß der innere, stellende Zügel nach rückwärts zieht. Das Pferd sucht sich der unrichtigen Einwirkung durch Ausweichen des inneren Hinterbeines zu entziehen, wodurch der traversartige Anklang der richtigen Stellung zu einem f a l s c h e n t r a v e r s - a r t i g e n G e h e n wird, bei welchem die inneren Füße nicht mehr genau spuren und das Pferd auf die auswendige Schulter fällt, besonders dann, wenn der Hals an seiner Basis nicht festgestellt ist.

gelegt werden, die später bei gesteigerten Anforderungen, wie sie z. B. die fliegenden Fußwechsel mit sich bringen, in einer Weise zum Vorschein kommen, daß man unter dann bedeutend erschwerenden Umständen das mit Grundfehlern behaftete Pferd, vom ABC beginnend, einer Redressur unterwerfen müßte. —

Am schnellsten und sichersten wird derjenige Reiter vorwärts kommen, dessen geistiges Gleichgewicht auf einer solchen Stufe steht, daß er auf eine, möchte man sagen, zeitlich unbegrenzte Dauer der Ausbildung eingestellt ist und sie nur von den Fortschritten des Pferdes abhängig macht.

Der natürliche Sprung, den das Pferd beim ersten Galoppieren in der Bahn zeigte, ist zunächst beizubehalten und wird erst nach Verlauf einiger Tage gemäßigt oder gestreckt. Durch treibende oder verhaltende Einwirkungen entwickelt sich so ein gleichmäßiges Tempo, der Arbeitsgalopp, der später bei Losgelassenheit in der Selbsthaltung auf geraden Linien zeitweise zum Mittelgalopp, etwa 350 Schritt in der Minute, gesteigert werden kann.

Während beim jungen Pferd die erste Trabversammlung am besten durch Aufnehmen aus einem schwungvollen und flüssigen Mitteltrab zu erreichen ist, wird eine Verkürzung des Arbeitsgalopps durch häufiges Angaloppieren erzielt. Zu diesem Zweck wird nach etwa einjähriger Ausbildung, wenn die Anlehnung bei etwas verkürztem Zügel im Schritt eine sichere geworden ist, aus diesem in den Galopp übergegangen. Das Pferd, dem das Ansetzen zum Galopp schon geläufig ist, wird ohne Schwierigkeiten auf die schon beim Übergang vom Trab in den Galopp beschriebenen Hilfen eingehen, besonders dann, wenn man anfangs einige Zwischentritte gestattet und die ersten Male darauf bedacht ist, aus der Ecke oder Volte anzugaloppieren.

Die Verkürzung des Arbeitsgalopps findet ihre natürliche Grenze in der Beibehaltung von richtigem Gang und Anlehnung. Verlieren die Bewegungen das lebhaft Sprunghafte, werden sie laufend und schleppend, wird der Reiter nicht mehr vom elastisch schwingenden Rücken nach vorwärts in den Sattel gezogen, so daß sein innerer Schenkel ohne Anstrengung auf seinem Platze haftet, wird das Gefühl in der Hand tot oder ungleichmäßig, im Gesäß stoßend, so sind das alles untrügliche Anzeichen dafür, daß wir vorläufig noch zu viel verlangt haben.

Beim Übergang vom Galopp in den Schritt*) und zum Halten finden im Prinzip die schon bei der Parade beschriebenen Hilfen ihre Anwendung mit dem Unterschied, daß der äußere Zügel, entsprechend der leichten Längsbiegung, die jedes kürzer galoppierende Pferd von selbst annimmt und in Übereinstimmung mit der vermehrten Beugung und Lastaufnahme des äußeren Hinterfußes in dieser Gangart, etwas stärker aushält.

Der Vorgang bei der Schritt- und ganzen Parade, sowie mit geringen Unterschieden, beim Abkürzen des Galopps, wird, ein schon am Ende seiner Ausbildung angelangtes Pferd vorausgesetzt, im einzelnen etwa folgender sein.

Im Moment der freien Schwebe, wo Kopf und Hals des Pferdes eine etwas mehr aufgerichtete Stellung annehmen, wodurch auch die mit dem sich ebenfalls streckenden Oberkörper des schmiegsam sitzenden Reiters verbundene Hand zurückgeht, erfolgt eine treibend-versammelnde Sitzhilfe des Reiters. Durch sie wird Nachgiebigkeit im Rücken und Genick sichergestellt, so daß die nun folgenden, im Takte der Bewegung den Raumgriff der Sprünge einschränkenden Zügelanzüge den Weg zur Belastung der Hinterhand frei finden. Diese wiederum ist beugebereit, da jedesmal nach der das Zurückgehen der Hand veranlassenden Kopf- und Halsbewegung der die Gesamtlast aufnehmende äußere Hinterfuß senkrecht unter oder vor dem Hüftgelenk gefußt hat und der noch im Vorschwingen begriffene innere Hinterfuß ebenfalls keinen Widerstand leisten kann.

Während nun beim bloßen Abkürzen die Schenkel die Lebhaftigkeit des Sprunges der weniger weit, aber um so gebeugter untertretenden Hinterbeine erhalten und die Hand ihn immer wieder herausläßt, wird der aus vermehrt

---

*) Ein Prüfstein für die ehrlich durchgeführte Galopparade zum Schritt ist die Aktion der Vorderbeine unmittelbar nach erfolgter Parade. Ist das Pferd durch Aufstemmen mit den Vorderfüßen bei Aufgabe der richtigen Anlehnung gleichsam „von selbst" in den Schritt gefallen und hat seinen unerfahrenen Reiter getäuscht, so werden die ersten Tritte der Vorderbeine ausdruckslos und flach am Boden, von dem sie sich gleichsam nur widerstrebend lösen, erscheinen. Nach einer richtigen auf gebeugten Hanken erfolgten Parade muß der Aus- und Vortritt der leicht gebliebenen Vorhand ein erhabener sein.

angezogenem Kreuz verstärkte Druck der Sitzknochen, zumal des inneren, ferner eine gestreckte Beinhaltung, bei besonders tiefem inneren Absatz — so daß man das Gefühl hat, der Steigriemen könnte reißen — und endlich die die Bewegung immer mehr einschränkende, elastisch aushaltende Hand die ganze Parade herbeiführen.

Je schwungvoller sich dabei das Pferd während der letzten Sprünge auf den immer gebeugter unterspringenden und die Last stützenden Hanken aufnimmt, desto feiner und leichter können dann auch Schenkel- und Zügelhilfen werden, so daß sie sich bei gut veranlagten Pferden schließlich auf bloße Andeutungen beschränken werden, die der ebenfalls nur in einem Straffen des Kreuzes bestehenden Gewichtshilfe den Vorrang überlassen.

Während dieses ganzen Ausbildungsabschnittes ist aber das Hineingleiten in den Arbeitsgalopp aus einem verkürzten Arbeitstrab, als lösende Übung und als Grundlage flüssigen Galoppansatzes in der Geraderichtung nicht zu vernachlässigen.

Da oben schon vorgreifend wiederholt von wirklicher Versammlung (s. d.), wie sie unser junges Pferd später anzunehmen imstande sein wird, die Rede war, sei hier gleich festgestellt, daß es, vom rein theoretischen Standpunkt aus betrachtet, in der Versammlung auf gerader Linie wohl ein im Trabe absolut geradeausgestelltes Pferd geben kann. In der Praxis wird man aber die Beobachtung machen, daß beim Aufwärtsdehnen des in der Versammlung in die Hand gestellten Halses das Nackenband nicht mehr genau über den ersten Halswirbeln liegen bleibt, sondern, um die äußerste Streckung der Oberlinie des Halses nicht mitmachen zu müssen, nach rechts oder links überkippt, wobei das Pferd die Ganaschenbiegung nach dieser Seite anbietet. Dies ist schon ein Fingerzeig für den Reiter, dem Pferde im versammelten Trab eine Längsbiegung in Form der „Stellung" anzuweisen, damit es sich nicht von selbst eine falsche nehme*).

Aber auch in den mittleren Gangmassen wird eine leichte „Stellung" in der Längsbiegung, wobei selbstredend der innere Hinterfuß stets auf derselben Linie wie der innere Vorderfuß zu spuren hat, die Weichheit der inneren Seite und damit die Bereitschaft zu engeren Wendungen erhöhen.

Das Wesentliche ist, daß wir durch das Reiten in Längsbiegung, zunächst auf einfachem Hufschlage, einen ersten Grad von Rippenbiegung erreichen, wodurch das nahe Neben- und Voreinandertreten der Hinterbeine auf möglichst schmaler Spur und dadurch vermehrte Beugung und Schwungentwicklung erzielt werden.

Die Stellung ist, abgesehen von den oben geschilderten Vorteilen, im Galopp auch deshalb schon anzunehmen, weil sie in dieser Gangart auch ohne Versammlung dem Reiter als etwas Naturgemäßes von jedem zwanglos gehenden Pferd angeboten wird. Sie muß vom inneren Schenkel nur insofern überwacht werden, als das Pferd dabei geradegerichtet bleiben und das innere Hinterbein auf

*) Im Galopp, der auch in seinen freieren Formen von Natur aus eine ganz leichte Hohlbiegung nach innen, von der noch die Rede sein soll, aufweist, ist es für den Reiter um so mehr geboten, sich dieser in Sitz und Führung anzupassen.

einfachem Hufschlag die Linie inneres Ohr—innere Schulter oder innerer Nüsternrand—innere Schulter (was dasselbe ist, wenn sich das Pferd im Genick nicht verwirft), einhalten muß.

Im Galopp bedarf nämlich das richtig gehende Pferd dieser natürlichen Rippenbiegung schon aus rein bewegungstechnischen Gründen, damit es imstande ist, den zeitweise allein die ganze Last abhebelnden und sie beim Landen nach der Schwebe auffangenden äußeren Hinterfuß senkrecht unter die Mittellinie dieser Last zu setzen, damit diese unter mechanischen Voraussetzungen gestützt wird, die einem Abschieben und Tragen am günstigsten sind.

Der jedem Lebewesen eigene sechste oder „Gleichgewichtssinn" veranlaßt also das Pferd, mit dem äußeren Hinterfuß nicht genau auf den entsprechenden Vorderfuß zu spuren, und es findet damit auch die am Anfang dieses Buches aufgestellte Regel von der Spurfolge ihre Ausnahme. —

Bei den Übergängen vom Galopp in den Schritt wird das Pferd vielleicht vorher in den Trab fallen. Ist Mangel an Selbsthaltung die Ursache, wäre es durchaus gefehlt, mittels kräftiger Hilfen das rasche Anhalten erzwingen zu wollen. Erst wenn die Muskeln der Hinterhand gestärkt und ihre Gelenke durch Zirkelarbeit und Übergänge an Beugefähigkeit gewonnen haben, sind solche Paraden mit möglichst wenig und schließlich ohne Zwischentritte zu verlangen. Trägt aber bei ausreichender körperlicher Fähigkeit nur Mangel an Verständnis die Schuld am Mißlingen, was der mit Reitertakt Begabte herausfühlen muß, werden ruhige Wiederholungen der Übung, die ja in diesem Falle seine Kräfte nicht übersteigt, das Pferd bald zu flüssiger Ausführung bringen.

Der Mittelgalopp kann schon etwa nach Verlauf eines Ausbildungsjahres auf geeignetem elastischem Rasen oder Heideboden bis zu einem Gebrauchsgalopp im Tempo von etwa 500 Minutenschritten gesteigert werden. Der Reiter geht bei verkürzten Bügeln und ruhiger tiefer Handhaltung gut mit der Bewegung mit, um Unterspringen und Rückentätigkeit nicht zu stören; dabei bleibt er, die Hüften vorschiebend, mit dem Gesäß am Sattel, so zwar, daß er es nicht merken dürfte, wenn dessen rückwärtige Hälfte plötzlich abgeschnitten und fehlen würde. Entsprechendes Mitgehen der beiderseits des Halses in Richtung Maul nachgebenden Hand erleichtert die im freien Galopp besonders notwendige Balanciertätigkeit des Halses und streckt den Sprung. Wird dieser zu eilig und kratzend — ein äußeres Zeichen für den Zuschauer ist das nicht genügende Auseinanderbringen der Hinterbeine —, so geht der leicht vorgeneigte Oberleib bei stark angezogenem Kreuz etwas weniger mit, während die aus tiefem Knie angelegten Unterschenkel ihre geschlossene Lage beibehalten. Die Hand bringt durch kurze, immer wieder durch Leichterwerden unterbrochene, nur innerhalb des Vorwärtstriebes verhaltende Anzüge Ordnung in den Gang und mäßigt ihn. Ist vollkommene Beruhigung eingetreten, was vielleicht erst nach Übergang in den Arbeitstrab der Fall sein wird, kann wieder angaloppiert werden. Bei sehr nervösen Pferden ist ein jedesmaliges Übergehen in den Trab, sobald sie unruhig werden und zu stürmen beginnen, von großem Nutzen. Andere wieder beruhigen sich, z. B. auf einem großen Exerzierplatz, sehr bald, wenn alle übrigen etwa anwesenden Reiter ihnen auf der anderen Hand entgegenkommen, sie also keine Pferde sehen, die vor ihnen herlaufen und die sie einholen zu müssen glauben.

Keinesfalls sind sehr temperamentvolle Pferde durch Abjagen zu ermüden. Auch lange Schritteinlagen am Schenkel — der, wenn er sich einmal herangefühlt hat, unter allen Umständen weich angeschmiegt bleiben muß — und mit möglichst viel Halsfreiheit, sind auch ein erprobtes Mittel, die darauffolgenden Galopps ruhiger werden zu lassen*).

Der starke Trab ist eine Gangart, die uns ebenso wie der Mitteltrab als Hilfsmittel bei der gymnastischen Ausbildung dient**). Gleichzeitig ist er ein Prüfstein, bis zu welchem Grade es uns gelungen ist, Schwung und Selbsthaltung zu entwickeln.

Da er aus dem schon im Vorhergehenden behandelten Mitteltrab entsteht, soll er ebenso wie der aus dem Mittelgalopp entwickelte starke Galopp, obwohl beide zeitlich in eine spätere Dressurperiode fallen, bereits an dieser Stelle seine Besprechung finden.

Der starke Trab soll frühestens gegen Ende des zweiten Ausbildungsjahres, oder besser noch später verlangt werden, denn er ist mit seinen aus gesenkter Hinterhand kommenden, ganz großen Tritten Endergebnis und einer der Höhepunkte wohldurchdachter Gymnastik und stellt an Schub, Schwung und reiterliche Selbsthaltung außerordentlich hohe Anforderungen.

Er wird aus dem verstärkten Mitteltrab durch vermehrtes Treiben entwickelt, wobei die infolge besonders energischen Abschubes noch weiter ausgreifenden Bewegungen nicht eiliger werden dürfen als in diesem.

Die Vorhand arbeitet hoch aus der Schulter heraus, und man muß ganz klar das Biegen, Strecken und Hinsetzen der Beine unterscheiden können.

Je besser sich dabei das in weiterem Rahmen und mit etwas vorgerichteter Stirnlinie verstärkt an die tiefer gehaltene Hand herantretende Pferd an dieser abstößt und durchs Genick tritt, desto kräftiger wird der Abschub der gebogenen Hinterbeine sein***).

Fällt das Pferd mit gestrecktem Halse auseinander, so geht die akzentuierte Präzision seiner Tritte verloren, es wird in die Eisen schlagen oder mit den Hinterbeinen breiter werdend, an den Vorderfußspuren außen vorbei, anstatt über diese hinaustreten, ein Zeichen, daß die Harmonie zwischen Haltung und Bewegung nicht mehr vorhanden ist.

*) Wenn es die Umstände erlauben, empfiehlt es sich, besonders empfindliche und schreckhafte Pferde, die reiterlich noch nicht so weit gefördert sind, daß sie schon sicher an den Hilfen stehen, in den frühen Morgenstunden, wo sie noch „dösig" sind, zur Arbeit herauszunehmen.

**) Eine Übersicht der Grundgangarten mit ihren Abstufungen ist in der Tabelle zu finden.

***) Den eindrucksvollsten starken Trab, den wir je gesehen haben, zeigte die Fuchsstute „Sederanda" des österreichischen Oberleutnants Brabec. Unvergeßlich war der Eindruck, wie sie, nach beendeter Vorführung das Viereck verlassend, flankiert von ihren beiden Konkurrenten — diese im strammen Mittelgalopp — mit ganz großen, aus kraftbebenden Hanken vorgetragenen pompösen Tritten über den damaligen Wiener Preisreitplatz dahinfegte.

Dieses Bild vereinigte alles in sich, was die Kunst eines überragenden Reiters aus schon in ungewöhnlich hohem Maße vorhandenen natürlichen Anlagen durch deren Veredlung und Regelung herausholen und hervorzaubern kann — die Aktion des schwungvollen Ganges war bis zum Höchstmaße ihres Ausdruckes — zu einem Fortissimo im Finale — gesteigert.

Dabei hat „Sederanda" ihre gute Dressur nicht etwa „geschadet". Sie gewann an einem und demselben Tage außer dem „Preisreiten" (Dressur S) auch noch ein Springen über für damalige Verhältnisse recht beachtliche Hindernisse von 1,10 m fest gegen ein gutes halbes Hundert anderer Pferde und damit auch den damals in der österreichisch-ungarischen Reiterei begehrtesten Preis für „kombinierte Leistungen" in Dressur und Springen.

Mit seinem höchsten Ausdruck soll der starke Trab nur auf geraden Linien geritten werden. Es sind uns Fälle bekannt, wo geborene Dressurpferde, ganz der Einwirkung des Reiters und dem bis zum äußersten entwickelten Schwunge hingegeben, durch einen falschen Tritt in der Ecke niederbrachen, so daß ihre glänzende Laufbahn ein jähes Ende nehmen mußte.

Um uns nicht zu wiederholen, verweisen wir hinsichtlich der im Trabe auftretenden Gangfehler auf die Abschnitte „Untertreten" und „Gespannte Tritte".

Den Reiter betreffend wäre noch zu sagen, daß er im starken Trabe „so ruhen wird, wie er sich gebettet". Hat er es verstanden, während des ganzen Dressuraufbaues den Rücken tätig, d. h. elastisch schwingend zu erhalten, wird es ihm auch keine Schwierigkeiten bereiten, die machtvollen, aber regelmäßigen und federnden Rückenschwingungen eines richtig entwickelten starken Trabes auszusitzen.

War die Aufbauarbeit aber übereilt, und ist der Rücken nicht hergegeben, muß das Auskunftsmittel des Leichttrabens herhalten. Darum wird jeder Reiter, der sein Pferd im starken Trabe vorstellt, bestrebt sein, auch durch sein weiches Im-Sattel-Bleiben den Beweis zu liefern, daß die vorbereitende Arbeit eine richtige war.

Hiermit soll aber nichts gegen das Leichttraben an sich, als unentbehrliches Hilfsmittel bei der Ausbildung, gesagt sein. Seinen segensreichen Einfluß auf sich spannende Pferde beim ersten Anreiten haben wir schon erwähnt. Aber auch darüber hinaus werden wir es bei triebigen oder in Rücken und Hinterhand empfindlichen oder endlich bei aus irgendeinem Grunde sauer gewordenen Pferden mit großem Erfolg anwenden, um ein herzhaftes Vorschwingen ihrer Hinterbeine mit mehr Neigung in den Gang zu erzielen und ihnen überhaupt das Vorwärtsgehen schmackhafter zu machen*).

Der starke Galopp wird durch Verstärken des Mittelgalopps entwickelt. Die Erweiterung des Rahmens soll ebenso wie beim starken Trabe bei leichtem

*) Siehe auch „Der Einfluß des Leichttrabens auf Gang und Geraderichtung" vom Verf. „Deutsche Reiterhefte" Berlin 1938. In dieser monographischen Artikelserie wird die Technik des Leichttrabens und seine geschichtliche Entwicklung ausführlich behandelt.

Vorgehen von Hals und Nase unter Beibehaltung des Taktes der kürzeren Gangmaße vor sich gehen. Entsprechend der verstärkt treibenden Einwirkung des Reiters und dem Vorgehen der tiefer stehenden und bei größerer Streckung des Halses eine bestimmtere Anlehnung gewährenden Hand, werden die Sprünge flacher und raumgreifender. Im Einklang mit der gesteigerten Geschwindigkeit und Streckung des Pferdekörpers geht der Reiter ohne vorzufallen mit, um nicht die Bewegung durch Zurückbleiben zu stören.

Das Pferd steht energisch am Gebiß bei weithinfegenden Sprüngen, deren Dreischlag ebenso wie der Takt derselbe zu bleiben hat wie in den kürzeren Gangmaßen des Galopps*).

Gleich wie der starke Trab, soll auch der starke Galopp nur auf geraden Linien geritten werden. Die Seiten einer 40 bis 60 m langen Reitbahn genügen nicht zu seiner vollen Entwicklung.

Durchlässigkeit und Selbsthaltung im starken Galopp, der sowohl als Gebrauchs- als auch Schulungsgangart von größter Wichtigkeit ist, werden besonders in den Wendungen, die bei Übungen auf einem großen

*) Der reine Dreischlag wird nur im Renn- und Schulgalopp zum Vierschlag. Im ersterem sehr deutlich zu registrieren, in letzterem kaum wahrnehmbar. In allen anderen Fällen ist eine Auflösung der Mittel- oder Hauptdiagonale (innerer Hinterfuß—äußerer Vorderfuß) ein Beweis, daß das Schwung- und Sprunghafte des Galopps verlorengegangen ist und die Hinterhand schleppt.

Viereck unvermeidlich sind und vor welchen eine halbe Parade zum Mittelgalopp zu geben ist, in Erscheinung treten müssen.

Über Paraden aus dem starken Galopp gilt sinngemäß das darüber bei Besprechung des Mittelgalopps Gesagte.

Während im Gelände kein starker Trab, der nur Schulungsgangart ist, geritten wird und, wenn die Geschwindigkeit des Gebrauchstrabes (275 Schritt) überschritten werden soll, an seine Stelle der Mittel- (350 Schritt) und Gebrauchsgalopp (400 bis 500 Schritt) zu treten haben, ist der starke Galopp, der, in freierer Haltung als zu Schulungszwecken, auf gutem Boden bis etwa 700 Schritt in der Minute geritten werden kann, die natürliche Verlängerung des letzteren und nebst dem Schritt mit die wichtigste Gebrauchsgangart für Soldaten- und Jagdpferde*).

Die hier angegebenen Maße sollen übrigens nur Anhaltspunkte sein und haben als solche ihren Wert, da sie sich mit denen erprobter militärischer Reitvorschriften decken, die immer den Durchschnitt, wenn nicht die untere Grenze, im Auge haben müssen.

Im Einzelfalle aber werden solche Grenzen ohne Gefahr für Beine und Selbsthaltung bis zu einem gewissen Grade überschritten werden müssen, wenn die

*) Siehe auch Tabelle der Grundgangarten und ihrer Abstufungen.

Entfaltung überragender natürlicher Gangmechanik nicht unterdrückt werden und unter Festhalten an einem dem unteren Durchschnitt angepaßten Schema leiden soll*).

Das G e r a d e r i c h t e n (s. d.) hat eigentlich schon begonnen, seit das Pferd die Hilfen annahm. Es bestand aber noch nicht in seitlicher Schenkel- und Zügelwirkung, sondern lediglich darin, daß durch Vortreiben mit dem Schenkel und dadurch, daß der nachgebende Zügel der Zwangseite die gesuchte Stütze versagte, das Pferd gezwungen war, sich nach vorwärts auszubanlancieren und dabei die S c h i e f e (s. d.), die sich ja bei erweitertem Rahmen weniger äußerte, aufzugeben. Wir nahmen von den Steifungen gleichsam keine Notiz und ließen die Schwierigkeiten, ohne darauf einzugehen, nach vorwärts heraus.

Vollkommen werden wir aber unseren Zweck damit nicht erreichen, die Anlehnung wird auf beiden Seiten keine g a n z gleichmäßige sein, und wenn wir

*) Der ganze Bewegungsapparat eines solchen Pferdes würde sich infolge der niemals ihrem natürlichen vollen Aktionsradius entsprechend geöffneten Gelenkwinkel versteifen.

die Anforderungen steigern, wird sich infolge der Schiefe der eine oder der andere Hinterfuß — meist der rechte — durch Seitwärtstreten der ihm unbequemen Belastung und der Einwirkung durch den gleichseitigen Zügel zu entziehen suchen.

Sobald das Pferd nun gelernt hat, den seitwärtstreibenden Schenkel zu beachten und wir imstande sind, durch gewollte Schwungentwicklung der Schenkel- und Zügelwirkung auch Nachdruck zu verschaffen, ohne daß sich das Pferd dabei verhält, ist der Augenblick gekommen, wo die eigentliche geraderichtende Arbeit beginnen muß. Sie wird während der ganzen Ausbildungszeit in größerem oder geringerem Maße andauern und sich auch beim vollkommen gerittenen Pferd — wenn es ein solches gäbe — in ständigem Überwachen der reinen Längsbiegung oder, nach Bedarf, der linearen Geradeausstellung äußern. —

Damit ein Pferd im reiterlichen Gleichgewicht gehen kann, ist es nicht nur notwendig, daß Vor- und Hinterhand den ihnen durch den gerade verlangten mehr oder weniger hohen Grad der Zusammenstellung bestimmten Teil

der Gesamtlast übernehmen — wobei den Vorderbeinen, außer bei schulmäßiger Versammlung, die größere Hälfte des ganzen Gewichtes von Reiter und Pferd zufällt. Es ist auch notwendig, daß *innerhalb* jeden Beinpaares die Belastung eine gleichmäßige sei, so zwar, daß jedes Vorderbein genau die Hälfte der der Vorhand, jedes Hinterbein genau die Hälfte der der Hinterhand zufallenden Last zu tragen hat, das Pferd also im vollkommen *seitlichen Gleichgewicht* ist*).

Da beim Pferde, wie wir schon einleitend in dem die Schiefe behandelnden Teile des Abschnittes „Feststellung und Erklärung einiger der wichtigsten reiterlichen Begriffe" gesehen haben, rechte und linke Körperhälfte ungleich entwickelt sind, ist auch immer die eine Seite — die Zwangseite — die steifere und ihre Schulter die mehrbelastete.

Nachdem wir uns darüber klargeworden sind, daß nur *gleichmäßige Gewichtsverteilung, auch in seitlichem Sinne*, die notwendige Voraussetzung für reiterliches Gleichgewicht und die Beine nicht vorzeitig zu-

*) Die vermehrte Belastung des lateralen innern Beinpaares auf gebogenen Linien, die wir, bevor wir zur schwierigeren Aufgabe des gleichzeitigen Biegens *beider* Hinterbeine übergehen, ausnützen, um zuerst den jeweiligen innern Hinterfuß zu kräftigen und gelenkig zu machen, ist nur eine scheinbare Ausnahme, die ihren Grund in den Gesetzen der Zentrifugalkraft hat.

grunde richtende Dauerleistungen schafft, müssen wir bestrebt sein, ein Mittel anzuwenden, das uns instand setzt, diese gleichmäßige Gewichtsverteilung durchzuführen und zu sichern.

Wie schon erwähnt, hat uns bisher ein freies Vorwärtsreiten über die ersten Schwierigkeiten, die uns die Schiefe bereitete, hinweggeholfen. Um diese aber dauernd und auch bei höheren Anforderungen, wie sie die Versammlung in allen ihren Abstufungen mit sich bringt, im Schach zu halten, bedürfen wir der geraderichtenden Biegearbeit. Sie ermöglicht es uns, die Hinterhand gegen die Vorhand und umgekehrt auf geraden und gebogenen Linien so aufeinander einzustellen, daß Schub und Schwung der Hinterhand — des Motors — ohne Kraftverlust in der Bewegungsrichtung wirken.

Pferde, die traversartig, nicht mit Spurfolge gehen, sind, wenn sie auch ausnahmsweise ihr natürliches Gleichgewicht, ihre natürliche Selbsthaltung, ohne Unterstützung des Zügels bewahren, in keinem reiterlichen Gleichgewicht. Ihre Losgelassenheit wird eine unvollständige, weil nicht auf gleichmäßigem Heranstrecken der Muskelgruppen der rechten und linken Körperhälfte beruhende, sein. —

Um die noch vorhandenen Steifungen, die sich z. B. der Hand in einem verstärkten Druck gegen den Zügel der einen oder anderen Seite fühlbar machen, zu lösen und dann auf Grund der erreichten vollkommenen Losgelassenheit mit Erfolg die Geraderichtung auf einfachem Hufschlag zu sichern, bedienen wir uns der indirekten oder Biegungen ersten Grades (s. d.).

Bevor wir auf diese näher eingehen, wollen wir darauf hinweisen, daß die Hilfen, wie wir sie bei einem jungen, sich steifenden und falsch traversartig gehenden Pferde gebrauchen, das wir hier als krassen Fall ins Auge fassen wollen, nur bei ihrer diesem besonderen Fall und seinen Gegebenheiten entsprechenden und angepaßten Anwendung imstande sind, eine erfolgversprechende Biegearbeit einzuleiten (s. a. S. 63, 130, 183 und Fußnote a. S. 177).

Eine normale, den Vorschriften für die Führung eines gerittenen Pferdes entsprechende Zügeleinwirkung würde z. B. in unserem Falle den auf einer Seite festgehaltenen Hals noch mehr verkürzen und das Gegenteil des mit der Hilfe Beabsichtigten zur Folge haben.

Stellen wir uns also ein Pferd vor, das sich rechts hohl macht, welches daher von rechts rückwärts nach links vorwärts schief ist und demgemäß die linke Schulter mehr als die rechte belastet, oder, wie der reiterliche Ausdruck lautet, „auf der linken Schulter geht", mit dieser „ausfällt".

Zieht man bei so einem Pferd den Zügel der hohlgebogenen, rechten Seite an, um eine Wendung einzuleiten, wird es sich auf dieser Seite noch mehr biegen, wird die äußere Schulter noch mehr belasten, folgen aber wird es nur zögernd oder gar nicht.

Das Gegenteil wird auf der gewölbten, linken Seite der Fall sein. Da wird es trotz des Zwanges, d. i. gespannten Festhaltens dieser Seite, einem wiederholten Anzug wohl folgen. Aber es wird folgen, ohne sich dabei zu biegen.

Damit das Wesen der geraderichtenden Arbeit unter Mitwirkung des Zügels und seitwärts treibenden Schenkels besonders plastisch hervortritt, nahmen wir absichtlich das krasse Beispiel eines auf noch recht niederer Stufe der Ausbildung stehenden Pferdes an, welches den äußeren Zügel noch nicht sicher annimmt, so daß der Leitgedanke bei dieser Arbeit klar zum Ausdruck kommen und jedermann für das seinem Sonderfall entsprechende Verhalten die Nutzanwendung ziehen kann.

Grundsatz bei jeder biegenden Arbeit ist, dem Pferd die Möglichkeit zu geben, seine äußere Körperseite in demselben Maße zu dehnen, als die innere hohl wird.

In den Wendungen muß dieses Prinzip um so erhöhtere Beachtung finden, als das Pferd dem äußeren Zügel, der dabei ein Fallen auf die äußere Schulter durch Gegenspannen verhindern wollte, noch nicht nachgeben würde. Es würde sich im Gegenteil vermehrt darauf legen und die betreffende Schulter noch erhöht belasten, wodurch ein Eingehen in die Wendung noch mehr erschwert würde.

Überdies würde eine solche Zügeleinwirkung, weil das Pferd noch nicht gelernt hat, mit dem Maule nachzugeben, auch ein Verhalten zur Folge haben.

Aber nicht nur auf gebogenen Linien muß der ganz passiv bleibende und nur eine leichte Verbindung mit dem Pferdemaul aufrechterhaltende äußere Zügel dem Pferd Gelegenheit geben, seine gewölbte Seite zu dehnen. Die Schiefe wird sich auch auf g e r a d e r L i n i e durch Mehrbelastung der einen Schulter bemerkbar machen und entsprechende Maßnahmen von seiten des Reiters erfordern.

Da wir gesehen haben, daß der Gewichtsausgleich zwischen den beiden Schultern anfänglich niemals durch eine a k t i v e Einwirkung des äußeren Zügels gewonnen werden darf, bleibt uns, wenn wir geraderichten wollen, von den beiden Zügeln nur mehr der innere übrig.

Ein von rechts nach links schiefes Pferd vorausgesetzt, wird dieser, zwecks steterer Führung etwas verkürzt, mit leichten, vom Halse ab nach seitwärts gerichteten „öffnenden" Anzügen die Vorhand so weit nach rechts vorwärts abführen, daß der rechte Hinterfuß auf den rechten Vorderfuß spurt und somit ihre Verbindungslinie gleichgerichtet mit dem Hufschlag verläuft.

Wenn diese seitwärtsführende Wirkung des „öffnenden" Zügels aufhört und der innere Schenkel noch nicht imstande ist, die Geraderichtung durch Verwahren aufrechtzuerhalten, wird die Schiefe und damit die Neigung, die linke Schulter vermehrt zu belasten, wieder bemerkbar. Sie führt in der nächsten Ecke — vorausgesetzt man reitet auf der r e c h t e n H a n d —, wenn der Reiter, um zu wenden mit dem inneren Zügel vermehrt einwirkt, wie in dem eingangs geschilderten Beispiel, zu einer vermehrten Hohlbiegung rechts, deren Folge aber eine noch gesteigerte Belastung der linken Schulter ist, so daß das Pferd tatsächlich durch den Zügelanzug übermäßig gebogen, aber außerstande gesetzt wird, ihm zu f o l g e n , da die überlastete Schulter nach außen gedrängt wurde.

Wollte der Reiter das Hinausdrängen der Schulter und die zu starke Innenbiegung des Halses durch aktive Einwirkung des äußeren Zügels zu verhindern suchen, würde er seinen Zweck nicht erreichen, sondern nur, wie wir oben gesehen haben, verhalten.

Gegen dieses Verhalten würde auch ein Vortreiben nichts nützen, da das derart zwischen versammelnden Hilfen eingespannte Pferd sich noch mehr festhalten würde, da es sie noch nicht richtig befolgen kann.

In diesem Stadium werden die S c h e n k e l nur Erfolg haben, wenn man sie auf der Geraden und in der Wendung bei bloß andeutendem innerem und vollkommen passivem äußerem Zügel v o r t r e i b e n d und d i r i g i e r e n d wirken läßt. Der Vorgang dabei ist etwa folgender:

Der innere Schenkel hinter dem Gurt wird, seitwärts wirkend, das ausfallende rechte Hinterbein gegen und vor das äußere d i r i g i e r e n , wobei er vom inneren Zügel vorsichtig unterstützt wird.

Der äußere Schenkel auf der gewölbten Seite, möglichst vorne am Gurt angelegt, wird das V o r t r e i b e n besorgen (s. auch im Abschnitt „Sitz und Hilfen" das über Wirkung der anregenden Schenkelhilfe Gesagte), wodurch ein Herantreten des vom inneren Schenkel verwahrten inneren Hinterbeines gegen den gleichseitigen Zügel erreicht und der Gang flüssig erhalten wird.

Nehme ich nun dasselbe Pferd auf die linke Hand, wird uns die auf beiden Händen gleiche Neigung des Pferdes, von rechts rückwärts gegen links vorwärts schief zu gehen, veranlassen, unsere Hilfengebung gegen früher zu ändern.

In der Wendung wird das Pferd mit seiner vermehrt belasteten linken Schulter nach innen drängen. Wir dürfen also nicht mehr wie auf der rechten Hand durch seitwärts gerichtete, öffnende Anzüge die ohnehin schon hereindrängende Schulter noch mehr „abführen" wollen. Die innere Hand wird also diesmal am Halse verbleiben und sich darauf beschränken, durch saugendes Schließen der Finger dem Pferde ganz leicht die Richtungsänderung anzudeuten.

Der rechte, nunmehr äußere Zügel unterstützt zwar wie früher das Dehnen der äußeren Halsseite durch Vorgehen, wird aber gleichzeitig bemüht sein, durch öffnende, diesmal von innen nach außen gerichtete Anzüge ein Hineineilen in die Wendung zu verhüten.

Der linke Schenkel, der jetzt der innere ist, wird vor allem knapp hinter dem Gurt seitlich drücken, um ebenso wie der äußere, vom Halse ab nach außen wirkende rechte Zügel das Pferd von einem Eilen in die Wendung abzuhalten.

Eine treibende Einwirkung des äußeren Schenkels würde in diesem Moment den Pferdekörper, dessen ohnehin schon von rechts außen nach links innen schiefe

Wirbelsäule eine dem Innern der Bahn zu gerichtete Neigung hat, noch mehr auf die linke Schulter und den linken Zügel drängen.

Der diesmal äußere rechte Schenkel, der verwahrend hinter dem Gurt der ausfallenden Seite liegt, wird darum, ebenso wie auf der rechten Hand, die Aufgabe haben, den abweichenden rechten Hinterfuß gegen den linken zu dirigieren und so bestrebt sein, die Geraderichtung in einer dem Bogen der Wendung entsprechenden Längsbiegung zu erzielen. Ist die Längsbiegung erreicht, wird der äußere Schenkel nebst seiner verwahrenden, die Aufrechterhaltung der Längsbiegung überwachenden Tätigkeit, unterstützt vom inwendigen Schenkel, so viel vortreiben, als zur Erhaltung eines gleichmäßigen Tempos in der Wendung erforderlich ist.

Bei dieser Arbeit wird der Reiter in einem leichten Spaltsitz sein Gewicht möglichts symmetrisch auf die beiden Körperhälften des Pferdes verteilen müssen. Aus dieser Stellung heraus ist er imstande, durch z e i t w e i s e seitliche Gewichtsverlegungen den jeweilig einen Gewichtsausgleich zwischen den beiden Vorderbeinen herbeiführenden abführenden Zügel zu unterstützen, abgesehen von den kurzen Augenblicken dieser Gewichtshilfen aber in der B e w e g u n g s r i c h t u n g m i t z u g e h e n.

Bei Besprechung der ersten biegenden Einwirkung wurde, wie schon erwähnt, absichtlich das Beispiel eines besonders schiefen und in seiner Ausbildung noch wenig fortgeschrittenen Pferdes gewählt.

Ist das Pferd durch die gleichseitigen, aber nicht gleichzeitigen, sondern sich ablösenden und unterstützenden Schenkel- und Zügeleinwirkungen so weit gefördert worden, daß es die gewölbte Seite streckte und sich an deren Zügel herandehnte, beginnt die e i g e n t l i c h e A r b e i t i n d e n B i e g u n g e n e r s t e n G r a d e s (s. d.).

Die äußeren Hilfen werden dabei nur verwahren, die Rippenbiegung erhalten — zu einer ausgesprochenen, das Pferd d i r e k t um den inneren Schenkel biegenden G e g e n w i r k u n g kommen sie noch nicht. Das ist in späterer Folge Sache d e r B i e g u n g e n z w e i t e n G r a d e s — des Schulterherein und der traversartigen Stellungen.

Die bei der anfänglichen Biegearbeit angestrebte R i p p e n b i e g u n g ermöglicht es uns, das Pferd geradezurichten, weil sie es nötigt, mit der Hinterhand in Richtung der Schwerlinie zu treten. Die Rippenbiegung ermöglicht es ihm aber auch, alle gebogenen Linien einzuhalten und selbst in engere Wendungen geschmeidig und geradegerichtet, d. h. mit in Richtung der Schwerlinie vortretenden Hinterbeinen, einzugehen.

Die S e i t e n g ä n g e verfolgen den Zweck, die eben besprochene R i p p e n b i e g u n g z u v e r v o l l k o m m n e n und zu erhöhen und dadurch das Pferd gewandter und geschmeidiger zu machen.

Der Grad der Rippenbiegung kann aber nur auf doppeltem Hufschlag erhöht werden, wobei das Pferd mit den Vorderbeinen über-, mit den Hinterbeinen möglichst dicht aneinander vorbei in der Bewegungsrichtung vortritt. Nahe aneinander vorbei tritt es mit den Hinterbeinen, weil es ja zum Unterschied vom ganz über-

flüssigen Schenkelweichen in den Rippen gebogen ist und darum mit der Hinterhand auf dem Hufschlag bleibt*). Diese Seitwärtsbewegung ist also nicht Zweck, sondern nur Folge- und Nebenerscheinung der Seitengänge.

Ein weiterer Zweck der Seitengänge ist der, die Hinterhand vermehrt beugen, also das Pferd vermehrt sammeln zu können, was uns aber nur möglich sein wird, wenn die Wirbelsäule durch die das Wesen der Seitengänge ausmachende erhöhte Rippenbiegung so schmiegsam geworden ist, daß sich die unter die Last vorgetriebenen Hinterbeine der Vorhand nähern und von ihr ein erhöhtes Gewicht aufnehmen können. Sie werden dazu um so mehr imstande sein, als die durch die Seitenstellung beschränkte Schubkraft sich in vermehrte Trag- und Beugefähigkeit umsetzen wird.

Ausgangspunkt und Mutterstellung der Seitengänge, aus der sie sich alle entwickeln, ist die Längsbiegung auf einfachem Hufschlage,

*) Treten bei den Seitengängen die Hinterbeine übereinander, „kreuzen" oder „schränken" sie, so entzieht sich das Pferd teilweise der Lastaufnahme durch den nicht mehr gegen die Schwerlinie in Richtung der Bewegung vortretenden, sondern dieser nach seitwärts vorauseilenden Hinterfuß. Da mit dem Grade der seitlichen Abstellung vom Hufschlage auch der Grad der Versammlung und Längsbiegung zu steigern ist, deutet ein solches „Kreuzen" der Hinterbeine darauf hin, daß Versammlung und Längsbiegung mit der zu großen Abstellung nicht im Einklange stehen. Aus eben diesen Gründen kann man ein Kreuzen beim Schenkelweichen beobachten.

das S c h u l t e r v o r , bei dem das Pferd mit dem inneren Hinterbein in Richtung zwischen die Vorderfüße, mit dem äußeren aber auf den gleichseitigen Vorderfuß spurt. Durch diese Einstellung der Hinterhand gegen die Vorhand ergibt sich die Rippenbiegung von selbst. Sie geht nur verloren, wenn die Hinterhand nach außen abweicht.

Zu einem richtig gerittenen S e i t e n g a n g ist bereits ein gewisser Grad von Versammlung notwendig, die dann durch die Übung auf doppeltem Hufschlag noch gefördert wird. Vollständig irrig aber ist die Annahme, daß ein Pferd, das noch nicht versammelt werden kann, durch Üben von Seitengängen die Versammlung lernt. Ein solches Pferd, das für die Seitengänge noch nicht reif ist, würde dadurch nur um so mehr auf die Schultern kommen und Haltung sowie Reinheit des Ganges verlieren.

Das Reiten von Seitengängen wird daher erst dann dem jungen Pferde förderlich und nicht schädlich sein, wenn es zunächst durch die Arbeit auf dem Zirkel und der Volte, die mit ihren sechs Schritten Durchmesser das Höchstmaß der der Wirbelsäule möglichen reinen Längsbiegung darstellt, gelernt hat, den einen Hinterfuß vermehrt zu beugen und dann durch Paraden und Zurücktreten auf die gleichzeitige vermehrte Lastaufnahme durch b e i d e Hinterbeine, wie eine solche die Seitengänge erfordern, vorbereitet wurde.

Wird ein, wie oben beschrieben, richtig vorgeschultes Pferd in den Seitengängen, die ihm dann nach einer gewissen Gewöhnung auch keine körperlichen Schwierigkeiten machen werden, geritten, so wird seine Längsbiegung verbessert, die Trag- und elastische Schwungkraft der Hinterhand nimmt zu, das ganze Pferd wird geschmeidiger und durchlässiger.

Der in den vermehrt gebeugten Hanken gleichsam aufgestapelte Schwung wird sich beim Übergang in freiere Gänge diesen mitteilen und besonders freie, elastische Tritte und Sprünge zur Folge haben.

Andererseits sollen die Seitengänge, nach den mittleren Gangmaßen geritten, deren Frische, Lebhaftigkeit und Neigung in den Gang mit in ihre erhöhte Versammlung hinübernehmen.

Bevor ein Seitengang begonnen wird, muß das Pferd bereits diejenige Körperhaltung angenommen haben, die es zum Eingehen in diesen und zum Verbleiben darin am besten geeignet macht und vorbereitet. Diese Körperhaltung ist die „S t e l l u n g“ (s. d.). Der Zweck, der durch sie erreicht wird, ist ein vierfacher.

Erstens ist ein gestelltes Pferd bereits in einem gewissen V e r s a m m l u n g s - g r a d , den wir ja nicht erst während des Seitenganges erzeugen können,

zweitens sichert uns die Stellung schon durch ihre L ä n g s b i e g u n g die Möglichkeit, die dicht aneinander vorbeitretenden Hinterbeine, die durch dieses Gehen auf schmaler Spur besser belastet und daher auch in ihrer Biegsamkeit erhöht in Anspruch genommen werden können, leichter zu beherrschen und zusammenzuhalten.

Drittens wird durch die das Wesen der Stellung ausmachende Längsbiegung auch die Voraussetzung geschaffen, daß das Pferd schon von Haus aus imstande ist, g e s c h m e i d i g , flüssig und mit vorgerichteter Vorhand, also (gebogen-) geradegerichtet in den Seitengang einzugehen.

Viertens endlich wird es uns während des Seitenganges leichter, die richtige Schmiegsamkeit des Genicks zu erhalten, wenn diese schon aus der vorhergehenden Stellung mitgebracht wurde. Ist die Genickbiegung schon in der Stellung keine reine*), wird es nach dem Gesetz vom Parallelogramm der Kräfte bei zunehmender Abstellung vom Hufschlag um so schwerer, das Pferd durchs Genick treten zu lassen.

Das Maß der Abstellung (s. d.) vom Hufschlag ist, wie schon erläutert, vom Grade der erreichten Versammlung und Längsbiegung abhängig, darf aber in der Gebrauchsschule das äußerste Maß von einem Schritt — 80 Zentimeter —

*) Das sogenannte Verwerfen im Genick mit seiner Folgeerscheinung, dem einseitig tiefer stehenden Ohr, hat seine unmittelbare Ursache darin, daß nicht beide Ohrspeicheldrüsen gleichmäßig zwischen hinterem Ganaschenrand und Halsmuskeln hervortreten oder — nur bei sehr weiten Ganaschenrändern — sich gleichmäßig unter diese fügen.

Auch der einseitige Druck der falsch, d. h. nicht auf den Weichteilen liegenden Kinnriemenschnalle der Reithalfter, hat nebst verunstaltenden Überbeinen auf den Unterkieferästen Schieftragen des Kopfes zur Folge.

nicht überschreiten, so daß z. B. beim Schulterherein die Mitte der Vorhand bis zu einem Schritt vom Hufschlag des äußeren Hinterfußes, beim Travers die Mitte der Hinterhand bis um ebensoviel vom Hufschlag des äußeren Vorderfußes abgeführt werden kann.

Wird dieses Maß überschritten, so leiden Reinheit und Regelmäßigkeit des Ganges.

Eine erhöhte Abstellung — bis zu 45° — kann zeitweise, entsprechend seiner höheren Versammlung und Biegsamkeit, vom Schulpferd in Lektionen der Höheren Kampagne- und Hohen Schule gefordert werden. Diesbezügliche Betrachtungen fallen aber nicht in den Rahmen dieses Kapitels. —

Über die Gewichtsverteilung des Reiters in den Seitengängen herrschen noch vielfach sich widersprechende Ansichten. Da hört oder liest man häufig: „Der Reiter muß bei allen Seitengängen nach der inneren Seite sitzen, um durch sein Gewicht — es dem Hange der Hohlbiegung folgen lassend — vermehrt auf den inneren Hinterfuß behufs verstärkter Beugung einzuwirken."

Abgesehen davon, daß auf gerader Linie auch in den Seitengängen die beiderseitigen Hankengelenke gleichmäßig gebogen werden und der Reiter sich folglich von der Suggestion freimachen muß, als sollte oder könnte er auf der Geraden — außer durch halbe Paraden im Seegerschen Sinne — das einzelne Hinterbein vermehrt biegen, würde das vermehrte Belasten der Biegeseite, konsequent durchgeführt, in manchen Fällen gegen ein Grundgesetz der Reitlehre verstoßen. Dieses Grundgesetz fordert, daß der Reiter mit seinem Gewicht in der Bewegungsrichtung mitgeht, in Harmonie mit dem Pferde bleibt.

Ein Ausweg aus diesem Dilemma wird aber unschwer zu finden sein, wenn man sich darüber klar ist, daß das Pferd in jedem Seitengange infolge des dichten Nebeneinandertretens seiner in allen Gelenken gelösten Hinterbeine die beiderseitigen Hankengelenke gleichmäßig beugt.

Der Reiter braucht also nur trotz dem Hange nach der gebogenen Seite*) mit seinem Gewicht der Bewegungsrichtung, in unserem Falle der Richtung des Seitenganges, zu folgen.

Gleich hier sei darauf aufmerksam gemacht, daß der Reiter beim Hange nach der in der Rippe leicht gebogenen Seite des Pferdes in seiner Hüfte nicht einknicken darf.

Schenkellage und Handhaltung ergeben sich in allen Seitengängen für den schmiegsam sitzenden Reiter von selbst, weil seine mit den Hüften des Pferdes gleichlaufenden Hüften die richtige Schenkellage, seine mit den Schultern des Pferdes parallelen Schultern die wirksamste und naturgemäße Stellung der Hände zwanglos bedingen werden.

Unserem Pferde, das ja schon durch die Wendung um die Vorhand in der Bewegung, das Verengern und Erweitern des Zirkels, das Schultervor und endlich

*) Dieser Hang entsteht auf der Geraden nicht etwa durch Senken der innern Hüfte des Pferdes, sondern infolge flacherer Schwingungen der weniger gedehnten Rückenmuskeln der hohlgebogenen und deshalb zusammengeschobenen Biegeseite.

das Reiten in Stellung auf das diagonale Zusammenwirken der Hilfen und auf die direkten Biegungen der Seitengänge mit ihrer Gegenwirkung der äußeren Hilfen vorbereitet ist, werden wir zunächst im Schritt einen Begriff des von ihm Verlangten beibringen. Sowie es aber die neue Anforderung verstanden und sich an sie gewöhnt hat, werden wir die Übungen in den Seitengängen unverzüglich im verkürzten und dann im versammelteren abgekürzten Trab fortsetzen.

Die eigentliche Arbeit in den Seitengängen hat nur im Trab und in der Höheren Kampagneschule, die den Übergang zur Hohen Schule darstellt, teilweise im abgekürzten, d. h. versammelten Galopp zu geschehen.

Der Schritt käme erst in Betracht, wenn das Pferd darin vollkommen versammelt werden kann, was in den günstigsten Fällen kaum vor Ende des zweiten Ausbildungsjahres der Fall sein dürfte.

Wir werden mit den Seitengängen beginnen können, wenn unser Pferd durch Verkürzen des Arbeitstrabes, Reiten auf gebogenen Linien, engere Wendungen, Zurücktreten und Paraden so viel reiterliche Selbsthaltung gewonnen hat, daß es sich aus dem losgelassenen und energischen Vorwärtsgehen des Mitteltrabes bis zu einem abgekürzten Trab versammeln läßt und dabei sicher und weich am Gebiß bleibt.

Die Entwicklung des S c h u l t e r h e r e i n geschieht am besten nach Durchreiten der ersten Ecke einer langen Seite.

Wir führen die Vorhand mit b e i d e n Zügeln vorläufig nur etwa eine Hufbreite von der Wand nach innen. Der äußere Schenkel hinter dem Gurt sorgt dafür, daß die Kruppe nicht gegen die Wand ausfällt, während der innere, im Takte des sich erhebenden inneren Hinterbeines dieses auf der Linie der um eine Hufbreite nach innen verlegten Hufschlaglinie des äußeren Vorderbeines v o r - und s e i t w ä r t s treibt. Drängt dabei das Pferd seitwärts, muß der äußere Schenkel verwahren, verhält es sich, muß er vortreiben.

D e r O b e r l e i b d e s R e i t e r s f o l g t d e r B e w e g u n g.

Die beiden die Vorhand nach innen führenden Zügel haben wieder jeder eine besondere Aufgabe zu erfüllen: während der innere, etwas verkürzte Zügel f a l l - w e i s e und dann mit diesem a b w e c h s e l n d die seitwärtstreibende Wirkung des inneren Schenkels ergänzt, erhält der äußere Zügel die Schulter des Pferdes auf der für das Schulterherein bestimmten Linie und hat außerdem noch den äußeren Schenkel nach Bedarf zu unterstützen, um ein Ausweichen der Hinterhand gegen die Wand unmöglich zu machen. Gleichzeitig hat dieser Zügel, der infolge seines Anliegens an der gewölbten Seite stärker anzustehen s c h e i n t und aus demselben Grunde hebelartig wirkt, die Aufgabe, den Hals an seiner Basis gerade zu halten und seine zu starke Biegung zu verhindern.

Mit dieser fehlerhaften Halsbiegung ist ein Ausfallen der äußeren Schulter verbunden, das noch dadurch begünstigt wird, daß es in der Bewegungsrichtung erfolgen kann.

Am besten wird ein solches Losewerden im Widerrist, das vom Pferd bald bei jeder Gehorsamsverweigerung gegen den Reiter ausgespielt werden wird, durch energisches Vortreiben in Richtung der Abstellung bis auf einige Schritte in das Innere der Bahn hinein, korrigiert. Ist genügend Schwung vorhanden, wird auch ein im Takte des Auffußens des äußeren Vorderbeines, von der tiefergestellten äußeren Zügelhand auf die Pferdeschulter ausgeübter, nach innen gerichteter verwahrender Druck diese am Ausweichen hindern. Dieser Druck muß in den Augenblicken erfolgen, wo das innere Vorderbein erhoben, also das äußere am Boden ist*), da das Pferd nur dann in der Lage ist, sofort Folge zu leisten, indem es mit jenem weiter nach innen vorwärts-seitwärts tritt.

Weist das in den Rippen leicht gebogene Pferd dem inneren Schenkel gleichsam von selbst seinen Platz knapp hinter dem Gurt an, wo er mühelos haften bleibt, und hat der Reiter das Gefühl, bei vermehrtem Schenkeldruck und Nachgeben des äußeren Zügels jederzeit von der Bande fort in Richtung der Abstellung zur Volte auf einem Hufschlag, oder bei schon vervollkommneter Versammlung zu einer Kehrtwendung auf der Hinterhand übergehen zu können, wird auch das Schulterherein richtig sein.

Die E c k e n in diesem Seitengang zu durchreiten, wäre in dem Ausbildungsstadium, in welchem wir uns jetzt noch befinden, nicht nur zwecklos, sondern würde sogar die erreichte Versammlung aufheben, da dabei die einen weiteren

*) Der Augenblick, in welchem sich im Trabe alle vier Beine in der Luft befinden, wird, als wegen seiner Kürze praktisch bedeutungslos, bei diesen Betrachtungen nicht berücksichtigt. Vgl. a. Anmerkg. auf Seite 70.

Weg zurücklegenden Hinterbeine sich von der Belastung befreien würden. Daher wird die Ecke, wie man es vielfach auch in der Spanischen Hofreitschule sieht, als Viertelvolte durchritten, wobei man das Pferd im Schulterherein mit der Vorhand die gegenüberliegende Wand fast erreichen läßt, um es dann unter Aufrechterhaltung seiner Längsbiegung auf einfachem Hufschlag durch die Ecke zu führen. Nach Durchreiten der Ecke kann dann aus der schon vorhandenen Längsbiegung durch seitwärts treibende Hilfen erneut zum Schulterherein übergegangen werden.

Läßt sich das Pferd im Schulterherein parieren, ohne zu schwanken und auf die Hand zu kommen, ist das ein Beweis, daß Selbsthaltung, Schwung und Geraderichtung in Ordnung waren. Dann wird auch die Parade hauptsächlich nur darin bestehen, daß sich das Pferd an den etwas stärker verwahrend wirkenden äußeren Hilfen aufnimmt und seine Beine beiderseits gleichmäßig belastend, stillhält.

Verliert während des Schulterherein der Gang seinen ausdrucksvollen Takt und wird eilig oder schleppend, so muß der Seitengang aufgegeben und im Arbeitstempo die bei der Abstellung nicht mehr unmittelbar wirksame Schubkraft von neuem geweckt werden, um auf einfachem Hufschlag wieder reine und raumgreifende Tritte zu entwickeln. Erst dann kann man wieder zum abgekürzten Trab und aus diesem in den Seitengang übergehen.

Wie wiederholt angedeutet, liegt die Ursache, daß auf Grund schon vorhandenen Schwunges die Versammlung in der Abstellung wohl verbessert und vervollkommnet, nicht aber erzeugt werden kann, darin, daß der Nachschub in den Seitengängen wegen der Schrägstellung beschränkt und es also unmöglich ist, auf Grund dieses verminderten Nachschubes Schwung und durch diesen wieder Versammlung zu erzeugen.

Wohl aber können wir auf doppeltem Hufschlag, weit besser als auf der Geraden, den schon vorhandenen Schwung verbessern, weil es uns der Seitengang ermöglicht, viel energischer vorzutreiben. Da nämlich die durchhaltende Wirkung der Zügel, besonders die des äußeren, infolge der der Abstellung entsprechenden Wölbung dieser Seite zu einer hebelartigen und darum verstärkten wird, können wir durch vermehrtes Treiben den Schwung erhöhen, ohne befürchten zu müssen, das von Schenkel und Sitz an Schwung Gebrachte nicht mehr durchhalten zu können.

Bei der Arbeit im Schulterherein müssen wir uns ebenso wie beim Reiten der anderen Seitengänge vor Augen halten, daß für den Anfang einige schwung- und ausdrucksvolle Tritte mit erhaben und schulterfrei übertretenden Vorderbeinen mehr als genug sind und durch darauffolgende freie Gänge den Gelenken wieder Gelegenheit gegeben werden muß, sich zu strecken.

Durch zu lange fortgesetztes Reiten in versammelter Seitenbiegung würden wir das Gegenteil des Gewollten erreichen und die überbeanspruchten Gelenke würden wie Federn, die unter ständigem Druck stehen, ihre Elastizität und Schwungkraft einbüßen und schlaff werden.

Im Schulterherein rechts neigen die meisten Pferde dazu, den Kopf mit tiefer gestelltem rechtem Ohr im Genick nach links zu drehen, sich zu verwerfen, ein Zeichen, daß sie sich vom äußeren Zügel losgemacht haben. Es wäre nicht ratsam, durch Steigen mit der rechten Hand die richtige Ganaschenbiegung und Anlehnung wiederherstellen zu wollen, da zu dieser Art von Arbeit eine außerordentliche Feinfühligkeit und viel Treibenkönnen gehört, wenn nicht der Gang darunter leiden soll.

Ein besseres und sicheres Mittel ist es, vorwiegend durch treibende und dirigierende Schenkelwirkung Vor- und Hinterhand aufeinander eingerichtet zu erhalten. Dann wird das Pferd auch den äußeren Zügel annehmen und die Ohren kommen automatisch wieder in gleiche Höhe.

Bei diesem Geraderichten im Seitengang soll man anfangs nicht zu engherzig verfahren. Wenn z. B. auf dem Zirkel die Vorhand nach außen drängt, wäre es falsch, ein genaues Betreten des Hufschlages, der der Vorhand bestimmt ist, nur durch Einwirken auf diese erzwingen zu wollen. Es empfiehlt sich in so einem Fall, durch etwas stärkeres Hinaustreiben der Hinterhand mit dem inneren Schenkel, der zur Erleichterung des Verständnisses und selbst auf Kosten der reinen Längsbiegung etwas weiter nach rückwärts angelegt wird, die Hinterhand wieder auf die Vorderhand einzurichten.

Im Schulterherein links täuschen uns die Pferde häufig dadurch, daß sie dem seitwärtstreibenden Druck des inneren Schenkels anscheinend bereitwillig nachgeben. Dieses Weichen ist aber nichts wie ein Fliehen vor dem Schenkel, ein Verfallen in die Schiefe bei linear gerader Wirbelsäule — ein Fehler, der auf dieser Hand nur zu leicht in Erscheinung treten wird, wenn der äußere Schenkel seiner Aufgabe, die Längsbiegung zu überwachen und zu erhalten, nicht gewachsen ist. Für Pferde, die Neigung zu diesem falschen Ausweichen zeigen, werden die Konterlektionen das beste Korrekturmittel sein. Oft ist es überhaupt vorteilhaft, die Schulung im Schulterherein mit seiner Konterlektion zu beginnen, weil das Pferd bei gegen die Wand gestelltem Kopf dem seitwärtstreibenden Schenkel um so eher nachgeben wird.

Ganz allgemein sei gesagt, daß bei falschen Biegungen im Schulterherein eine Einschmelzung der Konterlektion auf einige Tritte sehr nützlich ist. Ein solcher Übergang ist das beste Mittel eine falsche Biegung, wie z. B. ein Verlehnen des Halses vor dem Widerrist, fortzuschaffen. In diesem Falle wäre der Vorgang etwa folgender: Kopf und Hals in der Konterlektion zunächst in eine der falschen entgegengesetzte Biegung nehmen, aus dieser das Pferd geradeausstellen, damit Wirbel und Muskeln ihre richtige Fügung finden und schließlich vorsichtig wieder in die früher mangelhaft gewesene Biegung eingehen lassen.

Um aus dem Geradeausreiten ins Konterschulterherein überzugehen, nimmt der Reiter das Pferd zunächst in Konterstellung, um sich einerseits der Biegsamkeit der der Wand zugekehrten inneren Seite*) zu versichern

*) Immer ist es die Biegung, welche dafür maßgebend ist, welche Seite als die innere, welche als die äußere zu gelten hat. Stellen und biegen wir unser Pferd z. B. nach links, so ist das seine innere Seite, auch wenn wir eine Konterlektion reiten und diese Seite demgemäß der Wand zugewendet ist, während sich das Pferd rechtsherum auf der rechten Hand bewegt. In dieser Konterlektion links müssen Sitz und Führung des Reiters so sein, als ritte er in der gleichen Stellung links herum, also auf der linken Hand.

Jede Lektion bekommt ihren Charakter als Konterlektion dadurch, daß die innere, gebogene Seite der Wand zugekehrt und das Pferd gezwungen ist, seiner Biegung entgegengesetzt zu wenden, zum Unterschied von den einfachen Lektionen, mögen sie nun welchen Namen immer führen, in denen das Pferd in Richtung seiner Biegung wendet, die dann der Hand entspricht, auf welcher man reitet.

und andererseits bei dem nun folgenden Seitwärtshereinführen der Hinterhand ein Ausfallen des äußeren Hinterfußes leichter begrenzen zu können, was noch erhöhtere Wichtigkeit hat als in der einfachen Lektion, da jetzt die unterstützende Wand fehlt.

Die im Konterschulterherein vorläufig nur um eine Hufbreite nach dem Inneren der Bahn verlegte Hufschlaglinie des inneren Hinterbeines wird in Spurdeckung mit der des äußeren Vorderbeines verlaufen.

Ein gerittenes Pferd bedarf sozusagen keiner weiteren aktiven Hilfen, um es im Seitengang zu erhalten. Der schmiegsame, der Biegung angepaßte Sitz, mit seinem ungezwungenen Hang nach der hohlgebogenen Seite und seinem in Richtung des Seitenganges mitgehenden Gewicht, soll ausreichen, den Schwung in der versammelten Seitenstellung zu erhalten.

Um vom Schulterherein wieder auf den einfachen Hufschlag überzugehen, wird die Vorhand mit beiden Zügeln auf den Hufschlag der Hinterhand hinausgeführt. Es ist das schon eine kleine Hinterhandwendung im Gange.

Dem Wesen nach ist der Travers dem Schulterherein, aus dem er hervorgehen muß, nahe verwandt. Dem äußeren Bilde nach aber ergeben sich Unterschiede, da im Travers die Hinterhand auf die innere Linie gerichtet ist, die äußeren Füße vor und teilweise über die inneren treten und weil endlich das Pferd in Richtung seiner Biegung vor- und seitwärts schreitet.

Um den Travers zu beginnen, drückt der äußere Schenkel, nachdem die Ecke in Stellung durchritten wurde, die Hinterhand im Takte des sich erhebenden gleichseitigen Hinterbeines vorläufig nur um soviel ins Innere der Bahn, daß dieses etwa auf der Linie des inneren Vorderbeines spurt*).

Reine Längsbiegung und Versammlung werden hauptsächlich durch den knapp hinter dem Gurt anliegenden, durch Vortreiben für die Flüssigkeit der Vorwärtsbewegung sorgenden und den gleichseitigen Hinterfuß am Ausweichen hindernden inneren Schenkel erhalten. Unterstützt wird seine biegende Einwirkung durch den die Kopfstellung erhaltenden und das Pferd in der Bewegungsrichtung führenden inneren Zügel, der der Längsbiegung des Pferdes angepaßt, also etwas verkürzt werden muß.

Dem äußeren Zügel fällt die Aufgabe zu, die Längsbiegung des Halses so zu regeln, daß sie in voller Übereinstimmung mit der des ganzen Pferdes steht. Überdies hat er die seitwärts dirigierende Wirkung des äußeren Schenkels zu unterstützen und nach Bedarf durch ganz leichte, unterbrochene Anzüge die Versammlung zu erhalten.

Für das Höchstmaß der Abstellung, die, wie in allen Seitengängen so auch im Travers, in reiner, dem Grade der Seitenstellung angepaßter Längsbiegung stattzufinden hat, gilt ebenso wie für die Konterlektion des Travers, den Renvers, das schon einleitend die Seitengänge im allgemeinen betreffend Gesagte.

---

*) S. a. das über die Steigerung des Abstellungsgrades auf S. 210 u. ff. Gesagte.

Beim Travers tritt der auswendige Hinterfuß vor, der auswendige Vorderfuß über die entsprechenden inneren Beine. Dieses Übertreten wird durch die sich aus der Stellung des Travers ergebende Vorrichtung der äußeren Schulter erleichtert.

Da sich im richtigen Travers das innere Hinterbein fast auf derselben Linie bewegen muß wie das äußere — wobei also beide im selben Verhältnis zur Schwerlinie stehen —, so hat es auch von diesem abwechselnd dieselbe Last beim Auffußen zu übernehmen und ist somit auch denselben belastenden, seine Gelenke biegenden Einwirkungen unterworfen.

Auch im Travers kann das innere Hinterbein nur auf gebogener Linie infolge des Gesetzes der Zentrifugalkraft stärker belastet und gebogen werden, was sich dann aber auf dem Wege natürlicher Gymnastik und ohne Dazutun des Reiters vollzieht. Diese vermehrte Belastung und Beugung auf gebogener Linie ist daher, wie schon öfter betont wurde, keine Folge der Seitenbiegung.

Auf gerader Linie, auf doppeltem Hufschlag, ist die Beugung beider Hinterbeine eine völlig gleichwertige und muß es auch sein, da sonst Schwung und Reinheit des Ganges leiden würden.

Auch für den Travers und seine Konterlektion, den Renvers, gilt mithin das über die Gewichtsverteilung des Reiters im Schulterherein Gesagte mit dem rein formalen Unterschied, daß bei ihnen der Hang nach der in der Rippe leicht gebogenen Seite des Pferdes mit der Bewegungsrichtung des Seitenganges, also der Richtung, in welcher der Reiter mit seinem Gewicht mitzugehen hat, zusammenfällt, da ja das Pferd dorthin tritt, wohin es gestellt ist. —

Entsprechend der erhöhten Geschmeidigkeit und Tragfähigkeit, die die Hinterhand unseres Pferdes inzwischen gewonnen hat, wird die Arbeit im Travers und seiner Konterlektion gleich im abgekürzten Trab beginnen können.

Die Ecken werden auf einfachem Hufschlage durchritten. Die Übung des Eckenpassierens im Travers, die Tragfähigkeit und Hankenbug außerordentlich befördert, da sie schon eine Wendung um die auf engerem Viertelkreise wie die Vorhand sich bewegende und deshalb weniger raumgreifend aber in demselben Takte wie die Vorhand tretende Hinterhand ist und die Pirouette vorbereitet, gehört schon der eine Vorstufe der Hohen Schule bildenden Höheren Kampagneschule an, da sie, richtig ausgeführt, bereits einen solchen Versammlungsgrad erfordert, wie er erst nach mehrjähriger Ausbildung und nur von überdurchschnittlich beanlagten Pferden verlangt werden kann.

Um sich davon zu überzeugen, ob das Pferd durchlässig an den Hilfen steht, ist es vorteilhaft, die wegen des Tretens von der gedehnten nach der gebogenen Seite mehr Kraftanstrengung als das Schulterherein erfordernden Übungen im Travers, durch größere oder kleinere Volten auf einem Hufschlage zu unterbrechen.

Um aus dem Travers auf den einfachen Hufschlag überzugehen, wird das Pferd vom inneren Schenkel in Richtung der Vorhand vorgetrieben, wobei der bisher nach seitwärts verwahrende äußere Schenkel passiver wird und dem inneren nur Gegenhalt gewährt, damit die Hinterhand nicht schleudert und aus dem in Selbsthaltung und Takt nach vorwärts auszuführenden fließenden Eingehen auf den einfachen Hufschlag eine Wendung um die Vorhand im Gange wird. Eine solche wollen wir vermeiden, damit die im Seitengang verbesserte Versammlung erhalten bleibt.

Auch beim Travers und Renvers neigen die Pferde dazu, bei ungebogen hereingestellter Wirbelsäule das äußere Hinterbein schränkend mehr seitwärts als vortreten zu lassen und es dadurch teilweise der Lastaufnahme und Beugung zu entziehen. In solchen Fällen, wie auch bei Ausweichen des inneren Hinterbeines nach innen, muß der innere Schenkel vermehrt vor- und seitwärts treiben, wodurch die reine Längsbiegung wiederhergestellt wird.

Ein zu Beginn der Ausbildung im Travers manchmal auftretendes Widerstreben gegen den äußeren Schenkel verliert sich bald, wenn aus dem Travers in Konterschulterherein umgestellt wird. In diesem Fall war vermutlich die Arbeit im Schulterherein, das ja Grundform und Ausgangspunkt der es ergänzenden und sein Ergebnis bildenden anderen, traversartigen Seitengänge darstellt, nicht gründlich und gewissenhaft genug. Darum sind auch die in letzteren auftretenden Schwierigkeiten am besten im Schulterherein und seiner Konterlektion abzustellen.

Überhaupt sind Übergänge von einem Seitengang in den anderen geeignet, Aufmerksamkeit auf die Hilfen und Geschmeidigkeit zu erhöhen. Solche Übergänge, die man nach Belieben kombinieren kann, müssen sich aber gut und flüssig nach vorwärts entwickeln und dabei Wendungen um die Vorhand im Gange vermieden werden. Am selbstverständlichsten und elegantesten wirken Wechsel von einem Seitengang zum andern, wenn die Längsbiegung unverändert bleibt und nur das andere Beinpaar zum vor- und übertretenden wird, wobei der Reiter den Vorteil hat, mit dem Wechsel des Seitenganges auch mit der Bearbeitung des einzelnen Hinterbeines abwechseln zu können. Wie schon erläutert, bezweckt diese Arbeit aber nicht etwa dessen stärkere Belastung und Beugung, was ja, wie nachgewiesen, nur auf gebogenen Hufschlagslinien geschehen kann, sondern nur dessen Lösung und bessere Beherrschung.

Ein solcher Übergang, nur mit Wechsel der Fußsetzung, ist der vom Schulterherein zum Travers, wobei die Ecke, wie schon beschrieben, auf einem Hufschlag in der Biegung des Schulterherein als Viertelvolte durchritten und daran der Travers angereiht wird.

Ein weiterer solcher Übergang ist der vom Travers zum Schulterherein, bei dem das Pferd nach einer aus dem Travers entwickelten Volte auf einem Hufschlag durch beide Schenkel zum Schulterherein vorgedrückt wird. Genau die gleichen Hilfen werden auch angewendet, um in das Schulterherein überzugehen, nachdem das Pferd, so wie schon beim Übergang aus dem Travers auf den einfachen Hufschlag erklärt, auf der Geraden nach vorwärts und mit Beibehalt der Stellung auf den einfachen Hufschlag geführt wurde.

Beim Übergang vom Travers zum Renvers durch eine Kurzkehrtwendung bleiben Biegung und Fußsetzung unverändert.

Bei der Parade aus dem Travers muß der innere Schenkel vornehmlich den inneren Hinterfuß überwachen, damit dieser sich nicht einer Lastaufnahme durch Zurückbleiben und Seitwärtstreten entzieht. —

Vom ästhetischen Standpunkt aus betrachtet, ist der Travers besonders dazu angetan, ein gut gerittenes, versammeltes Pferd im günstigsten Lichte erscheinen zu lassen. Der kürzere Weg, den, z. B. auf dem Zirkel, die Hinterhand zu beschreiten hat, ermöglicht eine erhöhtere Hankenbeugung, wie im Schulterherein, wodurch die in die Bewegungsrichtung gestellte Vorhand an Freiheit und Erhabenheit des Austritts noch gewinnt.

Die Übergänge von einem Seitengang in den andern sind nicht nur ein ausgezeichnetes Hilfsmittel, die Aufmerksamkeit des Pferdes auf die Hilfen zu erhöhen. Ihre vollendete Ausführung beweist überdies einen hohen Grad von Schwung und Durchlässigkeit. Darüber hinaus geben aber diese Form- und Bewegungswandlungen, wenn sie ohne Härten und Stockungen, sich glatt, flüssig und gleichsam aus einander organisch hervorgehend, entwickeln, auch ein überaus harmonisches Bild des Einklanges zwischen Pferd und Reiter.

Dieser wird dabei in wohlverstandener Steigerung die traversartigen auf die schulterhereinartigen Schulen folgen lassen, da in ersteren, wie schon erwähnt, der bestechende Scharm von Haltung, Gang und Geste am wirkungsvollsten zur Entfaltung kommt.

Wechseln wir im Travers durch die ganze oder einen Teil der Bahn, so ist das eine Traversalverschiebung. Stellt sich der Reiter dabei vor, daß die Wechsellinie durch eine Wand ersetzt ist, längs welcher gedachten Hilfslinie er zu traversieren hat, und hält er sorgfältig Richtung auf den Wechselpunkt der Gegenseite, wird er leichter den Fehler vermeiden, die Hinterhand zu sehr abzustellen, wobei sie der Vorhand vorauseilen würde. Nase und innere Schulterseite des Pferdes müssen immer etwas nach der Bewegungsrichtung vorgenommen sein, so daß sich das Pferd fast parallel zur Viereckseite seitlich verschiebt.

Die einfachste und leichteste Form der Traversalverschiebung, wobei die Abstellung nur etwa eine Hufbreite beträgt und die auch halber Travers genannt wird, geschieht entweder auf der Linie der Diagonalwechselung von Ecke zu Ecke oder von der Mitte der kurzen zur Mitte der langen Wand. Im ersteren Falle reiten wir eine einfache ganze Traversallinie durch die Bahn, in letzterem einen halben Travers aus der Mitte, eine gemilderte Form der Kehrtwendung mit Traversalverschiebung. Diese beiden Schulen eignen sich wegen ihres geringen Grades von Längsbiegung am besten dazu, das junge Pferd ohne den „moralischen" Halt der Wand in der Abstellung gehen zu lassen. Aber auch bei älteren Pferden, die im Seitengang matt und schleppend werden, und die man aus irgendeinem Grund nicht auf einfachem Hufschlag in Schwung bringen will, belebt nichts so den Trab als solche freiweg gerittenen Traversalen mit geringer Abstellung.

Im zweiten und dritten Jahr kann man die Anforderungen in den Traversalverschiebungen steigern. So kann man unmittelbar nach Durchreiten der vor der langen Seite befindlichen Ecke mit der Traversalverschiebung beginnen und sie bis zur Mitte der gegenüberliegenden langen Seite fortsetzen und dort auf die andere Hand übergehen — *einfache ganze Traversallinie durch die halbe Bahn* — oder auch nach Stellungswechsel die lange Seite wieder verlassen und mittels einer weiteren Traversalverschiebung in entgegengesetzter Richtung auf dieselbe lange Seite, von der man die Verschiebung begann, zurückkehren. Diese *doppelte ganze Traversallinie* wird also ihr Ende vor der zweiten Ecke der Seite finden, von der sie ihren Ausgang nahm.

Immer eine Reitbahn von den Mindestausmaßen 40×20 m vorausgesetzt, können außer der *doppelten halben Traversale*, bei der Wechsel von Stellung und Bewegungsrichtung schon auf der Mittellinie erfolgen, auch *dreifache ganze* oder *vierfache halbe Traversalen* geritten werden, die letzteren erst, wenn Geschmeidigkeit und Hankenbug voll entwickelt sind.

Sind diese Vorbedingungen erfüllt, und wird die Traversale wirklich aus belebt abfedernden, tragenden Hanken herausgeholt, so daß das Pferd, vorne leichter werdend, Fleiß und Schwung entwickelt, ist der *Sinn des Traversalereitens* erfaßt worden.

Die Wechsel von Stellung und Bewegungsrichtung dürfen in kein Hinundherwerfen ausarten, sondern das Pferd muß dabei in ausdrucksvollem Trabe *geführt* werden.

Der Vollständigkeit halber erwähnen wir hier noch die in die Höhere Kampagneschule gehörigen *mehrfachen Traversalverschiebungen von der Mittellinie aus abwechselnd nach rechts und links mit bestimmter Trittzahl*, bei denen man beim Abreiten der Olympiade-Dressuraufgabe manchmal das oben erwähnte Hinundherwerfen beobachten kann. Die „Pünktchenrichterei" dieser Aufgabe ist überhaupt nicht unschuldig daran, daß bei vielen ihrer Figuren ein übervorsichtiges „Abreiten", um ja Buchstabe und Form nicht zu verletzen, Platz griff und über das Wesen — das Wie? der Ausführung — gestellt wurde. Gerade bei den Traversalen durch die Mitte der Bahn sah man Reiter, die ihre ganze Aufmerksamkeit auf das Einhalten der bestimmten Trittzahl konzentrierten, während ihr Pferd nicht *trat*, sondern *lief*. Der Schwerpunkt der Bewertung lag ja im richtig gelösten Rechenexempel. Eine hervorragende Artistik mechanisierter Pferde, deren Routine auf Kosten ihres Feuers bis ins Unglaubliche ausgefeilt und gesteigert war, gab es da zu sehen.

Die *schulgerechte* Ausführung oben erwähnter Übung ist sehr wirkungsvoll, kann aber nur flüssig und ohne Stockung vor sich gehen, wenn der Wechsel der Bewegungsrichtung nach einer ungeraden Anzahl von Tritten erfolgt. Nur dann ist der letzte ungerade Tritt Ruhe- und Abstoßpunkt für den bisherigen inneren Vorderfuß, der dem neuen inwendigen in der Schwebe befindlichen Vorderfuß den freien Antritt nach vorwärts und seitwärts in die neue Richtung gestattet.

Bestimmend für diese neue Richtung ist immer ein *Vorderfuß*, da ja auch bei den Traversalen die Vorhand der Hinterhand vorgerichtet zu sein hat. Während des Umstellens geschieht dieses Vorrichten der Vorhand in die neue Bewegungsrichtung durch eine fast unmerkliche Hinterhandwendung im Gange, beim Abstoßen des bisherigen inneren Vorderbeines.

Das Reiten von Traversalen ist ein ausgezeichnetes Mittel, die gymnastische Durchbildung des Pferdes auch in seitlichem Sinne zu beurteilen. Der Reiter wird dabei gut tun, Längsbiegung und Geraderichtung durch einen in der Verlängerung der abzureitenden Linie Stehenden prüfen zu lassen.

Bei der erhöhten Anforderung mehrfacher Traversallinien mit Stellungswechsel kommt auch die mehr oder weniger vorhandene gleichmäßige Durchlässigkeit beider Körperhälften zum Ausdruck. Ist das Maß der Längsbiegung und Stellung nicht auf beiden Seiten das gleiche, so ist die schmiegsame Durchlässigkeit noch nicht erreicht und muß durch Zirkelarbeit im Arbeitstrab und Schulterherein in geringer Abstellung fester begründet werden. Man soll nie vergessen, daß alle anderen Seitengänge Ergebnis und Vervollkommnung des Schulterherein sind und aus diesem hervorgehen. Darum liegt es schon in der Natur der Sache, bei auftretenden Schwierigkeiten auf diese Mutterstellung mit ihren vielfachen Abstufungen, auf der die Entwicklung aller Lektionen auf doppeltem Hufschlag beruht, zurückzugreifen.

Bei älteren Pferden, die oft ihre Schiefe gegen den Reiter ausspielen, indem sie sich mit der Schulter nach links in die Traversale oder Wendung werfen, ohne abzuwarten, daß ihnen die entsprechende Längsbiegung angewiesen wird, muß diese Neigung ganz energisch bekämpft werden. Ein Spornstoß links wird unter Umständen mehr Erfolg haben als noch so sorgfältige Führung, denn mit den Zügeln läßt sich dieser Drang nach links nicht abstellen.

Es kann sich ergeben, daß die regelmäßige Bahnarbeit durch längere Pausen unterbrochen wird, in denen das junge Pferd seine Bewegung nur im Freien erhält.

Unter solchen und ähnlichen Umständen wird es nicht schaden, seine Aufmerksamkeit auf die Hilfen rege zu erhalten.

Darauf, wie dies auf ganz selbstverständliche Art geschehen kann, ohne die Arbeit im Gelände oder den Genuß des Spazierrittes irgendwie zu schmälern, wollen wir hier im Anschluß an unsere Besprechung der Traversalen kurz hinweisen und um ganz ungezwungen darauf zu führen, von unserem Thema anscheinend etwas abweichen.

Obwohl das Kampagnepferd aus vielen Gründen daran gewöhnt sein soll, im Gebrauchstrab (275 Schritt) längere Strecken auf harten Straßen zurückzulegen, halten wir dennoch dafür, daß ein solches Training Sehnen, Bänder und Gelenke nicht gerade erfrischt und elastischer macht, besonders dann, wenn nicht schon bei der Aufzucht durch härteren, felsigen Boden der Koppeln auf eine Gewöhnung von Jugend an Rücksicht genommen wurde oder wenn nicht bereits eine diesbezügliche größere Widerstandsfähigkeit als Erbgut vorhanden war, wie bei Pferden mit stärkerem arabischem Bluteinschlag (Angloaraber, Lipizzaner) oder bei Trabern.

Glücklich darum derjenige, der beim Reiten im Freien Wiese, Wald und Heide in erreichbarer Nähe hat, denn dort gehört das Gebrauchs- und Soldatenpferd hin — heutzutage mehr denn je.

Aber nicht alle Reiter werden so günstige Bedingungen vorfinden, und viele genötigt sein, um ins Gelände zu gelangen, größere oder kleinere Strecken auf modernen Straßen zurückzulegen. Huldigen sie nun der Ansicht des Verfassers, daß die Abhärtung gegen Beinschäden, im Trab auf hartem Boden, nur bis zu einem gewissen Grade bekömmlich ist — so wie sich der Organismus ja auch nur bis zu bestimmten Grenzen der Kälte und dem Hunger anzupassen imstande ist —, werden sie eben eine Stunde früher aufstehen müssen, um statt des Trabes Schritt reiten zu können.

Da ist es nun ein nützlicher Zeitvertreib, hier und da in ganz bescheidener, dem erweiterten Rahmen der Gebrauchshaltung entsprechender Längsbiegung ganz flache einfache oder doppelte Traversalverschiebungen von Straßenrand zu Straßenrand einzuschalten. Geschieht das zu sehr früher Morgenstunde und auf noch wenig belebter Straße, ist „alles auf Chaussee“, wie man in Ostpreußen sagt. Bei Autoverkehr allerdings gehört zu solchem Unternehmen ein gewisser „Takt“, will man nicht mit der Landjägerei in Konflikt geraten oder sollen unsere Erben nicht Schwierigkeiten bei Auszahlung der Lebensversicherung haben.

Nehmen wir aber eine sich im idyllischen Frieden des Sonnenaufgangs übersichtlich hinziehende, noch verkehrslose Straße an, so wird uns nichts hindern, uns und unserm Pferd durch einige Traversalen die Zeit zu verkürzen, ohne daß wir deshalb unser Ziel — das wirkliche Gelände — später erreichen.

Zweck dieser kleinen Morgengymnastik ist, das Pferd so feinfühlig und aufmerksam werden zu lassen, daß ein Straffen des Kreuzes bei ganz langgemachten Beinen und tiefem Absatz — der äußere Schenkel die Verschiebung leicht andeutend, der innere knapp hinter dem Gurt — nebst leichtester Gewichtshilfe genügt, die Verschiebung zu bewerkstelligen. Bleibt der innere Schenkel, um den die Rippenbiegung genommen wird, ohne Zutun des Reiters an seinen Platz geschmiegt, und legt sich der äußere Zügel von selbst an die etwas gewölbte Halsseite, so ist auch alles übrige in Ordnung.

Durch eine den zeitlichen Aufbau der gymnastischen Ausbildung nach Möglichkeit berücksichtigende Darstellung wurde nachzuweisen versucht, daß nur geschmeidiges Muskelspiel im Rhythmus der Bewegung eine richtige Rückentätigkeit gewährleistet. Dieser mittätige, elastisch federnde Rücken ist die Grundlage der Haltung, sei diese nun eine dem Gebrauche oder anderen Zwecken angepaßte.

Auf Grund der gerade angemessenen Haltung wurde durch Tempowechsel, Seitengänge, Paraden u. ä. eine immer sicherere Beherrschung des Pferdes angestrebt.

Eines der Ziele, die sich diese in der Niederen Kampagne- oder Gebrauchsschule nur in bescheideneren Grenzen bleibende Beherrschung gesetzt hat, ist die Wendung um die Hinterhand.

Diese muß immer aus der Bewegung heraus erfolgen. Auch wenn sie nach vorherigem Halten ausgeführt wird, müssen als Einleitung die Beine erst zur Vorwärtsbewegung ansetzen, ehe die Hilfen zur Wendung in Wirkung treten. In diesem Sinne ist auch die im Sprachgebrauch übliche Bezeichnung „Wendung um die Hinterhand aus dem Halten“, also nach vorherigem Stillstehen, aufzufassen. Beachtet man dies nicht, verliert die Wendung um die Hinterhand ihren dressurmäßigen Wert. Auch ihre praktische Anwendbarkeit leidet darunter, da das stillstehende Pferd bei sofortigem Einsetzen der wendenden Hilfen es lernt, bei festgestelltem, sich auf der Stelle drehendem innerem Hinterfuß und ausfallender Schulter eine Stütze auf der Hand zu suchen. Seine leichte Wendsamkeit, eines der Ziele der Gebrauchsreiterei, verringert sich hierbei, statt verbessert zu werden.

Sobald sich das junge Pferd im Travers trägt und in diesem Seitengang ohne Schwierigkeit einige Tritte auf dem Zirkel machen kann, ohne daß Gang oder Anlehnung darunter leiden, ist es für die Hinterhandwendung vorbereitet. Es bedarf dann nur einer Belehrung, die am besten darin besteht, daß man im Schritt auf beiden Händen einige sich immer mehr verengernde Kehrtwendungen mit hereingestellter Hinterhand reitet, um es mit der neuen Anforderung vertraut zu machen.

Aus dem Halten, dem Schritt und dem Trab wird die Wendung um die Hinterhand in schrittmäßigen Tritten ausgeführt. Der Drehpunkt der

Wendung liegt unter dem inneren Hinterfuß, der sich aber nicht auf der Stelle drehen darf, sondern ebenso wie der äußere in Bewegung bleiben muß.

Zur Ausführung der Wendung um die Hinterhand geben wir zunächst eine Parade, die aber nicht zu völligem Stillstand des Pferdes führen darf, sondern nur den Zweck hat, die Bewegung soweit zu unterbrechen, daß die Richtungsänderung mit auf der Stelle tretenden Hinterbeinen stattfinden kann und die dazu erforderliche erhöhte Versammlung gesichert wird. Beide Zügel führen das schon vor der Parade nach der Seite der Wendung gestellte Pferd Schritt für Schritt um die auf der Stelle tretende Hinterhand einen Viertel- oder halben Kreis herum. Der der Längsbiegung entsprechend knapp hinter dem Gurt hauptsächlich vortreibende innere Schenkel erhält die Bewegung der Hinterbeine, die nicht stehen bleiben dürfen, und wird darin und in ihrem Heranhalten vom hinter dem Gurt ein Ausfallen verhindernden äußeren Schenkel unterstützt. Der Oberleib geht bei gut vorgerichteter äußerer Schulter in Richtung der Wendung mit und ergänzt durch Kreuzeinwirkung die treibenden Schenkelhilfen, die das Pferd am Zügel erhalten. Eine nach rückwärts ziehende Hand unterdrückt die Federkraft der Hinterhand und wirft diese aus der Wendung.

Anfänglich lasse man das junge Pferd während der Wendung auch etwas vortreten*). Das Wesentliche dabei ist, daß die vermehrte Belastung willig von der federnd tretenden Hinterhand aufgenommen wird und das Pferd, an den Hilfen bleibend, bei aller Gelassenheit fließend und ohne nach innen zu drängen, mit der erleichterten Vorhand am Zügel herumtritt.

Nach erfolgter Wendung wird in der Bahn die Stellung gewechselt, außer man beabsichtigt eine Konterlektion zu reiten.

Sind Takt des Ganges, Haltung und Geraderichtung nach der Wendung womöglich besser als vorher, ist das ein Zeichen, daß die losgelassene Hinterhand durch die Wendung tätiger geworden ist, und daß deren Ausführung daher eine richtige, die Hankengymnastik fördernde war.

Bei der Wendung um die Hinterhand im Galopp, der Viertel-, halben und ganzen Pirouette, die der Höheren Kampagne- und Hohen Schule angehört, gelten sinngemäß dieselben Hilfen. Bei der ganzen Pirouette wird das Pferd in vier gleichmäßigen Galoppsprüngen um den vermehrt gebeugten und tragenden, die Last bei jedem Sprunge allein auffangenden äußeren Hinterfuß herumgeführt.

Während aller Wendungen um die Hinterhand muß das Pferd so an den Hilfen stehen, daß der Reiter jederzeit imstande ist, die seitwärtsgerichtete Bewegung zu unterbrechen und dieselbe flüssig und ohne Stockung in eine geradeausgerichtete umzuwandeln.

Rücksichten militärischer Art lassen es geboten erscheinen, die Remonten schon in einem frühen Ausbildungsstadium mit dem Nachrückwärtstreten, einer ihrer Physiologie widersprechenden Bewegungsart, vertraut zu machen.

Geht vorbereitende Arbeit an der Hand voraus und haben sie die zum Rückwärtssetzen der Beine erforderliche, ungewohnte und wenig natürliche Ab-

*) Dieses Vortreten ist als höchst willkommene Unvollkommenheit zu werten (Gehlust).

stimmung von Rumpf- und Beinbewegungen begriffen, werden sich auch die meisten Pferde der Forderung des Reiters anbequemen und bei entlastendem Sitz und vorsichtiger Einwirkung der tiefgestellten Hand einige Schritte mehr oder weniger gerade mit auf dem Boden schleifenden Füßen zurücktreten.

Wir, die wir bei unserem jungen Pferd durch keinerlei solche Rücksichten gebunden sind und Ortsveränderungen auf engem Raume ebensogut durch einfache oder doppelte Wendungen um die Vorhand vornehmen können, werden uns hüten, mit der Rückwärtsbewegung als gymnastischer, versammelnder Übung — dem Rückwärtsrichten — zu beginnen, ehe die volle Durchlässigkeit bei der ganzen Parade gesichert ist. Darauf weist uns schon der Umstand hin, daß beim Rückwärtsrichten, das ja eine Fortsetzung der Parade nach rückwärts ist, die verhaltenden Hilfen zu erhöhterem Ausdruck kommen als bei dieser, und darum seine Übung erst von Vorteil sein kann, wenn ein so hoher Grad von Durchlässigkeit und An-den-vortreibenden-Hilfen-Stehens erreicht wurde, daß auch während der Rückwärtsbewegung die stete Bereitschaft zu bedingungslosem Vorwärtsgehen fühlbar sein wird und Kreuz und Schenkel nach Belieben jeden einzelnen Tritt auffangen können.

Fest steht, daß das Pferd durch ein verfrühtes Üben des Rückwärtstretens eine ganze Musterkarte von Schlichen, Pfiffen und Kniffen lernt, ja, auf solche direkt aufmerksam gemacht wird. Durch sie kann es sich dann unschwer den noch nicht vollständig durchkommenden, es zu seinem natürlichen Gangmechanismus zuwiderlaufenden Bewegungen auffordernden Hilfen entziehen.

Ganz anders ist der fördernde Einfluß des Rückwärtsrichtens auf Haltung und Versammlung des richtig vorbereiteten und gekräftigten Pferdes. Dann ist es kein bloßes Zurückkriechen mit am Boden schleifenden, weil belasteten Vorderbeinen und bloß hochgehobenen Sprunggelenken bei steif bleibenden Hanken, sondern eine Schulübung, wobei die Hanken in ihren großen Gelenken gebeugt werden und der aus gesenkter Hinterhand und federndem Rücken sich an Sitz und Hand herandehnende Pferdekörper wie eine Sprungfeder gespannt ist, um bei der leisesten Aufforderung mit unveränderter Haltung wieder glatt und flüssig in die Vorwärtsbewegung einzugehen, ohne daß der Reiter im Oberkörper zurück- und vorbewegt wird. Dies letztere ist der Prüfstein, ob die „Schaukel", das abwechselnde Zurück- und Vortreten, wie es auch die Olympiadeaufgabe verlangt, gelungen ist.

Vom Standpunkt des Ganges aus betrachtet, erfolgt das Rückwärtsrichten im diagonalen, klar erkennbaren Zweitakt, wie im Trabe. Da aber die Schwebephase dieser Gangart dabei nicht in Erscheinung tritt, können die Schritte nach rückwärts niemals ihre volle Länge erreichen, weil ja der Hinterhuf derselben Seite erst zurücktritt, nachdem der Vorderhuf schon gefußt hat, letzterer mithin den Platz des ersteren nicht frei findet.

Zum Rückwärtsrichten gibt der Reiter dem in versammelter Haltung am Zügel stehenden Pferd dieselben Gewichts- und Schenkelhilfen wie zum Antreten der Bewegung nach vorwärts, die Zügel aber wirken in dem Augenblick, als sich ein Hinterbein erhebt, soweit verhaltend, daß dieses und das diagonale Vorderbein nach rückwärts statt nach vorwärts gesetzt werden. In diesem Moment muß der Anzug sofort leichter werden. Dies wiederholt sich so oft, wie die vom Reiter vorher bestimmte Trittzahl beträgt. Vermehrte Kreuzeinwirkung muß je nach dem Grade des Nachgebens der Hand sofortiges Halten oder durch kein Nebeneinandersetzen der Beine unterbrochenes flüssiges Vorwärtsgehen zur Folge haben. Der Oberkörper des Reiters soll dabei ohne Schwierigkeiten seine senkrechte Lage beibehalten können.

Es darf nicht den Anschein haben, als ob die zurückgezerrte Vorhand die Hinterhand zurückschöbe. Bei richtiger Beugung der Hinterhand nimmt diese durch die Mitarbeit von Rücken- und Halsmuskeln die Vorhand nach rückwärts mit. Der gebeugte Hinterfuß „hebt den entsprechenden diagonalen Vorderfuß".

Ein Beobachter muß den Eindruck haben, daß das Pferd beim Rückwärtsrichten vorwärts geht.

Wie schon bei Erklärung der Begriffe Vorwärtsgehen und Sichtreibenlassen (Zweiter Teil, II, Kapitel 1. F.) angedeutet, scheint uns gerade hier bei Besprechung der Rückwärtsbewegung der richtige Ort, um noch einmal auf das Wesen des oft mißdeuteten Begriffs „Vorwärtsgehen" zurückzukommen und ihn am Beispiele des schulmäßigen Rückwärtsrichtens ganz eindeutig festzulegen.

Bei einem Pferde, das gerade diese nach rückwärts gerichtete Bewegung in der oben beschriebenen korrekten Haltung und Form ausführt, können wir mit vollster Berechtigung sagen, es „sei gut nach vorwärts geritten", denn just die Art und Weise, wie es an den Hilfen rückwärts tritt, gibt uns die weitgehendsten Aufschlüsse über den Grad seines „Nachvorwärtsgerittenseins". Es steht sicher am Zügel, an den es trotz der nach rückwärts gerichteten Bewegung herantritt, und am Schenkel, dessen leichter Druck genügt, es jederzeit in einem von Sitz und regelnder Hand genau vorgeschriebenen Tempo vorspritzen zu lassen, so als drückte man auf eine Tube mit Zahnpaste.

Das Vorwärtsgehen eines Pferdes oder das Vorwärtsreiten seines Ausbildners hat demnach weder mit Geschwindigkeit noch Richtung der Bewegung etwas zu tun. Ein gut gerittenes Pferd geht im Rückwärtsrichten, im Seitengang oder in einer im versammelten Schritt gerittenen Volte besser vorwärts als beispielsweise ein anderes, das sich im verstärkten Galopp nicht an den Zügel heranstrecken will, da es sich nicht treiben läßt — sei es nun, daß es sich verhält oder daß es davonstürmt oder eilt und dabei unter dem Sitz wegläuft.

Vorwärts gehen und vorwärts geritten werden kann demnach ein Pferd ebensogut im Galopp wie in einer langsamen Gangart, in der Piaffe oder im Rückwärtsrichten. Das Wesentliche dabei ist immer nur, daß sein durch die Hilfen wohlgeordnetes Streben nach vorwärts zum Ausdruck kommt. —

Breites Treten der Hinterbeine, Ausweichen nach einer Seite*), Zurückkriechen und Eilen, wobei der Reiter das Gefühl hat, sein Sitz sei nicht mehr ausgefüllt, da das Pferd im Leibe dünner wird, Schlagen des Kopfes oder sein Höher- oder Tieferstellen sind Symptome, die darauf hindeuten, daß das Pferd beim Rückwärtsrichten noch nicht an den Hilfen steht oder daß die Einwirkungen falsch waren.

*) Zu Ausweichen nach einer Seite bei Verwerfen im Genick sei ergänzend bemerkt, daß das Pferd nur dann gerade auf der Linie halten bleiben sowie an- und rückwärtstreten kann, wenn sich seine Ohrspeicheldrüsen beiderseits gleichmäßig über oder — was das seltenere ist — unter die Ganaschenränder fügen.

Ebenso wie die ganze Parade und in noch erhöhtem Maße liefert ein tadelloses Rückwärtsrichten den Beweis, daß die Hinterhand durch die vorhergehende Arbeit geschmeidig und biegsam geworden und jederzeit bereit ist, eine vermehrte Belastung aufzunehmen. Seine fließende und vom Reiter Tritt um Tritt geregelte Durchführung ist aber auch eine untrügliche Probe auf den reibungslosen Zusammenklang treibender und verhaltender Hilfen.

Eine Steigerung der Versammlung kann erst erreicht werden, wenn Biegsamkeit und Tragkraft der Hinterhand deren Mehrbelastung gestatten.

Bei normaler Entwicklung des Pferdes werden solche gesteigerten Anforderungen vielleicht im Laufe des zweiten Ausbildungsjahres oder noch später gestellt werden dürfen.

Bevor wir auf diese Erhöhung der Versammlung in dressurmäßigem Sinne, deren äußeres Bild sich in besonders schwunghaften, ausdrucksvollen und bestimmten, aus gesenkter Hinterhand und elastisch federndem Rücken herauskommenden Tritten bei nach vor- und aufwärts gedehntem Halse darstellt und die schon gelegentlich der Definition reiterlicher Begriffe ihre Erläuterung fand, näher eingehen, soll eine zusammenfassende Darstellung ihre Entstehung vor Augen führen. Daraus wird sich auch eine zeitlich geordnete Übersicht der bisher mit unserem jungen Pferde geleisteten und noch zu leistenden Arbeit ergeben, die hier um so mehr am Platze ist, als bei Besprechung der einzelnen Übungen nicht immer ihre streng zeitliche Aufeinanderfolge berücksichtigt werden konnte. Mußten doch einzelne Schulen bis zu einem Grade ihrer Vollkommenheit erläutert werden, wie ihn das junge Pferd in dem betreffenden Ausbildungsstadium noch nicht erreicht haben konnte.

Faßt man Versammlung nicht nur als denjenigen körperlichen Zustand auf, in dem das Pferd am besten und leichtesten imstande ist, schulmäßigen Anforderungen seines Reiters zu entsprechen, so bedeutet sie, auf sämtliche Disziplinen der Reitkunst bezogen, erhöhte Aufmerksamkeit und dem gerade verfolgten Zweck am besten entsprechende Ausführungsbereitschaft.

In diesem Sinne ist Versammlung ein relativer Begriff und kann ebensogut die Ausführungsbereitschaft des Rennpferdes am Start wie diejenige des Schulpferdes umfassen, das in der Levade die Federn seiner Hinterhand zum schwersten Schulsprung, der Kapriole, spannt. In beiden Fällen wird es sich um eine sichere Herrschaft des Pferdes über seinen Körper handeln, die darin zum Ausdruck kommt, daß eine möglichst kurze Zeitspanne zwischen Aufforderung und Ausführung der Bewegung selbst liegt. Die Dauer dieser „Reaktionszeit" wird sowohl von der Exaktheit der das Pferd nicht überfallenden und verwirrenden, sondern von ihm unzweideutig verstandenen Hilfen und der geregelten Tätigkeit der die Bewegung anbahnenden, geschulten Nerven, als auch von Übung und Kraft der Muskeln, das Verlangte zweckmäßig zu verwirklichen, abhängig sein. —

Der Entstehung und dem Wesen der Versammlung, wie wir sie in dressurmäßigem Sinne durch eine zum Unterschied von Erziehung und Gewöhnung sich hauptsächlich in der geschlossenen Bahn abspielende gymnastische Durchbildung anstreben, werden wir am besten nahekommen, wenn wir den Weg, den diese naturgemäße Gymnastik bisher genommen hat, kurz überblicken. Daran anknüpfend wird eine Übersicht dessen zu folgen haben, was dem Pferde zur Erreichung einer vervollkommneten Dressur, die schon zum Spezialgebiet der Höheren Kampagneschule gehört, noch zu lernen bleibt.

Wehrt sich das junge Pferd nicht mehr durch krampfhafte Spannung gegen die ungewohnte Last, so wird es mit regelmäßig, aber ohne Energie schwingenden Muskeln in seiner natürlichen Selbsthaltung im natürlichen Gleichgewicht, in reinem, aber ausdruckslosem Takt zwanglos dahinpendeln.

Die nachschleppenden Hinterbeine schieben gerade so viel nach, als zur Erhaltung der gleichförmigen Bewegung unbedingt notwendig ist und beteiligen sich nur in geringem Maße an der Aufnahme der gemeinsamen Last.

Wenn nach diesem ersten Stadium der Zwanglosigkeit der Schenkel aktiv vorzutreiben beginnt und auf seine Veranlassung die Hinterbeine kräftiger abschieben und darum auch raumgreifender vortreten, wird der Rhythmus der sich im Takte der Bewegung an- und abspannenden Muskeln ausgesprochener und energischer. Eine Folge davon und ein Effekt des Zuges der den Rücken in seiner richtigen Wölbung erhaltenden Nackenmuskeln ist das Strecken der ganzen Wirbelsäule vom Kreuz bis zum Genick und damit auch ein Herandehnen an die Hand sowie ein Ausfüllen des Reitersitzes, der nunmehr die vom Schenkel vorgeholten Hinterbeine zwecks Biegens und Vortreibens vorsichtig belastet und dadurch ihr noch energischeres Strecken und elastischeres Abschnellen auslöst.

Dieser Zustand, den wir als den der Losgelassenheit bezeichnen, enthält bereits die ersten Elemente der Versammlung, denn zu der bei diesem Strecken schon in Erscheinung tretenden reiterlichen Selbsthaltung müssen die Hinterbeine durch vermehrte Lastaufnahme beitragen, wozu sie raumgreifender, lebhafter, elastischer und näher aneinander vorbei, mit einem Worte, mit Schwung treten müssen.

Das vom elastischen An- und Abspannen der Bewegungsmuskeln veranlaßte Strecken der Wirbelsäule und Herandehnen an die Hand, die das in sie hineingelegte Gewicht nunmehr zu empfangen und passiv auszuhalten hat, verändert die bisher „lose" Haltung. Denn das Pferd tritt ans Gebiß heran und stoßt sich daran ab, wobei die Vorhand, der ein Teil ihrer Mehrbelastung durch Mittätigkeit von Hinterhand und Rücken abgenommen wurde, aus dem Widerrist herauswächst und in relativer Aufrichtung mit erhöhter Schulterfreiheit vortritt.

Ist dieses schwungvolle Treten in der Losgelassenheit gesichert, kann der Reiter schon durch seine vortreibende Sitzhilfe versammelnd einwirken, indem er bei treibendem Kreuz das Mehr an Schwung, das der Sitz in die Hand hineingebracht hat, mit dieser passiv aushält und nach dem dadurch bewirkten Nachgeben des Pferdes dafür sorgt, daß dieser Schwung auch erhalten bleibt und sich in Biegung und Versammlung umsetzen kann.

Durch Erheben des Halses und Nachgeben im Genick ist die Linie Hand—Maul kürzer geworden, ein Umstand, dem der Reiter durch Verkürzen des Zügels Rechnung zu tragen hat. Dieser Zügel ist grundsätzlich passiv, d. h. er hält mit demselben Druck aus, der ihm hineingelegt wird, immer mit dem Gedanken, eher ein Atom nachzugeben als nach rückwärts zu ziehen. Er darf nur dann durch kurze annehmende Anzüge wirken, wenn das Pferd die in dieser ersten Versammlung gewonnene Beugung der Hinterhand aufgeben und sie auf Kosten der Vorhand wieder entlasten will.

Diese manchmal notwendigen Anzüge nach rückwärts dürfen nur Episoden sein und müssen, sobald ihre Wirkung, ein Leichterwerden der Vorhand bei williger Wiederaufnahme der Last durch die Hinterhand, eingetreten ist, augenblicklich aufhören. Tun sie das nicht und bleiben sie stecken, wird das Pferd unweigerlich durch einen Gangfehler — kürzeres Treten der Hinterbeine — darauf antworten. Ebenso werden diese eilen und kürzer treten, wenn während der oben erwähnten kurzen Anzüge der Schenkel rücksichtslos weiter treibt, da sich das Pferd in dieser Zwangslage durch Verkürzen der Tritte Erleichterung verschaffen wird.

Haben die Anzüge gewirkt, wartet der Schenkel weich angeschmiegt ab, um vereint mit dem Gewicht, das, wenn kein Anlaß zum Treiben vorhanden ist, im Normalsitz mit der Bewegung mitgeht, sofort in Wirksamkeit zu treten, sobald sich die Hinterhand durch Abbleiben dem energischen Untertreten und dem damit verbundenen Strecken und Beugen zu entziehen sucht.

Ebensowenig wie der Zügel stecken bleiben darf, soll der Oberleib, der bei vermehrtem Treiben etwas hinter die Senkrechte kommt, in dieser Stellung verharren, wenn das Pferd gefolgt hat, denn diese dauernde Mehrbelastung würde die freie Rückentätigkeit stören und ein Steifen der überbeanspruchten Hinterhand oder ihr Nachschleppen zur Folge haben, welche Gangfehler sich wieder in zu fester oder unsicherer Anlehnung auswirken würden.

Aber auch ohne daß der Reiter in seiner Hilfengebung Fehler begeht, wird die Erhaltung der Versammlung seine unausgesetzte Aufmerksamkeit erfordern. Bekommt die Hand das Gefühl, daß das Kauen aufgehört hat, das Maul tot ist, so haben Fleiß und Schwung nachgelassen. Aufgabe der Schenkel ist es dann, das Gangwerk wieder frisch und lebhaft zu machen.

Wird das Pferd heftig und eilt, indem es gegen den Zügel geht, muß die mit Unterstützung des Kreuzes elastisch durchhaltende oder nach Bedarf durch kurze Anzüge ein Zuviel zurückweisende Hand Gang und Takt ordnen und die wieder geschmeidig und biegsam untertretenden Hinterbeine veranlassen, den ihnen zufallenden Teil der Last widerstandslos aufzunehmen.

Wie sich die dressurmäßige Versammlung dem Auge darstellt, wurde schon wiederholt beschrieben, am ausführlichsten gelegentlich der Erläuterung der wichtigsten reiterlichen Begriffe.

Sie ist erkenntlich an den ausdrucksvollen, bestimmten und dabei fast unhörbaren Tritten und an der Senkung der Hinterhand, welche die Last auf federnden Hinterbeinen vermehrt aufnimmt, um sie nach vorwärts-aufwärts abzuschwingen. Die dabei in Erscheinung tretende Aufrichtung ist eine Folge der durch erhöhte Hankenbeugung herbeigeführten Entlastung der Vorhand bei gleichzeitiger Dehnung der Rücken- und Halsmuskeln.

Bei dieser wahren Hankenbeugung sinkt der Schwerpunkt von selbst nach rückwärts, so daß der Zweck des Untertretens — das Stützen in Richtung der Schwerlinie — bei geringerer Trittlänge erreicht wird (s. Untertreten).

Wie dem Auge und Gehör des Beschauers gibt sich die Versammlung auch dem Gefühl des Reiters durch untrügliche Anzeichen zu erkennen.

Das geschmeidige Spiel der Rückenmuskeln zieht ihn gleichsam im Rhythmus der Bewegung in den Sattel, so daß Gesäß und Schenkel mühelos haften. Das ganze Pferd ist so am elastisch mitfedernden Kreuz und Bein des Reiters, daß diese nach Belieben die Tritte flacher und raumgreifender, den Rahmen des Halses freier gestalten können.

Zur Losgelassenheit und Durchlässigkeit gesellt sich die Energie des Schwunges, die das Pferd in eine körperliche (Haltung) und seelische (Aufmerksamkeit) Ausführungsbereitschaft versetzt, welche von der romanischen Reitersprache mit dem nicht wörtlich übersetzbaren „légèreté" bezeichnet wird.

Aus diesem Zustand heraus findet jede Aufforderung Tempo, Richtung und Haltung zu wechseln oder die Bewegung zu unterbrechen — zu halten — sofortigen Gehorsam. —

Je nach Körperbau und Anlagen soll die Versammlungsfähigkeit eines jeden Pferdes im Hinblick auf diese Idealform ausgebildet werden, damit es imstande ist, in der Dressurhaltung alle die Versammlung herbeiführenden Elemente in ganz kurzen Übungen in ihrem Höchstmaß zu vereinigen.

Einem Pferd, das einen solchen Grad von gymnastischer Durchbildung in seiner Dressurhaltung erreicht hat, wird es ein Leichtes sein, in der Gebrauchshaltung, die auch in der Bahn die Norm sein soll, bei schwungvollem, raumgreifendem, aus mittätigem Rücken kommendem Treten in freierem und gestreckterem Rahmen sogar bei Dauerleistungen seine erworbene Selbsthaltung zu bewahren und damit seine und seines Reiters Kräfte zu schonen.

Logischerweise muß sich die Versammlung in der Dressurhaltung auf derjenigen in der freieren Gebrauchshaltung, die geringere Anforderungen an Tragfähigkeit und energischen Schwung des Ganges stellt, aufbauen.

Andererseits ist aber im Verlaufe der fortschreitenden Ausbildung übungshalber eine zeitweise Steigerung der *Versammlung in der Gebrauchshaltung* zur *Versammlung in der Dressurhaltung* notwendig, *um jederzeit*, besonders aber bei Dauerleistungen, *das Pferd in jener leichteren Form erhalten zu können, die im praktischen Gebrauch volle Entfaltung seiner Kräfte bei Beherrschung durch den Reiter gewährleistet.*

Im Hinblick auf die Anlagen der Pferde und ihren Körperbau, der sich mehr oder weniger von der Idealform entfernt, werden auch die für jedes einzelne Pferd erreichbare Gebrauchs- und Dressurhaltung relative Begriffe bleiben müssen, da sie für jeden Sonderfall verschiedene Grade der Versammlung bedeuten werden. Die reiterliche Selbsthaltung, die ein „vom Hengst gerittenes" Gleichgewichtspferd im freieren Rahmen seiner Gebrauchshaltung mit Leichtigkeit annehmen wird, kann für ein weniger von der Natur bevorzugtes schon das Höchstmaß der Versammlung in seiner Dressurhaltung bedeuten.

Wenn gewisse *Einzelleistungen* bei großen Distanzritten auch mit am ganz langen Zügel, in ihrer natürlichen Selbsthaltung unter leichtestem Gewicht dahinlaufenden Pferden erzielt wurden, wobei aber die auch *nach* dem Ritt noch vorhandene Leistungsfähigkeit und Gesunderhaltung keine entscheidende Rolle spielten, *so ist für den Gebrauch*, wie wir ihn im Auge haben, *eine wiederholte Dauerleistung nur bei einem bestimmten Dressurgrad*, der eine gewisse Versammlung und somit vermehrte Lastaufnahme durch die Hinterbeine und schwungvolle Rückentätigkeit verbürgt, *möglich*.

Wie wir bei Besprechung der verschiedenen Übungen gesehen haben, muß das Pferd schon eine gewisse Fähigkeit sich zu versammeln, mitbringen, damit diese Übungen ihrerseits dann eine Verbesserung und Erhöhung der Versammlung herbeiführen können. Versuchen wir eine Lektion, ohne das Pferd zu ihrer Ausführung vorbereitend gesammelt zu haben, wird diese immer mangelhaft sein und zudem eine Quelle von Fehlern in Gestalt von Steifungen, Verbiegungen und sonstigen Ausflüchten werden, an die das Pferd sonst gar nicht gedacht hätte.

Hat unser junges Pferd durch Paraden und Rückwärtsrichten die notwendige Geschmeidigkeit der Hankengelenke erlangt, werden wir das Gangmaß des *verkürzten Trabes*, den wir aus dem Arbeitstrab entwickelt haben, ausdrucksvoller und erhabener zu gestalten suchen. Häufige Übergänge aus dem Mitteltrab in ein *abgekürztes Tempo* und umgekehrt werden die Federkraft der Hinterhand erhöhen und durch diesen Wechsel zwischen Streckung in etwas erweitertem Rahmen und Beugung in erhöhter Versammlung die Trag- und Schwungkraft der Hinterhand so gesteigert haben, daß aus dem *verkürzten* der *abgekürzte, versammelte Trab* entstanden ist.

Bei aller Erhabenheit der Tritte muß ihre Frische und Lebhaftigkeit im abgekürzten Trab erhalten bleiben, damit sich keine Fehler einschleichen (s. a. Gespannte Tritte, Zweiter Teil, II. Kapitel 1. I.).

Der versammelte Trab ist nur auf kurze Strecken und stets mit freieren Gängen abwechselnd zu reiten.

Werden die Tritte flach und verlieren sie an Ausdruck, sind Rückentätigkeit und Anlehnung durch gangreinigendes Vorwärts-, d. h. An-den-Zügel-Heranreiten, zunächst in Ordnung zu bringen. Dann wird sich der verlorene Gang von selbst wieder einstellen*).

---

*) Je gerittener ein Pferd ist, desto besser bleibt beim Abkürzen des Tempos der Schwung erhalten. Beim noch rohen Pferd — sei es auch noch so gut veranlagt — erlischt dieser zwangsläufig, da der Hankenbug und die daraus entstehende Elastizität und Schmiegsamkeit noch nicht vorhanden sind.

Legt sich das Pferd im abgekürzten Trab auf die Hand, werden leichte Anzüge, wie sie oben bei Besprechung der Versammlung beschrieben wurden, mit darauffolgendem Anregen der Hinterbeine die Selbsthaltung wieder herstellen.

Sind beim Übergang aus dem Halten oder Schritt zum Trab die ersten Tritte nicht sogleich dem gewollten Gangmaße entsprechend raumgreifende und ausdrucksvolle reine Trabtritte, so ist das Pferd vorher nicht richtig an den Hilfen gestanden.

Außerordentlich fördernd auf die Haltung des Pferdes und die Biegsamkeit der Hinterhand wirkt auch der abgekürzte, versammelte Galopp. Wir entwickeln ihn aus einem Schritt, der dadurch, daß wir ihn während einiger weniger Tritte nach der Parade aus dem Trab, in der Gebrauchshaltung am Zügel in reiner Trittfolge geritten haben, an Bestimmtheit und Ausdruck gewonnen hat.

Die charakteristischen Merkmale des versammelten Galopps und die Paraden aus dieser Gangart wurden schon anläßlich der Galopparbeit besprochen.

Hier sei nochmals betont, daß dasjenige, worauf es bei der Versammlung des Galopps ankommt, nicht die Verkürzung der Sprünge an sich ist. Grundsatz und Leitgedanke bei dieser sammelnden Arbeit muß vor allem die Erhaltung der schwungvollen Frische, der Lebhaftigkeit und Reinheit des Sprunges in der Geraderichtung sein.

Schreitet das Pferd hinten, anstatt zu springen, so entsteht im versammelten Galopp der sogenannte Viertakt, ein Zeichen, daß das Zusammenspiel des Rückens mit der Hinterhand nicht in Ordnung ist. Läßt man das Pferd mit vier Auftritten verkürzt galoppieren, ohne diesen schweren grundsätzlichen Fehler durch sofortiges Losziehen in einem freien Galopp, der es zwingt, wieder in energischem Dreitakt abzufedern, zu korrigieren, kann es für die mittleren Gangmaße gründlich verdorben werden. Matte, schleppende Gänge bei unbelebten Hanken sind Verstöße gegen den Geist der Reiterei!

Springt die Hinterhand schmiegsam unter, und ist der Rücken hergegeben und tätig, wird der Reiter nicht nur in versammelten, sondern auch in den freieren Gangmaßen des Galopps sanft und eben dahingetragen — so als säße er im Auto.

Wippt die Hinterhand beim Abstoßen nach oben, und muß der Reiter infolgedessen bei jedem Galoppsprung mit dem Oberkörper unfreiwillige Verbeugungen machen, bedeutet das eine noch nicht gelöste, sich in ihren großen Gelenken steifende Hinterhand.

Dieser Fehler kann nicht durch vermehrtes „Setzen" in der Verkürzung behoben werden. Das Pferd würde sich gegen den Versuch einer solchen Korrektur durch vermehrtes Steifen und Schiefstellen wehren.

Flüssiges und weiches Ansetzen zum kurzen Galopp aus einem schon bestimmteren Gebrauchsschritt am Zügel mit nach wenigen Sprüngen folgender Parade, ehe die Hanken noch Zeit gefunden haben, sich zu steifen — was sehr bald eintreten wird, wenn die Galoppeinlagen zu lange ausgedehnt werden und das Pferd sich auf die ihm bequemere Art, mit ungebogenen Hanken zu galoppieren einspielt -- wird die Neigung zu diesem Fehler bei zunehmender Biegsamkeit der Hinterhand verschwinden lassen. —

Ist die Selbsthaltung im versammelten Galopp durch häufiges Eingehen in diesen aus dem Schritt gefestigt, kann auch aus dem Mittelgalopp in das abgekürzte Gangmaß übergegangen werden.

Um dieselbe Zeit werden wir unser Pferd auch im Kontergalopp*) im abgekürzten Tempo durch die bis zur Zirkellinie abgerundeten Ecken gehen lassen, wobei wir unsere besondere Aufmerksamkeit auf die Erhaltung der Reinheit und Flüssigkeit der Sprünge und die richtige Verteilung unseres Gewichtes im Sinne eines den Rücken möglichst wenig störenden Mitgehens mit der Bewegung richten müssen.

In den Kontergalopp werden wir am leichtesten übergehen, wenn wir aus der zweiten Ecke der langen Seite eine engere Kehrtwendung reiten, ohne zu wechseln.

Wenn das Pferd einmal weiß, daß es nicht abchangieren soll, muß die anfangs zugestandene leichte Renversstellung in den Ecken fortfallen und das Pferd in sauberer „Stellung" auf einfachem Hufschlag geradegerichtet sein.

Der Kontergalopp wird seinen besonderen Wert durch sorgfältige Schulterführung erhalten, welche die Vorhand immer wieder in Richtung der Wand vor den inneren Hinterfuß richtet. Im Kontergalopp kann das der Wand zugekehrte innere Hinterbein besser beherrscht und überwacht werden als in der entsprechenden einfachen Lektion, was sich naturgemäß auch auf die Tätigkeit des äußeren Hinterfußes und damit auf die Verbesserung der ganzen Haltung günstig auswirken wird.

Macht das Pferd z. B. im Linksgalopp langsamere Sprünge als im Rechtsgalopp, deutet das auf eine nicht gleichmäßige Ausbildung beider Körperhälften hin. Dieser Mangel an seitlicher Durchlässigkeit kann nur in freieren Gangmaßen, die das Pferd erst wieder zum Strecken bringen und dann in den einfachen und Konterlektionen der Seitengänge abgestellt werden.

Verkürzt das Pferd beim Reiten von Figuren, z. B. Volten, von selbst das Tempo, und werden die Sprünge verhalten und bäumend, so ist das ein Zeichen, daß der Schwung nachläßt, weil der Reiter noch nicht imstande ist, in engeren Wendungen die Nachhand tätig und heran zu halten. Da soll man sich lieber nicht darauf einlassen, in der betreffenden, an sich schon erhöhte Anforderungen stellenden Lektion das schwungvolle und elastische Abfedern wiederherstellen zu wollen. Viel besser wird einem das gelingen, wenn man auf einem großen Zirkel energische Übergänge vom Arbeits- zum Mittelgalopp und umgekehrt einschaltet, bis das Pferd im wahren Sinne des Wortes wieder „in Schwung" gekommen ist.

Nach einer solchen Unterredung auf dem Zirkel, bei der bei faulem Temperament und Dickfelligkeit auch der Sporn eine Rolle spielen darf, werden die Hinterbeine ihre Geschmeidigkeit wiedergefunden haben, wovon man sich durch nochmaliges Reiten der Figur, bei der man Schwierigkeiten hatte, überzeugen

*) Das erste Vertrautmachen und Gewöhnen an den Kontergalopp geschieht am besten durch das Reiten ganz flacher einfacher Schlangenlinien ohne Stellungswechsel.

kann. Dann lasse man es aber genug sein, damit das Pferd mit einem angenehmen Eindruck und nachdem es seine verdiente Belohnung erhalten, in den Stall entlassen werden kann.

Hinzugefügt sei noch, daß wir uns bei zunehmender Sicherheit in der Galopparbeit zeitweise von der Wand freimachen und abseits derselben galoppieren, um uns und das Pferd an sorgfältige Geraderichtung — auch ohne den ideellen Halt der Bande — zu gewöhnen.

Es kommt nicht selten vor, daß ein sonst eifriges und gehlustiges Pferd, nachdem es monatelang ziemlich regelmäßige Fortschritte gemacht hat, in seiner Arbeitsfreudigkeit plötzlich nachläßt und matt und triebig wird.

Da muß nach der Ursache geforscht werden, die außer im Haarwechsel und in Überanstrengung vielleicht in einem sich entwickelnden inneren Leiden ihren Grund haben kann. Peinlich genaue Beobachtung, besonders im Stall, und Abwechslung beim Futter wird jedenfalls angezeigt sein. Glaubt man auf Übermüdung schließen zu dürfen, wird Unterbrechung der Bahnarbeit durch zwangloses Bummeln in der freien Natur vielleicht in überraschend kurzer Zeit die Lebensgeister wieder auf höhere Touren bringen, so daß einige lustige Bocksprünge und elastische Tritte uns über den seelischen und körperlichen Barometerstand beruhigen werden. Bleiben aber trotz Herabsetzen der Anforderungen Melancholie und Teilnahmlosigkeit bestehen, wird man sich am besten an einen praktischen Tierarzt, der auch erfahrener Reiter ist, wenden*).

Allerdings gibt es auch Pferde, die aus angeborener Faulheit und Dickfelligkeit nur unter der Drohung des Sporns ihr Bestes hergeben und sich erst dann dazu bequemen, Energie und Hingabe nach vorwärts in ihre Bewegungen hineinzulegen. Einige sind auch durch falsche Kniebelei, die manchmal absichtlich mit der gymnastischen, auf Gesetzen der natürlichen Bewegungsfolge aufgebauten Ausbildungsmethode verwechselt wird und ihr unter urteilslosen Halblaien viele Feinde gemacht hat, gefühllos und schenkeltot geworden.

Solche Pferde haben sich in eine scheinbar gefällige Haltung hineingespielt, sind aber in Wirklichkeit nicht an den Hilfen und zögern und stocken bei jeder Gelegenheit. Diese Art von Pferden, die, körperlich gut entwickelt, das Geforderte wohl leisten könnten, es aber nicht wollen und immer eine Reserve von Spannung und Verhaltenheit mit sich herumtragen, müssen ganz energisch geweckt werden. Man muß das Abc mit ihnen wieder durchnehmen, indem man ihnen das Dogma „Schenkel heißt vorwärts", an dem nicht zu deuteln und zu mäkeln ist, unmißverständlich in Erinnerung ruft. Dabei hat sich folgende Methode bewährt: Hände mit langen Zügeln auf den Widerrist legen, dann ein paar Sporen

*) Eine mikroskopische Untersuchung der Exkremente auf Eier von Würmern bringt oft Aufschlüsse über bisher unerklärliche Depressionen des jungen Pferdes.

Bei allgemeiner Beinmüdigkeit hinwieder (stumpf und unelastisch gewordenem Gang) wird der Erfahrene eine je nach Umständen einige Wochen oder Monate dauernde Rückkehr zur Natur auf Weide oder im Hock — natürlich mit abgenommenen Eisen — verordnen.

Wie für die Entwicklung des Pferdes überhaupt, sind auch hier die Länder mit maritimem Klima im Vorteil. Aber selbst bei uns, im Herzen des Kontinents, läßt sich so ein Aufenthalt im Freien unter regendichter und wälzsicher befestigter Decke bis tief in den Winter hinein ausdehnen. Auch der drohenden Entstehung von Bein- und Hufleiden wird auf Weide am besten vorgebeugt, die Ausbreitung schon beginnender eingedämmt und sogar ein chronisch gewordener, hartnäckiger Fall nachhaltiger gebessert als durch Einreibungen und Arzneikuren.

und starten; vorsichtige Parade, ohne im Rücken und Maul wehe zu tun! Erst nachdem die Lektion des Startens sitzt und immer von neuem bei eintretender Faulheit wiederholt wird, müssen Übungen, bei denen auch der Zügel eine Rolle spielt, daran erinnern, „daß ‚Bein' auch Versammlung bedeuten kann".

Auch manche ältere, gewitzte Schulpferde, die viel mehr können, als sie zeigen wollen, bedürfen ähnlicher zündender Mahnungen, soll sich ein unerfahrener Reiter nicht die Seele aus dem Leib drücken müssen, damit sie sich für ihn bemühen.

Näheres über Temperaments- und Gebäudefehler findet man in dem diesem Gegenstand gewidmeten Abschnitt (Zweiter Teil, II. Kapitel, 7). Ganz allgemein sei nur gesagt, daß es trotz sonst so erfolgreichem Streben der Züchter noch kein Einheitstemperament gibt und damit auch nicht allen Reitern gedient wäre. Sache der Ausbildung ist es, das faule Pferd fleißig, das heftige fauler zu machen, so daß diese beiden Extreme im Gebrauch gängig und bequem werden. —

Bereitet die Haltung im Kontergalopp dem Pferd keine Schwierigkeiten mehr, ist der einfache Galoppwechsel, zu dem der Reiter in den Schritt übergeht, umsitzt, umstellt und je nach Geschicklichkeit des Pferdes nach einigen Schritten zum Galopp auf dem anderen Fuß ansetzt, zu üben. Dieser wichtige Übergang, dessen flüssige, glatte Ausführung Vorbedingung für den ins Gebiet der Höheren Kampagneschule gehörigen fliegenden Galoppwechsel ist, wird auf der von unserem Pferd jetzt erreichten Ausbildungsstufe reibungslos vor sich gehen.

Schon viel früher kann man gehlustigen und günstig gebauten Pferden den fliegenden Galoppwechsel andressieren, sie dazu erziehen. Sie gewöhnen sich schnell an die ihre eine Seite verhaltenden, die andere zum Vortreten einladenden Hilfen und werden bald durch anscheinend ganz einwandfreie Changements ihrem Reiter entgegenkommen. Trotzdem glauben wir behaupten zu dürfen, daß ein Pferd, das zum fliegenden Galoppwechsel erst zu einer Zeit aufgefordert wurde, da es schon bedingungslos durchlässig an den Hilfen stand, die späteren Schwierigkeiten der mehrfachen fliegenden Sprungwechsel hintereinander bedeutend glatter überwinden wird, wie ein „Wunderkind", das sich durch zu früh und darum zwangsläufig nicht präzis verlangte Fußwechsel an Eigenmächtigkeiten und Verbiegungen gewöhnt hat.

Gegen jedes Herkommen, aber mit wohlbegründeter Absicht, haben wir eine eingehendere Besprechung des Schrittes bis jetzt zurückgestellt, weil vorläufig an eine eigentliche Schrittarbeit im Sinne von Versammlung in dieser Gangart noch nicht gedacht werden durfte.

Der freie Schritt mit hingegebenem Zügel wurde vom ersten Tag des Anreitens an geübt; er wurde dann zeitweise (auch durch Aus-der-Hand-kauen-Lassen) zu einem solchen am hingegebenen Zügel*). Blieb die Fußfolge gleichmäßig und raumgreifend, strebten wir später eine vorübergehende geringe Anlehnung an. Diese Anlehnung ergab sich von selbst nach dem Aufhalten aus dem Trabe, wenn das junge Pferd schon durch den Schwung der vorhergehenden erhöhten Gangart und in deren Haltung bei weich angesaugten Schenkeln am Zügel stand. Wir verlangten diese erste Zusammenstellung im Schritt

*) Siehe auch die Tabelle der Grundgangarten und ihrer Abstufungen.

aber nur auf ganz kurze Strecken, um den zwanglosen, regelmäßigen Vortritt nicht zu stören. Wurden die Tritte kürzer und eilig, gaben wir gleich wieder vollkommene Zügelfreiheit.

Mit zunehmender Haltung und Biegsamkeit im Trab und Galopp ergab sich dann nach etwa einjähriger Ausbildung in diesen Schrittreprisen eine etwas bestimmtere Anlehnung mit kürzerem Zügelmaß von selbst, bei der das Pferd mit den Hinterhufen — je nach seiner natürlichen Gangmechanik — mehr oder weniger über die Spuren der Vorderbeine hinaustrat. Es war dies schon der Gebrauchs- oder Mittelschritt, ein freier Schritt an den Hilfen, der sich so aus dem Schritt mit und am hingegebenen Zügel in Form einer freien und ungezwungenen reiterlichen Selbsthaltung entwickelte.

Sind wir bis zur Erreichung dieser ersten reiterlichen Selbsthaltung im Schritt so maßvoll wie beschrieben vorgegangen, werden wir mit Aussicht auf Erfolg daran gehen können, auch diese Gangart durch die nun erst einsetzende eigentliche Schrittarbeit, als letzte nach dem Trab und Galopp, zu versammeln.

Die Versammlung im Schritt herbeizuführen, ist zweifellos eine der allerschwierigsten Aufgaben für den Reiter. Wir sehen darum auch häufig, daß sogenannte „gerittene", selbst in Dressurprüfungen hoch prämierte Pferde in keiner Gangart so viele grundsätzliche Fehler machen als gerade im Schritt.

Ein kurzer Überblick über einige Verstöße, zu denen der Reiter bei der Schrittarbeit hinneigt, wird uns eine Erklärung für die zahlreichen dabei auftretenden Fehler des Pferdes geben.

Alle Reiter, soweit sie sich nicht auf beneidenswerter Höhe von Wissen und Können befinden, haben von Natur aus die Tendenz, beim Zusammenwirken der Hilfen ganz unbewußt der Hand das Primat zuzugestehen, was sich gerade bei der Schrittarbeit am folgenschwersten auswirkt. Mehr noch als in den anderen Gangarten, bei denen Mängel der Führung durch den Schwung teilweise wieder ausgeglichen werden, ist es darum im Schritt notwendig, mit strenger Selbstdisziplin die Hand zu überwachen, damit sich diese der Muskelfügung nicht aufdrängt. Dies um so mehr, als viele, deren Ehrgeiz zu ihrem Können im umgekehrten Verhältnis steht und die nicht imstande sind, sich im Trab und Galopp ihr Pferd von hinten nach vorne an die Hand heranzuformen, solches im Schritt, wo sie in der Hand den geringsten Widerstand finden, versuchen.

Oft wird der versammelte Schritt auch deshalb mangelhaft sein, weil er in zu lange andauernder Zusammenstellung geritten und dem Pferd nicht Gelegenheit gegeben wird, sich zwischendurch im freien Schritt zu strecken und auszuruhen.

Auch der freie Schritt, wird er nun in seiner gestrecktesten Form mit oder am hingegebenen Zügel oder als Mittelschritt geritten, muß immer am treibenden Schenkel und von diesem geregelt sein. Der Grad dieser überwachenden Tätigkeit des Beines hat sich dabei sorgfältig der Eigenart des betreffenden Pferdes anzupassen.

H e f t i g e , n e r v ö s e Pferde, die aus Unruhe kurz, übereilt oder unrein treten, müssen am schmiegsam angesaugten, nach Bedarf schiebenden*) Schenkel die Ruhe und Gelassenheit raumgreifenden, freien Ausschreitens wiederfinden.

F a u l e u n d v e r h a l t e n e Pferde werden am besten durch im Takte des Ganges erfolgendes kurzes, wechselseitiges Klopfen, wobei noch die Gerte — dicht hinter der Schenkellage — im Augenblick der Einwirkung dieser mehr Nachdruck verleihen kann, zu lebhaftem Ausschreiten angeregt.

Man darf es aber beim Anregen zu keinem d a u e r n d e n betonten Heranfallen des wechselseitigen Schenkels oder gar zu einem gleichzeitigen Klopfen b e i d e r Schenkel kommen lassen. Abgesehen davon, daß durch letzteres auch noch der Gang gestört wird, macht jede d a u e r n d e Schenkelhilfe das Pferd stumpf, unempfindlich und schenkeltot. Genügt das Anregen nicht, muß ein kurzer ein- oder mehrmaliger energischer beiderseitiger Druck, verbunden mit Gebrauch der Gerte Achtung vor der vortreibenden Schenkelhilfe verschaffen, so daß in Zukunft ein vermehrtes Anziehen des Kreuzes und die Drohung der infolge gestreckterer Beinlage gespannten Wadenmuskeln genügen wird, die Flüssigkeit des Ganges zu erhalten.

Viel Schuld daran, daß manche Dressurpferde einen eiligen, zerbrochenen und hastigen Schritt gehen, der mit fleißigem Schreiten etwa so viel Gemeinsames hat wie krampfhaftes Knirschen mit richtigem Kauen, trägt auch die Auffassung, daß so wie im Trab und Galopp a u c h i m S c h r i t t d e r T a k t f ü r a l l e G a n g - m a ß e d e r s e l b e z u s e i n h a b e.

So richtig auch dieser Grundsatz als allgemeine Leitlinie bei der Arbeit ist, wird er auf den versammelten Schritt eines durchgerittenen, aus vollkommen geschmeidig gemachten Hanken flüssig schreitenden Pferdes angewendet — so gefährlich kann seine starre Befolgung werden, wenn man schon zu Beginn der versammelnden Schrittarbeit zu viel Fleiß verlangt. Das Pferd würde sich gegen die doppelte Forderung, erhaben u n d s e h r l e b h a f t z u t r e t e n, erfolgreicher als in den anderen Gangarten, wo Schwung und kürzeres Verweilen der Beine am Boden uns zu Hilfe kommen, wehren und Zuflucht in den schon erwähnten hastigen, sich oft zu p a ß a r t i g e r Folge versteifenden Tritten suchen.

Wenn schon so viel und salbungsvoll über eine weiche Hand gesprochen wird, muß hier auch der W e i c h h e i t d e s S c h e n k e l s, die ja sein Normalzustand sein sollte, Erwähnung getan werden. Gerade im versammelten Schritt sollten gröbere, stoßende und unvermittelte Einwirkungen dieser Art vermieden werden. Sie bringen Unordnung ins Gleichmaß der Bewegungsfolge und verursachen damit Steifungen in Hinterhand und Rücken, die das Zusammenspiel von Vor- und Hinterhand unterbrechen, was sich wieder in Zackeln und paßartigen Tritten äußert.

Werden die Bewegungen h a s t i g, so wird eine leichte halbe Parade bei schmiegsam angesaugtem Schenkel — was i n d e r P r a x i s v i e l s c h w e r e r i s t, als es sich niederschreibt — zunächst den reinen Viertakt der Fußfolge her-

*) Um Wiederholungen zu vermeiden, sei hier auf das über die einen kurzen Druck ersetzende schiebende Schenkelhilfe im Abschnitt „Sitz und Hilfen" Gesagte hingewiesen.

stellen müssen. Dann erst darf der schiebende Schenkel allmählich und ohne das Pferd zu überraschen, das ja nur zu bereit ist, sich gegen eine stoßende Einwirkung zu spannen und festzuhalten, ein etwas lebhafteres Treten anstreben.

Bekanntlich ist der Schritt diejenige Gangart, die sich durch Kunst (gymnastische Durchbildung in der Bahn) und Erziehung (Training auf langen Linien und in welligem Gelände, bergauf und bergab) am wenigsten verbessern läßt. Die Fähigkeit zu weitem Raumgriff im freien Schritt und zu erhabenerem Austritt in der Versammlung ist zum großen Teil in der Lagerung der Gelenke begründet und daher angeboren. Sie kann nur bis zu einer gewissen Grenze durch Tätigmachen von Hinterhand und Rücken verbessert werden, um so mehr, als wir im Schritt auf eine die Trab- und Galopparbeit so unendlich fördernde Schwungentfaltung verzichten müssen.

Stellt aber die Natur durch ungünstigen Bau der Entwicklung dieser Gangart keine Hindernisse entgegen, bietet der Schritt eines gerittenen Pferdes die Möglichkeit, eine ganze Stufenfolge von Gangmaßen — vom starken bis zum Schulschritt — zu reiten, die vollauf genügt, die Durchlässigkeit dieses Pferdes zu beweisen, ohne daß es auch nur einen einzigen Trabtritt oder Galoppsprung zu machen braucht. —

Wir dürfen uns nicht einbilden, daß wir durch endloses Reiten des *freien Schrittes mit hingegebenem Zügel* die Gangart jemals über ein gewisses, durch Übung zu erreichendes Maß des Raumgriffs hinaus verbessern und auf diese Weise zur Entwicklung des *starken Schrittes* gelangen können.

Diese zu einer *Höchstform gesteigerte Art des freien Schrittes* ist keineswegs das Ergebnis schnellen Hinlaufenlassens des Pferdes, sondern bedarf seiner ganzen gründlichen sonstigen Durcharbeitung. *Eiliges Treten ist noch lange kein fleißiges Treten* und kein weites Ausschreiten. Letzteres muß aus der Hinterhand kommen und wird sich nur bei durch reiterliche Einwirkung erreichter Lösung von Rücken, Hals und Genick richtig auf die Vorhand auswirken.

Der starke Schritt ist demnach Frucht und Ergebnis vorhergegangener Hankenbeugung, aus der er im wahrsten Sinne des Wortes „herausgeritten" werden muß. *Nie und nimmer aber kann er durch ewiges Tändeln mit weggeworfenem Zügel erreicht werden**). —

Anschließend an das über die Schrittarbeit Gesagte wollen wir noch zusammenfassend feststellen, daß wir uns viele Enttäuschungen ersparen werden, wenn wir weder für den praktischen Gebrauch noch auch für die Spezialausbildung zum Dressurpferd einen von Natur aus schlechten Schrittgänger wählen. Unter den Dressurpferden, die trotz der Belastung durch diese mangel-

---

*) Mit andern Worten ausgedrückt: Wir haben z. B. zwei Pferde, „Kastor" und „Pollux", beide mit annähernd gleicher Gangmechanik und gleichem Nerv, gleichzeitig angeritten.

„Kastor" ließen wir nur in natürlicher Selbsthaltung und ohne den Versuch zu machen, Rückentätigkeit und Gang durch biegende und sammelnde Arbeit zu verbessern, „sich selbst zureiten". „Pollux" aber arbeiteten wir so, wie wir uns die gymnastische Durchbildung des jungen Pferdes vorstellen und wie es in diesem Buche beschrieben ist.

Nach Ablauf einer gewissen Zeit wird „Pollux'" starker Schritt auch im Raumgriff denjenigen „Kastors" — wenn bei diesem Pferd überhaupt von einem starken Schritt die Rede sein kann — um ein Bedeutendes übertreffen.

hafte Grundgangart berühmt geworden sind, gibt es so wenige, daß sie an den Fingern einer Hand aufzuzählen sind. Und dann — diese wenigen, die Regel bestätigenden Ausnahmen wurden von *Meistern* ihres Faches zugeritten!

Weitere Lehren, die aus vorstehenden Betrachtungen zu ziehen sind: Im Schritt womöglich noch mehr Diskretion und Selbstbeschränkung mit der Hand als in den anderen Gangarten! Niemals dabei „formen", die Muskelfügung beeinflussen wollen. Nach monatelanger richtiger Trab- und Galopparbeit wird sich das Pferd auch im Schritt *von selbst* in bestimmterer Anlehnung von rückwärts nach vorne an die Hand heranbilden. Also keine Versammlung versuchen wollen, dafür aber durch *häufiges Nachgeben* und Aus-der-Hand-kauen-Lassen immer wieder prüfen, ob das Pferd bereit ist, sich ans Gebiß heranzudehnen. Zu Beginn der Arbeit im versammelten Schritt und auch später noch diesen immer nur auf *kurze Strecken* reiten. Übereifrigen Pferden keine Gelegenheit geben, sich *vom Schenkel loszumachen*. Bleibt dieser ruhig und weich angeschmiegt liegen, beruhigen sich solche Pferde am schnellsten — sie finden dann ein gelasseneres, klares Gleichmaß des Vierschlages *am* Schenkel, den sie achten, aber nicht fürchten und fliehen sollen*).

Und endlich verlange man *nicht den gleichen lebhaften Takt in der Fußfolge des versammelten Schrittes wie in den freieren Schrittarten*. Steht das Pferd am Zügel, und ist die Trittfolge rein, können wir fürs erste zufrieden sein und es ruhig abwarten, daß mit zunehmender Schmiegsamkeit der Hanken auch die Lebhaftigkeit der Fußsetzung zunimmt. Wollten wir diese auf Kosten der reinen Fußfolge anstreben, würden wir, um einen *vorläufigen Mangel* abzustellen, die Entstehung eines schweren *Grundfehlers* begünstigen.

Zum Schluß noch eine *kurze* zusammenfassende *Charakteristik der Schrittarten*, wie sie sich dem Auge des Beschauers darbieten (s. a. Tabelle).

Der freie Schritt mit ganz hingegebenem, am hingegebenen und später am langen Zügel ist diejenige Schrittform, in der wir das junge Pferd in den ersten 12 Monaten seiner Ausbildung reiten. Die Selbsthaltung darin ist eine natürliche, die Halsfreiheit anfangs eine fast unbegrenzte. Bei regelmäßigem, freiem und lebhaftem Ausschreiten, dem aber immer soviel Gelassenheit innewohnen muß, daß die Trittweiten nicht zugunsten einer übertriebenen Förderung der fleißigen Schritte beschränkt werden, treten die Hinterhufe über die Vorderfußspuren hinaus.

Im Laufe der Arbeit entwickelt sich daraus eine *zweite Form des freien Schrittes, der Mittel- oder Gebrauchsschritt*. In diesem ist die Anlehnung eine bestimmtere geworden, da die treibenden Hilfen das Pferd veranlassen, sich von selbst von rückwärts nach vorne und *ohne*

*) Als ganz allgemeiner Grundsatz für die *Schenkelarbeit* gelte:

Ebenso wie die Hand soll auch der *Schenkel* beim Reiten eines noch unbekannten Pferdes mit den zartesten Andeutungen — die aber eine sichere Bestimmtheit durchaus nicht ausschließen — beginnen. Anfangs immer voraussetzen, daß das Pferd für fein abgestimmte Einwirkungen empfänglich sei; es also in der Sprache der Hilfen wie einen „Herren" anreden und mit ihm Fühlung suchen.

Nachdrücklich und energisch kann man immer noch werden und muß es sogar, bei erwiesener Dickfälligkeit oder bösem Willen.

Zutun der Hand an den Zügeln heranzuformen. Das fleißige aber ruhige Ausschreiten ist entschlossener geworden. Infolge der bereits vorhandenen reiterlichen Selbsthaltung bei etwas gegen die Hinterhand zu verschobenem Schwerpunkt ist nur mehr ein die Vorderhufspuren um ein geringes überschreitendes Vor- und Untertreten der Hinterbeine notwendig. Der ursprünglich nach vorwärts oder vorwärts-abwärts gestreckte Hals dehnt sich bei beginnender Lastaufnahme durch die Hinterhand frei nach vorwärts-aufwärts.

Im Zuge der weiteren Ausbildung baut sich auf dem Mittel- oder Gebrauchsschritt der versammelte Schritt auf.

Entsprechend der erhöhten Hankenbeugung und der sich infolgedessen verengernden Winkel der Hinterhand senkt sich diese; die erleichterte Vorhand aber tritt erhabener, und der Hals hebt sich bei Dehnung nach aufwärts fast senkrecht aus dem Widerrist heraus. Die treibende Einwirkung des Reiters geht ungehindert durch den tätigen Rücken und das losgelassene Genick bis ins kauende Maul durch, wo sie von der weich hingehaltenen Hand in Beizäumung umgesetzt wird. Der nach rückwärts verlegte Schwerpunkt bedarf, um sicher gestützt zu sein, nur mehr eines relativ weiten Untertretens der gebogenen Hinterbeine, so daß deren Hufe hinter den Spuren der Vorderbeine fußen.

Die Anlehnung ist bestimmt, aber weich und federnd. Die Trittfolge muß die des Schrittes bleiben. Bei noch nicht vollkommen durchgerittenen Pferden ist das Augenmerk in erster Linie auf das Gleichmaß der erhabenen Tritte, in zweiter Linie erst auf die Lebhaftigkeit der Bewegungen zu richten, die bei zunehmender Schmiegsamkeit der Hinterhand von selbst den Fleiß und Takt der anderen Schrittarten finden werden.

Das ganze Pferd soll im versammelten Schritt den Eindruck leichter Beweglichkeit und innerer Lebhaftigkeit machen. Die für den Zustand der Versammlung charakteristische körperliche und geistige Ausführungsbereitschaft findet ihre technische Vorbedingung in seiner verkürzten und verengerten Unterstützungsbasis. Dadurch nämlich, daß als Folge der Versammlung Vor- und Hinterhand auf der Längsachse und die dicht aneinander vorbeitretenden Hinterbeine auf der Querachse einander genähert werden, sind Bewegungsfähigkeit und Wendigkeit nach beiden Richtungen hin gesteigert.

Ist dann bei Senkung der Hinterhand und erhabenem Treten des in allen seinen Gelenken gelösten und gebogenen Pferdes dieselbe Lebhaftigkeit des Taktes im reinen Vierschlag erreicht, wie bei den anderen Schrittarten, so ist es schon der Schulschritt. Dabei federn die Hinterbeine energisch ab, der hoch aufgerichtete stete Hals dehnt sich bei senkrechter Beizäumung in bei aller Zartheit sicherer und bestimmter Anlehnung an die Hand heran.

Setzt man in vorstehender Beschreibung statt „Vierschlag" „Zweischlag", so ist damit auch der Schultrab gekennzeichnet.

Wir greifen hier durch Beschreibung dieser beiden erst in einem späteren Kapitel zu besprechenden Gänge der Hohen Schule vor, werden aber dazu veranlaßt, da sich ihre Kennzeichnung zwanglos aus dem Zusammenhang mit allem Vorhergehenden, das ihre organische Entstehung und Entwicklung vorbereitet, von selbst ergibt.

Die dritte Abart des freien Schrittes, der *starke Schritt*, geht aus den beiden anderen schon vorher besprochenen Stufen dieses Schrittes und aus der durch Übung des versammelten Schrittes gesteigerten Beugefähigkeit der Hinterbeine, die auch eine erhöhte *Streckfähigkeit* zur Folge haben muß, hervor.

Das weite Ausschreiten aus durch Biegearbeit gelösten Hanken darf seine Grenzen nur an den Gegebenheiten des Körperbaues und der Regelmäßigkeit und Reinheit der Trittfolge finden, so daß die Hinterhufe weit über die Spuren der Vorderbeine hinaus fußen. Das Pferd muß dabei mit freier, natürlicher Haltung bei nach vorwärts gestrecktem Hals und vorgenommener Nase gleichsam nach der Anlehnung suchen.

Werden Eifer und Fleiß der möglichst viel Boden gewinnenden Schritte zur Übereilung, pendelt der Schweif nicht im Takt des Ganges *gleichmäßig* nach beiden Seiten oder geschieht das Aus-der-Hand-Kauen beim Übergang zum starken Schritt unter Kopfschlagen oder ruckartigem Stoßen nach abwärts, so sind das ebenso wie der gequälte, unzufriedene Ausdruck des Kopfes Anzeichen, daß die vorhergehende Arbeit unter Zwang stand und daher eine mangelhafte war, und daß das Pferd nicht wirklich in allen seinen Muskeln und Gelenken hergegeben und gelöst ist.

4. Die Führung auf Kandare und Fehler, die dabei zu vermeiden sind

„Wirkliche Kandarenreife bei Pferden und Reitern findet sich seltener als man gemeinhin glaubt — sie soll mindestens als ein ehrlich erworbener Gesellenbrief gelten."

A. Zeitpunkt des ersten Aufzäumens — Vorgang bei der Gewöhnung an die Kandarenzäumung

Ist unser Pferd soweit ausgebildet, daß es denjenigen Grad von Versammlung annehmen kann, den ihm sein Körperbau gestattet, wird es keinerlei nachteilige Folgen haben, wenn wir es an die Wirkung des Stangengebisses und die Führung damit gewöhnen.

Bestehen aber keine zwingenden Gründe dazu, das Pferd ständig aufgezäumt zu reiten, wird es sich immer noch empfehlen, es auf Trense nachzuarbeiten, um so mehr, als gerade manche während des Reitens auf Stangenzäumung verstärkt auftretenden Mängel in Haltung und Anlehnung wichtige Fingerzeige darüber geben werden, wo und wie eine solche Nacharbeit einzusetzen hat. Sieht man doch selbst in der Spanischen Hofreitschule wie auch ältere Pferde, außer bei offiziellen Anlässen, immer wieder auf Trense geritten werden.

Eine solche Nacharbeit ist nur — wie noch erläutert werden soll — auf Grund der Wirkung des *gebrochenen* Trensenmundstückes möglich und wird noch dadurch erleichtert, daß der Druck, den die Hand auf das Maul ausübt, von diesem in demselben Maße empfunden wird, der Reiter daher besser imstande ist, seine Einwirkungen zu kontrollieren als bei der die Kraft (Hand) um ein Vielfaches auf die Last (Maul) übertragenden Hebelwirkung der Kandare.

Anfangs wird es jedenfalls vorteilhaft sein, auch beim aufgezäumten Pferd das bisher benutzte dickere Trensenmundstück statt der üblichen dünnen Unterlegtrense beizubehalten.

Ist der Grad der erreichten gymnastischen Durchbildung ein sehr hoher, so daß Durchlässigkeit und Schwung eine vollendete Versammlungsfähigkeit verbürgen, wird uns allerdings die Führung auf Kandare — besonders bei losgelassener Trense — in die Lage versetzen, unsere Zügelhilfen noch zu verfeinern und eine federnde elastische Verbindung zwischen Hand und Pferdemaul herzustellen, wie sie eben nur infolge der hebelartigen Eigenschaften der Stange möglich ist.

Die Gewöhnung des jungen Pferdes an das ihm unbekannte Stangengebiß wird sich vorwiegend in den Gebrauchsgängen auf langen Linien im Freien und bei anfangs ganz außer Wirkung gesetzter Kandare vollziehen müssen.

In diesen lebhaften, raumgreifenden Gangmaßen werden wir das Pferd zum Strecken bringen und es dabei allmählich ganz unvermerkt und in aller Unbefangenheit auf die Stange — die noch keine oder eine sehr lang eingehakte Kinnkette trägt — treffen lassen.

Nach einigen zwanglosen Ritten ins Freie, nachdem durch schwungvolles Treten an die passive Hand das Loslassen erreicht wurde, wird die Kinnkette so eingelegt, wie es eine richtige Hebelwirkung erfordert, und in der Bahn einige Wochen der ganze Ausbildungsgang, wie er, vom Stadium des Loslassens angefangen, beschrieben wurde und in der entsprechenden freien Haltung wiederholt. Sammelnde Einwirkungen erfolgen erst, wenn das junge Pferd vertrauensvoll die ungewohnte Zäumung angenommen hat und sicher am Zaum steht. Bei einem solchen sachgemäßen Vorgehen werden alle später beschriebenen Fehler, die nur entstehen, weil das Pferd noch nicht kandarenreif war oder da es sich gegen den Zwang und Schmerz, den ihm die neue scharfe Zäumung verursachte, durch Zusammenrollen, Verhalten oder Gegenstemmen wehrte, vermieden werden.

Wurde durch übereiltes Verfahren bei der Gewöhnung an die Stange das Pferd vom Gebiß abgeschreckt, wird es langer und geduldiger Arbeit bedürfen, die begangenen Fehler wieder gutzumachen und das Vorwärtsgehen, d. h. ein herzhaftes Nachtreten und losgelassenes Herangehen ans Gebiß, von neuem zu erreichen. Wie bei der ganzen Ausbildung führt auch hier der scheinbar kürzeste Weg nicht am raschesten zum Ziel. —

Wir glauben, das Wesen der Kandarenzäumung und ihre Wirkung am besten nahebringen zu können, wenn wir nach einem kurzen historischen Überblick über die Entwicklung und Anwendung des Stangengebisses einige Fehler betrachten, wie man sie alltäglich beim Gebrauch dieser Zäumung beobachten kann. Durch Erörterung dieser Mißgriffe und ihrer Folgen auf Gang und Haltung, werden wir zwanglos auf den Weg geführt werden, den wir bei der Ausbildung unseres Pferdes einschlagen müssen, um nicht in ähnliche Verlegenheiten zu geraten.

B. Einiges über die Entwicklung hebelartig wirkender Gebisse vom Altertum bis zur Gegenwart

Ausgrabungen auf dem Gebiete des damaligen Pannonien, Norikum und Gallien (département Aisne) haben nebst Münzen des oströmischen Reiches auch kandarenartige Gebisse zu Tage gefördert und somit den Beweis erbracht, daß solche zu Ende des Altertums bereits im Gebrauch waren.

Ob schon die Pferde der Panzerreiter Julians, die bei Straßburg 357 den Allemannen weichen mußten, damit gezäumt waren, ist fraglich; nichts aber steht der Vermutung im Wege, daß der Gotenkönig Totila sich einer Kandare bediente, als er bei Taginä 552 zwischen den beiden zur Schlacht aufmarschierten Heeren sein Streitroß „in den zierlichsten Wendungen des Waffenspiels tummelnd", mit seiner Gewandtheit und Reitkunst den oströmischen Historienschreiber Prokopius zu heller Begeisterung hinriß.

Die schon unter den Goten beliebten Zweikämpfe zu Pferde entwickelten sich zum Turnierwesen*) des Rittertums, dieses wieder zu den höfischen Festen und Aufzügen der Renaissance mit ihrem Karakolieren. Eine möglichst sichere Beherrschung mittelst wirksamer Gebisse der oft gewaltigen und, soweit sie nicht spanisch-orientalisches Blut führten, recht unwendsamen Pferde, war da Bedingung.

So zählt der neapolitanische Edle Federigo Griso, zeitlich einer der ersten unter den alten Meistern, in seinen um die Mitte des 16. Jahrhunderts erschienenen „Reitregeln" nicht weniger als 50 kandarenartig geformte Gebisse auf, mit deren langen Unterbäumen**) und phantastisch gewalzten und gereifelten Mundstücken — allerdings fast alle pelhamartig gebrochen — nur die Hoffnung versöhnt, daß die Schüler seiner Reitakademie „die Zügel in der linken Hand mit V e r n u n f t führten", wie es der Meister verlangte.

Daß sich die Gefahr der reinen Kandarenzäumung bis zur Zeit des schon teilweise auf einfacher und Unterlegtrense arbeitenden la Guérinière († 1751) nicht weiter auswirkte, verdanken die alten Meister ihrer Anwendung des Kappzaumes bei der Dressur, der bei seinem Aufliegen auf dem Nasenbein des Oberkiefers mit Zuhilfenahme des Schwunges die Genickmuskeln unmittelbar beeinflußte und so ein Steifen der Halsmuskeln unmöglich machte. Letzteres kann ja immer wieder eintreten, wenn beim Aufliegen des Mundstückes auf Teilen des Unterkiefers, dieser, der Gebißwirkung falsch nachgebend, ausweicht.

Louis Seeger, um die Mitte des vorigen Jahrhunderts mit Weyrother, Seidler, Oeynhausen und Steinbrecht die Spitzengruppe der „neueren Meister" bildend, hat dann durch Erfindung der heute allgemein angewendeten hannoverschen Reithalfter dem edleren, empfindlicheren Pferdematerial seiner Zeit Rechnung getra-

---

*) „Turnier" kommt vom althochdeutschen „turnon", herumwerfen, sich tummeln, woraus später „torner" und „turnieren", sich nach Art der Krieger in deren Waffen üben (Ringelstechen mit der Lanze), wurde.

Das teutsche „turnon" ist aus dem lateinischen „tirone", junge Soldaten (die sich beim Waffengebrauch tummeln), entstanden. — (Aus Franc. Florinus „Christlicher Hauss-Vatter", Nürnberg 1750.)

**) Nach dem Gesetze vom „Wege des Angriffspunktes der Kraft zur Last" (Zügelringe der Anzüge — Auflage des Mundstückes im Maul) sind l a n g e Anzüge in ihrer Wirkung l a n g s a m e r wie die kürzeren, a l l m ä h l i c h w a c h s e n d und nie plötzlich, und erfüllen somit selbsttätig eine an j e d e A r t v o n H i l f e n z u s t e l l e n d e F o r d e r u n g:

Diese Erkenntnis, sowie der Umstand, daß die Alten, wie gleich erwähnt werden soll, ihre Pferde vorher gründlich mit dem Kappzaum arbeiteten, lassen ihr Reiten auf Ritter- und Museumskandaren in wesentlich milderem Lichte erscheinen.

gen, und mit einem Schlage zwei Nägel auf den Kopf getroffen, indem er Wirkung auf Ober- und Unterkiefer in einer denkbar einfachen und leichten Vorrichtung vereinigte.

Die jetzt allgemein gebräuchliche Kandare entspricht in ihren wesentlichen Ausmaßen den in den Reitvorschriften beschriebenen.

Es gibt eine Vielfalt von Stangengebissen, die größtenteils als „faule Knechte" erfunden worden sind, entweder zu dem Zweck, noch nicht kandarenreifen Reitern ein Durchlügen auf voll gezäumten Pferden zu ermöglichen, oder bei noch nicht kandarenreifen Pferden den Anschein einer tatsächlich nicht erreichten Ausbildungsstufe vorzutäuschen. Die Leitidee, die der Konstruktion dieser Gebisse zugrunde liegt, ist immer ein Lösen des Maules allein, was nur zu falscher Nachgiebigkeit führt. Vom Standpunkt des gewissenhaften Reiters gesehen, der die Rittigkeit seines Pferdes fördern will, bieten diese Instrumente somit keine sichere Gewähr, reelle Fortschritte zu erzielen. Er wird es vorziehen, auf Trense die Lösung von rückwärts nach vorne über Hinterhand, Rücken und Genick zu erreichen, und mit Zuhilfenahme des Schwunges sein Pferd in eine erworbene, reiterliche Selbsthaltung zu formen, die es für die von der Trense abweichende Hebelwirkung der Kandare reif macht.

C. Nicht kandarenreife Pferde

Würden sich alle, die ihr Pferd zu früh mit einer Kandare beglücken, die kleine Mühe nehmen, und etwas über den Bau des Pferdes und eine vom Gebiß ausgehende Hebelwirkung auf sein Knochengerüst im allgemeinen und seine Hankengelenke (Hüft -und Kniegelenk) im besonderen nachdenken, gäbe es weniger Meinungsverschiedenheiten zwischen Pferd und Reiter und daraus resultierende rote Köpfe der letzteren.

So verfeinernd und vervollkommnend auch das Gehen des Pferdes durch die Führung auf Kandare (infolge ihrer bestimmteren und steteren Wirkung auf den Unterkiefer) beeinflußt wird, wenn dieses durch vorhergehende Trensenarbeit darauf vorbereitet war, ebenso deutlich, viel deutlicher als auf Trense, treten Fehler in Gang und Anlehnung zu Tage, wenn man versucht hat, es zu früh aufzuzäumen. Warum?

Bekanntlich wirkt die Stange als Hebel, der die Last (das geradegerichtete im erworbenen Gleichgewicht befindliche Pferd), vom Angriffspunkt seiner Kraft (den Zügelringen der Anzüge) aus über Genick, Wirbelreihe, Kreuzbein, Hanken und Sprunggelenke bis zu den Fesselgelenken beherrschen soll.

Ein reines Fortpflanzen der Kraft bis zu den Hufspitzen der Hinterbeine, also die ungehemmte Hebelwirkung, kann aber nur dann erfolgen, wenn Durchlässigkeit vorhanden, d. h. die Leitung nicht unterbrochen ist, somit die Kraft nirgends, weder nach vor-, auf-, ab- oder seitwärts entweichen, noch irgendwo stecken bleiben kann.

Damit erstere Bedingung erfüllt sei, muß das Pferd an den Zügel herangestreckt und geradegerichtet, also seine Wirbelsäule der geraden oder gebogenen Linie, die es eben betritt, angepaßt und es überdies jederzeit bereit sein, den erforderlichen zusätzlichen Grad reiner Längsbiegung, der zur Versammlung und Galopparbeit sowie den Seitengängen notwendig ist, anzunehmen.

Der zweiten Bedingung wird entsprochen, wenn durch vorhergehende Trensenarbeit bereits ein reiterliches Gleichgewicht geschaffen ist, welches dem Pferde eine solche Haltung gegeben hat, daß der Anzug, die Kraft des Hebels, nicht in der Kreuzgegend stecken bleibt, sondern auf die durch Biegearbeit trag- und beugefähig gewordenen Hanken, die, vor die Senkrechte Hüftgelenk—Huf gegen den Schwerpunkt tretend, nicht widerstreben können, übergeht und so alle Gelenke der Hinterhand belasten kann.

Treffen vorstehende zwei Voraussetzungen zu, die nur bei entschlossenem, schwungvollem Vorwärtsgehen in steter Anlehnung und sicherem Gehorsam gegeben sind, ist das Pferd kandarenreif.

Nicht kandarenreif aber ist es, wenn es sich durch aktives oder passives Widerstreben der Hebelwirkung widersetzt.

Der Grund dieses Widerstrebens, wenn wir von Schmerzgefühl, verursacht durch unpassende, falsch aufgelegte Kandaren*) und Kinnketten sowie allgemein schlechten Sitz und Führung des Reiters absehen, liegt aber dann allemal in mangelnder Vorbereitung.

Äußern wird sich dieses Widerstreben durch Ausweichen, Steifen oder Verbiegen in Unterkiefer, Hals und Rücken, verursacht durch unreine, steife oder schleppende Folge der Hinterhand, die immer die Hauptstütze des Widerstandes der übrigen Körperteile ist.

Ist das Pferd also keines von den ganz, ganz seltenen Exemplaren, die vollendeten Gliederbau und ideale Harmonie zwischen Körpergewicht und Muskelkräften mit einer Seele vereinen, die nichts Besseres wünscht, als den Anforderungen des Reiters, sobald sie diese begriffen, mit freudiger Gehlust entgegenzukommen**), werden wir gut tun, die Kandare erst nach zweijähriger Ausbildungszeit oder noch später aufzulegen, vorausgesetzt, daß diese mit 4½ Jahren begonnen hat.

Hält man sich nicht an diese goldene Regel und sind die Zügel nicht in der Hand eines wahren Meisters, sondern nur eines solchen, der sich selbst dazu ernannt hat, wird durch verfrühten Gebrauch der Kandare wohl nur das Gegenteil von dem erreicht, was man bezweckte.

---

*) Ist das Stangenmundstück mit seinen Ballen und der Freiheit nicht sorgfältig der Form der Zunge und ihres Kanals angepaßt, wird sich diese dem unregelmäßigen und überstarken Druck zu entziehen suchen. Das Pferd wird sie entweder hochziehen, über das Gebiß oder seitlich heraushängen lassen. Übrigens auch ein Beweis, daß die Zunge, besonders wenn sie groß und fleischig, der empfindlichste Teil des Maules ist, jedenfalls empfindlicher, als die vom Rand der Unterlippe bedeckten Laden, auf denen das Pferd durch Ausweichen mit der Zunge die Ballen des Gebisses allein aufliegen läßt.

Ist das Zungenstrecken nicht angeboren, werden eine Revision des Gebisses und ein Nasenriemen, der so viel Spielraum gewährt, daß die Zunge immer wieder ohne Schwierigkeit in ihre normale Lage zurückfinden kann, diese Untugend allmählich sich verlieren lassen. Vorbedingung dazu ist aber ein lebendiger Schenkel bei leichter Führung, Herandehnen und Abkauenlassen, wobei beim Abstoßen am Gebiß die Zunge auf ihren Platz kommen wird.

Eingefleischte Zungenstrecker werden jedoch auch unter guten Reitern und trotz einer Unzahl „unfehlbarer" Mittel und Vorrichtungen immer unsichere Kantonisten bleiben und bei oft nicht zu vermeidenden kräftigeren Hilfen, mit besonderer Vorliebe aber bei Dressurprüfungen, Publikum und Richtern eine in allen Skalen der Farbenlehre leuchtende Zunge herausstrecken.

**) Dieses Sichanbieten in freudigem Gehorsam ist diejenige innere Eigenschaft, die dem wahren Schulpferd erst seine Vollendung, seine „Aura", gibt.

So manches berühmte Dressurpferd ist, mit den Augen des Kathederhippologen betrachtet, durchaus kein Vorbild.

Das vom Züchter zu erstrebende Ideal ist, ein Pferd zu schaffen von so vollkommener Gesundheit und Harmonie zwischen äußerem und innerem Leben, daß alle Kräfte frei bleiben für Wollen und Wirken im Dienste des Menschen.

Es besteht dann die Gefahr, daß der Gang, der ja durch die Dressur räumiger, ausdrucksvoller und veredelter werden soll, verloren geht. Die Anlehnung wird unsicher, unstet und wechselt zwischen Auf-, Über- und Hinter-dem-Zügel-sein, denn das Pferd wird nicht mehr willig durchs Genick an die Hand herantreten.

Tut es letzteres nicht, ist aber auch die Beherrschung der Hinterhand und damit der Gehorsam in Frage gestellt.

Die durch Trensenarbeit schon erreichte reiterliche Selbsthaltung wird immer mehr verloren gehen, denn sobald die Hinterfüße nicht mehr geschmeidig und fließend in Richtung der Schwerlinie vortreten, sondern sich gegen die Hebelwirkung stemmen und hinten wegbleiben oder schwunglos nachschleppen, wird der mangelhaft unterstützten Vorhand vermehrtes Gewicht zugeschoben und behindert den freien Austritt im reiterlichen Gleichgewicht, an dessen Stelle ein gebundenes, fallendes und ausdrucksloses Laufen auf der Schulter tritt.

D. Nicht kandarenreife Reiter

Die ersten sonnigen Frühlingstage locken zu Ritten ins Freie. Oft sieht man da auf Reit- und Feldwegen in der Umgebung größerer Städte Gruppen junger Reiter und Reiterinnen unter Führung des Lehrers ihre ersten Ausflüge ins Gelände unternehmen. Dieser an sich so erfreuliche Anblick verliert etwas von seinem Reiz, wenn man darunter einzelne bemerkt, die ihr würdiges, abgeklärtes Verleihpferd auf Kandare, womöglich mit Führung 2 : 2 — welch lieblicher Ausdruck — reiten.

Diese Herrschaften sind meist nicht kandarenreif.

Vorbedingung, um mit dem Erlernen der Führung auf Stange (ungebrochenes Mundstück, daher Stange) zu beginnen, ist ein schmiegsamer, unabhängiger und weicher Balancesitz und die Fähigkeit, im richtigen Augenblick nicht nur die Hilfen geben, sondern auch damit durchkommen zu können.

Ist als Folge des guten Sitzes die Reiterhand weich und stet, eine richtige „Glaswasserfaust“, die im Ellbogen- und Schultergelenk alle durch die Bewegung vermittelten Erschütterungen federnd abfängt, mag der Moment gekommen sein, wo man in Gottes Namen mit dem Reiten auf Kandare beginnen kann.

E. Theoretisch gewußt — heißt noch lange nicht, reiterlich gekonnt

Es versteht sich von selbst, daß uns zunächst Wesen, Wirkungsart und Aufgaben der Kandare, die sich von denen der Trense von Grund aus unterscheiden, vollkommen klar sein müssen. Anpassen und Lage der verschiedenen Teile des Stangengebisses, die unendliche Verschiedenheit der Größenverhältnisse von Laden, Zungenkanal, Kinnkettengrube, Maulwinkel usw. an sich und in ihrem Verhältnis zueinander, sollen uns bekannt sein, und wir müssen wissen, daß das Pferd bei einem Anzug mit der Stange auf Unterkiefer und Zunge, die ja in direkter Verbindung mit dem gesamten Nerven- und Muskelsystem stehen, ein Vielfaches von dem verspürt, was die Hand hineinlegt. Diesen grundlegenden Unterschied von der milderen Wirkungsart der Trense, bei welcher das Verhältnis von Kraft zur Last gleich war, sollte man sich bei den Zügelhilfen immer vor Augen halten.

Der zweite grundlegende Unterschied ergibt sich aus der Tatsache, daß das Kandarenmundstück ungebrochen ist und durch den Gegenhalt der Kinnkette fixiert, auf beide Seiten des Unterkiefers gleichzeitig wirkt — wenn auch, falls erforderlich, auf die eine etwas kräftiger als auf die andere — und auf diese Weise die Gelenke beider Hinterbeine biegt.

Vorteilhaft wird es auch sein, wenn sich die Gelegenheit dazu ergibt, einen Meisterreiter zu beobachten, um zu sehen, wie die Anlehnung auf Kandare beschaffen sein soll. Am Federn der Stange soll erkennbar sein, daß ihre Zügel durch gelöstes und dabei schwung- und vertrauensvolles Herantreten leicht anstehen.

Das Wissen allein aber ist nur die Vorbereitung, um sich bewußt das praktische Können anzueignen, was erst geschehen wird, wenn wir selbst auf durchgerittenem Pferde im Sattel sitzend, die richtige Kandarenanlehnung bei vorschriftsmäßig eingelegtem Gebiß fühlen lernen, denn theoretisch gewußt, heißt noch lange nicht reiterlich gekonnt und empfunden.

Es werden sich dabei immer Momente ergeben, wo das Pferd versuchen wird, sich der Geraderichtung zu entziehen und durch Verbiegungen den einen Kandarenzügel außer Wirkung zu setzen. Das ist die beste Gelegenheit, um unter richtiger Anleitung praktisch fühlen zu lernen, daß die gleichmäßige Anlehnung nur durch den entsprechenden Zügel der Unterlegtrense wieder hergestellt werden kann, da ja die Stange mit ihrem ungebrochenen Mundstück keine rein einseitige Wirkung zuläßt.

So wichtig es auch ist, daß jedes Pferd die ihm passende Kandare hat, und diese so eingelegt ist, daß sie richtig wirkt, so sei zum Schluß doch nochmals darauf hingewiesen, daß ein tadelloses Führen auf Stange weniger von deren Form als vielmehr von der Richtung des Skeletts abhängig ist, die das Pferd zu ihrer Annahme vorbereitet.

In diesem Sinne ist auch der alte Spruch zu verstehen, der da sagt: „Dem gefühlsgerechten (gefühlvollen) Reitersmann geht sein Pferd mit einem Hausschlüssel im Maul um Mitternacht besser, wie einem Stümper ein noch so richtig gezäumtes bei hellichtem Tage."

5. Ausbildung im Gelände und über Hindernisse durch Gymnastik, Erziehung und Gewöhnung

„Laßt mich nur auf meinem Sattel gelten,
Bleibt in euren Hütten, euren Zelten,
Und ich reite froh in alle Ferne,
Über meiner Mütze nur die Sterne." Goethe

„Im Geländereiten findet die Einheit von Natur,
Tier und Mensch ihre schönste Verwirklichung."

A. Vorteile des Geländereitens

Die Ausbildung des jungen Pferdes in der Niederen Kampagneschule verfolgt den Zweck, dieses für einen vielseitigen Gebrauch geeignet zu machen. Die meisten Pferde werden die mit den Mitteln dieser Gebrauchsschule erreichte Stufe ihres Könnens, die nur einen solchen Grad von Versammlungsfähigkeit erfordert, daß der Reiter die Hinterbeine so weit zu beherrschen imstande ist, um schwungvolles Gehen bei mittätigem Rücken und Wendungen um die Hinterhand — alles bei zeitweiser Führung mit nur einer Hand — zu erzielen, nicht überschreiten.

Haben wir durch die in den vorhergehenden Abschnitten beschriebenen Übungen, die wir in einem den Anlagen des Pferdes entsprechenden und daher mehr oder minder hohen Maße von Vollkommenheit anwendeten, dieses Ziel erreicht, so können wir dann in einzelnen Fällen auf dieser, einer Mittelschule vergleichbaren Grundlage weiterbauend, überdurchschnittliche Fähigkeiten, die das Pferd im Laufe der grundlegenden Ausbildung vielleicht verraten hat, mittels einer Spezialausbildung zur Entwicklung bringen, um daraus ein Dressur- oder Springpferd zu machen. —

In die Ausbildung für alle Zwecke, wie wir sie bisher verfolgt haben, wurde das Geländereiten und Springen mit dem größten Nutzen eingeschaltet.

Der natürliche Dressurvorgang in der geschlossenen Bahn wurde daher, vom Zeitpunkt des zwanglosen Gehens angefangen, durch regelmäßige Ritte ins Freie, die wir mit Übungen über Bodenricks und später über Hindernisse verbanden, ergänzt.

Der wohldurchdachte Wechsel zwischen Bahn- und Geländearbeit ist in hohem Maße geeignet, diese beiden Ausbildungsarten sich gegenseitig vervollständigen und beleben zu lassen. Kurze Hinweise auf die durch Ritte im Gelände zu erreichenden Vorteile sollen dies vor Augen führen.

Einerseits werden durch Geländeritte und die dabei beim Überwinden von Unebenheiten vom Pferd aus sich selbst heraus zu vollziehenden Schwerpunktsveränderungen Biegsamkeit der Hinterhand und Rückentätigkeit gefördert, und so die Bahnarbeit auf eine dem Pferde selbstverständliche und zwanglose Art ergänzt, andererseits gewinnt dieses gleich von allem Anfang an durch unbefangenes Bummeln im Freien, das an die glückliche Weidezeit erinnern soll, rascher Vertrauen und Kontakt zu seinem Reiter. Seelische Verkrampfungen, die ein körperliches Festhalten zur Folge haben, lösen sich schneller auf stundenlangen gemütlichen Ritten durch Wald und Heide, und Gang sowie Anlehnung, die bei ständigem Reiten auf eng umrissenem Viereck auch ohne Schuld des Reiters matt und unbestimmt werden können, bekommen draußen auf ständig wechselnden Wegen aus sich selbst heraus Schwung und Sicherheit. Die Gefahr, durch anhaltendes Treibenmüssen das Pferd stumpf zu machen, fällt im Freien, wo der Gehtrieb stärker ist, weg.

Das Reiten mit viel Halsfreiheit bei oft ganz hingegebenem Zügel — wozu man auch bei temperamentvollen Pferden bald gelangen wird — hält die Selbständigkeit und Aufmerksamkeit wach und legt damit den Grund zu unentbehrlichen Eigenschaften des Jagd- und Springpferdes.

Durch diese Ritte, die man sich und seinem jungen Pferde je nach Verhältnissen, besser zwei- bis dreimal, als nur einmal wöchentlich, gönnen soll, wird ferner erreicht, daß das Pferd nie die V e r b u n d e n h e i t m i t d e m G e l ä n d e verliert und „terrainfremd" wird, was seinem späteren Gebrauch zu den verschiedensten Zwecken zugute kommen und keine nachträgliche „Gewöhnung" notwendig machen wird.

Teilt man sich diese Ausflüge — anfangs womöglich in Gesellschaft eines ruhigen älteren Pferdes — so ein, daß man erst auf dem Rückwege Autos, Straßenwalzen, Eisenbahn und ähnlichen Schrecknissen begegnet, wird sich unser junges, nun etwas ermüdetes und nicht mehr bummelwitziges Pferd bald auch daran gewöhnt haben. Die ersten Male beobachte man auch die Vorsicht, den Schulmeister links vorausgehen zu lassen. Sieht man sich aber zufällig einem Auto oder dergleichen allein gegenüber, so gebe man ohne Nervosität, aber recht deutlich, die Hilfen zu ausgiebigem Ausweichen, weil dann das Pferd sofort merkt, daß man es nicht in den furchterregenden Gegenstand hineinsteuern will. Sonst würde es sich schon vorher zum Widerstand dagegen rüsten, indem es sich krampfhaft spannt, und aus so einer Spannung kommt es leichter zu einer Explosion, wie aus vertrauensvoller Zwanglosigkeit.

Hier ist auch ein weites Feld für beruhigende Betätigung von Stimme und Hand.

Es gibt Pferde, die sich die Spreu der donnernden Dreschmaschine unerschütterlich um die Nüstern wehen lassen, die aber das Rasseln eines von rückwärts kommenden Kälberwagens vor Angst den Kopf verlieren läßt und zur Verzweiflung bringt. Pferde, die solchen Angstzuständen unterworfen sind, sind am besten zunächst auf weniger belebten Wegen so zu reiten, daß man die Möglichkeit hat, beim Nachrattern eines Gefährts umzukehren, um den furchterregenden Gegenstand auf sich zukommen zu lassen. Beim Begegnen selbst, bringe man es konsequent zum Halten und reiche mit sich auch im Tonfall jedesmal gleichbleibenden Worten vom Sattel aus Leckerbissen. Ist die Ideenverbindung: Räderrasseln — Brot einmal fest verankert, wird später auch bei von seit- und rückwärts kommendem Lärm das Lustgefühl gegen das durch das Rasseln verursachte Unlustgefühl die Oberhand behalten, so daß man schließlich seine liebe Not haben wird, sein Pferd dort am Stehenbleiben zu verhindern, wo es früher Versuche zum Durchgehen machte.

Schon zu Beginn dieser Gewöhnungsarbeit im Stillhalten müssen wir bestrebt sein, das Pferd in möglichst freier ungezwungener Haltung bei möglichst langem Zügel, so wie nach dem Aufsitzen, dastehen zu lassen. Auch Verkrampfungen seelischer Art lösen sich viel leichter und schneller, wenn das Pferd nicht das Gefühl des Festgehaltenseins hat. —

Gerade bei sich im Freien von selbst ergebenden Temperaments- und Charakterproben lernt man diejenigen Eigenschaften seines Pferdes kennen, die oft im gewohnten Kreislauf der Bahnarbeit nicht zum Ausdruck kommen. Wir erwähnen da nur Neigung zum Scheuen, Kleben, Umkehren u. ä. Ist man manchmal der Meinung, sein Pferd schon unbedingt zu beherrschen, kann man bei solchen Gelegenheiten oft unangenehme Überraschungen erleben.

Besser wie auf dem ebenen Boden des Vierecks wird uns über unebenem Gelände die Notwendigkeit klar, mit dem jungen Pferde kein neues Gleichgewicht zu suchen, sondern sich durch Mitgehen dem von ihm als zweckentsprechend gewählten anzupassen. Diesen oft unvermittelten, von der wechselnden Bodengestaltung dem Pferde diktierten Schwerpunktsveränderungen müssen wir durch besonders schmiegsamen Sitz Rechnung tragen. Die Rückentätigkeit soll durch einen entlastenden, aus elastischem Hüft- und Kniegelenk abfedernden Oberkörper bei vermehrt auf die Innenseite der Oberschenkel verlagertem Gewicht*) und unverrückbar tief liegendem Knie erleichtert werden. Das bei vorgeschobenen Hüften federnd gespannte Kreuz muß jederzeit einsatzbereit sein, ebenso wie die auch beim Bergan- und Bergabreiten knapp hinter dem Gurt bei tiefem Absatz anliegenden Schenkel. Die Hand muß nach Bedarf dem Halse, der bei freier Haltung die Rolle einer Balancierstange übernimmt und der wichtigste Regulator des Gleichgewichtes ist, aus beiden Armgelenken in Richtung des Maules nachgebend, volle Bewegungsfreiheit gestatten**). Hals und Kopf, die so die

---

*) Das Gesäß so am Sattel, als stünde ein zwei Millimeter langer Nagel daraus hervor, oder als sei die rückwärtige Hälfte der Sitzfläche des Sattels abgeschnitten. Das Mitgehen des Oberleibes darf also nicht durch Herausheben des Gesäßes aus dem Sattel erreicht werden, da dann im Gelände der bei unvorhergesehenen Bewegungen notwendige und die Balance ergänzende Schluß verloren ginge.

**) Das richtige Mitgehen von Sitz und Führung, oder, wenn man es so nennen will, die Harmonie, die Balance, wodurch dem Pferde erst die Möglichkeit gegeben wird, Gang und Ausdauer voll zu entfalten, indem es das Höchstmaß der Leistung mit dem Mindestmaß an Kraftverbrauch verbindet, kann nur dann vorhanden sein, wenn sich der Reiter dem Rhythmus jeder, auch der geringsten Bewegung, anpaßt.

Dieser Rhythmus ist schon vom ersten Tage der Ausbildung an und auf jeder Ausbildungsstufe da. Er kommt, in welcher Form immer das Pferd gehen mag, der betreffenden Bewegungsart gemäß mehr oder weniger fühlbar zum Ausdruck. Besonders Renn- und Springreiter fördern den zu einer guten Ausführung ihrer Leistung nötigen Rhythmus durch den entsprechenden Sitz. Bei ihrem am und zeitweise über dem Sattel befindlichen Gesäß, macht es nicht so viel aus, wenn sie mit passiven Armen und Händen im Zügel hängen. Verlangt die Bewegung des Pferdes einen gesteigerten, fühlbareren Rhythmus, so wippt bei nicht durchgerittenen Pferden auch das Gesäß in verstärktem Maße hoch, und der Reiter ist gar nicht imstande, ihn mit den unbewußt aushaltenden Händen „erfolgreich" zu stören, denn die Arme wippen unsichtbar mit.

Während diese größte Kunst des Reiters, dem Rhythmus der Pferdebewegung stets zu folgen, ja ihn sogar auszulösen und zu fördern, auf anderen Gebieten der Reiterei fast schon instinktiv zu erlangen ist, muß sie sich der Schulreiter auch auf dem Wege wohldurchdachter, aufbauender Übungsfolgen aneignen (bügelloses Reiten auf schwungvoll gehendem und später, für den der Glück hat, auf piaffierendem Pferde).

Möglichkeit haben, ihrer natürlichen Bestimmung nachzukommen, indem sie Selbsthaltung und Bewegung in den freien Gangarten in Einklang bringen, werden dann im guten Sinne des Wortes zu einem „fünften Fuß“, in den der Reiter mehr Vertrauen setzen kann, wie in die Stütze, die ein falschgehendes Pferd auf dem Zügel sucht. Dieser ist zur Erhaltung von Anlehnung und Gehorsam, nicht aber zu der des Gleichgewichtes da.

Was der Reiter bei diesem Entlastungssitz zugunsten freierer Rückentätigkeit an Halt auf dem nicht mehr voll aufruhenden Gesäß aufgibt, muß er durch Stütze auf die im Gelände und auf Jagden um etwa 2, beim Springen um 3—4 Loch verkürzten, bei elastischem Fußgelenk am Absatz gehaltenen Bügel und größere Spannung des Kreuzes (Oberleibes) ersetzen. —

Da es die gleichen Muskelgruppen sind, denen die Hankenbeugung und die Entwicklung der Schubkraft, die besonders beim Reiten von Gebrauchsgangarten auf langen Linien und über Geländeunebenheiten zur Entfaltung kommt, obliegt, folgt daraus, daß im wohl abgemessenen Wechsel zwischen Bahn- und Geländearbeit, einschließlich Klettern und Springen, die sicherste Gewähr liegt, daß sich die Hinterhand, der Motor des Pferdes, harmonisch entwickelt.

So aufgefaßt, wird das Geländereiten, das ja für das Gebrauchspferd das Hauptziel der Ausbildung ist, die praktische Anwendung und Ergänzung des in der Bahn Gelernten darstellen.

B. Bodenricks, Klettern

Bevor wir unser junges Pferd noch im Gelände über größere Unebenheiten, wie kleine Wälle, trockene flache Gräben u. ä., reiten, werden wir es in der Bahn durch Arbeit über Bodenricks dazu vorbereiten. Es lernt dabei mit dem Halse die zum Überwinden jeglicher Art von Hindernissen notwendige „Tauchstellung“ anzunehmen, aus dem schwingenden Rücken zu treten und zu springen, und wird sich dieser Schwingungen bewußt.

Wie schon der Name besagt, sind Bodenricks etwa 1,50 bis 2,00 Meter breite, 15 bis 20 Zentimeter über dem Boden hohe Hindernisse, deren kreuzweise Stützen ein Umfallen unmöglich machen sollen. Sie dürfen die angegebene Breite und Höhe nicht überschreiten. Sind sie breiter, kann das Pferd nicht zum genauen Einhalten des Weges gezwungen werden, sind sie höher, springt sie das Pferd, statt taktmäßig aus dem Rücken darüber zu treten, oder strampelt, indem es ihn dabei festhält und nicht hergibt, was ebenso verpönt ist.

Beim Treten über Ricks lernt das Pferd seinen Schwerpunkt entsprechend dem ständig wechselnden Gleichgewicht rasch und sicher zu verschieben, wodurch sein selbständiges Gehen auf unebenem Boden vorbereitet wird. Ebenso wird durch wohlverstandene Bodenrickarbeit im Galopp der Grund zum richtigen Benehmen vor dem Sprunge, das im Strecken des Halses in die „Tauchstellung“ und stützendem Vorschieben der Hinterhand besteht, gelegt.

Da das Pferd genötigt ist, sein Treten im Schritt und Trab nach den nicht nachgebenden Stangen zu richten, gewinnt es eine große Trittsicherheit und Gewandtheit der einzelnen Beine, weil sich ja die Fußsetzung vom gleichmäßigen Ablauf der Gangart unabhängig macht, dafür aber der Notwendigkeit,

das ständig im Wechsel begriffene Gleichgewicht zu stützen und dabei die unverrückbar liegenden Ricks oder Stämme zu respektieren, Rechnung tragen muß.

Das Dehnen von Kopf und Hals nach vorwärts ist eine natürliche Folge der gegebenen Zügelfreiheit bei richtig und energisch tretenden Hinterbeinen und infolgedessen gewölbtem, d. h. elastisch schwingendem Rücken*). Das die „Tauchstellung" von Kopf und Hals vervollständigende Dehnen nach abwärts, in die Tiefe, ergibt sich aus dem Bestreben, den abzuschreitenden Weg über die Ricks besser übersehen zu können.

Bei dieser Arbeit müssen wir uns in strenger Selbstzucht jeder Einwirkung mit dem Zügel enthalten. Bis auf fallweise dirigierende Andeutungen muß der Zügel hängen, denn selbst der von der feinsten und gefühlvollsten mitgehenden Hand geführte lange Zügel wird das Pferd davon abschrecken, Kopf und Hals ohne psychische Hemmungen auspendeln zu lassen. Volle Unbefangenheit und Selbständigkeit, die wir ja hier pflegen und entwickeln wollen, bekommt das Pferd erst, wenn es die Zügel beiderseits des Halses herabhängen

*) Siehe den Abschnitt „Beziehungen von Reitergewicht und Hilfen zur anatomischen Mechanik des Pferdes" (Zweiter Teil, II. Kapitel 8).

fühlt. Übrigens soll es bei dieser Arbeit auch lernen, sich bewußt und aus eigenen Mitteln zu equilibrieren und keine diesbezüglichen Hilfen und Andeutungen des Reiters abzuwarten. Dieser muß sich im Spaltsitz leicht machen, wobei sein Kreuz in federnder Spannung den Grad des Mitgehens, der wieder von der blitzartig wechselnden Gleichgewichtslage des Pferdes abhängt, bestimmt und regelt. Der Kopf ist aufgerichtet. Stütze, Drehpunkt und Stoßfänger des Systems „Reiter" ist das Knie. Die Absätze sind bei elastischem Fußgelenk so tief durchzudrücken, als wollten sie die einzelnen Ricks berühren.

Bei dieser Rickarbeit hat man Gelegenheit, seine Schenkellage auf die Probe zu stellen und zu kontrollieren. Auch älteren Reitern gleitet der Unterschenkel manchmal bei unregelmäßigen Bewegungen des Pferdes zurück, wenn das Knie nicht wie angeschraubt festliegt, oder er wird nach vorne geschleudert oder verdreht sich und die Fußspitze „bohrt in den Sand". Alles Fehler, die sich dann beim Springen doppelt störend auswirken.

Das Zurück- und Vorrutschen lassen den Reiter die Gewalt über das Pferd verlieren, da man nur aus der normalen Schenkellage mit tiefem Absatz richtig treiben kann, der verdrehte Schenkel kneift mehr als er treibt, und die zwangsläufig mitverdrehte, meist noch gesenkte Fußspitze nähert den Sporn bedenklich der Seite des Pferdes. —

Anfang und Ende der Rickarbeit, ob sie nun an der Longe, mit und ohne Reiter, zur Beschleunigung der Lockerung, oder auf gerader Linie stattfindet, geschieht im Schritt. Desgleichen das erste Vertrautmachen des jungen Pferdes mit einzelnen auf dem Boden festliegenden, höchstens 20 Zentimeter dicken Stangen oder Stämmchen, die als Ersatz für Ricks dienen können.

Hauptgangart bei dieser Arbeit aber muß ein schwungvoller Arbeitstrab sein; zuerst über einzelne, dann über zwei bis drei in Abständen von 1,20 bis 1,40 Meter hintereinander aufgestellte Ricks. Die Entfernungen richten sich nach dem Raumgriff des Pferdes im Arbeitstrab.

Die Anforderungen müssen bei der Rickarbeit sehr langsam gesteigert werden; sie fällt Pferden mit starker natürlicher Muskelspannung (Tonus), wie sie manchen edlen Rassen eigen ist, besonders schwer. Für ein Pferd mit gutem Gang wird im Laufe der Ausbildung die Leistung bis auf vier Bodenricks im Abstande von 1,40 Meter erhöht werden können.

Kommt es zu Zwischentritten, muß die Aufgabe durch Verringern der Abstände erleichtert werden.

Die Trabarbeit über Bodenricks geschieht anfangs grundsätzlich im Leichtreiten, um einem ungestörten Schwingen des entlasteten Rückens möglichst entgegenzukommen. Im Aussitzen würde es manchen Reitern schwer fallen, mitzukommen und im Rücken nicht zu stören. —

Die Bodenrickarbeit im Galopp ist eine gute Vorbereitung für das Überwinden von Hindernissen, da das Pferd über die 20 cm springen muß, will es nicht anstoßen. Es muß also diejenige Haltung einnehmen, die auch für größere Sprünge notwendig ist.

Die Ricks werden dazu vorläufig einzeln, dann mit in den Sprung passenden Abständen von 4, 7 und 11 Meter aufgestellt.

Will man keinen Galoppsprung zwischen den Ricks, kann man zwei Ricks auf 2,50 Meter einander nähern, so daß der Zwischensprung unterbleibt. Es ist das eine vorzügliche Schmiegsamkeitsübung für schon fortgeschrittenere Pferde. —

Nicht nur das Springen unter dem Reiter, auch die Überwindung schräger Flächen im Bergauf und Bergab — das Klettern — wird durch die Lockerung, Dehnung und das freie Schwingen der Wirbelsäule, die durch die Bodenrickarbeit entwickelt werden, mit Vorteil eingeleitet. Bodenricks sollen sich daher auch überall dort vorfinden, wo man junge Pferde arbeitet, in der Bahn sowohl als auf dem Viereck und dem Geländeübungsplatz.

So wie man bei Unregelmäßigkeiten in Gang und Anlehnung stets zum Abc der dressurmäßigen Ausbildung, dem natürlichen und Arbeitstrab seine Zuflucht nimmt, muß bei Haltungs- und sonstigen Fehlern, die sich bei der Springausbildung einschleichen, zum einfachen Schritt, Trab und Galopp über Ricks zurückgegriffen werden.

Das Bergaufklettern über Böschungen führen wir mit unserem jungen Pferd in möglichst ruhigem Tempo mit je nach dem Grade der Steilheit mehr oder weniger vorgeneigtem Oberleib, festem Knieschluß und völlig nachgegebenen Zügeln aus. Wir wählen zunächst Erhebungen mit geringem Neigungswinkel, so daß wir, wenn sich während des Aufstiegs Unruhe bemerkbar macht, auch anhalten und grasen lassen können, was zur Beruhigung wesentlich beiträgt. Längere Strecken im Bergan werden wir zur Schonung der Pferdekräfte in schräger Richtung überwinden.

Später üben wir auch auf kurzen, steilen Hängen, wobei wir es dem Pferde überlassen, in einer Reihe kleiner Sprünge senkrecht hinaufzugelangen. Dabei ist die Arbeitsleistung von Hinterhand, Rücken und Hals eine sehr große. Durch Stehen im Bügel und mit dem Halse gleichgerichtetem Vorgehen des Oberleibes, wobei die Hand in den mittleren Teil der Mähne oder einen Halsriemen faßt, erleichtern wir dem Pferde so viel als möglich Anstrengung und freie Verfügung über seine Kräfte. Ohne eine Stütze im Bügel und den Halt in der Mähne wäre es wegen der nach aufwärts gerichteten Bewegung unmöglich, uns im eigenen und zugleich mit dem des Pferdes übereinstimmenden Gleichgewicht zu erhalten.

Beim Bergabreiten, das stets senkrecht erfolgen soll, da jede Schrägstellung, je steiler die Böschung*), desto mehr eine Stützung durch die dazu nicht geeigneten Beine erschweren und zu Verlust des Gleichgewichtes in seitlichem Sinne führen würde, nimmt der Oberkörper grundsätzlich eine zum Pferderücken mindestens senkrechte, also mehr oder weniger vorgeneigte Lage an. So kommt der Schwerpunkt nach vorne, wie es bei jedem Körper zu sein hat, den man eine schiefe Ebene hinuntergleiten lassen will. Dann wird er stabil und rutscht auf dem kürzesten Wege nach unten.

Befindet sich der Schwerpunkt zu weit rückwärts, wird das Gleichgewicht labil, und es kann dann, wie oben angedeutet, der Fall eintreten, daß der Schwer-

*) Kletterstellen müssen stets natürlich aussehen und der Umgebung angepaßt sein. Die zu diesem Zweck oft künstlich aufgebauten, in einsamer Größe in der Mitte von Kasernenhöfen und Übungsplätzen errichteten, nicht organisch ins Gelände sich einfügenden Formationen, taugen nichts.

punkt selber diesen Übelstand korrigiert und seitlich abschwenkt, d. h. reiterlich gesprochen, daß die Hinterhand seitlich abrutscht, was einen Sturz zur Folge hat. Legte man sich, wie es noch vor einigen Jahrzehnten geschah, hintenüber, könnte man überdies weder die dirigierenden Schenkel mit festem Knieschluß und tief ausgetretenem Absatz an ihren Platz behalten, noch den Weg übersehen. Man würde also gleichsam ins Blinde reiten und Löcher, Stacheldraht u. ä., die es leider auch am Fuß von Böschungen gibt, nicht vermeiden können. Außerdem würde der Sattel auf den Widerrist rutschen.

Beim Bergabreiten lassen die Zügel dem Pferd die Möglichkeit, sich zu strecken und durch Heben und Senken des Halses nach Bedarf regulierend und gewichtsausgleichend zu wirken, bleiben aber im Kontakt, um im Verein mit den ebenso wie beim Bergauf mit tiefem Absatz anliegenden Schenkeln ein Abweichen von der Richtung verhindern zu können. Sind die Zügel nicht in einer Hand vereinigt, wobei diese bei steilen Abstiegen einen Halt auf dem Mähnenkamm findet, werden die auch bei aufgezäumtem Pferde geteilten Zügel beiderseits des Halses, an welchen die Hand sich anlehnt, geführt. Die Kandare wird selbstverständlich vor Abstiegen außer Wirkung gesetzt.

Hier sei noch bemerkt, daß es immer ein besonders gutes Zeichen für Bau und Balancierfähigkeit eines Gebrauchspferdes ist, wenn unser Sitz das Herabreiten l e i c h t geneigter schräger Flächen überhaupt nicht gewahr wird oder gar störend empfindet.

Bei s e h r s t e i l e n H ä n g e n, die wir aber unserem jungen Pferde nicht zumuten, tritt nach Auffassung mancher eine Ausnahme von der früher erwähnten grundsätzlichen Regel, den Oberleib je nach dem Grade der Böschung senkrecht bis fast parallel zum Pferderücken zu halten, ein.

Überschreite nämlich, wie sie sagen, der Neigungswinkel der Böschung eine gewisse Grenze, sei es dem Pferd bei vorgeneigtem Sitz nicht mehr möglich, einen Gleichgewichtsverlust nach vorne, also ein zu Stürzen führendes Umkippen zu vermeiden. Bei solchen Abhängen, deren Neigungswinkel über 60° beträgt und die in der Praxis nur zu Produktionszwecken überwunden werden, müßte sich der Reiter, um das mit dem Pferde gemeinsame Gleichgewicht behalten zu können, ganz ausgesprochen nach rückwärts neigen. Kletterbilder von Caprilli und Photos von nach ähnlichem Prinzip vor sich gehenden Steilabsprüngen guter Reiter seien ein Beweis dafür, daß man in solchen Fällen nur durch Zurückneigen den eigenen Schwerpunkt mit dem des Pferdes in Einklang bringen könne.

Uns scheint diese Auffassung ausschließlich von Gegebenheiten eines s t a t i s c h e n G l e i c h g e w i c h t e s, das von der Lage des Schwerpunktes zur Unterstützungsfläche abhängig ist, beeinflußt zu sein. Diese Theoretiker vergessen, daß im Falle des Abrutschens, wie überhaupt in der Bewegung, das statische ganz oder teilweise vom d y n a m i s c h e n G l e i c h g e w i c h t ersetzt wird, wodurch die Stabilität (das Nichtstürzen) auch in solchen Momenten gesichert ist, wo sich der Schwerpunkt nicht senkrecht oberhalb der Unterstützungsfläche befindet (s. a. Gleichgewicht).

Auch bei einem eine schiefe Ebene hinuntergleitenden Körper, dessen Schwerpunkt ganz vorne gelegen sein muß und der dann im stabilen Gleichgewicht pfeilgerade, wie das Wasser, den kürzesten Weg nach abwärts findet, ist das der Fall.

Darum wäre selbst bei sehr steilen Hängen ein steifes Zurückneigen nicht nur der mehr denn je erforderlichen freien Tätigkeit von Rücken und Hinterbeinen in hohem Grade hinderlich, es würde auch das Gleichgewicht von Reiter und Pferd labil und unsicher machen.

Der Reiter wird daher gut tun, auch bei Böschungen von über 60° Neigungswinkel geschmeidig vorgeneigt, in ungestörter Harmonie mit dem Pferde, mit diesem in die Abwärtsbewegung hineinzugleiten.

Wenn wir von Seydlitz absehen, war der erste, der systematisch mit der Truppe Kletterübungen veranstaltete, der österreichische General v. Edelsheim — ein gebürtiger Badenser —, der, nebenbei gesagt, für seine „Versuchsbrigade" in Enns auch das Leichttraben beim Exerzieren und im Felddienst einführte. Es war das zu Beginn der 60er Jahre des vorigen Jahrhunderts.

Ihm folgte als Kommandeur der Zietenhusaren der damalige Oberst v. Rosenberg (um 1880), der sein Regiment in den Kletterhängen bei Rathenow üben ließ.

Der klassische Kletterhang ist der „Mombrone" bei Pinerolo, auf dem sich seit der Jahrhundertwende ganze Generationen italienischer und ausländischer Offiziere ihre Sporen beim Abrutschen im bewußt vorgeneigten, die Harmonie mit dem Pferde suchenden Sitz, verdient haben.

Spanien und Portugal waren die nächsten, die in den Lehrplan ihrer Kavallerieschulen die Systematik des Bergabrutschens einfügten.

Obwohl sich der die herrlichsten Gelegenheiten bietende ausgedehnte Geländeübungsplatz Saumurs, das wellige Heide- und Waldgelände von Verrie, bei einiger Nachhilfe hervorragend zur Anlage von Rutschpartien geeignet hätte, gab es zu Beginn der 20er Jahre, als ich dort ritt, nichts dergleichen.

In der „Krieau", dem Übungsplatz des damaligen Wiener Reitlehrer-Instituts, wurde 1913/14 ein künstlicher Kletterhang aufgebaut — im Volksmunde „der Tarabosch" geheißen —, der wegen der unnatürlichen Art seiner Anlage mehr Stürze kostete, als notwendig war. Eine glänzende Gelegenheit, ihre Pferde im Überwinden von natürlichen Steilhängen zu schulen, boten aber den Offizieren oberwähnten Instituts die „Racheln" von Holitsch, dem Dorado der ehemaligen österreichisch-ungarischen Jagdreiter.

Graudenz, der Sitz der seinerzeitigen Polnischen Kavallerieschule, hatte an seinem rechten Weichselufer prachtvolle natürliche Kletterhänge zur Verfügung. Trotzdem sah ich dort noch im Herbst 1937 ein ungeheures künstliches Lehmgebilde sich mitten im Hofe der Schule erheben.

C. Springen

„Dein Zuruf, dein Zungenschlag, dein Sporn, deine Peitsche sollen nicht lügen, du wollest dies und das, und du willst es doch nur halb. Dein Pferd straft dich Lügen." Binding

a) Entstehung des heutigen Springsitzes

Es wird vielleicht überraschen zu hören, daß kein anderes Land auf dem Kontinent bis vor dem letzten Jahrzehnt des 19. Jahrhunderts im Springen eine so bedeutende Rolle spielte wie das ehemalige Österreich-Ungarn. Es ist nicht unsere Aufgabe zu untersuchen, welche Umstände am darauffolgenden Stillstand in dieser Beziehung Schuld trugen. Festhalten aber wollen wir, daß ein einfacher k. k. Oberleutnant, der Bayer Carl Kegel, Stallmeister an der hippiatrischen Schule zu Keszthely in Ungarn, Vorschriften über das Verhalten des Reiters beim Springen herausgab, die, runde 100 Jahre vor Bekanntwerden und Ausbreitung der italienischen Schule, das Mitgehen im Sprunge durch Vorgehen mit dem Oberleib lehrten und auch begründeten.

Kegels durchaus moderne Auffassung über den Springsitz findet man auch in der von ihm später (1842) herausgegebenen „Neuesten Theorie der Reitkunst

nach vernünftigen Grundsätzen des gesunden Menschenverstandes". Es war dies zwei Jahre vor Erscheinen des „Systems der Reitkunst" von Louis Seeger, jenes großen Meisters, dessen nicht einwandfreie Theorie der zwei doppelarmigen Winkelhebel, als welche er die Wirbelsäule des Pferdes auffaßt und dessen noch weniger einer Prüfung standhaltenden Lehren über die Gewichtsverteilung beim Sprunge, diesem klassischen Werk in seiner Gesamtheit keinen Eintrag tun.

Sicher ist jedenfalls, daß Kegel als Stern zweiter Größe nicht durchdrang*) und de Bach, Sándor, Edelsheim, Nik. Esterházy, Metternich, Baltazzi und wie die kühnen Spring- und Steeplechasereiter des 19. Jahrhunderts in der ehemaligen Doppelmonarchie noch alle heißen mochten, durch draufgängerischen Schneid und viel Gefühl die Nachteile und Gefahren des damals üblichen Rückwärtssitzes ausgleichen mußten.

So ging es bis vor die Jahrhundertwende. Es wurde auf Jagden und bei schon sporadisch auftauchenden „Concours hippiques" fleißig und tapfer gesprungen. Das Springen über höhere Hindernisse blieb aber immer etwas Hasard, und die Unfälle, hauptsächlich verursacht durch die störende Führung und Rückenbehinderung beim Hintenübersitz, mehrten sich. Diese häufigen Stürze, die auch viele italie-

*) Wir erinnern hier an das Schicksal Pinters von der Aue, dessen wir schon Erwähnung getan.

nische Reiteroffiziere außer Gefecht setzten, veranlaßten einige Parlamentarier dieses Landes, eine diesbezügliche Interpellation einzubringen. Absicht dieser Volksbeglücker war es, die Teilnahme von Offizieren an Jagden und Springen einzuschränken, „damit durch die große Zahl der an Knochenbrüchen daniederliegenden Offiziere die Ausbildung und Schlagkraft der Armee nicht leide!"

Wie es so oft im Leben geschieht, so auch bei diesem Kreuzzug pferdefremder Eiferer — ihre Aktion sollte ganz andere als die erwarteten Früchte tragen.

Eines der größten Genies, das die Reitkunst jemals hervorgebracht, der damalige tenente Federico Caprilli, erhielt durch diesen in die Öffentlichkeit getragenen Angriff auf seine geliebte Kunst den Anstoß, diese Kunst, die durch formalistische, verständnislose Anwendung überlieferter Lehren sowie durch Mißerfolge mit vielfach sich widersprechenden „neuen" Systemen an Ansehen verloren hatte, auf den einfachsten Grundlagen aufs neue aufzubauen.

Caprilli sah, was für eine traurige Rolle alle diese falsch dressierten Pferde im Jagdfelde spielten und wählte als das kleinere Übel das in mehr oder weniger

natürlicher Haltung frei dahingehende, dafür aber auch v o r , w ä h r e n d u n d n a c h d e m S p r u n g e d u r c h k e i n e r l e i d e n G e s e t z e n d e s B e w e g u n g s a b l a u f e s w i d e r s p r e c h e n d e u n d i h n b e h i n d e r n d e E i n w i r k u n g g e s t ö r t e P f e r d.

In logischer Folge entwickelte er dann den n u r auf Anpassen des Reiters an das Pferd abgestellten Sitz, der ebenso wie seine Methode unter dem Namen „italienisch“ in die Entwicklungsgeschichte der Reiterei eingegangen ist. Allerdings mußte er auf Beherrschung der Hinterhand, auf durch Schenkel und Normalsitz bewußt hervorgerufene Mittätigkeit des Rückens sowie auf Entwicklung und Verbesserung der Gänge, die zu den grundlegenden Leitlinien unserer Kunst gehören, verzichten. Denn um diese Eigenschaften, die mit dem Begriff des richtig gehenden Soldaten- und Gebrauchspferdes unlöslich verbunden sind, zur Entwicklung zu bringen, genügt die durch Springübungen zweifellos geförderte Geschmeidigmachung von Hinterhand, Rücken und Genick nicht.

So wenig mithin die in Italien übliche Art, die Pferde für den Reitdienst in seiner Gesamtheit abzurichten, ein verläßliches, in allen Lagen sicher zu beherrschendes und lange leistungsfähig bleibendes Gebrauchspferd schaffen kann, ebenso fest steht es, daß die von allen Reiternationen früher oder später übernommenen Vorteile der italienischen Methode bei der Springausbildung und im Sprunge — der italienische Stil — von einer erfolgreichen Arbeit über Hindernisse heutzutage gar nicht mehr wegzudenken sind.

Fest steht aber auch, daß die größten, dauerndsten und regelmäßigsten Erfolge im Springen, nicht selten sogar auf Pferden, die an absolutem Springvermögen an die erste Klasse nicht heranreichen, errungen werden, wenn diese Pferde durch richtige Bahngymnastik vom Reiter besser beherrscht werden können, wendig

geworden sind und sich ihr Gangmaß vom Reiter vorschreiben lassen. Und alle, die da glauben, daß ihnen über Hindernissen der Lorbeer niedrig hängt, mögen sich bei anerkannten Meistern im Springsattel erkundigen: sie werden erfahren, daß, wenn jemand bei seinen Parcours das Glück treu bleiben soll, die Götter auch vor dieses Gelingen den Schweiß ernster und selbstverleugnender Arbeit gesetzt haben.

b) Einspringen des jungen Pferdes

„Das Pferd ist ein Ball, der vom Reiter geworfen wird, aber den Punkt des Aufpralls selbst wählt." Alvisi

Ist das junge Pferd durch Arbeit über Bodenricks geschickt und trittsicher geworden, können wir auf unserem Geländeübungsplatz, der durchaus nicht groß zu sein braucht, dafür aber natürliche Bodenerhebungen, Waldstücke, Kletterstellen enthalten und, was sehr wichtig ist, Gelegenheit zum Überwinden kleiner — nicht künstlicher — Gräben mit fließendem Wasser geben soll, mit dem Einspringen beginnen.

Kleine, aber feste, stark aussehende und schmale, von Büschen und Bäumen natürlich begrenzte oder in Hohlwegen und Schneisen gelegene, in der Richtung des Sprunges schräge Hindernisse, die auch in Material und Farbe zur Umwelt passen und darum eher einladend als abschreckend wirken sollen und deren Höhe zwischen 60 und 80 cm schwankt, werden am zweckdienlichsten sein. Sie sollen auch in der Gegend des Absprunges der natürlichen Umwachsung der Grundfläche entsprechen, was die beste Absprungserleichterung ist.

Damit das junge Pferd überhaupt nicht auf den Gedanken kommen kann, daß es ein Ausbrechen gibt, damit es ferner dazu erzogen wird, nicht auf ein leichtes Nachgeben der Hindernisse zu rechnen und von Haus aus gerade springt, haben wir diese mit großen, wie beschrieben, der natürlichen Umgebung entlehnten Fängen versehen und sie unnachgiebig und so schmal gebaut, daß auch die Versuchung zu einem Flattern und schiefen Springen herabgemindert wird.

Vorher lassen wir die neuen Hindernisse besehen und beschnuppern und traben dann über das eine oder andere unter Verwendung eines mit gutem Beispiel vorangehenden Führpferdes.

Nach dem Sprung wird die Bewegung recht ruhig auslaufen gelassen und mit gespanntem Kreuz, aber höchstens bis zur Senkrechten aus der Bewegung herausgenommenem Oberleib angehalten und je nach Umständen abgesessen, mit nachgelassenem Gurt grasen gelassen oder vom Sattel aus, bei Stehen in freier Haltung, durch Reichen von Leckerbissen belohnt.

Angeritten wird im Schritt und, nachdem man vielleicht ein besonders schüchternes Pferd einigemal in dieser Gangart hinüberklettern ließ, vor dem Hindernis in den Trab übergegangen. Wir wählen den Trab und nicht den Galopp, schon deshalb, weil wir beim ersten Einspringen unter dem Reiter alle ablenkenden Komplikationen vermeiden wollen und die zusätzliche Schwierigkeit des Taxierens im Trabe automatisch wegfällt, da ja der Absprung aus dieser Gangart immer paßt. Wir springen anfangs nur aus dem Leichttraben, um den Rücken möglichst wenig zu stören und um bei unregelmäßigen Bewegungen besser mitkommen zu können. Dadurch wird das Pferd ruhiger und bequemer springen und auch die Gefahr eines ziehenden Rückwärtswirkens mit der Hand vermindert. Diese steht tief und muß darauf bedacht sein, im Bedarfsfalle aus Schulter- und Ellbogengelenk beiderseits des Halses vorgehend, in Richtung des Maules nachzugeben.

Fällt während des Anreitens das Pferd von selbst in den Galopp, schmiegt sich der Reiter ohne zu stören mit seinem Sitz in den neuen Rhythmus ein und

überläßt es dem Pferde, in der selbstgewählten Gangart das Hindernis anzuziehen. —

Heutzutage hat man sich von der Zwangsvorstellung frei gemacht, daß man dem Pferde durch verschiedene aktive „Hilfen" das Überwinden von Hindernissen erleichtern und es bei der Aufrechterhaltung eines falsch verstandenen Gleichgewichts durch noch viel hypothetischere Zügel- und Gewichtshilfen, die nur Hinterhand und Rücken störend belasten und den Hals in seiner Tätigkeit als Balancierstange behindern, unterstützen könne*).

Die beste Hilfe, die wir einem Pferd beim Springen geben können, wird immer darin bestehen, ihm diejenigen Möglichkeiten zu schaffen, die eine zweckmäßige Bewältigung der betreffenden Hindernisse gewährleisten.

Diese Möglichkeiten geben wir aber einzig und allein durch unseren ruhigen, mitgehenden, sich jeder Lage anpassenden, entlastenden Springsitz. Aus-

*) Siehe auch „Der Hals als Regulator des Gleichgewichts . . ." vom Verf. (Fußnote S. 152.)

führender Teil muß immer das Pferd bleiben, das seine Knochenhebel so zu stellen hat, daß die Muskeln den der jeweiligen Art des Sprunges zweckentsprechenden günstigsten Angriffspunkt finden. Indirekt unterstützen können wir es darin nur dadurch, daß wir erstens durch systematisches Fortschreiten vom Leichteren zum Schwereren, seine Muskeln, Gelenke und Sehnen kräftigen und so Hinterhand, Rücken und Hals zu immer höheren physischen Leistungen heranziehen. Diese zur Ausführung eines Sprunges notwendige intensive Betätigung von Muskeln und Gelenken, Sprungmechanik genannt, ist dem Pferde um so notwendiger, je geringer die Anlaufkraft (Schritt, Trab) und je bedeutender das Hindernis ist.

Indirekt unterstützen können wir zweitens das Pferd neben Förderung seiner Sprungmechanik auch durch Ausbildung seiner Sprungtechnik.

Je mehr im Verlaufe der Springübungen der Arbeitsgalopp und Mittelgalopp und später noch verstärktere Gangmaße an Stelle des anfänglichen Trabes treten, um den zur Überwindung schwererer Hindernisse notwendigen Anlauf und das herzhafte „Sichfliegenlassen" zu erzielen und um zu einem möglichst kraftvollen Absprung das Zusammenwirken von abschnellender Muskelkraft und lebender Geschwindigkeit zu vereinigen, desto schwerer wird das richtige Taxieren des Absprunges, worin eben zum Großteil die Springtechnik, die sich das Pferd nur durch viele Übung über die verschiedenartigsten Sprünge aneignen kann, beruht.

Das Taxieren, das Abschätzen des Absprunges, über ein niedriges Hindernis ist leicht, da das Pferd auch bei einem ziemlich weit davor erfolgten Absprung, den es sich also nicht haargenau einzuteilen brauchte, in niedriger, flacher Flugbahn hinüberkommt.

Wesentlich ändert sich die Sache aber, sobald ein höheres Hindernis eine höhere Flugbahn und damit einen geringeren Spielraum für den Punkt erforderlich macht, von dem aus ein erfolgversprechendes Abdrücken möglich ist. Es steigert sich also mit den Ausmaßen des Hindernisses für das Pferd auch die Schwierigkeit, die darin besteht, daß es innerhalb einer immer begrenzteren Zone, von der aus allein ein tadelloses Überwinden möglich wird, seinen Absprung finden muß.

Am besten lernt es richtig zu taxieren, wenn wir ihm etwa sieben Meter vor dem eigentlichen Hindernis ein Hilfsbodenrick aufstellen. Da wir nämlich die Maße kennen, in denen das Pferd seine Galoppsprünge macht — wie schon erwähnt etwa vier, sieben und elf Meter —, werden wir einen passenden Absprung erzielen. Denn der erste Galoppsprung geht über das Hilfsrick, der zweite liegt zwischen diesem und dem Hindernis, der dritte wird zum Absprung. Der Zusehende kann dabei 1, 2, 3 zählen, bei „3" läßt sich das Pferd fliegen*).

*) Über doppelte und mehrfache Sprünge ist erst viel später zu üben, wenn die Pferde in ihrer Technik, mit losgelassenem, aufgewölbtem Rücken und in Tauchstellung sich fliegen lassend zu springen, befestigt sind. Besonders letztere Eigenschaft kann verloren gehen, wenn nicht immer wieder über Einzelhindernisse der fließende Sprung geübt wird.

Bei Pferden, die beim Springen Hals- und Rückenlinie nicht bogenförmig nach oben wölben, ist nebst häufiger Übung über Wälle, die Aufstellung von Hilfsricks knapp hinter dem Sprunge, so daß sie das Pferd erst in der Schwebe sieht, vorteilhaft. Es nimmt dann noch während des Sprunges die Tauchstellung an.

Ebenso veranlassen knapp vor dem Hindernis aufgestellte Hilfsricks rechtzeitigen Absprung und Strecken.

Daß die wiederholt besprochenen Entfernungen von vier, sieben oder elf Metern bei doppelten oder mehrfachen Hindernissen keine absolut bindenden, sondern nach der Räumigkeit des Galoppsprunges zu

Zählt man als Reiter selbst mit, so gewöhnt man sich, wenn auch nur im Unterbewußtsein, die Tendenz an, beim Absprung irgendwie mithelfen, ihn gleichsam andeuten, diktieren zu wollen, was für den Durchschnitt der Reiter immer böse Folgen hat. Durch richtiges Mitgehen und Luftgeben soll man allerdings gefühlsmäßig dem Pferde helfen — nie soll man aber, von der Galopparbeit über Ricks angefangen, „Sprung" denken. In die Ausführung soll der Mensch dem wunderbar beseelten Mechanismus „Pferd" nicht hineinpfuschen wollen, er würde nur stören. Aphoristisch sagt darüber Alvisi: „Eine Hindernisbahn muß man als eine Bahn ohne Hindernisse betrachten und so durchreiten."

Am schwersten zu schätzen sind steile Hochsprünge, wie z. B. kahle Staccionatas. An solchen ist erst später zu üben, wenn das Pferd an schrägen, leichter zu taxierenden Sprüngen Erfahrung und Sicherheit gewonnen hat.

Zur Technik des Sprunges gehört nebst dem richtigen Taxieren ruhiges, gleichmäßiges, aber dabei flüssiges, schwungvolles Angehen, ferner das richtige Antauchen vor dem Sprung und eine solche Mit- und Ineinanderarbeit von Hinterhand, Rücken und Hals, daß der aufsteigende Ast der Flugbahn und die Phase über dem Hindernis der Linienführung eines Halbkreisbogens entsprechen, der sich Hinterhand, Rücken und Hals anpassen. —

Wir haben gesehen, wie wir den ausführenden Teil, unser Pferd, durch Entwicklung seiner Sprungmechanik und Erziehung zur Sprungtechnik indirekt unterstützen können.

Eine dritte und wohl die wichtigste Möglichkeit, das Pferd beim Sprunge indirekt zu unterstützen, liegt aber noch im mehr oder weniger festgewurzelten Vertrauen, das dieses zu seinem Reiter hat.

In diesem Vertrauen, das zu einem gegenseitigen geworden ist und zu dem noch das Vertrauen in die eigene Leistungsfähigkeit treten muß, liegt zum großen Teil das Erfolgsgeheimnis berühmter Springreiter. Dieses Vertrauen ist gleichsam ein Fluidum, das Reiter und Pferd die schwierigsten Situationen meistern und immer noch einen Ausweg finden läßt. —

Der entlastende Springsitz, der dem Pferde die Möglichkeiten schafft, den Sprung jeweils bestens bewältigen zu können und damit die einzige direkte, wenn auch passive Hilfe, die wir während der Ausführung des Sprunges und beim Landen geben können*), wurde schon in den „Sitz und Hilfen" sowie die „Rickarbeit" behandelnden Abschnitten besprochen.

Den besten Weg zum Hindernis, nach Bedarf unter treibender Einwirkung, um den gleichmäßigen Fluß der Fortbewegung zu erhalten oder den Schwung des Anlaufs zu steigern, weist der Sitz. Die Einteilung dieses Weges, um den sichersten Absprung zu finden, muß er dem Pferd, das hier schon ganz ausführender Teil ist, überlassen. Die nächste Aufgabe für den Sitz ist nun, dem

---

bemessen sind und wieder von Größe und Rahmen des Pferdes, seiner naturgegebenen Mechanik und dem mehr oder weniger entwickelten Schwung abhängen, bedarf wohl kaum besonderer Erwähnung. Dabei spielt auch die Höhe und Breite der Hindernisse, die ein näheres oder entfernteres Landen und Abdrücken von ihrer Basis nach sich zieht, eine Rolle.

*) Bei Fehlern der Hinterhand über steilen Hoch- oder Weitsprüngen kann allerdings manchmal die Situation noch gerettet werden, wenn der Reiter seinen Oberleib in Richtung vorwärts-seitwärts vorwirft.

Hals, in leichter Anlehnung an die in die Bewegung hineingetragene Hand, die nötige Freiheit zur Streckung und zum Balancieren zu geben. Diese ständige Bereitschaft, Luft zu geben, muß noch über die Schwebe- und Landungsphase hinaus andauern, worauf erst wieder dem Pferde Gelegenheit zu geben ist, beim Weitergaloppieren eine kräftigere Anlehnung zu suchen. —

Bei um drei bis vier Loch verkürzten Bügeln, wie wir sie bei einen Meter übersteigenden Sprüngen anwenden, könnte unsere Knie- und Schenkellage bei den steileren Pauschen unseres Arbeitssattels keine gute sein. Wir wählen daher einen Springsattel*) mit je nach Beinlänge vorgebauten Pauschen, geradem Sitz und niedrigem Polster. Ein Obergurt und mit Gummi oder Gurt überzogene Zügel (wegen des Durchgleitens beim Schwitzen) sind gleichfalls nicht zu vergessen. —

Der selige Baron Münchhausen soll zwar das Problem gelöst haben, sich den Gesetzen der Schwerkraft zum Trotz, am eigenen Zopf aus mißlichen Lagen zu befreien — uns Nachfahren hat er das Rezept dazu jedenfalls nicht hinterlassen. Wenn wir an den Zügeln eines stolpernden Pferdes ziehen, ist unsere Arbeit ebenso vergeblich, wie wenn wir in einem leeren Bottich stehend und an seinen Henkeln ziehend uns mit ihm gemeinsam erheben wollten. Nur nimmt der Bottich solche Versuche nicht übel, dem Pferd aber würde ein solches Ziehen sein letztes Hilfsmittel, um das in Frage gestellte Gleichgewicht wieder herzustellen — die Bewegungsfreiheit des Halses, seinen „fünften Fuß" —, rauben und so den Sturz unvermeidlich machen. Darum bei Fehlern während und nach dem Sprung Zügel durchgleiten lassen und bei vorgeschobenem Gesäß und aufgerichtetem Oberkörper nicht durch Zurückfallen Hinterhand und Rücken behindern, die am Rettungswerk beteiligt sind.

Caprilli sagt zu dem Thema: „Es ist Einbildung, zu denken, daß das Pferd sich stützen könnte, wenn man an den Zügeln zieht. Ich bin 400mal gestürzt und habe 400mal festgestellt, daß meine Hand niemals einen Sturz verhindert, sondern sogar manchmal erleichtert hat, da sie das Tier seiner natürlichen Bewegungen beraubte." **)

Kommt es trotz richtigem Verhalten des Reiters nach einem groben Rumpler dennoch zum Sturz, sofort die Zügel loslassen und den Preller gegen das Gesäß ausnützend, sich nach vorwärts fliegen lassen; bevor man zur Erde kommt, Kopf einziehen, Knie und Ellbogen mit Unterarm bei geballten Fäusten anwinkeln. In dieser Kugelform hat der Körper die Möglichkeit, weit fortzurollen, um nicht unter das Pferd zu geraten. —

Damit der Oberkörper während des Sprunges und besonders beim Abstoßen wirklich mitgeht und nicht zurückbleibend und den Rücken störend, von diesem

---

*) Durch die Verkürzung der Bügel einerseits und die vom Schnitt unseres Arbeitssattels abweichenden Formen des Springsattels oder des zwischen diesen beiden Extremen ungefähr die Mitte haltenden Jagdsattels andererseits, ergibt sich, außer bei den seitwärtstreibenden und verwahrenden Hilfen, ganz von selbst eine etwas vorgeschobenere Lage des Unterschenkels — also nicht knapp hinter, sondern parallel zum, oder, was dasselbe ist, am Gurt. Demnach hängt auf ebener Bahn der Unterschenkel senkrecht zum Erdboden herab.

Der Springsattel in seiner heutigen Form war übrigens Caprilli noch unbekannt.

**) Manchmal scheint ein im Momente des Stolperns applizierter wohlgemeinter Riß den Sturz eines schlaffen, energielosen oder sehr ermüdeten Pferdes verhindert zu haben. Es war aber nur der plötzliche Schmerz, der es veranlaßt hat, sich nicht passiv in sein Schicksal zu ergeben und aus dem so geweckten Selbsterhaltungstrieb heraus einige Anstrengungen zu machen, um doch auf den Beinen zu bleiben.

erst mitgenommen werden muß, soll das Kreuz elastisch gespannt nach vorwärts in die Bewegung hineinfedern und das tief und fest angelegte Knie als Drehpunkt das Mitgehen von Mittelpositur und Oberleib unterstützen, während der Unterschenkel mit bis zum Spann durch den Bügel gestecktem Fuß und federndem, tiefem, nach abwärts strebendem Absatz unverrückbar am Pferde liegt. —

Viele sind geneigt, den Entlastungssitz über Sprünge mit dem Normalsitz insofern zu verquicken, als sie auch schon beim Unterricht des jungen Reiters diesen in beiden Sitzarten gleichzeitig schulen. Das ist völlig falsch und schadet der Ausbildung in beiden Sitzformen.

Der Entlastungssitz geht organisch aus dem Normalsitz hervor (s. Abschnitte „Sitz und Hilfen" und „Geländereiten"), wird aber für den Anfänger erst dann von Vorteil sein, wenn dieser im Normalsitz seine Balance gefunden hat und weich und schmiegsam geworden ist. Dann kann der Unterricht in beiden Sitzarten Hand in Hand gehen, indem nach Bedarf bei verkürzten Bügeln im Entlastungssitz über Sprünge geübt wird. Dabei soll aber das Pferd durch kein übertriebenes Verkürzen der Zügel (Sichverankern), Ziehen nach rückwärts und Aufgeben der gewohnten Gewichts- und Schenkelhilfen zum Stürmen und Pullen erzogen werden.

Wie schon erwähnt, müssen beide sich ergänzenden und die eine aus der anderen hervorgehenden Sitzformen v ö l l i g g e t r e n n t g e l e h r t werden. Nur dann wird ein zukünftiger Springreiter im systematisch gelernten Springsitz wirklich geschmeidig werden und jederzeit auch im Normalsitz bei der Dressuraufgabe in kombinierten Prüfungen gute Figur machen. —

Bei der militärischen Remontenausbildung, wo jederzeit große Reitbahnen, Couloirs, Springgärten und genügend Hilfsmannschaften zur Verfügung stehen, wird das Einspringen der jungen Pferde ohne Reiter gepflegt. Wir, die wir vielleicht auf diese Mittel verzichten müssen, werden aus der Not eine Tugend machen und uns sagen, daß wir auch ohne diesen ganzen Apparat, den das Springen ohne Reiter unter Umständen erfordert, unser Pferd mindestens ebensogut einspringen werden.

Die Sprünge des belasteten und unbelasteten Pferdes unterscheiden sich nämlich in ihrer Kraftleistung und Ausführung recht erheblich voneinander, wenn auch im ä u ß e r e n Bild keine wesentlichen Unterschiede bemerkbar werden dürfen.

Das unbelastete Pferd, dem es beim Einspringen ohne Reiter leicht gefallen ist, ganz nahe an das Hindernis heranzugehen, um dieses unter entsprechend offenerem Absprungwinkel dennoch glatt und flüssig zu überwinden, wird unter der Belastung des Reiters seine ganze bisherige bequemere Absprungtechnik einer Revision unterziehen, also umlernen müssen. Daß es dabei nicht ohne Stürze abgehen wird, die ja wie alle schmerzerregenden sonstigen Einflüsse (gefühllose Hand, Fallen in den Rücken, harte Landungsstellen) nicht dazu angetan sind, die Springfreudigkeit, die wir ja pflegen und steigern sollen, zu erhalten, ist anzunehmen. —

Wir wollten hier keine Anleitung dazu geben, wie aus unserem Pferde ein Rekordspringer werden soll, möchten aber betonen, daß, wenn sich besondere Anlagen zeigen und es sich gleichsam dazu anbietet, die Anforderungen dennoch nicht zu schnell gesteigert werden dürfen. Es ist nicht genug, daß ein Pferd in der Arbeit, sagen wir, ein 1,40 m hohes Hindernis ohne anzuschlagen überwindet, um es schon für eine Konkurrenz von durchschnittlich 1,30 m mit Aussicht auf Erfolg zu nennen. Erst wenn es die 1,40 m über verschieden geartete Hindernisse, darunter steile Hochsprünge und Hochweitsprünge mit eben derselben sicheren Technik und in demselben flüssigen Stil springt, wie die 60 cm, über die seine Schulung begann, sind wir zur Annahme berechtigt, ein wirkliches Springpferd mit schöner Zukunft im Stall zu haben — wenn wir bei der weiteren Ausbildung seinen guten Willen nicht mißbrauchen, indem wir den bewußten, oft recht folgenschweren Versuch machen, herauszufinden, wie hoch unser junges Pferd springen kann. —

Bei auftretenden Widersetzlichkeiten sind wahrscheinlich die Ausmaße der Hindernisse zu rasch gesteigert worden. Sprünge über gleichartige, aber kleinere Hindernisse, nach Bedarf unter Benutzung eines Führpferdes, müssen dann zunächst das verlorengegangene Selbstvertrauen wieder herstellen.

Das gilt insbesondere vom Stehenbleiben, das meist deshalb erfolgt, weil das Pferd den Absprung nicht gefunden hat.

Ist Laurigkeit und Unzuverlässigkeit die Ursache häufigen unbegründeten Stehenbleibens, schiebt sich das Gesäß, das ja dicht am Sattel war, beim Anreiten energisch nach vorwärts in diesen hinein und bleibt darin, bis der Absprung wirklich erfolgt ist.

Gelingt es einem ungehorsamen Pferde, dennoch stehen zu bleiben, ist strafweises Rückwärtsrichten mit darauffolgendem energischem Wiederanreiten am Platze.

Laurigen und unsicheren Pferden wird ein- bis zweimal die Woche ein 1000- bis 2000-m-Galopp mit Steigerung bis zur höchsten Geschwindigkeit am Ende, sehr nützlich sein.

Ganz allgemein gesprochen, haben besonders feinfühlige Reiter, die in vertieftem körperlichem und geistigem Kontakt mit ihrem Pferde stehen, auch beim Anreiten an das Hindernis einen großen Vorteil.

Als wären sie Gedankenleser, spüren sie genau, wann dabei das Pferd den Entschluß zum Springen gefaßt hat. Ihr Sitz kann sich dann ohne Mißtrauen ganz auf Erleichterung und Unterstützung des zweiten, für die Ausführung des Sprunges entscheidenden Moments, den Absprung, konzentrieren.

Bei Abwerfen aus Dickfelligkeit oder Leichtsinn verwendet man mit viel Erfolg eine auf den oberen Rand des Hindernisses festgebundene vierkantige Stange. Auch Klopfstangen, die bei unempfindlichen Pferden mit Draht umwickelt werden, können, wenn mit Umsicht und im richtigen Augenblick gehandhabt, Wunder wirken. Da ihr Gebrauch aber viel Geschick und Verständnis erfordert, dürfen sie nicht jedem beliebigen Stallmann in die Hand gedrückt werden — durch ihre Anwendung sind mehr gute Pferde verdorben als schlechte verbessert worden.

Beim Ausbrechen muß der Zügel der Zwangsseite, also derjenigen, nach welcher das Pferd wegstürmt und sich steif macht, völlig nachgeben und es mit dem anderen unter vortreibenden Hilfen über das Hindernis dirigiert werden. Gelingt es ihm dennoch, am Hindernis vorbeizulaufen, wird energisch angehalten, eine ruhige Vorhandwendung, bei der es besser an die Hilfen kommen soll, nach der Seite des Hindernisses zu, gemacht und vor dessen Mitte — eher in einer von der Seite, nach der das Ausbrechen geschah, nach halbrechts oder halblinks divergierenden Richtung — erneut angeritten. Da das Pferd wegen der Schiefe von rechts nach links im sich steifenden, vom Reiter weniger beherrschten, rechten Hinterfuß eine bessere Stütze seines Widerstandes findet und daher meist nach links auszubrechen versucht, wird in diesem Falle das erneute Anreiten also ein wenig nach halbrechts erfolgen müssen.

Zu stürmisches Anziehen eines Hindernisses ist keine Widersetzlichkeit und soll als Äußerung eines heftigen Temperaments hauptsächlich durch beruhigende Einwirkung abgewöhnt werden. Ruhige Galopps (kein Abjagen) mit langen Schritteinlagen, Rickarbeit auf dem Zirkel, Arbeitstrab auf einem solchen und zeitweises Geradeaus, um ein in der Nähe stehendes leichtes Hindernis zu überwinden, später mehrere Sprünge hintereinander in wechselnder Höhe und wechselndem Abstand, werden auch ungestüme Pferde bald zu ruhigerem und besonnerem Springen veranlassen.

Diese Methode ist jedenfalls besser als bei ungeordneter Bewegung schmerzhaft wirkende halbe Paraden, die den Temperamentsfehler nicht an seiner Wurzel fassen und bei einem verängstigten Pferde Überlegung und Verstandeskräfte völlig ausschalten, was sich dann bei Überwindung des Hindernisses recht übel auswirken kann.

6. Jagdreiten

„Mensch, sei bescheiden und bedenke, daß so mancher seinen großen Namen hinter Hunden nur dem großen Herzen seiner Pferde verdankt."

Die beste Probe auf das in der Bahn und im Gelände Gelernte, auf Temperament, Leistungsfähigkeit, Herz und Springvermögen ist unzweifelhaft das Jagdreiten. Besser als jede andere Schulungsart entwickelt es beim Pferde dreistes Herangehen an unbekannte Hindernisse, Selbständigkeit und Gehtrieb.

Über diese sich zur Vervollkommnung der abschließenden Ausbildung des Kampagnepferdes rein praktisch auswirkenden Vorteile hinaus ist das Jagdreiten die Krone und der Gipfel reiterlicher Betätigung im Gelände, und die Belohnung für jahrelange Mühe und Arbeit, die uns die Ausbildung des jungen Pferdes gekostet hat, ist endlich der gerechte Ausgleich nach oft entmutigenden Rückschlägen und Enttäuschungen, die uns während der langen Lehrzeit nicht erspart bleiben konnten.

Über Jagdreiten ist von Klassikern dieser Kunst so treffend und umfassend geschrieben worden, daß ich mich füglich darauf beschränken darf, nur einige grundsätzliche Regeln zu berühren, deren Befolgung besonders wichtig ist, wenn wir uns mit einem jungen Pferde zu Übungs- und Erziehungszwecken an Jagden beteiligen wollen.

Ins Auge fassen wollen wir darum nur leichte Jagden hinter dem Master (ohne lebendes Wild, zunächst womöglich auch ohne Hunde) in einem von diesem regulierten Tempo und mit vorher festgelegter Galoppstrecke sowie dem Können unseres Schülers angepaßten Hindernissen.

Der Weg zum Stelldichein, wenn er auch etwas lang sein sollte, bringt das Pferd zum Loslassen und an die Hilfen. Bei der nochmaligen Nachprüfung von Zaum- und Sattelzeug vor dem eigentlichen Beginn der Jagd, können Mängel abgestellt werden, die sich während des Anrittes bemerkbar gemacht haben.

Bei der Jagd selbst halten wir uns seitwärts hinter dem Reiter eines sicheren Springers, damit dieser im Bedarfsfalle unserem noch unerfahrenen Novizen Pilotendienste leisten kann. Ein übriges wird der Herdentrieb tun.

Darum wird auch ein Pferd, das sonst Neigung zum Verhaltensein zeigt, auf der Jagd flotter als sonst gehen, vielleicht sogar schrammen und andere Reiter überholen wollen. Da müssen wir trachten, unser Tempo durch reiterliche Einwirkungen zu halten und nicht, wie man es manchmal zu sehen bekommt, mit weggespreizten, in den Bügel gestützten Beinen den Oberleib zurücknehmen und am Zügel ziehen*).

„Reitet" man sein Pferd in einem Entlastungssitz, wie er beim Geländereiten und Springen beschrieben wurde, und sucht seine hauptsächliche Stütze in Oberschenkel und Knie, bei tiefem Absatz und am Sattel bleibendem Gesäß, werden die etwa notwendigen halben Paraden — mit tiefer Hand innerhalb des Vorwärtstriebes wirkend — besser durchkommen, wie bei einem Zurückbleiben hinter der Bewegung. Ein solches würde das Pferd noch mehr aufregen und es den ohnehin schon unregelmäßig gewordenen Takt seines Galoppsprunges gänzlich verlieren lassen. Eine weitere Folge davon wäre auch noch eine fortgesetzte Störung des die Ausdauer im Galopp bedingenden Einklanges im Rhythmus von Lungenstoß und Sprung.

Es wird immer ein feines Stück Reitertakt bedeuten, wenn wir, je nach Veranlagung, für jedes Pferd das richtige Maß von Freiheit und Bindung herausfühlen.

Das Pferd braucht im Gelände so viel Freiheit, daß es, ohne störende Bevormundung zu empfinden, alle geistigen und körperlichen Kräfte ungehindert entfalten und auf seine Leistung konzentrieren kann —, es braucht so viel Bindung — Stehen an den Hilfen —, daß diese jederzeit durchkommen und bei Änderungen von Tempo und Richtung die Herrschaft des Reiters nie eingeschränkt oder gar in Frage gestellt wird.

Es ist selbstverständlich, daß wir mit unserem Pferd, wie schon angedeutet, anfangs nur ganz leichte Jagden wählen werden, etwa solche, bei denen 2000 bis 3000 Meter galoppiert wird und in welche noch eine Atempause eingeschaltet ist. Auch über die Hindernisse wird uns der Master, der ja die Jagd ausgesucht hat, gern Aufschluß geben. Es genügt vollkommen, wenn diese 0,80 bis 1 Meter nicht übersteigen, dafür aber fest sind. Die Gräben müssen gut sichtbar, also wenn nötig, ausgemäht sein. War unser Pferd bisher über solche nicht ganz sicher, ergibt sich jetzt die beste Gelegenheit, diese Scheu im Rudel zu

*) Siehe auch Seite 75. Eine ruhige, stete Führung wird bei Pullern durch die sogenannte „Brücke" (Ende des rechten Trensenzügels mit in die linke Hand und vice versa) gewährleistet. Die so zwischen den beiden auf den Hals aufgesetzten Händen hergestellte Verbindung verhindert überdies ihr zu tiefes Herabdrücken und gibt auch bei Fehltritten einen Halt.

überwinden. Es wird dabei die Hemmungen vergessen, die ihm bisher auf dem Übungsplatz seine Unbefangenheit nahmen und es deshalb verhinderten, für den Weitsprung das richtige Zusammenspiel seiner Muskeln zu finden. Im flotten Jagdgalopp werden auch sonst laurige Pferde ihr Zögern aufgeben und ohne besondere Aufforderung sich fliegen lassen. Viele verhaltene Pferde, die wenig Herz und Nerv zeigten, werden nach einigen Jagden gehlustiger, bekommen Selbstvertrauen und mit dem Erwachen instinkthafter Kräfte erhöhte Sicherheit. In der Bahn sind sie dann weniger triebig und treten auf leichte Hilfen schwungvoll ans Gebiß heran.

Dankbar werden wir dem Master sein, wenn er erst nach einleitender Galoppierstrecke, bei der sich die Unruhe gelegt haben wird, die ersten Hindernisse einstreut. Ihre Überwindung wird mit abgespannten Pferden von um so größerem erziehlichen Wert sein.

Da es unsere Absicht sein muß, beim Halali möglichst frisch anzukommen, werden wir bestrebt sein — besonders dann, wenn uns ausnahmsweise die Länge der Galoppstrecke nicht bekannt sein sollte —, unser Pferd kräfteschonend zu reiten und ihm jede überflüssige Anstrengung zu ersparen. Eine Jagd verfolgt nicht den Zweck einer Turnierspringprüfung. Darum werden wir uns auch — soweit es mit geradem Strichreiten, ohne andere Teilnehmer und die eigene Person durch Kreuzen zu gefährden, vereinbar ist und wir nicht einem Piloten folgen — immer die am leichtesten zu überwindenden Stellen der Hindernisse aussuchen, um mit den Kräften unseres Pferdes hauszuhalten. Bei vielen Übungsjagden werden außerdem die Hindernisse an einer Seite niedriger gebaut, um der geringeren Erfahrung junger Pferde und Reiter Rechnung zu tragen.

Bei Stürzen, die früher oder später immer vorkommen können, soll man sich seitwärts vom Pferde fortrollen, ohne die Zügel loszulassen. Passiert einem letzteres dennoch, bleibt nichts anderes übrig, als den Heimweg zu Fuß anzutreten, mit dem peinlichen Bewußtsein, daß man mangels Geschicklichkeit und Geistesgegenwart das übrige Jagdfeld durch sein nun regellos mitgaloppierendes reiterloses Pferd wenn nicht in ernstliche Gefahr gebracht, so doch empfindlich in seinem Vergnügen gestört hat.

Wird unser Pferd durch zu große Unruhe und Drängen im Rudel unleidlich, und haben wir es nicht mehr soweit in der Gewalt, daß wir es am Vorpreschen hindern können, so nehmen wir es auf einen Flügel des Jagdfeldes, wo es niemanden belästigen kann, und wo wir eine große Volte nach außen schlagen können, wenn wir nicht mehr imstande sind, sein Tempo zu regulieren.

Wenn der Martingal als Hilfsmittel bei der Dressur auch nicht Anwendung finden soll, wird er uns nicht nur beim Springen, sondern auch beim Jagdreiten von Nutzen sein.

Wird unser Pferd zu heftig und versucht es den Kopf so hoch zu nehmen, daß das Gebiß nicht mehr richtig wirken kann, oder schlägt es mit dem Kopf, so wird der Sprungzügel diese Bewegungen so weit begrenzen, daß wir die Herrschaft über das Pferd nicht gänzlich verlieren. Er hat aber noch einen anderen großen Vorteil. Er mildert die schmerzhafte Wirkung der Hand, wenn diese, durch unvermittelte Bewegungen oder unregelmäßige Sprünge veranlaßt, unfreiwillig

steigen sollte. Selbstverständlich muß er so geschnallt sein, daß er bei natürlicher freier Kopf- und Halshaltung und angestellten Trensenzügeln noch im Bogen herabhängt.

Das Mitnehmen einer Gerte oder gar einer Jagdpeitsche ist überflüssig, denn auch bei Trensenzäumung ist ein Doppelzügel — wegen möglichen Reißens eines einzelnen Riemens — dringend anzuraten; der Reiter hat also, besonders auf einem noch unsicheren Pferd, gerade genug in der Hand und kann die Gerte leicht entbehren. Die Jagdpeitsche mit ihrer geraden, rechtwinklig abgebogenen Krücke hat aber nur einen Sinn, wenn hinter Hunden auf wirklicher Wildspur geritten wird, was aber in unserem Falle, wo es sich ja vorläufig nur um anspruchslose Galopps zu Übungszwecken hinter dem Master handeln kann, nicht in Betracht kommt. Bei Jagden nach lebendem Wild, bei denen man vorher nicht weiß, ob sie über gutes oder schlechtes Reitgelände führen werden und wo auch ihre Länge nicht im voraus bekannt sein kann, hängt die Anwesenheit beim Halali vornehmlich davon ab, ob der Reiter es verstanden hat, die Kräfte seines Pferdes nicht vorzeitig zu verausgaben. Da wird er ihm nun manchen unnötigen Sprung durch Öffnen von Gattertoren u. dgl. ersparen und dazu die Krücke seiner Jagdpeitsche benützen.

Ins Kapitel Reitersitte gehört es ebenfalls, auf keinen Fall an der Peitsche auch die daran zu befestigende Schnur zu tragen. Dieses Privileg haben nur diejenigen, die mit den Hunden zu tun haben, also der Huntsman und seine Gehilfen. Als Jagdteilnehmer darf man aber bekanntlich den Hunden nie zu nahe kommen, um ihre Arbeit nicht zu stören und sie durch die Pferdehufe nicht in Gefahr zu bringen.

Beim Halali angekommen, gilt unsere erste Sorge dem Pferd. Wir sitzen ab, lockern den Gurt und führen es an windgeschützter Stelle auf und ab. Bei dieser Gelegenheit überzeugen wir uns auch vom Zustand der Beine und des Beschlages, der vielleicht bei Passieren von Wällen oder sumpfigen Stellen durch Greifen gelockert wurde.

Nach größeren Jagden wird der Bruch verteilt, wobei das Haupt zu entblößen und der rechte Handschuh auszuziehen ist. —

Jagdreiten heißt auch „Sport in Rot". Der rote Rock, der bei offiziellen Jagden mehr oder weniger Gesetz ist, bei anderen zum mindesten gerne gesehen wird, ist nicht nur durch die Tradition geheiligt. Sein Tragen hat auch insofern großen praktischen Wert, als es oft nur die leuchtenden Farben des in der Ferne verschwindenden Feldes dem aus irgendeinem Grunde Zurückgebliebenen ermöglichen, wieder Anschluß zu finden.

Auch die zum Rock passende dunkle Jagdkappe — oft mit Stahleinlage versehen — oder der Zylinder schützen den Kopf besser als jede andere Bedeckung vor ernsteren Sturzverletzungen durch Hufschläge.

Bevor wir vom Jagdreiten und den dabei zu beobachtenden Regeln und Sitten Abschied nehmen, noch ein Wort über Händedrücke im Sattel.

Unser junges Pferd mag noch so ruhig und gutmütig im Umgang mit seinen gewohnten Stallgenossen sein und niemals Angriffsabsichten verraten — nähert man sich auf einander unbekannten Pferden, um einen Händedruck zu tauschen,

weiß man nie, was die nächste Minute bringen wird. Die Pferde können die Annäherung mißverstehen, und im Nu kann eine solenne Keilerei im Gange sein, um so mehr, als die beiderseitigen Reiter in solchen Augenblicken durch die Erfüllung gesellschaftlicher Riten abgelenkt und mit ihren verwahrenden Schenkeln Gott weiß wo sind.

Kein einsichtsvoller Reiter beiderlei Geschlechts wird uns darum die Unterlassung des konventionellen Händedrucks oder Handkusses verübeln; denn es ist schon so, daß der Pferde-Knigge mit dem unsern nicht gleichgeschaltet ist, und daß, während die Reiter im Begriff sind, bei Begrüßungen, Vorstellungen und Verabschiedungen Höflichkeiten auszutauschen, manche Pferde dies in Gestalt von wohlgezielten Hufschlägen tun. Schon vielen ist durch diese wesentlich abweichende Auffassung ihrer Hunter — wenn nichts Ärgeres geschah — so doch mindestens eine Jagd gründlich verdorben worden, noch ehe sie auf ihrem nun lahmgeschlagenen Pferde zum ersten Galoppsprung ansetzen konnten.

7. Gebäude- und Temperamentsfehler — Ihre Berücksichtigung bei der Ausbildung

„Ein Gebild ist niemals stärker als sein schwächster Teil."

Nicht immer werden wir das Glück haben, ein Pferd ausbilden zu können, dessen Gebäude und Temperament nahezu keine Schwierigkeiten aufweist. Die Fälle, wo diese früher oder später im Laufe der Ausbildung auftreten und uns zu schaffen machen werden, sind in der Mehrzahl.

Das Bestreben der Züchter, großrahmige, nicht zu hohe Gleichgewichtspferde herzustellen, die sich bei kräftigem Fundament in ihren geräumigen Gangarten selbst tragen und durch auf ein Mindestmaß beschränkte Gebäude- und Temperamentsfehler die Arbeit ihres Ausbildners möglichst wenig erschweren und verlängern, kommt dank strenger Auswahl der Elterntiere nach Leistung und Temperament immer mehr zum Ausdruck. Dessenungeachtet müssen wir aber heute noch mit Unvollkommenheiten rechnen, die ihren Ursprung in nicht harmonischem Bau und schlechtem Temperament haben, und nicht jedermanns Sache ist es, der sich aus solchen Mängeln ergebenden Schwierigkeiten Herr zu werden. Dabei wird nur demjenigen Reiter Erfolg beschieden sein, der Takt, Erfahrung und Können mit dem Gefühl vereint, wie weit er in jedem Einzelfalle gehen darf.

Rezepte — Gebrauchsanweisungen — zu geben, wie in bestimmten Fällen zu verfahren sei, ist eine gefährliche Sache. Wenn auch in den die Ausbildung des jungen Pferdes behandelnden Kapiteln die Leitgedanken herausgearbeitet sind, nach denen sich die gymnastische Durchbildung eines jeden Pferdes zu richten hat und deren grundsätzliche und verständnisvolle Befolgung das Allheilmittel gegen sämtliche auftretenden reiterlichen Schwierigkeiten bedeutet, so muß doch ihre Anwendung auf den Einzelfall der individuellen Behandlung den weitesten Spielraum lassen. Dem muß so sein, denn jedes Pferd reagiert innerhalb gewisser Grenzen anders, und wer geist- und gefühllos schematisieren will, kommt sein Leben lang über das Handwerkliche nicht hinaus. Der wahre Reiter muß diagnostizieren können und dann von Fall zu Fall auf Grund seiner Erfahrung und seines Taktes diejenigen Maßnahmen treffen, die ihm bei ähnlichen Gelegenheiten Erfolg gebracht haben.

Aus der Art, wie sich ein infolge mangelhaften Baues oder ungünstigen Temperaments schlecht gehendes Pferd benimmt, wird dem erfahrenen Reiter die Diagnose erleichtert. Die auftretenden Fehler selbst weisen ihm den Weg, den er, immer dem Geiste sich ewig gleichbleibender reiterlicher Grundsätze getreu, in jedem Sonderfalle zu gehen hat, um gestützt auf Können, Wissen und Gefühl ans Ziel zu gelangen. —

Im Kapitel, das vom Ankauf eines jungen Pferdes handelte, waren wir bemüht, die mehr oder minder großen Schwierigkeiten, die gewisse Baufehler bei der späteren Arbeit verursachen, hervorzuheben. Andererseits haben wir in der Erkenntnis dessen, daß es ja vollkommen fehlerlose Pferde nicht gibt, auf Mängel hingewiesen, die sich durch richtige Arbeit und anderweitig besonders günstige Körperbildung ausgleichen lassen.

In folgendem wird auf Bau- und Temperamentsfehler noch näher eingegangen und zugleich der Versuch gemacht, über ihre Abstellung oder wenigstens Milderung durch reiterliche Einwirkung einigermaßen Brauchbares zu sagen. Betont sei aber nochmals, daß nur der Einzelfall selbst das Vorgehen des Reiters bindend bestimmen darf, die nachfolgenden Betrachtungen und Winke daher keine „Gebrauchsanweisungen“ sein sollen und darum vorwiegend theoretischen und nur im Hinblick auf allgemeine Gesichtspunkte auch praktischen Wert besitzen.

Bevor wir uns mit einigen Baufehlern des Pferdes beschäftigen, möge ein kurzer zusammenfassender Überblick über Grundzüge und Verlauf der gymnastischen Durchbildung folgen, wie wir sie bei der Arbeit jedes jungen Pferdes beachten und die ihre Geltung auch bei der Arbeit fehlerhafter und der Korrektur verdorbener Pferde behalten müssen.

Die Grundsätze der Reitlehre sind feststehend und unabänderlich, die Mittel aber, die der Anwendung dieser Grundsätze dienen, haben sich dem Körperbau und Charakter des einzelnen Pferdes anzupassen.

Es ist allgemein bekannt, daß die beiden Haupterfordernisse, die das reiterlich richtige Gehen des Pferdes bedingen, ich möchte sagen die beiden Grundsteine, auf denen jede Dressur sich aufbaut,

1. die Selbsthaltung, die sich auf taktmäßiges Treten in der Losgelassenheit gründet und
2. der Schwung

sind.

Schon beim ersten Anreiten der jungen Remonte erreichen wir das Selbsttragen im natürlichen Gleichgewicht im zwanglosen „natürlichen Trabe“, sobald das Pferd sich nicht mehr gegen die ihm ungewohnte Reiterlast spannt und in einem ihm individuell passenden Tempo ohne zu eilen dahinpendelt. Diese erste Stufe, die Zwanglosigkeit, ist somit erreicht, wenn das Pferd es gelernt hat, seine eigene Last plus Reitergewicht ebenso ohne Hilfe der Zügel zwang- und widerstandslos auszubalancieren, wie es sich seinerzeit auf der Weide, nur unterstützt von seinen vier Beinen und ohne Zügel, in der ihm angeborenen natürlichen Selbsthaltung in dem von ihm gewollten Tempo zu erhalten gewußt hat.

Erst auf Grund dieses natürlichen Gleichgewichtes*) in der natürlichen Selbsthaltung ist es uns möglich, in der Ausbildung fortzuschreiten und das Pferd mit den Hilfen bekannt und vertraut zu machen; zunächst mit den rein vortreibenden, Gerte und Schenkel, welche die bisher nur schleppend folgende Hinterhand zu energischerem und raumgreifenderem Abstoßen und Vortreten — dem Nachschub — anregen und so ein ausgesprocheneres An- und Abspannen, Schwingen, des bisher im „natürlichen Trab" zwar zwanglos, aber nur matt tätigen Muskelringes veranlassen.

Die unmittelbare Folge dieses volleren Ausschwingens der miteinander in enger Verbindung stehenden Kruppen-, Gesäß-, Rücken-, Rippen-, Nacken- und Bauchmuskeln — die für den Reiter so wichtige Rückentätigkeit — ist die Streckung dieser Muskelgruppen. Der tätige schwingende Rücken füllt den Sitz aus und nimmt ihn von hinten nach vorne mit.

Durch das eben erwähnte Strecken aber läßt das bisher nur zwanglos, d. h. widerstandslos gehende Pferd sich vollends los, und die L o s g e l a s s e n h e i t , ein Produkt vertrauensvoller Zwanglosigkeit und durch Treiben erweckter Energie des Ganges mit ihren Folgen, den vollen Muskelschwingungen, ist erreicht.

Unmittelbar im Zusammenhang mit den ersten vortreibenden lernt dann die junge Remonte eine weitere Hilfe kennen, ja, sie soll sie selbst aufsuchen, indem sie sich infolge der Streckung an den bisher nur andeutungsweise als nach Bedarf dirigierende Führleine gefühlten Zügel herandehnt.

Noch einmal zusammengefaßt: Zwanglos geht das Pferd auch ohne noch auf den lang hingehaltenen Zügel getroffen zu sein, losgelassen aber erst dann, wenn es, infolge der treibenden Hilfen sich streckend, diesen aufgesucht hat.

Das Pferd fühlt es sehr wohl, daß es im Zustand der Losgelassenheit bereits zwischen Schenkel und Zügel, wenn auch in weitestem Sinne, eingerahmt, also gleichsam schon den Einwirkungen seines Reiters wehrlos ausgeliefert ist — ihm ein Blankoakzept auf seinen Körper gegeben hat**). Es läßt sich darum auch der Fall denken, daß dieses vertrauensvolle Sich-an-den-Reiter-Hingeben aus Mangel

---

*) Die verschiedenen Grade des Gleichgewichtes in physikalischem oder der Selbsthaltung in reiterlichem Sinne sind zwei Begriffsgruppen, die sich, wie schon wiederholt erwähnt, gegenseitig insofern decken und bedingen, als die Selbsthaltung von der natürlichen, angeborenen, mit allen ihren Zwischenstufen bis zu der durch die Dressur erworbenen des Schulpferds, eine Funktion des Gleichgewichtes und ohne dieses unmöglich ist.

Gleichgewicht kann aber nur vorhanden sein, wenn der Fußpunkt der Schwerlinie Pferd—Reiter innerhalb des jeweilig vordersten Unterstützungspunktes der Masse „Pferd" fällt, dabei immer vorausgesetzt, daß die Hinterhand sich nicht entzieht, sondern widerstandslos lastaufnehmend in der Richtung der Schwerlinie vortritt.

Ebenso notwendig aber ist es auch, daß in Momenten der Schwebe und in den verstärkten Gangarten überhaupt, dieses vorwiegend statische Gleichgewicht durch ein aus der schwungvollen Bewegung entstandenes d y n a m i s c h e s ersetzt wird, das die Erhaltung der Stabilität mitzuübernehmen hat.

Ohne Mitwirkung dieses dynamischen Gleichgewichts ist eine Selbsthaltung in der Bewegung undenkbar.

Reiterlich gesprochen geht ein Pferd im Gleichgewicht, wenn es das Tempo oder die Gangart nicht verstärkt oder erhöht, sobald man die Zügel soweit nachläßt, daß gar keine Verbindung zwischen Hand und Maul mehr stattfindet. Es darf im Zügel — von besonderen Fällen abgesehen — keine Stütze finden.

) **Es ist geradezu verblüffend, wie leicht und fein ein noch fast völlig rohes Pferd schon nach wenigen Tagen der Ausbildung auf Gewichtsverlegungen des Reiters im Sinne der Längs- und hauptsächlich der Querachse, die ja auf viel kürzerer und darum labilerer Basis ruht, reagiert, wenn es sich gegen die Gewichtseinwirkung nicht steift.

an eben diesem Vertrauen verzögert wird. Ein Grund mehr, vom ersten Sattelauflegen und vom ersten Beinaufheben an immer auf Erhaltung eines gut freundschaftlichen Verhältnisses zwischen Mensch und Tier im Geiste wohlwollender Gemütlichkeit bedacht zu sein. —

In vorstehendem wurde mit kurzen Worten gekennzeichnet, wie die anfangs nur rudimentär in der Zwanglosigkeit des „natürlichen Trabes" schlummernde Losgelassenheit, bei der sich das Pferd mit keinem Muskel mehr gegen das Reitergewicht spannte, durch das „Sichtreibenlassen" mit dem Schenkel, dem sich später noch das Kreuz hinzugesellt, zum restlosen und energischen Indienststellen dieser Muskeln im Sinne der durch die Hilfen ausgelösten Bewegungen, also zu elastischem Strecken und Beugen bei Aufnahme der Last wird.

Das Gehen in einer natürlichen Selbsthaltung, in einem Gleichgewicht mit ziemlich weit nach vorne gegen den Widerrist zu verlegter gemeinsamer Schwerlinie, das schon zu Beginn als Grundlage gleichmäßigen Taktes in der Fußsetzung angestrebt werden und erreicht sein mußte, wird im Verlaufe der Dressur mit fortschreitender Beuge- und Tragfähigkeit der Hinterhand immer mehr zum Gehen in erworbener Selbsthaltung, in erworbenem Gleichgewicht. —

Indem wir die Grundzüge der Ausbildung in den ersten Monaten des Anreitens, wie sie schon ausführlicher an anderer Stelle dieses Buches geschildert wurden, noch einmal zusammenfassend beleuchteten, sind wir durchaus nicht von unserem Thema, das ja die Ausbildung von Pferden mit nicht einwandfreiem Gebäude behandeln soll, abgekommen.

Man muß sich nämlich vor Augen halten, wie der Gang der Ausbildung bei Pferden von annähernd korrektem Gebäude und ohne nennenswerte Temperamentsfehler beschaffen zu sein hat und muß eine solche Ausbildung unter Anleitung eines guten Lehrers oft mitgemacht haben, ehe man an die ungleich schwierigere Aufgabe herangeht, Pferde mit Gebäudefehlern trotz ihrer Mängel zu möglichst brauchbaren Reitpferden zu machen, d. h. trotz gewisser Unzulänglichkeiten das Maximum an Leistung aus ihnen herauszuholen, ohne dabei ihre Gelenke und Knochen zu schädigen und ihren Charakter zu verderben.

Mag man nun das seltene Glück haben, ein von Natur aus rittiges, sich selbst anbietendes Pferd zu dressieren, oder aber ein infolge seines Baues schwieriges in die ihm noch mögliche Form bringen wollen, in der es sein Optimum leisten kann, ohne sich allzufrüh zu verbrauchen, immer müssen Selbsthaltung — von der „natürlichen" bis zu der eventuell je nach Fähigkeit „erworbenen" des Schulpferdes — und Schwung die Leitsterne bei der Arbeit sein. Diese zwei Kardinalforderungen, die vom Beginn der Dressur bis zu ihrer Vollendung in stets steigendem Maße erfüllt sein müssen, beinhalten und bedingen Takt, Losgelassenheit, reinen raumgreifenden Gang, Längsbiegung, Geraderichtung, und zum Schluß, als Krone der Ausbildung, durchlässigen Gehorsam in der Versammlung.

Fehlerlose Pferde gibt es nicht; der erfahrene Reiter und Pferdekenner muß nur zu unterscheiden wissen, welche Gebrechen und Mängel im Gebäude einer Ausbildung, die das Pferd zum Gebrauch geeigneter machen soll, unüberwindliche Schwierigkeiten entgegenstellen, und welche wieder durch verständnisvolle, individuell angepaßte Arbeit behoben oder wenigstens gebessert werden können.

Er muß erkennen können, ob die Möglichkeit besteht, die vorläufigen Unzulänglichkeiten gewisser schwacher Körperteile durch größere Inanspruchnahme besonders korrekt gebauter Partien auszugleichen. Er muß wissen, ob und durch welche vorsichtig gesteigerten Übungen eben diese mangelhaften Körperteile nach anfänglicher schonender Entlastung und bewußt verminderter Beanspruchung allmählich gekräftigt werden können. Er muß es endlich verstehen, verborgene oder zurückgehaltene Kräfte zur gemeinsamen Arbeit zu wecken und heranzuziehen und auf diese Weise bei fehlerhaften Pferden die von Natur aus mangelnde Harmonie durch seine Kunst teilweise herzustellen oder wenigstens zu ersetzen. Nicht im sturen Fehlergucken, sondern im klugen Abwägen des Guten gegen weniger Gutes zeigt sich der praktische Pferdemann.

Wenn wir nun die am häufigsten vorkommenden Gebäudefehler und die Art besprechen, wie sie im Verlaufe der Ausbildung zu berücksichtigen sind, so liegt es uns fern, Rezepte geben zu wollen. Über deren durchaus problematischen Wert haben wir schon eingangs gesprochen. Die Ecksteine der gymnastischen Ausbildung des Pferdes, die Selbsthaltung und der Schwung, verbunden mit Gefühl für das Maß der Hilfen und dem Verständnis dafür, wieviel ich in einem gegebenen Moment verlangen darf, müssen mehr denn je zu unverrückbaren Pfeilern werden, die den Bau des jedem Einzelfall individuell angepaßten Arbeitsplanes zu tragen haben. Die sicht- und fühlbare Quittung auf dieses richtige Vorgehen werden dann aber auch immer richtiger Gang und Anlehnung sein.

Wie bereits betont, ist die Dressur von Pferden mit Gebäudefehlern bedeutend schwieriger als das Zureiten von normal gebauten.

Gilt es schon bei diesem, die Anwendung unverrückbar feststehender Grundsätze dem Wesen, Charakter und Temperament eines jeden einzelnen Pferdes anzupassen, so ist dies um so vielmehr beim Reiten von nicht einwandfreien Modellen der Fall, da im Laufe der Ausbildung bei diesen oft Schmerz und Zwang auftreten, von denen günstiger gebaute völlig verschont bleiben. —

Gesunde Beine, Hufe und Verdauung vorausgesetzt, hängt die Leistungsfähigkeit unserer Reitpferde in erster Linie von der losgelassenen Tätigkeit der Strecker und Beuger ab, die in Gestalt eines Muskelringes auch Rücken, Rippen und Bauch umschließen. Daß Form und Lagerung des Rückens auf das Schwingen dieser Muskeln den größten Einfluß üben, ist ohne weiteres klar.

Der Reitpferderücken

soll von der hinter dem Widerrist erforderlichen Eintiefung an bis in die leicht gewölbte Lendengegend etwa horizontal verlaufen und eine solche Länge besitzen, daß ein freies Ineinandergreifen seiner Muskeln mit denen der Vor- und Hinterhand gewährleistet wird.

Ist also der „Schluß" ein tadelloser und der gut entwickelte Widerrist lang nach rückwärts verlaufend, so wird ein solcher Rücken, auch wenn er dem Beschauer etwas „lang" erscheint, einer gymnastischen Durchbildung keine besonderen Schwierigkeiten bereiten, ja, seine Schmiegsamkeit diese sogar erleichtern, da die an sich sehr geringe Biegsamkeit der Wirbelsäule in senkrechtem und waagerechtem Sinne (letztere im praktischen Gebrauch Rippenbiegung genannt) durch eine solche Form zu ihrer größten Auswirkung gelangt.

Der lange Rücken

wird fehlerhaft, wenn seine Länge ein weites Vortreten der Hinterbeine gegen die Schwerlinie unmöglich macht. Hat so ein Rücken noch eine schwache Lendenpartie, so besteht die Gefahr, daß es nie zum wirklichen Durch- und Ausfedern der Muskulatur kommt, „der Reiter auf zwei verschiedenen Pferden sitzt" und das langrumpfige Tier ihm nie den Sitz ausfüllt, da es hinten zu kurz tritt, also eilt oder schleppt*).

Um die Verbindung zwischen Vor- und Hinterhand wieder herzustellen und ein gelassenes, raumgreifenderes Treten hervorzubringen, heißt es da, das Gewicht auf den Spalt und die Seiten des Pferdes verlagern und nach Erreichung des Taktes im natürlichen Trab und des energischen Sprunges im freien Galopp durch Treiben mit Gerte oder Schenkel bei tiefer, aber nicht herabdrückender Hand, die Hinterbeine zu möglichst langen Tritten und Sprüngen zu veranlassen, um so den Einklang zwischen Vor- und Hinterhand herzustellen. Sind die Hinterbeine einmal zur richtigen Tätigkeit gebracht, beginnen auch die bisher krampfhaft nach unten weggedrückten Muskeln des toten Rückens elastisch zu schwingen — sich regelmäßig und gleichmäßig an- und abzuspannen — und strecken die Wirbelsäule an die passive Hand heran — das Pferd läßt sich los**).

Bei dieser Art von Arbeit werden die Bauchmuskeln, die wesentlich zu einer richtigen Rückentätigkeit beisteuern, gekräftigt, so daß nach Wochen auch bei normaler Belastung durch volles Einsitzen Gang und Rückenschwingungen nicht mehr in Unordnung geraten werden. Bei den Paraden ist ganz besonders darauf zu achten, daß nicht durch tiefes Einsitzen die Lendenwirbel durchgebogen werden. Durch ungeschicktes und plumpes Bringen des Gewichts werden die Hinterfüße am freien und unbefangenen Untertreten gehindert, können nicht genügend stützen und der so verursachte Schmerz hat Unruhe und Kämpfen gegen die Hand zur Folge.

Über eine Gebrauchshaltung soll bei solchen Pferden nicht hinausgegangen werden. Sie können aber zu sehr angenehmen Reitpferden werden, da ihr allzu biegsamer Rücken alle Prellungen des Ganges mildert. —

Was eben über Prellungen gesagt wurde, gilt in umgekehrtem Sinne für den

kurzen Rücken.

Ein solcher erlangt schwer die notwendige Schmiegsamkeit, um die Bewegungen des Fundaments und des Reiters zu dämpfen und aufzulösen, wird also diesen stark ermüden und Gelenke und Bänder der Beine hart beanspruchen.

---

*) Besonders charakteristisch für solche Pferde ist ihr Galopp, der einem Laufen im Viertakt ähnelt. Da die beugenden Bauchmuskeln beim An- und Abspannen in vorwiegender Dehnung verharren, ziehen sie die Hinterbeine nicht genügend heran. Die Haupteigenschaft des Galopps, das Sprungartige, fehlt.

**) Jedem denkenden und richtig fühlenden Reiter drängt sich die Wahrnehmung auf, daß zwischen der Tätigkeit von Hinterhand einerseits und Rücken andererseits die Gesetzmäßigkeit gegenseitiger Wechselwirkung besteht, die ich mit einer Art von Rückkopplung vergleichen möchte.

Auch auf einen kurzen Rücken soll man zunächst nicht voll einsitzen, wohl aber trachten, durch ein lebhaftes, freies Arbeitstempo im Trab und Galopp dem Pferde Widerstandsmöglichkeiten zu nehmen und den Rücken zu strecken. Schwingt dieser dann und hat man im Gesäß nicht mehr das Gefühl, auf einem Katzenbuckel zu sitzen, können ganz kurze, vorwärts-aufrichtende Anzüge im Normalsitz die Abwölbung unterstützen. Spürt man aber dabei wieder Steifungen, so war die Losgelassenheit noch keine vollständige und muß die vorbeschriebene Arbeit wieder begonnen werden*).

Ein kurzes Pferd braucht, um sich im Gelände sicher zu fühlen, immer besonders viel Halsfreiheit. Es wird um so ruhiger gehen, je weniger es von der Hand eingeengt und je mehr ihm durch ausgiebige Zügelfreiheit Gelegenheit gegeben wird, die Nachteile einer kurzen Unterstützungsfläche durch freies Balancieren mit dem Gegengewicht des Halses auszugleichen.

Fördernde, langausgreifende Bewegungen bleiben aber solchen Quadratpferden meistens versagt. Künftige Dressur- oder Springpferde soll man unter ihnen lieber nicht suchen.

Nicht so selten als man annimmt, liegt der Grund von krampfhaften Anspannungen sonst normaler Rücken nicht an Kitzel- oder Schmerzhaftigkeit der Strecker. Die Beuger des Rückens — die Bauchmuskeln — werden manchmal von etwaigen Unregelmäßigkeiten im Darmkanal stark beeinflußt, so daß sie einer Lösung widerstreben. Hier muß natürlich die Ursache, die in Verdauungsstörungen liegt, durch Futterentziehung vor der Arbeit zuerst beseitigt werden. —

Überragt das Kreuz den höchsten Punkt des Widerristes, haben wir ein

überbautes Pferd

vor uns. Fast immer ist dieser Gebäudefehler mit zu

langen und stumpfgewinkelten Hinterbeinen

gekoppelt. Daher mögen diese beiden Fehler auch eine gemeinsame Besprechung finden.

Instinktiv sucht der unerfahrene Reiter, dem Form und Lage von Rücken und Hinterhand das unangenehme Gefühl des Bergabreitens vermitteln, durch Niederdrückenwollen mit dem Gewicht und aktiv aufrichtenden Zügel die Höhe hinter dem Sattel auszugleichen. Erreichen wird er aber dadurch nur ein vermehrtes Steifen von Hinterbeinen und Rücken, die durch offene Winkelung und nach vorwärts abfallende Richtung begünstigt, in diesem Kampfe alle Trümpfe für sich haben — sie werden sich vereint und siegreich dem Reiterkreuz entgegenstemmen.

Der erfahrene Reiter dagegen wird es mit um ein bis zwei Loch verkürztem Bügel durch Treiben im Spaltsitz verstehen, die steilen Hinterbeine möglichst weit gegen die Last treten zu lassen und erst nach Maßgabe der Her-

*) In beiden oben erwähnten Fällen wird man durch vorbereitende Bodenrickarbeit die Lösung festgehaltener Muskelpartien und Selbsthaltung in überraschend kurzer Zeit erreichen. Dabei so lange Leichttraben, bis das Loslassen erfolgt ist; dann bei schmiegsamem Mitgehen aussitzen, weil man so schon durch den Sitz an sich besser zum Treiben kommt.

gabe des Rückens an vollere Belastung und vielleicht später an einen bescheidenen Hankenbug denken. Allerdings liegt es in der Natur der Sache, daß vornehmlich das Abschieben die starke Seite solcher Pferde bleiben und die vermittels der nach vorn geneigten Wirbelsäule den Vorderbeinen zugeschobene Last immer eine starke Beanspruchung derselben bedeuten und überdies einem Sichheranformen in ein horizontaleres Gleichgewicht hinderlich sein wird. Bei Vollblütern, die zum Spezialzweck gezüchtet werden, Rennen auf kurze Distanzen zu gewinnen und nicht, wie es sein sollte, nach ihrer Erprobung auf der Bahn als ausbalancierte Gleichgewichtspferde der Landespferdezucht zu dienen, sah und sieht man noch solche Modelle*). —

„Löwen" oder „Giraffen" nennt man Pferde, deren nach

hinten sich senkender Rücken

auf in ihren Gelenken zu sehr gebogenen

Säbelbeinen

ruht.

Wenn die eben Besprochenen auf Kosten des Tragens zu viel schoben, so kehrt sich hier die Sache um. Wollen wir nicht, daß ihre infolge enger Winkelung ohnehin schon so ziemlich wehrlos der Last ausgelieferten Sprunggelenke Schaden nehmen, so müssen wir durch Reiten freier Gänge der Entwicklung der Schubkraft entgegenkommen und dabei nicht an Beugen oder gar Aufrichten denken, um die Hinterfußwurzel nicht noch mehr zusammenzudrücken.

Solche Pferde tragen ebenso wie „senkrückige" ihren Reiter recht angenehm und sind sehr beliebte „Alteherrenpferde". Allerdings darf man von beiden keine Dauerleistungen verlangen.

Ist mit der säbelbeinigen Stellung ein

nach rückwärts herausgestelltes Sprunggelenk

verbunden, leiden auch die Fesselköpfe. —

Dieser Fehler und Anlage zur

faßbeinigen Stellung,

bei der die Sprunggelenke „drehen" und damit der Belastung ausweichen, lassen es geraten sein, Pferde, die damit behaftet sind, mit jeder schulmäßigen Versammlung zu verschonen. —

Wie wir auch an vorerwähnten Beispielen gesehen haben, ist der Schlüssel zur schwingenden Mittätigkeit des Rückens im richtigen Arbeiten der Hinterbeine zu suchen. Tun die ihre Pflicht oder können sie überhaupt trotz mangelhaften Baues noch ihre Pflicht tun, wird auch der Rücken sich strecken und die Anlehnung gesucht werden, so daß das Loslassen erfolgt. —

*) Wobei aber ausdrücklich festgestellt sei, daß die Stutenstämme deutscher Warmblutzuchten, denen in wohlabgemessenen Zeitabständen — man möchte sagen, tropfenweise — zur Erhaltung von Nerv und Adel Vollblut zugeführt wird, einen solchen Grad von Konsolidierung erreicht haben, daß auch bei einer Paarung mit nach Exterieur und Bedeutung dem Ideal von „Kreuzungshengsten" wenig nahekommenden Vollblütern diese Mängel bei der Nachzucht nicht durchschlagen.

Das Pferd kann sich nicht richtig bewegen, ohne daß der ganze Bewegungsmuskelapparat durch Strecken und Beugen mitarbeitet.

Sind Hinterhand und Rücken einmal in Ordnung, werden darum auch fehlerhafte Halsungen von selbst so weit in eine Reitform kommen, als es der Bau des betreffenden Pferdes überhaupt zuläßt.

Obwohl wir das wissen, sollen wir uns bei der Halsarbeit doch immer von neuem wiederholen, daß das Uhrwerk — Hinterhand und Rücken — das richtige Funktionieren des Zeigers bedingt und durch Herumbasteln an diesem nichts erreicht werden kann; was ins Reiterliche übertragen etwa heißt: Um den Hals zu arbeiten, arbeite Hinterhand und Rücken, dann gewinnst du den richtig am Zügel geformten Hals, die Anlehnung.

Der Hals.

Entsprechende Länge und Bemuskelung des Halses gewährleisten geräumigen Vortritt aus der Schulter, da dann der Kopf-Hals-Armbeinmuskel, dessen Verlauf sein Name besagt, voll entwickelt ist. Der Aufsatz — die Art und Weise, wie sich der Hals aus der Vorderbrust erhebt — soll weder zu hoch noch zu tief sein.

Ein langer, dünner, stark gebogener Hals, zu hoch aufgesetzt — ein Schwanenhals — erschwert die Anlehnung in hohem Maße.

Der Hirschhals ist in vieler Beziehung das Gegenteil vom Schwanenhals, aber auch meist zu hoch aufgerichtet. Treten zu einem verkehrten Hals noch ein kurzes Genick und eng gegabelte oder in ihrer Knochenbildung zu breite oder zu scharfe Ganaschen hinzu, wird das Pferd immer die Neigung haben, über den Zügel zu kommen — nach oben der Einwirkung auszuweichen. —

Nicht ohne Absicht soll zuletzt von der Halsarbeit gesprochen werden: Der noch unerfahrene Reiter, der ständig Hals und Kopf vor sich sieht und wie alle jungen Reiter die Tendenz hat, zuviel mit der Hand einwirken zu wollen, der ferner gehört hat, daß der Hals Steuer und Lenkstange ist, neigt dazu, das Pferd von vorn nach hinten „anzufassen“, mit der sich der Muskelfügung aufdrängenden Hand dort nachzuhelfen, wo nur Abwarten am Platze wäre. —

Der Schwanenhals

und überhaupt jeder dünne, mit schlaffen, feinen Muskeln bedeckte Hals birgt so manche Tücken in sich und es bedarf vieler Mühe, ehe er sicher zum Strecken kommt und bis der Reiter in zunächst freien, entschlossenen Gangarten, die allein angezeigt sind, ein Gefühl sicherer Anlehnung haben wird. Dann allerdings ist die Hauptschwierigkeit überwunden; bis man aber dahin gelangt, kann es oft jahrlanger, geduldiger Arbeit auf dicker Gummitrense bedürfen. Es braucht auch darum so lange, weil zunächst die Halsbasis von oben gesehen breiter werden und die Eintiefung zwischen Halsseiten und Schulterpartie sich mit Muskeln füllen muß, um dem Unterhals Stetigkeit zu gewährleisten. So wie eine Angelrute, deren unteres Ende fast unbiegsam, deren oberes, dünneres aber elastisch und schmiegsam sein muß, soll sich der Pferdehals aus steter, breiter Basis heraus formen. Es sind vor allem die Rippenhalter — ein Muskelpaar von Bedeutung, das, von den unteren Halswirbeln zu den Rippen verlaufend, diese und damit Bauchmuskeln und Hinterhand nach vorne zieht und dadurch Vortritt und Schwung erzeugt —, welche bei guter Entwicklung die Halsbasis verbreitern.

Verleitet ein breites, schweres Genick, dem ein

kurzer, schwerer, gerader und tief aufgesetzter Hals

folgt, den Reiter dazu, vor eingetretener Losgelassenheit durch aktive wechselseitige Anzüge — auf gut Deutsch „Riegeln" — eine Genickbiegung vorzutäuschen, so werden die Rippenhalter geschwächt, Schwung und Nachtritt bleiben aus und das ohnehin zum Gehen auf der Vorhand geneigte Pferd kommt auf die Schulter und nützt seine Vorderbeine vorzeitig ab. Steckt man sich aber bescheidene Ziele und bringt so ein Pferd zum Sichselbsttragen in der Gebrauchshaltung, kann noch ein guter, wenn auch nicht schöner Diensttuer daraus werden*).

Eine falsche Fügung der Halswirbel und das krampfhafte Heraustreten der unteren Halsmuskeln macht den

Hirsch- oder verkehrten Hals

zu einer reiterlichen Klippe. Die Verbindung Hinterhand—Maul und umgekehrt ist an der Stelle unterbrochen, wo die falsche Aufrichtung einer Fortpflanzung der Einwirkung hinderlich ist (s. Zweiter Teil, II. Kapitel, 1 H „Der falsche Knick"). Da gibt es nur geduldiges Langmachen nach vorwärts-abwärts und ein Feststellen in dieser Lage, dann werden auch nach Monaten die unteren Muskelpartien, die kropfartig heraustreten, an Umfang verlieren, da sie durch das Strecken gedehnt werden und sich auch nicht mehr im Festhalten nach oben „trainieren" können.

Es müssen nicht nur Schwanenhälse sein, die unstet und wackelig werden. Oft werden auch ganz ideal geformte Reitpferdehälse bei falscher Arbeit immer kürzer, lockerer und krauser — der Reiter hat auf einmal nichts mehr in der Hand und der schöne Gang geht verloren.

Eine der schwersten Aufgaben für den Bereiter ist es, so einen überbogenen

krausen Hals

wieder zum Strecken zu bringen, ihn gerade und stet zu machen. Mit leichten, vorwärtshebenden Anzügen bei angesaugtem Schenkel wird nicht jeder zum Ziel kommen. Besser ist eine federleichte, dem Maul folgende Hand — ich möchte sie „Gummihand" nennen —, die immer in leichtestem Kontakt mit dem Maul bleibt. Das Vordrücken durch den Sitz wird einen anfangs nur zögernden Streckversuch zur Folge haben. Da darf ich nun noch lange nicht die Anlehnung finden lassen. Solch ein geübter „Aufroller" benützt den leisesten Gebißdruck,

*) Die Sohrsche Reitinstruktion, die bald nach den Befreiungskriegen erlassen wurde, hatte teilweise ein solches Pferdematerial im Auge, da sich damals die preußische leichte Kavallerie zum großen Teil aus moldauischen Remonten, Wildlingen gemeiner Abstammung, mit kurzen, tief aufgesetzten Hälsen remontierte. An diesem Beispiel ist ersichtlich, welch ungeheure Fortschritte die Zucht in Deutschland inzwischen gemacht hat.

der beim ersten Strecken entstünde — wenn die Hand mit dem Zügel nicht folgen würde, wie an einem Gummiband, das man um keinen Preis der Welt sich ausdehnen lassen möchte —, um erneut hinter die Senkrechte abzukippen.

Ich gebe darum zunächst durch Vorgehen mit der Hand und eventuell der Arme nach, ohne das Zügelmaß zu verändern, lasse dabei, wenn möglich, den Hals sich weiter dehnen und trachte, mit saugendem Schenkeldruck recht große, lange Tritte bei gleichbleibendem Takt zu erzielen.

Durch mein Treiben muß ich den Schwung erhalten, aber immer darauf bedacht sein, weich zu treiben, damit keine Unruhe und kein Eilen entsteht (s. a. das über die Weichheit des Schenkels bei der Schrittarbeit unter 3. B. dieses Kapitels Gesagte).

Die Hand hat dabei immer „schwebend", „gummiartig", zu bleiben und nur Kopf und Hals gerade zu erhalten.

Nach einigen Lektionen wird das Herandehnen immer ausgesprochener. Durch das Heranbringen der Hinterhand haben sich dabei auch Kopf und Hals gehoben und nun erst wird der Augenblick gekommen sein, wo die bisher nur auf ein Folgen bedachte Hand passiv werden darf und, ruhig hinhaltend, das herangedehnte Maul fixiert, d. h. die gesuchte Anlehnung gewährt.

In dem Augenblick jedoch, wo das Pferd wieder in seinen alten Fehler verfallen sollte, hört der Druck auf und die Hand wird immer wieder zur „schwebenden Gummihand", um von neuem im Schwung und Takt auf vorbeschriebene Art das Herandehnen zu erreichen.

Eherne Geduld und feinstes Gefühl gehören dazu, um bei dieser Arbeit sein Ziel zu erreichen, aber es lohnt! —

Über Temperamentsfehler.

Sehr richtig heißt es in einer Reitvorschrift: „Temperamentsfehler sind schwerer wie Gebäudefehler zu korrigieren."

Das ist noch lange kein Pferd mit schlechtem Temperament, das sich infolge noch nicht gelöster Spannung oder Schmerzes, den ihm übertriebenes „Zusammenstellen" zufügt, wehrt. Die Ursachen schwer zu behandelnder Temperamente liegen weit tiefer und sind auf psychologischem Gebiet zu suchen.

Lässig widerstrebende

Charaktere sind am schwersten zum freudigen Gehorsam — zum Sichanbieten an die Forderungen des Reiters — zu bringen. Es sind das durchaus nicht immer Pferde von geringem Blutgehalt und oft herrliche Modelle. Es fehlt ihnen nur eines, der Funke der Gehlust, dieses kostbarste Gut, das ein Pferd seinem Ausbildner zum Geschenk machen kann.

Versteht es der Reiter nicht, diesen Funken wenigstens zum Glimmen zu bringen, ist alle Mühe und Arbeit umsonst und solche Pferde werden stets nur abgestumpft durch die Gegend schleichen. Gleich anfangs muß man ihnen klar machen, daß sie auf die vortreibende Hilfe bedingungslos vorzuspritzen, zu „starten" haben und zu diesem Zweck zur höchsten Energie gesteigerte kurze Sporn- oder noch besser Gertenattacken knapp hinter dem Gurt anwenden. Es ist selbstverständlich, daß es zu keinen Kompromissen kommen darf und keine Zeit zum Hintenhochwerden oder gar Ausschlagen gelassen wird. Ist der Erfolg da, sehr weich parieren und sofort loben. Später wird wohl eine bloße Drohstellung genügen, sie hellhörig und ans Gebiß herangehen zu machen. Auf diese Weise wird man mit immer leichteren Hilfen sein Auslangen finden.

Daß solche laurige Faultiere ungehobene Schätze an Kraft und Energie in sich bergen, zeigen sie, sobald sie einen schwachen Reiter, der ihnen mit halben Maßregeln kommt, fühlen. Da schlagen und bocken sie sich von den Hilfen frei, gehen mit klarer Überlegung durch und beweisen, daß der Phlegmatiker sich auch mit dem Choleriker paaren kann.

Handelt es sich darum, bei alten, verrittenen und von Grund aus verdorbenen, reiterlich richtigen Hilfen unzugänglichen Pferden einen sofortigen Erfolg zu erreichen und sie am Steigen, Ausschlagen, Kehrtmachen, Kleben oder Beißen nach dem Schenkel zu hindern, wendet man mit Stahleinlagen „versteifte Zügel" an, die es auch dem körperlich schwächsten Reiter ermöglichen, durch Vorschieben der Hand Hals und Kopf zu strecken. Die auf diese Weise wie eine Schubkarre mit unwiderstehlicher Gewalt vorgeschobene Vorhand zieht die Hinterhand, den Sitz des Stützes, mit sich und hindert sie am Stehenbleiben. Das Pferd kann nur mehr Lançaden nach vorwärts machen und damit hat der Reiter gewonnenes Spiel.

Bei solchen verhaltenen alten Sünden würden die zu weit hinter dem Gurt drückenden Sporen die Widersetzlichkeit nur steigern, da sie, den Rumpf in der Gegend der falschen Rippen auseinanderschiebend, das den Gehorsam bedingte Untertreten verhindern und ein Rückwärtsherausstellen der Hinterbeine fördern. Als Unterstützung der versteiften Zügel kommen nur kurze, energische Spornstöße knapp hinter oder noch besser vor dem Gurt in Betracht.

An dieser Stelle sei noch erwähnt, daß dieses, für gewisse Fälle mit Recht „letztes Argument" genannte Hilfsmittel der versteiften Zügel, weder Fillis noch L'Hotte — wie man häufig hören kann —, sondern den Italiener Giovanni Sala, einen Schüler Bauchers, zum Erfinder hat.

Die Natur hat das Pferd zum friedlichen Pflanzenfresser bestimmt, und außer bei Hengsten oder bei Stuten, die ihre Mutterrechte verteidigen, ist die Flucht seine natürlichste Reaktion auf jede Art von Furcht und Schmerz.

Wirkt der Reiter grob oder ungeschickt ein, beunruhigen es unerklärliche Geräusche oder unseren Sinnen gar nicht wahrnehmbare ungewohnte Gerüche, sieht es ihm unbekannte Gegenstände, so trachtet es davonzulaufen.

Ist diese Tendenz allzu ausgeprägt und wird sie durch Mangel an Vertrauen zum Reiter noch gesteigert, so kann sie zu einem gewohnheitsmäßigen — habituellen — Zustand aufgeregter Ängstlichkeit werden.

Viele solcher Pferde, die bisher einen sonst guten, aber selbst mehr oder weniger nervösen und ungeduldigen Reiter zu tragen hatten, sind durch einen einfachen Stallknecht, der sie stundenlang mit langem Zügel, seine Pfeife rauchend, in der Natur herumbummeln ließ, beruhigt worden und haben später als wahre Leistungspferde ihr Bestes hergegeben. Es hatte sich eben nur darum gehandelt, ihr erschüttertes Vertrauen zum Menschen von neuem zu festigen und dann die auf dieses wiedergewonnene Vertrauen gegründete Überzeugung zu wecken, daß ihnen nichts geschehen kann, solange sie am weichen Sitz und an der leichten Hand bleiben. Das Abklingen des durch Aufregungszustände hervorgerufenen seelischen Druckes wird auch den unnötigen Mehraufwand an Nervenkraft herabsetzen; ein Umstand, der Verdauung und Kondition unmittelbar günstig beeinflußt.

„Ruhig auf bewegtem Pferde" hat Napoleon gesagt. Er ist wohl kein großer Reiter gewesen, wußte aber, was ein gutes Pferd ist — denn er ritt mit Vorliebe Limousiner — und das ist jedenfalls einer der besten Aussprüche, die er getan hat.

Was also Pferde anbetrifft, die ängstlich sind und

eilen,

so ist es am besten, nachdem sie sich unter einem Stallmann von erprobter Bierruhe im Schritt mit möglichster Ausschaltung des Zügels durch Langeweile etwas gefunden haben, sie auf einen sehr großen Zirkel zu nehmen, der so beschaffen sein soll, daß führende Einwirkungen fast gänzlich entfallen können*) (auf drei Seiten geschlossen).

Nun läßt man sie im Trabe einfach laufen und trachtet nur mit schmiegsamem Sitz, ohne voll zu belasten, gut mitzukommen. Jeden Gedanken an Regulieren des Tempos zunächst vermeiden! Hat der Reiter die nötige Geduld, wird der Zeitpunkt kommen, wo sie ein Kürzerwerden von selbst anbieten. Da heißt es nun, sich mit dem Schenkel weich heranfühlen und daran bleiben.

Diese Momente des Sichselbstaufnehmens werden immer häufiger eintreten, und nach Maßgabe der Beruhigung wird der Reiter nun schon unendlich vorsichtig treiben können. Kann er das einmal, so hat auch das Eilen aufgehört, denn die nunmehr nicht mehr zu kurz tretenden Hinterbeine, die anfangen, besser in Richtung der Last vorzugreifen, gewinnen dabei mehr Raum — machen längere Schritte — und müssen demgemäß in langsamerem Takte treten. Das Pferd wird besser von der nun schon tragenden Hinterhand unterstützt, kann sich selbst halten und verliert nicht mehr nach vorwärts sein Gleichgewicht.

Es wird so von selbst darauf kommen, wieviel angenehmer ihm diese Art von Gehen ist und aus eigenem Antrieb vertrauensvoll die Hilfen — Schenkel und Hand — aufsuchen, vor denen es früher geflohen ist.

Die Erfahrungstatsache, daß es, ganz allgemein gesprochen, gewitzte und verdorbene „Schulpferde" gibt, die sich oft noch schwerer an den Hilfen erhalten als daran stellen lassen, gibt uns hier Veranlassung, auf gewisse Gedankenlosigkeiten, die beim „Klopfen" vorkommen, das bekanntlich ebensosehr Beruhigungsmittel für ängstliche und junge Pferde, wie darüber hinaus eine Belohnung überhaupt sein soll, mit einigen Worten einzugehen.

Ein Vorneigen des Oberkörpers beim Klopfen junger Pferde im Anfangsstadium ihrer Ausbildung hat seine volle Berechtigung. Die zweifache Belohnung des damit verbundenen Nachlassens der Zügel und der Entlastung des Rückens läßt das Pferd bei der

*) Um sie einigermaßen, natürlich ganz ohne eine reiterliche Längsbiegung, auf der großen Kreislinie zu erhalten, müssen im Bedarfsfalle im Takte der Bewegung ganz leicht andeutende, vorwärts-seitwärts gerichtete, „öffnende" Zügelanzüge vollkommen genügen.

gleichzeitigen Berührung mit der Handfläche des Reiters die Einleitung zu angenehmen Erleichterungen empfinden und macht es besonders für die Hypnose streichelnden Klopfens als Beruhigungsmittel ein für allemal empfänglich.

Nicht vertreten aber läßt sich dieses Vorneigen beim Klopfen mit schlaffem, nach rückwärts durchsackendem Kreuz — wie man es fast ausnahmslos sieht — während des späteren Dressuraufbaues in der Bahn. Will der Reiter nach dieser Belohnung, die nur durch leichtes Öffnen der Finger unterstrichen werden soll, die Arbeit fortsetzen, muß er sich von neuem der oft langwierigen Mühe unterziehen, sein Pferd, das sich inzwischen von den Hilfen losgemacht hat, an sein Kreuz heranzureiten.

Ein Kapitel für sich sind manche

Vollblüter

mit Rennbahnvergangenheit.

Es gibt keinen Menschen, der behaupten wollte, daß die Zweijährigenrennen und das vorhergehende Training für die körperliche und charakterliche*) Entwicklung künftiger Elterntiere, die Nerv und Härte den Warmblutzuchten erhalten sollen, ohne durch Vererbung eines geschwächten Nervensystems und schlechter Verdauung schädigend zu wirken, von Wert sind.

Auch bei sorgfältigster Pflege, Fütterung und Behandlung widerstehen Gebäude und Temperament**) nicht immer einer zu frühen Inanspruchnahme.

Körperlich leidet der in voller Entwicklung befindliche Zweijährige u. a. durch die falsche Richtung, in der sich die Widerristwirbelkörper bei zu früher Belastung zusammenfügen***), seelisch nimmt er Schaden und wird reizbar, weil er vom Menschen um das vollgerüttelte Maß eines Kindheitsjahres auf der Koppel betrogen worden ist.

Federgewichte der Lehrlinge und Peitschenverbot sind ja an sich recht schön, ändern aber im Wesen nichts an der Sache.

Wenn wenigstens durch diese Rennen, die, wie es in der Natur der Sache liegt, nur auf kurze und kürzeste Distanzen und teilweise runder Strecke gelaufen werden können, die wahre Galoppiermaschine, das oft später reifende, großrahmige, harmonische Pferd (im Gegensatz zur kurzen „Blutkatze"), wie wir es für die Zucht suchen, zur Geltung käme! Das tut es aber nicht und kann es nicht.

Wenn zum mindesten andere Qualitäten, wie Nerv und Härte, die wir durch Zufuhr von Vollblut dem Halbblüter geben wollen, durch die Zweijährigenrennen abschließend ihre Bestätigung finden könnten! Das geschieht aber noch weniger. Ein Blick auf die vor dem Kriege alljährlich im Herbst veröffentlichten Handicaps der Dreijährigen, z. B. in Frankreich, belehrt uns — — wenn wir die Handicaps derselben Pferde vom Vorjahre damit vergleichen —,

---

*) Temperament und Charakter sind angeboren, doch können beide durch Behandlung und Reiten verbessert oder verschlechtert werden.

Ob und was für ein Temperament vorhanden, darüber gibt uns schon ein rohes, aber in guter Kondition befindliches Fohlen gewisse — wenn auch nicht untrügliche — Fingerzeige.

Über den Charakter aber werden wir uns nur im Laufe der Arbeit ein abschließendes Urteil bilden können.

**) Siehe Anmerkung auf Seite 153.

***) Wie sehr überzeugend vom Biologen N. P. Pycraft nachgewiesen.

daß Umkehrungen der Form an der Tagesordnung sind, die Zweijährigenrennen also gar keine Beweiskraft haben*).

Der Rapphengst Pharis geb. 1936 v. Pharos—Carissima, genannt „das Pferd des Jahrhunderts", ist als Zweijähriger überhaupt nicht gelaufen, hat dafür aber ein Jahr später alle Rennen gewonnen, die er bestritt, und war dabei den besten seiner Altersgenossen weit überlegen. Ein Beispiel für viele!

Der dank deutscher Initiative alljährlich tagende und nur durch die Kriegsereignisse unterbrochene internationale Vollblutkongreß wird vielleicht Gelegenheit geben, daß Fachleute das Mittel finden, den durch ihre Opferbereitschaft bekannten Rennstallbesitzern, die unter den obwaltenden Verhältnissen oft gegen ihre bessere Überzeugung das zu junge Material ausnutzen müssen, einen Ausgleich zu schaffen, indem größere Gewinnmöglichkeiten für dreijährige und hauptsächlich ältere Pferde, allerdings über überzeugendere Distanzen auf langen Linien geschaffen werden. Die so erhöhten Gewinne ihrer älteren Pferde werden dann den Rennstallbesitzern die finanzielle Möglichkeit geben, ihr jüngstes und auch ihr oft übertrieben ausgenütztes dreijähriges Material weniger scharf heranzunehmen.

Bekommt man einen solchen vom Rennbahnbetrieb leicht geknickten Vollblüter in die Hand und will daraus ein Gebrauchs- oder gar Dressurpferd machen, so wird die nächste Sorge darauf hinzielen müssen, ihn unangenehme Eindrücke, die in den empfindlichen Entwicklungsjahren auf ihn eingestürmt sind, vergessen zu machen und ihn durch gemütliches Spazierenreiten und Laufen im natürlichen Trabe mit hingegebenem Zügel seine natürliche Selbsthaltung wieder finden zu lassen. Da entdeckt man bei so einem Pferd oft Trabtritte, die es früher gar nicht ahnen ließ.

Es dauert mitunter ja recht lange, bis so manche seelische Bruchstelle geheilt, der psychische Kontakt zwischen Reiter und Pferd gefunden ist. Hat das Vertrauen aber einmal Wurzel gefaßt, so kommt gerade der Vollblüter mit seiner hohen Intelligenz und Energie dem Reiter in hohem Maße entgegen und macht die Arbeit zum Genuß.

8. Beziehungen von Reitergewicht und Hilfen zur anatomischen Mechanik des Pferdes

„Den beseelten Mechanismus des Pferdes zu erforschen, in ihn hineinzusehen und zu lauschen, um dann dies Wunderwerk zu regeln und sich seiner zu bedienen — fürwahr eine Lebensaufgabe ohnegleichen!"

Das bei der Ausbildung unseres Pferdes zunächst anzustrebende Ziel ist, wie wir wissen, die Erreichung des zwanglosen An- und Abspannens sämtlicher für die Bewegung und das Tragen in Betracht kommender Muskelgruppen. Durch treibende Einwirkungen erzielen wir in späterer Folge geräumigeres, energischeres Treten der Hinterbeine und damit auch ein ausgesprocheneres, energischeres Schwingen dieser Muskelgruppen, das ein Strecken der ganzen Wirbelsäule nach

*) Es ist interessant, zu beobachten, daß in England, wo im Gegensatz zu Frankreich die Zweijährigen sehr wenig herausgebracht werden, eben diese Zweijährigen später als Dreijährige ihre Form fast immer behalten.

vorwärts und bei Losgelassenheit am Gebiß, eine diesem Strecken die Waage haltende und das Gleichgewicht bewahrende Beugetätigkeit zur Folge hat.

Um die Muskeln instandzusetzen, diese Aufgabe zu erfüllen, kräftigen wir sie durch Übung (Training) und machen sie geschmeidig durch gymnastische Ausbildung.

Die für uns wichtigsten sind die mit denen des Rückens gekoppelten und bis zum Knie- und Sprunggelenk herabreichenden Kruppen (Sitzbein-) Muskeln; ferner die um das Hüftgelenk gelagerten Gesäßmuskeln, die sich ebenfalls bis zum Kniegelenk verzweigen; dann die in ihrer Wirkung vom Schweifansatz bis zum Hinterhauptbein reichenden langen Rückenmuskeln, mit den von ihnen abzweigenden und die Bewegungen der Vorderbeine regelnden schiefen Rückenmuskeln; weiter die von den vorderen Brustwirbeln (Widerrist) ausgehenden und diese mit den Halswirbeln verbindenden Nackenmuskeln und endlich die Dornmuskeln, welche, wie ihr Name besagt, den nach vorn gerichteten Zug der Nackenmuskeln auf die Dornfortsätze von diesen auf die Wirbelkörper übertragen und als ein starkes elastisches Aufhängeband das Durchbiegen des Rückens nach unten verhindern, sowie auch bei richtigem Funktionieren mittelbar die freie, erhobene und losgelassene Schweifhaltung hervorrufen. Nicht minder bedeutsam und zur reibungslosen Miteinanderarbeit von Vor- und Hinterhand notwendig sind die Kopf, Hals und Arm verbindenden und danach benannten Muskeln; ferner die Rippenhalter, welche die Rippen am Unterhals befestigen und schließlich die Bauchmuskeln, welche am unteren und seitlichen Teil des Pferdekörpers entlang, in Gestalt einer Hängevorrichtung als untere Hälfte des Muskelringes diesen schließend, im Verein mit Rücken- und Rippenmuskeln die Verbindung von Vor- und Hinterhand herstellen und überdies den Atmungsvorgang beeinflussen.

Die genannten Muskelgruppen bilden mit noch einigen anderen, wie schon erwähnt, einen in sich geschlossenen Muskelring.

A. Aktive und passive Beugung der Hinterhand

Die am stärksten entwickelten Muskelgruppen sind diejenigen, die Hinterschenkel und Becken umschließen. Hier ist auch der Ursprung der bewegenden Kraft, der Motor des Pferdes, und hier — bei den Hanken — hat auch die reiterliche Einwirkung einzusetzen.

Beobachten wir zunächst die Tätigkeit der beiden die Hanken bildenden Gelenke beim Antreten der Bewegung aus dem senkrechten Stand. Beim Erheben des einen Hinterfußes zum Vortreten streckt sich das Kniegelenk, das Hüftgelenk aber beugt sich. Bei der noch stützenden anderen Gliedmasse aber strecken sich beide Hankengelenke bis zum Augenblick des Abstoßens. Von diesem Moment an beugen sich beide, bis das Hinterbein beim Vorschwingen in die Senkrechte gelangt ist. Darüber hinaus setzt das Hüftgelenk seine Beugung fort, das Kniegelenk aber streckt sich, wie oben beim Antreten aus dem senkrechten Stand beschrieben.

Die Beugung des Hüft- und Kniegelenks, von der wir bis jetzt sprachen, ist eine aktive und muß zwangsläufig erfolgen, um durch Kürzermachen des Beines sein Erheben über den Boden zwecks Vortretens zu ermöglichen. Diese aktive Beugung erfolgt in dem gerade zweckentsprechenden Maße bei jedem Pferde, das sich nicht steift oder festhält, sei es nun, daß es in seinem natürlichen Gleichgewicht oder in hoher Versammlung geht. Ihr Grad ist nur von Bodenunebenheiten oder dem Bestreben des Pferdes abhängig, durch ihr Verkürzen die Pendelschwingungen der Hinterbeine zu fördern. Beispiele dafür, das starke Anziehen bei Überwindung von Bodenricks und im Renntrab*) und Renngalopp.

Die passive Hankenbeugung, die uns Reitern unendlich wichtiger ist, findet erst als Folge erhöhter Belastung der Hinterhand statt. Diese zeitweise gesteigerte Belastung können wir auch schon beim rohen, reiterlosen Pferd in Momenten der Aufregung beobachten, wenn es z. B. als Vorbereitung rascher Richtungsänderungen seinen Schwerpunkt der Hinterhand nähert und diese vermehrt belastet.

Als Folge reiterlicher Einwirkung findet diese passive Hankenbeugung während der jeweiligen Stützphase (Stützkonstellation) des gerade am Boden befindlichen Hinterbeines statt und erreicht ihr Höchstmaß, wenn sich der Körper des Pferdes im Gange über das senkrechte Hinterbein hinüberschiebt. Entzieht sich der Hinterfuß dieser Beugung durch Steifen, so „wippt" der Oberkörper des Reiters im Galopp und das Gesäß wird geprellt.

Der zwecks Senkung und Beherrschung der Hinterhand durch gymnastische Durchbildung erzielte Beugegang in der Stützphase wird durch die gleichen Muskelgruppen, die auch die Streckung — das Abschieben in der Stützphase — bewirken, bewerkstelligt. Die Strecker, in unserem Falle die Kruppenmuskeln, erhalten die Hinterhand des gerittenen Pferdes in einer entsprechenden Beugung dadurch, daß sie kein volles Öffnen der Hankenwinkel während der Streckbewegung zulassen. Je länger diese Beugephase auf Kosten reiner Streckung dauert, desto wiegender und schwungvoller wird der Gang, desto mehr wird die Öffnung der Gelenkwinkel zum Abschub kein allmähliches Durchziehen der Gelenke zur vollen Streckung, sondern ein elastisches Vorschwingen noch aus der Beugung heraus. Der Hinterfuß bleibt beim Abfußen immer weniger hinter der Senkrechten zurück und federt rechtzeitig durch kraftvollen Abstoß ab. Aus dem Abschub mit langem Verweilen hinter der Senkrechten bei bis aufs äußerste geöffneten Hankenwinkeln wird immer mehr ein Abschwung. —

Es fällt uns hier auf, daß eine Gruppe, die Kruppenmuskeln, fast nie zur Ruhe kommt, da sie sowohl das Knie vom Moment des Abfußens einschließlich der ersten Hälfte der Hangbeinphase aktiv beugt, als auch während der nach der zweiten Hälfte des Vorschwingens folgenden ganzen Stützkonstellation bis zum erneuerten Abstoßen, bis zu einem gewissen Grade streckt. Auch bei dieser Streckung aber wird das Knie, je nach Maßgabe der Hinterhandsenkung, in einem angemessenen passiven Beugezustand erhalten.

---

*) Besonders deutlich zu beobachten bei den gewaltigen Sprüngen, womit sich der Traber von Diagonale zu Diagonale schleudert. Siehe auch Abbildungen des Renntrabs auf Seite 114 und 137.

Die Kruppenmuskeln sind also nur während eines Viertels der ganzen Bewegungsfolge — welch letztere bekanntlich einen Bewegungsabschnitt von einer bestimmten Gliedmaßenstellung bis zur Wiederkehr der genau gleichen Stellung bedeutet — nicht in Tätigkeit, wo sie während der zweiten Hälfte des Vorschwingens bis zum Auffußen durch zwei andere Muskeln, die jetzt das Strecken des Knies übernehmen, abgelöst werden.

Diese fast unausgesetzte Arbeit, welche die Kruppenmuskeln sowohl als Strecker als auch als Beuger zu leisten haben, ist mit eine Erklärung dafür, daß junge, noch nicht gekräftigte Pferde bei längeren Trabreprisen aufhören, unterzutreten und die ermüdeten Hinterbeine matt nachschleppen lassen oder sich der passiven Beugung durch Steifen (Stemmen) oder Eilen (kürzer treten) zu entziehen suchen.

B. Auswirkung der Hinterhandbeugung auf Rücken und Vorhand

Wie schon bei Besprechung der Versammlung betont, hat die durch den Gang in passiver Beugung verursachte und von der Tätigkeit der Kruppenmuskeln entscheidend beeinflußte Senkung der Hinterhand je nach dem Grade dieses Beugeganges auch eine mehr oder weniger sicht- und fühlbare Senkung der Wirbelsäule von vorn nach rückwärts zur Folge. Die erleichterte Vorhand erhält dadurch einen freieren und erhabeneren Vor- und Austritt — die Schulterfreiheit — und wächst aus dem Widerrist heraus. Hals und Kopf nehmen statt der bisherigen Richtung nach vorwärts eine solche nach vorwärts-aufwärts an — die relative Aufrichtung.

An dieser die Vorhand erleichternden Tätigkeit nehmen aber auch die Bauchmuskeln insofern Anteil, als sie, am ausgesprochensten in der Schwebephase des Galopps, beim Vorschwingen der Hinterbeine durch rhythmisches Vorziehen des unteren Beckenrandes auch alle Kruppen- und Gesäßmuskeln, die schon durch die längeren Wege, die sie um die verstärkt gebeugten Gelenke der Hinterhand herum zurückzulegen haben, nach rückwärts-abwärts gezogen werden, noch zusätzlich in derselben Richtung dehnend beeinflussen. Da letztere Muskelgruppen mit denen des Rückens gekoppelt sind, erstreckt sich ihre Zugwirkung auch auf diese, wodurch eben die Aufrichtung von Brust- und Halswirbelsäule erfolgt. —

Der Rücken wird beim richtig gehenden Pferd in zweifacher Richtung gedehnt: wie wir eben gesehen haben nach rückwärts-abwärts, da ihn die Kruppen- und Gesäßmuskeln infolge Beugens der Hinterhandwinkel und Vorziehens des unteren Beckenrandes durch die Bauchmuskeln in dieser Richtung dehnen — nach vorwärts, durch Streckung des mit ihm in Verbindung stehenden Halses (s. a. nächster Abschnitt).

Diese doppelte Dehnung ist das wesentliche Merkmal richtiger Versammlung, die ohne eine solche durch schwungvolles Treten erzeugte Spannung der Rückenmuskeln beim elastischen Ineinanderfedern der einzelnen Gruppen des Muskelringes nicht denkbar ist.

In diesem Zustande ist das Pferd auch in der Lage, kurze, nach rückwärts gerichtete Anzüge, die eine hebelartige Wirkung des steten, im Genick schmiegsamen Halses auf die Hinterhand steigern, durchzulassen (aktive Aufrichtung).

Der Reiter fühlt im Zustande einer solchen Versammlung sehr deutlich, wie sich die Hinterhand senkt und wie sich der Rücken knapp hinter dem Widerrist hebt. —

Die doppelte Dehnung des Rückens, veranlaßt durch die Streckung der Hinterhand- und Halsmuskeln und die daraus resultierende, für die Versammlung notwendige Spannung bewirkt, daß die Oberlinie des Pferdes — Kruppe, Rücken, Halskamm — in keiner anderen Form des Pferdes so lang ist, wie gerade in der Versammlung. Die Bezeichnung „zusammengeschoben" hätte für ein solches Pferd nur insofern eine gewisse Berechtigung, als die Linie Maul—Sitzbein jetzt natürlich kürzer ist als in freierer Haltung.

Die Oberlinie aber wird ungeachtet der richtigen Ineinanderfügung von Nach-, Mittel- und Vorhand lang, da, wie schon mehrfach erwähnt, der in der Aufrichtung geformte Hals und die gebeugten Hinterhandgelenke wie ebenso viele Walzen die Muskeln zu Umwegen nötigen und sie dabei spannend verlängern.

C. Wiederherstellung der richtigen Rückentätigkeit unter Mithilfe der Nacken- und Bauchmuskeln

Die Reaktion des rohen Pferdes auf die ihm ungewohnte Reiterlast ist beim ersten Anreiten zunächst ein krampfhaftes Zusammenziehen der Rückenmuskeln, das sich dem Auge und Gefühl als krampfhaft aufgewölbter Rücken bemerkbar macht.

Nach eingetretener Beruhigung und Ermüdung tritt ein ebenso krampfhaftes Abspannen ein; der Rücken hängt dann durch und die Last wird fast ohne Mitwirkung der Muskeln nur vom Knochengerüst der Wirbelsäule getragen.

In beiden Fällen ist das An- und Abspannen der falsch arbeitenden Muskeln ein krampfhaftes, da sie im ersten Falle fast gar nicht abgespannt, im zweiten fast gar nicht angespannt werden, also unregelmäßig arbeiten statt elastisch zu schwingen.

Aufgabe des Reiters ist es zunächst, den Rücken zu einer richtigen Aufwölbung, d. h. in diejenige, die Mitte zwischen den beiden geschilderten Extremen haltende Lage zu bringen, in welcher er sich beim unbefangenen, natürlichen Laufen des rohen unbelasteten Pferdes schon befand, und dann im weiteren Verlauf der Ausbildung durch treibende Einwirkungen seine natürlichen, elastischen Schwingungen noch elastischer und ausdrucksvoller zu gestalten. Dadurch gelingt es dem Reiter, den Rücken als für die richtige Fortbewegung unentbehrlichen mittätigen Faktor in den Takt des Bewegungsablaufes einzuschalten, wozu er ja schon von der Natur durch seine Verbindung mit den Bewegungsmuskeln der Vor- und Nachhand bestimmt ist.

Je besser es uns glückt, die Arbeit des eigentlichen Tragens den Rückenmuskeln abzunehmen, so daß sie ungehindert, frei und elastisch ausschwingen können und für die Fortbewegung und Schwungübertragung verfügbar werden, desto geräumiger, federnder und taktmäßiger wird der Gang.

Um dies zu erreichen, muß erstens der Reiter, zunächst durch seinen entlastenden Spaltsitz, die Rückentätigkeit nicht hindern und besonders weich nach vorn in Richtung des Faserverlaufs der Rückenmuskulatur einsitzen, um so durch sein in die Bewegung einfederndes Gewicht ihr elastisches Schwingen nicht zu stören.

Zweitens aber müssen zur Entlastung der, wie wir gesehen haben, zum Tragen weder bestimmten noch geeigneten Rückenmuskeln andere Muskelgruppen, und zwar die Nacken- und Bauchmuskeln herangezogen werden.

Betrachten wir zunächst die Nackenmuskeln mit dem dazugehörigen Nackenband, denen die Aufgabe zufällt, dem belasteten Rücken seine natürliche Lage wiederzugeben, d. h. ihn richtig aufzuwölben.

Die Dornfortsätze der ersten Brustwirbel — der Widerristwirbel —, an denen sich die Nackenmuskeln anheften, sind lang und steigen von vorn unten schräg nach hinten oben an. Sie sind also ganz ideale Hebelarme für eine Zugwirkung, die durch die Nackenmuskeln nach vorn ausgeübt und vom elastischen Aufhängeband der Dornmuskeln auf die Wirbelkörper des Rückens übertragen wird. Diese Zugwirkung tritt auch jedesmal ein, wenn ein Dehnen des Halses erfolgt. Dabei schieben sich durch Vermittlung der Dornmuskeln die Wirbelkörper der von Nackenmuskeln und Nackenband nach vorn gezogenen Dornfortsätze des Widerrists, denen auch die mit ihnen durch die Fortsetzung des Nackenbandes in Verbindung stehenden übrigen Rücken- und Lendenwirbel folgen müssen, zusammen. Da dieser Schub am fast unbeweglichen Lendenkreuzbeingelenk (nicht wie man häufig liest: Kreuzdarmbeingelenk) sein Ende findet, müssen die Rückenwirbel nach der einzigen ihnen möglichen Richtung — nach oben zu — ausweichen. Sie wölben und strecken sich aus der fehlerhaft durchgebogenen in ihre normale Lage.

Beim jungen Pferde handelt es sich darum, diese Zugwirkung der Nackenmuskeln zur vollen Auswirkung gelangen zu lassen. Zu diesem Zwecke muß man dem Halse eine möglichst große Streckung nach vorwärts gestatten und ihm auch erlauben, tief zu werden, damit er überdies durch sein nicht unerhebliches Eigengewicht die Zugwirkung der noch nicht gekräftigten Nackenmuskeln instinktiv verstärken kann.

Je weiter die gymnastische Durchbildung fortschreitet, desto weniger bedarf es einer aktiven Mitbeteiligung der Nackenmuskeln. Dadurch, daß Kopf und Hals mittels der Nackenmuskeln und des Nackenbundes passiv am Widerrist aufgehängt sind, balancieren sie schon das den Rücken belastende Reitergewicht aus (Gebrauchshaltung).

Beim durchgerittenen Pferde werden die Nackenmuskeln, die dann hart wie Marmor geworden sein müssen, auch in hoher Aufrichtung imstande sein, den Rücken in seiner richtigen Lage zu erhalten.

Bei der Aufgabe, dem Rücken seine Wölbung, das ist diejenige Stellung zu geben, in der er am freiesten schwingen kann, werden Nacken- und Dornmuskeln von den Bauchmuskeln unterstützt. Die Bedeutung letzterer als Bewegungsmuskeln darf aber nicht überschätzt werden, da sie, schon durch ihre Hauptaufgabe, als Hängevorrichtung für die Eingeweide zu dienen beansprucht, nicht viel Kraft an das oben erwähnte Vorziehen des Beckens und Vorführen der Hintergliedmaßen wenden können.

Zweifellos ist das Vorziehen des Beckens durch die Bauchmuskeln in der Versammlung beim richtig gehenden Pferd kein Dauerzustand, da es die freie Atmung ernstlich behindern würde. Es ist ein rhythmisch im Takte des Ganges stattfindendes Vorziehen des Beckens und der Hintergliedmaßen, das am deutlichsten beim Vorschwingen der Hinterbeine in der Schwebephase des Galopps zum Ausdruck kommt und vom Reiter als federndes, taktmäßiges Aufwölben der Wirbelsäule unter dem Gesäß verspürt wird.

Ein Beweis, daß die Bauchmuskulatur im Galopp mehr als in den anderen Gangarten zur Mitarbeit herangezogen wird, ist auch der, daß erschlaffte Weidebäuche nach regelmäßiger, wenn auch kurzer Galopparbeit sich zurückbilden und straffer werden, während ihnen oft stundenlange Schritt- und Trabarbeit nichts anhaben kann.

D. Wechselbeziehungen zwischen Atmung, Takt und Losgelassenheit in den einzelnen Gangarten

Die freie Atmung während der Bewegung, deren ausschlaggebende Bedeutung für die Leistungsfähigkeit des Pferdes keiner ausdrücklichen Betonung bedarf, kann nur dann ungestört vor sich gehen, wenn die Muskeln, welche die bei jedem Lungenstoß sich weitenden beweglichen Atmungs- oder falschen Rippen umschließen, losgelassen arbeiten. Schwingen diese Muskeln krampfhaft, d. h. unregelmäßig und in überwiegender Spannung (Dauerkontraktion) und werden daher, reiterlich gesprochen, festgehalten, so sind sie der Erweiterung des Brustkorbes und damit der Atmung hinderlich.

Der lange Rücken- und der äußere schiefe Bauchmuskel sind diejenigen Muskeln, welche vorwiegend die Atmungsrippen umkleiden. Schwingen diese beiden elastisch und sind sie losgelassen, können auch die beweglichen falschen Rippen dem freien Durchatmen Raum geben und das Pferd quittiert dieses „Fallenlassen" der nicht mehr hinaufgezogenen Rippen*) durch Abbrausen und gibt damit auch dem Ohr zu erkennen, daß es losgelassen ist.

Alle Bauchmuskeln, besonders aber der oben erwähnte, drücken beim Ausatmen gleichsam als Presse gegen die Lungen. Schwingen sie losgelassen, geht das Ein- und Ausatmen regelmäßig und ungehindert vor sich und macht sich eben durch das behagliche Abbrausen oder Abschnauben bemerkbar. Im Einklang mit dem Takte der Bewegung ist dieses Ein- und Ausatmen nur im Galopp, wo die Expiration — das Ausatmen — mit dem Vorschwingen, die Inspiration — das Einatmen — mit dem Abschieben zusammenfällt. Im Trab und Schritt jedoch spielt sich der Atmungsvorgang unabhängig von der Bewegungsfolge ab.

*) Siehe auch Anmerkung auf Seite 166.

Eine weitere Folge der losgelassen arbeitenden Muskeln ist auch, daß die Empfindungs- und Bewegungsnerven, die eigentlich erst die vom Schenkel verlangte Bewegung auslösen, nunmehr ebenfalls auf störungsfreier Leitung tätig sind.

Den Rippenhaltern, Muskeln, die sich von den unteren Halswirbeln nach der ersten Rippe hinziehen, wird heutzutage im Gegensatz zu ihrer Benennung nur geringere Bedeutung als Halter der ersten Rippe und damit des Brustkorbes beigelegt. Sie sind auch wohl zu schwach, um, auf die immerhin bewegliche Halsbasis gestützt, allein den mächtigen Brustkorb festzustellen, damit den dort entspringenden Bauchmuskeln eine um so stabilere Basis für ihre Tätigkeit geschaffen wird.

Reiterlich sind die Rippenhalter aber nicht minder wichtig, weil sie bei einseitigen Steifungen im Verein mit anderen Halsmuskeln zum Sitz eines örtlichen Widerstandes gegen die Längsbiegung des Halses werden können (Gegen-die-Hand-Gehen auf der Zwangseite, Verwerfen im Genick) oder bei beiderseitigem Steifen als große Muskelpackungen hervortreten, so daß die untere Halslinie konvex hervorspringt (Pferde, die über dem Zügel mit Hirschhals gehen). Näheres darüber ist im Abschnitt „Gebäude- und Temperamentsfehler" enthalten.

Bei richtiger Längsbiegung des ganzen Pferdes, mithin auch des Halses, wobei in der Versammlung das Nackenband nach der gebogenen Seite überspringt, leisten die Rippenhalter der Seitenbiegung keinen Widerstand, was sich dem Auge durch parallele Querfaltung der Haut auf der hohlgebogenen Halsseite bemerkbar macht.

Die Rippenhalter stützen die oberhalb gelegenen Bewegungsmuskeln der Schulter, die bei Leistungspferden stark entwickelt sind, so daß bei solchen die Mulde zwischen Schulter und Halsansatz fast ganz verschwindet.

Schwächt der Reiter durch aktive wechselseitige Anzüge die Rippenhalter, so gibt das Pferd falsch nach, wird im Halse kurz und locker und verliert den Gang. Die Tätigkeit des Muskelringes an dieser Stelle ist unterbrochen.

Die Schwingungen der Wirbelsäule lassen bekanntlich den ganzen Körper des Pferdes mitschwingen. Sie sind je nach Energie und Raumgriff des Tretens der Hinterhand länger oder kürzer, schwächer oder stärker und lösen auch Schwingungen der Halswirbelsäule aus. Fluten diese Schwingungen wellenartig gegen das Hinterhauptbein, wird das Genick bei richtigem Sitz des Reiters zum Loslassen gebracht und der Kopf des Pferdes mit etwas vorgerichteter Nase getragen. Er bietet sich so der Zügeleinwirkung an.

Sitzt der Reiter aber gegen die Bewegung, werden die Schwingungen der Rücken- und übrigen Muskeln schmerzhaft gestört, sie beginnen krampfhaft, statt elastisch zu schwingen, es entstehen Steifungen und das Pferd wird als Symptom, nebst anderen Gelenken auch das Genick, die Umschlagstelle des Muskelringes, wo die streckende Muskeltätigkeit von der beugenden abgelöst werden soll, festhalten.

Es wäre hier noch der Ort, auf die Wirkung — insbesondere die anregende — des vorwärtstreibenden, gleichsam durch die Schwingungen der im Takte des Ganges sich aufwölbenden Rippenwandungen wechselseitig heranfallenden Beines einzugehen. Da jedoch schon im Abschnitt „Sitz und Hilfen" die Richtigkeit des Lehrsatzes: „Es ist gleichgültig, wodurch die Beschleunigung des Ganges beim in der Bewegung befindlichen Pferde ausgelöst wird, immer wird es nur mit dem gerade abstoßenden — in der Stützphase befindlichen — Beine der Aufforderung zu folgen vermögen", nachgewiesen wurde, erübrigt sich an dieser Stelle eine wiederholende Besprechung und Beweisführung.

Ebenso wurde in genanntem Abschnitt auch auf die den gleichseitigen erhobenen Hinterfuß seitwärts dirigierende Wirkung des gleichseitigen Schenkels hingewiesen.

An anderen Stellen dieses Buches wurde auch hervorgehoben, daß im Seitengang auf gerader Linie eine stärkere Belastung eines Hinterbeines nur auf Kosten von Schwung, Reinheit des Ganges und Gleichgewicht stattfinden kann, mithin gegen Grundgesetze der Reitkunst verstößt und zu diesen in krassem Widerspruch steht.

III. Kapitel

Die Höhere Kampagneschule

„Du sollst nur jungfräuliche Pferde reiten und ihre Jungfräulichkeit bewahren. So nenne ich eine innere Unberührtheit, die darin besteht, daß trotz allem Gehorsam, trotz vielleicht höchster Schulung nichts an natürlicher Frische und natürlicher Bewegung, an Zutrauen und Gehlust verloren ist." Binding

1. Die Höhere Kampagneschule als natürlicher Übergang von der Niederen Kampagneschule zur Hohen Schule

Auf der Niederen Kampagne- oder Gebrauchsschule sich aufbauend, ist die Höhere Kampagneschule einerseits die Vervollkommnung dessen, was das Pferd in ersterer gelernt hat und bildet andererseits als organische Entwicklung des Schwereren aus dem Leichteren den Übergang zu den Lektionen der Hohen Schule.

Derjenige, welcher Zweck und Ziel der höheren Dressur in einem möglichst baldigen Zeigen fliegender Galoppwechsel, irgendwie gedrehter Pirouetten oder einer sogenannten Passage erblickt, der ist über Äußerlichkeiten der Form, ist über ihre prahlerische Geste nicht hinausgekommen. Er hat Wesen und Inhalt einer bis zur vollendeten Entwicklung von Schwung und Durchlässigkeit gesteigerten gymnastisch-rhythmischen Durchbildung nicht erfaßt*) und lasse zu seinem und seines Pferdes Bestem die Hand von Früchten, die nur demjenigen reifen, dessen körperliches Können sich mit den entsprechenden Eigenschaften des Charakters und Geistes paart.

Mehr denn je gilt es bei den Übungen, die eine sichere Grundlage auf dem in der Gebrauchsschule Gelernten voraussetzen, das „Wie" der Ausführung als allein gültigen Maßstab anzulegen. Das „Was" muß sich nach entsprechender Belehrung aus den leichteren und vom Pferde bereits seelisch aufgenommenen und verarbeiteten Lektionen und als aus dem Vorhergehenden dann von selbst ergebende Steigerung finden. —

Nach Abschluß der Gebrauchsschule wird der erfahrene Reiter nicht mehr im Zweifel darüber sein, ob er an sein Pferd zwecks Spezialausbildung zum schul-

*) An Bewunderern wird es übrigens auch einem Reiter von solcher geistigen Einstellung nicht fehlen — allerdings wird er sie unter denjenigen suchen müssen, deren Interesse erst dann geweckt wird, wenn „etwas vorgeht", also recht hoch gesprungen oder recht schnell gelaufen wird, wobei die Wahrscheinlichkeit gefährlicher Stürze nicht unerheblich dazu beiträgt, die Anziehungskraft zu erhöhen.

Hatte man in früheren Jahren — bevor noch Presse und Lautsprecher ihr erfolgreiches Erziehungswerk begonnen hatten — Gelegenheit, ein primitives Publikum zu beobachten, das eben erst die atemraubende Sensation eines reiterlich unter aller Kritik stehenden Parcours mit stürmischem Beifall beklatscht hatte, um sich dann bei Beginn einer Dressurprüfung gelangweilt in die Erfrischungsräume zu verziehen, mußte man an die Betrachtungen denken, die Goethe seinen Wilhelm Meister beim Anblick eines schlechten Schauspiels machen läßt: „Es (das Stück) war voller Handlung, aber ohne Schilderung wahrer Charaktere. Es gefiel und ergötzte. So sind die Anfänge aller Schauspielkunst. Der rohe Mensch ist zufrieden, wenn er nur etwas vorgehen sieht; der gebildete will empfinden, und Nachdenken ist nur dem ganz ausgebildeten angenehm."

Lassen sich diese Gedanken nicht ganz wundervoll auf die Reitkunst übertragen?

gerecht gehenden Kampagnepferd — was alle Dressurpferde mittlerer und um so mehr schwerer Klasse sein müssen — höhere Anforderungen wird stellen dürfen, die vor allem eine den Durchschnitt weit überragende Versammlungsfähigkeit und Schwungentwicklung zur Voraussetzung haben. Während der vorhergehenden Arbeit muß er sich ja durch sein Gefühl darüber klar geworden sein, ob diese Versammlungsfähigkeit schon ihre natürlichen Grenzen, sei es am Bau des Pferdes oder dessen Temperament, gefunden hat. Er hat andererseits vielleicht gefühlt, was für Schätze an Schwung und federnder Schmiegsamkeit der belebten Hanken noch des Zauberers harren, um gehoben und in den Dienst von Lektionen gestellt zu werden, die ohne dieses auf freudigen Gehorsam und von der Natur begünstigten Körperbau begründete Sichselbstanbieten besser unversucht bleiben.

Fest steht, daß es unter vielen Tausenden von Pferden nur wenige sein werden, die mit Vorteil für sich und ihre Reiter die Universität der höheren Dressurwissenschaften beziehen können und daß die Anzahl derjenigen noch viel kleiner ist, denen man nach langen Jahren den Ehrentitel „Schulpferd der Hohen Schule" mit gutem Gewissen wird zuerkennen dürfen.

Abgesehen von dem Dutzend Lipizzaner, die in der Spanischen Hofreitschule und der Ofener Burg ihre Ausbildung vollendet haben — soweit man eben von Vollendung bei einem Schulpferd sprechen kann — und die eine Klasse für sich sind, werden sich bei den wahre Reitkultur pflegenden Reiternationen der ganzen Welt kaum mehr als ebenso viele lebende, leider vergängliche Kunstwerke finden, die mit vollem Recht auf diesen Beinamen Anspruch erheben können. —

Eine noch immer im Kreise von Halblaien verbreitete Ansicht sei gleich hier richtiggestellt. Es gibt Leute, die vielleicht noch nie ein korrekt gehendes Schulpferd, dafür aber falsch gearbeitete, ihres Ganges und Schwunges beraubte, zerbrochene „Dressurpferde" gesehen haben und die der Meinung sind, schulmäßige Arbeit ersticke den Vorwärtstrieb und die Fähigkeit zu weitausgreifenden Gebrauchsgängen. Das gerade Gegenteil ist der Fall. So müssen in der erhöhten Versammlung, wie wir im letzten Abschnitt des vorhergehenden Kapitels gesehen haben, z. B. gerade die zur Hankenbeugung hauptsächlich beitragenden Kruppenmuskeln, die abwechselnd auch Strecker sind, die größte Arbeit leisten und sich bei Senkung der Hinterhand ganz gewaltig anspannen. Diese Übung kräftigt die oben erwähnten, als Beuger und Strecker gleich wichtigen Muskeln für beide Funktionen so außerordentlich, daß ein schulmäßig gearbeitetes Pferd in den verstärkten Gangmaßen, wo es auf kraftvollste Vorwärtsbewegung ankommt, energischer, schwungvoller und elastischer geht als ein Gebrauchspferd, dessen Gangmechanik nicht durch die Mittel einer vervollkommneten und verfeinerten Ausbildung veredelt und verbessert werden konnte.

Um tadellose Tempowechsel zu zeigen, müssen Beuger und Strecker in schlackenloser Reinheit und flüssigem Einklang zusammenarbeiten. Welche Tätigkeit — das Beugen oder Strecken — gerade vorherrscht, wird vom Grade der Versammlung abhängen. Ein Straffen des Sitzes, ein Öffnen oder Schließen der Finger muß genügen, um die Schubkraft auf Kosten der Tragkraft oder umgekehrt überwiegen und das Pferd sich in den entsprechend veränderten

Rahmen bei vollkommener Selbsthaltung hineinschmiegen zu lassen. So ein Pferd paßt sich jeder Situation an und steht immer an den Hilfen. Es ist, wenn wir den Ausdruck gebrauchen dürfen, bewegungsfügig geworden und nimmt je nach Tempo und Versammlungsgrad die zweckmäßigste Form an. Es ist ebenso bereit, im starken Galopp sich in den Gang zu legen, wie es gleich darauf die halbe Parade durchläßt, um sich auf engstem Raume auf der gesenkten Hinterhand wenden zu lassen*). Reiter und Pferd sind zu einer geistigen und körperlichen Einheit verschmolzen, sind zwei Herzen und ein Gedanke — die wunderbare Alchemie des Reitens hat aus den zweien in Wahrheit eines gemacht.

Solche Kunst ist klassische Kunst, klassisch darum, weil Inhalt und Form in gleicher Weise sich ergänzend und Synthese werdend, die Harmonie des Bildes zu einer vollendeten machen! Oder mit anderen Worten: weil ein gediegener Inhalt in zweckmäßiger und darum ästhetisch schöner Form zum Ausdruck kommt.

Angenommen nun, der Reiter hätte bei so einem Pferd noch nicht den Versuch unternommen, zu passagieren, so verdiente es doch mit weit größerer Berechtigung die Bezeichnung Schulpferd wie viele, viele andere, die „perfekte" Schulgänge zeigen. —

Als sicheres Barometer, ob bei vorherrschender Inanspruchnahme der Tragkraft das Streben nach vorwärts nicht zu erlöschen droht, dient uns der Schwung. Sitz und Hand müssen stets deutlich spüren, wie dieser wichtigste Helfer des Schulreiters gleichsam nur darauf wartet, das Pferd aus gebogenen, belebten Hanken elastisch federnd in die kraftvolle Streckung freierer Gänge flüssig und ohne die geringste Stockung hineinzuschnellen.

2. Kontergalopp

Auf die Vorteile, die kurze Reprisen im Kontergalopp für die Geschmeidigmachung des auswendigen, bei der Galopparbeit die Hauptrolle spielenden Hinterbeines im Gefolge haben, wurde schon in einem vorhergehenden Abschnitt bei Besprechung dieser Arbeit hingewiesen.

Auch zur Bekämpfung der Schiefe, die sich ja bei allen neuen Anforderungen in größerem oder geringerem Grade wieder bemerkbar machen wird, haben wir im Kontergalopp ein ausgezeichnetes Mittel. Wir lassen die Vorhand durch Schulterführung gleichsam die Wand der Bahn hinaufgaloppieren und erzielen dadurch eine vollkommenere Geraderichtung, da ja der innere Hinterfuß durch eben diese Bande verhindert wird, nach innen auszuweichen und sich so unserer Einwirkung zu entziehen.

*) Daß auch die alten Römer Sinn und Verständnis für eine vollendete, kunstmäßige Beherrschung des Pferdes hatten, beweisen die Verse Tibulls († 20 v. u. Z.), in denen er die Reitkunst des Konsuls Messala preist:

> Wer wohl versteht es wie du, aus dem raschesten Laufe
> Plötzlich dein Streitroß mit wenig sich spannendem Zügel
> Stillstehen zu machen, es dann in zierlichstem Bogen
> Hierher und dorthin zu lenken, darauf wie ein Pfeil schnell
> In der gradesten Richtung zu fliegen?

Auch in den Ecken, wo die Stütze der Bahnwand fehlt, ist die Gefahr eines solchen Ausfallens gering, da sich dort das innere Hinterbein, schon um das Gleichgewicht aufrechtzuerhalten, nicht vom äußeren nach seitwärts entfernen wird. Um so mehr Aufmerksamkeit können und müssen wir aber bei den Konterwendungen, die auch jetzt noch nicht zu eng genommen werden dürfen, der Erhaltung eines flüssigen, sprunghaften Dreischlages schenken. Durch leichte, die Vorhand entlastende Anzüge des äußeren Zügels im Verein mit treibender Einwirkung, die mit der Zügelhilfe taktmäßig abwechselt, müssen wir Geschlossenheit und Schwung des Galopps aufrechterhalten, da sonst seine Haltung in den Wendungen verlorengeht und er sich in einen matten, ausdruckslosen und schleppenden Vierschlag auflöst.

Je besser es das Pferd lernt, sich mit seinen gekräftigten und biegsamer gewordenen Hanken in den immer enger gerittenen Konterwendungen auszubalancieren, desto mehr wird die zu Beginn dieser Arbeit oft notwendig werdende aktiv überwachende Tätigkeit des äußeren Schenkels und eine vermehrte Belastung durch den äußeren Sitzknochen, der den Hinterfuß derselben Seite festhalten*) muß, um ein Umspringen zu verhindern, entfallen und eine harmonische Gewichtsverteilung eintreten können. Der Reiter spürt dann gleichsam jeden einzelnen Hinterhuf in den Fingern. Sein Pferd balanciert zwischen äußerem Schenkel und innerem Zügel, die sich als diagonale Hilfen ergänzen und so miteinander in Verbindung stehen, daß der eine nie etwas ohne den anderen tut.

Innerer Schenkel und äußerer Zügel aber unterstützen als Regulatoren von Geraderichtung und Haltung je nach Bedarf den äußeren Schenkel oder inneren Zügel und tragen Sorge dafür, daß die Paraden nicht auf der äußeren Schulter auslaufen.

Das flüssige und schwungvolle Reiten einer Acht ohne Wechsel an der kurzen Bahnseite liefert den Beweis vollkommener Durchbildung im Galopp. Vorbereitet wird diese Übung durch Kontergalopp auf dem Zirkel. —

Richtig geritten, befördert die Übung des Kontergalopps das lebhafte Unterspringen der Hinterhand bei vollkommener Beherrschung beider Hinterbeine, so daß sich daraus der versammelte Galopp in der Galoppstellung — äußerer Hinterfuß und innerer Vorderfuß mit dem Hufschlage gleichlaufend und daher schon ein leichter Travers — und dann der eigentliche Travers- und Renversgalopp mit größerer Abstellung bis zum Redopp, der schon eine Lektion der Hohen Schule ist, entwickeln läßt. Die Abstellung in diesen Seitengängen darf 45° nicht überschreiten, da dies die äußerste Grenze ist, bis zu welcher die Längsbiegung noch rein und mithin die Geraderichtung noch vorhanden und der Schwung noch wirksam sein kann.

Um die Seitengänge im Trab und Galopp in dieser starken Abstellung ohne Schaden für Gang und Geraderichtung und zum Vorteil der Geschmeidigkeit des Pferdes reiten zu können, gehört aber eine Schwungentwicklung in gesteigerter Versammlung, deren nur ein für die Hohe Schule reifes Pferd fähig sein wird.

---

*) Siehe auch Anmerkung auf Seite 179.

3. Pirouetten

Die sich steigernde Entwicklung der Längsbiegung im versammelten Galopp bei vollster Aufrechterhaltung von Schwung, Geraderichtung und Durchlässigkeit, befähigt das Pferd zu immer engeren Wendungen auf e i n e m Hufschlage, die in der G a l o p p v o l t e gipfeln, deren Durchmesser aus anatomischen — Höchstmaß der dem Pferde noch möglichen reinen Längsbiegung — und reittechnischen Gründen — Geraderichtung — mindestens sechs Schritte betragen muß.

Zum Unterschied von der Galoppvolte, die auf einfachem Hufschlage geritten wird, beschreiben bei der P i r o u e t t e die Vorderbeine einen größeren Kreis als die Hinterbeine. In diesem Sinne wird sie daher auch aus einer vorbereitenden Travers- (Renvers-) Stellung heraus gelehrt und angelegt.

Mit zunehmender Vervollkommnung wird der Kreis, auf welchem sich die Hinterhand bei der Pirouette bewegt, immer enger, so daß bei der S c h u l - p i r o u e t t e die Hinterbeine schließlich auf der Stelle galoppieren. Geeignete Pferde sind schon im Ausbildungsstadium der Höheren Kampagneschule imstande, richtig zu pirouettieren, wenn auch ihre Haltung und Hankenbeugung noch nicht den Anforderungen der Hohen Schule entsprechen können.

Bei einer Pirouette, die den Ehrennamen Schulpirouette verdient, kann man jeden einzelnen Galoppsprung und Wendemoment unterscheiden und zählen, da sie im Augenblick der Erhebung der Vorhand deutlich erkennbar sind. Selbstverständlich hat man dabei nicht den Eindruck eines Stehenbleibens nach jedem Wendemoment, sondern diese gehen flüssig ineinander über, heben sich jedoch merklich voneinander ab.

Im einzelnen ist die Bewegung der Beine bei Ausführung der Pirouette folgende: Im Moment, wo der äußere Vorderfuß abdrückt, überträgt er den Schwung auf das innere Vorderbein, und dieses federt die Last der Vorhand nach oben und seitwärts ab. D a s ä u ß e r e H i n t e r b e i n fängt nach der Schwebe die Last z u e r s t auf und s c h n e l l t d a n n d e n K ö r p e r z u r W e n d u n g a b. Der innere Hinterfuß übernimmt hierauf unterspringend diese Last und gibt sie gleich dem äußeren Vorderfuß, also schon nach vorwärts, weiter. Da diese beiden Beine auch im Schulgalopp, praktisch genommen, nahezu gleichzeitig auffußen, k a n n , wie manchmal behauptet wird, i m M o m e n t d e s Z u b o d e n k o m m e n s d e r H a u p t d i a g o n a l e (innerer Hinterfuß — äußerer Vorderfuß) k e i n e D r e h u n g s t a t t f i n d e n, außer die Pirouette wäre fehlerhaft. Der Z u s c h a u e r muß nach jeder gut gerittenen Pirouette beobachten können, wie das Pferd im vollen Schwunge und tadellos gestellt aus der Lektion herauskommt und seinen Weg in flüssiger Galoppade geradeaus auf der oder den Hufschlaglinien, auf denen die Wendung angelegt wurde, fortsetzt. Der R e i t e r muß w ä h r e n d der Pirouette das Gefühl haben, die Drehbewegung jederzeit einstellen und geradeaus weiterreiten zu können. Fehlt dieses Gefühl, so stimmt etwas nicht, sei es, daß der S c h w u n g erloschen ist — wobei das Pferd eine „zertretene" Pirouette zeigt, mit Hinterbeinen, die „etwas nach rückwärts suchen", zögernd am

Boden kleben oder gar zur Ruhe kommen ohne zu springen — oder die Durchlässigkeit hat versagt, so daß infolge mangelhafter Längsbiegung die Hinterhand, je nach dem Sitz der stärkeren Steifung, bei manchen Pferden heraus-

schwenkt, bei anderen nach innen fortfällt. Ist endlich die geschmeidige Biegsamkeit der Hanken und die von dieser unmittelbar abhängige der Sprunggelenke der erhöhten Lastaufnahme nicht gewachsen und steifen sich infolgedessen die drei wichtigsten Gelenke der Hinterhand, wird die Erhebung der Vorhand in ein Bäumen ausarten.

Die vielfach noch vertretene Ansicht, daß der Drehpunkt bei der Pirouette „im“ oder „unter“ dem inneren Hinterfuß liege, läßt sich ebensowenig aufrechterhalten wie die auf mittlerer Linie stehende Auffassung, daß sich die Pirouette mit gleichmäßiger Gewichtsverteilung auf beide Hinterbeine abspiele.

Da die Pirouette um die Nachhand ausgeführt wird, ist es klar, daß daran beide Hinterbeine beteiligt sind und auch beide die Last aufnehmen müssen, die größere Rolle dabei aber spielt der äußere Hinterfuß, was schon durch das gegenseitige Verhältnis beider Gliedmaßen beim Auffußen bedingt ist. Dadurch, daß das innere Hinterbein im Moment der Lastaufnahme verhältnismäßig weiter untergesetzt wird, darf man sich nicht täuschen lassen. Das Maßgebende ist die Beugung*) im Hanken- und Sprunggelenk, die aber gerade in dieser Phase, wo das innere Hinterbein angeblich die Hauptlast trägt, schon infolge der größeren Streckung nach vorne nicht annähernd so intensiv sein kann wie beim äußeren Hinterfuß im vorhergehenden Tempo der Fußfolge, wo eben die Teildrehung erfolgt ist.

Bei der richtig gerittenen halben und ganzen Pirouette, in welchen sich — es kann nicht oft genug wiederholt werden — der Galoppsprung nicht von dem des schulmäßig gerittenen Travers- oder Renversgalopps unterscheiden darf, die Hinterbeine also nicht am Boden haften, sondern schwunghaft abfedernd „den Triller schlagen“ sollen, ergibt sich eine Aneinanderreihung von zwei bis vier Teilwendungen von 180 bis 360°.

Die Methode, ein Pferd durch allmähliches Verengern der Volte im Traversgalopp zum Pirouettieren zu bringen, wird nur bei einem solchen, das mit einer außerordentlich kräftigen Hinterhand und viel natürlichem Schwung begabt ist, von Vorteil sein.

Erfolgversprechender ist es, die Pirouette aus dem Kontergalopp, den man fünf bis acht Schritte von der langen Wand und parallel zu dieser reitet, zu lehren.

Zu diesem Zweck reiten wir aus der zweiten Ecke der langen Seite eine Passade, die nichts anderes als eine weitere oder engere Kehrtwendung in mehr oder weniger ausgesprochener Traversstellung ist, bis wir in der angegebenen Entfernung, genau die Linie parallel zur Wand haltend, unsern Weg im Kontergalopp fortsetzen.

Einige Galoppsprünge vor der Ecke erhöhen wir die Versammlung, so daß bei voller Erhaltung von Schwung und Lebhaftigkeit der Sprünge, diese kürzer und erhabener werden und gehen in den Renversgalopp über, aus welchem wir in der Ecke eine halbe Pirouette mit mehr oder weniger am Ort galoppierender Hinterhand reiten. Die Ecke, in die das Pferd dabei gleichsam hineinpirouettiert, erleichtert ihm das Verständnis des Verlangten und gibt seiner Bewegung eine zusätzliche moralische Stütze.

Dieses belehrende Verfahren ist nach gezeigtem gutem Willen sogleich zu unterbrechen und eine Pause im Schritt einzuschalten. —

---

*) Über Beugung und Streckung der Gelenkwinkel der Hinterhand siehe im Abschnitt „Beziehungen von Reitergewicht und Hilfen zur anatomischen Mechanik des Pferdes“ das über aktive und passive Beugung der Hinterhand Gesagte.

Mit zunehmender Kräftigung und Geschicklichkeit der Hinterhand wird es uns gelingen, diese bei der Pirouette immer mehr auf der Stelle galoppieren zu lassen.

Später werden wir die ganze oder halbe Pirouette an jedem beliebigen Ort aus der Stellung auf einfachem Hufschlag — so daß der Travers erst im Augenblick der Wendung angenommen wird — oder aus dem Seitengange anlegen*). Nur muß dann auch nach ihrer Beendigung konsequent auf einfachem oder doppeltem Hufschlag weitergeritten werden.

Je kleiner der Kreis wird, den die Hinterhand beschreibt, desto mehr wird die Neigung des Pferdes zutage treten, sich durch Ausfallen der Nachhand der Längsbiegung zu entziehen, was eine besondere Wachsamkeit des äußeren, verwahrenden Schenkels und des ihn unterstützenden äußeren Zügels erforderlich machen wird. Der innere Schenkel ist der hauptsächlich vortreibende und unterhält im Verein mit der etwas höher führenden, stellenden inneren Hand die Längsbiegung, welche von dieser und dem äußeren Schenkel geregelt wird.

Läßt der Schwung während der Pirouette nach und wird die Bewegung deshalb schwerfällig und zögernd, so muß der Reiter mit größter Selbstdisziplin, jede zwecklose Unruhe in Sitz und Hand vermeidend, die Drehbewegung unterbrechen, indem er im Galopp geradeaus reitet und sich neuen Schwung holt, um das verhaltene Pferd wieder an den Zügel und so zum richtigen Vorwärtsgehen zu bringen.

Übereifrige Pferde versuchen es, während der Pirouette die Längsbiegung aufzugeben und sich auf die innere Schulter zu werfen. Sie kommen den Hilfen zuvor und verlieren zugleich mit der Längsbiegung den gleichmäßigen, erhabenen Takt. Genügen in solchen Fällen eine knapp hinter dem Gurt verwahrende Wirkung des inneren Schenkels und eine höhere Führung des inneren Zügels nicht, das selbständige Drehen des Pferdes zu verhindern, muß hauptsächlich am inneren Schenkel und äußeren Zügel (wie aus dem Travers) pariert und die Pirouette in voller Gelassenheit als Nachhandwendung im Schritt fortgesetzt werden. Nach Vollendung der Wendung wird in aller Ruhe wieder angaloppiert. Später kann nach einer solchen Parade noch in der Pirouette wieder zum Galopp übergegangen werden.

Bei durchgerittenen Pferden wird die Pirouette am flüssigsten und korrektesten ausfallen, wenn der Reiter nur durch seinen der Wendung entsprechenden Sitz und Schenkelhang — tiefes inneres Knie, bei nicht eingezogener Hüfte, vorgeschobener innerer Sitzknochen, vorgenommene äußere Schulter, das Ganze gestützt vom federnd gespannten, stets einsatzbereiten Kreuz — die Ausführung erleichtert. Wer das Glück hatte, Lipizzaner der Spanischen Hofreitschule zu arbeiten, wird mir gerne beistimmen!

Schon die Reitmeister der Renaissance kannten die Pirouette. Griso (16. Jhdt.) ritt sie im Travers in mehreren Galoppsprüngen um die auf dem Drehpunkt verbleibende Hinterhand.

---

*) Bei noch in der Ausbildung begriffenen Pferden ist vor Beginn der Pirouette der Travers oder Renvers schon deshalb anzunehmen, weil im Seitengang, wo infolge der Abstellung die Schubkraft naturgemäß weniger zum Ausdruck kommt, die taktmäßigen Anzüge des äußeren Zügels, die nach Bedarf die Hinterhand mehr belasten und biegen sollen, bedeutend wirksamer sind.

Die Pirouette, über die bei künstlerischer Ausführung der ganze Zauber spielerischen Beherrschens einer bis ins kleinste geregelten und doch mit beschwingter Leichtigkeit sich vollendenden Bewegung ausgegossen ist, so daß Reiter und Pferd zu einem Gesamtbild von klassischer Harmonie verschmelzen, hat auch im süddeutschen Maler Rugendas (1666—1742) ihren Dichter gefunden. In Versen, die er seinen Stichen und Schabkunstblättern, die trotz Mangel an Beobachtungsschärfe und anatomischer Richtigkeit hohen reithistorischen und kulturellen Wert besitzen, beizufügen pflegt, läßt er sich also vernehmen:

Die Pirouette lehrt, wie man mit Zier behende
Ein Pferd auf schmalem Platz so links- als rechtsum wende,
Wenn zwischen Gliedern sich ein Offizier will drehen,
Als auch wenn beim Turnier ein' Wendung soll geschehen.

Mit der Vervollkommnung der Schußwaffen hatte die Schulreiterei als Selbstzweck ihre Bedeutung verloren. Die durch sie erreichte Geschmeidigkeit der Hinterhand und Wendigkeit blieb aber nach wie vor neben der Ausdauer die wichtigste Eigenschaft des Soldatenpferdes.

In einer Instruktion aus dem Jahre 1743 heißt es: „Ein Husar muß sich auf einem Platz wie ein Teller groß auf seinem Pferde tummeln und wenden können, wie er will."

4. Einmaliger fliegender Galoppwechsel und mehrfacher Sprungwechsel hintereinander nach einer bestimmten Sprungzahl

Schon bevor unser Pferd die zu einer tadellosen Ausführung von Pirouetten notwendige Tragkraft und Geschmeidigkeit der Hinterhand erreicht hat, können wir mit der Belehrung im einmaligen fliegenden Galoppwechsel beginnen. Er wird nur deshalb erst nach der Anleitung zur Übung der Kurzkehrtwendung im Galopp besprochen, damit im Zusammenhang gleich eine Beschreibung der an das Pferd bedeutend erhöhte Anforderungen stellenden mehrfachen Sprungwechsel hintereinander nach einer bestimmten Sprungzahl folgen kann.

Der fliegende Galoppwechsel muß fließend nach vorwärts, ohne Stockung und auf einfachem Hufschlag vor sich gehen*).

Die Belehrung in dieser dem Pferde natürlichen Bewegung kann beginnen, wenn es uns bei den einfachen Galoppwechseln mit ein bis zwei klaren Schrittzwischentritten, bei unveränderter Anlehnung, vollkommener Geraderichtung und weich an den Hilfen bleibend, gleichsam von selbst andeutet, daß es zum neuen Galopp ansetzen möchte.

Wie bei allen Lektionen, besonders aber beim Changement, wird es darauf ankommen, unser ohnehin gehlustiges, sich selbst anbietendes Pferd nicht von Haus aus einen Widerwillen gegen die neue Übung fassen zu lassen, was unweiger-

*) Mit völliger Sicherheit und Regelmäßigkeit wird der fliegende Wechsel nur dem wirklich losgelassenen Pferd gelingen — es muß körperlich imstande und seelisch bereit sein, die Hilfen anzunehmen und durchzulassen.

lich geschehen würde, wenn wir es ohne gelassene Vorbereitung und Belehrung gleichsam überfallen und nur durch energische Sporen- und Zügelhilfen möglichst bald einen fliegenden Wechsel herauspressen wollten. Ein Pferd, das solche gewaltsame Exerzitien mitgemacht hat, wird es niemals lernen, mit freudiger Hingabe an die Vorwärtsbewegung und aufmerksamem, zufrieden-gesammeltem Ausdruck — so, als läge ihm daran, alles gut zu machen — zu wechseln. Es wird sich, schon wenn der Reiter „Fußwechsel" denkt, spannen und das Changement, wenn auch mit richtiger Fußsetzung, so doch mit zurückgelegten Ohren, holperig-stoßend, verhalten und mit hohem Kreuz ausführen.

Lymphatische und plumpe Pferde, die wir ohnehin nicht mit höheren Dressuranforderungen quälen sollen, da ihnen von Natur aus der dazu nötige Nerv mangelt, werden wir aber mit der Erlernung des fliegenden Changements überhaupt verschonen. —

Eine kurze Übersicht über den Gebrauch der Gliedmaßen beim Fußwechsel soll uns die sich dabei aus der geänderten Bewegungsfolge ganz natürlich ergebende Hilfengebung vor Augen führen.

Hat sich das Pferd nach dem dritten Tempo des Galopps mit dem inneren Vorderfuß abgestoßen, folgt die Schwebephase, und während dieser muß es die Beine wechseln. Damit nicht wieder der bisherige äußere Hinterfuß die Last zuerst auffängt, muß der bisherige innere durch vermehrte Belastung zu früherem Auffußen, der andere hingegen durch Entlastung zu länger dauerndem Vorschwingen und späterem Auffußen, mithin beide Hinterbeine zum Wechseln ihrer Rolle gebracht werden.

Die Hilfen des Reiters werden also dahin gehen, diesen Wechsel, in den selbstverständlich auch gleichzeitig die Vorderbeine mit inbegriffen sind, dem Pferde zu erleichtern — sie müssen es beim Umstellen durch Führung und Sitz derart einrahmen, daß ihm als einziger Ausweg nach vorwärts nur das Hineinschwingen in den neuen Galopp übrigbleibt.

Die bisherigen inwendigen Beine müssen daher belastet und in ihrem Raumgriff beschränkt, die auswendigen entlastet und in der Luft zu weiterem Ausgreifen und Vorschwingen gebracht werden.

Die Vorbereitung zu diesen die Wechslung auslösenden Hilfen wird darin bestehen, daß wir uns des künftigen äußeren Hinterbeines, das ja für den flüssigen Verlauf der Galopparbeit am wichtigsten ist, durch Vortreiben, vermehrte Belastung mit dem gleichseitigen Sitzknochen und Zügelanzüge, nach Bedarf auch durch schulterhereinartiges Vorrichten, versichern. Ist dies geschehen, wird umgestellt und gleich darauf die Schenkellage gewechselt. Der bisher äußere Schenkel gleitet etwas — bis knapp hinter den Gurt — nach vor, der andere hinter diesen. Ersterer hat für die Rippenbiegung zu sorgen, letzterer die Hinterhand so zu richten, daß nach dem während der Schwebe erfolgenden Fußwechsel das neue äußere Hinterbein in Richtung zwischen die Vorderfüße zu Boden kommt.

Die Hilfen des Umstellens und Wechselns der Schenkellage müssen in dieser Reihenfolge, aber zeitlich kaum merklich getrennt, im Momente des Fußens der Diagonale einsetzen, dann wird das Pferd, wenn es durchlässig ist und weiß, was man von ihm will, in dem auf das Abfußen des inneren Vorderbeines folgenden Momente der Schwebe und aus dieser Schwebe heraus die Beine wechseln.

Oft hört man, daß die vorbeschriebenen Schenkel- und Zügelhilfen zu geben sind, wenn das Pferd schon in der Schwebe ist. Das ist graueste Theorie. Wenn wir es bei der Ausbildung eines jungen Pferdes so machen, kommen wir immer zu spät. Die Hilfen müssen, wie gesagt, schon beim Fußen der Hauptdiagonale einsetzen!

In der Schwebe, also dem Augenblick des Fußwechsels, treiben Kreuz und Schenkel, diese aus oben beschriebener, unverrückbar angeschmiegter und aus den Hüftgelenken gestreckter Lage, mit mehr oder weniger betontem Druck das Pferd in gerader Richtung nach vorwärts, wobei die Hand die neue innere Seite vorläßt und der neue äußere Sitzknochen weiter belastet, um dem bisher inneren Hinterfuß ein früheres Zubodenkommen zu erleichtern.

Je besser das Pferd begreift, was man von ihm will, desto mehr werden die hier zeitlich noch nicht zusammenfallenden Hilfen fast im selben Augenblick knapp vor und während der Schwebe erfolgen können.

Manche Reiter quälen sich und ihre Pferde mit unausgesetztem „Üben" von fliegenden Wechseln und erreichen darin doch nie eine absolute Sicherheit. Ein reines Changement ist für sie immer nur Zufall und Glücksache. Das sind Reiter, die bei der vorhergehenden Galopparbeit nicht genug Geduld und Verständnis aufbringen konnten und mit den fliegenden Wechseln begannen, ehe ihr Pferd noch imstande war, auf beiden Händen gerade anzugaloppieren und ehe es noch im einfachen Changement auf geradem, freiem Hufschlag die notwendige Sicherheit und Durchlässigkeit erlangt hatte. Darum darf man sich auch nicht in etwaige Schwierigkeiten, die bei Übung des fliegenden Fußwechsels auftauchen sollten, verbeißen und ein Changement erzwingen wollen. Man setze vorläufig seine Anforderungen herab. Die Frucht ist eben noch nicht reif. Wenn einmal das Angaloppieren aus dem Schritt und der einfache Fußwechsel tadellos „sitzen", wird auch das fliegende Changement kein Problem mehr sein, an das Pferd und Reiter mit Zweifel und gemischten Gefühlen herangehen.

Es gibt viele „Rezepte", die Einübung des fliegenden Sprungwechsels zu erleichtern. Die Übergänge von einer gebogenen Linie auf eine andere, umgekehrt gebogene, oder der Kontergalopp, bei dem man, in der Ecke angekommen, plötzlich die Hilfen wechselt, geben Gelegenheit, dem Pferde die neue Fußsetzung begreiflich zu machen. Je nach Temperament und Veranlagung schwärmt der eine für Fußwechsel im Schnittpunkt der Acht, der andere folgt Fillis' Spuren und wechselt in der Ecke.

Uns, die wir mit der Übung der fliegenden Wechsel durchaus keine Eile haben und erst damit beginnen, wenn uns das Pferd zu verstehen gibt, daß es dazu reif ist, erscheint im wahrsten Sinne des Wortes der gerade Weg der sicherste und beste.

Auf der Wechsellinie durch die ganze Bahn erhöhen wir die Versammlung bei fleißigem Sprung und sorgfältiger Geraderichtung, die unter Umständen eine Schultervorstellung annehmen kann. Wenn wir mit dem Umstellen durch die Zügel ungefähr in der Mitte der Bahn beginnen und dann die Schenkellage wechseln, werden die Sitzhilfen vor Erreichung des neuen Wechselpunktes das Changement vollendet haben, ohne daß dem Pferd eine stärkere Umbiegung, wie etwa beim Wechsel von einem Zirkel auf den andern, abverlangt werden mußte.

Bei einem solchen bestünde immer die Gefahr, daß das Pferd das Herumwerfen lernt, was nicht nur die richtige Ausführung des einmaligen fliegenden Galoppwechsels erschwert, sondern auch bei der späteren Erlernung mehrfacher Sprungwechsel hintereinander zu unüberwindlichen Schwierigkeiten führt. Ist dieses Verwerfen beim Fußwechsel einmal zur Gewohnheit geworden, bedarf es größter Geduld und langer Zeit, bis dieser grundsätzliche Fehler, der auch immer ein Verhalten im Gefolge hat, korrigiert ist.

Der Galoppwechsel auf gerader Linie fällt dem Pferde anfangs auch deshalb leichter als aus dem halben Zirkel, weil, abgesehen davon, daß bei diesem ein stärkeres Umstellen erforderlich ist, auch der Moment des Umsitzens genau mit dem Augenblick des Eingehens in die neue Wendung zusammenfallen muß.

Unter allen Umständen soll die Sitzänderung des Reiters so vor sich gehen, daß ein Zuschauer davon nichts bemerken kann. Man muß bei einem gerittenen Pferd den Eindruck haben, Roß und Reiter seien aus einem Guß und vom gleichen Willen beseelt.

Anfangs wird es sich empfehlen, den Wechsel auf jeder Hand einige Male immer auf demselben Punkt auszuführen. Hat das Pferd aber einige Sicherheit gewonnen, muß im Gegenteil die gleiche Wechsellinie ohne Changement durchritten werden, damit es nicht lernt, den Hilfen des Reiters zuvorzukommen und selbständig zu wechseln. —

Je bedächtiger und methodischer wir bei dieser ersten Belehrung vorgehen, desto rascher werden die Fortschritte sein. Wir werden es so einzurichten wissen, daß die Übungen im fliegenden Galoppwechsel ans Ende der Stunde fallen, damit wir nach dem ersten gelungenen Changement sofort absitzen und das Pferd in den Stall entlassen können. In diesem Rhythmus konsequenten Belohnens nach jedem Zeichen guten Willens werden wir auch während der nächsten Tage und Wochen fortfahren. Sogar später noch sind zwischen den Übungen immer Ruhepausen und Angaloppieren aus dem Schritt sowie einfache Wechsel auf freiem Hufschlag einzuschalten. So wird das Pferd keinen Anlaß haben, ängstlich zu werden und aufmerksam auf die Hilfen und an diesen bleiben.

Niemals ist der Wechsel auszuführen, wenn sich beim vorbereitenden Versammeln Unruhe zeigte. Gelassenes Weitergaloppieren, als ob nichts geschehen wäre, ist das beste Mittel gegen Stürmen, ängstliches Seitwärtsdrängen und Zuvorkommenwollen. Kommt es dennoch zu Frühchangements oder gar zum Kreuzen, so geht man konsequent in den Schritt über und setzt zum ursprünglich gerittenen, nicht dem vom Pferde angebotenen Galopp, erst wieder an, wenn vollständige Beruhigung eingetreten ist. An einen neuerlichen fliegenden Wechsel aus diesem Galopp soll man erst wieder denken, wenn nach wiederholten einfachen Changements das Pferd gelassen und auf seinen Reiter konzentriert an den Hilfen steht. —

Zeigt das Pferd beim einmaligen fliegenden Wechsel keinerlei Aufregung und bleibt es dabei vollkommen geradegerichtet, so hängt es nur vom Grade der erlangten geschmeidigen Durchlässigkeit und von verständnisvoller Methodik beim Üben ab, wie weit man es in der Ausbildung mehrfacher Wechsel hintereinander nach einer bestimmten Sprungzahl bringen wird.

Ergeben sich beim Sechs-, Vier-, Drei- oder Zweitempochangement Schwierigkeiten, ist immer auf die einfachere Übung zurückzugreifen.

Auch die mehrfachen Sprungwechsel sollen nur auf der Geraden, abseits der Wand oder auf der Wechsellinie geübt werden, damit der Reiter völlige Klarheit darüber gewinnt, inwieweit das Verbleiben in der Geraderichtung dem Gehorsam auf die Hilfen zuzuschreiben ist und das Pferd sich nicht daran gewöhnt, eine gleichsam moralische Stütze an der Wand zu finden.

Wenige Pferde werden bis zum tadellosen Eintempowechsel an den Hilfen gelangen, so daß sie flüssig und gerade, wie auf einen Draht gezogen und dennoch die Stellung bei jedem Sprunge klar wechselnd, in erhabenen Sprüngen dahingleiten. Die Zahl derjenigen, die darin mechanisiert sind, ist schon bedeutend größer. Solche Pferde tun dann bei Produktionen oft des Guten zu viel — sie changieren öfter, als es die Aufgabe verlangt — und da sie nicht an den Hilfen stehen, sind ihre Reiter nicht imstande, dem einmal entfesselten Segen Einhalt zu tun.

Oft sieht man auch Pferde, deren Durchbildung noch nicht ganz vollendet ist, die Eintempowechsel recht gut ausführen. Alle diese Erscheinungen bekräftigen unsere Ansicht, daß trotz hoher Multiplikatoren in der bisherigen Olympiadedressuraufgabe, die richtig ausgeführten à-Tempo-Changements keineswegs schon der überzeugendste Prüfstein einer bis zur Vollendung gediehenen gymnastischen Durchbildung, allerdings aber ein Beweis von Geschicklichkeit, Schwung und Durchlässigkeit auf Grund recht weit geförderter Dressur sind.

Die Auffassung mancher ist auch nicht von der Hand zu weisen, die den Vier-, Drei- und Zweitempowechsel zwar als zur Höheren Kampagne- und Hohen Schule gehörig ansehen, weil dazwischen immer wenigstens einmal der natürliche Galoppsprung zum Ausdruck kommt, die das Eintempochangement aber ablehnen, da es keine Kunst, sondern Künstelei sei, bei der das natürliche Galoppbild verzerrt werde.

Während man Gelegenheit hat, in der Freiheit Passagen, Pirouetten, Kapriolen und mehrfache Sprungwechsel hintereinander bis zu zwei Tempi zu beobachten, dürften à-Tempowechslungen in der Tat kaum zum Programm eines noch so wendigen und unternehmungslustigen Fohlens gehören. —

Abschließend sei noch zur Übung mehrfacher Wechsel bemerkt, daß außer den beschriebenen, in engsten Grenzen sich bewegenden, fürs Auge unmerklichen Hilfen, jedes überflüssige Herumwerfen mit dem Oberkörper, statt dem Pferd das Umspringen zu erleichtern, dieses im Gegenteil auf Zügel- und Schenkelhilfen nur abstumpft, so daß die Präzision der Arbeit darunter leiden muß.

Der erste Deutsche, der unseres Wissens über fliegende Galoppwechsel auf gerader Linie spricht, ist der für die damalige Zeit reiterlich sehr fortschrittlich gesinnte Hannoveraner Prizelius in seinem „Bereiter", den er in den siebziger Jahren des 18. Jahrhunderts in Braunschweig erscheinen ließ. Im Gegensatz zu dem in der Seydlitzschen Kavallerie noch immer üblichen Stehsitz befürwortet Prizelius auch das Reiten in Balance, worin er Pinter von der Aue (um 1664) und Guérinière († 1751) folgt.

Das Eintreten Prizelius' für einen Balancesitz steht in engem Zusammenhang mit seiner Vorliebe für fliegende Galoppwechsel. Sind diese doch nur aus einem voll auf den Gesäßknochen ruhenden Normalsitz akademisch richtig ausführbar.

Daß Prizelius damals als sehr moderner Reiter, wenn nicht gar als „Neuerer" gelten mußte, erhellt auch daraus, daß noch zu Beginn des vorigen Jahrhunderts in der preußischen Kavallerie die reglementsmäßigen Schenkelhilfen zum Galopp in einem „Druck mit dem äußeren Knie und Anstoßen mit der Fußspitze an die innere Schulter des Pferdes" bestanden (s. auch zeitgenössische Darstellungen).

Die für den praktischen Gebrauch so wichtige und nützliche Übung des fliegenden Galoppwechsels hat in Deutschland verhältnismäßig spät Bürgerrecht erlangt. Noch Steinbrecht († 1885) macht ihn, abweichend von Seeger — seinem Lehrer — und Seidler, nicht zum Gegenstand besonderer Übung. Im Gegensatz hierzu brillierte gerade um diese Zeit der damalige hervorragendste Vertreter der französischen Schule, L'Hotte († 1904), ein Jünger Bauchers und d'Aures, in Eintempowechseln!

Glanzvoll und von besonderer Feinheit war auch Fillis' († 1913) Arbeit in den Changements. Seine diesbezüglichen Erfahrungen finden wir in den „Grundsätzen der Dressur und Reitkunst" niedergelegt*), die er mit Hilfe seines federgewandten Schülers Clémenceau verfaßt hat.

5. Erhöhte Anforderungen im Halten in der Versammlung, dem Antraben daraus und dem Ansetzen zum versammelten Galopp

Mit zunehmender Versammlungsfähigkeit geht die Vervollkommnung der g a n z e n P a r a d e n Hand in Hand, so daß diese ohne die geringste Spannung zu einem weichen Unterlaufen der gebogenen Hinterhand werden. Unser Pferd muß von nun an nach der Parade, mit allen vier Beinen die Last gleichmäßig tragend, in sicherer Anlehnung und Aufrichtung l ä n g e r e Z e i t s t i l l s t e h e n können. Die H i n t e r b e i n e haben dabei eine solche Stellung anzunehmen, daß ein aus der Achse des den Aufhänge- oder Drehpunkt der Hinterhandslast bildenden Hüftgelenks gefälltes Lot die Mitte der Bodenseite der Hinterhufe — etwa in der Gegend der Strahlspitze — trifft.

Beim Halten in noch erhöhterer Versammlung jedoch fußen die Hinterbeine in einer um etwa 1—2 Hufbreiten vorgeschobeneren Stellung, wodurch die Längsachse der Unterstützungsbasis des ganzen Pferdes noch verkürzt und bei gleichsam kraftbebend gebeugten Hinterhandsgelenken die Fähigkeit des Pferdes im Sekundengehorsam und auf die feinsten, zeichenartigen Hilfen anzutreten, noch gesteigert wird.

Die V o r d e r b e i n e stehen nach der idealen Parade parallel und einen Gedanken r ü c k s t ä n d i g, damit eine vom Druckpunkt der Last der Vorhand

*) Von Reitmeister Goebel bearbeitet und ins Deutsche übertragen.

(der sich am höchsten Punkt der Schulterblattgräte befindet) ausgehende Senkrechte ebenfalls die Mitte der Unterstützungsfläche der Vorderhufe treffen kann. Ein leichtes, unsichtbares Vibrieren aus gestreckt anliegendem Schenkel, verbunden mit einem unmerklichen Nachgeben der Hand soll genügen, die Vorderfüße nach Bedarf zum Vorsetzen bis zur eben beschriebenen Stellung zu veranlassen, wenn sie zu weit nach rückwärts gestanden sein sollten.

Beim Antraben aus dem Halten muß die erste Bewegung des Pferdes bereits ein reiner Trabtritt sein, ebenso wie es beim Einspringen in den Galopp aus dem Stand sogleich ohne Zwischentritte einen Galoppsprung machen soll.

Wirklich sauber ausgeführt, sind diese beiden Übergänge eine untrügliche Probe darauf, ob das Pferd versammelt und durchlässig an den Hilfen steht und auf die Sicherheit der Anlehnung im besonderen. Letztere Übung vor allem ist außerordentlich schwierig und läßt sich, wenn sie nicht als Kunststück im Programm einer Pudeldressur eingedrillt ist, unserer Meinung nach nur dann schulmäßig herausreiten, wenn man die Versammlung durch piaffeartige Arbeit an der Hand und später unter dem Reiter auf eine hohe Stufe der Verfeinerung gebracht sowie den Schwung derart zu entwickeln gewußt hat, daß er auf die leiseste Aufforderung des Sitzes rückhaltlos einsatzbereit ist und dem Reiter zur Verfügung steht.

Die große Schwierigkeit beim Übergang vom Halten in den Galopp liegt vornehmlich darin, daß das Pferd aus dem Zustande völliger Bewegungslosigkeit unvermittelt die schwungvolle Gangart des Galopps annehmen soll, ohne vorher auf eine seiner Natur entsprechendere Art durch einige Schritt- oder Trabtritte „in Schwung gekommen“ zu sein, was ihm den Übergang wesentlich erleichtern würde.

Der Vorgang des unmittelbaren Ansetzens, z. B. zum Rechtsgalopp, aus dem Zustande der Ruhe vollzieht sich im einzelnen folgendermaßen: Das in hoher Versammlung befindliche Pferd, in Richtung des künftigen äußeren (linken) Hinterfußes verhalten, erhebt, von der Kreuz- und Schenkelhilfe zum Galopp aufgefordert, kräftig abstoßend die Hauptdiagonale (rechter Hinterfuß — linker Vorderfuß). Im Anfangsstadium ihres Vorgreifens stößt noch das innere (rechte) Vorderbein ab. Nun erst hebelt der äußere Hinterfuß, der bisher in elastischer Beugung gleichsam als Sprungstab des ganzen Systems am Boden geblieben ist, als letzter die Last nach vorwärts-aufwärts ab. Die Bewegungsfolge des Galopps ist hiermit im Fluß.

6. Versammelnde Arbeit an der Hand

Nicht nur die Hohe Schule, sondern auch schon ihre Vorstufe, die Höhere Kampagneschule, bedient sich mit Vorteil der versammelnden Arbeit an der Hand.

Pferde, die erhöhten Anforderungen an Hankenbug unter dem Reiter noch nicht gewachsen sind und bei denen der Schwung Gefahr liefe, durch eine Belastung erstickt zu werden, die er noch nicht aus der Beugung heraus elastisch abzufedern imstande wäre, nehmen die vorbereitende Arbeit an der Hand ohne Reitergewicht willig an. Steifungen und Ausweichen nach seit- oder rückwärts, die sich bei einem erzwungenen Setzen auf die Hinterhand unter dem Gewicht des Reiters bemerkbar machen würden, fallen somit weg.

Desgleichen beruhigen sich hitzige, nervöse Pferde, zwischen Führzügel und Gerte des verständnisvollen Abrichters eingerahmt, viel schneller als unter der Last des Reiters, die ihnen bei starkem Hankenbug noch Schmerzen bereitet.

Man nehme nur einmal selbst die Stellung der tiefen Kniebeuge an und lasse sich in dieser Körperhaltung bloß ein Kilogramm Blei in den umgehängten Rucksack stecken! Hat man einmal dieses harmlose Experiment an sich selbst versucht, wird man sicherlich auch Verständnis für das noch nicht völlig durchgebildete

Pferd bekommen, dem durch die zusätzliche Last auch des leichtesten Reiters der Anfang dieser die Kräfte der Hinterhand bedeutend in Anspruch nehmenden Arbeit sehr erschwert wird.

Betont sei aber hier ausdrücklich, daß weder das Hilfsmittel der versammelnden Arbeit an der Hand, noch dasjenige der später zu besprechenden Pilarenarbeit zum vollen Erfolg führen wird, wenn nicht die dazu vorbereitende Geschmeidigkeit unter dem Sattel bis zu der in den vorhergehenden Abschnitten geschilderten Ausbildungsstufe gediehen ist. —

Die Handarbeit verlegen wir auf den Beginn der Reitstunde, wo unser Pferd noch frisch ist. Wir lassen es wie zum Longieren gesattelt und mit Kappzaum versehen, aber ohne Laufgurt auf die Reitbahn kommen. Ausgebunden wird vorläufig nur leicht an den Ösen des Sattels.

Wir beginnen die Arbeit auf der linken Hand zunächst damit, daß wir es im Schritt die lange Wand heruntergehen lassen. Wir selbst schreiten, der Pferdeschulter zugekehrt, seitwärts und trachten, so wie beim Longieren, eine leichte Anlehnung an den in der führenden inneren Hand zwei bis drei Handbreiten vom Kappzaumringe gehaltenen Führzügel zu bekommen.

Vor der Ecke parieren wir, stellen uns vor den Kopf und belohnen. Bei dieser Gelegenheit werden wir das Pferd, das ja von der Leinenarbeit her ohne zusammenzuschrecken an die Berührung mit der Peitsche und das Weichen darauf gewöhnt ist, mit der langen Dressurgerte, dem „Tupfer", vertraut machen, indem wir bei jedesmaligem Überstreichen durch einen Gehilfen Futter reichen lassen. Das Pferd muß dahin kommen, die Gerte auf Rücken, Hinterschenkel und Bauchseite zu vertragen. Es muß sich von ihr von der Hüfte abwärts bis zu den Hinterfesseln, ohne sich zusammenzuziehen, bestreichen lassen.

Nach einer Ruhepause wird aus der Ecke eine weite Kehrtwendung gemacht, und wir führen das Pferd, es wieder auf der inneren Seite auf die beschriebene Art begleitend, bis zur Ecke der langen Seite, aus der wir die Arbeit begonnen hatten. Dort wieder Halten, Belohnen, Vertrautmachen mit der Gerte und erneute Kehrtwendung.

Ist das Pferd mit diesen Vorgängen vollkommen vertraut geworden, beginnt die eigentliche Handarbeit. Es wird nunmehr verkürzt ausgebunden, und zwar so viel, daß es dadurch gleichsam eine Geradehaltungsschiene bekommt, die es ihm erleichtert, sich in einer ihm individuell zusagenden Versammlungsform zu erhalten, in der die Hinterbeine aus gesenkter Hinterhand und losgelassen schwingendem, hergegebenem Rücken, dem Versammlungsgrade entsprechend untertreten können.

Die versammelnde Arbeit an der Hand wird durch dieses Ausbinden, dessen Grad wir schon vorher, dem Einzelfalle angepaßt, gleichsam zu „sondieren" Gelegenheit hatten, wesentlich unterstützt. Keinesfalls darf dabei das Pferd in eine die rhythmischen Schwingungen seines Körpers hindernde Form gepreßt werden, aus der es immer einen Ausweg nach rückwärts suchen würde. Genick und Maul müssen stets die Möglichkeit haben, noch nach hinten nachgeben zu können. Das wird aber nur der Fall sein, wenn die Nasenlinie etwas vor der Senkrechten steht und das Genick den höchsten Punkt der oberen Halslinie bildet.

Zunächst lassen wir unser Pferd bei wenn nötig vorziehendem Führzügel und Zungenschlag auf die vorerst längs des Leibes angelegte Gerte sicher und entschlossen vorwärts gehen. Dabei muß die führende Hand, auch wenn ein Vorziehen nicht mehr notwendig ist, in Anlehnung bleibend, gut mitgehen, um die Vorwärtsbewegung nicht zu stören.

Nach einigen Tagen — es ist jedesmal etwa zehn Minuten zu üben — wird ein paar Schritte kurz angetrabt, angehalten, belohnt, wieder angetrabt und so fort. Stürmt das Pferd, so läßt es die Hand an den Kappzaum anrennen, stellt es sich schief nach innen, wird vermehrt vorgetrieben und nach vorwärts geradegerichtet. Das Vortreiben mit der Gerte geschieht jetzt am Hinterschenkel unter dem Sprunggelenk, bei versammelnder Wirkung der Hand. Das Vortreiben an letzterer Stelle löst ganz automatisch ein Vortreten der Hinterbeine aus und ist als Hilfe noch naturgemäßer und dem Pferde verständlicher als das Berühren mit der Gerte knapp hinter der Schenkellage, wie wir es beim ersten Anreiten angewendet, um die verstärkte Berührung mit dem Bein zu erklären.

Später sollen zum Vortreiben Stimme, Zungenschlag oder höchstens das Drohen mit dem Tupfer genügen. Ist der Gebrauch der Gerte dennoch manchmal erforderlich, so legt man sie aus losgelassenen Arm- und Handgelenken weich und federnd an.

Bald werden sich, wenn man die Hilfen zum Antraben gibt und die Hand nur zögernd vorläßt, einige erhabenere, *in der Luft ausgehaltene piaffeartige Tritte* nach vorwärts ergeben.

Diese ersten Anzeichen erhabener Tritte im Rhythmus des Trabes, bei etwas längerem Aushalten in der Schwebe sind, so wie z. B. der erste willige fliegende Galoppwechsel, der *ausschlaggebende psychologische Augenblick*, wo die Handarbeit für diesen Tag sofort zu beenden und das Pferd ausgiebig zu belohnen ist.

So wie viele junge Pferde ihre Springlust verlieren, weil ihr Reiter erfahren will, „wie hoch sie eigentlich springen können", werden oft Rückschläge in der versammelnden Arbeit an der Hand nur deshalb eintreten, weil die anfänglichen, sehr anstrengenden Reprisen zu lang bemessen waren und der Abrichter „immer *noch* einen piaffeartigen Tritt sehen wollte". Bei dieser Arbeit kann darum das Bessere nicht selten der Feind des Guten werden; denn bemühte man sich pferdlich zu denken, würde man sich davor hüten, von einem jungen Pferd als Belohnung für ehrliches Bemühen und Willigkeit *noch* mehr und noch „Besseres" zu verlangen. Rom ist auch nicht in einem Tage erbaut worden.

Die Reprisen sollen daher nur einige Sekunden dauern. Mit einem bis drei erhabeneren Tritten soll und muß man sich begnügen*).

Die weich führende Zügelhand und die ebenso weich federnde Gerte rahmen das Pferd zwischen vortreibenden und verhaltenden Hilfen ein. Erstere müssen insofern vorherrschen, als das Pferd sicher an der Führleine stehen soll, dürfen aber bei zunehmendem Verständnis nicht in ein fortwährendes taktmäßiges Antippen oder Federn ausarten. Sie würden nur abstumpfend wirken. Stimme und Zungenschlag müssen im weiteren Verlauf der Arbeit genügen, das Pferd im Vorgehen (etwa um je eine Hufbreite) piaffeartig treten zu lassen. Es muß also, sobald es weiß, worum es sich handelt, *selbsttätig treten*. Pflicht des Abrichters ist es aber, die Reprisen rechtzeitig zu unterbrechen, ehe das Pferd noch dazu kommt, aus Müdigkeit Unwillen und Verhaltenheit zu zeigen.

Durch die kurzen, nur einige Sekunden andauernden Übungen, die mit im Gegensatze dazu sehr ausgedehnten Ruheintervallen abwechseln, entsteht bei jedem temperamentvollen, nervigen Pferd gegen Ende der Erholungspausen eine gewisse Ungeduld, die es veranlassen wird, noch ehe wir es dazu aufgefordert haben, aus sich selbst heraus von neuem einige piaffeartige Tritte nach vorwärts anzubieten.

In diesem Falle lassen wir die Ungeduld gerne gewähren, da durch sie das *selbsttätige* Treten des Pferdes, das wir ja fördern wollen, erreicht wird. Später wird es uns ein Leichtes sein, diese kleine Eigenmächtigkeit, die in keinem

---

*) Neigt ein Reiter seiner ganzen seelischen Haltung nach zu Unzufriedenheit, soll er besonders in solchen Fällen, wo der Enderfolg davon abhängig ist, *wie* das junge Pferd mit den ersten Anforderungen einer neuen schwierigen, seinen ganzen guten Willen beanspruchenden Übung vertraut gemacht wurde, diese Unzufriedenheit in erster Linie auf sich und die Fehler, die er wie jeder andere Reiter macht, abzulenken suchen. Gegen die eigene Person ist man nicht leicht unduldsam genug!

Verhältnis zu den durch sie erlangten Vorteilen steht, in aller Ruhe und Gelassenheit zu regeln. —

Es wird aber auch Fälle geben, wo die Arbeit weniger glatt vonstatten geht und Fehler des Pferdes in Erscheinung treten werden.

Ist nicht Ermüdung die Ursache von Verhaltenheit und *Zurückkriechen hinter den Zügel bei steifem Rücken*, so ist das Pferd durch zu harte Einwirkungen der Hand von dieser abgeschreckt oder in der Freiheit seiner Bewegungen eingeschränkt worden. Durch gefühlvolleres und weicheres Mitgehen der führenden Hand sowie Berichtigung der Länge der Ausbindezügel muß dann bei vermehrtem Treiben das Pferd zum Herandehnen an diese und zu richtigem Untertreten und Schwingen im Rücken gebracht werden.

Drängt die *Hinterhand nach innen* gegen die Gerte, oder verhält sich das Pferd trotz der Möglichkeit, frei auszutreten, lassen wir es einige Male in einer Wendung um die bewegliche Vorhand volteartig um uns herumtreten. Mit dem Führzügel nach vorwärts-seitwärts einwirkend, treiben wir mit der Gerte den inwendigen Hinterfuß in den Augenblicken seiner Erhebung in derselben Richtung unter die Last, unter der wir ihn dann erhalten, indem wir aus der Vorhandwendung schulterhereinartig auf den einfachen Hufschlag an der Wand übergehen. —

Die *Arbeit in der Piaffe unter dem Reiter*, *die der Hohen Schule angehört*, wird sich mit zunehmender Kräftigung und Geschicklichkeit des Pferdes von selbst aus der vorbeschriebenen versammelnden Arbeit an der Hand entwickeln, indem wir einen leichten, anfangs sich passiv verhaltenden Reiter aufsitzen lassen, der nur die Aufgabe hat, sich schmiegsam dem Bewegungsrhythmus anzupassen und beim Anbieten piaffeartiger Tritte eher etwas zu entlasten. Später wird diese keineswegs „tote“ (denn das hieße: dem Beharrungsvermögen nachgebende) Last, die durch geschmeidiges Mitgehen aus dem Kreuz das Tragen an sich erleichtert, in den Beugemomenten der Hinterhand die Federn der Hanken zu spannen wissen und dadurch elastischere und ausdrucksvollere Piaffetritte erzielen lassen, als es bei der Arbeit an der Hand möglich wäre.

Mit der Zeit werden dann Führung und vortreibende Hilfen auf den Reiter übergehen, während der Abrichter nur noch im Bedarfsfalle mit Gerte oder Bahnpeitsche nachhilft.

Auch bei dieser Arbeit bleibt das Pferd noch ausgebunden. Die über den Ausbindezügeln in den Trensenring eingeschnallten Zügel nimmt der Reiter nunmehr in die Hand und übernimmt die Führung. Die Gertenhilfen — vorläufig noch mit dem Tupfer — durch die das Pferd vom Sattel aus im Verein mit Kreuz und Schenkel zum Antritt der piaffeartigen Bewegung aufgefordert wird, sind dieselben wie bei der Arbeit an der Hand. Die Schenkel ergänzen die vortreibende Gertenhilfe durch beiderseitigen gleichzeitigen Druck. Ein wechselseitig *betontes* Anregen zur *Auslösung* erhabenerer Bewegungen würde der Neigung des Pferdes, seine Hinterbeine durch Hinundherbalancieren der vollen Belastung zu entziehen, entgegenkommen.

Auch jetzt sind die Übungen nach höchstens 10 bis 20 piaffeartigen Tritten, ohne Rücksicht auf vielleicht noch anscheinende Frische des willigen Pferdes zu unterbrechen.

Bei konsequentem, verständnisvollem Vorgehen werden sich auf diese Art immer ausdrucksvollere Piaffetritte mit energisch nach vorwärts-aufwärts angezogenem Hinterknie und ausgesprochenem Aushalten in der Schwebe entwickeln. —

Das Hilfsmittel der Handarbeit wird mit zunehmender Kräftigung der Hinterhand immer entbehrlicher. Die Piaffe, ebenso wie die Passage ein Produkt höchsten Schwunges und federnder Durchlässigkeit, kann ihre ganze Vollendung nur unter dem Reiter finden. Denn nur der Reiter, der sich in unmittelbarer Verbundenheit mit dem Pferdekörper und seiner mächtigsten Schwungfeder — dem Rücken — in Sitz und Führung dem Bewegungsrhythmus anpaßt, wird bei der Ausbildung imstande sein, eben diesen Rhythmus sicher, präzise und bis zu seinem gesteigerten Ausdruck auszulösen.

Leblose Werkzeuge, wie Ausbindezügel und Pilaren, und seien sie auch in der Hand eines Meisters, werden demnach niemals auch nur annähernd den Reiter ersetzen können, der als lebender und fühlender Organismus den Rhythmus nicht nur hervorrufen und ihm folgen kann, sondern ihn durch die Steigerung der Feinheit seiner Hilfengebung so zu fördern weiß, daß die betreffende Schule immer schwungvoller und vollkommener wird.

DRITTER TEIL

Die Hohe Schule

„Die wahre Schule, die nichts weiter als die höchste Entwicklung der Hankenbiegung des unter allen Umständen am Zügel stehenden Pferdes anstrebt.“

I. Kapitel.

Wesen und Zweck der Hohen Schule. Die Grundgangarten in schulmäßiger Versammlung

1. Die Hohe Schule als Höchstform der gymnastischen Durchbildung

Es gab und gibt Reitwissenschaftler, die einen klaren Trennungsstrich zwischen der Ausbildung des Gebrauchspferdes und derjenigen in der Hohen Schule gezogen wissen wollen, und zwar in dem Sinne, als ob das zum höchsten Ausdruck seiner Schmiegsamkeit und Tragkraft gebrachte Schulpferd in seinen Anfängen nicht genau dieselbe Stufenleiter der Gymnastizierung durchlaufen müßte wie jedes beliebige andere Reitpferd, das diesen Namen zu Recht verdient.

In Wirklichkeit ist es nun so, daß, ideale Ausbildungsverhältnisse vorausgesetzt, erst das richtig durchgerittene Gebrauchspferd, wenn Nerv, natürliches Gangwerk, Körperbau und der Arbeit entgegenkommender Charakter es für den hohen Grad von Schwung, Durchlässigkeit und Versammlung, die Vorbedingung der Hohen Schule sind, überhaupt in Betracht kommen lassen, auf dem Wege und befähigt ist, ein Schulpferd zu werden.

Die Ausbildung in der Hohen Schule war nur dann richtig, und nur dann wird so ein Pferd seine Lektionen rein und in der Vollendung gehen, wenn sein Reiter jederzeit in der Lage ist, den Rahmen, die Haltung, zu erweitern oder zu verengern, ohne daß Gang und Anlehnung darunter leiden.

Gustav Rau sagt zu diesem Thema: „Die Hohe Schule soll keine Künstelei für sich sein, sondern das letzte Glied einer Kette, die in ihren Anfangsgraden das für jede Art der Verwendung richtig vorbereitete Gebrauchspferd gibt."

Es ist notwendig, daß unter Zehntausenden von Reitpferden das eine oder andere diese höchste Stufe erreicht, nicht nur „l'art pour l'art", „der Kunst um der Kunst willen". Die große Masse der Reiter soll immer wieder Gelegenheit haben, zu sehen, was bei Anwendung derselben Grundsätze und Hilfen, die auch ihnen gelehrt wurden, durch Entwicklung und Veredlung der Gebrauchsgangarten von besonders geeigneten Pferden geleistet werden kann.

Zu betonen ist immer von neuem, daß alle ins Bereich der Hohen Schule gehörenden Gänge und Sprünge schon im jungen Pferde schlummern, das sie in Augenblicken der Erregung zeigt. Alles, was sonst von Meistern, die sich selbst dazu ernannt haben, an künstlichen Verzerrungen der natürlichen Bewegungsfolge gezeigt wird und nichts als Parodie klassischer Form und Groteske ihres Inhalts, also schlechter Zirkus ist, hat mit der auf den Lehren der alten Meister aufgebauten akademischen Hohen Schule nichts zu tun — ist Afterkunst. Hält man diese Gedankengänge fest und setzt sie in die Praxis um, so kann eine Befruchtung und Verfeinerung der Gebrauchsreiterei durch das Schulreiten nicht ausbleiben.

An der Kunst, die vorgestern und gestern in Blüte stand und deren Übungen und Lektionen in der Wiener Spanischen Hofreitschule in ihrer klassischen Reinheit und ihrem vollen Glanze gepflegt werden, findet die Kunst von heute ihren Maßstab. Diese Kunst ist in der Gegenwart fest verankert und findet ihre offizielle Anerkennung und Wertung in der Olympiadedressuraufgabe, die bekanntlich auch Bewegungen fordert, die nur von einem Pferde zufriedenstellend ausgeführt werden können, das vorübergehend denjenigen hohen Versammlungsgrad anzunehmen imstande ist, dessen dauernde Beibehaltung während des ganzen abzureitenden Vorführungsprogramms ein charakteristisches Merkmal des wahren Schulpferdes bildet.

Die Fähigkeit eines Pferdes, sich zeitweise bis zu einer Selbsthaltung versammeln zu lassen, bei welcher vorderes und hinteres Beinpaar je die Hälfte der Last zu tragen hat, und die so weit geht, daß bei einzelnen Lektionen die Hinterhand den überwiegenden Teil dieser Last, wenn nicht sogar ihre Gesamtheit willig und elastisch federnd aufnimmt, macht es allen anderen Pferden überlegen. Die Aktion der erleichterten Vorhand läßt es von aller Erdenschwere gelöst erscheinen und gestattet ihm rasche und dabei doch weiche und geschmeidige Übergänge und Wendungen. Es wird darum auch allen Anforderungen, die der tägliche Gebrauch stellen sollte, mit größter Schonung für sich und den Reiter voll entsprechen und, außer wenn es sich um die Entwicklung absoluter Renngeschwindigkeit handelt, die nur durch systematisches Training bei bewußter Richtung auf die Vorhand zu erzielen ist, in jeder anderen Beziehung gegen das weniger gut gerittene Pferd im Vorteil sein.

2. Schulschritt, Schultrab und Schulgalopp. Schulparade. Seitengänge

Das abgekürzte, versammelte Gangmaß der drei Grundgangarten findet als Schulschritt, Schultrab und Schulgalopp seine höchste Ausdrucksform.

Im Zweiten Teil dieses Buches, II. Kapitel 3. B., wurden Schrittarbeit und Steigerung der Versammlung im Trab und Galopp eingehend erörtert. Es genügt daher, auf das dort Gesagte hinzuweisen und nur ergänzend beizufügen, daß der Unterschied zwischen den abgekürzten Gangmaßen eines gut gerittenen Gebrauchspferdes und denen eines Schulpferdes einzig und allein im Grade der Versammlung und infolgedessen auch in der erhöhten Schwunghaftigkeit und Erhabenheit besteht, mit denen es diese ausführt. Fußfolge und Takt bleiben dieselben*). Nun ist es allerdings gerade dieser Unterschied, der „die Geister scheidet", denn unter Zehntausenden von Pferden wird es immer nur verschwindend wenige geben, die imstande sind, eine solche elastisch federnde Schwung- und Tragkraft der Hinterhand zu entwickeln, daß sie sich in direktem Verhältnis mit der Versammlung bis zu deren Höchstmaß, steigern läßt.

Wie schon bei Besprechung der Schrittarbeit betont wurde, ist bei Übung des Schulschrittes, die wegen der Anstrengung, die sie das Pferd kostet, nur in sehr kurzen Reprisen erfolgen soll, das Augenmerk in erster Linie auf das

*) Siehe auch die Tabelle der Grundgangarten und ihrer Abstufungen.

G l e i c h m a ß der erhabenen Tritte und erst in zweiter Linie auf die L e b h a f t i g k e i t der Bewegungen zu richten. Diese werden bei zunehmender Geschmeidigkeit der Hinterhand von selbst Fleiß und Takt der andern Schrittarten finden.

Die bei erhöhter Versammlung sich verschmälernden Basen, auf denen die stützenden Beine schreiten, steigern Bewegungsfähigkeit und Wendigkeit des Pferdes, wodurch sein Sekundengehorsam auf die leisesten Andeutungen gesichert wird. In diesem Stadium der Ausbildung wird das Pferd auch aus gesenkter Hinterhand in hoher Aufrichtung durch das gelöste Genick sicher an die Hand herantreten und der Takt der erhaben und in reinem Vierschlag fußenden, in allen Gelenken geschmeidig gebogenen Beine wird den Fleiß erreicht haben, der den schulmäßig versammelten Schritt zum wirklichen S c h u l s c h r i t t — einer der allerschwierigsten Lektionen — macht.

Wie weit die Versammlung im S c h u l t r a b gehen darf, ist vom dabei entwickelten Schwung, der Reinheit des Ganges und der Zartheit der Anlehnung abhängig. Da alle Seitengänge auch in dieser Gangart geritten werden, ist es besonders wichtig, sich den Schwung im Schultrab zu erhalten und zu sichern, da nur mit seiner Hilfe Touren und Figuren auf doppeltem und einfachem Hufschlag Frische, Leichtigkeit und Glanz behalten werden.

Die Anlehnung des hochaufgerichteten Pferdes ist im Schultrab zwar leichter als im abgekürzten Trab, es muß aber immer noch eine sichere Verbindung zwischen Hand und Pferdemaul bestehen bleiben. Die Tritte sind erhaben und wenig raumgreifend. Die Hinterbeine treten, dem hohen Versammlungsgrade entsprechend, ganz nahe aneinander vorbei. Aus denselben Gründen wie beim Schulschritt sind Ausführungsbereitschaft zu Tempowechseln und Richtungsänderungen sowie Sekundengehorsam auf höchster Stufe. Ausdrucksvoll kadenziertes und dabei fleißiges und lebhaftes Treten deutet darauf hin, daß der Rücken hergegeben ist und elastisch schwingt. Versuche des Pferdes, schwebende Tritte zu machen, deuten auf falsche Spannungen hin, die am besten dadurch vermieden werden, daß man den Schultrab aus einem losgelassenen, schwungvollen Mitteltrab über den versammelten, abgekürzten Trab entwickelt.

Duldet man im Schultrab das oben erwähnte Schweben oder wird es gar von unerfahrenen Reitern als Vorstufe und besondere Anlage zur Passage begrüßt und dementsprechend begünstigt, so wird sich das Pferd immer häufiger dieses Wehrmittels, das ihm gestattet, sich einer Hergabe des Rückens zu entziehen, bedienen. Die späteren Übergänge aus der Passage oder Piaffe in den Schultrab und umgekehrt, eines der eindeutigsten und wichtigsten Merkmale der Durchlässigkeit des Schulpferdes, werden dann nie rein, klar und mit flüssiger Umwandlung des Taktes vor sich gehen können.

Der Schulgalopp ist die Höchstform des versammelten Galopps. Dieser wurde bei der Galopparbeit besprochen und es erübrigt nur noch, darauf hinzuweisen, daß der aus ihm entwickelte Schulgalopp sich besonders durch Lebhaftigkeit und Flüssigkeit der aus belebter Hinterhand abfedernden erhabenen Sprünge auszeichnen soll, wobei die gleichmäßigen Hufschläge infolge elastischen Auf- und Abfußens aus gebeugten Gelenken kaum hörbar sind. Die wichtigste Rolle fällt dem auswendigen Hinterfuß zu, dessen Aufgabe darin besteht, die Last weich aufzunehmen und elastisch abzuschnellen. Die vermehrte Gewichtsübernahme durch die Hinterhand bedingt eine hoch aufgerichtete Halsstellung sowie die erhabene und unbeschwerte Aktion der Vorhand.

Auch hier ist die dem Reiter noch erlaubte Abkürzung der Sprünge von der Erhaltung der Frische und Lebhaftigkeit der sprungartigen Bewegung und von der Geraderichtung abhängig.

Da im hochentwickelten Schulgalopp die Last einen verschwindend kurzen Augenblick nur auf der Nachhand ruht, wird der Dreischlag zum Vierschlag. Das äußere Vorderbein fußt, den Sinnen kaum wahrnehmbar — so wie in der Pirouette —, erst einen Augenblick nach dem inneren Hinterbein. Diese Feststellung hat aber nur einen rein theoretischen Wert. In der Praxis werden wir bei deutlich hör- und sichtbarem Vierschlag immer auch gleichzeitig die Wahrnehmung machen, daß der Galopp sein Hauptmerkmal — das fleißige Unterspringen — einbüßt. Seine Bewegungen verlieren ihre Flüssigkeit und Rundung, er wird schleppend und matt, steif und hackig.

Über die unmittelbaren Wirkungen dieses falschen Gehens des Pferdes auf den Sitz und namentlich den Oberleib des Reiters, der dann genötigt ist, das Auf und Ab des von ungebogenen Gelenken abgehebelten Kreuzes und Rückens mitzumachen, wurde schon mehrfach gesprochen.

Dem im fünften Abschnitt des die Höhere Kampagneschule behandelnden Kapitels über die ganze Parade Gesagten wäre nur beizufügen, daß die *Schulparade* sich desto mehr der Vollkommenheit nähert, je größer der Anteil der Last ist, den dabei das Pferd mit gebeugter Hinterhand aufnimmt und je länger es in dieser versammelten Haltung bei sicherer, leichter Anlehnung und vollkommener Aufrichtung und Beizäumung, unbeweglich zu verbleiben imstande ist.

Die Hilfe zu dieser Schulparade wird — ausreichende Schwungentwicklung vorausgesetzt — in einem vom Kreuz ausgehenden Straffen des Sitzes bestehen. Zugleich erhält der beiderseits aus gestreckt anliegendem Bein wirkende Schenkel die gebeugt untergelaufene Hinterhand unter der Last. Dabei muß der gleichzeitige, auf *beide Hinterbeine* wirkende Zügeldruck von diesen widerstandslos aufgenommen werden.

Im Sinne einer *bei vollster Erhaltung des Strebens nach vorwärts bis an die Grenze der Tragfähigkeit gehenden Schulparade ist die Levade* — eine mit nach vorwärts gerichteter Tendenz stattfindende schulmäßige Hebung — *deren zur Höchstform entwickelte Steigerung.*

Die *Seitengänge* werden in der Hohen Schule im Schulschritt, Schultrab und Schulgalopp und in einer Abstellung von der Geraden geritten, die bis 45° erreichen kann.

Um so mehr ist daher Wert darauf zu legen, daß Schwung, Lebhaftigkeit und Reinheit des Ganges dabei erhalten bleiben. Treten diesbezüglich Schwierigkeiten auf, sind Versammlung, Abstellung und Dauer der Reprisen zu mäßigen und nach Bedarf auf einfachere Anforderungen im Arbeitstrab, versammelten Trab oder Schultrab auf einem Hufschlag zurückzugreifen. Mängel im Travers und Renvers werden am besten auf oben beschriebene Art oder in den einfachen und Konterlektionen des Schulterherein, das ja Mutterstellung und Ausgangspunkt aller anderen Seitengänge ist, abgestellt.

Die Vorteile, die der *Galopp im Schulterherein* bietet und die in Förderung der Biegsamkeit und Geschmeidigkeit des ganzen Pferdes und besonders der federartigen Tätigkeit des inneren Hinterbeines bestehen, werden sich in diesem Dressurstadium, wo die seitliche Durchlässigkeit auf eine hohe Stufe gebracht ist, sehr günstig auswirken.

Die Beinsetzung im Galopp läßt nur eine geringe Abstellung im Schulterherein zu. Die Grenze ist die sogenannte *Trabstellung*, bei der inneres Hinterbein und äußeres Vorderbein auf einer Linie spuren. Aber auch dieses unbedeutende Abführen werden wir nur durch allmähliche Steigerung der Längsbiegung aus dem schwungvollen, gut versammelten Schulgalopp zu entwickeln

suchen, sehr kurze Reprisen reiten und häufig aus der Schulterhereinstellung auf den einfachen Hufschlag auf dem Zirkel übergehen. Die Ecken reiten wir ebenfalls auf einfachem Hufschlag aus.

Geht dem Traversgalopp eine Ausbildung im Schulterhereingalopp voraus, wird ersterer dem Pferde um so leichter fallen, da letzterer den im Travers besonders schwer zu beherrschenden inneren Hinterfuß ganz in die Gewalt des Reiters gebracht hat.

Versucht man den Schulterhereingalopp zu reiten, ohne daß die Längsbiegung und damit die Geraderichtung vollkommen ist, werden alle Vorteile, die man sich von dieser Lektion verspricht, verloren gehen. Überdies wird das Pferd auch durch ungeordnetes Schränken der Beine an diesen Schaden nehmen. Der Schulterhereingalopp darf daher nur geritten werden, wenn der Reiter imstande ist, äußere Schulter und äußeren Hinterfuß auf ihrem einer reinen Längsbiegung entsprechenden Platz zu erhalten.

Über das Reiten von Traversalen, die bei keiner Vorführung eines Schulpferdes fehlen dürfen und die ebenso in den Rahmen jeder Kür fallen, da sie einerseits das anscheinend spielerisch leichte Eingehen auf vor- und seitwärtstreibende Hilfen beweisen und andererseits auch vom rein ästhetisch-künstlerischen Standpunkt aus betrachtet, das Gesamtbild der von einem Willen beseelten Einheit Reiter—Pferd ganz besonders überzeugend zum Ausdruck bringen, wurde ebenfalls schon im Zweiten Teil, II. Kapitel, 3. B., alles Wesentliche gesagt.

Zur Ausführung von Traversalverschiebungen im Sinne der Hohen Schule wird, wie bei den übrigen Seitengängen, der Versammlungsgrad bis zum Schulschritt, Schultrab oder Schulgalopp gesteigert.

II. Kapitel

Schulen auf der Erde. Entwicklungsgeschichtliche Bemerkungen dazu

1. Einteilung der Hohen Schule in „Schulen auf der Erde“ und „über der Erde“

Bei den nun zu besprechenden Lektionen der Hohen Schule ruht der größere Teil der Gesamtlast auf der Hinterhand oder diese trägt sie auch ausschließlich.

In den trabartigen Schulen, der Piaffe und Passage, werden die an sich sehr hohen Anforderungen an die Tragkraft der Hinterbeine insofern gemildert, als sich diese im Aufnehmen und Abfedern der Last abwechseln und darin auch an den Vorderfüßen, die gleichzeitig mit ihnen — wenn auch nur leicht stützend — zu Boden kommen, Beistand finden. In der Levade aber und den sprungartigen Schulen oder Schulsprüngen — bei diesen in ihrem ersten Stadium und teilweise während ihrer ganzen Ausführung — wird die Trag- und Federkraft der Hinterbeine gleichzeitig und ausschließlich in Anspruch genommen, da im Verlauf der betreffenden Schulen die Vorhand dauernd oder zeitweise erhoben ist.

Im Hinblick darauf, ob bei Ausführung der Schulen die Hinterhand den Boden nicht verläßt oder aber während der ganzen Dauer ihrer Ausführung oder wenigstens in bestimmten Augenblicken derselben sich über dem Erdboden befindet, ergibt sich die Einteilung in „Schulen auf der Erde“ — wie z. B. Piaffe und Passage — und in solche „über der Erde“, wie Mézair, Kurbette, Kruppade, Ballotade und Kapriole.

Den Übergang von den „Schulen auf der Erde“ zu denen „über der Erde“ bildet die Levade, da sie der Ausgangspunkt der letzteren ist. Darum soll sie auch erst in dem diesen Schulen gewidmeten Kapitel ihre Besprechung finden.

2. Pilarenarbeit

In der Geschichte der Reitkunst wird zum erstenmal der Pilaren in Pluvinels nach seinem Tode (1620) erschienenen Werke „Manège du Roi“ authentisch Erwähnung getan*).

Ursprünglich lag der Erfindung der Pilaren der Gedanke zu Grunde, der Schubkraft des Pferdes, das zwischen zwei oder an einem Pfeiler durch Kappzaum und Taue befestigt war, mittels mechanischer Mittel entgegenzuwirken und sich so die rohen, noch ungeordneten und unbeherrschten Kräfte des Pferdes

*) Den Gedanken, dem auf der Stelle festgehaltenen Pferde Bewegung zu machen, hatten schon die alten Griechen. Es wird berichtet, daß Eumenes, ein Feldherr Alexanders, als er mit seiner Reiterei in einer kleinen Bergfeste eingeschlossen und belagert wurde, seine Pferde nur dadurch gesund und leistungsfähig erhielt, daß er sie in Ermanglung eines Reitplatzes, im Stall angebunden, mit spitzen Stöcken stacheln ließ.

untertan zu machen. Pluvinel sagt selbst, „er hätte durch diese seine Erfindung die Ausbildung von Mann und Pferd auf die Hälfte der Zeit eingeschränkt". Sicher ist es, daß Pignatelli, Pluvinels Lehrer, die Pilaren noch nicht gekannt hat.

Der Herzog von Newcastle († 1675) verwirft Pluvinels Erfindung, weil, wie er sagt, viele Pferde durch ungeschickte Arbeit in den Pilaren zugrunde gerichtet werden, worin man ihm auch rückhaltlos beistimmen muß. Trotzdem verschmähte er es nicht, Pluvinels Ideen teilweise zu übernehmen, indem er so wie dieser das junge Pferd um einen Pfeiler als feststehenden Punkt, auf dem Zirkel arbeiten ließ*).

Trotz der Gegnerschaft des größten Reitmeisters der damaligen Zeit hat die Arbeit zwischen zwei Pfeilern in allen die Reitkunst pflegenden Ländern des Kontinents Eingang gefunden und wird auch heute noch in der Wiener Spanischen Hofreitschule gepflegt. Sie dient aber dort hauptsächlich dazu, Schülern das Gefühl für Takt und Harmonie in der Piaffe beizubringen und um bei in der Ausbildung schon fortgeschrittenen Pferden deren individuelle Veranlagung für gewisse Schulsprünge festzustellen.

Die Pilarenarbeit erfordert sehr viel Verständnis und Erfahrung sowie einen hohen Grad von Takt seitens des Abrichters, da bei festgehakten Pilarenzügeln ein die Arbeit erleichterndes Vorlassen des Pferdes nicht möglich ist und auch der unmittelbare Kontakt mit der Hand, wie bei der versammelnden Arbeit im Vorwärtsgehen, wegfällt.

Fehler, die bei der Pilarenarbeit gemacht werden, können das Pferd für immer davon abschrecken und Anlaß zur Entwicklung schwerer Charakterfehler werden.

Über den allgemeinen Wert der Pilaren als Hilfsmittel bei der höheren Ausbildung gilt das am Schluß des Abschnitts über „Versammelnde Arbeit an der Hand" Gesagte (Zweiter Teil, III. Kapitel 6).

Ganz große Meister verfeinerter Pilarenarbeit waren noch um die Jahrhundertwende v. Holleuffer, Gebhardt und Meixner, erstere beiden die letzten Zivilstallmeister am ehemaligen Militär-Reitinstitut in Hannover, Meixner der Nachfolger Gebhardts als Oberbereiter an der Wiener Spanischen Hofreitschule. —

Ein junges Pferd zwischen die Pilaren zu nehmen, noch ehe es bei der versammelnden Arbeit an der Hand im Vorwärtsgehen taktmäßige, piaffeartige Tritte angeboten hat, wäre gänzlich verfehlt. Wohl aber kann man durch verständige Pilarenarbeit ein schon durch versammelnde Arbeit an der Hand vorbereitetes Pferd vermehrt auf die Hinterhand setzen und den Rhythmus seines Taktes in der Piaffe bis zu einem gewissen Grade verfeinern und ausdrucksvoller gestalten. Auch wird sich, wie schon erwähnt, zwischen den Pilaren die beste Gelegenheit ergeben, das vielleicht in einem Pferde schlummernde Talent für gewisse Schulen „über der Erde" zu

*) Auch über die Arbeit an einem Pfeiler läßt sich der schon zitierte Maler Rugendas (1666 bis 1742) vernehmen:

Nun muß das munt're Pferd in vielen Lektionen
Um einen Pfeiler her so Faust als Fers' gewöhnen.
Man tummelt es so lang' im Schritt, Trab, Galoppieren,
Bis es sich läßt gewandt auf Wink und Hilfe spüren.
Doch eh' es mit ihm kommt zum schnellen Galoppieren,
Muß es im starken Trab zuvor herumtrottieren.

erkennen, um dann an Hand dieser vom Pferde selbst gegebenen Fingerzeige die weitere Ausbildung in einer bestimmten Richtung fortzusetzen.

Zu Beginn der Pilarenarbeit wird sich jedenfalls ein äußerst langsames und gelassenes Vorgehen empfehlen; anfangs etwa so, als ob man überhaupt noch keine Versammlung an der Hand gefordert hätte.

Die Pilaren stellt man am besten in der Mitte der Reitbahn, aber nicht auf Wechsel- oder Zirkellinien auf. Es sind dies 3 m lange, rundgehobelte Holzbäume von 20 cm Durchmesser, 1 m tief in die Erde gegraben und in 1,60 m Abstand voneinander. An der Innenseite mit fünf bis sechs versenkten Ringen von etwa 6 cm lichtem Durchmesser versehen. Der unterste Ring — für kleinere Pferde — 1,25 m vom Boden, die übrigen in 10 cm Abstand darüber. Notwendig ist ferner eine starke Pilarenhalfter mit doppelter Lage Leder, ohne Stirnriemen. Der Nasenriemen und das Genickstück mit Filz oder Rehfell gefüttert. Zwei starke Pilarenzügel (Pilarenhalfterriemen) mit Karabinerhaken oder Hebelverschluß. Ein gepolsterter Kappzaum, der, wie bei der Leinenarbeit beschrieben, über die Trense aufgelegt wird, wobei das Schnallenstück seines Nasenbandes unterhalb des Trensengebisses, ohne es hinaufzuziehen, eingeschnallt wird.

Nachdem wir unser Pferd abgeritten oder ablongiert und dann noch einige Minuten an der langen Wand ausgebunden an der Hand gearbeitet haben, führen wir es einige Male um die Pilarenbäume herum und dazwischen durch, lassen sie beschnuppern und bleiben schließlich, den Pferdekopf zum Ausgang gerichtet, zwischen ihnen stehen und reichen in dieser Stellung Futter. Das wiederholen wir öfters, so daß die Ideenverbindung: Stehen zwischen den Pilaren — Belohnung, Wurzel fassen kann. Während eines solchen Futterreichens legen wir die Halfter auf und haken die Riemen so ein, daß die Schnallen nach unten zeigen. Pferde mit ungefähr 1,70 m Bandmaß schnallen wir in den zweiten Ring von unten ein — etwa in halber Schulterhöhe. In dem Ring des Kappzaumes haben wir schon vorher für die Handarbeit einen Führzügel befestigt.

Wir fassen nun, mit der Front zum Pferde stehend, mit beiden Händen die Pilarenzügel und lassen es vorsichtig gegen die Halfter vortreten und einige Augenblicke in Anlehnung daran stehen. Dann schieben wir es zurück. Diesen Vorgang wiederholen wir öfter und reichen bei jedesmaligem Stehen in der Anlehnung Futter. Wir erreichen dadurch erstens, daß sich unser Pferd an den Druck der Halfter gewöhnt, ohne sich zu erregen, und zweitens aber auch, daß sich in ihm die Überzeugung festigt, daß es zwecklos sei, gegen diese anscheinend unüberwindliche Barriere mit Gewalt anzudrängen. Das Pferd muß mit der Schulter in Höhe der Pilaren stehen. Sehen mehr als Kopf, Hals und Buggelenke darüber hinaus, kann sich das eine oder andere Hinterbein bei etwaigem Querstellen an einem Pilar festklemmen, was schon Unfälle mit tödlichem Ausgang zur Folge hatte.

Nun versuchen wir, vorerst am Pferdekopf stehend, in der linken Hand den Führzügel, in der rechten die zur Handarbeit benützte Gerte haltend, durch deren Anlegen an der linken (inneren) Körperseite die Hinterhand nach rechts weichen zu lassen, bis sie am Pilar angekommen ist. Zögert das Pferd, nach rechts zu treten, nimmt es die linke Hand in eine Linksbiegung und unterstützt so die seitwärtstreibende Gertenhilfe. Zeigt sich guter Wille, sofort belohnen. Sinngemäß verfahren wir dann ebenso auf der anderen Seite. Sind diese ersten Anforderungen erfüllt, wird für heute Schluß gemacht und in den Stall geführt.

Nachdem wir einige Tage nur das Weichen vor der Gerte von vorne geübt haben, übernimmt ein Gehilfe, dessen Anwesenheit am Kopf des Pferdes auch an sich schon beruhigend wirkt, den Führzügel, während wir, halblinks hinter dem Pferde stehend, es unter dem Zuruf „Herum!" und durch Anlegen der Gerte an die linke Körperseite nach rechts herumtreten lassen. Nach Bedarf kann der Gehilfe durch einen Schritt rechts seitwärts oder durch Linksabbiegen am linken Trensenzügel unterstützend eingreifen. Schlägt das Pferd hinten aus, so ist weiter keine Notiz davon zu nehmen; es löst die Spannung und ist als natürliche Reaktion und nicht als Unart zu werten.

Anzuraten aber ist es jedenfalls, zu dieser Arbeit die Hinterbeine zu bandagieren und mit Fesselschützern zu versehen sowie womöglich die Hintereisen abzunehmen, da sich das Pferd durch das anfangs ungeschickte Seitwärts- und nicht Übertreten im Zustande der Erregtheit Verletzungen zuziehen könnte.

Ist unser Pferd der Aufforderung, nach rechts zu weichen, nachgekommen, dann sofort Pause am rechten Pilar, loben und Brot oder Hafer reichen. Dasselbe

Verfahren nun nach der linken Seite, wobei der Gehilfe im Bedarfsfall nach links tritt. Die leise Andeutung, die dieser dabei mit dem Führzügel gibt, darf in kein Zerren ausarten. Die Hauptaufgabe des Gehilfen bleibt immer, durch den Führzügel ein Wegtreten nach rückwärts und damit ein Aufgeben der Anlehnung an die Halfter zu verhindern. Ist auch dieses Weichen auf die von rückwärts erfolgende Hilfe vom Pferde begriffen, wird Schluß gemacht und zur Belohnung in den Stall entlassen.

Die ersten Male ist es gleichgültig, wie das Pferd die Seitwärtsbewegung mit der Hinterhand ausführt. Es muß nur vor den Gerten — denn jetzt hält der Abrichter in jeder Hand eine — einige Schritte seitwärts treten. Je besser es versteht, was von ihm verlangt wird, desto mehr werden bloß andeutende Hilfen genügen, es von selbst hin und her treten zu lassen. Die Pausen legt man jetzt nur mehr nach 10- bis 20maligem Weichen ein.

Die Gerten werden nun, da das Pferd selbsttätig zu arbeiten beginnt, hauptsächlich zur Regelung und Anregung der Fußsetzung gebraucht. Wichtig ist, daß es nicht mehr nur seitwärts, sondern vorwärts-seitwärts übertritt, daß also das jeweilige innere Hinterbein die neue Bewegung durch einen Schritt vor und über das äußere einleitet. Durch das seitliche Vor- und Übertreten kommt das Pferd mehr an die Hilfen heran, wodurch schon eine gewisse Versammlung entsteht, die eine Beugung der Hanken und des Sprunggelenkes bedingt.

Wenn das Pferd nun auch mit dem ersten Schritt des inneren Hinterfußes seitwärts vor- und übertritt, so wird es doch mit dem zweiten und dritten nach hinten wegtreten, um sich so dem Herangehen an die Halfter und der vermehrten Belastung zu entziehen. Da muß die Gerte bereit sein, um, unterhalb des Sprunggelenkes des zurückstrebenden inneren Hinterbeines angelegt, auch den zweiten Schritt nach vorwärts einzurichten.

Tritt der äußere Hinterfuß nun seitwärts und nicht gleichzeitig nach vorne, so ist auch dieser mit der in der anderen Hand gehaltenen zweiten Gerte am äußeren Fesselkopf nach vorne zu dirigieren. Nach dem dritten Doppelschritt, wie auch bei jeder Pause, wird der Abrichter durch Quervorhalten der zweiten Gerte unterhalb der Sprunggelenke ein Zurückkriechen verhindern.

Werden nach Verlauf einiger Tage auch diese Anforderungen vom Pferde erfüllt, beginnen wir damit, auf eine lebhaftere, versammelte Trittfolge hinzuarbeiten und erlauben in Hinkunft nur mehr zwei Doppelschritte nach jeder Seite, so daß schließlich ein ununterbrochenes lebhaftes Hinundhertreten zwischen den beiden die Bewegung regelnden und begrenzenden Gerten entsteht, bei welchem das Pferd in sicherer und bestimmter Anlehnung an der Halfter bleibt. Die entsprechende diagonale Bewegung der Vorderbeine findet sich bei rhythmischerem Treten der Hinterhand von selbst.

Bald wird das Pferd — immer enger eingeschlossen — nur mehr je einen Doppelschritt nach jeder Seite machen, und die Beine werden immer näher neben- und voreinander fußen, so daß ihre Seitwärtsbewegung nicht mehr zum Ausdruck kommt und die reine, diagonale, erhabene, trabartige Bewegung auf der Stelle mit deutlichem Aushalten in der Schwebe — die Piaffe — erreicht ist.

Dabei wird es der verständnisvolle Abrichter nie soweit kommen lassen, daß sein Pferd Zeichen von Müdigkeit gibt, das energische feurige Treten matter wird und in ein Schleppen und Kleben am Boden ausartet — er wird einen Beweis seiner Kunst dadurch erbringen, daß er nie den Bogen überspannt und rechtzeitig aufzuhören weiß.

Nun können wir das Pferd auch mit einem Reiter belasten und gehen dabei sinngemäß, so wie bei der versammelnden Arbeit an der Hand, vor.

Anfänglich soll sich dieser Reiter gänzlich passiv verhalten und nur als lebendiger, durch schmiegsames Mitgehen die Erhaltung des rhythmischen Taktes nicht störender Ballast wirken. Hat sich das Pferd mit dem Tragen des Gewichts in den Pilaren vertraut gemacht, was um so früher der Fall sein wird, als es ja auch schon nach Vervollkommnung in der versammelnden Arbeit an der Hand, an eine Belastung gewöhnt wurde, wird es am besten sein, selbst aufzusitzen, um die weitere Ausbildung in der Piaffe vom Sattel aus fortzusetzen.

Abschließend sei noch bemerkt, daß bei der Pilarenarbeit der Führzügel des Gehilfen nur dazu dient, anfangs die Anlehnung an die Halfter zu berichtigen und zeitweise die vortreibende Hilfe des Abrichters zu unterstützen, daß aber später eine Einwirkung damit ganz wegfallen muß. Wäre dieser Zügel fortwährend angespannt, würde sich das Pferd daran gewöhnen, ihm Widerstand zu leisten, und die ganze Arbeit würde gestört werden.

Die Pilarenzügel (Halfterriemen) sind es, die den Führzügel des an der Hand versammelten Pferdes oder den Zügel des Reiters ersetzen müssen. Daher soll auch die Anlehnung, die das piaffierende Pferd an die Halfter nimmt, der Anlehnung an die Hand des Abrichters bei der versammelnden Arbeit oder derjenigen an die Hand des Reiters entsprechen. Deshalb darf auch beim späteren Aufnehmen der Zügel durch den Reiter die Anlehnung daran nie diejenige übersteigen, die das richtig an den Pilarenzügeln arbeitende Pferd an diese nehmen muß.

Es gibt ängstliche Pferde, die vielleicht durch zu rasches Vorgehen beim ersten Einstellen in die Pilaren von ihnen abgeschreckt sind. Diese werden sich wesentlich beruhigen, wenn wir sie vorläufig nur in einen Pilarenzügel einhängen und den andern durch einen von einem Gehilfen locker gehaltenen Führzügel ersetzen. In schwereren Fällen können auch zwei solche an Stelle der Pilarenzügel treten, wobei das Pferd durch zwei Gehilfen zwischen den Säulen zu halten ist.

3. Piaffe – Passage – Übergänge

Es fällt nicht leicht, eine Definition zu finden, die das Wesen der Piaffe und der aus ihr hervorgehenden Passage in kurze Worte faßt. Die oft gehörten Charakterisierungen dieser beiden klassischen Schulen als „höchste Versammlung und Vervollkommnung des Trabes*) auf der Stelle“ und als „höchste Potenz des Schultrabes“*) können nicht

*) Weder Piaffe noch Passage sind ein Trab, wie wir ihn gleichermaßen für das Gebrauchspferd wie für das Schulpferd verlangen, und zwar deshalb nicht, weil jeder Trab, sei er nun Arbeits-, Gebrauchs- oder Schultrab, ohne Schweben, in lebhaftem, fleißigem Takte und mit mehr oder weniger Raumgewinn geritten werden muß. Andernfalls wäre er weder ein tadelloser Arbeits-, noch ein vollkommener Schultrab. Die höchste Vollendung, die dem Trab durch schulmäßige Arbeit gegeben werden kann, sind starker und Schultrab. Aus diesen Gründen ist es vorzuziehen, die Bewegung des Pferdes in der Piaffe und Passage nicht als Trab, sondern als „trabartig“ oder, noch besser, als „in der Fußsetzung des Trabes stattfindend“ zu bezeichnen.

widerspruchslos angenommen werden, da sie zwar von bestechender Kürze sind, dabei aber weder das Wesen dieser beiden Schulen zur Gänze erschöpfen, noch auch eindeutig festlegen.

Piaffe

Uns scheint zunächst für eine ideal am Ort (auf der Stelle) ausgeführte Piaffe nachstehende Kennzeichnung der Wahrheit näherzukommen:

„Die Piaffe ist eine in der Fußsetzung des Trabes ausgeführte Bewegung, bei der sich die Schubkraft restlos in die auf beide Hinterbeine gleichmäßig verteilte Trag- und Federkraft umsetzt. Daraus ergibt sich bei vollkommener Losgelassenheit eine der höchsten Potenz von Beugung *und schwungvollem Abfedern der Hinterhand entsprechende erhabene und ausgehaltene Trabaktion auf der Stelle.*“

Aus dieser Feststellung lassen sich alle *Anforderungen*, die eine Piaffe in ihrer *Vollendung* erfüllen muß, ableiten. Auch ermöglicht sie es, einen *klaren Unterschied zwischen kleineren Mängeln, die in der Praxis fast jeder Piaffe anhaften, und grundsätzlichen Fehlern zu machen.*

Zunächst die Anforderungen:

Die *Beugung* der Hinterhand ermöglicht bei leichtem Abfußen der kaum stützenden Vorderbeine ihr *erhabenes Treten* aus der Schulter bei längerem *Aushalten*, wobei der Unterarm bis zur Waagerechten erhoben ist. Wegen eben dieser Beugung und stärkeren Belastung der Hinterhand können sich die Hinterbeine mit den Hufen nur etwas über die Fessel des stützenden Fußes erheben, werden aber im Einklang mit der Bewegung der diagonalen Vorderbeine bei Erreichung ihrer höchsten Erhebung ebenso wie diese ausgehalten.

Aus der Senkung der vom Schwunge belebten Hinterhand ergibt sich dann die richtige Tätigkeit der von ihr *unmittelbar abhängigen, mächtigsten Schwungfeder des Pferdekörpers, des Rückens.* Dieser unterstützt in elastischer Spannung das *Heben und Aushalten* der im vollkommenen Gleichmaß diagonaler Trittfolge senkrecht abstoßenden und auffußenden Beine. Eine Folge der vermehrten Lastaufnahme durch die Hinterhand ist weiters die *hohe Aufrichtung* des bei *hergegebenem Genick* zurückgerichteten Halses. Das vollkommen *gleichmäßige* Tragen und rhythmische Abfedern der Hinterbeine bedingt die *gleichmäßige*, leichte, aber sichere *Anlehnung*, so daß der Reiter das Gefühl haben muß, daß das Pferd bereit ist, jederzeit, in einem Sekundenbruchteil nach vorwärts schnellend, in die Passage oder den Trab überzugehen. Ebenso muß es bereit sein, bei vermehrt belastenden Hilfen eine schulmäßige Erhebung — die Levade — anzunehmen.

In der Praxis und besonders bei einem noch in der Ausbildung befindlichen Pferd wird die beschriebene Aktion und Kadenz *am Ort* schwer zu erreichen sein. Darum wird es sich empfehlen, es bei jedem Tritt um etwa *1 bis 2 Hufbreiten vorgehen* zu lassen und auch die getragene Kadenz des Taktes nie auf Kosten der Reinheit der diagonalen, senkrechten Fußsetzung steigern zu wollen.

Grundsätzliche Fehler, auf die noch eingegangen werden soll, sind seitliches *Ausweichen* der Vor- und Hinterhand, *mattes Abfußen* der am Boden klebenden Beine und *Hochschnellen* der sich steifenden Hinterhand, meist in Verbindung mit krampfhaft*) aufgewölbtem Rücken, zu

*) Ein deutliches Sichtbarwerden der Dampfrinne deutet auf dauerndes Zusammenziehen von Bauch- und Rückenmuskeln, also Mangel an Losgelassenheit (s. auch Zw. Teil II. Kap. 8. D.).

tiefer, lockerer Halsstellung, unsicherer, unregelmäßiger Anlehnung und mangelnder Tätigkeit der bei überhängender Vorhand hinter der Senkrechten stützenden Vorderbeine. Fehlerhaft sind überhaupt alle übereilten, ungleich-

mäßigen Tritte; desgleichen ein weggedrückter Rücken bei zu hoher Aufrichtung und daher, so wie bei krampfhafter Aufwölbung*), mangelndem Einklang zwischen Vor- und Hinterhand mit allen zwangsläufig daraus entspringenden Mängeln von Gang und Anlehnung. Endlich zu weites Vorsetzen der gestreckten, ungebogenen Hinterbeine, die aus dieser Stellung ebensowenig wie bei mangelndem Untertreten federnd abschwingen können. Das Senken der Hinterhand darf also nicht ein Ergebnis zu weiten Untertretens der zu diesem Behuf in Knie- und Sprunggelenk übermäßig geöffneten Hinterbeine sein.

Alle diese Fehler und Mängel in der Ausführung können und dürfen nicht in der Piaffe selbst korrigiert werden. Wir müssen zunächst durch energisches Vordrücken an die Hand im versammelten oder Mitteltrab die Tätigkeit der Hinterbeine und des Rückens in Ordnung bringen und auf Grund der daraus entstehenden reinen Bewegungen die zur Piaffe notwendige

*) Wird die Piaffe fehlerhaft mit krampfhaft aufgewölbtem, d. i. krampfhaft angespanntem Rücken geritten, fußen die Vorderbeine in einer nach rückwärts schrägen Stellung, also erst hinter der Senkrechten Ellbogengelenk—Erdboden; bei krampfhaft abgewölbtem, d. i. krampfhaft abgespanntem, weggedrücktem Rücken kommen die Vorderhufe schon vor der Senkrechten zur Erde.

Beide Male tritt das Pferd nicht ehrlich durchs Genick, da die falsche Rückentätigkeit im ersten Fall einen unsteten und krausen, im zweiten einen versteiften Hals zur Folge hat.

Merkwürdig ist, daß gerade diese beiden fehlerhaften Formen der Piaffe eine besondere Anziehungskraft auf Bildhauer und Maler auszuüben scheinen. Man sehe sich einmal Monumente und die Feldherrenhügel auf Schlachtengemälden vergangener Jahrhunderte darauf hin an.

Versammlung bei Aufrechthaltung schwungvollen Tretens und regelmäßiger Anlehnung wiederherstellen. —

Kurz zusammengefaßt erscheint uns als wichtigste Grundbedingung einer richtigen Piaffe das rhythmische, vollkommen gleichzeitige Auf- und Abfußen der Beine in diagonaler Trittfolge. Jedes verfrühte oder verspätete Niedersetzen oder Heben wäre eine Störung der reinen Gangart.

Fast ebenso bedeutsam ist es, daß die Beine genau auf einer geraden Linie treten. Durch ein schaukelndes Balancieren nach seitwärts entziehen sich die Hinterfüße der Lastaufnahme, Beugung und Geraderichtung.

Ist diese Beugung keine genügende, wird bei jedesmaligem Heben die zu wenig gesenkte Hinterhand im Kreuz hochwippen und die Trittfolge aus den nicht mehr tragenden Hanken unregelmäßig, trippelnd und zuckend werden. Da das Pferd nur aus der Beugung elastisch abfedern kann, was wieder das Aushalten der Beine bei Erreichung ihrer höchsten Erhebung ermöglicht,

wird in diesem Falle das kadenzierte, rhythmische Treten aufhören. Man wird den Eindruck haben, als lösten sich die Beine nur zögernd vom Boden, an dem sie zu kleben scheinen oder als würden sie krampfhaft und nicht elastisch abfußen.

Die reine Folge der auf schnurgerader Linie energisch abfedernden Beine ist, wie oben nachgewiesen, die Vorbedingung einer richtigen Piaffe. Auf Grund dieser mit jedem Tritt nach vorwärts strebenden Geraderichtung in höchster Versammlung kann bei zunehmender Übung und besonders dazu geeigneten Pferden die ideale Piaffe auf der Stelle mit besonders kadenziertem Aushalten entwickelt werden.

Die Kadenz, der getragene Takt der Tritte, kann bei einem gut gerittenen Pferde, in der Piaffe ebenso wie auch in der Passage, vom Reiter geregelt werden. Durch ein unmerkliches Öffnen und Schließen der Finger hat er es im wahrsten Sinne des Wortes in der Hand, das Treten langsamer oder schneller zu gestalten.

Als ein Besucher der Spanischen Hofreitschule die Möglichkeit einer genauen Bestimmung der Kadenz in der Piaffe und Passage in Zweifel zog, ließ der damalige Oberbereiter Matthäus Niedermeyer (1865—1887) aus dem nahen Burgtheater einen Taktmesser kommen und ersuchte dann den Gast, das Metronom in beliebiger Weise, bald schneller, bald langsamer, schlagen zu lassen. Genau nach dem jeweiligen Takt piaffierte Niedermeyers Hengst „Pluto Betalka“. Nachdem dieser Beweis höchsten Gehorsams erbracht worden, glaubte der Gast dem Oberbereiter ein Kompliment zu machen, indem er bewundernd ausrief: „Herr Oberbereiter, das war ja wie im Zirkus!“ Niedermeyer, der von diesem Lob wohl kaum sehr erbaut gewesen sein mag, ließ nun ein fast bis zum Rand gefülltes Wasserglas auf die Kruppe seines Schimmels stellen und piaffierte den Hengst, ohne daß auch nur ein Tropfen verschüttet wurde. Dann sagte er: „Sehen Sie, das ist Elastizität und Weichheit! Lassen Sie sich das doch im Zirkus vormachen!“

Diese Ruhe des Pferdekörpers, die wir hier an einem Beispiel veranschaulicht haben, ist allerdings nur zu erreichen, wenn die Bewegung der Füße keine hüpfende ist. Bei aller Energie und Bestimmtheit der aus der Hankenbeugung abfedernden, nicht abstoßenden Beine muß ihr Heben und Niedersetzen sanft und weich erfolgen. Bei dieser Art von Bewegung, die sich aus der völligen Losgelassenheit in höchster Versammlung ergibt, kann das Gesäß eines schmiegsam sitzenden Reiters den Sattel nicht verlassen.

Andererseits ist eine richtige Piaffe dem Pferde nur dann möglich, wenn es der Reiter versteht, sich in Sitz und Führung dem Rhythmus dieses kunstvollen Ganges anzupassen. Ein solcher Reiter wird, wie schon erwähnt, den Rhythmus nicht nur auszulösen und zu erhalten verstehen, er wird ihn auch fördern und beleben. In seinem Sitz darf nichts Hartes, krampfhaft Gespanntes, d. h. durch Überanstrengung Hervorgerufenes sein. Die Bewegungen des Pferdes selbst, seine schwingenden Beine, sein mitschwingender Rücken und die schwingende Wirbelsäule des Reiters werden dessen schmiegsam und vollkommen abgespannt aus den Hüften am Pferdeleib herabhängendes Bein gleichsam inspirieren, so daß es durch rhythmisches, dem Takte angepaßtes,

wechselseitiges Anschwingen — Heranfallen wäre schon zu grob — die Bewegung erhalten und nach Bedarf noch schwungvoller gestalten kann.

In diesen Rhythmus ist auch die führende Hand inbegriffen und gibt als Bestandteil des der Bewegung hingegebenen, mit dieser atmenden Sitzes unbewußt die richtigen, die Piaffe erhaltenden und sie belebenden Hilfen.

Das im vorstehenden über die Piaffe Gesagte gilt genau so für die Passage. Auch diese wird ihre Vollkommenheit nur dann erreichen können, wenn die Schenkel zum Unterschied von den Hilfen, wie sie sonst gegeben werden, jede — wenn auch elastische — Spannung aufgeben und nur fürs Auge unmerklich anschwingen. Ist das Pferd noch nicht genug empfindlich, muß beim Anschwingen des Beines der Sporn ganz fein tippend mitwirken. Durch eine kräftigere Hilfengebung könnte wohl ein piaffe- oder passageähnlicher Gang herausgedrückt, nie aber das vollendete Kunstwerk dieser — das Schwierigste durch die beschwingte Leichtigkeit seiner Ausführung anmutig erscheinen lassenden — klassischen Schulen geschaffen werden.

Passage

Wenn man auch sagen kann, daß die Passage gleichsam eine Piaffe in der Fortbewegung ist, so besteht doch zwischen einer Piaffe, bei der wir das Pferd, wie in den vorigen Abschnitten beschrieben, etwas vortreten lassen, um seine einer Arbeit am Ort noch nicht gewachsene Tragkraft zu schonen, und der Passage ein großer Unterschied.

Während bei der Piaffe in der Vorwärtsbewegung nur derjenige Teil der Schubkraft, den wir zur Schonung der Hinterhand sich noch nicht restlos in Trag- und Federkraft umsetzen lassen, das Vortreten bewirkt,

schalten wir bei der Passage die durch unsere Hilfen beherrschte und abgestimmte Schubkraft bewußt in den Bewegungsablauf ein, um taktmäßige, schwebende Tritte nach vorwärts auszulösen.

Aus dem hier über die Passage Gesagten ergibt sich folgende Definition: „Die Passage ist eine in der Fußsetzung des Trabes ausgeführte schwebende Vorwärtsbewegung. Die auf beide Hinterbeine gleichmäßig verteilte Trag- und Federkraft bewirkt in Verbindung mit der teilweise zu energischem Schwunge nach vorwärts-aufwärts umgewandelten Schubkraft und der elastischen Anspannung der schwingenden Rückenmuskeln ein kraftvolles Abschnellen der diagonalen Beinpaare, die in erhabener Beugung und Streckung länger ausgehalten werden."

Auch aus dieser Feststellung lassen sich, soweit sie nicht schon darin enthalten sind, alle Anforderungen, die wir an eine vollendete Passage stellen, ableiten.

Auch in der Passage ist beim Aushalten in der Beugung der möglichst bis zur Waagerechten erhobene Vorarm ein Zeichen für die Senkung der Hinterhand. Die gut angezogenen Hinterbeine können ebenso wie bei der Piaffe und aus denselben Gründen nicht viel über das Fesselgelenk erhoben werden. Für Aufrichtung und Anlehnung gilt dasselbe wie für die Piaffe.

Bemerkt sei gleich hier, daß ebenso wie bei der Piaffe Ausdruck und Gepräge nicht bei allen Pferden die gleichen sein können. Wir sehen bei Vollblütern und Lipizzanern ideal ausgeführte Passagen, deren Manier und Geste sich durchaus in kein gemeinsames Schema pressen lassen — Aktion, Körperbau und Temperament der einzelnen Individuen und Rassen sind eben verschieden. Mit demselben Recht könnte man von allen Pferden eine Gleichartigkeit in den Grundgangarten, im Schritt, Trab oder Galopp verlangen. Anspruch auf Vollkommenheit hat aber jede Passage, wenn sie aus gebeugten Hanken in reiner, taktmäßiger Fußfolge auf gerader Linie, bei vollkommener Losgelassenheit aus elastisch gespanntem, tätigem Rücken in erhabenem, lang ausgehaltenem Schweben feurig und energisch nach vorwärts schnellt. Bei voller Berücksichtigung der Eigenart ist daher jede Passage korrekt und muß als solche gewertet werden, wenn die Grundbedingungen: Schwung, Takt und Geraderichtung erfüllt sind.

Wie aus vorstehendem ersichtlich, gelten für die Passage die nämlichen Regeln wie für die Piaffe. Wird sie nicht aus schwungvoller Versammlung und Geraderichtung geritten, werden sich bei ihr dieselben grundsätzlichen Fehler und Mängel bemerkbar machen. Ihre Korrektur ist sinngemäß die gleiche wie bei der Piaffe.

Um die Begriffe zu klären, mögen hier noch einige Worte über das Schweben, das ein charakteristisches Merkmal der Passage ist, folgen.

Aus dem bis zur höchsten Potenz gediehenen Abfedern der Hinterbeine aus elastischer Beugung ergibt sich in der Piaffe das Aushalten und in der Passage, wo das Pferd sich nach vorwärts bewegt, das Schweben und Aushalten. Hört die durch das energische Abfedern ermöglichte elastische Anspannung der Rückenmuskeln auf, wird die Piaffe zu einem ausdruckslosen Trippeln auf der Stelle, die Passage zu einem schlichten Trabe.

Hier sei nochmals betont, daß das falsche Schweben im Trabe, das auch in einem Abschnitt dieses Buches (Zweiter Teil, II. Kapitel, 1. I.) eingehender besprochen wurde, durch Steifungen der Hinterhand*) und des Rückens verursacht wird und im Gegensatz zum richtigen Schweben in der Passage immer ein Zeichen von mangelnder Losgelassenheit des krampfhaft in falscher Spannung festgehaltenen Rückens und von Verhaltenheit ist.

Bei der richtig gerittenen Passage arbeiten alle Muskeln energisch schwingend in vollkommener Losgelassenheit, so daß der Schwung ungehindert von der Fessel über Hinterhand, Rücken, Hals und Genick in die Hand vorfluten und von dieser und dem Sitz derart geregelt werden kann, daß es beim Schulpferd der Einwirkung des Reiters anheim gegeben ist, den Rhythmus der Kadenz, die

*) In 9 von 10 Fällen liegt der Ausgangspunkt aller Schwierigkeiten in der Hinterhand. Deren körperliche Schwäche oder mangelnde Biegsamkeit — diese meist von ersterer bedingt — kommt für den Reiter durch falsche Rückentätigkeit zu fühlbarem Effekt. Der Rücken als solcher müßte schon von ausgesprochener Fehlerhaftigkeit oder Gebrechlichkeit sein, um zur unmittelbaren Ursache unrichtigen Gehens zu werden. Der „neuralgische" oder „Juckpunkt" ist fast immer weiter hinten zu suchen.

Erhabenheit der Tritte und den Raumgriff innerhalb der naturgegebenen Grenzen nach Belieben zu regeln und zu bestimmen.

Im Gegensatz hierzu stehen falsch gearbeitete, abgerichtete, sogenannte Schulpferde, deren Reklamekunststücke nicht durch akademisch richtige Einwirkungen „herausgeritten" sind und die deshalb — je nach Übereinkunft mit ihrem Reiter — besonderer, avertierender, sich vor allem an ihr Gedächtnis richtender Hilfen bedürfen, um ihre Schulen, Touren und Figuren zu absolvieren.

Bei Pferden mit viel Nerv, Gehlust und Temperament kann die Passage durch allmähliches Vorlassen aus der Piaffe bei sorgfältiger Erhaltung des kadenzierten Taktes entwickelt werden.

Bei der überwiegenden Mehrzahl der Pferde aber wird sich ein umgekehrtes Verfahren empfehlen. Durch ein sich allmählich steigerndes Versammeln aus einem schwungvollen Mitteltrab werden wir das Tempo bis zum Schultrab abkürzen und aus diesem durch halbe Paraden, die der langsameren Kadenz der Passage angepaßt sind, weich in ihr getrageneres Gangmaß eingehen. —

Der Sitz des Reiters in der Passage muß ebenso wie in der Piaffe besonders stet und ruhig sein.

Dieser sogenannte Schulsitz ist überhaupt nicht etwa eine Sitzkategorie für sich, er ist nichts anderes als die Idealform des Normalsitzes. Gerade und ungezwungen, soll er bei aller dem erhöhten Versammlungsgrade angepaßten federnden und geschmeidigen Festigkeit des Rückgrates, durch gefühlvolle Schmiegsamkeit der in den Schulgängen noch gesteigerten und verfeinerten Balance des Pferdes auf der Längs- und Querachse seiner verkürzten und verschmälerten Unterstützungsbasis Rechnung tragen.

Sparsam bis zum äußersten in seinen Hilfen und Bewegungen, die mit dem Rhythmus des schwingenden Pferdekörpers zu verschmelzen scheinen, erreicht er mit einem Mindestmaß von körperlicher Anstrengung das Höchstmaß an schwungvoller Durchlässigkeit. Seine Einwirkungen beschränken sich auf ein mit dem Rhythmus der Bewegung in vollem Einklang stehendes und ihn nicht nur auslösendes, sondern auch erhaltendes und förderndes, mehr oder weniger betontes Bringen des Gewichts, auf ein wechselseitiges, dem Auge kaum wahrnehmbares Anschwingen der Schenkel, ein Mitatmen der Hand.

Wie ein Seismograph registriert er die Rhythmik der Bewegungen, wie ein ebenso feingestimmtes Instrument leitet er Willensäußerungen des Reiters an die Empfindungsnerven des Pferdes weiter, dessen Körper zum Resonanzboden jeder seiner Bewegungen wird. Von so einem Sitz wird sich das Pferd ganz von selbst die Hilfen holen, die zur Erhaltung der energischen und zugleich weichen und flüssigen Bewegung notwendig sind.

Die fein ausgewogene Balance dieses Sitzes macht jede körperliche Anstrengung überflüssig, ja schädlich, denn unvermittelte und harte oder sich in den Bewegungsrhythmus nicht einfügende Einwirkungen würden den fein abgestimmten Mechanismus des schwungvoll in schulmäßiger Versammlung dahinschwebenden Pferdes unweigerlich in Unordnung bringen.

Der Oberleib des Reiters ruht senkrecht auf der Wirbelsäule des Pferdes. Da sich diese infolge vermehrter Beugung der Hinterhand zeitweise etwas nach rückwärts senkt, ist in solchen Momenten seine Lage zur horizontalen Bodenfläche keine ganz senkrechte mehr, sie ist dann fast unmerklich zurückgeneigt. —

Beim wirklich durchgerittenen Pferd ist es schon nicht mehr der Reiter, der die Harmonie mit dem Pferde zu suchen braucht. Das Umgekehrte ist der Fall. Durch leichteste Gewichtshilfen wird das durchlässige Pferd veranlaßt,

nach Bedarf seinen Schwerpunkt mit dem des Reiters in Einklang zu bringen. Die Harmonie zwischen beiden ist also so weit gediehen, daß sie gleichsam vom Pferd gesucht und gefunden wird. Es versteht sich, daß es auch bei diesem Heranformen an den eine erhöhte Versammlung fordernden Sitz bei gefühlvollen Reitern nie zu einer Störung des Einklangs zwischen den beiden Körpern kommen wird. Auch während der Erhöhung der Versammlung und um so mehr bei ihrer Erhaltung paßt sich der Reiter dem schwingenden Rhythmus der taktmäßigen Bewegungen an, so daß die Harmonie im Mitgehen stets erhalten bleibt.

Wie schon bei Entwicklung der ersten piaffeartigen Tritte unter dem Reiter erwähnt, soll die den Gang auslösende Schenkelhilfe durch beiderseitigen gleichzeitigen Druck erfolgen. Sie darf kein lange dauerndes Pressen sein — das nur unnatürliche Bewegungen und eine unruhige oder eingeklemmte Schweifhaltung zur Folge hätte —, sondern der kurze, nach Bedarf energischer betonte Schenkeldruck muß als Aufforderung genügen, das Pferd in der Passage und Piaffe feurig und aus sich selbst heraus treten zu lassen. Die zur Erhaltung des Ganges notwendigen Hilfen holt es sich dann von selbst vom weich herabhängenden, anschwingenden Schenkel.

Eine durch mühsame Schenkel- und Gewichtshilfen herausgepreßte Piaffe oder Passage wird immer fehlerhaft sein*). Die Herrschaft des Reiters ist dann am vollkommensten, die gerittene Schule dann am reinsten, wenn man den Eindruck hat, daß die Bewegung weder Pferd noch Reiter eine nennenswerte Anstrengung kostet. Bei einem solchen zur Einheit verschmolzenen Paar wird auch die schwierigste Übung anmuten wie ein freies Spiel. —

Ist einmal ein richtiger Grund zur Piaffe und Passage gelegt, genügt es nicht, sich mit diesen Lektionen nur in dem Ausmaße zu beschäftigen, als es für Dressurprüfungen verlangt wird. Hankenbiegung und Schmiegsamkeit werden immer mehr vervollkommnet, wenn wir in der Versammlung, welche die Hohe Schule fordert, alle jene gymnastischen Übungen wiederholen, die wir in der Gebrauchs- und Höheren Kampagneschule zur Sicherstellung der Grundlagen — Geraderichtung in schwungvoller Selbsthaltung — angewendet haben. Daraus

*) Beobachtet man die sichtlichen Anstrengungen, die manche Reiter machen, um aus ihrem mißgelaunten Pferd einige bescheidene Tritte herauszupressen, denkt man an die treffende Bemerkung, die ein Oberbereiter der Spanischen Schule bei so einer Gelegenheit machte: „Alles bewegt sich, nur die Füße des Pferdes nicht!"

Das richtig seine Schulen gehende Pferd soll selbsttätig arbeiten. Passage und Piaffe dürfen sich nicht „erschöpfen".

ergibt sich, daß wir die Passage auch in den Seitengängen, besonders den Traversalverschiebungen, die Piaffe in der Wendung um die Mitte, wo der Drehpunkt unter dem Gesäß des Reiters liegt, üben werden.

Übergänge

Der Übergang von der Piaffe zur Passage, den wir, wie schon erwähnt, während der Ausbildung nur bei sehr temperamentvollen Pferden anwenden, muß ebenso wie die umgekehrte Bewegung ohne jede Taktstockung erfolgen. Die Schwierigkeit liegt darin, daß gerade während des Übergangs der Schwung nur allzu leicht erlischt und das Pferd gegen den Willen des Reiters seine Körperverfassung ändert, wobei der Takt seine Kadenz einbüßt.

Da der Versuch, während des Übergangs den Schwung zu verbessern, zweifellos eine Störung der Körperverfassung und somit eine solche im Gleichmaße des Taktes zur Folge hätte, muß man den für den Übergang in die Passage nötigen Schwung schon in der Piaffe entwickelt haben.

Auch für den Übergang von der Passage zur Piaffe gilt derselbe Grundsatz. Bringen wir nicht schon aus der Passage genügenden Schwung mit, wird der Übergang kein flüssiger sein und das Gleichmaß der Tritte nicht beibehalten werden können. Unterbrechungen im Takt aber sind bei einem Schulpferd genau so als Fehler zu werten, wie wenn ein Kampagnepferd bei verschiedenen Figuren selbständig Takt und Tempo ändern würde.

Ein Prüfstein vollendeter Durchbildung sind auch die flüssigen Übergänge von der Passage zum freien oder versammelten Trabe und umgekehrt. Sie sind zugleich der beste Beweis dafür, daß die elastische Spannung des tätigen Rückens ein Ergebnis reiterlicher Einwirkung ist.

Ein gut und sicher piaffierendes Pferd soll sich auch ohne die geringste Störung der reinen Fußfolge aus dem Trab in die Piaffe überführen lassen. Will der Reiter aus der Piaffe zum Trabe ansetzen, muß ebenso wie im vorhergehenden Fall die Reinheit der Tritte beibehalten werden.

Während bei den Übergängen von Passage zur Piaffe und umgekehrt der Takt, das Zeitmaß des Tretens, gleich zu bleiben hat, muß er sich bei Übergängen von diesen Schulen zum Trabe und vice versa ohne Stockung der neuen Gangart anpassen, d. h. also flüssig vom getragenen zum lebhafteren Rhythmus und umgekehrt wandeln lassen. Reiter und Zuschauer müssen dabei unwillkürlich das Gefühl allmählichen fugenlosen Ab- oder Aufklingens haben.

Der Takt wird mithin genau nach den im Trabe und den trabartigen Schulen verschiedenen, sich voneinander durch Nichtschweben und von reiterlichen Hilfen ausgelöstes Schweben unterscheidenden Körperverfassungen geregelt und begleitet rhythmisch ihre Wandlungen.

Die Passage, der Schwungtritt, war als „Paradetritt" schon den alten Griechen bekannt. Wie wir aus Xenophons († 355 v. u. Z.) teilweise vom Hippologen und Roßarzt Cimon beeinflußten Werke „Über die Reitkunst" und aus zahlreichen antiken Münzen und Gemmen entnehmen, war dieser Paradetritt kaum schlechter als die Passagen, die wir heutzutage zu sehen bekommen.

Auf den uns erhaltenen Darstellungen sind Hankenbeugung, erhabenes Treten und hohe Aufrichtung deutlich erkennbar. Die oft konvexe untere Halslinie der Pferde dürfte weniger in falscher Reiterei als in rassebedingten anatomischen Gegebenheiten ihren Grund haben, ähnlich wie bei manchen Lipizzanerhengsten der Gegenwart.

Auch ein piaffeartiges, tänzelndes Treten auf der Stelle war den Alten bekannt.

Zur Zeit der Römer erlebte die Reitkunst zwar keine ähnliche Blüte*), wie früher im alten Hellas, war aber nicht ganz vergessen, wie uns die allerdings recht spärlichen Überlieferungen, u. a. das Denkmal des Kaisers Marc Aurel, dessen Pferd unzweifelhafte Merkmale eines stolzen Paradeschrittes erkennen läßt, beweisen. Für die Pflege des Reitens bei den alten Römern spricht auch der Umstand, daß ihre Kavallerie gedeckte Bahnen benutzte und Kaiser Aurelian in der Galerie seines Palastes täglich mit gutem Beispiel voranging.

Die italienischen**) Reitmeister der Renaissance nannten den Schwungtritt „Passeggio" von „Spasseggio", die Promenade. Die Franzosen machten daraus „Passage", welcher Ausdruck bis heute beibehalten wurde.

Piaffe kommt vom französischen „piaffer", stolz auf der Stelle treten (großtun) und hat sich ebenfalls als einziger gebräuchlicher Ausdruck für den Stolztritt am Ort erhalten.

Von deutschen Schriftstellern ist Winter von Adlersflügel (um 1675) der erste, der Passage und Piaffe beschreibt; er nennt sie „Tanzen". Der um dieselbe Zeit lebende Herzog von Newcastle spricht von „erhabenen Tritten im Trabtakt".

Ganz klare Schilderungen von Passage und Piaffe und der zur Erreichung letzterer angewendeten Pilarenarbeit — wobei ein dritter Pfeiler vor dem Pferdekopf den Gehilfen ersetzt — finden wir aber erst ein Dreivierteljahrhundert später in Guérinières „Ecole de cavalerie" (1751).

Statt Passage pflegt man in der Wiener Hofreitschule auch „Spanischer Tritt"***) zu sagen. Letztere Bezeichnung diente ursprünglich zur Charakteri-

---

*) Daß uns aus der damaligen Zeit bis zur Mitte des fünften Jahrhunderts so wenige schriftliche und bildliche Überlieferungen erhalten sind, ist dem Einfall der Hunnen zuzuschreiben, der eine Vernichtung auch auf die Reitkunst bezüglichen Kulturgutes zur Folge hatte.

**) Wie noch heutzutage für die Musik, war zur Zeit der Hochblüte der italienischen Schule diese Sprache auch die Kunstsprache der Reitbeflissenen. Mit Pluvinel und seinen Jüngern wurde dann Frankreich die Pflegestätte akademischen Reitens. Die zu jener Zeit epochemachenden Werke sind demgemäß auch französisch abgefaßt.

Bei dieser Gelegenheit sei darauf hingewiesen, daß, wie die Gesamtkultur der Menschheit, so auch die Reitkunst ihren Weg, von Griechenland ausgehend, über Italien und Frankreich nach Deutschland gefunden hat.

***) Der spanische Schritt, eine leicht anzudressierende trabähnliche Bewegung im Schreiten, bei welcher die schwunglose Hinterhand von der Vorhand nachgeschleppt wird und sich die gestreckten Vorderbeine krampfhaft, möglichst bis zur Waagerechten heben, ist eine unnatürliche, unharmonische, das Laienauge durch seine effektvoll-prahlende Geste bestechende Parodie schulmäßiger Form. Der spanische Schritt gehört ebenso wie der spanische Trab — euphemistisch auch gestreckte Passage genannt — zum eisernen Bestand der Zirkusschule.

Auch der spanische Trab ist nichts anderes wie ein Schwimmtrab im falschen Schweben mit ungebeugten Hanken, wobei das Aushalten in der Streckung tunlichst verlängert wird. Übergänge aus dieser fehlerhaften Gangart sind nicht durch flüssige Umwandlung des Taktes, sondern nur durch seine plötzliche Unterbrechung möglich.

Während die oben genannten Kunststücke, zu denen auch das Steigen mit ungebeugten Hanken, die Piaffe mit schaukelnd seitwärts balancierender Vor- oder Hinterhand, Reverenzen u. ä. gehören, auf den Fachmann als mehr oder weniger verunglückte Lektionen der Hohen Schule und wie ihre sie ins Lächerliche ziehende Karikatur wirken, sind z. B. der Galopp auf drei Beinen und nach rückwärts (sogar mit Fußwechsel!) keine harmlos-kitschigen Parodien mehr, sondern Grotesken, die die Idee der klassischen Kunst verzerren.

sierung des natürlichen Ganges der Pferde andalusisch-neapolitanischer Abkunft, der, gravitätisch-stolz und erhaben, die Voraussetzung zu einer besonders effektvollen Piaffe und Passage bildete.

Der schon mehrfach zitierte Rugendas weiß auch einige Reime über den Spanischen Tritt seinem dem Preis der Hohen Schule gewidmeten Bilderzyklus beizufügen:

> Ein Pferd von edler Art wird also zugeritten
> Durch des Bereiters Fleiß, daß es zu Nutz und Zier
> Sowohl durch Sprung und Lauf als mit prachtvollen Schritten
> Manch großer Herren Lust vollkommen kontentier'.

III. Kapitel

Die Schulen über der Erde

Wie schon früher ausgeführt (Dritter Teil, II. Kapitel, 1.), bildet die Levade den Übergang von den „Schulen auf der Erde" zu denen „über der Erde".

Diese im eigentlichen Sinne — die Schulsprünge — stehen insofern in einem organischen Zusammenhang, als sich der eine Sprung aus dem anderen entwickelt — in seinen Anfängen darin schon enthalten ist. Dabei sei aber gleich ausdrücklich betont, daß in der Praxis eine Steigerung vom „Leichteren" zum „Schwereren" nicht immer in der von uns aufgestellten Reihenfolge stattfindet, sondern vornehmlich, wenn nicht ausschließlich, von der seelischen und körperlichen Veranlagung des betreffenden Pferdes abhängt. Diesem wird von seinem Ausbildner in den Pilaren, an der Hand oder unter dem Reiter (Kurbette), Gelegenheit geboten, ein diesbezügliches besonderes Talent an den Tag zu legen. Daraus geht hervor, daß es überhaupt selten möglich ist, vorauszubestimmen, welchen Schulsprung man seinem Pferde beibringen will. Anlage zur Erlernung mehr als eines dieser Sprünge haben überhaupt verschwindend wenige Pferde.

Die einzelnen Schulsprünge, der Mézair, die Kruppade, Kurbette, Ballotade und Kapriole, sollen in diesem Buche nur eine kurze Beschreibung und Charakterisierung finden, da wir es für eine Anmaßung halten würden, über die systematische Ausbildung in diesen Sprüngen zu dozieren, ohne solche jemals persönlich in akademischem Sinne und mit den Mitteln der klassischen Schule einem Pferde beigebracht zu haben. —

Bevor man überhaupt an die schwierige Aufgabe, sein Pferd in dem einen oder anderen Schulsprunge auszubilden, herangeht, gilt es, womöglich noch mehr als in der übrigen Praxis des Reitens, zunächst selbst unter Anleitung eines Meisters auf einem alten Springer das Fühlen und Mitkommen und dann auch — wie z. B. bei der Kapriole — die unter enormer Kraftentfaltung mit blitzartiger Geschwindigkeit sich entfesselnde Entspannung der Federkraft geschickt aussitzen zu lernen.

Wer heutzutage die Schulsprünge im Sinne der akademischen Schule in ihrer Reinheit kennenlernen und studieren will, muß sich schon der Mühe unterziehen und nach dem kastalischen Quell klassischer Reitkunst, der Wiener Spanischen Hofreitschule, pilgern. Dort wird ihm durch eigene Anschauung und, wenn er Glück hat, durch persönliches Reiten vieles in seinen Zusammenhängen klar und offenbar werden, was ihm weder die Feder des Schriftstellers noch der Stift des Zeichners vermitteln konnten. —

Wir wollen hier, wie oben angedeutet, nur eine sich auf das Wesentliche beschränkende Beschreibung der Arbeit, die zur Erzielung einer schulgerechten Hebung — der Levade — und des daraus resultierenden Mézair führt, geben und die eigentlichen Sprünge, Kruppade, Kurbette, Ballotade und Kapriole lediglich zusammenfassend und vergleichend charakterisieren. Denn abgesehen davon, daß nur die Herren der Spanischen Hofreitschule mit ihrer jahrzehntelangen Erfahrung dazu berufen sind, zu diesem Thema ins einzelne gehende Verhaltungsmaßregeln zu geben, wird ein Reiter, der sein Pferd auf eine so hohe Stufe gymnastischer Ausbildung gebracht hat, daß es infolge seines Durchbildungsgrades und seiner Naturanlagen Anwartschaft auf Erreichung der höchsten Dressurstufe — der Schulsprünge — hat, füglich einer Anleitung entbehren können. Die Harmonie zwischen ihm und seinem Pferde wird dann zu einer solchen Vollkommenheit gediehen sein, daß das beiderseitige, bis ins letzte verfeinerte Gefühl der beste Berater und Wegweiser für die weitere Arbeit sein wird.

1. Levade – Mézair

Die Levade wird bei schon weit fortgeschrittener versammelnder Arbeit an der Hand oder in den Pilaren geübt.

Vorbedingung ist ein energisches Treten in der Piaffe, aus der nun durch Vortreiben mit der Gerte und gleichzeitiges Verhalten eine Schulparade verlangt wird. Gibt dabei die Hand nicht nach, wird das durchlässige Pferd sich vorn heben, wenn die Hinterhand überhaupt kräftig genug ist, seine Last, zu der später noch das Reitergewicht hinzukommt, zu tragen.

Die gleichmäßige Anlehnung an den Führzügel bei der Handarbeit an der Wand und an den Pilarenzügel bei der Pilarenarbeit ist notwendig, da es dadurch und unterstützt von einem entsprechenden Ausbinden in die Lage versetzt wird, die Vorderbeine energisch anzuziehen, so daß die Hufe fast an den Ellbogen

anzuliegen scheinen. Nur bei scharf angewinkelten Vorderfüßen kann das Pferd in vollkommenem Gleichgewicht auf der Hinterhand „sitzen“.

Ist es mit dem Levieren an der Hand oder in den Pilaren vertraut, setzt man, ähnlich wie bei der Einführung in die Piaffe, einen Reiter hinauf, der sich anfangs ganz passiv verhält, während der Abrichter, wie bisher, die Hilfen zur Erhebung gibt. Der Reiter hat lediglich die Anweisung, während der Levade weich, mit angezogenem Kreuz und senkrecht zum Erdboden zu sitzen.

Später wird sich dann der Abrichter selbst in den Sattel setzen. —

Bei der Levade wird die Gesamtlast von den tiefgebeugten Hanken getragen. Je tiefer diese Beugung, dieses „Sitzen“, ist und je länger das Pferd in dieser Stellung, bei der die Wirbelsäule mit dem Boden ungefähr einen halben rechten Winkel bildet, seinen Körper auf den Hinterbeinen ausbalancieren kann, desto schulgerechter ist die Levade. Man muß dann den Eindruck haben, es sei, gleich einem Monument, zu vollkommener Unbeweglichkeit erstarrt. Durch ruhigen Sitz mit angezogenem Kreuz und tiefer Hand sucht der Reiter die Dauer der Erhebung zu verlängern. Die Anlehnung muß dieselbe bleiben wie die in der vorhergehenden Piaffe genommene.

Die Levade soll durch langsames Sichsenken beendigt werden. Hat die Vorhand den Boden wieder berührt, soll das Pferd sofort wieder zur Piaffe ansetzen. Durch diese, der Beendigung der eigentlichen Schule unmittelbar folgende Piaffe wird der Beweis erbracht, daß das Pferd an den Hilfen stand. Überdies erhält durch diese Einrahmung das ganze Bild sein klassisches Gepräge.

Sind die Hanken weniger gebogen wie oben beschrieben, spricht man von einer Pesade, die nichts anderes wie eine mißlungene Levade ist.

Sind sie gesteift und die nicht mehr angezogenen Vorderbeine fuchtelnd herunterhängend, so kann überhaupt von keiner schulgerechten Erhebung, sondern nur mehr von einem Steigen die Rede sein.

Der Mézair ist ein Levieren mit Raumgewinn. Die dabei fließend aufeinanderfolgenden Sprünge entstehen durch kurzes Auffußen der Vorhand, dem ein sprungartiges Nachsetzen der Hinterhand folgt.

Zur Ausführung des Mézair wird aus dem Schulgalopp pariert, aus dieser Parade die Hebung eingeleitet und nach der Senkung wie zu einem erneuerten Galoppsprung vorgetrieben, worauf eine weitere Levade folgt und so fort. Alle diese Bewegungen geschehen in der zum Galopp erforderlichen Längsbiegung.

Auch diese Schule wird anfangs an der Hand geübt. Später hat der Reiter die vortreibenden Hilfen zum Nachspringen der Hinterhand mit den verhaltenden zum Erheben der Vorhand genau in Einklang zu bringen.

Besonders wirkungsvoll ist diese Schule, wenn sie auf doppeltem Hufschlag beim Wechseln durch die Bahn während der Galopparbeit geritten wird.

2. Kurbette, Kruppade, Ballotade und Kapriole

Die Kurbette ist einer der schwersten Schulsprünge. Sie wird hier vor den drei anderen, die sich nur in ihrem dritten Tempo unterscheiden*), besprochen, weil sie im Gegensatz zu diesen selten in den Pilaren und meist gleich unter dem Reiter geübt wird.

Der Vorgang dabei ist etwa folgender: Piaffe, Schulparade, Hebung. Im Moment der Hebung Peitschen- oder Gertenhilfe des unten stehenden Abrichters auf die Sprunggelenke, die der Reiter durch energischen Schenkeldruck oder Spornstoß unterstützt und gleichzeitig mit der Hand aushält. Das Pferd wird dann mit stark gebogenen Hanken nach vorwärts-aufwärts springen**) und sich auf der federnden Hinterhand wieder auffangen, um erneut abzuspringen, ohne mit der Vorhand den Boden zu berühren. Ein geübter Kurbetteur wird es bis zu vier oder fünf solcher Sprünge bringen.

*) In der Kruppade zieht das Pferd die Hinterbeine vollkommen unter den Leib, in der Ballotade ebenfalls, wobei es aber die Eisen wie zum Schlage zeigt. In der Kapriole führt es die in der Ballotade angedeutete Bewegung tatsächlich aus und streicht mit aller Energie.

Bei letzterer können im Moment des Streichens die Vorderbeine nicht mehr angezogen bleiben, wie man es auf phantasievollen bildlichen Darstellungen manchmal sieht. Sie müssen nachlassen, um das Landen vorzubereiten.

**) Eine Peitschenhilfe, die man vor der Hebung, während die Vorderbeine noch am Boden sind, gibt, würde anstatt des Sprunges nur ein Ausschlagen, wobei das Pferd seine Stütze auf den Vorderfüßen nimmt, veranlassen.

Übt man in den Pilaren, ist überhaupt nur ein einziger Sprung möglich, da in der Kurbette das Vorspringen der Hinterhand immerhin 30 bis 50 cm beträgt.

Anfangs wird man sich selbstverständlich mit einem Sprunge begnügen. Man wird in diesem Falle, nachdem das Pferd in derselben Stellung, aus der es abgesprungen, wieder auf den Hinterbeinen gelandet ist, keine weiteren vortreibenden Hilfen geben und durch Leichterwerden das Niederlassen der Vorhand gestatten.

Verlangt man im späteren Verlauf der Ausbildung mehrere Kurbetten hintereinander, muß der gefühlvolle Reiter den letzten Moment des ersten Sprunges, der scheinbar fast mit dem ersten Moment des nächsten zusammenfällt, zwecks richtiger, zeitgerechter Hilfengebung deutlich unterscheiden können. Beim letzten Moment des ersten Sprunges, dem Unterspringen, tritt auch teilweise die Schiebkraft nach vorwärts in Wirksamkeit, beim ersten Moment des nächsten, dem Erheben nach vorwärts-aufwärts aus der Beugestellung, aber nur die Trag- und Federkraft.

Das Aushalten durch die Hand ist daher bei einer Reihe von Kurbetten so zu regeln, daß das Pferd zwar durch Verhalten gehindert wird, sich mit der Vorhand niederzulassen, ihm aber dennoch die Möglichkeit bleibt, wenn beim Landen der Hinterbeine die Schenkelhilfe zum nächsten Sprung auffordert, diesen auch tatsächlich auszuführen.

Die Kruppade ist eine Vorstufe der Kurbette. Sie ist ein Sprung auf der Stelle in der Haltung der Kurbette, während die Kurbette eine Kruppade mit Raumgewinn ist, also ein mehrmaliger Sprung nach vorwärts in der Haltung der Kruppade, wobei das Pferd erst nach Beendigung der Sprungserie seine bisher erhoben gehaltene Vorhand zur Erde niederläßt.

Gelehrt wird die Kruppade, ebenso wie Ballotade und Kapriole, vornehmlich an der Hand und in den Pilaren. Der Vorgang dabei wird sich so abspielen, daß man aus der Piaffe eine Levade verlangt und im Moment, wo das Pferd zum Niederlassen ansetzt, eine energische Schenkelhilfe gibt. Je nach Neigung und Veranlagung wird es daraufhin entweder eine Kruppade springen oder mit den Hinterbeinen energisch ausstreichen — kapriolieren — oder aber ballotieren, indem es wie in der Kruppade sofort nach dem Abschnellen die Hinterbeine anzieht, dabei jedoch die Sohle der Hinterhufe zeigt, so daß die Eisen blinken und man den Eindruck hat, als wolle es ausschlagen.

Bei der späteren Ausbildung unter dem Reiter wird dieser aus der Levade — im Moment, wo die Hanken wiegend nachgeben — mittels einer durch Zungenschlag unterstützten Schenkelhilfe ein Abschnellen der Hinterhand auslösen, wobei der Zügel die nötige Freiheit gibt, dann aber gleich wieder aushält, um ein Landen der Vorhand vor der Nachhand zu verhindern.

Je nachdem, ob die nach dem Abschnellen sofort angezogenen Hinterbeine die Sohle zeigen oder nicht, wird, wie eben erklärt, aus dem Sprung eine Kruppade oder Ballotade werden.

Bei diesen beiden Sprüngen nähert sich der Rücken des Pferdes der Horizontalen, so daß die Vorhand nicht vor der Hinterhand den Boden erreicht.

Auch bei der Kapriole wendet der Reiter, nachdem sie an der Hand oder in den Pilaren gelungen ist, dieselbe Hilfengebung an wie zur Kruppade und Ballotade, nur mit dem Unterschied, daß knapp vor dem Augenblick, wo der Körper eine fast waagerechte Lage in der Luft erreicht hat, durch einen mit

Zungenschlag verbundenen Gertenhieb auf die Kruppe ein Ausstreichen mit den Hinterbeinen ausgelöst wird*).

*) Die Gertenhilfe, die in den letzten Jahren durch die ablehnende Haltung der Fédération Equestre Internationale etwas aus der Mode gekommen war, bleibt dessenungeachtet ein vollwertiges Hilfsmittel der Hohen Schule. Zur Levade auf der Schulter, zum Streichen auf der Kruppe angelegt, befördert die Gerte das Verständnis. Wenn es auch zu den Grundsätzen der klassischen Schule gehört, überhaupt keine Hilfe sichtbar werden zu lassen und zum Abschnellen aus der Levade bei allen Sprüngen Schenkeldruck oder Sporenstoß, verbunden mit und teilweise ersetzt durch Zungenschlag, genügen sollen, ist die Gertenhilfe zum Streichen, wenigstens anfangs, unentbehrlich, da sie besser als die Schenkelhilfe geeignet ist, eine naturgemäße Reaktion, die eben im Ausschlagen besteht, hervorzurufen.

Da andererseits ein Pferd in der Regel nur einen der Schulsprünge ausführt, kann später auch bei der Kapriole die Gertenhilfe wegfallen, weil das Pferd eben immer jenen Schulsprung machen wird, zu welchem es die Anlage hat.

Je temperamentvoller das Pferd ist und je mehr es von Natur aus dazu neigt, jede Peitschenhilfe mit Ausschlagen zu beantworten, desto besser wird es seine Kapriole springen. Nebstdem gehören zu einer schulmäßigen Ausführung dieses

schwierigsten aller Sprünge stärkste Hankenbeugung bei höchster Versammlung, also vollkommene Durchlässigkeit und ein geschlossener Körperbau, der durch eine außerordentliche Kraft der Hinterhand und des Rückens den Anforderungen entgegenkommt, die dieses Ausstreichen das hochgeschnellte Pferd kostet, so daß es den Anschein hat, also wollte es sich in der Luft zerreißen.

Auch unter den talentierten Schulspringern sind diejenigen sehr selten, deren Mut und Vertrauen auf ihre Kraft sie sich zu diesem vehementesten und zugleich höchsten und vollkommensten aller Schulsprünge entschließen und ihn auch rein springen läßt. Bei den meisten wird es nur bis zur Ballotade kommen.

Pferde, deren natürliche Anlagen zur Kapriole verständnisvoll gepflegt und gefördert wurden und denen man durch Überanstrengung bei der Einübung nicht die Freude am Handwerk verdorben hat, werden bald mit einer gewissen Passion und Ungeduld den Augenblick erwarten, wo sie nach vorhergehender Piaffe auf der Diagonale, aus einer etwas höheren Levade von ihrem Reiter zum Sprunge aufgefordert werden.

Eine Kapriole, bei der im Moment des Streichens die Vorhand noch etwas ansteigt, ist insofern als vorteilhafter zu bezeichnen, als dann die Hinterbeine einen Sekundenbruchteil früher zu Boden kommen und die elastischen Gelenke der Nachhand den Stoß und das Gewicht federnd auffangen.

Hat das Pferd in horizontaler Lage gestrichen, so wird es auch mit allen vier Beinen gleichzeitig landen und in diesem Falle, der die untere Grenze einer

noch gelungenen Kapriole darstellt, werden die Vorderbeine durch die Prellung sicherlich stärker in Anspruch genommen, als wenn die Hinterhand etwas früher die Erde berührt.

Fehlerhaft ist es jedenfalls, wenn das Streichen aus erhöhter Nachhand stattfindet. Dann ist das vorzeitige Zubodenkommen der Vorderbeine, die dadurch überanstrengt werden, unvermeidlich. Auch dem Reiter wird es schwer, eine so geprellte Kapriole auszusitzen.

Eine korrekt und hoch gesprungene Kapriole birgt gleichsam die nächste schon in sich. Die nach einem richtigen Landen stark zusammengepreßte Feder

der Hanken und des Sprunggelenks wird eine mächtige Schnellkraft nach derselben Richtung hin entfalten, aus welcher das Gewicht die Spannung bewirkte. Dies ist auch der Grund, warum kräftige Springer imstande sind, fast auf derselben Stelle mehrmals hintereinander zu kapriolieren, um unmittelbar danach die Piaffe fortzusetzen oder zu passagieren. —

Der Wert der Schulsprünge, besonders aber der Kapriole für Vervollkommnung und Ausbildung des Gefühls im Sitz und seine Festigung überhaupt darf nicht unterschätzt werden. Der Reiter muß Kreuz und Mittelpositur weich vorschieben, um dem Pferd nicht im Momente des Streichens schmerzhaft in den Rücken zu fallen, muß aber zugleich mit festem Knie- und Schenkelschluß daran bleiben, da ihm sonst das außerordentlich kräftige Atemholen im Sprung buchstäblich Knie und Schenkel fortschleudert.

Als höchste Potenz und Gipfel der Dressur gilt die Kapriole deshalb, weil in ihr die beiden für die Bewegung maßgebendsten Kräfte, das Tragen und Schieben, ihren gesteigertsten Ausdruck finden: Die bis zu den Grenzen

physiologischer Möglichkeiten ausgebildete Tragkraft federt das Gesamtgewicht nach aufwärts ab — das Streichen der Hinterbeine als Entfesselung geballter Schiebkraft stellt das Gleichgewicht zwischen diesen beiden regierenden Kräften wieder her.

Der Raumgewinn bei mehreren aufeinanderfolgenden Kapriolen soll ein minimaler bleiben. Gestattet ihn der Reiter dennoch, so wird, wie beim Streichen aus horizontaler Lage, die Vorhand nicht lange genug in der Schwebe erhalten werden können, so daß der Schwerpunkt nicht mehr nahe der Hinterbeine liegen und daraus ein vorzeitiges Zubodenkommen der Vorderfüße entstehen wird.

Sinnvoll glücklich ergänzen sich im prunkvollen Saal der Spanischen Hofreitschule Reit- und Baukunst. So findet die bis zu den letzten Grenzen von Schwung und Bewegung entwickelte Hochleistung des Kaprioleurs Widerpart und Echo im machtvoll beschwingten Rhythmus des Barocks. Nur wenn sie vom jubelnd kühnen Überschwang dieses Stils begleitet und eingerahmt wird, kann die Vorführung eines Lipizzanerhengstes zu ihrem überzeugendsten und tiefsten künstlerischen Ausdruck gelangen.

3. Zusammenfassende Darstellung der Entwicklung der Schulen über der Erde im Laufe der Zeiten

Ebenso wie der Paradetritt, unsere heutige Passage, kannte die griechische Hohe Schule auch schon ein „Bäumen im Gehorsam", die Levade.

Genau so wie Xenophon die Passage nur dann als schulgerecht gelten läßt, wenn das Pferd aus gebeugter Hinterhand mit geschmeidig abfedernden, taktmäßig geregelten und feurig erhabenen Tritten dahinschwebt und im Gegensatz dazu alle in falscher Spannung erzwungenen Bewegungen ausdrücklich verwirft, betont er auch, daß die Erhebung der Vorhand nur dann die „schönste Haltung sei, die ein Pferd annehmen könne, wenn es sich auf die Hilfen des Reiters gleichsam aus freien Stücken auf der Hinterhand aufrichte. Eine solche Haltung sei etwas Prächtiges und Wundervolles, geeignet, Götter und Helden darin abzubilden, denn das Pferd zeige sich dabei in seinem vollen Glanze".

Auf dem Parthenonfries sieht man nicht nur den versammelten Galopp, auch eine Art von Kurbette ist darauf dargestellt. Den Absprung hierzu suchte man anscheinend durch einen Gehilfen zu Fuß, der die Sprunggelenke zum Abschnellen brachte, zu erreichen.

Der Mangel an Quellenmaterial, das dem Hunneneinfall und anderen Kriegsereignissen zum Opfer fiel, und der Umstand, daß die nach den Römerzeiten gänzlich in Vergessenheit geratene Schulreiterei erst in der Renaissance auch ihre Wiedergeburt erfuhr, sind die Ursache, daß über anderthalb Jahrtausende vergehen, ehe wir wieder in des Neapolitaners Griso „Reitregeln" (1550) auf authentische Beschreibungen der „neu erfundenen" schulmäßigen Hebungen und Sprünge treffen.

Durch Erheben der Vorhand sollte damals das Pferd die dem Reiter zugedachten Kugeln auffangen, durch den Bocksprung der Kapriole (vom italienischen capra, die Ziege, oder capriolo, der Rehbock) den verfolgenden

Gegner verletzen*); durch Pirouetten, Passaden und Kontergalopp wurden dem Feind Rücken und Flanke abgewonnen.

Man sieht, daß die Hohe Schule zur Zeit der Erfindung der Handfeuerwaffen und der Einzelkämpfe in erster Linie Selbstzweck war.

In seinem dem Kardinal d'Este gewidmeten Werke empfiehlt Griso, die Hebung (posata von posare, sich setzen, daraus später Pesade von pesare, wiegen) nach einer Parade im Bergabreiten zu lehren. Die Pilaren sind ja bekanntlich erst eine Erfindung Pluvinels († 1620), des Reitlehrers und Stallmeisters Ludwig XIII. So werden denn auch die Schulsprünge, von denen Griso außer der Kapriole noch die Kurbette — den Bogensprung — kennt, den im Stall festgebundenen Pferden beigebracht. Später, in der Reitbahn — dem „Tummelplatz" — treibt ein Gehilfe zu Fuß nach.

Der Deutsche Löhneysen (um 1600) behandelt den Stoff systematischer und verständlicher als seine Vorgänger. Er schließt sich den Grisoschen Methoden zur Erzielung der Hebungen und Kunstsprünge an und macht einen genauen Unterschied zwischen der Unart des Steigens und der Posata.

Nach Löhneysen bildet die Hebung auf gebogenen Hanken die Grundlage zur Vervollkommnung in der Hohen Schule, da auf Senkung der Hinterhand sowohl die Wendsamkeit im Einzelkampf als auch die Fähigkeit des Pferdes beruhe, sich und seinen Reiter bei prunkvollen Aufzügen von der vorteilhaftesten Seite zu zeigen.

Von der Kurbette, deren erste Ansätze er „das Nachrutschen" nennt, spricht Löhneysen ebenfalls. Sie entsteht als eine Vervollkommnung der Hebung, wenn nervige und kräftige Pferde aus der Levade mit den Hinterfüßen einen kurzen Satz nach vorne machen.

Die Grisosche Kapriole heißt bei Löhneysen der „Bocksprung mit dem Streich". Das Landen mit der Vorhand voraus galt damals als wünschenswert. Den Mézair, bekanntlich eine zwischen Schulgalopp und Kurbette die Mitte haltende, später auch „terre à terre" genannte und aus einem Levieren mit Raumgewinn bestehende Schule, kennt Löhneysen als die fortlaufende Zusammenstellung von je zwei Hebungen mit einem Sprung dazwischen.

Pluvinel († 1620) betont die Neigung gewisser Pferde zu ganz bestimmten Sprüngen, für die sie schon von Natur aus besonders veranlagt seien. Er spricht vom Mézair, den er „Schaukelsätze" nennt, von Kurbetten und Kapriolen. Ballotaden (Ballsprünge) und Kruppaden seien Varianten der Kapriole von minderer Intensität. Er behauptet, in Frankreich nur vier wirklich gute Kaprioleure gekannt zu haben. Einen von diesen bezeichnet er als wahres Wunder an Kraft und Unermüdlichkeit — er sei imstande gewesen, 24 aufeinanderfolgende Kapriolen zu springen.

---

*) Wie man sich durch geschickt angebrachte Kapriolen im Reitergefecht Luft zu machen wußte, beschreibt Rugendas:

> Verfolgt der Feind mit Macht an einen breiten Graben,
> Und kann der Reiter sonst kein' andre Rettung haben,
> So kriegt durch diesen Sprung und angewöhnten Satz
> Er zu der Sicherheit und Retirade Platz.

Der Maler Wouvermann (1620—1668) hat in seinen Kampfszenen wiederholt solche Momente festgehalten. Am bekanntesten ist sein „Reitergefecht" (Gemäldegalerie Dresden).

Pluvinel erinnert insofern an Xenophon, als er ausdrücklich davor warnt, die Pferde zu willenlosen Werkzeugen herabzuwürdigen. Er sucht, wie der Hellene, seine Vorbilder in den natürlichen Bewegungen, die er veredeln will, ohne ihnen Schmelz und naturgegebene Anmut zu rauben. Seinen besten Verbündeten findet er im guten Willen des Pferdes. Durch den humanen, die Psyche des Pferdes berücksichtigenden Geist, der als Leitmotiv seine Lehren durchzieht, unterscheidet er sich vorteilhaft von seinen Vorgängern und Zeitgenossen und bleibt noch auf lange hinaus ein Vorläufer in seinen sich auch auf psychologische Gegebenheiten und Erkenntnisse stützenden Methoden.

Newcastle († 1675) übt Kurbetten und Mézair (den er wie Pluvinel „Schaukelsätze" nennt) am einzelstehenden Pilar, die „hohen Sprünge" durch rücksichtsloses Treiben gegen eine Mauer.

Steinbrecht mag seine Gründe haben, den Herzog einen der größten Meister und Verehrer des Pferdes zu nennen, den je ein Land besessen, fest steht jedenfalls, daß seine Methoden, ebenso wie bei den Neapolitanern, vielfach auf Biegen oder Brechen abgestellt waren und darum von Pluvinels Art ungünstig abstachen.

Winter, für seine Verdienste um die Kunst mit dem Prädikat von Adlersflügel ausgezeichnet (um 1675), beschrieb nicht nur schon vor Guérinière Stolztritt und Schwungtritt (Piaffe und Passage), er beschäftigte sich auch sehr eingehend mit der Kurbette und den höheren Schulsprüngen, die er alle zwischen den Pilaren lehrt.

Guérinière († 1751), dessen großer Verdienste größtes zweifellos dieses ist, daß er die grundlegende Bedeutung der Durchlässigkeit überhaupt und in der Längsbiegung im besonderen ganz klar erkannt und in ein System gebracht hat (Schulterherein), ist uns auch seinen Beitrag zur Entwicklung der schulgerechten Erhebungen und Sprünge nicht schuldig geblieben.

In der „Ecole de cavalerie" erklärt er die Levade als Vorbereitung zu den Schulsprüngen, den Mézair, „moitié air", als zwischen dem Schulgalopp und der Kurbette stehend — was er ja als Levieren mit Raumgewinn auch wirklich ist —, die Kapriole als einen Sprung, bei dem man an das Schürzen eines Knotens erinnert werde. Auch er kennt, wie Pluvinel, Kaprioleure, die diesen Sprung ohne Unterbrechung so lange repetieren, als es ihre Kräfte erlauben. Eine solche Reihenfolge von Kapriolen nennt er „Eintemposprünge".

Der Freiherr von Sind (um 1775), erster Stallmeister des Kurfürsten von Köln, schrieb Deutsch und Französisch. Über die Schulsprünge läßt er sich folgendermaßen vernehmen: „Die Schulen über der Erde sind zwar angenehm zu sehen und in der Tat ein Zierat der Reitkunst; allein an sich selbst ist keine besondere Kunst dabei, denn es kommt größtenteils auf eine natürliche Geschicklichkeit des Pferdes und auf eine etwas gute Art an, es darin abzurichten" und „... das schönste ist, wenn die Pferde (bei Ausführung der Schulsprünge) der Zunge allein gehorsamen."

Seidler (um 1845) mit den Brüdern Weyrother und Seeger der zeitlich erste der neueren Meister, geht nur bis zum schulgerechten Heben der Vorhand, während letzterer, ein Schüler des berühmten Max v. Weyrother an der Spanischen Hofreitschule, den unmittelbaren Nutzen hervorhebt, der dem Ausbildner von Gebrauchspferden aus der Übung von Kunstsprüngen im bügellosen Schulsattel erwächst.

Im Widerspruch zu Seeger stehen Oeynhausen (um 1850) und Fillis († 1913). Beide, in ihren Theorien sonst vielfach reiterliche Gegensätze, sind keine Freunde der Schulsprünge.

Heydebreck († 1935), der letzte deutsche Klassiker der Reitkunst und berufenste Interpret des Steinbrechtschen „Gymnasiums", befürwortet warm die Pflege schulgerechter Hebungen und Sprünge als nach einheitlichem Aufbauplan entwickelte und auf gemeinsamer Grundlage mit der Gebrauchsschule beruhende Höchst- und Spitzenleistungen von gymnastisch-bildnerischem Wert für die Erziehung hochklassiger Lehrkräfte.

Noch heutzutage versteht nicht alle Welt unter denselben Bezeichnungen dieselben Schulen.

Lebhaft erinnert wurde man daran gelegentlich der Gastspiele, welche die Saumurer Reitlehrer in verschiedenen europäischen Hauptstädten gaben.

Manche sogenannten „Schulen" sind nichts anderes als aus Zufälligkeiten entstandene, nicht korrekt ausgeführte Verzerrungen klassischer Lektionen. Die oft ungewollten Abweichungen vom akademischen Vorbild erhielten dann von ihren „Erfindern" volltönende Namen und wurden von beflissenen Chronisten eifrig als neue Errungenschaften gebucht. So entstand auch eine Fülle von Bezeichnungen für eine und dieselbe Bewegung, je nach der mehr oder weniger charakteristischen Unregelmäßigkeit, durch die sie sich von der richtigen Ausführung unterschied. So ist z. B. „terre à terre" eine völlig überflüssige Bezeichnung für das Levieren mit Raumgewinn, den Mézair.

Nachwort

Beginnt man mit dem Zureiten eines jungen Pferdes, ist es nur natürlich, daß man als guter Reitersmann all sein Können und Wissen, alle Erfahrungen, die man — meist dank früher begangener Fehler — bisher gesammelt hat, auf eine erfolgreiche Lösung der neuen Aufgabe konzentriert und restlos in ihren Dienst stellt, mit der besten Absicht, Irr- und Umwege zu vermeiden und gute, ehrliche Arbeit zu leisten.

Ich glaube, daß genau die gleichen guten Vorsätze und das ihnen entsprechende Können Pate stehen müssen, um die Niederschrift eines Buches zu rechtfertigen, das man der reiterlichen Öffentlichkeit mit der einigermaßen berechtigten Hoffnung übergeben darf, von ihr nicht nur durchblättert, sondern auch gelesen zu werden.

Auch hier bedarf es — um die Parallele mit der seelischen und körperlichen Formung eines jungen Pferdes zu ziehen — des zusammenfassenden Einsatzes aller Elemente, die vielleicht als positiver Beitrag zu unserem Wissen um die Reitkunst von Wert sein könnten.

Über die Erfahrungen nun, welche die Entstehung dieses Buches veranlaßt und ermöglicht haben, und die Art, wie ich sie gewonnen, sei es mir hier, am Schluß meiner Arbeit vergönnt, noch einige Worte zu verlieren.

So wie der Mensch seine Muttersprache erst recht kennen und schätzen lernt, ihren Genius erst wirklich erfassen und sich in ihren Geist vertiefen kann, wenn er fremde Sprachen beherrscht — so ist es mir auch mit dem System der Reitkunst ergangen, nach dessen Grundzügen meine erste reiterliche Ausbildung erfolgt ist.

Manche der Methoden, die vor dem Jahre 1914 am ehemaligen Wiener Reitlehrer-Institut Anwendung fanden, wurden damals von mir nicht ohne einen gewissen inneren Widerstand hingenommen, und ich hatte den sehnlichen Wunsch, erst die besten Vertreter der übrigen Reitkultur pflegenden Länder bei ihrer täglichen Arbeit im Sattel zu beobachten, ehe ich mir über den Wert des bisher Gelernten ein abschließendes Urteil bildete.

Die in Saumur, der Hochburg französischer Reiterei, verbrachten Jahre 1921/22 gaben mir nun willkommene Gelegenheit, andere, von den bisher geübten oft nicht unwesentlich abweichende Methoden kennenzulernen. Diese erstreckten sich auf die Anwendung von Grundsätzen, die, wenn auch aus derselben Wurzel stammend, dennoch seit Guérinières Zeiten unter dem Einfluß von Volkscharakter, Pferdematerial und führenden reiterlichen Größen in Deutschland und Frankreich nicht mehr eine in allen Punkten übereinstimmende Auffassung und Deutung fanden.

Diese Unterschiede zwischen germanischer und romanischer Reitkunst offenen Auges, sine ira et studio zu erfassen und miteinander zu vergleichen, sie in ihrer praktischen Auswirkung im Hinblick auf Erreichung des beiden Schulen gemeinsam vorschwebenden Endziels gegeneinander abzuwägen, war mir eine fesselnde Aufgabe. Sie war es mir um so mehr, und ich unterzog mich ihr mit um so größerem Eifer, als ich ein völlig unabhängiges, von allen anderen Erwägungen unbeeinflußtes Urteil gewinnen wollte. Darauf gestützt, sollte alles als besser und zweckmäßiger Erkannte, dem nach sorgfältiger Prüfung die Methodik der bisher geübten Arbeit nicht standhalten würde, meiner weiteren persönlichen Tätigkeit im Sattel zugute kommen.

Die mir selbst gestellte Aufgabe war nicht nur interessant, sie war auch lohnend und trug ihre Früchte, denn so wie mit der Muttersprache — um im Gleichnis zwischen dieser und einem später gelernten Idiom zu bleiben — ging es mir mit dem System der Reitkunst, in dem ich zum Reiter erzogen ward und dessen Verständnis ich später noch in der Spanischen Hofreitschule vertiefen konnte.

Trotz des vielen Neuen und Guten, das ich in Saumur sah und das meinen reiterlichen Gesichtskreis außerordentlich erweiterte und mich davor bewahrte, unbewußt engen Sinnes zu werden — was jedem droht, der nicht bestrebt ist, die Leistungen anderer kennenzulernen und rückhaltlos nach Verdienst zu würdigen —, gewann ich die feste Überzeugung, daß der Ausbildungsvorgang, wie ich ihn bis dahin gepflogen, der am sichersten zum Ziele führende sei.

Der Aufenthalt in Saumur und dann noch viele Reisen zu ausländischen Ausbildungsstätten und internationalen Turnieren, wo die Möglichkeit geboten war, eine weitere Klärung der Grundcharaktere vorzunehmen, die die germanische von der romanischen Reitkunst abheben und aus deren Erkenntnis sich erst das Gefühl für das, was am zweckentsprechendsten ist, ergibt, war für mein künftiges reiterliches Streben mit dem allergrößten Vorteil verbunden. Durch das Vertrautwerden mit fremdem reiterlichem Kulturgut gewann ich erst die geistige Freiheit und Unabhängigkeit, das in der Jugend Gelernte voll zu erfassen und mich ganz darin zu vertiefen. Durch Gegenüberstellung mit dem im Ausland Gesehenen und dort auch im Sattel Erprobten und dank der daraus gewonnenen Überzeugung von der Überlegenheit der germanischen Schule, habe ich nach langen Wanderjahren ins Vaterhaus, das ist zu den Grundsätzen meiner reiterlichen Lehrjahre, zurückgefunden. So gaben Vergleiche und praktische Erprobung diesen Prinzipien und den bei ihrer Anwendung in der Praxis geübten Methoden erst ihren bleibenden Wert.

In vorliegendem Buch habe ich mich bemüht, diese zum Erfolg führenden Leitlinien plastisch herauszuarbeiten und die darauf gestützten Methoden so darzustellen, wie wir sie bei einem jungen Pferde anwendeten, mit dem wir gemeinsam den langen Ausbildungsweg gingen, der uns aus der Kinderstube — der Koppel — bis zum Gipfel aller durch reiterliche Einwirkung erreichbaren Dressurformen — der Kapriole — führte. Dieser Ausbildungsweg war nicht nur lang, er war mühe- und dornenvoll, war von manchen bitteren Rückschlägen und Enttäuschungen begleitet; er brachte uns aber auch Stunden ungetrübten Glücks, wie sie wohl nur demjenigen erblühen mögen, der sein Leben dem Pferd verschrieben hat. Und da dieses Buch der Nachhall solcher Stunden ist, konnte es nicht nur mit dem Verstand, es mußte auch mit dem Herzen geschrieben werden. —

Wie sich der Leser überzeugt haben mag, sind die in diesem Werke niedergelegten Gedanken das Ergebnis sorgfältigen Abwägens des Guten gegen weniger Gutes, wobei sich der Verfasser nicht gescheut hat, Erprobtes möglichst in derjenigen kaum zu übertreffenden Form wiederzugeben, wie es ihn gelehrt wurde. Zum Teil sind diese Gedanken aber auch Folgerungen aus neuen Erkenntnissen, die er zum guten Teil seinem verehrten Lehrer, General von Josipovich, verdankt.

Einige Auffassungen, die vielleicht in bescheidenem Maße dazu beitragen werden, unserer Kunst neue Gesichtspunkte zu eröffnen, sind die

Frucht eigenen Bemühens und eigener Erfahrung. Als solche hat sie der Verfasser kenntlich gemacht, jederzeit bereit, einer auf sachliche Gründe gestützten abweichenden Ansicht Gerechtigkeit widerfahren zu lassen. Kommt es doch wahrlich nicht auf die Persönlichkeit dessen an, der das letzte Wort behält, wohl aber handelt es sich darum, daß sich aus dem Widerstreit der Meinungen neue Wahrheiten und Erkenntnisse herauskristallisieren, die geeignet sind, unseren reiterlichen Gesichtskreis zu erweitern und der Reiterei, der, lebenskräftiger denn je, weder Schießpulver noch Benzin den Garaus machen konnten, frische, gesunde Impulse zuzuführen. So, denke ich, erfüllen wir am getreulichsten unser aller Wunsch — dankbare Diener und Förderer zu sein der geliebten Kunst!

Tabelle der Grundgangarten und ihrer Abstufungen

<table>
<tr><th colspan="7">Schritt*)</th></tr>
<tr><th colspan="5">Freier Schritt</th><td colspan="2" rowspan="2">Versammelter Schritt. So wie der starke Schritt Endergebnis der ganzen sonstigen gründlichen Durcharbeitung des Pferdes. Kann bei vermehrter Hankenbeugung und gesteigerter Erhabenheit des Austritts bis zum Schulschritt entwickelt werden.</td></tr>
<tr><td colspan="2">Starker Schritt mit ganz hingegebenem (an der Schnalle gehaltenem) oder am hingegebenen Zügel; so weite Tritte als es der Körperbau ohne Übereilung nur irgend zuläßt. Endergebnis der ganzen sonstigen gründlichen Durcharbeitung des Pferdes.</td><td colspan="2">Freier Schritt mit ganz hingegebenem (an der Schnalle gehaltenem) oder am hingegebenen, später auch am langen Zügel. Wird grundsätzlich während mindestens des ganzen ersten Ausbildungsjahres geritten. Später zum Lösen nach dem Aufsitzen; in schwierigem Gelände und zur Erholung.</td><td>Mittel- oder Gebrauchsschritt am dem Rahmen der individuellen Gebrauchshaltung angepaßten Zügel.</td></tr>
<tr><th colspan="7">Trab*)</th></tr>
<tr><td>Natürlicher Trab</td><td>Arbeitstrab</td><td>Mitteltrab</td><td>Verkürzter Trab</td><td>Gebrauchstrab. Endergebnis der in den drei letztgenannt. Trabarten, evtl. auch im versammelten Trabe, gewonnenen Haltung, Durchlässigkeit und Schwunghaftigkeit; für den praktischen Gebrauch und in der Bahn.</td><td>Starker Trab. Endergebnis der gymnastischen Durchbildung. Nur Dressurgangart.</td><td>Abgekürzter oder versammelter Trab. Endergebnis der gymnastischen Durchbildung. Bei besonderer Veranlagung ist Steigerung bis zum Schultrab möglich.</td></tr>
<tr><th colspan="7">Galopp*)</th></tr>
<tr><td>Natürlicher Galopp</td><td>Arbeitsgalopp</td><td>Mittelgalopp</td><td>Verkürzter Galopp</td><td>Gebrauchsgalopp. Endergebnis der in den drei letztgenannten Galopparten, evtl. auch im versammelten Galopp, gewonnenen Haltung, Durchlässigkeit und Schwunghaftigkeit; für den praktischen Gebrauch.</td><td>Starker Galopp. Endergebnis der gymn. Durchbildung Gebrauchs- u. Dressurgangart. Wird im Gelände in freierer Haltg. als zu Schulungszwecken geritten.</td><td>Abgekürzter oder versammelter Galopp. Endergebnis der gymnastischen Durchbildung. Bei besonderer Veranlagung ist Steigerung bis zum Schulgalopp möglich.</td></tr>
</table>

*) Nähere Beschreibungen sind im Text bei Besprechung der Arbeit in den Grundgangarten und ihren Abstufungen zu finden.

Verzeichnis der Abbildungslegenden

Die nachträgliche Identifikation verdanken wir General P. Durand, ehemaliger Ecuyer en Chef des Cadre Noir, Saumur und ehemaligem Direktor der Ecole Nationale d'Equitation, Saumur, Herrn Egon von Neindorff, Karlsruhe, Herrn Kurt Hinrichs, Burgwedel sowie Herrn Eberhard Weiß.

I. Teil
Pferd und Reiter
1. Kapitel
Das Pferd. Gesichtspunkte bei seiner Auswahl

S. 17 Die Tore des Laufstalls öffnen sich und geben den Fohlen den Weg zur Koppel frei.
S. 20 Auf welliger Almweide stärken sich Sehnen und Gelenke der jungen Pferde und weiten...
S. 21 ...sich Herz und Lungen. Junge Lipizzaner an ihrer Aufzuchtstätte in den steirischen Voralpen.
S. 25 Auf der Wesermarsch bei Verden.
S. 28 Stute auf der Koppel..
S. 31 Durch geschicktes Vorführen wird der für den Kauf oft ausschlaggebende vorteilhafte erste Eindruck hervorgerufen.
S. 35 Typ eines Lipizzaners mit starkem arabischen Bluteinschlag.
S. 38 Dreijähriger Vollblüter in Rennkondition. Typ eines edlen Reitpferdes. Durch die 14 Rennen seines Lebens, die er alle zu Siegen gestaltete, hat er bewiesen, daß sich bei ihm äußere Schönheit und Korrektheit des Modells mit seinen inneren Eigenschaften die Waage halten.

2. Kapitel
Der Reiter

S. 61 Nur die Vollendung in Sitz und Hilfengebung ermöglicht ein vorbildliches Gehen des Pferdes. Versammelter Galopp und versammelter Trab. (Oberst Pongratz)
S. 67 Beispielhaft losgelassener, akademisch korrekter Sitz des Reiters im Mitteltrab. (Richard Wätjen, „Flinker Kerl")
S. 69 Souveräne Beherrschung des mit einer Hand geführten Pferdes durch den eleganten Sitz. (Richard Wätjen," Flinker Kerl")

II. Teil
Die Ausbildung des jungen Pferdes
1. Kapitel
Von der Koppel in Stall und an die Longe

S. 93 Leinenarbeit.

2. Kapitel
Grundlegende Ausbildung in der Gebrauchs- oder Niederen Kampagneschule

S. 109 Vom Glanz und Zauber deutschen Turnierlebens. Aufmarsch der Nationen. Aachen 1935.

S. 111 Vom letzten Preisreiten der alten österreichisch-ungarischen Armee. Dressurprüfung der Klasse S. Gruß vor den Richtern.
(Alle mit blanker Stange!)

S. 114 Oben: Renntrab. Der *Schub* bis zu seiner äußersten Grenze entwickelt.

S. 114 Unten: Hohe, steppende *Aktion* der Vorderbeine des Hackneys. Wird in den USA dem Nur - Luxusreitpferd angezüchtet und auf Schauen prämiert.

S. 115 Der Hackney stößt sich durch übertriebene *Knieaktion* beinahe die Nase ein. Auswuchs ausländischen „Sports“.

S. 125 Oben: *Falsche Rückentätigkeit*. Das Pferd wird hinter dem Widerrist zu tief, da es Rücken und zu kurz gemachten Hals nicht an die Hand herandehnt. Die Stute wurde später eines der allerbesten Dressurpferde und man sah sie nie mehr auf der Schulter gehen.
(Walzer, Spezialist in der Arbeit an der Hand)
Unten: Die Erschütterung des Ganges - durch einen festgehaltenen, *nicht mittätigen Rücken* nicht ausgefedert - teilt sich dem Sitz unmittelbar mit und wirft den Reiter beim Leichttraben wie einen Fremdkörper aus den Sattel.

S. 133 Besonders schön herausgearbeitete *Aufrichtung* in der Passage, charakteristisch für den bekannten Turnierreiter. (Lörke)

S. 137 Abweichung von der richtigen diagonalen Fußfolge - übereilte Nachhand - im Renntrabe beim ersten von rechts. Diese *Unreinheit des Ganges* ist kein Anlaß, den Traber, der sein Rennen trotzdem gewinnen kann, zu disqualifizieren.

S. 141 Oben: *Unreiner Trab* mit übereilter Vorhand.
Unten: Die Hinterhand *schleppt* und verhält sich. Daher dehnen sich Rücken und Hals nicht an die Hand heran. Das Pferd wird gegen den Widerrist zu immer tiefer. Aus diesem Grunde und weil die festgehaltenen Rippen ihn nicht ausfüllen, ist der Sitz des Reiters unbehaglich. Das Pferd geht nicht in reiterlicher Selbsthaltung, sondern mit nur aus dem Widerrist aufgerichtetem Hals auf den Schultern und mit festgehaltenem Rücken und steifem Genick auf dem Zügel.

S. 143 Oben: *Gespannte Tritte* bei zu kurz gemachtem Hals.
(Schmidt/Berlin?)
Unten: *Gespannte Tritte*. Siehe Sitz des Reiters.

S. 154 *Freier Schritt mit hingegebenen Zügel*.

S. 157 *Freier Schritt mit hingegebenen Zügel*. Der aus entbundener Schulter weitausgreifende, naturgegebene Schritt des deutschen Warmbluts. (Lipperl)

S. 165 Entwicklung der *Losgelassenheit* aus der Zwanglosigkeit. Ausgezeichnet das dritte Pferd. Dem ersten und zweiten wird die Anlehnung zu früh gewährt.

S. 169 Oben: Die junge Remonte ist nach Erreichung der *Zwanglosigkeit* unter dem Reiter durch Treiben im *Arbeitstrab* an die Hilfen gekommen und dehnt sich an diese heran.
Mitte: Das Pferd hat sich im Arbeitstrab, der nun bis zum *Mitteltrab* gesteigert werden kann, an den Hilfen *losgelassen*. (Katharsis)

Unten: Nach mehrjähriger Ausbildung ist auf Grund der aus der Zwanglosigkeit hervorgegangenen Losgelassenheit die völlige *Durchlässigkeit* erreicht und damit die Möglichkeit, das Pferd in den drei Grundgangarten und ihren Abstufungen - hier im *Schultrab* zu versammeln.

S. 171 Schmiegsames Eingehen des ungarischen Halbblüters in die *Rechtswendung*.

S. 185 Freier Schritt am langen Zügel. (Bürkner mit „Herder" als Remonte)

S. 190 Gebrauchsschritt. (v. Oppeln-Bronikowski)

S. 191 Vorbildlicher *Mitteltrab* des Altmeisters.
(O. M. Stensbeck, Trakehner „Nicolo")

S. 196 *Mitteltrab*. In seiner exakten Prägnanz wundervoll ausgearbeiteter eleganter und flüssiger Federtrab. (Padhajsky mit „Nero")

S. 197 Schöne Harmonie zwischen dem Reiter und seiner gängigen ostpreußischen Stute im federnden, schwungvollen *Mitteltrab*. Reiter hat viel vor sich, das reiterliche Gleichgewicht ist vollendet. (Oberst Sachenbacher)

S. 200 Idealer *starker Trab* des deutschen Olympiasiegers. Geschmeidige Grazie bei voller Entwicklung des Schwunges nach vorwärts.
(Pollay mit „Chronos", ausgebildet von Otto Lörke)

S. 201 *Starker Trab*. Aus der anfeuernden Mittelpositur herausgeritten und bis an die Grenzen der Mechanik des Vollblüters gesteigert. Die dem verstärkten Tempo und der vermehrten Streckung des starken Trabes entsprechende Tätigkeit des voll ausschwingenden Rückens ist einem tiefen Imsattelbleiben in keiner Weise hinderlich, sie scheint im Gegenteil den Sitz gleichsam auf seinen richtigen Platz in den Sattel hineinzusaugen.
(Bürkner mit „Rosenkelch")

S. 202 *Starker Trab*. Hinterbeine treten zu breit..

S. 204 *Traversale* nach links. Durchlässig an den vor - und seitwärtstreibenden Hilfen stehend, geht der edle Ostpreuße, der Deutschland zweimal die olympische Goldmedaille gewinnen half, schmiegsam und flüssig in den Seitengang ein.
(v. Oppeln-Bronikowski mit „Gimpel", ausgebildet von O. M. Stensbeck)

S. 206 *Traversale links*. Absoluter Gehorsam auf die vor - und seitwärtstreibenden Hilfen. Auf Grund vollendeter Geschmeidigkeit erreichte Durchlässigkeit. (Wätjen mit „Flinker Kerl")

S. 208 Abgekürzter Galopp. (Wätjen mit „Feuerhorn")

S. 210 Gute Neigung in den Gang von Reiter und Pferd beim Zulegen in den *Mittelgalopp*. Das Pferd könnte etwas mehr Hals haben.
(Linkenbach)

S. 212 Fluß und Entschiedenheit im *starken Galopp*. Kopfansatz der Stute etwas breit.

S. 241 Oben: Halten am Zügel. (Bereiter des Kaiserlichen Marstalles, Berlin)
Unten: *Halten am Zügel*. Saumurer Chefreitlehrer in Quadrillengala
(Cdt. Vallon, Ecuyer en Chef in Saumur)

S. 247 Manier des geborenen *Geländepferdes*, das sein Gleichgewicht in jeder Lage findet. Reiter hat sein Pferd vollkommen an den Hilfen, er „reitet" es zwischen den Hindernissen.

S. 251 Bergabklettern.

S. 255 Pferd in geschmeidiger Streckung und durch seine Elastizität an den Hilfen bleibend. Ausdruck höchster Energie und Harmonie der auf Überwindung der Hindernisse gerichteten Kräfte von Pferd und Reiter. Ganz großer Stil des deutschen Equipenchefs. (Momm mit „Baccarat")

S. 257 Naturanlage von Reiter und Pferd, verbunden mit zielbewußter Schulung, haben hier eine Meisterschaft im guten deutschen Springstil geschaffen. (Brinkmann mit „Oberst“)

S. 258 Vollendeter Stil von Reiter und Pferd. Dieses taxiert schon den nächsten Sprung. (v. Salviati)

S. 259 Das Pferd wird mit einem seiner gewaltigen Mechanik entsprechenden Schwung in hinreißendem Vorwärts über das die Entscheidung bringende letzte Hindernis eines Barrierenspringens geworfen. Die akrobatische Geschicklichkeit der Stute und die Routine ihres Reiters sind verblüffend. (Temme)

S. 260 Oben: Eine Präzisionsmaschine von wunderbarer Ausgewogenheit, schnellt der treue Wallach mit aufgewölbten Rücken, angezogenen Beinen und in vorbildlicher Streckung über den schweren Sprung. Das elastische Mitgehen des Reiters ist ästhetisch schön und zugleich die wirksamste Hilfe. (Heil)

S. 260 Unten: Ein nach rückwärts rutschender Schenkel stört das Pferd.

S. 261 Zwei erfahrene Turniergrößen auf einem Auslandsturnier. Ein vom Ausdruck höchster Energie getragener überlegener Ritt in großem Stil. (K. Hasse mit „Der Mohr“)

S. 262 Sichere und genaue Einteilung des Pferdes. Geistige und körperliche Harmonie zwischen diesem, das seine Beine übrigens etwas mehr anwinkeln könnte, und dem ungarischen Championreiter.

S. 263 Geschmeidiges Mitgehen des Reiters, der seinem Pferd volle Zügelfreiheit gibt und es dennoch am Schenkel behält.

S. 264 Mit prachtvollem Elan, den Hals lang und vollkommen am Zügel, läßt sich der Holsteiner über den gewaltigen Hochweitsprung fliegen. (Barnekow)

S. 265 Italienische Offiziere beim Sprung über eine Mauer im welligen Gelände. Die Aufnahme stammt aus der Zeit vor dem ersten Weltkrieg.

S. 267 Oben: Der Reiter im Begriff aus treibendem Sitz richtig nachzugeben. Das junge Pferd macht nach dem Aufsprung auf das ihm unbekannte künstliche Hindernis von seinem Hals als Balancierstange und Regulator des Gleichgewichts noch zu wenig Gebrauch.

S. 267 Unten: Der treibende mitgehende Sitz befördert die Rückenaufwölbung und das Strecken in die Tauchstellung knapp vor dem Absprung.

S. 275 Vor dem Aufsitzen zum Anritt.

S. 277 Das Jagdfeld überwindet einen Hohlweg.

S. 279 Heimritt nach der Jagd.

3. Kapitel
Die Höhere Kampagneschule

S. 308 Pirouette links. (Lindenbauer)

S. 309 Pirouette rechts. (Seunig)

S. 318 Halten am Zügel in hoher Versammlung. Die noblen Linien des Vollblutes passen gut zur Tracht des - nunmehr der Vergangenheit angehörenden - Saumurer ècuyers. Die raffinierte Einfachheit von Schnitt und Farbe der Uniform bringt Gestalt und Sitz des Reiters vorteilhaft zur Geltung. (Lesage mit „Taine“)

S. 321 V e r s a m m e l n d e A r b e i t a n d e r H a n d. Interessant das auf seinen Ausbilder konzentrierte „Gesicht“ des Schimmels. (Gerhardt mit Lipizzanerstute „Aida“)

III. Teil
Die Hohe Schule
1. Kapitel
Wesen und Zweck der Hohen Schule. Die Grundgangarten in schulmäßiger Versammlung

S. 327 Aufmarsch zur Großen Schulquadrille im Garten eines ehemaligen Lustschlosses.

S. 329 S c h u l t r a b. Klassisch schöner in die Bewegung hineingeschmiegter Sitz des Reiters. Die Nase des Pferdes ist nicht hinter der Senkrechten. Dieser Eindruck wird nur durch die Ramsköpfigkeit des Hengstes vermittelt.

S. 331 Exakte Längsbiegung bei vollkommener Geraderichtung im S c h u l t e r - h e r e i n l i n k s. Geschmeidiges Eingehen von Sitz und Führung auf die Längsbiegung des Pferdes. Anliegen des äußeren Kandarenzügels auf der gewölbten Halsseite. (Lindenbauer)

S. 333 Ausschnitt aus der Großen Schulquadrille der Spanischen Hofreitschule. T r a v e r s. Über den im schneeigen Weiß der Pferdeleiber leuchtenden Reigen hat die Sommersonne die ganze Fülle ihres Goldes ausgegossen.

2. Kapitel
Schulen auf der Erde. Entwicklungsgeschichtliche Bemerkungen dazu

S. 337 „Sitzen“ des Lipizzaners bei der P i l a r e n a r b e i t auf den bis aufs äußerste gespannten Federn der Hankengelenke. Aus dieser Mutterstellung der Levade heraus findet das Pferd die Schnellkraft zu den Schulsprüngen.

S. 341 Das etwas hinter der Senkrechten fußende Vorderbein deutet darauf hin, daß es sich auf dem Bilde um ausdrucksvolle energische P i a f f e t r i t t e i m V o r g e h e n handelt. (Lietz)

S. 343 Tänzerische Beschwingtheit des relativ schweren Pferdes in der P i a f f e. (Rochowansky mit „Pluto Presciana II“)

S. 344 P i a f f e. (Bürkner mit „Herder“)

S. 345 P i a f f e. Leichtes Stehen am Zügel bei viel Anmut in der Bewegung. (Sandström)

S. 347 P i a f f e. Die Anlehnung könnte etwas leichter sein. (Cerha)

S. 348 P a s s a g e. Prachtvolle Schwungentwicklung aus dem treibenden Sitz des Reiters und der völligen Hingabe des Pferdes an die Hilfen heraus. Die tiefe Hankenbeugung ist Vorbedingung für die schöne Schulterfreiheit und die durch diese bedingte energisch-erhabene Geste der Vorhand beim Aushalten. (Bürkner mit „Herder“)

S. 349 Aus elastisch federnden Hanken in schwungvoller Kadenz vorgetragene P a s s a g e des edlen Lipizzaners. Bemerkenswert der mitschwingende untadelhafte Sitz des Reiters und das durchs Genick ans Gebiß Herantreten des losgelassenen Pferdes. (Lindenbauer)

S. 351 Schwungvolle Energie und Bestimmtheit der P a s s a g e t r i t t e. Das Pferd arbeitet in relativer Freiheit an den Hilfen. Der Reiter, ein typischer

Vertreter der Saumurer Schule, verzichtet bewußt auf stärkere Senkung der Hinterhand. (Wattel)

S. 353 Passage. Elegante und graziöse Art des ostpreußischen Rappen in seiner Hingabe an den Reiter.

S. 354 Passage. (Lörke mit „Artus“)

S. 357 Oben: Passageartige Bewegung aus ungebeugten Hanken bei nach rückwärts wirkender Zügelhand.
Unten: Die zirkusmäßige Bewegung des „Spanischen“ oder „Maschierschritts“. In der klassischen Hohen Schule geritten kämen Charme und natürliche Schönheit dieses herrlichen französischen Angloarabers weit besser zur Geltung.

3. Kapitel
Die Schulen über der Erde

S. 360 Levade an der Hand.

S. 361 Monumental in ihrer Wirkung, ist die Levade ein - leider vergängliches - Denkmal höchster Reitkultur. (Lippert)

S. 362 Levade. Beachtenswert das zarte, aber doch sichere Amzügelstehen des Hengstes. (Bürkner)

S. 363 Oberbereiter Zrust der spanischen Hofreitschule in der Levade.

S. 364 Oben: Der Versuch, eine schulmäßige Hebung aus vorher ungenügend gebeugten Hanken zu entwickeln, führt zur Pesade oder zum Steigen.

S. 364 Unten: Steigender Hengst.

S. 367 Kurbette an der Hand. (Oberbereiter Pollak)

S. 368 Kurbette. (Lindenbauer)

S. 369 Kurbette. (Zrust)

S. 370 Kruppade.

S. 371 Kapriole vor dem baulich und geschichtlich interessanten Hintergrund einer alpenländischen Bischofsresidenz.

S. 372 Kapriole.

S. 373 Ungleichmäßiges Abstoßen der Hinterbeine vor der Kapriole kommt bei ihrer Ausführung durch Verdrehung und vorzeitiges Landen der Vorhand zum Ausdruck.

S. 374 Baulicher Rahmen und reiterliche Darbietungen, getragen von zarten Wiener Melodien, klingen bei den Vorführungen der Spanischen Hofreitschule zu einem köstlichen Fest des Herzens und der Sinne zusammen.